中国—上海合作组织地学合作研究中心系列丛书

中国地质调查成果 CGS 2020—037
外交部、财政部亚洲合作资金项目“上海合作组织国家地学合作与发展论坛”(202009000000180029)
“中亚地区大型铜金铀矿产资源基地评价”(DD20190445)
中国地质调查项目“巴基斯坦—土耳其铜铬资源调查”(DD20201159)
“乌兹别克斯坦—哈萨克斯坦铀矿资源调查”(DD20201158)
联合资助

丝绸之路沿线
29国矿业投资环境评价

吕鹏瑞　编著

地质出版社
·北　京·

内容简介

本书系统梳理丝绸之路沿线29国的矿产资源禀赋、矿业勘查开发现状、矿产品贸易、矿业投资政策等资料信息，构建了矿业投资环境评价体系并进行评价分析，针对部分有合作潜力的国家提出矿业投资建议，以期能为国家部委及地方政府在相关国家地矿领域的境外投资与产能合作布局，以及中资矿业企业境外投资规划部署提供参考，助力引导我国先进的技术装备和优质产能转移转化，构建国内国际双循环、相互促进的矿业发展新格局。

本书可供矿业相关部门及企业人员阅读参考。

图书在版编目（CIP）数据

丝绸之路沿线29国矿业投资环境评价／吕鹏瑞编著.—北京：地质出版社，2021.3
ISBN 978-7-116-12544-5

Ⅰ.①丝… Ⅱ.①吕… Ⅲ.①外商投资－矿业投资－投资环境－经济评价－研究－世界 Ⅳ.①F416.1

中国版本图书馆CIP数据核字（2021）第035985号

SICHOU ZHILU YANXIAN ERSHIJIUGUO KUANGYE TOUZI HUANJING PINGJIA

责任编辑：肖莹莹　李云浮
责任校对：韦海军
出版发行：地质出版社
社址邮编：北京海淀区学院路 31 号，100083
咨询电话：（010）66554528（邮购部）；（010）66554571（编辑室）
网　　址：http：//www.gph.com.cn
传　　真：（010）66554576
印　　刷：北京地大彩印有限公司
开　　本：889mm×1194mm　1/16
印　　张：19.5
字　　数：520 千字
版　　次：2021 年 3 月北京第 1 版
印　　次：2021 年 3 月北京第 1 次印刷
定　　价：280.00 元
书　　号：ISBN 978-7-116-12544-5

前　言

《推动共建丝绸之路经济带和21世纪海上丝绸之路的愿景与行动》提出："加大煤炭、油气、金属矿产等传统能源资源勘探开发合作，推进能源资源就地就近加工转化合作，形成能源资源合作上下游一体化产业链。"自习近平主席2013年提出共建"一带一路 "的合作倡议以来，共建"一带一路"支持开展多元化投资，鼓励进行第三方市场合作，推动形成普惠发展、共享发展的产业链、供应链、服务链、价值链，为沿线国家加快发展提供新的动能，已成为全球化的重要载体。

矿产资源是发展国民经济、保障国家安全的物质基础，发达国家在制定本国发展战略和全球战略时，无不与争夺矿产资源有关。矿产资源安全与经济安全息息相关，而经济安全关系到国家的经济可持续发展、政治稳定以及人民生活水平的提高等方面。在世界经济复苏乏力的背景下，亚洲新兴经济体崛起带动了该区域能源资源消费量增长，世界能源资源市场重心逐渐东移。我国能源消费构成中，90%以上为矿产资源，80%以上的工业原材料、70%以上的农业生产资料与矿产资源有关。当前，我国正处于高质量发展阶段，对矿产资源的需求仍处于高位，主要战略性矿产资源对外依存度不断上升，矿产资源安全在国家综合安全及资源安全领域占据的地位日益显现。

丝绸之路经济带地域辽阔，地理位置极其重要，"一带一路"六大走廊中的三大走廊（新亚欧大陆桥经济走廊、中国—中亚—西亚经济走廊、中巴经济走廊）贯穿其境。这些国家拥有丰富的自然资源、矿产资源、能源资源、土地资源和宝贵的旅游资源，被称为21世纪的战略能源和资源基地，同时也是全球有色金属矿产主产区和消费区，将成为未来经济全球化背景下能源资源优化配置的关键地区。丝绸之路沿线国家与我国具有高度的矿产资源互补性。比如，哈萨克斯坦是铬、钨、铼、铜、铀、金等矿产的重要产区，土耳其是全球最大的硼矿、石墨产区和重要的铬生产国，乌克兰是主要的锰矿产地，塔吉克斯坦是锑矿的主要生产国，白俄罗斯是重要的钾盐产地，乌兹别克斯坦被称为"黄金之国"，巴基斯坦、伊朗、土耳其等国发育众多的世界级斑岩铜矿、沉积型铅锌矿和岩浆成因铬铁矿，构成特提斯成矿域的重要组成部分（图0–1）。

此外，丝绸之路沿线也是全球最为重要的油气资源聚集地和生产地，阿联酋、沙特、伊拉克、伊朗、卡塔尔、科威特、阿曼等中东国家均是以石油天然气业为支柱产业。截至2018年年底，丝绸之路沿线国家的探明石油储量约8741亿桶，约占全球石油储量的50.53%；探

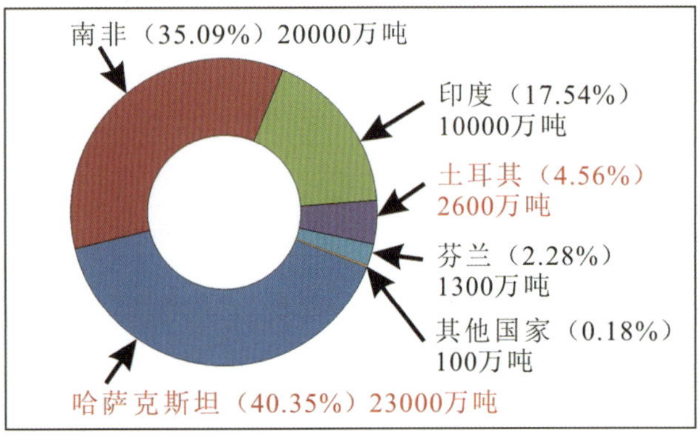

铬铁矿

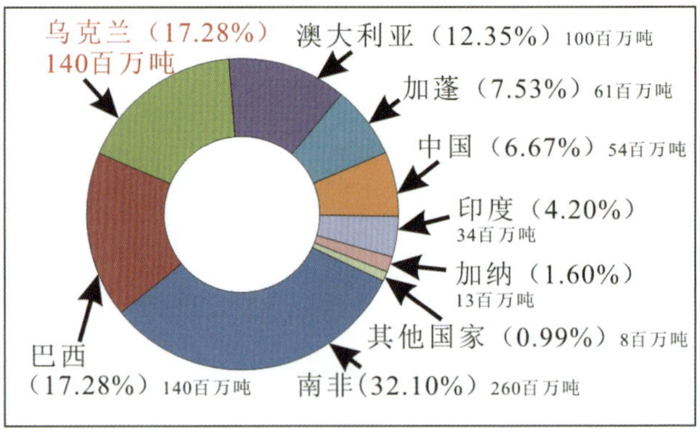

锰矿

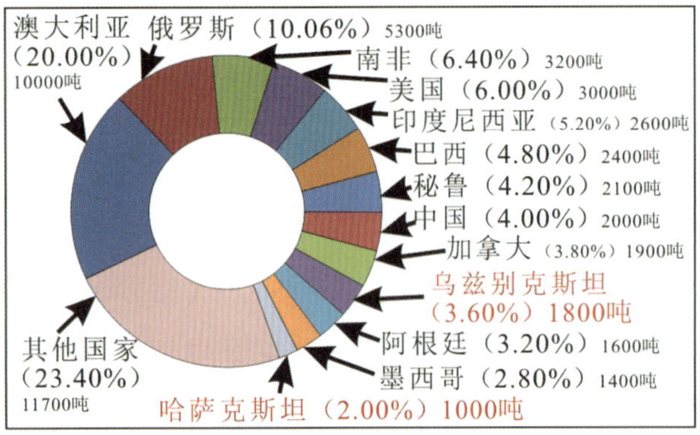

金矿

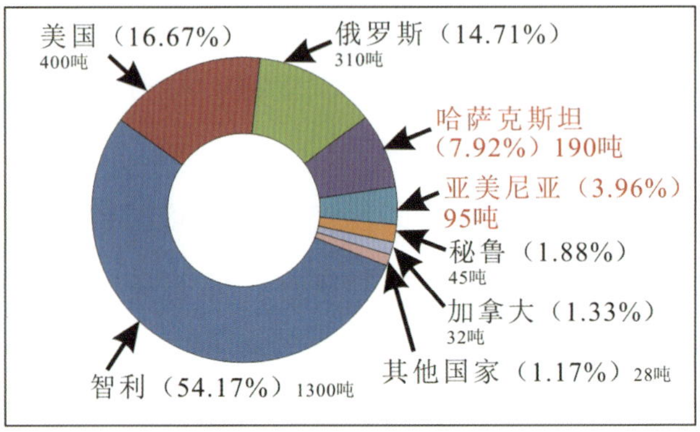

铼矿

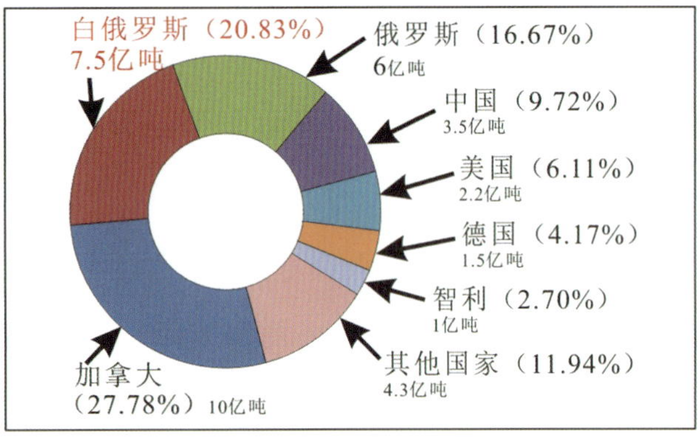

钾盐

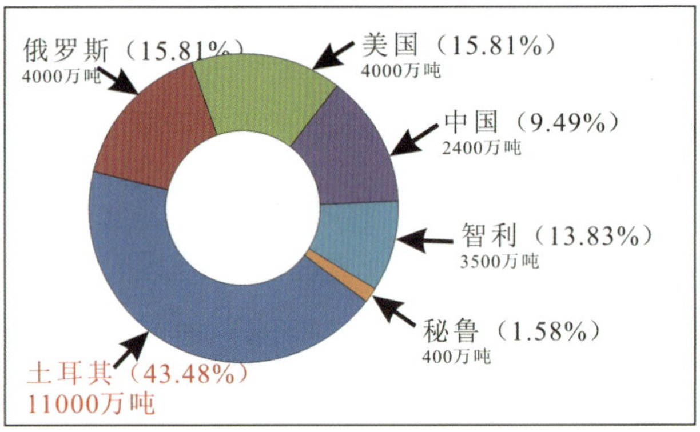

硼矿

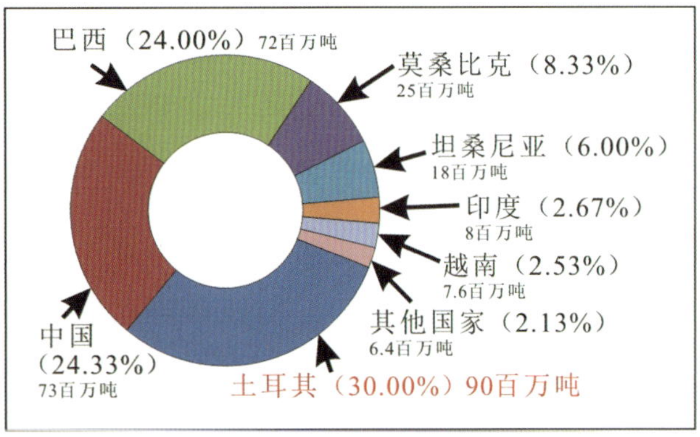

石墨

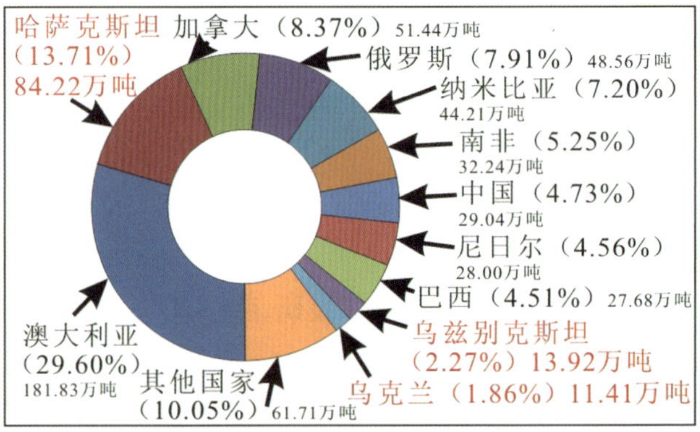

铀矿

图 0–1 丝绸之路沿线国家（图中红色文字标示部分）部分矿产资源储量分布图

（据USGS，2020）

明天然气储量约100.90万亿立方米，约占全球探明总量的51.24%。其中，沙特、伊朗、伊拉克、科威特等国石油资源最为丰富，探明石油储量均超过1000亿桶；伊朗、卡塔尔、土库曼斯坦等国天然气最为丰富，探明天然气储量均在10万亿立方米以上（图0–2）。

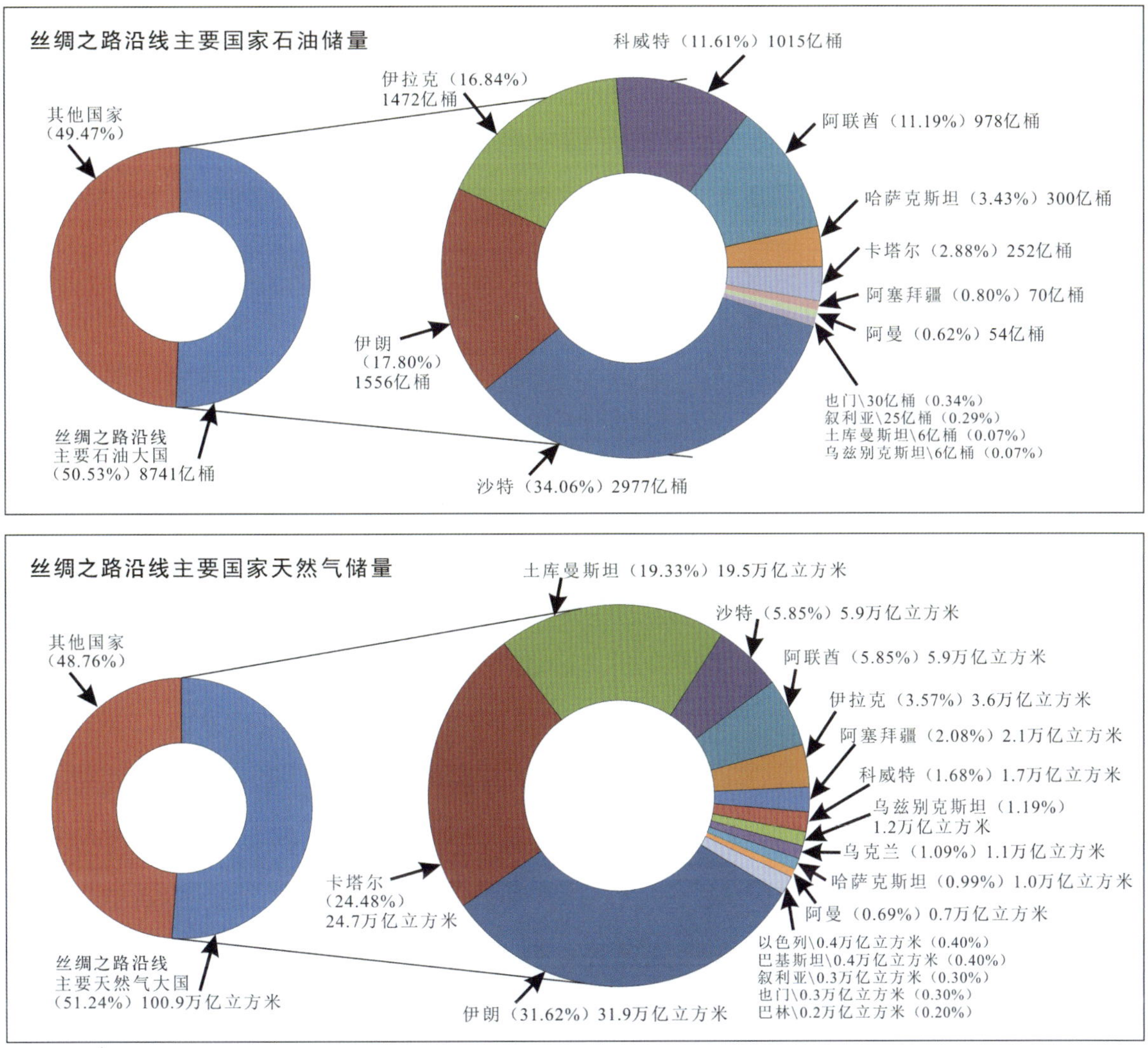

图 0–2　丝绸之路沿线主要国家石油、天然气储量全球分布图

（据BP世界能源统计年鉴，2019）

丝绸之路沿线国家总体位于活跃的东亚经济圈与发达的欧洲经济圈之间，属于世界经济的凹陷地，改变自身产业结构、提高经济水平是其共同的发展诉求。本书所指丝绸之路沿线29国包括阿富汗、亚美尼亚、阿塞拜疆、巴林、白俄罗斯、塞浦路斯、格鲁吉亚、摩尔多瓦、阿曼、巴基斯坦、巴勒斯坦、卡塔尔、沙特阿拉伯、叙利亚、伊朗、伊拉克、以色列、约旦、哈萨克斯坦、科威特、吉尔吉斯斯坦、黎巴嫩、塔吉克斯坦、土耳其、土库曼斯坦、乌克兰、阿联酋、乌兹别克斯坦和也门共29个国家。它们的国土总面积为1257.69万平方千

米，约占全球国家总面积的9.88%；人口总数约7.121617亿，占全球人口总数的9.39%；2018年度，GDP总值仅为47721.77亿美元，约占全球GDP的5.56%。这些国家大多数（例如，吉尔吉斯斯坦、乌兹别克斯坦、阿曼、伊拉克、沙特等）正处于工业化前期或工业化早期阶段，产业结构单一，经济以资源开采、初加工和贸易为主要驱动力，属于资源驱动型经济(图0–3)。

然而，这些国家要么由于交通不便、自然环境较差、工业基础较为薄弱（巴基斯坦、塔吉克斯坦、吉尔吉斯斯坦等），要么矿业生产设施老旧、无力更新换代（哈萨克斯坦），要么受美国等发达国家经济制裁（伊朗），要么以油气生产为主、面临转型压力（沙特、阿联酋、阿曼等），矿业勘查开发能力明显不足，许多拥有丰富矿产资源的国家在勘探、开发、开采方面能力相对较弱，导致丰富的矿产资源不能有效开发，严重制约了这些国家的经济发展和社会进步，他们期待借助我国在技术、装备、资金、人才及基础设施建设等方面的优势，实现资源优势向经济优势的转变。

2019年4月，习近平主席在第二届“一带一路”国际合作高峰论坛开幕式上表示：中国将继续实施共建“一带一路”科技创新行动计划，同各方一道推进科技人文交流、共建联合实验室、科技园区合作、技术转移，致力于加强国际发展合作，为发展中国家营造更多发展机遇和空间，实现可持续发展。2019年6月，习近平主席在上海合作组织成员国元首理事会第十九次会议上指出：上海合作组织地区拥有资源禀赋丰富、市场规模巨大、科技创新实力雄厚等无可比拟的优越条件，发展动力十足，合作前景广阔。2017年12月，李克强总理在出席上海合作组织成员国政府首脑（总理）理事会第十六次会议时表示：“中方愿与各国加强创新政策对接，倡议各方落实好《上海合作组织成员国科技伙伴计划》，加强地学等领域多边合作，以项目合作为依托，建立联合实验室、技术转移中心等长效合作平台。”

“一带一路”倡议和国家领导人的指示精神，为我国与沿线国家开展矿业产能合作、实现能源资源优势互补、促进区域矿业经济发展创造了历史机遇，矿业领域的国际产能合作也助推了“一带一路”倡议的扎实发展。据统计，当前我国矿业企业与全球66个国家开展了矿业产能合作，其中“一带一路”沿线国家51个，占比77%；我国企业在“一带一路”沿线投资的矿业项目285处，占项目总量的45%，矿业产能合作已经成为“一带一路”合作的重要组成部分。丝绸之路沿线地区矿业产能合作与资源能源消费将逐步带动全球市场缓慢复苏，矿业经济发展不仅会带动强大的资金流，而且会带动信息流与人才流，有助于进一步服务国家“一带一路”建设和外交经贸合作。

在全球经济一体化和共建全球经济治理体系的大背景下，以服务国家资源能源安全保障、服务“一带一路”建设、服务国家外交经贸合作、促进中资矿业企业境外投资为宗旨，

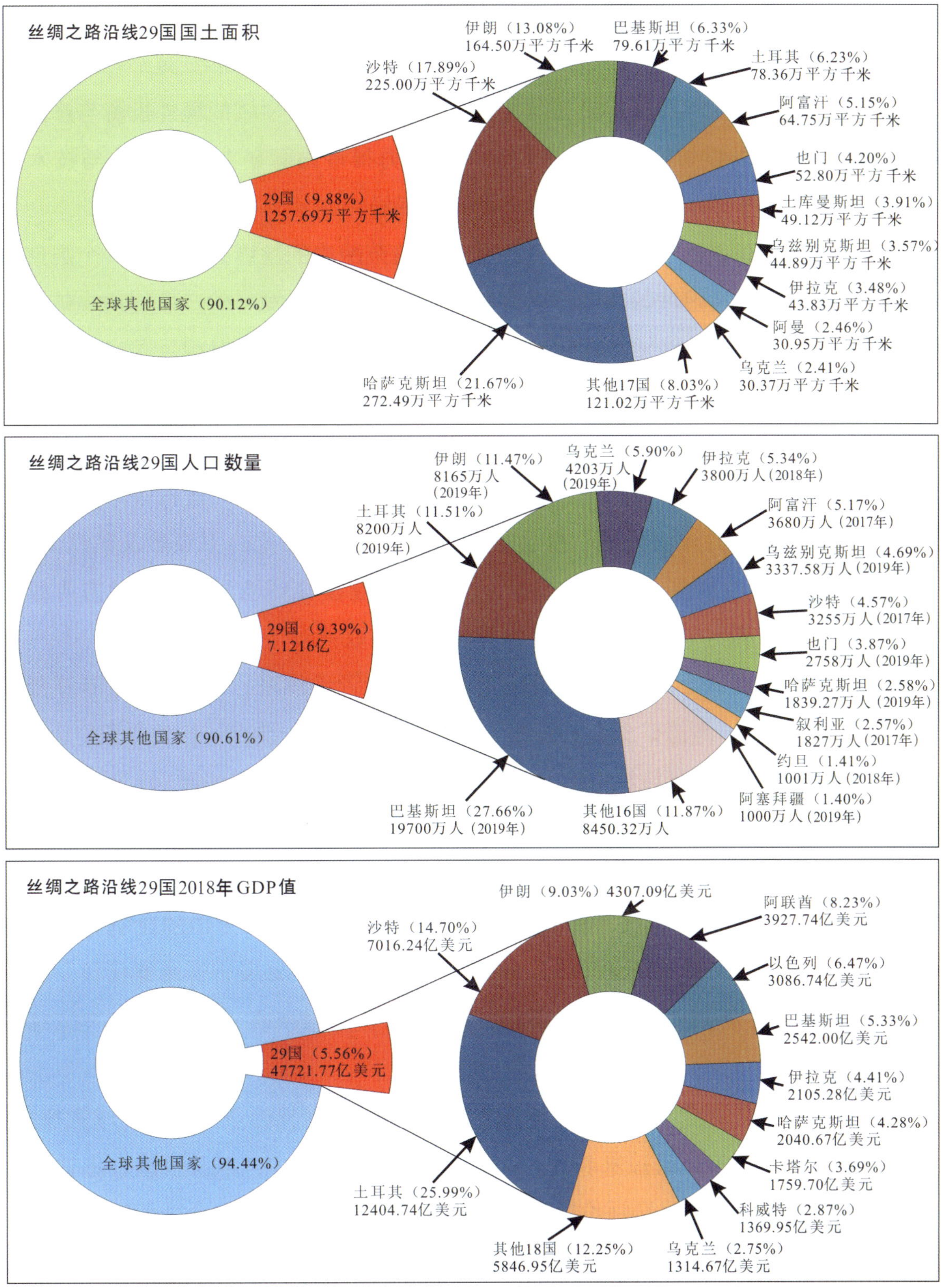

图 0–3　丝绸之路沿线29国国土面积、人口数量、GDP值

以充分发挥我国超大规模市场优势、产能优势和内需潜力为目标，借助中国—上海合作组织地学合作研究中心国际平台，梳理丝绸之路沿线国家矿产资源禀赋、矿业勘查开发、矿产品

贸易、矿业投资政策等资料信息，构建丝绸之路沿线国家矿业投资环境评价体系，并对相关国家的矿业投资环境进行评价分析，提出矿业投资建议，以期为自然资源部、外交部、商务部、国家发展改革委员会等国家部委在丝绸之路沿线国家地矿领域的境外投资与产能合作布局、中资矿业企业境外投资规划部署提供参考，助力推进国际矿业产能合作与技术转移转化，构建国内国际双循环、相互促进的矿业发展新格局。

本书以“中亚西亚国际合作地质调查工程”覆盖范围内的丝绸之路沿线29个国家为研究对象，系统梳理丝绸之路沿线国家矿产资源禀赋、矿业勘查开发、矿产品贸易、矿业投资政策等资料信息，构建丝绸之路沿线国家矿业投资环境评价体系，并对相关国家的矿业投资环境进行综合分析，提出矿业投资建议，以期为国家部委（自然资源部、外交部、商务部、国家发展改革委员会等）及地方政府在丝绸之路沿线国家地矿领域的境外投资与产能合作布局，以及中资矿业企业境外投资规划部署提供参考，助力引导我国先进的技术装备和优质产能转移转化，构建国内国际双循环、相互促进的矿业发展新格局。书中涉及矿产资源禀赋、矿产品/能源贸易、经济贸易、对外直接投资，以及矿业投资环境评价涉及的方方面面资料信息，具有基础资料来源广、数据信息庞大等特点，并取得以下主要成果。

一是构建了面向丝绸之路沿线国家的矿业投资环境评价体系。在现有的影响矿业投资环境的要素分类的基础上，考虑矿业企业在进行投资决策时关注的要点、各类要素的功能及全球矿业投资环境的现状，投资环境评价指标体系的构建采取定性加定量的原则，对定性指标进行量化处理；指标的选取坚持全面系统性、科学有效性、可比可操控等原则。

综合考虑国际矿业投资环境评价可能涉及的各方面因素，引入“国际地学合作关系”“一带一路”共建与合作国家战略对接、矿业投资在各国GDP值中的比例等因素，构建了针对丝绸之路沿线国家矿业投资环境分析的评价指标体系，涉及资源禀赋指数、矿业勘查开发指数、国际合作关系指数、营商环境指数、投资风险指数5项一级指标，27项二级指标，40余项评价内容。

此外，充分借鉴利用世界银行《全球营商环境报告》、世界经济论坛《全球竞争力》、美国智库传统基金会与华尔街日报发表的《2020经济自由度指数》，以及穆迪、惠誉、标普等国际权威智库或评级机构的成熟评价指标与成果（例如，世界银行《全球营商环境报告》报告涵盖“开办企业、办理施工许可证、电力获取、财产登记、信贷获取、少数投资者的保护、纳税、跨境贸易、合同执行、破产办理”等内容，世界经济论坛《全球竞争力》报告涉及“制度建设、基础设施、宏观经济环境、健康与基础教育、高等教育与培训、商品市场效率、劳动力市场效率、金融市场发展水平、技术成熟度、市场规模、商业成熟度、创新能力”等指标）。本次评价中参考引用了这些指标，不再做重复工作。

二是完成了29国矿业投资环境评价，并提出矿业投资目标国优先级别。根据构建的评价体系和评价方法，对丝绸之路沿线29国矿业投资环境分析所涉及的5项一级指标（指数）、27项二级指标进行打分赋值，初步排序。结合29国能源/矿产品贸易情况、中国与29国之间的能源/矿产品贸易情况与经济贸易概况，以及中国对29国的对外直接投资情况，对前期矿业投资环境初步评价结果进行校对、优化。依据矿业投资环境评价优化结果，将29国划分为优先推荐、推荐、密切关注、暂不推荐四大类。

优先推荐目标国：哈萨克斯坦、土耳其、沙特阿拉伯、伊朗。

推荐目标国：阿联酋、乌兹别克斯坦、巴基斯坦、乌克兰、阿曼、吉尔吉斯斯坦。

密切关注目标国：塔吉克斯坦、卡塔尔、以色列、白俄罗斯、科威特、约旦、亚美尼亚。

暂不推荐目标国：格鲁吉亚、阿塞拜疆、伊拉克、巴林、土库曼斯坦、塞浦路斯、阿富汗、黎巴嫩、也门、摩尔多瓦、叙利亚、巴勒斯坦。

三是针对区内11个投资目标国提出了矿业投资建议。结合矿业投资环境评价结果和中资矿企参与投资开发情况，选取哈萨克斯坦、土耳其、沙特阿拉伯、伊朗、阿联酋、乌兹别克斯坦、巴基斯坦、乌克兰、阿曼、吉尔吉斯斯坦、塔吉克斯坦（考虑到塔吉克斯坦与中国具有良好的地学合作基础，中塔矿业合作成果较为显著）等11国进行国别投资环境分析，系统介绍了各国总体经济形势、矿业经济概况、投资环境评估分析结果，并结合各国具体情况，提出了在继续开展矿产资源潜力评价、矿业投资环境分析、矿业投资项目调研评级排序等支撑服务工作的基础上，以构建/充分利用常态化地矿产能合作机制、搭建地学与矿业咨询服务平台、加强政策法规研究、谋划/共建矿业产业园区或产业集群、加强人才联合培养为主要框架的矿业投资建议。

例如，针对哈萨克斯坦亟须外资更新采选冶设备、勘探新矿产资源，却又实施独特的“哈萨克斯坦含量”规定等矿业投资壁垒，建议加强对哈萨克斯坦政策法规研究，矿业领域合作模式研究，寻求应对办法。

针对沙特阿拉伯、阿曼等国重点发展矿业的多元化经济发展战略，开展地质矿产项目国际招标工作，以及阿曼矿业铁路建设计划等情况，建议积极谋划参与这些国家矿业产能合作与产业发展，引导地矿领域的中国技术、中国标准、中国装备、中国资本走出国门。

针对中巴走廊建设和巴基斯坦建设矿业产业园区的规划部署，以及巴基斯坦特有的部落问题，建议结合中巴经济走廊建设，依托山达克出口加工区、杜达出口加工区（分别以山达克铜矿、杜达铅锌矿为基础的特区，现由中冶集团租赁经营），与巴基斯坦地方政府、部落首领共同谋划建立巴基斯坦矿业经济产业园区。

针对塔吉克斯坦鼓励外国投资者建设科技园区，以及众多中国矿业/能源公司参与塔吉克斯坦矿产/能源合作开发的现状，建议依托塔丹加拉自由经济区、塔中矿业工业园区等产业园区，借助中资企业资本优势、生产技术和装备优势和产业园区建设运营经验，与塔吉克斯坦政府、大型企业共同谋划建立集矿石采选冶、矿产品深加工、尾砂尾矿综合利用、矿山设备销售/租赁/售后维修、矿产品进出口贸易、物流仓储、矿业金融为一体的矿业经济产业园区，助推中塔矿业产能合作。

针对乌兹别克斯坦正处于改革的“窗口期”和矿业改革与招商引资的春天，建议密切跟踪评价2017年以来发布的111处勘查区块和29处矿床的国际招商项目，以及后续的矿业招商项目，落实中–乌领导人新达成的“推进中国企业参与乌兹别克斯坦境内矿产资源开发”协议。

针对吉尔吉斯斯坦以矿业为主要经济支柱，矿业后端加工产业链不完整的特征，以及中资矿业企业在吉投资多、小、散的现实情况，建议与吉尔吉斯斯坦政府、大型企业共同谋划建立矿业经济产业园区，统一管理、有序引导中国矿业企业参与吉尔吉斯斯坦矿业全产业链合作。

针对阿联酋合作现状和经济发展模式，建议充分利用这些国家区域优势、国际金融中心、转口贸易中心等优势，联合打造国际矿产品转口贸易中心。

本书是依托外交部亚洲区域合作研究专项资金项目“上海合作组织国家地学合作与发展论坛”和自然资源部中国地质调查局“中亚西亚国际合作地质调查工程”相关境外地质矿产调查与评价项目（中亚地区大型铜金铀矿产资源基地评价、巴基斯坦—土耳其铜铬资源调查、乌兹别克斯坦—哈萨克斯坦铀矿资源调查）完成的，是该项目的研究成果之一，也是中国—上海合作组织地学合作研究中心系列成果之一。本书的编写在中国地质调查局西安地质调查中心（中国—上海合作组织地学合作研究中心）马中平研究员的整体把握和具体指导下完成，李文渊研究员、姚文光教授级高级工程师、张辉善高级工程师、何子鑫工程师、刘明义工程师、王斌高级工程师、洪俊高级工程师等同事也给予了大力支持和热情帮助，在此一并表示衷心的感谢。

由于本书以丝绸之路沿线29个国家为研究对象，涵盖矿产资源禀赋、矿产品/能源贸易、经济贸易、对外直接投资，以及矿业投资环境评价涉及的方方面面资料信息，基础资料来源广（中国地质调查局境外地调项目成果报告、商务部国别投资报告、标普数据库、世界银行数据库、查塔姆智库、国际智库研究报告等）、数据信息庞大（涉及202张图、86个统计表），加之作者综合研究水平有限，报告中难免出现纰漏与不足之处，其中有些观点和建议尚待进一步探讨深化，敬请批评指正。作者将认真吸取宝贵经验和建议，不断加以补充完善。

目　录

第一章　矿业投资环境评价体系与方法

矿产资源是人类生产生活不可或缺的物质基础。随着经济结构变迁，一国（地区）对矿产资源的需求会发生显著变化。纵观世界范围内工业化历程，可以发现，矿产资源消费规模和结构表现出一定的阶段性特征。在经济全球化的进程中，发展中国家纷纷将矿业作为振兴民族经济的突破点，但由于矿业属于资金密集型和技术密集型活动，许多发展中国家本身无法提供足够的资金和技术装备来开展矿业开发活动，从而通过改善矿业投资环境、招商引资，借助矿业跨国投资来带动区域经济的发展。

随着我国经济的不断发展和“一带一路”倡议的实施，我国对各类矿产资源的需求量不断增加，越来越多的矿业企业逐渐加入或加强与沿线国家的矿业勘查开发投资合作。然而，矿产资源的勘查开发往往较为昂贵、风险较高，具有“投资周期长、高投入、高风险、高回报”等特点，而矿业投资环境在一定程度上体现了矿业投资的风险。因此，在决定对一个国家的矿产资源进行风险勘查投资以前，需要谨慎考虑各国的矿业投资环境，有必要对各国的矿业投资环境进行评估，从而尽可能地降低勘查开发风险。如何正确认识矿业投资环境，构建科学、有效的矿业投资环境评价体系，逐渐成为各国学术界、矿业产业部门和矿业公司关注的焦点。

第一节　矿业投资环境概述

矿业投资环境的概念最早出现于20世纪80年代末、90年代初，并在西方矿业发达国家及有关研究机构中得到广泛应用。

矿业投资环境是在一定时期内影响或决定投资者勘探、开发矿产资源并取得经济效益的各种因素的有机整体。它是指伴随着整个矿产资源勘查、开发等直接投资过程中所面临的各类周围环境和条件，包括影响投资活动的自然要素、社会要素、经济要素、政治要素、法律要素和人文要素等。

矿业投资环境根据投资环境要素的物质形态等属性不同，可分为“硬环境”和“软环境”两类。硬环境是指具有物质形态的要素组合，例如交通、通信、水电、自然资源等。软环境是指没有具体物质形态的要素，包括政策、法律、投资市场、财政制度、金融条件、环保要求、经营规则等。

根据研究层次的不同，矿业投资环境可分为宏观矿业投资环境、中观矿业投资环境和微观矿业投资环境三类。宏观矿业投资环境是国家乃至企业制定资源全球化配置战略及长远发展规划所需要了解的外部环境，是指影响整个矿业勘查开发及投资资本运动的全球尺度的社会、政治、经济、人文等宏观变量，包括矿产资源全球供求形势、矿产品贸易投资环境及趋势、地缘政治、资源外交、目前所处的矿业周期、矿业投资环境的全球走势、矿业政策的历史沿革、国家间和/或区域间资源供需格局和竞争格局等。中观矿业投资环境是介于宏观矿业投资环境和微观矿业投资环境之间的一种投资环境，是指区域矿业投资环境或国别矿业投资环境。微观矿业投资环境是指某一投资项目或某一国家矿业投资时所需要考虑的具体的自然、资源、经济、政治、法律、基础设施等自然社会条件，是在一个国家进行矿业投资或针对一个矿业项目进行投资所需要的矿业投资环境。

第二节　主流矿业投资环境评价体系和方法

自从世界各国开始利用各种指标对其投资环境的优劣和吸引投资者的力度进行评估、监测以来，采用评估指标与评估方法进行投资环境评价已经成为世界各国和区域吸引投资、促进经济社会持续发展的重要手段。国内外在矿业投资环境评估方面也涌现出不少评价体系和评价方法。针对国外矿业投资的特殊背景，各国学者们从不同角度以微观视野分析宏观问题，将投资环境评价问题具体量化。现在比较主流的评价体系有杰姆 · 奥拓（James Otto）教授提出的评价指标体系、费雷泽研究所（Fraser Institute）评价体系、贝利多贝尔（Behre Dolbear）评价体系。

一、杰姆 · 奥拓评价指标体系

杰姆 · 奥拓评价指标体系是杰姆 · 奥拓教授在对39家全球知名的跨国矿业公司进行调查研究的基础上，总结这些矿业公司在进行对外投资时所需要考虑的因素，并通过问卷调查分析了这些因素的影响程度，从而总结归纳出矿产资源对外直接投资环境评价的标准和内容。

杰姆 · 奥拓矿业投资环境体系主要包括地质标准、政治标准、销售标准、法规标准、财政标准、金融标准、环境标准、经营标准、利润标准、其他标准等10个标准（表1–1），这些标准进一步细化为70项指标。但是该套标准体系仅限于指标框架体系的简历，并没有应用到实践中，关于数据的可得性，以及如何对每项指标进行赋值等，都没有考虑。

表 1–1　杰姆·奥拓评价指标体系

评价标准	评　价　指　标
地质标准	矿产的基本丰度、目标矿产的地质潜力、地学信息的可得性、生产历史、应用地质评价技术的能力、矿床的稀缺性
政治标准	国家的长期稳定性、体制稳定性、矿产政策的连贯性与延续性、内部安全、敌对边界、外国投资保险的可能性、政府组织形式
销售标准	地理位置、内部市场、运输设施、出口政策、区域和双边贸易协议、需求和价格预测
法规标准	切实可行的矿业法、勘查和采矿条件的稳定性、矿产所有权、土地权、矿业权保障、矿业权制度的质量、所有权的转让权、探矿权条件、矿产标准合同、争端解决、程序效率和透明度
财政标准	征税方法和赋税水平、预先确定赋税的能力、免税期、加速折旧、投资税额减免、勘查支持扣减、进出口税减免、财政制度的稳定性、税收协定、对移居国外的人免征所得税
金融标准	现实的外汇规定和对外账户、利润汇回的可能性、筹集外部资金的能力
环境标准	法律要求、预先确定环境责任的能力、反采矿组织、环境和相对灵敏性
经营标准	公司持有多数股份、公司拥有管理控制权、基础设施、有利的气候、实际地形、当地劳动力、加工和维修服务的可供性、当地地质技术服务、语言、对雇佣外国人的限制、工会、官僚、工资与劳动法、所需技术
利润标准	盈利性尺度、竞争性的成本状态
其他标准	先行公司在这些国家的经验、公司雇员以前的经验、专业化公司的经验、其他公司的经验、政府官员的态度和习惯做法

二、费雷泽研究所评价体系

加拿大费雷泽研究所自1997年开始，每年对全世界范围内众多矿业公司和矿业咨询机构进行问卷调查，试图了解矿产资源禀赋和公共政策因素，如税收和法规对勘查投资的影响，根据调查结果对各国矿业投资环境进行排序，进而确定出具有政策潜力和矿产资源潜力的国家。该项调查主要关注被调查国家和地区的政策潜力指数、矿产资源潜力指数、现行法规和土地条件下的矿产资源潜力三大内容。

“政策潜力指数”是费雷泽研究所制定的一个综合指数，用以衡量政府政策对矿产勘探投资的影响，包括政治不确定性、政策解读、法律实施、环境控制、税收、土地占有制和劳工问题等。

“矿产资源潜力指数”是指矿业公司根据对地质和矿产情况的认识，评价一个区域矿产勘探投资吸引力的一个指数（被调查者假设在该区域内不存在土地使用限制，不考虑政策影响）。

“现行法规和土地条件下的矿产资源潜力指标”能够比较全面地反映一个国家或地区的矿业投资环境，即在现行政策条件下可以用来投资或使用的矿产资源情况。

费雷泽研究所评价体系主要评价的是政策潜力指数，该指数包括15项指标：①行政、政策法规解读，现有法规执行的不确定性；②环境规章制度的不确定性；③政策法规间的重复与冲突（包括联邦政府与各省之间、联邦政府与州之间以及政府部门之间的重叠）；④法律体系；⑤税收政策（包括个人所得税、公司所得税、劳资薪酬、资本税和税收合规方面的复杂性）；⑥土地权利争端解决的不确定性；⑦是否会将某些地区规划为自然保护区或公园的不确定性；⑧基础设施；⑨社会经济条件；⑩贸易壁垒；⑪政治稳定性；⑫劳工政策与就业协议；⑬地质信息数据库（包括地图的质量和详细程度，以及信息获取是否便捷）；⑭安全措施；⑮有相当数量的娴熟劳工，在当前政策法规和土地使用政策下的矿产资源潜力。

费雷泽研究所评价体系的调查问卷法难以回避主观和随意性问题，其问卷调查的对象一半以上是勘查公司经理，难免带有片面性。此外，该方案只是对政策潜力和矿产潜力进行单独评估，并没有对各国、各地区的综合投资潜力进行评估，具有一定的局限性。

三、贝利多贝尔评价体系

贝利多贝尔公司是全球第一家矿业咨询公司。从1999年开始，该公司基于在50多个国家工作的经验，同时参考华尔街期刊的经济自由度指数，对世界主要矿产国家、地区不定期进行矿业投资环境评价，对影响矿业投资的政治风险进行排序。贝利多贝尔评价体系的排序来自专家积累的公开和非公开资源，排序结果是定性而非定量的。

贝利多贝尔评价体系主要涉及国家经济体系、国家政治体系、社会问题影响矿业的程度、因官僚或其他拖沓导致的在获取许可证上的延误、腐败程度、货币稳定性、税收制度等7个因素指标。

贝利多贝尔评价体系评价的主要是政治风险，评价的国家范围也较小，其评价所依据的原始信息、评价标准均是未知的，属于“暗箱”操作。此外，由于没有考虑矿业企业特别关注的地质因素和矿产资源因素，矿业投资环境的评价有失客观性。

第三节 矿业投资环境评价体系构建

一、评价指标体系构建原则

在现有的影响矿业投资环境的要素分类的基础上，考虑矿业企业在进行投资决策时关注的要点、各类要素的功能及全球矿业投资环境的现状，投资环境评价指标体系的构建应该采取定性加定量的原则，指标的选取应该坚持全面系统性、科学有效性、可比可操控等原则。

1.科学性、客观性原则

评价体系选取的指标应该包括我国矿业企业对外投资过程中从规划、勘探、设计、开采、销售、运输到资金回笼的全过程。权重设计必须建立在科学、规范的数学方法之上。指标数据的来源也需要有权威性和真实性。

2.全面性、代表性原则

提出的评价体系不仅要能包括对外投资中的整个过程，也要能客观地衡量各个指标之间的关系和重要程度，从而形成一个一级、二级、三级指标层次分明、内容丰富的评价体系。

3.可对比、可操作性原则

在指标的选取过程中要考虑指标数据的可获得性。例如，目标国的地质情况等，在一些国家都属于国家机密，国外企业是不可能获得相关数据的，所以设立该指标也就没有任何意义。此外，要考虑指标的可比性，这一条主要是针对定性指标而言，就是说两个国家对于该指标，能够很好地进行量化，从而比较优劣。最后，要考虑指标数据来源的权威性。

总之，在建立评价体系的过程中，应该既要考虑到影响投资环境的所有因素，又要考虑到在评价过程中的可操作性与客观性，从而得到一个兼顾实践性、应用性、客观性的评价体系。

二、评价对象

从地理区域方面来讲，上海合作组织成员包括中国、俄罗斯、哈萨克斯坦、吉尔吉斯斯坦、塔吉克斯坦、乌兹别克斯坦、巴基斯坦、印度等成员国，阿富汗、白俄罗斯、伊朗、蒙古国等观察员国，以及阿塞拜疆、亚美尼亚、柬埔寨、尼泊尔、土耳其、斯里兰卡等对话伙伴国。

广义的丝绸之路经济带，包括路上丝绸之路和海上丝绸之路，涉及的国家包括东亚的蒙古国、东盟10国（新加坡、马来西亚、印度尼西亚、缅甸、泰国、老挝、柬埔寨、越南、文莱和菲律宾）、西亚18国（伊朗、伊拉克、土耳其、叙利亚、约旦、黎巴嫩、以色列、巴勒斯坦、沙特阿拉伯、也门、阿曼、阿联酋、卡塔尔、科威特、巴林、希腊、塞浦路斯和北非的埃及）、南亚8国（印度、巴基斯坦、孟加拉国、阿富汗、斯里兰卡、马尔代夫、尼泊尔和不丹）、中亚5国（哈萨克斯坦、乌兹别克斯坦、土库曼斯坦、塔吉克斯坦和吉尔吉斯斯坦）、独联体7国（俄罗斯、乌克兰、白俄罗斯、格鲁吉亚、阿塞拜疆、亚美尼亚和摩尔多瓦）、中东欧16国（波兰、立陶宛、爱沙尼亚、拉脱维亚、捷克、斯洛伐克、匈牙利、斯洛文尼亚、克罗地亚、波黑、黑山、塞尔维亚、阿尔巴尼亚、罗马尼亚、保加利亚和马其顿）等65个国家。

由于本书依托项目“中亚西亚国际合作地质调查工程”覆盖范围仅包括丝绸之路沿线29个国家，而且我们与其他36个国家未建立地学合作关系，对其矿业投资环境所涉及的各项内容不甚了解，因此暂时未将这36个国家包含在此次评价体系之中。本书评价对象主要包括项目合作区域内的29个国家（表1–2，按英文名称首字母排列）。

三、评价指标体系构建

基于评价指标选择科学有效性、全面系统性、客观可观察性、可对比、可操作的原则，充分借鉴利用其他权威机构的成熟评价指标，综合考虑矿业投资评价可能涉及的各方面因素，引入“国际地学合作

表 1–2 丝绸之路沿线 29 国矿业投资环境评价对象

序号	中文名称	英文名称	序号	中文名称	英文名称
1	阿富汗	Afghanistan	16	摩尔多瓦	Moldova
2	亚美尼亚	Armenia	17	阿曼	Oman
3	阿塞拜疆	Azerbaijan	18	巴基斯坦	Pakistan
4	巴林	Bahrain	19	巴勒斯坦	Palestine
5	白俄罗斯	Belarus	20	卡塔尔	Qatar
6	塞浦路斯	Cyprus	21	沙特阿拉伯	Saudi Arabia
7	格鲁吉亚	Georgia	22	叙利亚	Syria
8	伊朗	Iran	23	塔吉克斯坦	Tajikistan
9	伊拉克	Iraq	24	土耳其	Turkey
10	以色列	Israel	25	土库曼斯坦	Turkmenistan
11	约旦	Jordan	26	乌克兰	Ukraine
12	哈萨克斯坦	Kazakhstan	27	阿联酋	United Arab Emirates
13	科威特	Kuwait	28	乌兹别克斯坦	Uzbekistan
14	吉尔吉斯斯坦	Kyrgyzstan	29	也门	Yemen
15	黎巴嫩	Lebanon			

关系”“一带一路”共建与合作国家战略对接、矿业投资在各国GDP总值中的比例等因素，构建了针对丝绸之路沿线国家矿业投资环境评价对比的评价指标体系，包括资源禀赋指数、矿业勘查开发指数、国际合作关系指数、营商环境指数、投资风险指数5项一级指标，27项二级指标（表1–3）。

表 1–3 丝绸之路沿线 29 国矿业投资环境评价指标体系

一级指标	二级指标	指标类型
资源禀赋指数	能源/矿产资源禀赋	定量指标
	能源/矿产品产量	定量指标
	战略性矿产种类	定量指标
	重点产业/采掘业透明度	定性指标
矿业勘查开发指数	矿业勘查投入/GDP	定量指标
	矿业勘查公司数	定量指标
	矿山项目数	定量指标
	运营矿业公司数	定量指标
	运营矿山项目数	定量指标
	中资矿业企业/大型国企情况	定性指标
国际合作关系指数	外交关系	定性指标
	经贸关系	定性指标
	共建“一带一路”协议签署情况及对接策略/共同组织	定性指标

续表

一级指标	二级指标	指标类型
国际合作关系指数	中方产业园区/重大工程/中资企业数/企业商会	定性指标
	地学合作关系	定性指标
营商环境指数	全球营商环境	定性指标
	全球竞争力	定性指标
	经济自由度	定性指标
	主权信用评级	定性指标
	外汇政策	定性指标
	中国金融机构	定性指标
	磋商机制/经贸文件	定性指标
	协定/协议	定性指标
投资风险指数	政治风险	定性指标
	项目运营风险	定性指标
	项目安全风险	定性指标
	恐怖袭击风险	定性指标

1.资源禀赋指数

在对一个国家或地区进行矿业投资时，资源潜力是矿产资源勘查开发企业进行海外投资可以一票否决的因素，通常也是各国矿业投资环境评价中首先要评价的指标，也是最为重要的评价指标。能源、矿产资源常常是在特定的地质环境产出的，它在地壳中的分布也是不均匀的。如果没有能源、矿产资源潜力，矿业投资则无从谈起。资源潜力大，则意味着投资者在该地区拥有或发现矿床的概率较大，也就有相应较高的投资成功率。衡量一个国家或地区资源潜力的指标应该包括矿产储量分布情况、重要成矿带、矿床品位、矿产类型是否属于可采类型等。

基于目前的研究程度和数据资料的可获得性，同时参考与我国矿产资源的互补性、考虑能源矿产相关行业在各国中受重视的程度，本书选取能源/矿产资源禀赋、能源/矿产品产量、战略性矿产种类、重点产业/采掘业透明度等4项内容为二级评价指标（表1–4）。

表1–4　资源禀赋指数二级评价指标与评价内容

二级指标	评价内容
能源/矿产资源禀赋	主要评价相关国家各类能源、矿产资源储量在全球的占比和全球排名情况，从而了解各国能源资源潜力及全球排位
能源/矿产品产量	主要评价相关国家各类能源、矿产品产量在全球的占比和全球排名情况，了解各国能源、矿产资源开发情况
战略性矿产种类	主要评价各国能源矿产资源种类中属于我国战略性矿产资源种类数量
重点产业/采掘业透明度	主要评价各国重点产业中是否有能源、矿产相关产业，了解能源矿业是否属于这些国家的重点发展行业；评价各国加入采掘业透明度计划的情况，进而了解各国行业透明度的状态

2.矿业勘查开发指数

矿业勘查开发指数主要用于评价各国矿业开发规模的大小、矿业开发的活跃度。矿业勘查开发规模、活跃程度可以在一定程度上反映各国、各地区矿业投资环境是否适宜。矿业勘查开发指数是矿业公司了解各国矿业投资环境和投资活动的重要窗口。

本书依据各国、各地区的矿业勘查经费投入在这些国家或地区GDP总值中的比例，对比评价其勘查投入情况，从而了解其政府对矿业活动的支撑力度；选取矿业勘查公司数、矿山项目数、运营矿业公司数、运营矿山项目数等4项指标，分别评价各国、各地区矿业活动的规模和活跃程度（表1–5）。此外，结合中资矿业企业在各国、各地区从事矿业活动情况、其他大型国企投资情况，了解我国在这些国家/地区的矿业勘查开发或经济建设的参与度。

表 1–5　资源禀赋指数二级评价指标与评价内容

二　级　指　标	评　价　内　容
矿业勘查投入/GDP	主要评价各国矿业勘查经费投入在这些国家GDP总值中的比例，从而对比评价各国勘查投入情况
矿业勘查公司数	主要评价各国勘查公司的数量，进而评价这些国家勘查活动的活跃度
矿山项目数	主要评价各国矿山项目的数量，进而评价矿业活动的规模
运营矿业公司数	主要评价各国运营矿山公司的数量，进而评价矿业勘查开发活动的活跃度
运营矿山项目数	主要评价各国运营矿山项目的数量，进而评价矿山勘查开发活动的规模
中资矿业企业/大型国企情况	主要评价中资矿业企业在各国从事矿业活动情况、其他大型国企投资情况，从而评价我国在这些国家的矿业勘查开发或经济建设的参与度

3.国际合作关系指数

世界各国间普遍存在着复杂的利益关系。当前，国际形势继续发生深刻复杂变化，经济全球化深入发展，国际贸易、投资、产业分工格局和经济金融秩序加速调整演变，全球经济联系日益紧密，利益交融不断加深。共建“一带一路”倡议逐渐成为世界经济增长的新引擎，为全球可持续发展增添正能量。各国加强对华合作的愿望进一步上升，继续深化同各个国家、地区的各类合作关系，是巩固和平稳定、共同发展的重要依托，也是进行国际矿业投资与产能合作所倚重的重要外部环境。

本书重点围绕我国矿业企业参与国际矿业投资所涉及各类合作关系，以我国与各个国家或地区之间的外交关系、经贸关系、共建“一带一路”协议签署情况及对接策略情况、是否加入共同组织、中方产业园/重大工程/中资企业数/企业商会、地学合作关系等指标来评价彼此之间的合作关系，以期共同客观、公正地评价矿业投资环境（表1–6）。

4.营商环境指数

营商环境是指市场主体在准入、生产经营、退出等过程中涉及的政务环境、市场环境、法治环境、人文环境等有关外部因素和条件的总和。营商环境反映市场主体生存环境，是新时代经济高质量发展新动能，也是一个国家或地区核心竞争力和软实力的综合表现。优良的营商环境，不仅能够吸引各类经济要素集聚、在更大市场空间配置资源，更重要的是能为投资者（市场主体）提供广阔的发展空间，从而为区域经济发展带来源源不断的财富。矿业投资者（市场主体）就像候鸟，哪里的营商环境好，它就到哪里栖息，就在哪里生长。因此，营商环境是矿业企业进行跨国矿业投资非常关心的内容之一。

表1-6　国际合作关系指数二级评价指标与评价内容

二级指标	评　价　内　容
外交关系	主要评价各国与我国的合作关系级别
经贸关系	主要评价各国与我国的经济贸易情况
共建"一带一路"协议签署情况及对接策略/共同组织	主要评价各国是否与我国签署共建"一带一路"协议或相关文件，各国发展战略与"一带一路"倡议的对接情况，以及双方共同参与的组织情况
中方产业园区/重大工程/中资企业数/企业商会	主要评价各国是否建有中方产业园区、两国合作的重大工程情况，中资企业情况，以及是否成立中资企业商会、协会等
地学合作关系	主要评价各国是否与我国自然资源部、中国地质调查局等机构签署合作谅解备忘录、项目协议等，是否开展地学合作项目，是否有高层互访、来访，是否参加我国举办的地学培训班

本书中的营商环境指数是在引入世界银行"全球营商环境"、世界经济论坛"全球竞争力"、美国智库传统基金会与《华尔街日报》"经济自由度"、全球三大智库"主权信用评价"指数等国际权威智库指标的基础上，综合考虑各国外汇政策、是否建有中国金融机构、是否共建经贸磋商机制和/或签署经贸文件、是否签署各类协议/协定等情况，进行综合分析评价（表1-7）。

表1-7　营商环境指数二级评价指标与评价内容

二级指标	评　价　内　容
全球营商环境	引用世界银行《全球营商环境报告2020》报告中各国总体得分及排序，对比分析各国"开办企业、办理施工许可证、电力获取、财产登记、信贷获取、少数投资者的保护、纳税、跨境贸易、合同执行、破产办理"等营商环境的总体情况
全球竞争力	引用世界经济论坛《2019年全球竞争力》报告中各国总体得分及排序，对比分析"制度建设、基础设施、宏观经济环境、健康与基础教育、高等教育与培训、商品市场效率、劳动力市场效率、金融市场发展水平、技术成熟度、市场规模、商业成熟度、创新能力"等竞争力总体情况
经济自由度	引用美国智库传统基金会与华尔街日报发表的《2020经济自由度指数》报告中各国总体得分及排序，对比分析各国"贸易政策、政府财政开支、政府对经济的干预、货币政策、资本流动和外国投资、银行业和金融业、工资与物价、产权、规制、非正规市场活动（黑市）"等经济自由度总体情况
主权信用评级	引用穆迪、惠誉、标普三大国际评级机构对各国主权信誉的评价结果，综合分析各国主权信用情况
外汇政策	对比分析各国外汇管控政策
中国金融机构	对比分析中国金融机构在各国的分布情况
磋商机制/经贸文件	主要评价各国与中国是否建立经贸磋商机制，签署经贸文件情况
协定/协议	对比分析各国与中国签署经贸协定、自由经贸协定（FTA协定）、保护投资协定、产能合作协议、货币互换协议等情况

其中，《全球营商环境》报告涉及"开办企业、办理施工许可证、电力获取、财产登记、信贷获取、少数投资者的保护、纳税、跨境贸易、合同执行、破产办理"等指标，《全球竞争力》包括"制度建设、基础设施、宏观经济环境、健康与基础教育、高等教育与培训、商品市场效率、劳动力市场效率、金融市场发展水平、技术成熟度、市场规模、商业成熟度、创新能力"内容，《经济自由度指数》涵盖"贸易政策、政府财政开支、政府对经济的干预、货币政策、资本流动和外国投资、银行业和金融业、工资与物价、产权、规制、非正规市场活动（黑市）"等情况。

5.投资风险指数

投资风险是指项目所在国的政治和社会等因素的不确定性所带来的风险，如由于政局动荡、社会治安乱、恐怖袭击、突发事件等致使矿业投资项目无法正常生产和运营而带来的风险。投资风险是矿业公司决定是否进行跨国矿业投资必须密切关注的重要内容之一。

目前，国际上由很多较为成熟的指标来评价投资风险（比如标普评级、穆迪评级），包括国家的政治稳定性、社会安全性的情况。为了避免重复工作，在评价各国政治稳定性、社会安全等投资风险时，直接参考国际上公认的一些评价指标和评价成果。

本书主要参考标普数据库的风险评价结果，主要评价政治风险、项目运营风险、项目安全风险、恐怖袭击风险等4项指标（表1–8）。结合标普数据库对各国的风险评估等级划分，按照极低风险、低风险、中风险、高风险、极高风险5个等级评价（表1–9），同时结合各国整体风险情况和局部风险情况综合评价。

表 1–8　投资风险指数二级评价指标与评价内容

二级指标	评　价　内　容
政治风险	引用参考标普数据库中各国政治风险总体评价和局部评价结果，对比分析政治风险情况
项目运营风险	引用参考标普数据库中各国项目运营风险总体评价和局部评价结果，对比分析项目运营风险情况
项目安全风险	引用参考标普数据库中各国项目安全风险总体评价和局部评价结果，对比分析项目安全风险情况
恐怖袭击风险	引用参考标普数据库中各国恐怖袭击风险总体评价和局部评价结果，对比分析恐怖袭击风险情况

表 1–9　各类风险等级界定标准

风险类别	风险等级	界　定　标　准
政治风险	极低风险	政治环境良好；例如：确保政治稳定，确立对投资者有利的政策，并且不存在重新谈判或废除合同的威胁
	低风险	政治条件总体上是积极的，偶尔和/或低水平的挑战不会显著阻碍业务发展；例如：政府政策对投资者友好，但有一些例外情况；合同通常受到尊重；或者非国家行为对政府决策的不利影响很小
	中风险	虽然政治环境为企业提供了良好的条件，但也确实会出现重大挑战；例如：敌对的游说团体对政府政策施加不成比例的影响，政治动荡拖延实质性改革，或者合同易受不确定性或偶发变化的影响
	高风险	政治环境给企业带来了持续而严峻的挑战；例如：国家行为存在合同废止或重新谈判的可信风险，政治动荡威胁着国家性质的根本改变，或者政府政策反复无常或对企业有害
	极高风险	政治条件对企业不利；例如：可能进行直接干预，资产国有化或没收，系统性政治动荡导致法治缺失，或者政权更替带来严重的风险
项目运营风险	极低风险	商业环境良好，任何困难都容易解决；例如：官方机构高效、透明，商业基础设施出色，劳工条件有利于成功投资和可持续投资
	低风险	总体而言，商业环境较好，偶尔和/或低水平的运营挑战不会严重阻碍业务发展；例如：与政府实体、工会和商业伙伴的互动通常很直接，补救方案令人满意，基础设施通常很好，声誉受损的风险很小
	中风险	业务通常面临运营困难，有时可能会带来严峻的挑战；例如：监管、司法和官僚等体系的不足会导致业务流程的阻挠或延迟，基础设施不足，或者工会或抗议团体的活动阻碍业务活动
	高风险	运营环境给投资业务带来持续而严峻的挑战；例如：腐败在所有级别的官僚机构都是普遍存在的，基础设施存在严重缺陷，或者法规繁重且实施反复无常
	极高风险	运营环境已接近无法维持正常运营的水平；例如：政府机构不健全，基础设施几乎完全不足或某些重大声誉受损

续表

风险类别	风险等级	界　定　标　准
项目安全风险	极低风险	企业的安全环境良好；例如：当局提供有效的安全保障，几乎没有政治暴力，公共骚乱很少见
	低风险	安全条件总体上较好，偶尔的和/或低级别的挑战不会严重阻碍业务；例如：当局提供足够的安全保障，有组织犯罪只会对企业产生轻微影响，而抗议活动很少升级为威胁或实际暴力
	中风险	安全环境的各个方面给业务带来了挑战，其中一些挑战可能很严重；例如：国家保护方面存在缺陷，有组织犯罪集团经常以欺诈、盗窃和勒索为目标，或者人员有时会遭受人身威胁
	高风险	安全环境给企业带来了持续而严峻的挑战，需要采取特殊措施；例如：国家保护非常有限，叛乱分子从事持续的活动，影响到企业或绑架，对外国人员构成了持续的严重威胁
	极高风险	安全条件是敌对的，并接近无法维持业务的水平；例如：没有法律和秩序，直接的战争或内战，或者人员不断面临针对性的和可能危及生命的暴力威胁
恐怖袭击风险	极低风险	恐怖主义对企业几乎没有风险；例如：没有已知的活跃的国内恐怖集团或可能助长恐怖主义的问题；跨国恐怖分子不太可能具有针对这些国家的能力和意图，或者安全部队或其他因素使这些国家成为恐怖分子难以实施恐怖活动的地点
	低风险	恐怖主义对企业造成的风险很小或较低；在某些国家，罕见的袭击可能具有更严重的性质；例如：罕见但大规模的攻击对人员或资产造成间接威胁或对业务造成暂时破坏；国内恐怖组织发动不以商业为目的，不旨在造成人员伤亡的低水平攻击；或者有能力的跨国恐怖分子在这些国家可能存在攻击意图，但是这些国家安全条件或其他因素明显阻碍了他们的行动
	中风险	恐怖主义是对企业的定期威胁，有时是严重威胁；例如：国内恐怖组织发动零星袭击，破坏（但不瞄准）业务，对外国或商业资产和人员进行的罕见大规模袭击和/或随机性小规模袭击，或者这些国家拥有具有攻击能力和意图的跨国恐怖分子感兴趣的目标，而这些国家安全部队抵抗威胁的能力是有限的
	高风险	恐怖主义给企业带来了持续而严峻的挑战；例如：恐怖组织对外国或商业资产和人员进行定期袭击，持续的恐怖运动破坏了商业活动的环境，或者安全部队薄弱无力应对恐怖活动
	极高风险	恐怖主义对企业构成持续的重大风险；例如：一个或多个恐怖组织正在组织持续的、高强度的活动，严重阻碍了商业活动，恐怖分子经常将目标对准外国人员或商业活动，或者无效的安全部队或其他条件为恐怖活动提供了高度有利的环境

四、指标标准的量化处理

本书的评价指标包括定性指标和定量指标两大类（表1–3），其中，定性指标涉及外交关系、经贸关系、地学合作关系等，定量指标包括能源/矿产资源禀赋、能源/矿产资源产量、矿山项目书等。

1.定性指标

对定性指标进行量化时，评价标准采取类比法，并借鉴参考国际上权威机构的数据指标，给出最后得分，以实现对定性指标的量化处理。

2.定量指标

定量指标是指可以直接量化的指标，这类指标因素有可供直接查询的数据作为评判依据。各类定量指标的统计分析尽量选自具有较高权威性的数据。在分析各类定量指标，评价其对所研究的矿业投资环境的影响时，要根据数据类型及反应的实际情况区别对待，有的指标数值越大，代表投资环境越好；有的指标数值越小，投资环境越好。

3.均一化处理

在对比分析各类指标之间，需要对其进行一致性处理。本书构建的评价体系中的指标因素可分为正向指标（数值即越大越好的指标）、逆向指标（数值越小越好的指标）。对于正向指标，可以直接进行对比分析；对于逆向指标，则先将其转换成正向指标，然后进行对比分析。

五、评价指标赋值标准

由于矿业投资环境涉及的指标多为定性数据，而且定量数据可获得性较差，所以本书采用的方法是投资环境评分法（等级评分法）。结合美国经济学家罗伯特 · 斯托鲍夫提出的等级评分法，在具体环境评价上采用简单累加积分的方法，使定性分析具有一定的数量化内容；在各项因素的分值确定上，采取区

表 1–10　丝绸之路沿线 29 国矿业投资环境评价各项指标权重

一级指标		二级指标	
指标类别	权重	指标类别	权重
资源禀赋指数	40	能源/矿产资源禀赋	40
		能源/矿产品产量	30
		战略性矿产种类	20
		重点产业/采掘业透明度	10
矿业勘查开发指数	15	矿业勘查投入/GDP	25
		矿业勘查公司数	10
		矿山项目数	10
		运营矿业公司数	10
		运营矿山项目数	15
		中资矿业企业/大型国企情况	30
国际合作关系指数	15	外交关系	25
		经贸关系	20
		共建“一带一路”协议签署情况及对接策略/共同组织	15
		中方产业园区/重大工程/中资企业数/企业商会	10
		地学合作关系	30
营商环境指数	15	全球营商环境	30
		全球竞争力	12
		经济自由度	12
		主权信用评级	10
		外汇政策	10
		中国/中资金融机构	10
		磋商机制/经贸文件	6
		协定/协议	10
投资风险指数	15	政治风险	25
		项目运营风险	25
		项目安全风险	25
		恐怖袭击风险	25

别对待的原则，在一定程度上体现不同因素对投资环境作用的差异，反映投资者对投资环境的一般看法。

针对各国投资环境的主要因素，按照对投资者重要性大小，确定不同的评分标准，再按照各种要素对投资者的利害关系，确定具体评分等级，然后将分数相加，作为各国投资环境的总体评价分数，分值越高代表投资环境越好，最后根据各国得分及排序，将丝绸之路沿线29国划分为优先推荐、推荐、密切关注、不推荐四类。

本书评价中各项指标总分为100分，其中，资源禀赋指数权重为40%、矿业勘查开发指数权重为15%、国际合作关系指数权重为15%、营商环境指数权重为15%、投资风险指数权重为15%。各个一级指标满分为100分，各个二级指标按照重要性又赋予不同权重，如表1–10所示。

第二章　中国与丝路沿线29国能源/矿产品贸易概况

第一节　丝路沿线29国能源/矿产品贸易

一、能源

本书讨论的能源产品主要包括石油、天然气、煤炭、其他化石燃料等。查塔姆智库（Chatham House）2018年度统计数据显示：丝绸之路沿线29国能源贸易总额为99214897.14万美元，进口总额为13086980.49万美元，出口总额为86127916.65万美元（表2–1）。其中，煤炭进口金额为1425041.41万美元，占29国能源产品进口总额的10.89%；出口金额为458434.8965万美元，占29国能源产品出口总额的0.53%；石油进口金额为9253040万美元，占29国能源产品进口总额的70.70%；出口金额为76612489.31万美元，占29国能源出口总额的88.95%；天然气进口金额为2105807.38万美元，占29国能源进口总额的16.09%；出口金额为8770715.527万美元，占29国出口总额的10.18%；其他化石能源进口金额为303091.7万美元，占29国能源进口总额的2.32%；出口金额为286276.9144万美元，占29国能源出口总额的0.33%（表2–1、表2–2）。

表 2–1　丝绸之路沿线 29 国能源进出口金额汇总

单位：百万美元

国家	贸易总额	排序	进口额	排序	出口额	排序
阿富汗	2459.9832	21	2361.8	13	98.1832	22
亚美尼亚	633.4728	26	629.666	22	3.8068	26
阿塞拜疆	19773.907	10	712.007	20	19061.9	9
巴林	18259.829	12	6237.5	7	12022.329	10
白俄罗斯	19651.9	11	11148.9	6	8503	12
塞浦路斯	3968.66	18	2650.1	11	1318.56	16
格鲁吉亚	1394.9725	22	1279.2	17	115.7725	21
伊朗	52845.3	7	564.3	25	52281	7
伊拉克	97174.158	3	1611.858	15	95562.3	3
以色列	14298.5	15	11666.9	5	2631.6	14
约旦	4049.127386	17	3964	9	85.127386	23
哈萨克斯坦	45760	8	2569	12	43191	8
科威特	72885.8	4	616	23	72269.8	4
吉尔吉斯斯坦	1093.124	24	964.3	18	128.824	20
黎巴嫩	3886.713	19	3850	10	36.713	24
摩尔多瓦	708.7902	25	697.9	21	10.8902	25
阿曼	58095.3	6	2128	14	55967.3	6

续表

国家	贸易总额	排序	进口额	排序	出口额	排序
巴基斯坦	15139.72814	13	14540	3	599.728143	19
巴勒斯坦	585.3847	27	584.5448	24	0.8399	27
卡塔尔	62246.5	5	1606	16	60640.5	5
沙特阿拉伯	216441.3	2	4533.9	8	211907.4	1
叙利亚	69.173065	29	69.012	28	0.161065	28
塔吉克斯坦	435.431136	28	435.3	27	0.131136	29
土耳其	30865.6	9	22960	1	7905.6	13
土库曼斯坦	9560.8111	16	33.4111	29	9527.4	11
乌克兰	14714.7	14	13805	4	909.7	17
阿联酋	220298	1	17261	2	203037	2
乌兹别克斯坦	3484.6	20	915	19	2569.6	15
也门	1368.206152	23	475.206	26	893.000152	18
合计	992148.9714	—	130869.8049	—	861279.1665	—

注：统计数据源于英国国防事务研究所查塔姆智库（Chatham House），2018年度，网址：https://resourcetrade.earth/data。

表 2–2　丝绸之路沿线 29 国能源进出口金额统计

单位：百万美元

国家	煤炭		石油		天然气		其他化石能源	
	进口额	出口额	进口额	出口额	进口额	出口额	进口额	出口额
阿富汗	1400	94.4	457	3	501	0.782	3.8	0.0012
亚美尼亚	0.466	1.1	237	0.405	377	2.3	15.2	0.0018
阿塞拜疆	0.507	30.7	367	17500	342	1500	2.5	31.2
巴林	168	0.329	5900	11800	3.5	109	166	113
白俄罗斯	122	676	8100	7000	2900	336	26.9	491
塞浦路斯	280	17	2300	1300	44	0.813	26.1	0.747
格鲁吉亚	55.6	1.9	894	113	291	0.836	38.6	0.0365
伊朗	135	910	389	49400	2.2	1300	38.1	671
伊拉克	4.6	—	1600	95400	0.258	56.3	7	106
以色列	692	74	10600	2500	327	37.7	47.9	19.9
约旦	46.9	0.167	2700	84.9	1200	0.000086	17.1	0.0603
哈萨克斯坦	353	673	1000	39000	1100	3400	116	118
科威特	83.4	22.8	225	69500	299	2500	8.6	247
吉尔吉斯斯坦	21.1	23.9	818	104	103	0.724	22.2	0.2
黎巴嫩	32	1.5	3500	33.2	211	1.7	107	0.313
摩尔多瓦	17.9	0.409	612	10.4	34.8	—	33.2	0.0812
阿曼	68.5	4.9	1900	47700	17.5	8200	142	62.4
巴基斯坦	1700	1.4	9200	598	3500	0.000143	140	0.328

续表

国家	煤炭		石油		天然气		其他化石能源	
	进口额	出口额	进口额	出口额	进口额	出口额	进口额	出口额
巴勒斯坦	1.6	0.0149	567	0.825	0.0448	—	15.9	—
卡塔尔	182	22.2	477	26900	792	33700	155	18.3
沙特阿拉伯	349	74.4	4000	207000	17.9	4300	167	533
叙利亚	4.1	0.000065	36.9	0.161	27.7	—	0.312	—
塔吉克斯坦	7.1	0.129	246	0.0021	161	—	21.2	0.000036
土耳其	4600	313	13800	7100	3900	408	660	84.6
土库曼斯坦	0.0411	389	32.5	991	0.165	8100	0.705	47.4
乌克兰	3100	485	5800	159	4600	253	305	12.7
阿联酋	734	745	15600	181000	206	21000	721	292
乌兹别克斯坦	47.8	22.1	744	34	100	2500	23.2	13.5
也门	43.8	—	428	893	0.006	0.000044	3.4	0.000108
合计	14250.4141	4584.348965	92530.4	766124.8931	21058.0738	87707.15527	3030.917	2862.769144

注：统计数据源于英国国防事务研究所查塔姆智库（Chatham House），2018年度，网址：https://resourcetrade.earth/data。

就能源产品贸易额而言，阿联酋和沙特阿拉伯在29国中居前列，贸易金额分别为2202.98亿美元、2164.41亿美元，分别占29国能源贸易总额的22.20%、21.82%；其次是伊拉克、科威特、卡塔尔、阿曼、伊朗等国，其能源贸易金额均大于500亿美元；哈萨克斯坦、土耳其、阿塞拜疆、白俄罗斯、巴林、巴基斯坦、乌克兰、以色列等国也有较大的能源贸易份额，其贸易金额均大于100亿美元（表2–1、图2–1、图2–2、图2–3）。

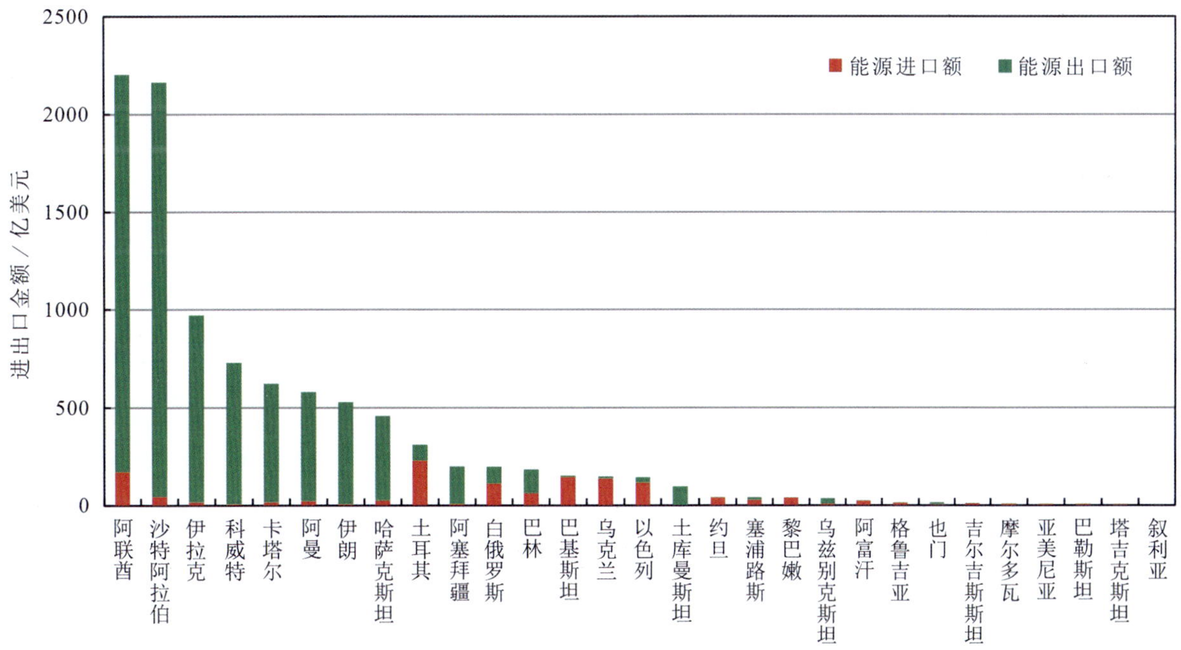

图 2–1　丝绸之路沿线29国能源贸易额排序（2018年）

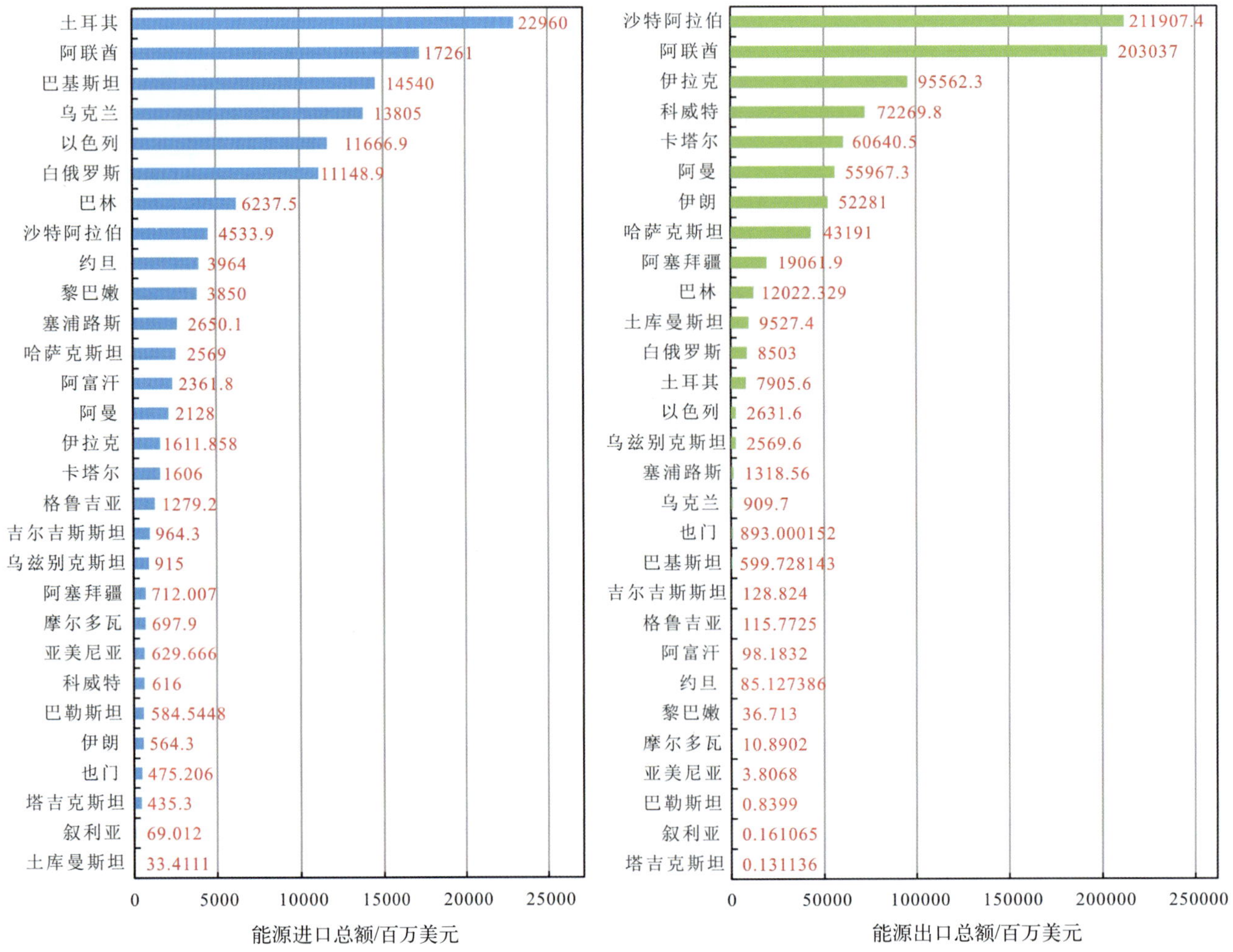

图 2-2　丝绸之路沿线29国能源进出口总额排序（2018年）

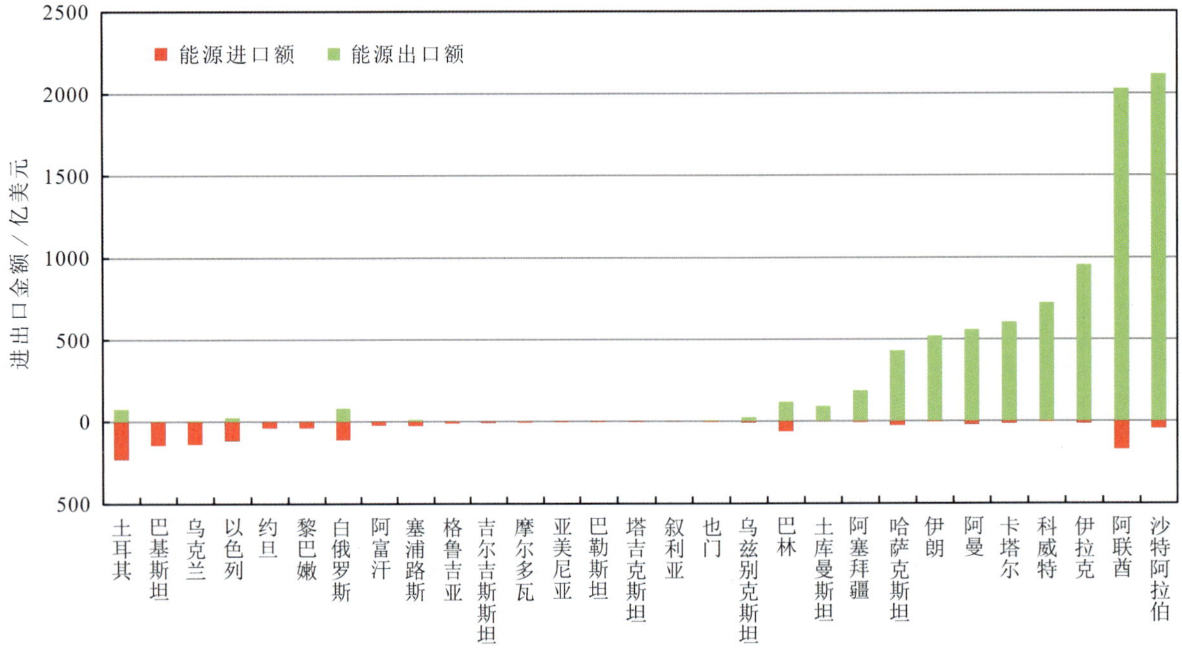

图 2-3　丝绸之路沿线29国能源进出口金额（2018年）

在能源进口方面，土耳其是最大的能源产品进口国，进口金额高达229.6亿美元，占29国能源产品进口总额的17.54%；其他国家排序依次为阿联酋、巴基斯坦、乌克兰、以色列、白俄罗斯等国，能源产品进口金额均大于100亿美元；吉尔吉斯斯坦、乌兹别克斯坦、阿塞拜疆、摩尔多瓦、亚美尼亚、科威特、巴勒斯坦、伊朗、也门、塔吉克斯坦等国能源产品进口较少，进口金额不足10亿美元；叙利亚和土库曼斯坦进口金额最小，均不足1亿美元（表2–1、图2–1、图2–2、图2–3）。

在能源出口方面，沙特阿拉伯和阿联酋位居能源产品出口国前列，出口金额分别为2119.074亿美元和2030.37亿美元，分别占29国能源出口总额的24.60%和23.57%；伊拉克、科威特、卡塔尔、阿曼、伊朗、哈萨克斯坦、阿塞拜疆、巴林等国位居其后，能源产品出口金额均大于100亿美元；阿富汗、约旦、黎巴嫩、摩尔多瓦、亚美尼亚等国能源产品出口较少，出口金额均小于1亿美元；巴勒斯坦、叙利亚、塔吉克斯坦等国能源产品出口量更少，均不足100万美元（表2–1、图2–1、图2–2、图2–3）。

总体而言，沙特阿拉伯和阿联酋是较大的能源产品贸易逆差国，净流出金额分别为2073.735亿美元、1857.76亿美元；伊拉克、科威特、卡塔尔、阿曼、伊朗等国位居其后，净流出金额均大于500亿美元；土耳其是最大的能源产品贸易顺差国，净流入金额为150.544亿美元，位居其后的是巴基斯坦、乌克兰、以色列等国，净流入金额均大于50亿美元（表2–1、图2–3）。

1. 煤炭

2018年度，丝绸之路沿线29国的煤炭贸易总额为1883476.3065万美元，进口总额为1425041.41万美元，出口总额为458434.8965万美元（表2–2）。土耳其、乌克兰、巴基斯坦为前三大煤炭贸易国，贸易金额分别为49.13亿美元、35.85亿美元、17.014亿美元，分别占29国煤炭贸易总额的26.08%、19.03%、9.03%；其次是阿富汗、阿联酋、伊朗、哈萨克斯坦等国，煤炭贸易金额均大于10亿美元（表2–2、图2–4、图2–5）。

在煤炭进口方面，土耳其、乌克兰、巴基斯坦是前三大煤炭进口国，进口金额分别为46亿美元、31亿美元、17亿美元，分别占29国煤炭进口总额的32.28%、21.75%、11.93%；阿富汗、阿联酋、以色列、哈萨克斯坦、沙特阿拉伯、塞浦路斯、卡塔尔、巴林、伊朗、白俄罗斯等国位居其后，煤炭进口金额均大于1亿美元；塔吉克斯坦、伊拉克、叙利亚、巴勒斯坦煤炭进口较少，进口金额均不足1000万美元；阿塞拜疆、亚美尼亚、土库曼斯坦煤炭进口更少，均不足100万美元（表2–2、图2–4、图2–5）。

在煤炭出口方面，伊朗、阿联酋、白俄罗斯位列煤炭出口前三位，出口金额分别为9.1亿美元、7.45亿美元、6.76亿美元，分别占29国煤炭出口总额的19.85%、16.25%、14.75%；哈萨克斯坦、乌克兰、土库曼斯坦、土耳其等国位居其后，煤炭出口金额均大于1亿美元；摩尔多瓦、巴林、约旦、塔吉克斯坦、巴勒斯坦、叙利亚等国煤炭出口较少，均不足100万美元。也门、伊拉克两国由于没有收集到相关数据，排在最后（表2–2、图2–4、图2–5）。

总体而言，伊朗是最大的煤炭产品贸易逆差国，净流出金额分别为7.75亿美元；其次是白俄罗斯、土库曼斯坦、哈萨克斯坦等国，净流出金额均大于3亿美元。土耳其是最大的煤炭贸易顺差国，净流入金额为42.87亿美元；其次乌克兰、巴基斯坦、阿富汗等国，净流入金额均大于10亿美元（表2–2、图2–5）。

2.石油

2018年度，丝绸之路沿线29国的石油贸易总额为85865529.31万美元，进口总额为9253040万美元，出口总额为76612489.31万美元（表2–2）。沙特阿拉伯、阿联酋、伊拉克为前三大石油贸易国，贸易金额分别为2110亿美元、1966亿美元、970亿美元，分别占29国石油贸易总额的24.57%、22.90%、11.30%；科威

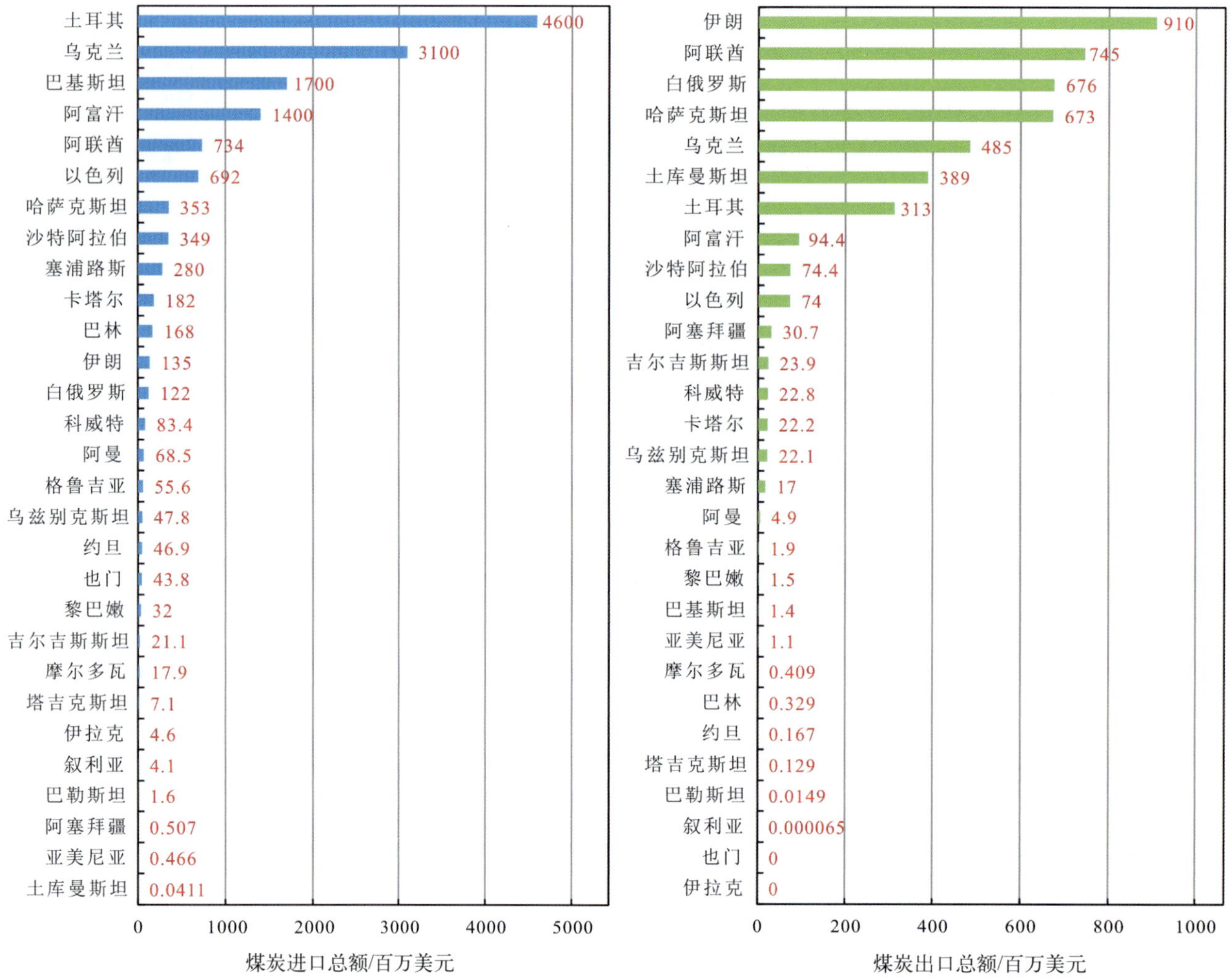

图 2–4　丝绸之路沿线29国煤炭进出口总额排序（2018年）

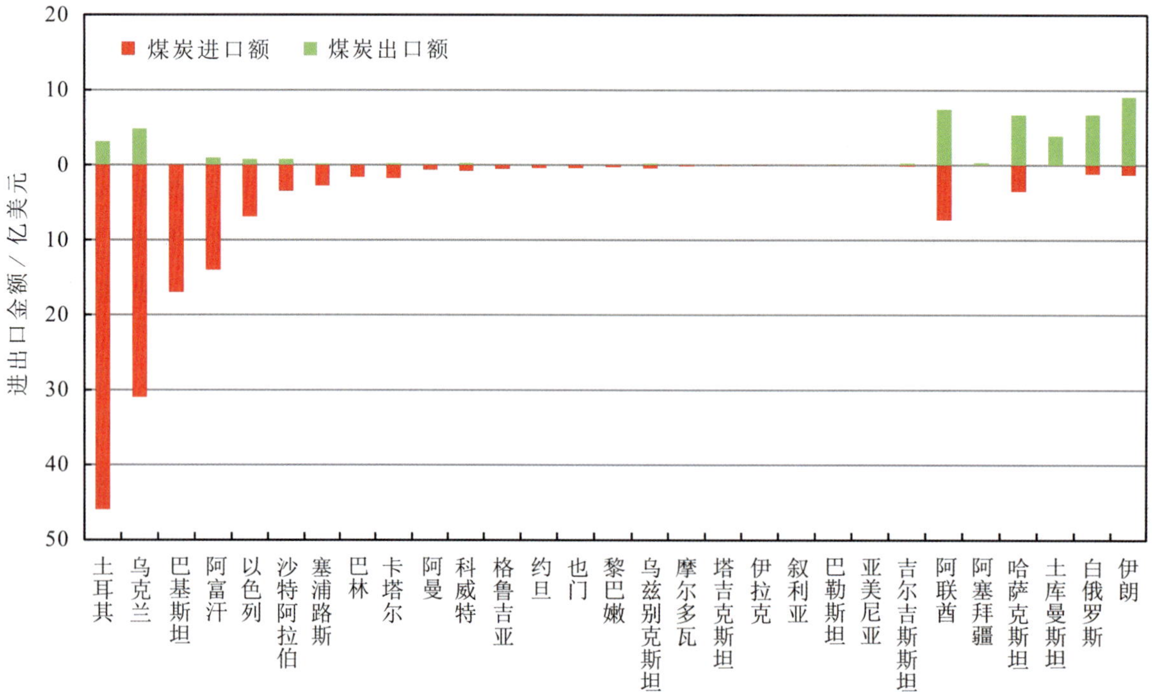

图 2–5　丝绸之路沿线29国煤炭进出口金额（2018年）

特、伊朗、阿曼、哈萨克斯坦、卡塔尔、土耳其、阿塞拜疆、巴林、白俄罗斯、以色列、巴基斯坦等国位居其后，其贸易金额均大于或接近100亿美元（表2–2、图2–6、图2–7）。

在石油进口方面，阿联酋、土耳其、以色列位列石油产品进口前三位，进口金额分别为156亿美元、138亿美元、106亿美元，分别占29国石油产品进口金额的16.86%、14.91%、11.46%；巴基斯坦、白俄罗斯、巴林、乌克兰、沙特阿拉伯、黎巴嫩、约旦、塞浦路斯、阿曼、伊拉克、哈萨克斯坦等国位居其后，石油产品进口金额均大于10亿美元；卡塔尔、阿富汗、也门、伊朗、阿塞拜疆、塔吉克斯坦、亚美尼亚、科威特等国石油进口较少，均不足5亿美元；叙利亚和土库曼斯坦石油进口更少，均少于5000万美元（表2–2、图2–6、图2–7）。

在石油出口方面，沙特阿拉伯、阿联酋、伊拉克为前三大石油产品出口国，出口金额分别2070亿美元、1810亿美元、954亿美元，分别占29国石油产品出口金额的27.02%、23.63%、12.45%；科威特、伊朗、阿曼、哈萨克斯坦、卡塔尔、阿塞拜疆、巴林等国位居其后，石油产品出口金额均大于100亿美元；约旦、乌兹别克斯坦、黎巴嫩、摩尔多瓦、阿富汗等国石油出口较少，出口金额均小于1亿美元；巴勒斯坦、亚美尼亚、叙利亚、塔吉克斯坦等国石油出口金额更少，均不足100万美元（表2–2、图2–6、图2–7）。

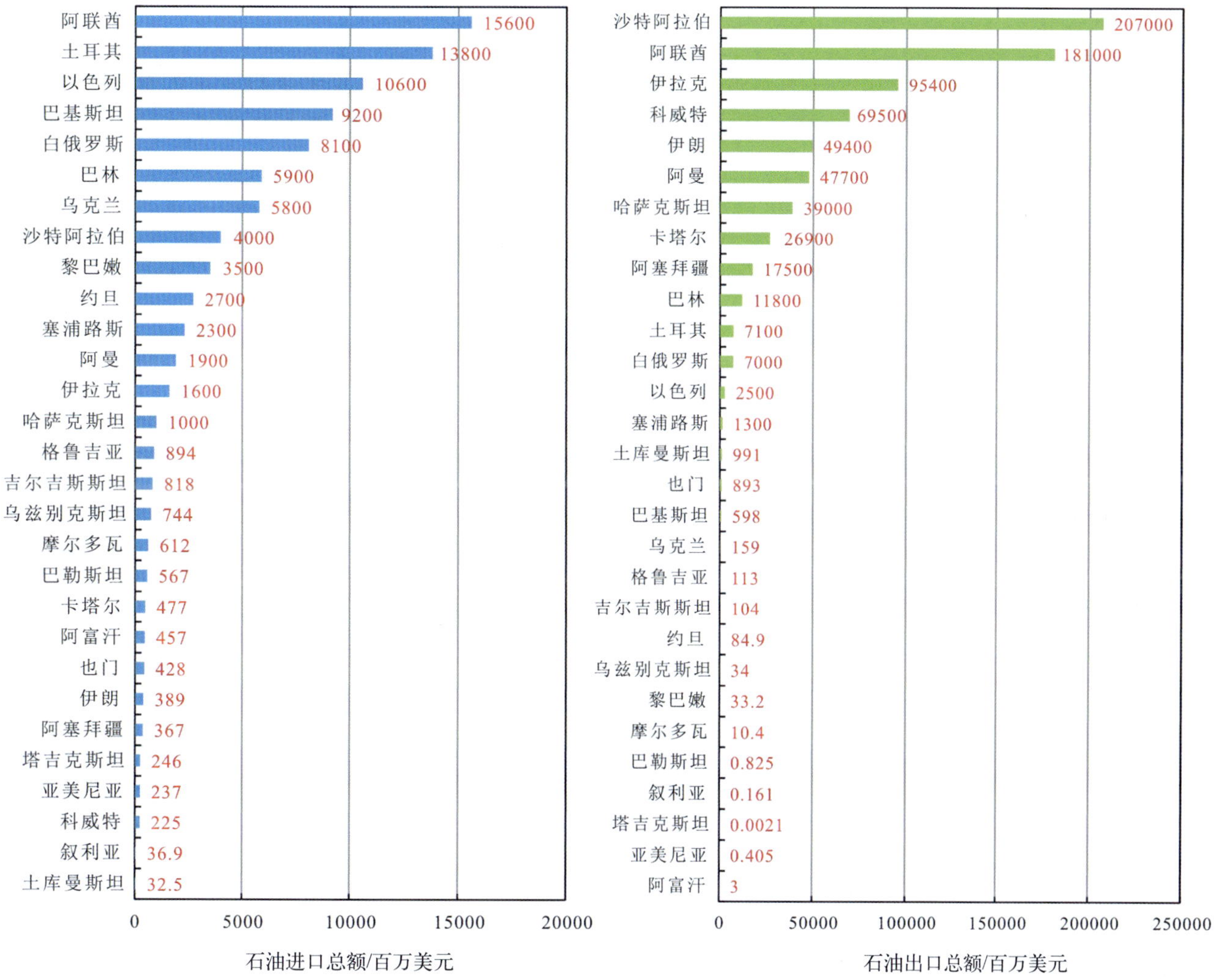

图 2–6　丝绸之路沿线29国石油进出口总额排序（2018年）

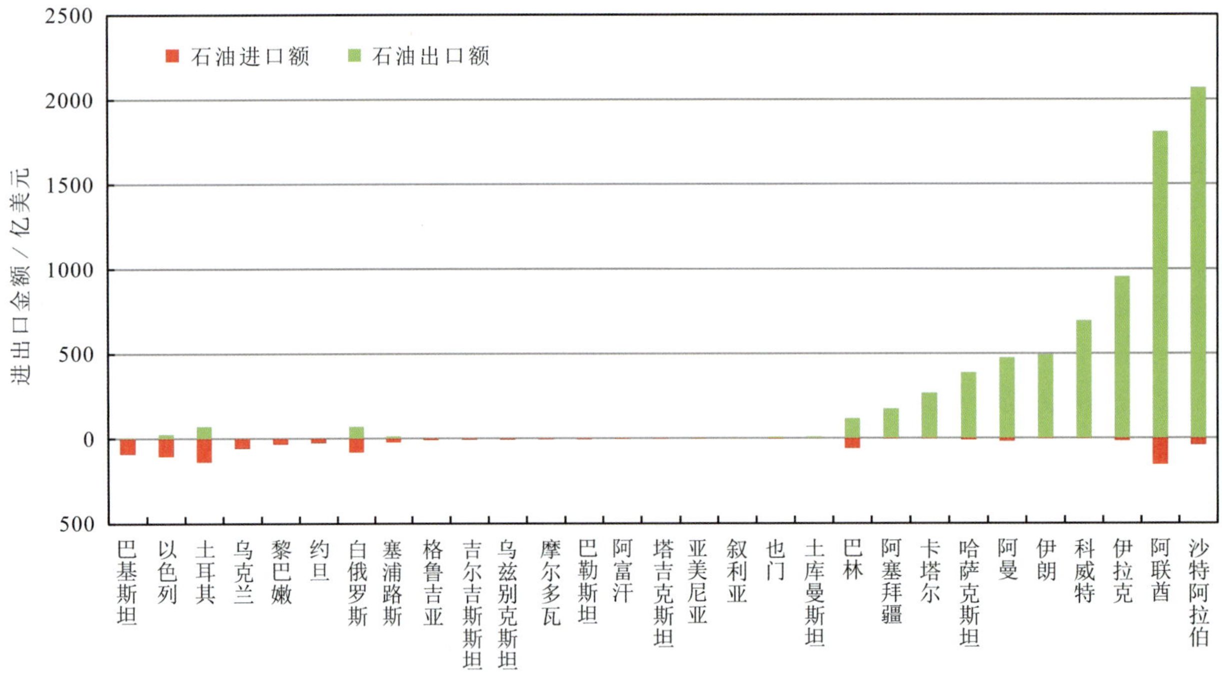

图 2–7　丝绸之路沿线29国石油进出口金额（2018年）

总体而言，沙特阿拉伯和阿联酋是最大的石油产品贸易逆差国，净流出金额分别为2030亿美元、1654亿美元，其次是伊拉克、科威特、伊朗、阿曼、哈萨克斯坦、卡塔尔、阿塞拜疆等国，净流出金额均大于100亿美元；巴基斯坦和以色列是位居前列的石油产品贸易顺差国，净流入金额为86.02亿美元、81亿美元，土耳其、乌克兰、黎巴嫩、约旦、白俄罗斯、塞浦路斯等国位居其后，净流入金额均大于10亿美元（表2–2、图2–7）。

3.天然气

2018年度，丝绸之路沿线29国的天然气贸易总额为10876522.907万美元，进口总额为2105807.38万美元，出口总额为8770715.527万美元（表2–2）。卡塔尔、阿联酋、阿曼为前三大天然气贸易国，贸易金额分别为344.92亿美元、212.06亿美元、81.00165亿美元，分别占29国天然气贸易总额的31.71%、19.50%、7.56%；土库曼斯坦、乌克兰、哈萨克斯坦、沙特阿拉伯、土耳其、巴基斯坦、白俄罗斯、科威特、乌兹别克斯坦、阿塞拜疆、伊朗、约旦等国位居其后，天然气贸易金额分别大于10亿美元（表2–2、图2–8、图2–9）。

在天然气进口方面，乌克兰、土耳其、巴基斯坦位列天然气产品进口前三位，进口金额分别为46亿美元、39亿美元、35亿美元，分别占29国天然气进口金额的21.84%、18.52%、16.62%；白俄罗斯、约旦、哈萨克斯坦等国位居其后，天然气进口金额均大于10亿美元；巴林、伊朗、伊拉克、土库曼斯坦、巴勒斯坦等国天然气进口较少，进口金额均不足1000万美元；也门天然气进口金额更少，仅为6000美元（表2–2、图2–8、图2–9）。

在天然气出口方面，卡塔尔和阿联酋天然气产品出口较多，出口金额分别为337亿美元、210亿美元，分别占29国天然气出口金额的38.42%、23.94%；阿曼、土库曼斯坦、沙特阿拉伯、哈萨克斯坦、科威特、乌兹别克斯坦、阿塞拜疆、伊朗等国位居其后，天然气出口金额均大于10亿美元；格鲁吉亚、塞浦路斯、阿富汗、吉尔吉斯斯坦、巴基斯坦、约旦、也门天然气出口较少，出口金额均不足100万美元；塔吉克斯

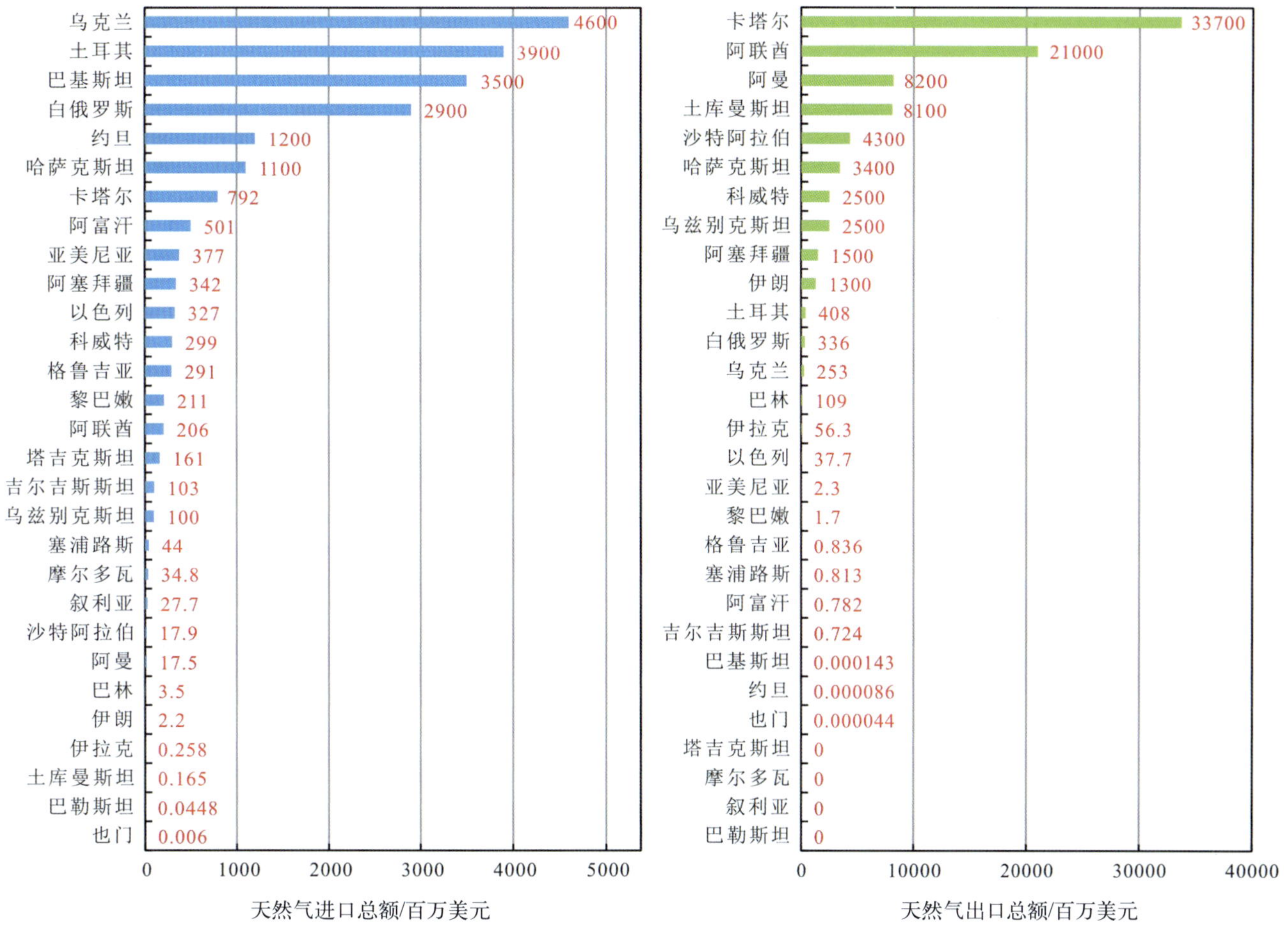

图 2–8　丝绸之路沿线29国天然气进出口总额排序（2018年）

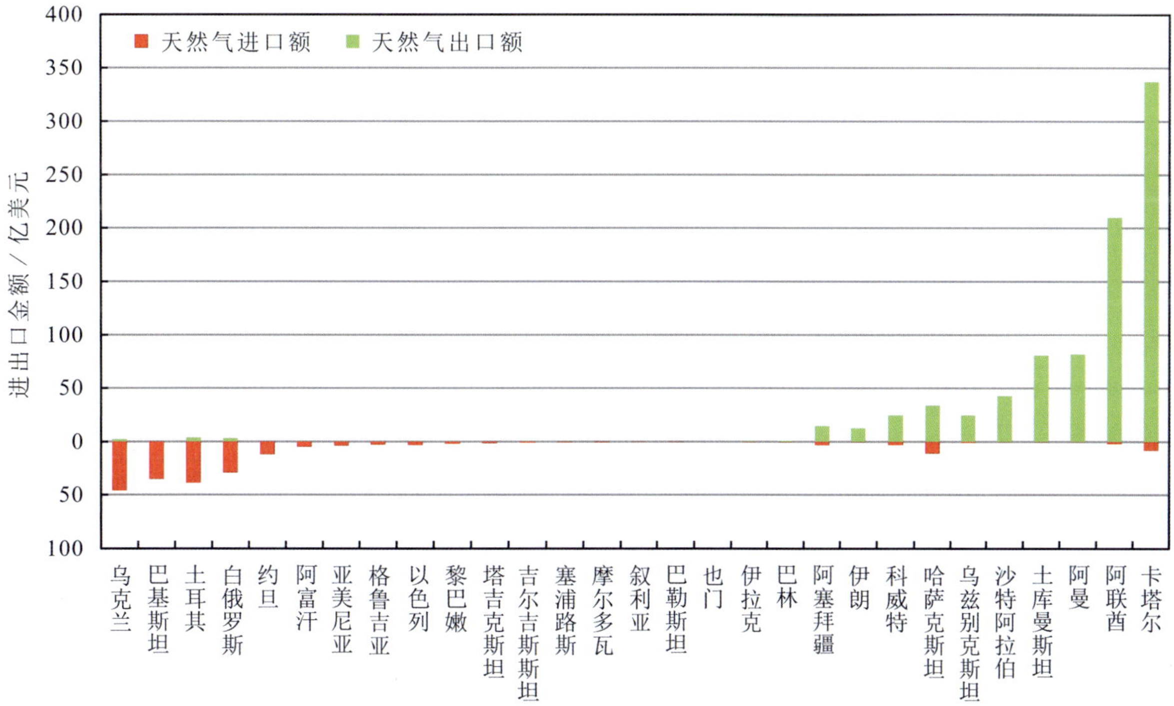

图 2–9　丝绸之路沿线29国天然气进出口金额（2018年）

坦、摩尔多瓦、叙利亚、巴勒斯坦等国由于没有收集到天然气出口金额数据，排在最后（表2–2、图2–8、图2–9）。

总体而言，卡塔尔是最大的天然气贸易逆差国，净流出金额高达329.08亿美元；其次是阿联酋、阿曼、土库曼斯坦等国，净流出金额均大于50亿美元。乌克兰是最大的天然气贸易顺差国，净流入金额为43.47亿美元；其次巴基斯坦、土耳其、白俄罗斯、约旦等国，净流入金额均大于10亿美元（表2–2、图2–9）。

二、铁矿/钢铁

查塔姆智库（Chatham House）统计数据显示：2018年度，丝绸之路沿线29国的铁矿/钢铁贸易总额为9716536.28万美元，其中，进口总额为5303060万美元，出口总额为4413480万美元（表2–3）。土耳其、乌克兰、沙特阿拉伯是前三大铁矿/钢铁产品贸易国，贸易金额分别为297亿美元、162亿美元、73亿美元，分别占29国铁矿/钢铁贸易总额的30.57%、16.67%、7.51%；阿联酋、阿曼两国位居其后，铁矿/钢铁贸易金额均大于50亿美元；伊朗、巴基斯坦、哈萨克斯坦、白俄罗斯、巴林、以色列、乌兹别克斯坦、科威特、卡塔尔、黎巴嫩等国也有一定的铁矿/钢铁贸易份额，其贸易金额均大于10亿美元。(表2–3、图2–10、图2–11、图2–12)。

表 2–3　丝绸之路沿线 29 国铁矿 / 钢铁进出口金额统计

单位：百万美元

国家	贸易总额	排序	进口额	排序	出口额	排序
阿富汗	228.8	26	185	25	43.8	22
亚美尼亚	107.3	28	106	28	1.3	26
阿塞拜疆	416.1	20	367	19	49.1	20
巴林	2900	10	1100	12	1800	7
白俄罗斯	3100	9	1800	7	1300	8
塞浦路斯	262	24	218	24	44	21
格鲁吉亚	362.9	22	281	21	81.9	18
伊朗	4800	6	1000	13	3800	3
伊拉克	755.0355	17	755	17	0.0355	28
以色列	2077	11	1900	6	177	16
约旦	842.6	16	789	16	53.6	19
哈萨克斯坦	3800	8	1300	10	2500	5
科威特	1624	13	1400	8	224	14
吉尔吉斯斯坦	282.7	23	244	22	38.7	23
黎巴嫩	1000	15	797	15	203	15
摩尔多瓦	454	19	177	27	277	13
阿曼	5600	5	2600	5	3000	4
巴基斯坦	4215	7	3900	4	315	10
巴勒斯坦	399.5	21	306	20	93.5	17
卡塔尔	1590	14	859	14	731	9
沙特阿拉伯	7300	3	5100	3	2200	6

续表

国家	贸易总额	排序	进口额	排序	出口额	排序
叙利亚	178.0946	27	178	26	0.0946	27
塔吉克斯坦	242.2	25	240	23	2.2	25
土耳其	29700	1	18000	1	11700	2
土库曼斯坦	68.6327	29	68.6	29	0.0327	29
乌克兰	16200	2	1300	11	14900	1
阿联酋	6395	4	6100	2	295	11
乌兹别克斯坦	1695	12	1400	9	295	12
也门	569.5	18	560	18	9.5	24
合计	97165.3628	—	53030.6	—	44134.8	—

注：统计数据源于英国国防事务研究所查塔姆智库（Chatham House），2018年度，网址：https://resourcetrade.earth/data。

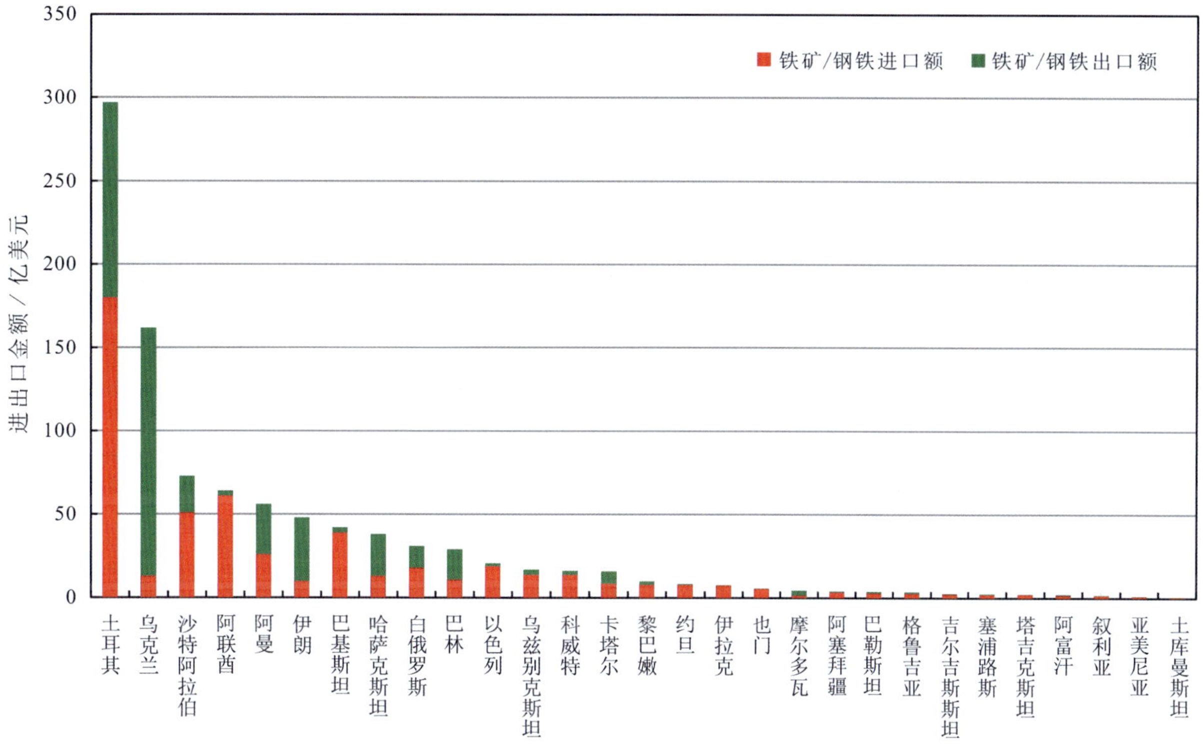

图 2–10　丝绸之路沿线29国铁矿/钢铁贸易金额排序（2018年）

在进口方面，土耳其、阿联酋、沙特阿拉伯位列铁矿/钢铁进口金额前三位，进口金额分别为180亿美元、61亿美元、51亿美元，分别占29国铁矿/钢铁进口金额的33.94%、11.50%、9.62%；巴基斯坦、阿曼、以色列、白俄罗斯、乌兹别克斯坦、科威特、乌克兰、哈萨克斯坦、巴林、伊朗等国位居其后，铁矿/钢铁进口金额均大于10亿美元；阿塞拜疆、巴勒斯坦、格鲁吉亚、吉尔吉斯斯坦、塔吉克斯坦、塞浦路斯、阿富汗、叙利亚、摩尔多瓦、亚美尼亚等国铁矿/钢铁进口金额较少，均不足5亿美元；土库曼斯坦铁矿/钢铁进口金额更少，仅为6860万美元（表2–3、图2–10、图2–11、图2–12）。

在出口方面，乌克兰和土耳其铁矿/钢铁出口金额位居前列，分别为149亿美元、117亿美元，分别占

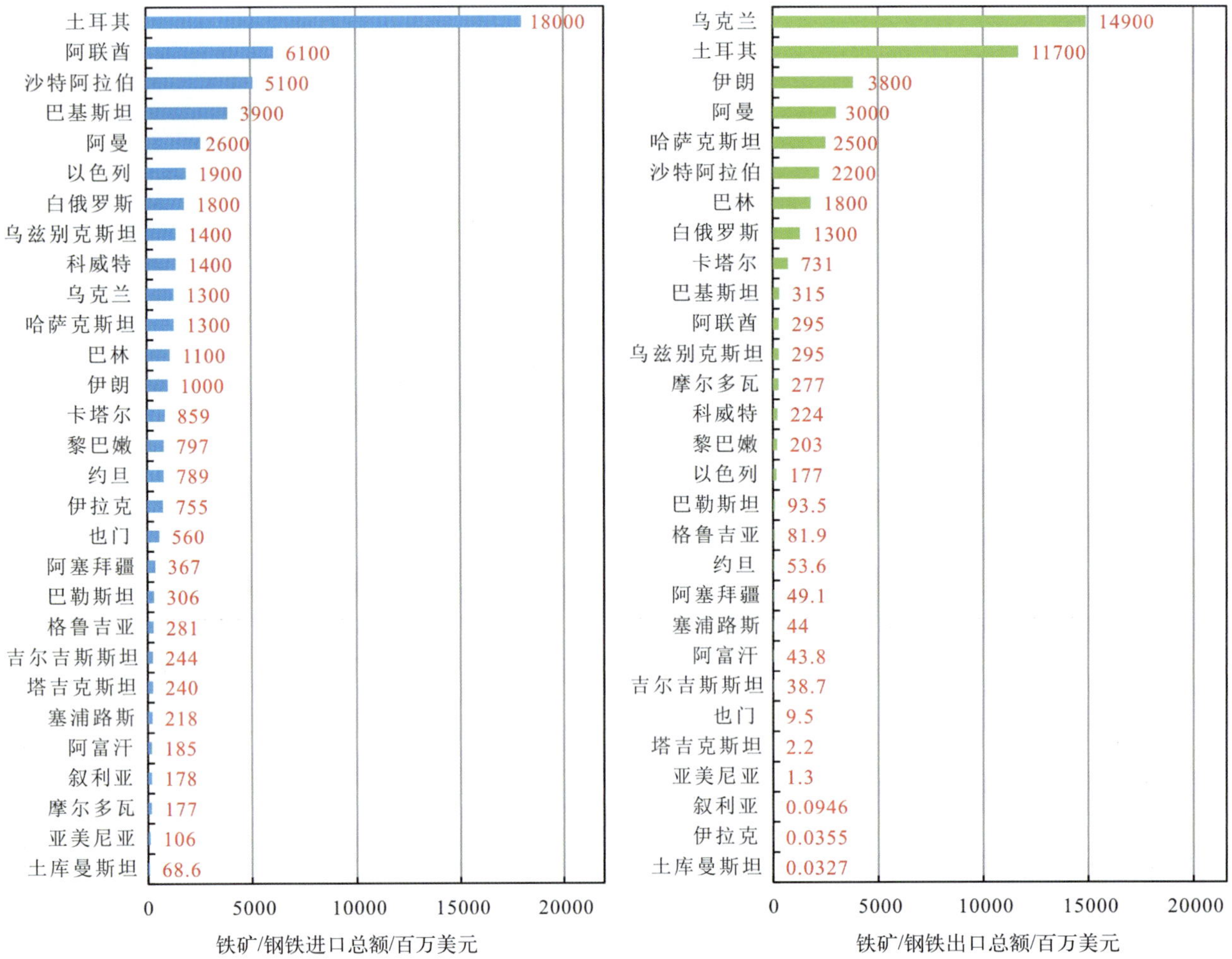

图 2–11 丝绸之路沿线29国铁矿/钢铁进出口总额排序（2018年）

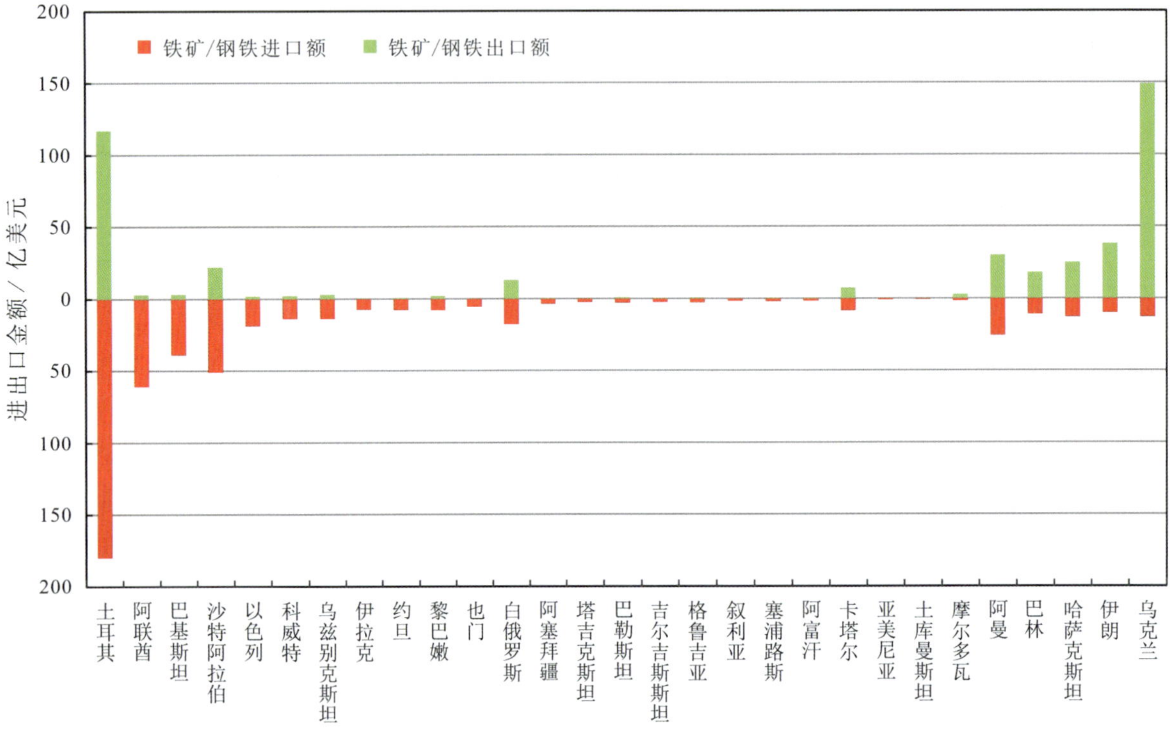

图 2–12 丝绸之路沿线29国铁矿/钢铁进出口金额（2018年）

29国铁矿/钢铁产品出口金额的33.76%、26.51%；伊朗、阿曼、哈萨克斯坦、沙特阿拉伯、巴林、白俄罗斯等国位居其后，铁矿/钢铁产品出口金额均大于10亿美元；也门、塔吉克斯坦、亚美尼亚等国铁矿/钢铁产品出口金额较少，均不足1000万美元；叙利亚、伊拉克和土库曼斯坦铁矿/钢铁产品出口金额更少，均不足10万美元（表2–3、图2–10、图2–11、图2–12）

总体而言，乌克兰是最大的铁矿/钢铁贸易逆差国，净流出金额高达136亿美元；伊朗、哈萨克斯坦、巴林、阿曼、摩尔多瓦等国位居其后，净流出金额均大于1亿美元；土耳其和阿联酋位居铁矿/钢铁贸易顺差国前列，净流入金额分别为63亿美元、58.05亿美元；巴基斯坦、沙特阿拉伯、以色列、科威特、乌兹别克斯坦等国位居其后，铁矿/钢铁净流入金额均大于10亿美元（表2–3、图2–12）。

三、贵金属

1.总体情况

本书讨论的贵金属产品主要包括金、银、铂、钯、其他贵金属等。查塔姆智库（Chatham House）统计数据显示：2018年度，丝绸之路沿线29国的贵金属产品贸易总额为6537800.29万美元，进口总额为4071116.73万美元，出口总额为2466683.56万美元（表2–4）。其中，黄金产品进口金额为3980980.7万美元，占29国贵金属进口总额的97.79%；出口金额为2295140万美元，占29国贵金属出口总额的93.05%。其他贵金属产品进口金额为90136.03万美元，占29国贵金属进口总额的2.21%；出口金额为171544.56万美元，占29国贵金属出口总额的6.95%（表2–4）。

表 2–4　丝绸之路沿线 29 国贵金属进出口金额统计

单位：万美元

国家	金		其他贵金属		进口总额	出口总额
	进口额	出口额	进口额	出口额		
阿富汗	93.5	9390	—	—	93.5	9390
亚美尼亚	8310	18300	57.1	1931.85	8367.1	20231.85
阿塞拜疆	2220	14600	28.26	224.7	2248.26	14824.7
巴林	27200	7960	84.19	950	27284.19	8910
白俄罗斯	—	110	746.89	3787.63	746.89	3897.63
塞浦路斯	590	2760	27.61	86.53	617.61	2846.53
格鲁吉亚	97.2	7080	622.45	1350	719.65	8430
伊朗	4310	7680	521.52	6030	4831.52	13710
伊拉克	11600	140000	—	241.61	11600	140241.6
以色列	2160	2020	2759.77	2590	4919.77	4610
约旦	13100	2530	137.8	1400	13237.8	3930
哈萨克斯坦	870	900	27060.03	56630	27930.03	57530
科威特	71500	390	62.91	180.3	71562.91	570.3
吉尔吉斯斯坦	—	71800	37.1	14000	37.1	85800
黎巴嫩	69100	32300	258.07	759.7	69358.07	33059.7
摩尔多瓦	—	120	—	39	—	159
阿曼	40000	4070	1950.66	1771.02	41950.66	5841.02

续表

国家	金		其他贵金属		进口总额	出口总额
	进口额	出口额	进口额	出口额		
巴基斯坦	1550	3300	400	2151.6	1950	5451.6
巴勒斯坦	—	—	—	—	—	—
卡塔尔	35600	—	446.67	1913.6	36046.67	1913.6
沙特阿拉伯	330000	73000	114.3	15290	330114.3	88290
叙利亚	—	—	—	—	—	—
塔吉克斯坦	—	21200	—	254.35	—	21454.35
土耳其	970000	250000	14483.1	25280	984483.1	275280
土库曼斯坦	—	—	—	—	—	—
乌克兰	1580	3730	561.7	1942.98	2141.7	5672.98
阿联酋	2390000	1350000	37500	19893.2	2427500	1369893
乌兹别克斯坦	940	250000	2275.9	11431.9	3215.9	261431.9
也门	160	21900	—	1413.6	160	23313.6
合计	3980980.7	2295140	90136.03	171544.56	4071116.73	2466683.56

注：统计数据源于英国国防事务研究所查塔姆智库（Chatham House），2018年度，网址：https://resourcetrade.earth/data。

阿联酋、土耳其、沙特阿拉伯为前三大贵金属产品贸易国，贸易金额分别为3797393.19万美元、1259763.1万美元、418404.3万美元，分别占29国贵金属贸易总额的58.08%、19.27%、6.40%；乌兹别克斯坦、伊拉克、黎巴嫩等国位居其后，贵金属贸易金额均大于10亿美元；吉尔吉斯斯坦、哈萨克斯坦、科威特等国也有一定的贵金属贸易份额，贸易金额分别大于5亿美元（表2–4、图2–13、图2–14）。

在贵金属进口方面，阿联酋、土耳其、沙特阿拉伯位列贵金属产品进口总额前三位，进口总额分别为242.75亿美元、98.44831亿美元、33.01143亿美元，分别占29国贵金属进口总额的59.63%、24.18%、8.11%；科威特、黎巴嫩、阿曼、卡塔尔、哈萨克斯坦、巴林、约旦、伊拉克等国贵金属产品进口金额较大，均大于1亿美元；阿富汗、吉尔吉斯斯坦两国贵金属进口金额较少，均不足100万美元；塔吉克斯坦、摩尔多瓦、土库曼斯坦、叙利亚、巴勒斯坦等国由于没有收集到相关数据，排在最后（表2–4、图2–13、图2–14）。

在贵金属出口方面，阿联酋为最大的贵金属产品出口国，金额高达136.989319亿美元，占29国贵金属产品出口总额的55.54%；土耳其、乌兹别克斯坦、伊拉克等国位居其后，贵金属产品出口金额均大于10亿美元；科威特、摩尔多瓦两国贵金属产品出口较少，出口金额均不足1000万美元；土库曼斯坦、叙利亚、巴勒斯坦三国由于没有收集到相关数据，排在最后（表2–4、图2–13、图2–14）。

总体而言，乌兹别克斯坦、伊拉克、吉尔吉斯斯坦是贵金属产品贸易前三大逆差国，净流出金额分别为25.8216亿美元、12.864161亿美元、8.57629亿美元；哈萨克斯坦、也门、塔吉克斯坦、阿塞拜疆、亚美尼亚等国位居其后，贵金属产品净流出金额均大于1亿美元。阿联酋、土耳其、沙特阿拉伯是贵金属产品贸易前三大顺差国，净流入金额分别为105.7607亿美元、70.92031亿美元、24.18243亿美元；科威特、黎巴嫩、阿曼、卡塔尔、巴林等国位居其后，贵金属产品净流入金额均大于1亿美元；土库曼斯坦、叙利亚、巴勒斯坦三国由于没有收集到相关数据，进出口净流量均为0(表2–4、图2–14)。

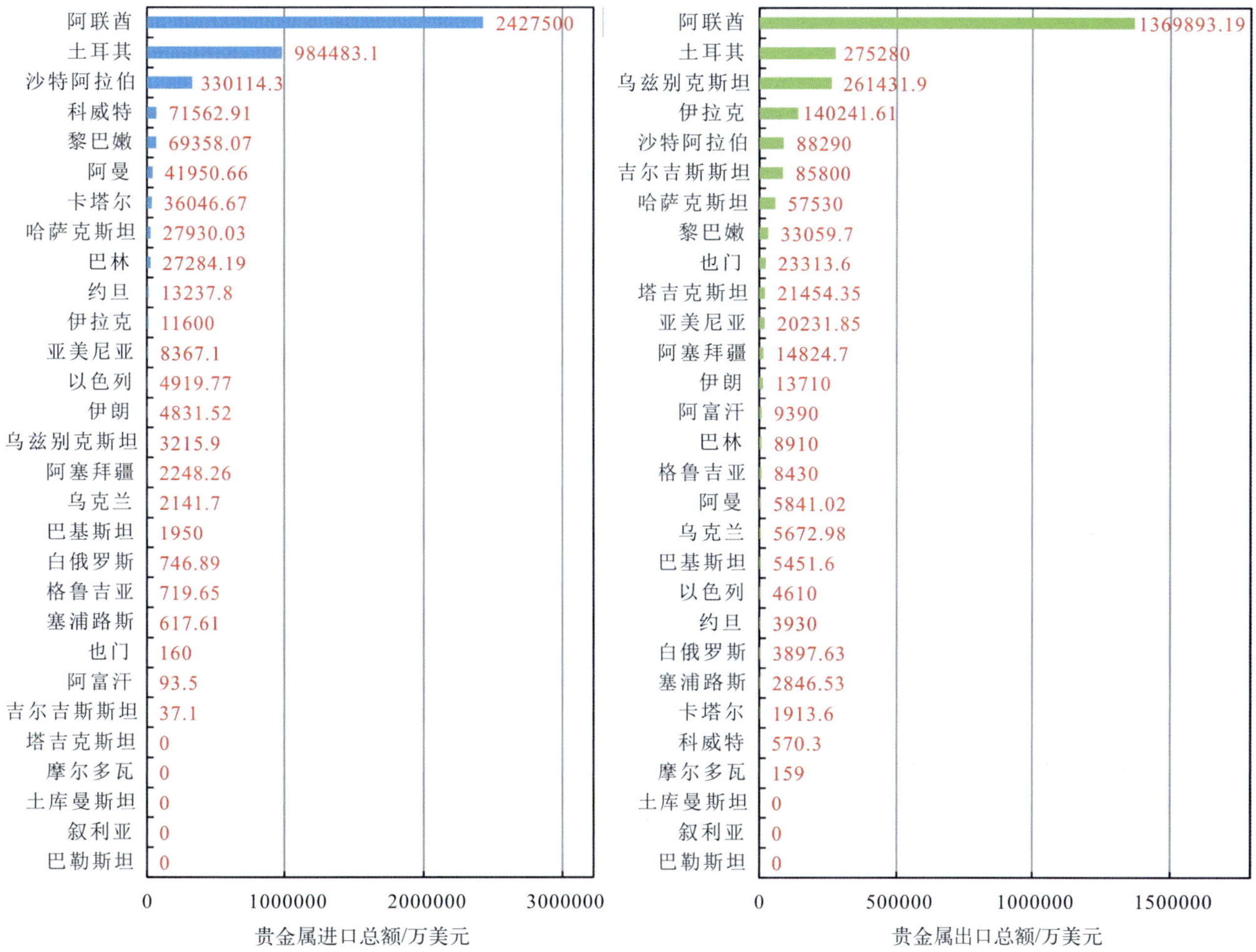

图 2–13　丝绸之路沿线29国贵金属进出口总额排序（2018年）

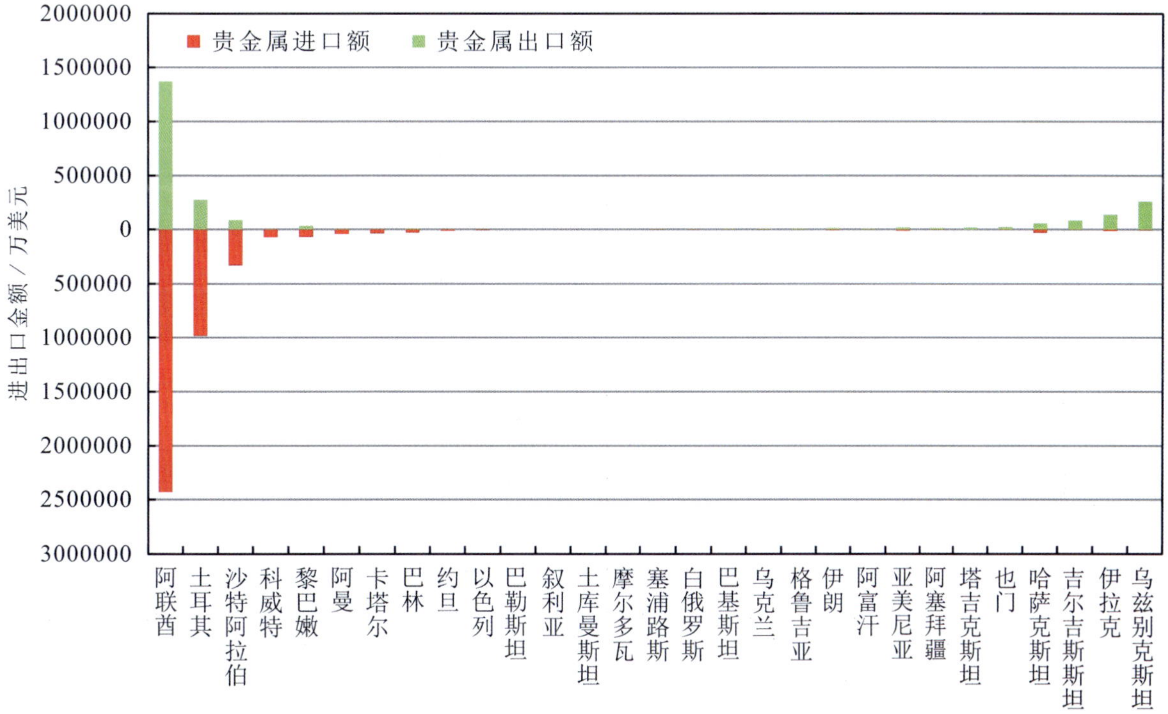

图 2–14　丝绸之路沿线29国贵金属进出口金额（2018年）

2.黄金

2018年度，丝绸之路沿线29国的黄金产品贸易总额为6276120.7万美元，进口金额为3980980.7万美元，出口金额为2295140万美元（表2–4）。阿联酋、土耳其、沙特阿拉伯为黄金产品前三大贸易国，贸易金额分别为374亿美元、122亿美元、40.3亿美元，分别占29国黄金贸易总额的59.59%、19.44%、6.42%；乌兹别克斯坦、伊拉克、黎巴嫩等国位居其后，黄金贸易金额均大于10亿美元；科威特、吉尔吉斯斯坦、阿曼、卡塔尔、巴林、亚美尼亚、也门、塔吉克斯坦、阿塞拜疆、约旦、伊朗等国也有一定的贸易份额，贵金属贸易金额分别大于1亿美元（表2–4、图2–15、图2–16）。

在黄金产品进口方面，阿联酋、土耳其、沙特阿拉伯是黄金产品前三大进口国，进口金额分别为239亿美元、97亿美元、33亿美元，分别占29国黄金产品进口金额的60.04%、24.37%、8.29%；科威特、黎巴嫩、阿曼、卡塔尔、巴林、约旦、伊拉克等国黄金产品进口量较多，进口金额均大于1亿美元；格鲁吉亚、阿富汗两国黄金产品进口量较少，进口金额均不足100万美元；土库曼斯坦、塔吉克斯坦、叙利亚、巴勒斯坦、摩尔多瓦、吉尔吉斯斯坦、白俄罗斯等国由于没有收集到相关数据，排在最后（表2–4、图2–15、图2–16）。

在黄金产品出口方面，阿联酋为最大的黄金产品出口国，出口金额高达135亿美元，占29国黄金产品出口总额的58.82%；土耳其、乌兹别克斯坦、伊拉克等国位居其后，黄金产品出口金额均大于10亿美

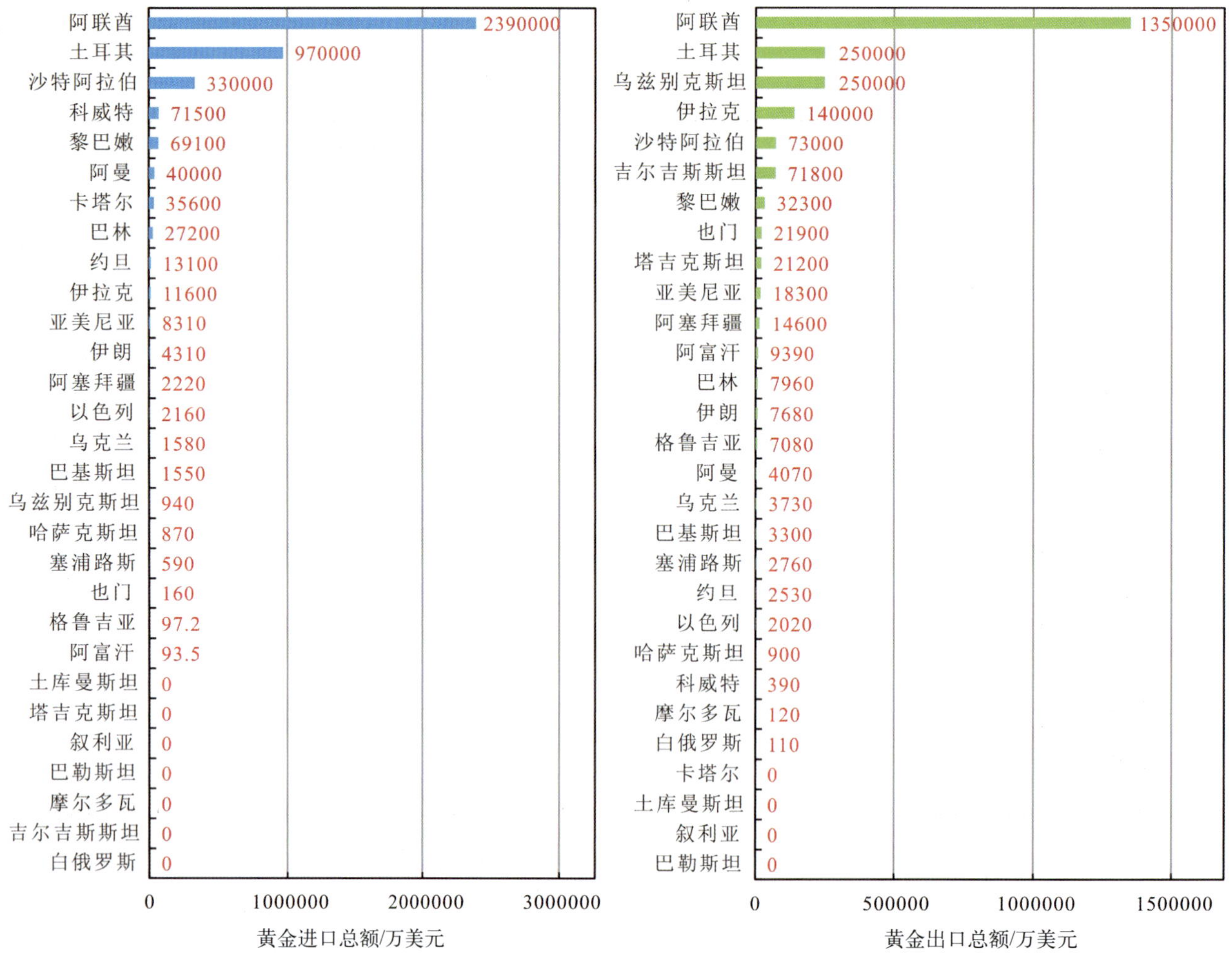

图 2–15　丝绸之路沿线29国黄金进出口总额排序（2018年）

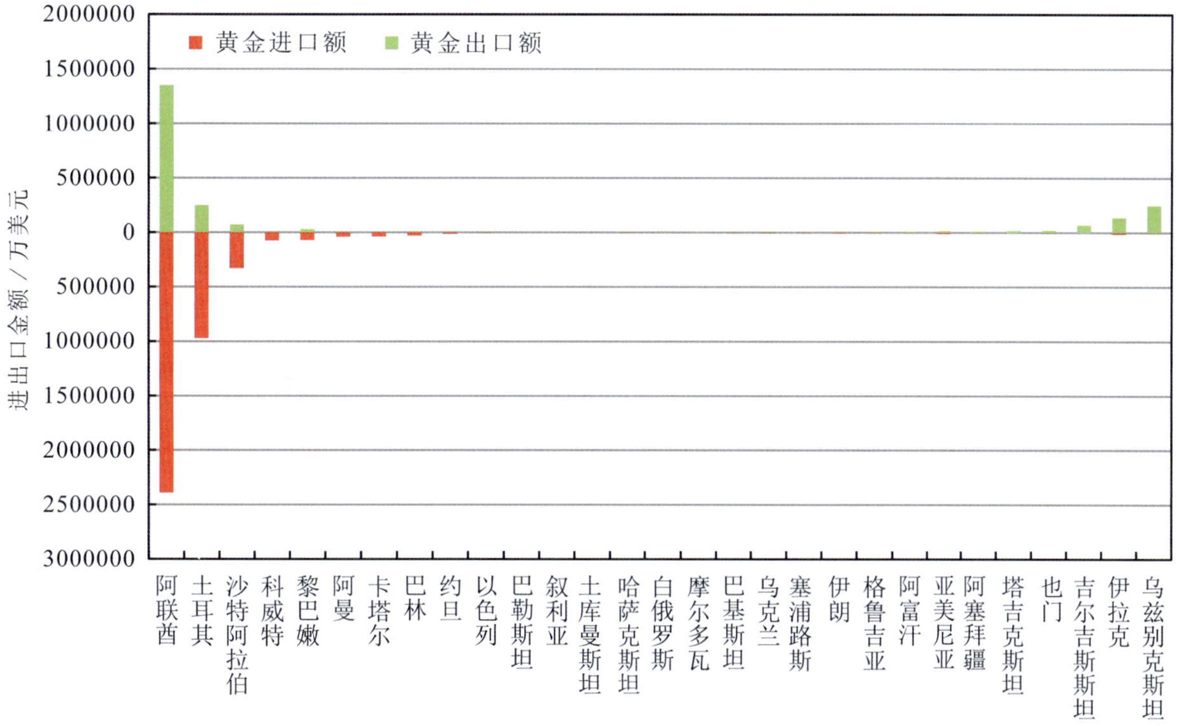

图 2–16　丝绸之路沿线29国黄金进出口金额（2018年）

元；哈萨克斯坦、科威特、摩尔多瓦、白俄罗斯他等国黄金产品出口较少，出口金额均不足1000万美元；卡塔尔、土库曼斯坦、叙利亚、巴勒斯坦等国由于没有收集到相关数据，排在最后（表2–4、图2–15、图2–16）。

总体而言，乌兹别克斯坦、伊拉克、吉尔吉斯斯坦是黄金产品贸易前三大逆差国，净流出金额分别为24.906亿美元、12.84亿美元、7.18亿美元；也门、塔吉克斯坦、阿塞拜疆等国，黄金产品净流出金额均大于1亿美元位居其后。阿联酋、土耳其、沙特阿拉伯是黄金产品贸易前三大顺差国，净流入金额分别为104亿美元、72亿美元、25.7亿美元；科威特、黎巴嫩、阿曼、卡塔尔、巴林、约旦等国位居其后，贵金属产品净流入金额均大于1亿美元；巴勒斯坦、叙利亚、土库曼斯坦三国由于没有收集到相关数据，进出口净流量均为0(表2–4、图2–16)。

四、有色金属

本书讨论的有色金属包括镍、铜、铅、锌、铝、锡、铬等。查塔姆智库（Chatham House）统计数据显示：2018年度，丝绸之路沿线29国的有色金属产品贸易总额为6612527.3253万美元，进口总额为2487046.2251万美元，出口总额为4125481.1002万美元（表2–5）。其中，镍产品进口金额为59966.38万美元，占29国有色金属进口总额的2.41%；出口金额为32780.3万美元，占29国出口总额的0.79%；铜产品进口金额为1159404.4万美元，占29国有色金属进口总额的46.62%；出口金额为1533536.2万美元，占29国出口总额的37.17%；铅产品进口金额为87695.84万美元，占29国有色金属进口总额的3.53%；出口金额为155378.21万美元，占29国出口总额的3.77%；锌产品进口金额为211088.36万美元，占29国有色金属进口总额的8.49%；出口金额为241620.55万美元，占29国出口总额的5.86%；铝产品进口金额为894070万美元，占29国有色金属进口总额的35.95%；出口金额为1833723.75万美元，占29国出口总额的44.45%；锡

表 2–5　丝绸之路沿线 29 国有色金属进出口金额汇总

单位：万美元

国家	贸易总额	排序	进口总额	排序	出口总额	排序
阿富汗	1182.7	28	1082.96	27	99.74	28
亚美尼亚	129869.59	10	7555.86	21	122313.73	8
阿塞拜疆	23778.5899	21	5311.68	24	18466.9099	17
巴林	271662.67	5	7271.91	22	264390.76	5
白俄罗斯	63738.59	16	46070	11	17668.59	18
塞浦路斯	15628.37	22	9324.98	19	6303.39	24
格鲁吉亚	105380.15	14	41524.18	12	63855.97	11
伊朗	224327	6	39340	13	184987	6
伊拉克	31421.04	20	24443.64	16	6977.4	22
以色列	114223.78	13	74215.2	6	40008.58	15
约旦	42225.47	19	30209.07	15	12016.4	20
哈萨克斯坦	988506.2	3	69800	8	918706.2	2
科威特	76448.35	15	60908.35	9	15540	19
吉尔吉斯斯坦	12839.6078	24	2194.84	26	10644.7678	21
黎巴嫩	55866.3736	18	24066.05	17	31800.3236	16
摩尔多瓦	13447.56	23	10920.7	18	2526.86	27
阿曼	213056.48	8	92481.4	4	120575.08	9
巴基斯坦	127133	11	74200	7	52933	13
巴勒斯坦	11799.8151	25	5717.6151	23	6082.2	25
卡塔尔	214994.5589	7	60694.51	10	154300.0489	7
沙特阿拉伯	690379.3	4	319050	3	371329.3	4
叙利亚	11470.76	26	8200.76	20	3270	26
塔吉克斯坦	55962.81	17	522.81	29	55440	12
土耳其	1339310	2	858430	1	480880	3
土库曼斯坦	821.31	29	818.26	28	3.05	29
乌克兰	134445.5	9	85580	5	48865.5	14
阿联酋	1514920	1	490130	2	1024790	1
乌兹别克斯坦	116280	12	32350	14	83930	10
也门	11407.75	27	4631.45	25	6776.3	23
合计	6612527.3253	—	2487046.2251	—	4125481.1002	—

注：统计数据源于英国国防事务研究所查塔姆智库（Chatham House），2018年度，网址：https://resourcetrade.earth/data。

产品进口金额为16551.3251万美元，占29国有色金属进口总额的0.67%；出口金额为2240.6602万美元，占29国出口总额的0.05%；铬产品进口金额为58269.92万美元，占29国有色金属进口总额的2.34%；出口金额为326201.43万美元，占29国出口总额的7.91%（表2–5、表2–6）。

阿联酋、土耳其、哈萨克斯坦为前三大有色金属贸易国，贸易金额分别为1514920万美元、1339310万美元、988506.2万美元，分别占29国有色金属贸易总额的22.91%、20.25%、14.95%；沙特阿拉伯、巴

表 2–6　丝绸之路沿线 29 国有色金属进出口金额统计

单位：万美元

国家	镍		铜		铅		锌		铝		锡		铬	
	进口额	出口额	进口额	出口额	进口额	出口额	进口额	出口额	进口额	出口额	进口额	出口额	进口额	出口额
阿富汗	82.6	—	120	46.2	0.36	2.84	350	—	530	50.7	—	—	—	—
亚美尼亚	13.7	1.22	400	110000	78.6	6.47	57.6	800	6950	11500	2.76	2.29	53.2	3.75
阿塞拜疆	180	1.51	1790	6170	26	1140	160	54.1	3150	11100	0.47	0.0499	5.21	1.25
巴林	170	1050	3680	2920	30.2	88.9	180	330	3060	260000	1.71	1.86	150	—
白俄罗斯	790	44.5	17300	4340	160	2260	1830	390	25000	10600	250	5.59	740	28.5
塞浦路斯	160	220	1300	3380	61.4	560	290	38.3	7510	2100	1.76	—	1.82	5.09
格鲁吉亚	33.6	4.93	38100	59800	86.7	1310	4.04	300	3280	2340	4.44	100	15.4	1.04
伊朗	1530	37	9240	110000	1190	12600	7530	30100	18600	28200	750	—	500	4050
伊拉克	27.6	—	2250	2450	12.7	390	34.5	37.4	22100	4100	1.74	—	17.1	—
以色列	4070	710	20100	14000	1450	6140	2450	680	45700	18400	360	75.8	85.2	2.78
约旦	100	35.5	15400	4700	46.4	1780	640	180	14000	5320	3.87	—	18.8	0.9
哈萨克斯坦	1910	98.4	11400	490000	24800	44800	14300	91100	15400	52700	1690	7.8	300	240000
科威特	650	200	39000	8590	360	790	1330	270	19500	5690	63.5	—	4.85	—
吉尔吉斯斯坦	8.58	4.24	540	8640	66.1	800	3.73	100	1540	1100	26.6	0.0078	9.83	0.52
黎巴嫩	59.7	0.32	10600	17300	1400	9260	210	120	11700	5120	87.2	0.0036	9.15	—
摩尔多瓦	31.8	17.4	9330	1860	0.8	—	28.6	4.45	1440	640	72.5	5.01	17	—
阿曼	1270	5.08	67700	5990	1570	1080	1580	800	20000	98700	41.4	—	320	14000
巴基斯坦	1540	18	22900	36300	6750	610	9940	7010	31900	1630	1060	25	110	7340
巴勒斯坦	26.1	82.2	1070	2640	6.07	260	5.4	—	4610	3100	0.0451	—	—	—
卡塔尔	400	340	50200	13500	630	250	1990	210	7450	140000	6.31	0.0489	18.2	—
沙特阿拉伯	5800	1570	180000	100000	1740	8370	20500	11300	110000	250000	580	21.7	430	67.6
叙利亚	23.8	—	4430	1340	11.1	1330	78.1	—	3640	600	13.6	—	4.16	—
塔吉克斯坦	0.91	—	90.2	7740	6.81	12000	4.36	17000	420	18700	0.53	—	—	—
土耳其	12000	7790	330000	140000	31200	21600	100000	44600	370000	210000	8440	290	6790	56600
土库曼斯坦	13.3	—	24.2	—	19.9	—	0.17	—	760	3.05	0.69	—	—	—
乌克兰	13700	16400	8730	18200	1630	4630	8750	670	47500	8620	700	35.5	4570	310
阿联酋	15100	4030	310000	300000	14100	19300	29900	16000	74900	680000	2230	1670	43900	3790
乌兹别克斯坦	270	120	3350	60400	250	2080	8940	19500	19200	1830	140	—	200	—
也门	4.69	—	360	3230	12.7	1940	1.86	26.3	4230	1580	22.2	—	—	—
合计	59966.38	32780.3	1159404.4	1533536.2	87695.84	155378.21	211088.36	241620.55	894070	1833723.75	16551.3251	2240.6602	58269.92	326201.43

注：统计数据源于英国国防事务研究所查塔姆智库（Chatham House），2018年度，网址：https://resourcetrade.earth/data。

林、伊朗、卡塔尔、阿曼、乌克兰、亚美尼亚、巴基斯坦、乌兹别克斯坦、以色列、格鲁吉亚等国位居其后，有色金属贸易金额均大于10亿美元（表2–5、图2–17、图2–18、图2–19）。

在有色金属进口方面，土耳其、阿联酋、沙特阿拉伯为有色金属产品前三大进口国，进口金额分别为85.843亿美元、49.013亿美元、31.905亿美元，分别占29国有色金属进口总额的34.52%、19.71%、12.83%；阿曼、乌克兰、以色列、巴基斯坦、哈萨克斯坦、科威特、卡塔尔等国位居其后，有色金属产品进口金额均大于5亿美元；也门、吉尔吉斯斯坦、阿富汗三国有色金属产品进口较少，进口金额均小于5000万美元；土库曼斯坦和塔吉克斯坦有色金属产品进口金额更小，均不足1000万美元（表2–5、图2–17、图2–18、图2–19）。

在有色金属出口方面，阿联酋、哈萨克斯坦、土耳其位列有色金属产品出口金额前三位，出口金额分别为102.479亿美元、91.87062亿美元、48.088亿美元，分别占29国有色金属出口总额的24.84%、22.27%、11.66%；土耳其、沙特阿拉伯、巴林、伊朗、卡塔尔、亚美尼亚、阿曼等国位居其后，有色金属产品出口金额均大于10亿美元；伊拉克、也门、塞浦路斯、巴勒斯坦、叙利亚、摩尔多瓦等国有色金属产品出口较少，出口金额均小于1亿美元；阿富汗和土库曼斯坦有色金属产品出口量更少，均不足100万美元（表2–5、图2–17、图2–18、图2–19）。

总体而言，哈萨克斯坦是最大的有色金属贸易逆差国，净流出金额为84.89062亿美元；阿联酋、巴林、伊朗、亚美尼亚等国位居其后，有色金属净流出金额均大于10亿美元；土耳其是最大的有色金属产品贸易顺差国，净流入金额为37.755亿美元；科威特、乌克兰、以色列、白俄罗斯、巴基斯坦、约旦、伊拉克等国位居其后，有色金属产品净流入金额均大于1亿美元（表2–5、图2–19）。

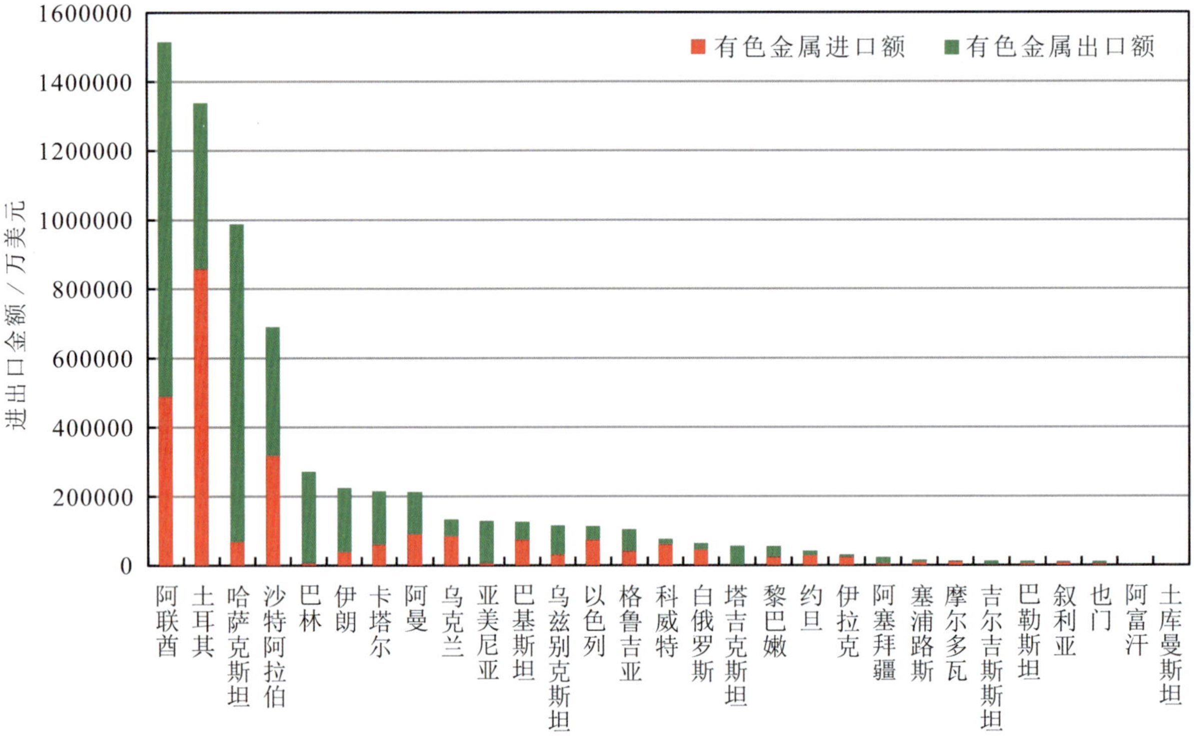

图 2–17　丝绸之路沿线29国有色金属贸易金额排序（2018年）

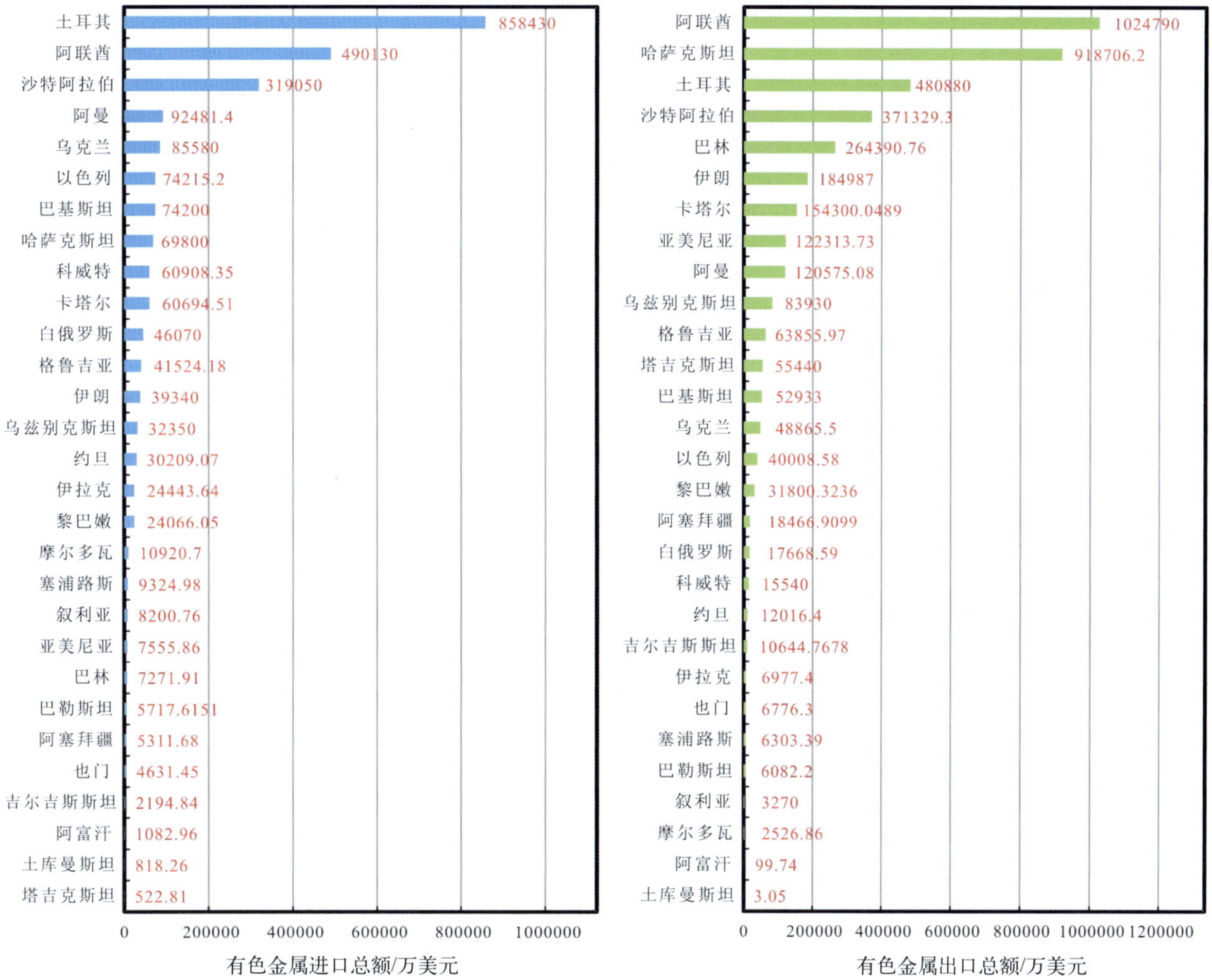

图 2–18　丝绸之路沿线29国有色金属进出口总额排序（2018年）

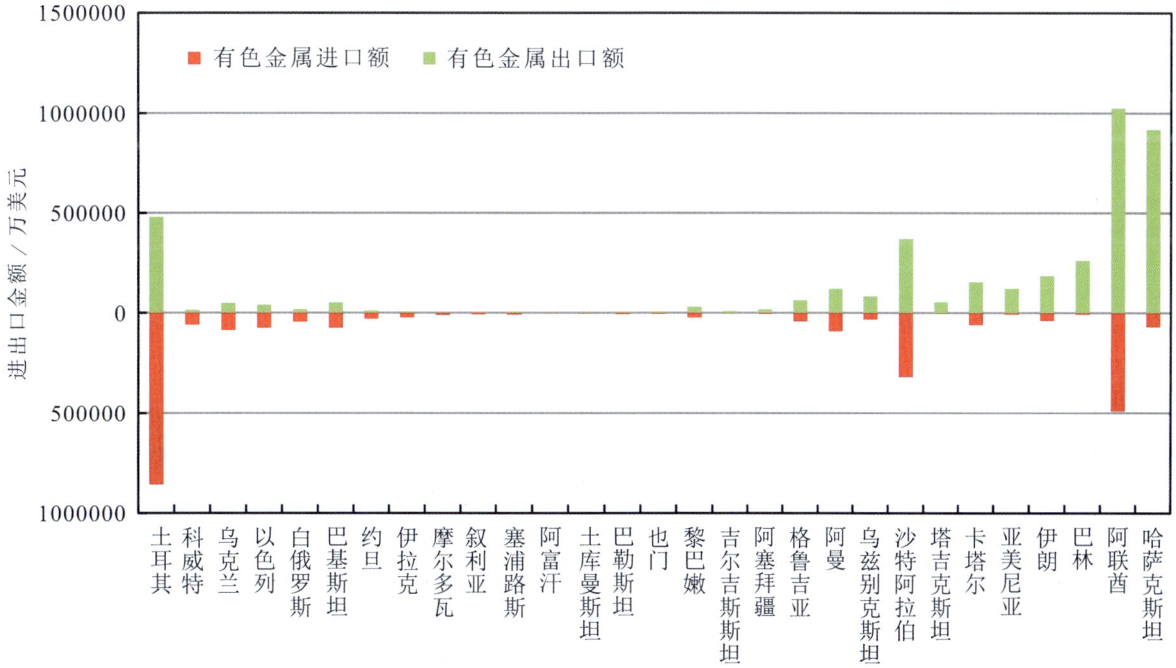

图 2–19　丝绸之路沿线29国有色金属进出口金额（2018年）

1.镍

2018年度，丝绸之路沿线29国的镍产品贸易总额为92746.68万美元，进口金额为59966.38万美元，出口金额为32780.3万美元（表2–6）。乌克兰、土耳其、阿联酋为前三大镍产品贸易国，贸易金额分别为30100万美元、19790万美元、19130万美元，占29国镍产品贸易额的32.45%、21.34%、20.63%；沙特阿拉伯、以色列、哈萨克斯坦、伊朗、巴基斯坦、阿曼、巴林等国位居其后，镍产品贸易金额均大于1000万美元（表2–6、图2–20、图2–21）。

在镍产品进口方面，阿联酋、乌克兰、土耳其为前三大镍产品进口国，镍产品进口金额分别为1.51亿美元、1.37亿美元、1.2亿美元，分别占29国镍产品进口金额的25.18%、22.85%、20.01%；沙特阿拉伯、以色列、哈萨克斯坦、巴基斯坦、伊朗、阿曼等国位居其后，镍产品进口金额均大于1000万美元；格鲁吉亚、摩尔多瓦、伊拉克、巴勒斯坦、叙利亚、亚美尼亚、土库曼斯坦、吉尔吉斯斯坦、也门等国镍产品进口量较少，进口金额均少于50万美元；塔吉克斯坦镍产品进口更少，进口金额不足1万美元（表2–6、图2–20、图2–21）。

在镍产品出口方面，乌克兰是最大的镍产品出口国，出口金额为1.64亿美元，占29国镍出口金额的

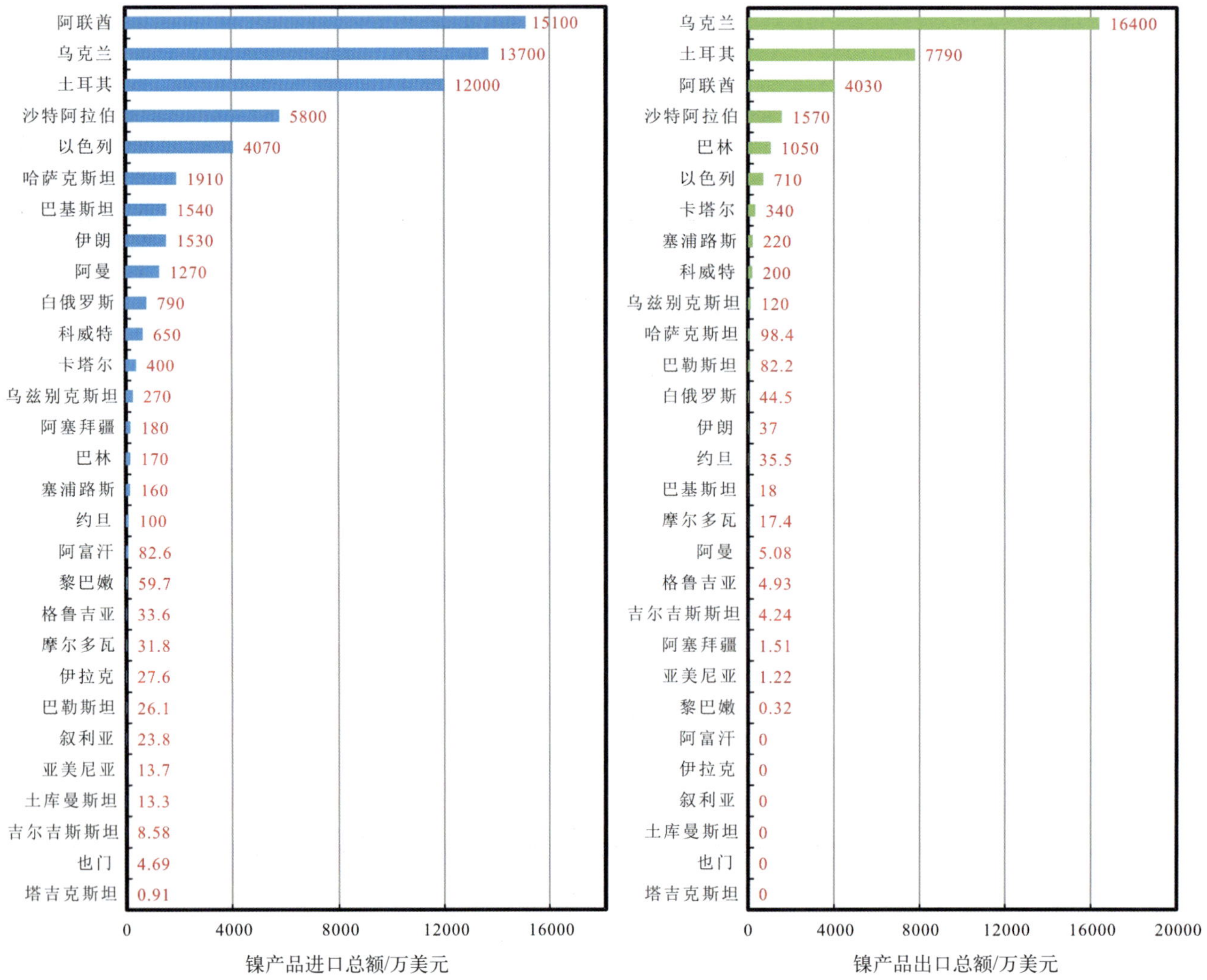

图2–20　丝绸之路沿线29国镍进出口总额排序（2018年）

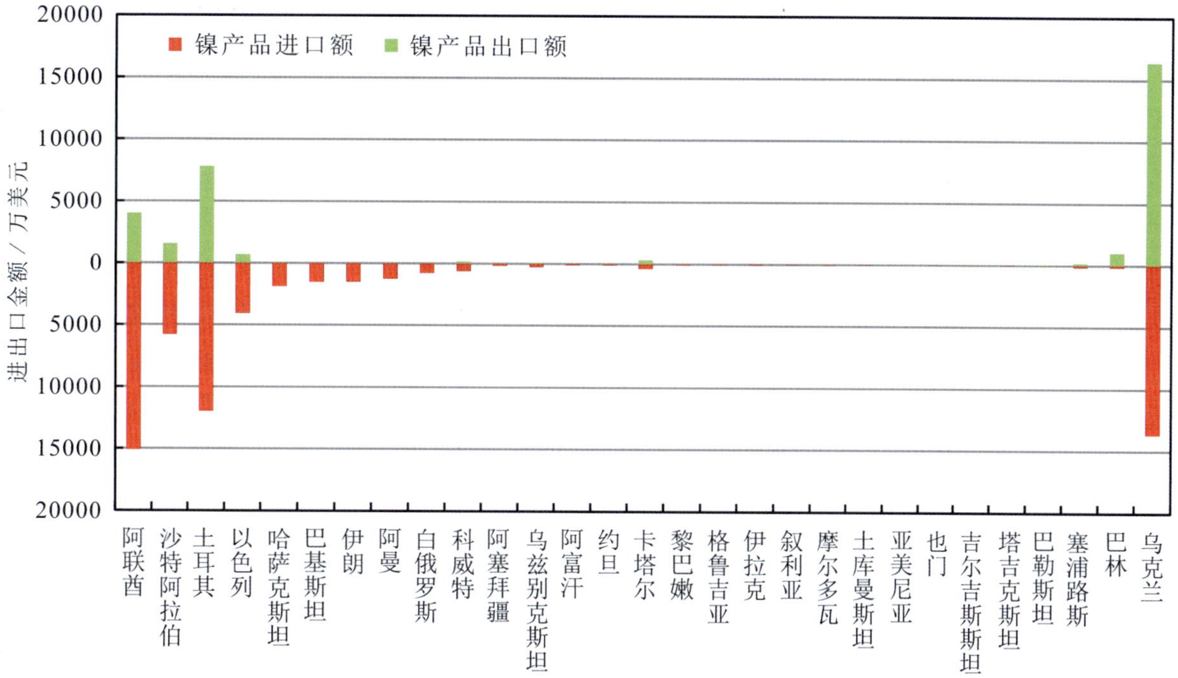

图 2–21　丝绸之路沿线29国镍进出口金额（2018年）

50.03%；土耳其、阿联酋、沙特阿拉伯、巴林等国位居其后，镍产品出口金额均大于1000万美元；阿曼、格鲁吉亚、吉尔吉斯斯坦、阿塞拜疆、亚美尼亚等国镍产品出口较少，出口金额不足10万美元；黎巴嫩镍产品出口更少，不足1万美元；阿富汗、伊拉克、叙利亚、土库曼斯坦、也门、塔吉克斯坦等国由于没有收集到相关数据，排在最后（表2–6、图2–20、图2–21）。

总体而言，乌克兰是最大的镍产品贸易逆差国，净流出金额为2700万美元；巴林、塞浦路斯、巴勒斯坦等国位居其后，镍产品净流出金额均大于50万美元；阿联酋是最大的镍产品贸易顺差国，净流入金额为11070万美元，沙特阿拉伯、土耳其、以色列、哈萨克斯坦、巴基斯坦、伊朗、阿曼等国位居其后，镍产品净流入金额均大于1000万美元（表2–6、图2–21）。

2. 铜

2018年度，丝绸之路沿线29国的铜产品贸易总额为2692940.6万美元，进口金额为1159404.4万美元，出口金额为1533536.2万美元（表2–6）。阿联酋、哈萨克斯坦、土耳其为前三大铜产品贸易国，贸易金额分别为61亿美元、50.14亿美元、47亿美元，分别占29国铜产品贸易总额的22.65%、18.62%、17.45%；沙特阿拉伯、伊朗、亚美尼亚等国位居其后，铜产品贸易金额均大于10亿美元；格鲁吉亚、阿曼、乌兹别克斯坦、卡塔尔、巴基斯坦等国具有一定的贸易份额，铜产品贸易金额均大于5亿美元（表2–6、图2–22、图2–23）。

在铜产品进口方面，土耳其、阿联酋、沙特阿拉伯为铜产品前三大进口国，进口金额分别为33亿美元、31亿美元、18亿美元，分别占29国铜产品进口金额的28.46%、26.74%、15.53%；阿曼、卡塔尔、科威特、格鲁吉亚、巴基斯坦、以色列、白俄罗斯、约旦、哈萨克斯坦、黎巴嫩等国位居其后，铜产品进口金额均大于1亿美元；吉尔吉斯斯坦、亚美尼亚、也门、阿富汗、塔吉克斯坦等国铜产品进口较少，进口金额均小于1000万美元；土库曼斯坦铜产品进口金额更少，仅有24.2万美元（表2–6、图2–22、图2–23）。

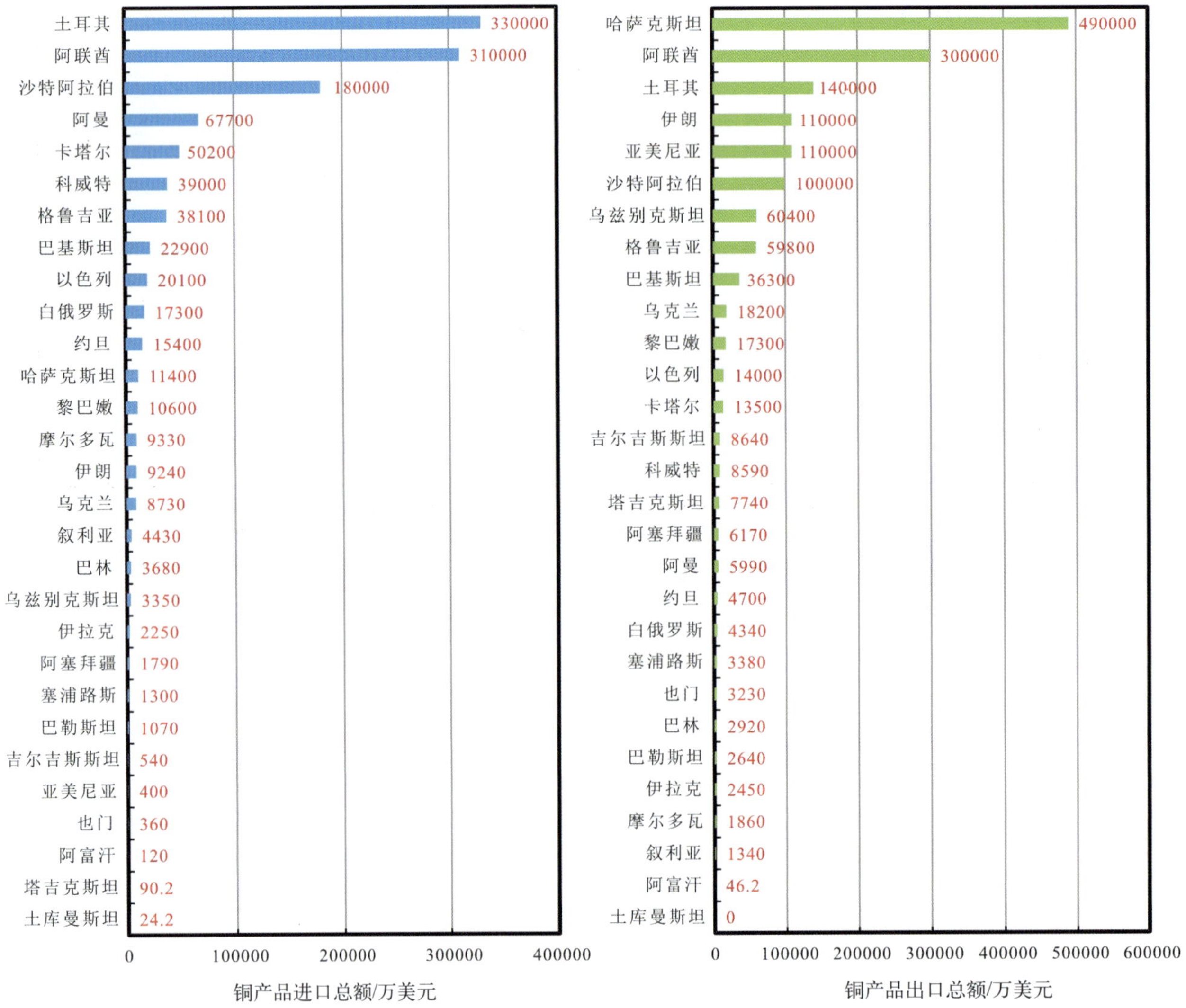

图 2–22　丝绸之路沿线29国铜进出口总额排序（2018年）

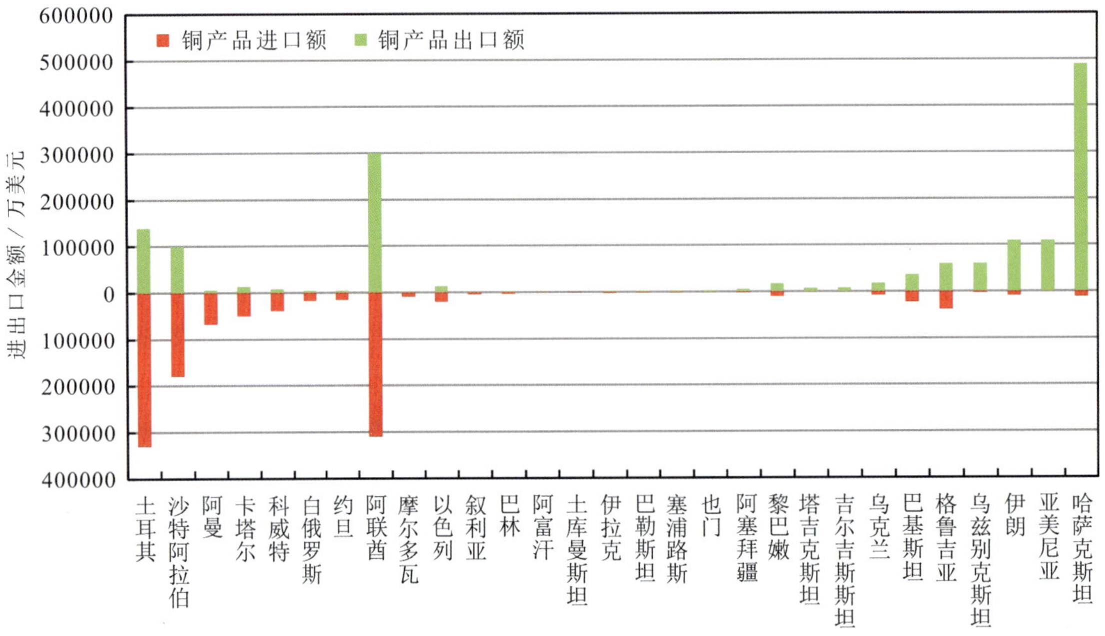

图 2–23　丝绸之路沿线29国铜进出口金额（2018年）

在铜产品出口方面，哈萨克斯坦、阿联酋、土耳其位列铜产品出口金额前三位，出口金额分别为49亿美元、30亿美元、14亿美元，分别占29国铜产品出口金额的31.95%、19.56%、9.13%；伊朗、亚美尼亚、沙特阿拉伯等国位居其后，铜产品出口金额均大于10亿美元；约旦、白俄罗斯、塞浦路斯、也门、巴林、巴勒斯坦、伊拉克、摩尔多瓦、阿富汗等国铜产品出口较少，出口金额均不足5000万美元；阿富汗铜产品出口金额更少，仅有46.2万美元；土库曼斯坦由于没有收集到相关数据，排在最后（表2–6、图2–22、图2–23）。

总体而言，哈萨克斯坦是最大的铜产品贸易逆差国，净流出金额为47.86亿美元；亚美尼亚、伊朗、乌兹别克斯坦、格鲁吉亚、巴基斯坦等国位居其后，铜产品净流出金额均大于1亿美元；土耳其、沙特阿拉伯、阿曼是铜产品贸易前三大顺差国，净流入金额分别为19亿美元、8亿美元、6.171亿美元；卡塔尔、科威特、白俄罗斯、约旦、阿联酋等国位居其后，镍产品净流入金额均大于1亿美元（表2–6、图2–23）。

3.铅

2018年度，丝绸之路沿线29国的铅产品贸易总额为243074.05万美元，进口金额为87695.84万美元，出口金额为155378.21万美元（表2–6）。哈萨克斯坦、土耳其、阿联酋为前三大铅产品贸易国，贸易金额分别为6.96亿美元、5.28亿美元、3.34亿美元，分别占29国铅贸易总额的28.63%、21.72%、13.74%；伊朗、塔吉克斯坦、黎巴嫩、沙特阿拉伯等国位居其后，铅产品贸易金额均大于1亿美元；以色列、巴基斯坦、乌克兰等国也有一定的贸易份额，铅贸易金额均大于5000万美元（表2–6、图2–24、图2–25）。

在铅产品进口方面，土耳其、哈萨克斯坦、阿联酋为前三大铅产品进口国，进口金额分别为3.12亿美元、2.48亿美元、1.41亿美元，分别占29国铅产品进口金额的35.58%、28.28%、16.08%；巴基斯坦、沙特阿拉伯、乌克兰、阿曼、以色列、黎巴嫩、伊朗等国位居其后，铅产品进口金额均大于1000万美元；塔吉克斯坦、巴勒斯坦两国铅产品进口较少，进口金额小于10万美元；阿富汗、摩尔多瓦两国铅产品进口金额更少，分别为0.8万美元、0.36万美元（表2–6、图2–24、图2–25）。

在铅产品出口方面，哈萨克斯坦、土耳其、阿联酋为前三大铅产品出口国，出口金额分别为4.48亿美元、2.16亿美元、1.93亿美元，分别占29国铅产品出口金额的28.83%、13.90%、12.42%；伊朗、塔吉克斯坦、黎巴嫩、沙特阿拉伯、以色列等国位居其后，铅产品出口金额均大于5000万美元；伊拉克、巴勒斯坦、卡塔尔等国铅产品出口较少，出口金额均小于500万美元；亚美尼亚、阿富汗两国出铅产品出口金额更少，仅有6.47万美元、2.84万美元；土库曼斯坦、摩尔多瓦两国由于没有收集到相关数据，排在最后（表2–6、图2–24、图2–25）。

总体而言，哈萨克斯坦、塔吉克斯坦、伊朗是铅产品贸易逆差国，净流出金额为2.00亿美元、1.199319亿美元、1.141亿美元；黎巴嫩、沙特阿拉伯、阿联酋等国位居其后，铅产品净流出金额均大于5000万美元；土耳其、巴基斯坦、阿曼是铅产品贸易前三大顺差国，净流入金额分别为9600万美元、6140万美元、490万美元，卡塔尔、亚美尼亚、土库曼斯坦等国位居其后，铅产品净流入金额均大于10万美元（表2–6、图2–25）。

4.锌

2018年度，丝绸之路沿线29国的锌产品贸易总额为452708.91万美元，进口金额为211088.36万美元，出口金额为241620.55万美元（表2–6）。土耳其、哈萨克斯坦、阿联酋为前三大锌产品贸易国，贸易金额分别为14.46亿美元、10.54亿美元、4.59亿美元，分别占29国锌产品贸易总额的31.94%、23.28%、10.14%；伊朗、沙特阿拉伯、乌兹别克斯坦、塔吉克斯坦、巴基斯坦、乌克兰（9420万美元）等国位居

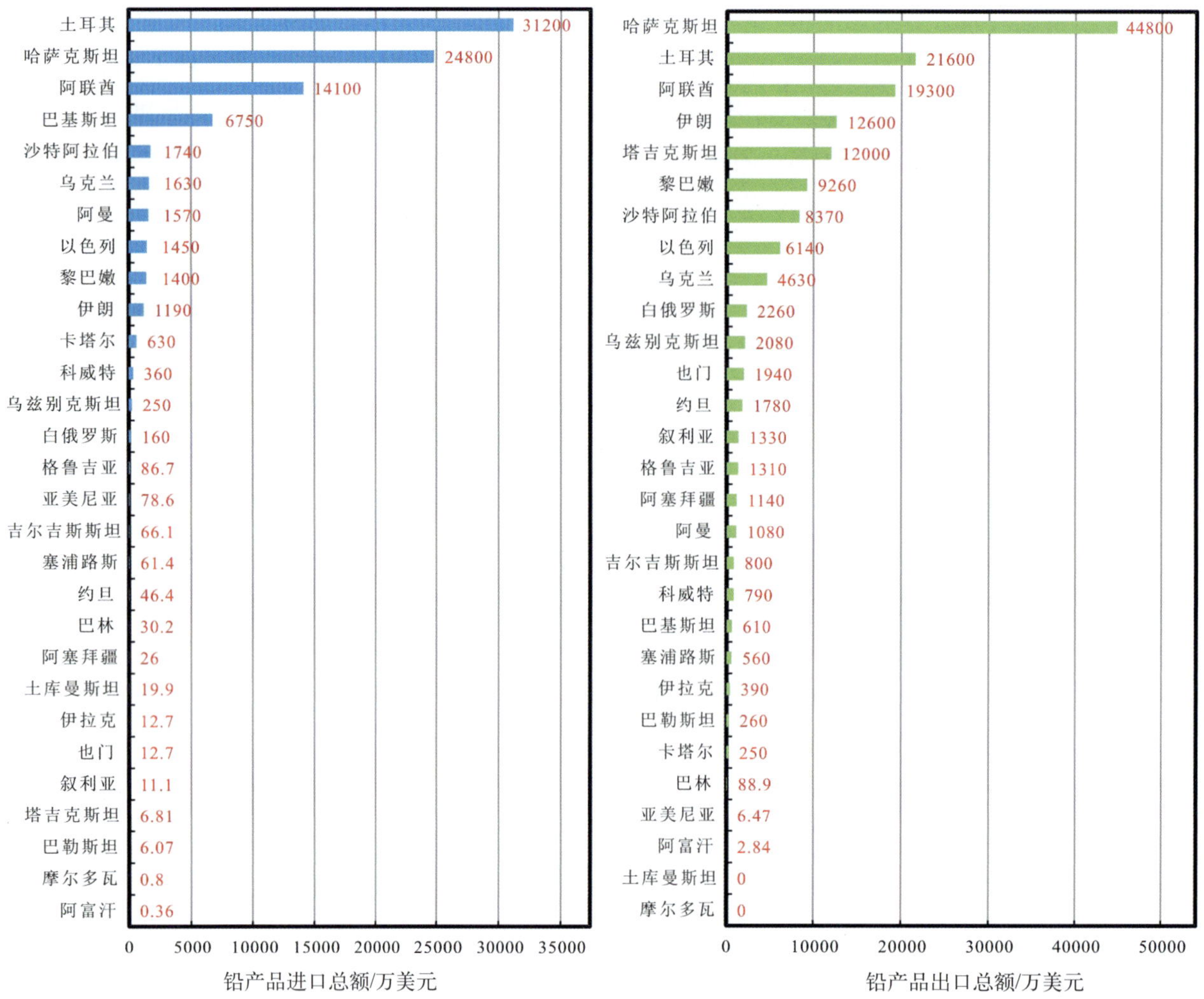

图 2–24 丝绸之路沿线29国铅进出口总额排序（2018年）

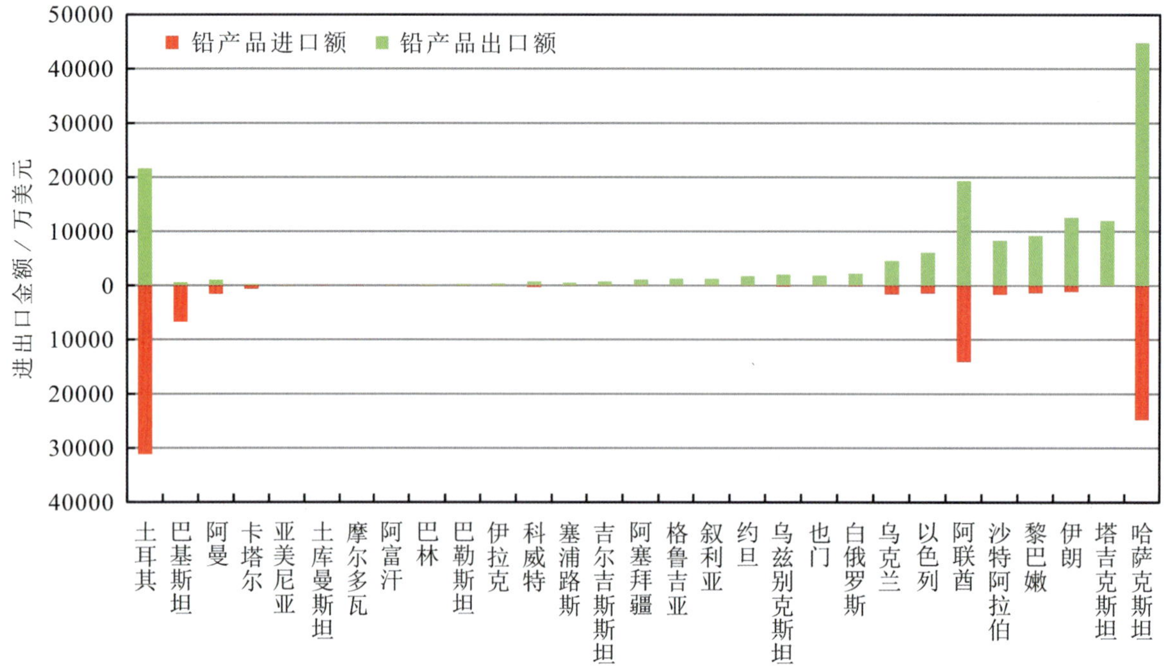

图 2–25 丝绸之路沿线29国铅进出口金额（2018年）

其后，锌产品贸易金额多大于1亿美元（表2–6、图2–26、图2–27）。

在锌产品进口方面，土耳其为最大的锌产品进口国，进口金额高达10亿美元，占29国锌产品进口金额的47.37%；阿联酋、沙特阿拉伯、哈萨克斯坦等国位居其后，锌产品进口金额均大于1亿美元；巴勒斯坦、塔吉克斯坦、格鲁吉亚、吉尔吉斯斯坦、也门等国锌产品进口较少，进口金额均小于10万美元；土库曼斯坦锌产品进口金额最小，仅为1700美元（表2–6、图2–26、图2–27）。

在锌产品出口方面，哈萨克斯坦、土耳其、伊朗为前三大锌产品出口国，出口金额分别为9.11亿美元、4.46亿美元、3.01亿美元，分别占29国锌产品出口金额的37.70%、18.46%、12.46%；乌兹别克斯坦、塔吉克斯坦、阿联酋、沙特阿拉伯等国锌产品出口较多，出口金额均大于1亿美元；阿塞拜疆、塞浦路斯、伊拉克、也门等国锌产品出口较少，出口金额均小于100万美元；摩尔多瓦锌产品出口金额最小，仅为4.45万美元；叙利亚、巴勒斯坦、阿富汗、土库曼斯坦等国由于没有收集到相关数据，排在最后（表2–6、图2–26、图2–27）。

总体而言，哈萨克斯坦是最大的锌产品贸易逆差国，净流出金额为7.68亿美元；伊朗、塔吉克斯坦、乌兹别克斯坦等国位居其后，锌产品净流出金额均大于1亿美元；土耳其、阿联酋、沙特阿拉伯是前三大锌产品贸易顺差国，净流入金额分别为5.54亿美元、1.39亿美元、0.92亿美元；乌克兰、巴基斯坦、卡塔尔、以色列、白俄罗斯、科威特等国位居其后，锌产品净流入金额均大于1000万美元（表2–6、图2–27）。

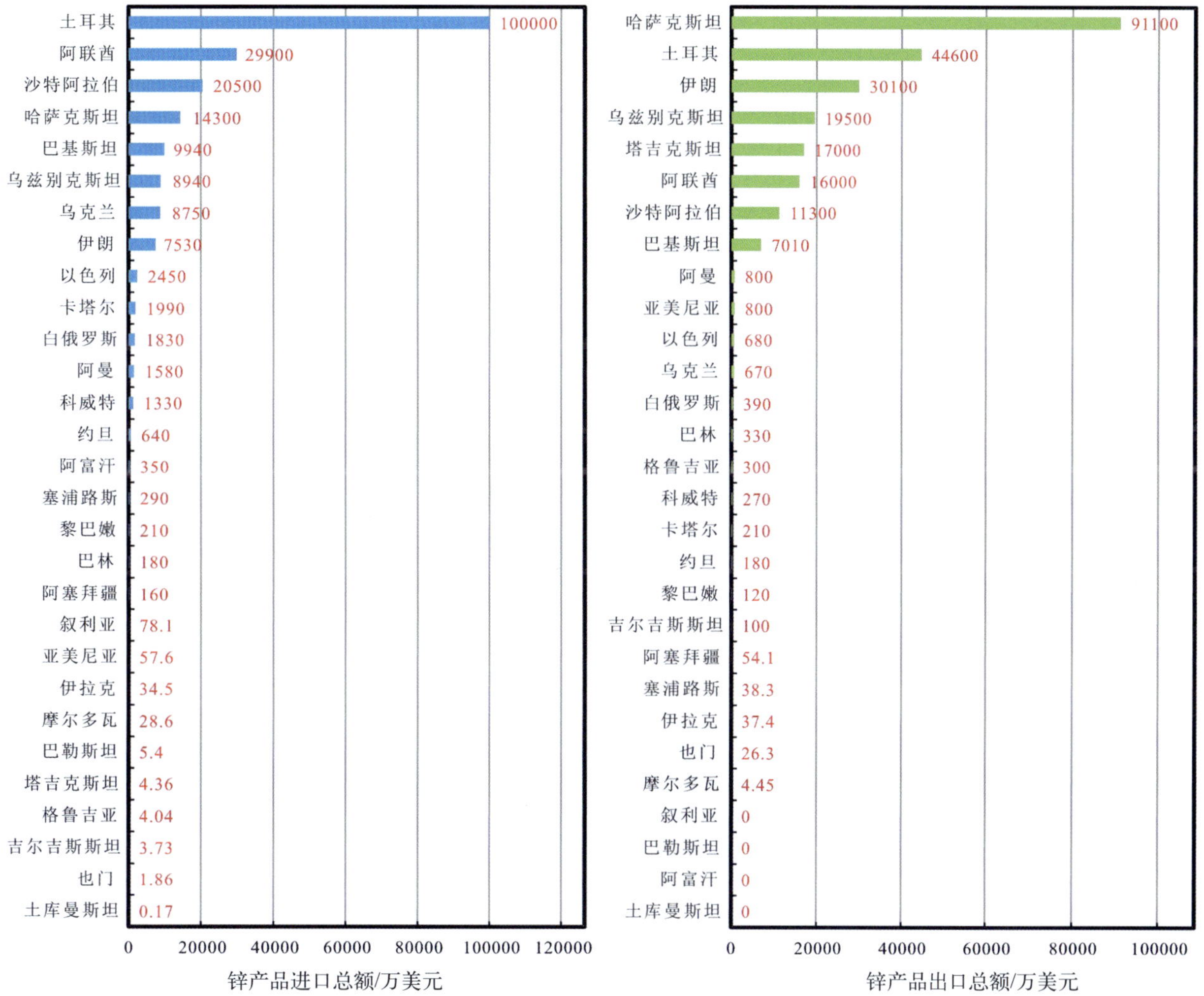

图 2–26　丝绸之路沿线29国锌进出口总额排序（2018年）

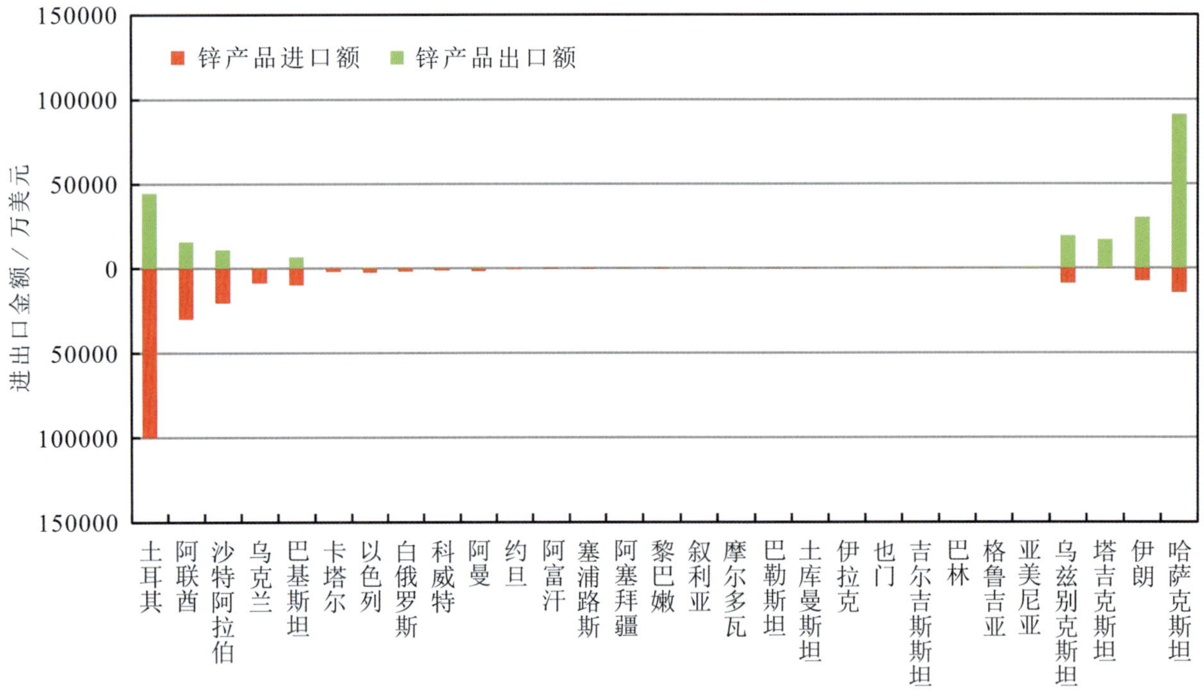

图2-27　丝绸之路沿线29国锌进出口金额（2018年）

5.铝

2018年度，丝绸之路沿线29国的铝产品贸易总额为2727793.75万美元，进口金额为894070万美元，出口金额为1833723.75万美元（表2-6）。阿联酋、土耳其、沙特阿拉伯为前三大铝产品贸易国，贸易金额分别为75.49亿美元、58亿美元、36亿美元，分别占29国铝产品贸易总额的27.67%、21.26%、13.20%；巴林、卡塔尔、阿曼等国位居其后，铝产品贸易金额均大于10亿美元；哈萨克斯坦、以色列、乌克兰等国具有一定的贸易份额，铝产品贸易金额均大于5亿美元（表2-6、图2-28、图2-29）。

在铝产品进口方面，土耳其、沙特阿拉伯、阿联酋为铝产品前三大进口国，进口金额分别为37亿美元、11亿美元、7.49亿美元，分别占29国铝产品进口金额的41.38%、12.30%、8.38%；乌克兰、以色列、巴基斯坦、白俄罗斯、伊拉克、阿曼等国位居其后，铝产品进口金额均大于2亿美元；巴勒斯坦、也门、叙利亚、格鲁吉亚、阿塞拜疆、巴林、吉尔吉斯斯坦、摩尔多瓦等国铝产品进口较少，进口金额均小于5000万美元；土库曼斯坦、阿富汗、塔吉克斯坦等国铝产品进口更少，进口金额均不足1000万美元（表2-6、图2-28、图2-29）。

在铝产品出口方面，阿联酋是最大的铝产品出口国，出口金额高达68亿美元，占29国铝产品出口金额的37.08%；巴林、沙特阿拉伯、土耳其、卡塔尔等国铝产品出口较多，出口金额均大于10亿美元；摩尔多瓦、叙利亚、阿富汗等国铝产品出口较少，出口金额均小于1000万美元；土库曼斯坦铝产品出口更少，仅有3.05万美元（表2-6、图2-28、图2-29）。

总体而言，阿联酋、巴林、沙特阿拉伯为前三大铝产品贸易逆差国，净流出金额分别为60.51亿美元、25.694亿美元、14亿美元；卡塔尔、阿曼、哈萨克斯坦、塔吉克斯坦等国位居其后，铝产品净流出金额均大于1亿美元；土耳其是最大的铝产品贸易顺差国，净流入金额为16亿美元，乌克兰、巴基斯坦、以色列、伊拉克、乌兹别克斯坦、白俄罗斯、科威特等国位居其后，铝产品净流入金额均大于1亿美元（表2-6、图2-29）。

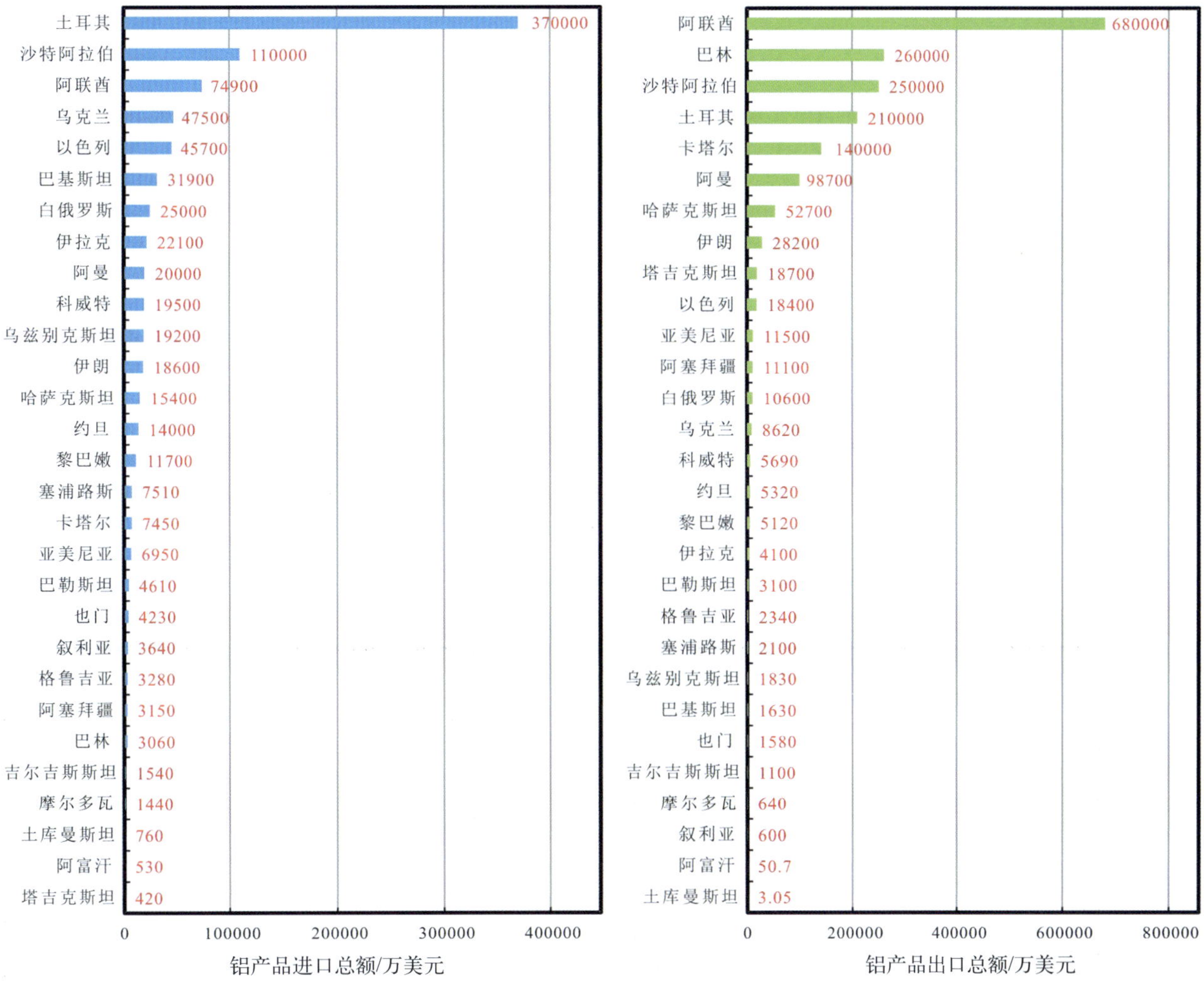

图 2–28　丝绸之路沿线29国铝进出口总额排序（2018年）

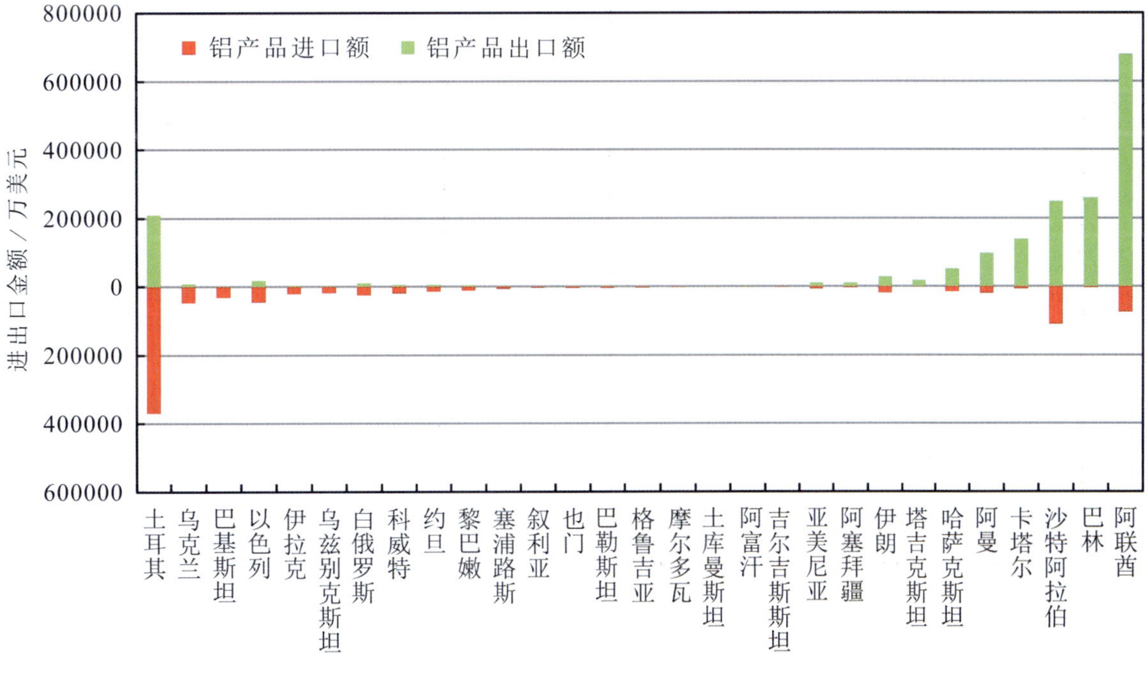

图 2–29　丝绸之路沿线29国铝进出口金额（2018年）

6.锡

2018年度，丝绸之路沿线29国的锡产品贸易总额为18791.9853万美元，进口金额为16551.3251万美元，出口金额为2240.6602万美元（表2–6）。土耳其、阿联酋、哈萨克斯坦位居锡产品贸易国前列，贸易金额分别为8730万美元、3900万美元、1697.8万美元，分别占29国锡产品贸易总额的46.46%、20.75%、9.03%；巴基斯坦、伊朗、乌克兰、沙特阿拉伯等国位居其后，锡产品贸易金额均大于500万美元；以色列、白俄罗斯、乌兹别克斯坦、格鲁吉亚等国具有一定的贸易份额，锡产品贸易金额均大于100万美元(表2–6、图2–30、图2–31)。

在锡产品进口方面，土耳其为最大的锡产品进口国，进口金额高达8440万美元；阿联酋、哈萨克斯坦、巴基斯坦等国位居其后，锡产品进口金额均大于1000万美元；卡塔尔、格鲁吉亚、约旦、亚美尼亚、塞浦路斯、伊拉克、巴林等国锡产品进口较少，进口金额不足10万美元；土库曼斯坦、塔吉克斯坦、阿塞拜疆、巴勒斯坦等国锡产品进口金额较小，均不足1万美元；阿富汗由于没有收集到相关数据，排在最后（表2–6、图2–30、图2–31)。

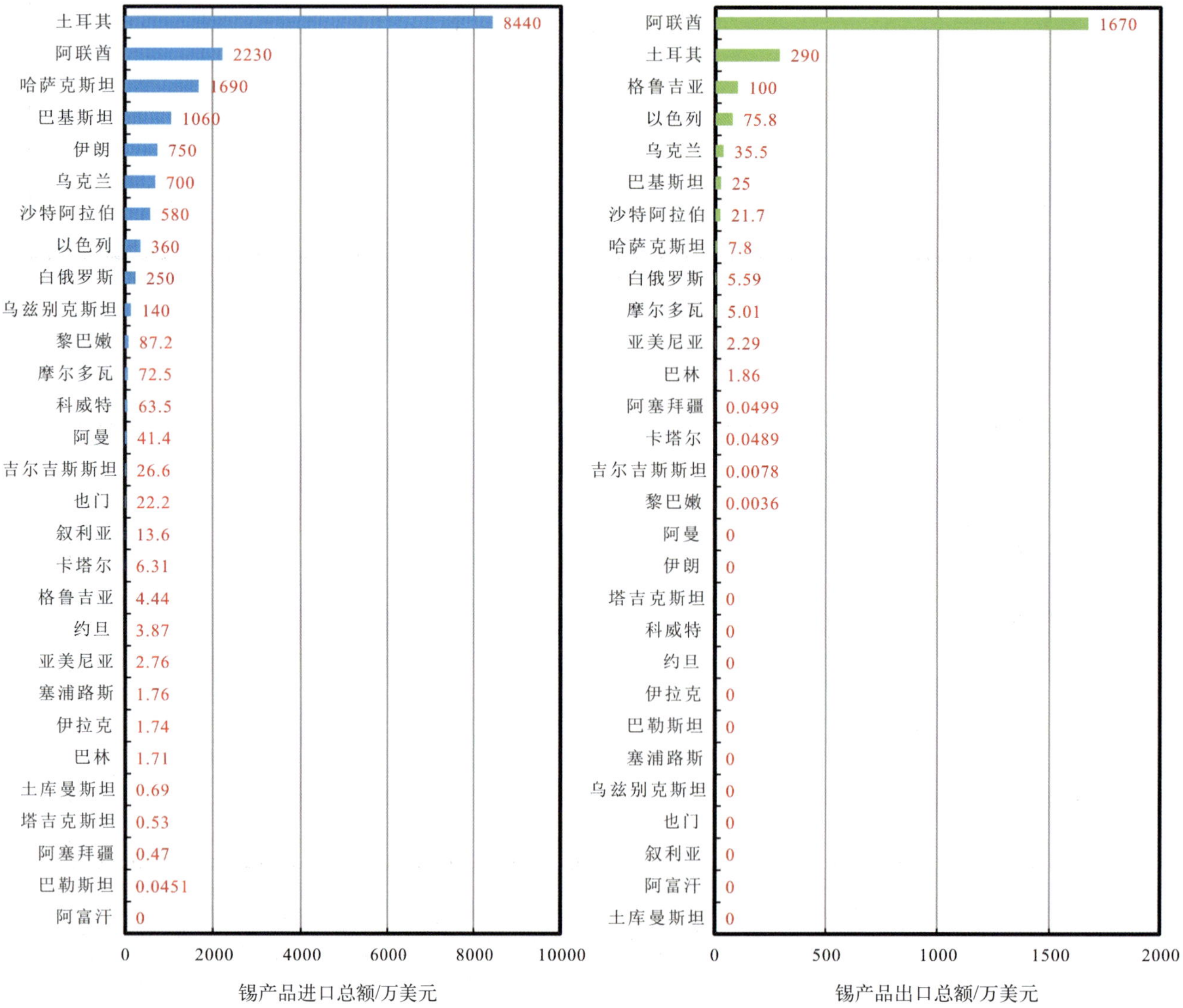

图 2–30　丝绸之路沿线29国锡进出口总额排序（2018年）

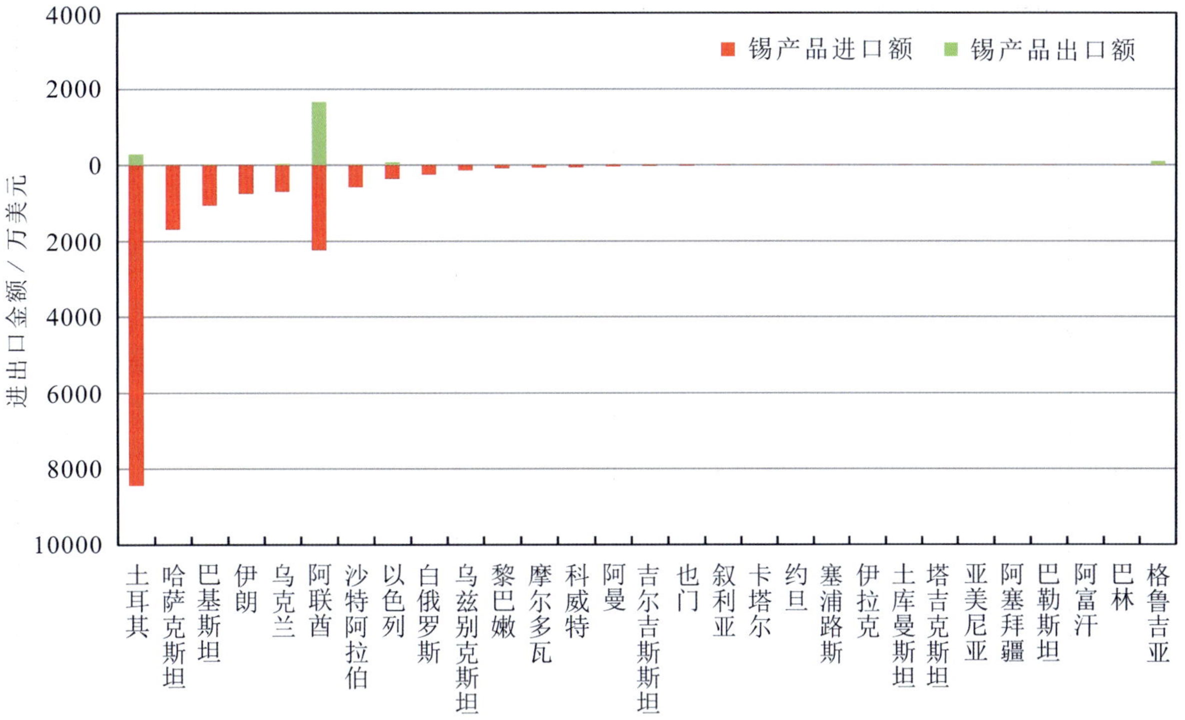

图 2–31　丝绸之路沿线29国锡进出口金额（2018年）

在锡产品出口方面，阿联酋是最大的锡产品出口国，出口金额高达1670万美元；土耳其、格鲁吉亚等国位居其后，锡产品出口金额均大于100万美元；哈萨克斯坦、白俄罗斯、摩尔多瓦、亚美尼亚、巴林等国锡产品出口较少，出口金额均小于10万美元；阿塞拜疆、卡塔尔、吉尔吉斯斯坦、黎巴嫩等国锡产品出口更少，出口金额均不足1000美元；阿曼、伊朗、塔吉克斯坦、科威特、约旦、伊拉克、巴勒斯坦、塞浦路斯、乌兹别克斯坦、也门、叙利亚、阿富汗、土库曼斯坦等国由于没有收集到相关数据，排在最后（表2–6、图2–30、图2–31）。

总体而言，仅有格鲁吉亚、巴林两国为锡产品贸易逆差国，净流出金额分别为95.96万美元、1500美元，其余国家均为锡产品贸易逆差国。其中，土耳其、哈萨克斯坦、巴基斯坦为锡产品贸易前三大顺差国，净流入金额分别为8150万美元、1682.2万美元、1035万美元；伊朗、乌克兰、阿联酋、沙特阿拉伯、以色列、白俄罗斯、乌兹别克斯坦等国位居其后，锡产品净流入金额均大于100万美元；阿富汗由于没有收集到相关数据，锡产品进出口金额均为0(表2–6、图2–31)。

7.铬

2018年度，丝绸之路沿线29国的铬产品贸易总额为384471.35万美元，进口金额为58269.92万美元，出口金额为326201.43万美元（表2–6）。哈萨克斯坦、土耳其、阿联酋、阿曼为前四大铬产品贸易国（贸易金额均大于1亿美元），贸易金额分别为24.03亿美元、6.339亿美元、4.769亿美元、1.432亿美元，分别占29国铬产品贸易总额的62.50%、16.49%、12.40%、3.72%；巴基斯坦、乌克兰、伊朗等国位居其后，铬产品贸易金额均大于4000万美元；白俄罗斯、沙特阿拉伯、乌兹别克斯坦、巴林等国具有一定的贸易份额，铬产品贸易金额均大于100万美元（表2–6、图2–32、图2–33）。

在铬产品进口方面，阿联酋、土耳其、乌克兰为前三大铬产品进口国，进口金额分别为4.39亿美元、

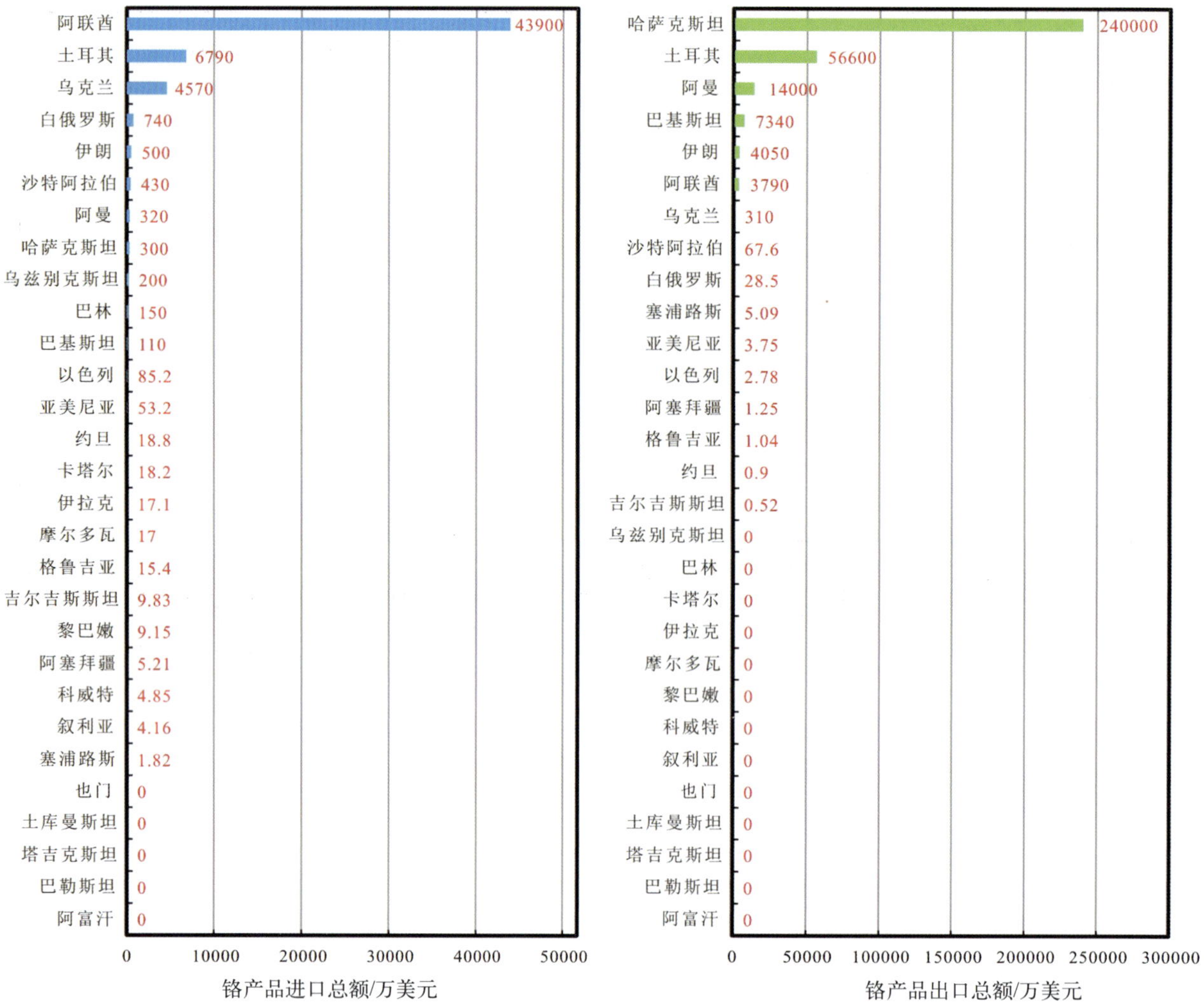

图 2–32　丝绸之路沿线29国铬进出口总额排序（2018年）

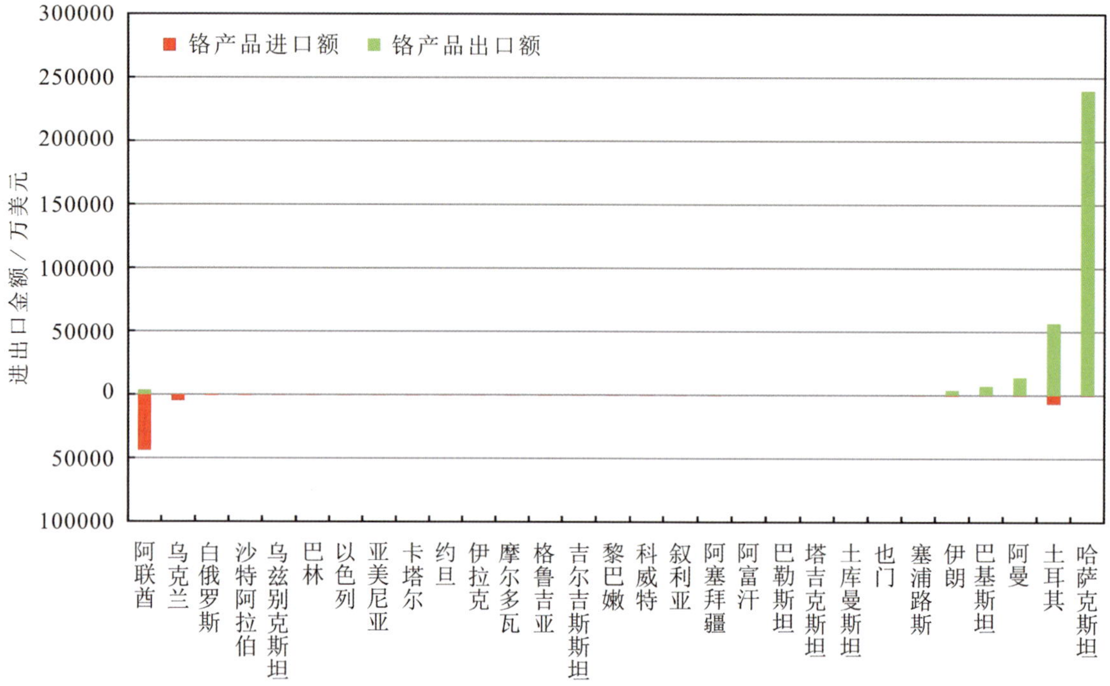

图 2–33　丝绸之路沿线29国铬进出口金额（2018年）

0.679亿美元、0.457亿美元，分别占29国铬产品进口金额的75.34%、11.65%、7.84%；白俄罗斯、伊朗、沙特阿拉伯、阿曼、哈萨克斯坦、乌兹别克斯坦、巴林、巴基斯坦等国位居其后，铬产品进口金额均大于100万美元；吉尔吉斯斯坦、黎巴嫩、阿塞拜疆、科威特、叙利亚等国铬产品进口较少，进口金额不足10万美元；塞浦路斯铬产品进口更少，仅为1.82万美元；也门、土库曼斯坦、塔吉克斯坦、巴勒斯坦、阿富汗等国由于没有收集到相关数据，排在最后（表2–6、图2–32、图2–33）。

在铬产品出口方面，哈萨克斯坦、土耳其、阿曼为前三大铬产品出口国，出口金额分别为24亿美元、5.66亿美元、1.4亿美元，分别占29国铬产品出口金额的73.57%、17.35%、4.29%；巴基斯坦、伊朗、阿联酋等国位居其后，出口金额均大于1000万美元；塞浦路斯、亚美尼亚、以色列、阿塞拜疆、格鲁吉亚等国铬产品出口较少，出口金额不足10万美元；约旦和吉尔吉斯斯坦铬产品出口金额更小，仅为9000美元和5200美元；乌兹别克斯坦、巴林、卡塔尔、伊拉克、摩尔多瓦、黎巴嫩、科威特、叙利亚、也门、土库曼斯坦、塔吉克斯坦、巴勒斯坦、阿富汗等国由于没有收集到相关数据，排在最后（表2–6、图2–32、图2–33）。

总体而言，哈萨克斯坦、土耳其、阿曼为前三大铬产品贸易逆差国，净流出金额分别为23.97亿美元、4.981亿美元、1.368亿美元；巴基斯坦、伊朗两国位居其后，铬产品净流出金额均大于1000万美元；阿联酋是最大的铬产品贸易顺差国，净流入金额为4.011亿美元；乌克兰、白俄罗斯、沙特阿拉伯、乌兹别克斯坦、巴林等国位居其后，锡产品净流入金额均大于100万美元；阿富汗、巴勒斯坦、塔吉克斯坦、土库曼斯坦、也门由于没有收集到相关数据，锡产品进出口净流动金额为0(表2–6、图2–33)。

五、关键性金属

本书讨论的关键性金属主要包括锰、锑、钨、钼、锂、钛等金属。查塔姆智库（Chatham House）统计数据显示：2018年度，丝绸之路沿线29国的关键性金属贸易总额为485991.667万美元，进口总额为204338.9999万美元，出口总额为281652.6671万美元（表2–7）。其中，锰产品进口金额为124548.53万美元，占29国关键性金属进口总额的60.95%；出口金额为157368.22万美元，占29国出口总额的55.87%；锑产品进口金额为735.4284万美元，占29国关键性金属进口总额的0.36%；出口金额为11714.4416万美元，占29国出口总额的4.16%；钨产品进口金额为1404.5668万美元，占29国关键性金属进口总额的0.69%；出口金额为1243.4199万美元，占29国出口总额的0.44%；钼产品进口金额为8903.092万美元，占29国关键性金属进口总额的4.36%；出口金额为29510.1317万美元，占29国出口总额的10.48%；锂产品进口金额为1731.4253万美元，占29国关键性金属进口总额的0.85%；出口金额为14.4169万美元，占29国出口总额的0.01%；钛产品进口金额为18944.2825万美元，占29国关键性金属进口总额的9.27%；出口金额为40117.67万美元，占29国出口总额的14.24%；其他关键性金属进口金额为48071.6749万美元，占29国进口总额的23.53%；出口金额为41684.367万美元，占29国出口总额的14.80%(表2–7、表2–8)。

乌克兰、土耳其、哈萨克斯坦为前三大关键性金属贸易国，贸易金额分别15.53亿美元、6.531亿美元、6.157亿美元，分别占29国关键性金属贸易总额的31.96%、13.44%、12.67%；格鲁吉亚、阿联酋、沙特阿拉伯、亚美尼亚、以色列、伊朗、塔吉克斯坦等国位居其后，关键性金属贸易金额均大于1亿美元；巴基斯坦、白俄罗斯、阿曼、卡塔尔、乌兹别克斯坦、科威特、巴林等国具有一定的贸易份额，关键性金属贸易金额均大于3000美元（表2–7、表2–8、图2–34、图2–35、图2–36）。

在关键性金属进口方面，土耳其、乌克兰、阿联酋、沙特阿拉伯为前四大进口国，进口金额分别为5.85亿美元、3.53亿美元、2.3亿美元、2.24亿美元，分别占29国关键性金属进口金额的28.63%、17.28%、

表2-7　丝绸之路沿线29国关键性金属进出口金额汇总

单位：万美元

国家	贸易总额	排序	进口总额	排序	出口总额	排序
阿富汗	181.7061	23	162.5061	20	19.2	22
亚美尼亚	21832.9	7	320	19	21512.9	4
阿塞拜疆	870	18	870	16	0	25
巴林	3765.1256	17	3689.9956	12	75.13	18
白俄罗斯	6297.8016	12	6210	9	87.8016	17
塞浦路斯	402.4	22	82.4	24	320	15
格鲁吉亚	39588.8417	4	2880	14	36708.8417	3
伊朗	13880	9	9340	5	4540	10
伊拉克	635.08	19	635.08	17	0	26
以色列	17930.0016	8	8370	6	9560.0016	6
约旦	538.0951	20	530.0151	18	8.08	24
哈萨克斯坦	61570	3	7570	7	54000	2
科威特	4319.9983	16	2679.9983	15	1640	11
吉尔吉斯斯坦	503	21	143	21	360	14
黎巴嫩	49.5	27	24.6	26	24.9	20
摩尔多瓦	129.9991	25	129.9991	22	0	27
阿曼	5759.9962	13	5519.9962	11	240	16
巴基斯坦	8079.7	11	6809.7	8	1270	12
巴勒斯坦	54.0001	26	54.0001	25	0	28
卡塔尔	5635.0148	14	5559.9979	10	75.0169	19
沙特阿拉伯	26960	6	22400	4	4560	9
叙利亚	132.2	24	110	23	22.2	21
塔吉克斯坦	10223.11	10	3.11	28	10220	5
土耳其	65310	2	58500	1	6810	8
土库曼斯坦	24.3	28	24.3	27	0	29
乌克兰	155300	1	35300	2	120000	1
阿联酋	31689.9953	5	23000	3	8689.9953	7
乌兹别克斯坦	4320	15	3420	13	900	13
也门	8.9015	29	0.3015	29	8.6	23
合计	485991.667	—	204338.9999	—	281652.6671	—

注：统计数据源于英国国防事务研究所查塔姆智库（Chatham House），2018年度，网址：https://resourcetrade.earth/data。

11.26%、10.96%；伊朗、以色列、哈萨克斯坦、巴基斯坦、白俄罗斯、卡塔尔、阿曼等国位居其后，关键性金属进口金额均大于5000万美元；塞浦路斯、巴勒斯坦、黎巴嫩、土库曼斯坦、塔吉克斯坦等国关键性金属进口较少，进口金额均不足100万美元；也门关键性金属进口更少，仅有3015美元（表2–7、表2–8、图2–34、图2–35、图2–36）。

在关键性金属出口方面，乌克兰、哈萨克斯坦、格鲁吉亚为前三大出口国，出口金额分别为12亿美

表 2–8　丝绸之路沿线 29 国关键性金属进出口金额统计

单位：万美元

国家	锰		锑		钨		钼		锂		钛		其他	
	进口额	出口额	进口额	出口额	进口额	出口额	进口额	出口额	进口额	出口额	进口额	出口额	进口额	出口额
阿富汗	160	—	—	—	0.79	19.2	—	—	—	—	—	—	1.7161	—
亚美尼亚	70.4	—	1.43	—	0.42	—	240	21500	—	—	—	—	7.75	12.9
阿塞拜疆	830	—	—	—	—	—	1.16	—	2.22	—	3.23	—	33.39	—
巴林	1700	1.31	0.63	—	0.0156	69.8	4.94	—	—	—	180	—	1804.41	4.02
白俄罗斯	3800	27.2	12.6	—	9.76	0.5	550	7.04	7.12	0.022	250	14.7	1580.52	38.34
塞浦路斯	68.3	6.87	1.37	—	1.58	11	0.0095	6.35	0.56	—	1.27	140	9.3105	155.78
格鲁吉亚	2870	36700	—	—	0.0112	6.09	4.93	0.0017	—	—	0.9	—	4.1588	2.75
伊朗	7110	15.2	1.6	—	45.3	39.5	11.7	4470	8.68	—	40.9	1.11	2121.82	14.19
伊拉克	630	—	—	—	—	—	—	—	—	—	—	—	5.08	—
以色列	1130	0.24	27.7	0.0916	230	330	320	87.8	29.9	12.5	99	370	6533.4	8759.37
约旦	470	—	0.015	—	0.45	—	1.58	—	1.41	—	0.81	—	55.75	8.08
哈萨克斯坦	2110	15200	6.94	28.4	13.2	8.76	11.3	66.7	0.73	—	740	16000	4687.83	22696.1
科威特	2570	270	0.018	—	8.22	22.2	2.67	57	—	—	0.014	—	99.077	1290.8
吉尔吉斯斯坦	21.8	—	5.4	150	51.2	0.43	54.8	0.16	—	—	8.88	3.9	0.92	205.51
黎巴嫩	0.55	—	1.24	—	0.52	—	—	—	0.49	—	0.009	—	21.791	24.9
摩尔多瓦	110	—	—	—	0.81	—	4.5	—	0.009	—	0.77	—	13.91	—
阿曼	3550	240	20.9	—	0.89	—	870	—	0.046	—	11.7	—	1066.46	—
巴基斯坦	5330	87.4	480	5.84	28.5	50.6	180	—	14.1	—	64.6	36.1	712.5	1090.06
巴勒斯坦	4.78	—	—	—	—	—	0.0601	—	—	—	—	—	49.16	—
卡塔尔	4850	—	0.046	—	—	0.0569	0.0524	1.39	0.65	—	55.4	4.57	653.85	69
沙特阿拉伯	8530	4480	14.7	—	72.6	0.41	250	1.17	4.97	—	11900	43.7	1627.73	34.72
叙利亚	82.2	—	5.98	—	—	—	5.27	—	0.74	—	4.38	—	11.43	22.2
塔吉克斯坦	—	—	—	10100	—	—	—	—	—	—	—	—	3.11	120
土耳其	37700	1440	58	1430	270	650	2940	1130	1580	1.86	2140	190	13812	1968.14
土库曼斯坦	20.2	—	1.46	—	—	—	—	—	—	—	2.42	—	0.22	—
乌克兰	21600	94700	24.5	—	490	32.2	3220	2.52	14.5	—	2450	23300	7501	1965.28
阿联酋	16100	4200	59.7	0.11	140	2.67	230	1370	65.3	0.035	800	4.71	5605	3112.47
乌兹别克斯坦	3130	—	11.2	—	40.3	0.003	0.12	810	—	—	190	8.88	48.38	81.117
也门	0.3	—	—	—	—	—	—	—	—	—	—	—	0.0015	8.6
合计	124548.53	157368.22	735.4284	11714.4416	1404.5668	1243.4199	8903.092	29510.1317	1731.4253	14.4169	18944.2825	40117.67	48071.6749	41684.367

注：统计数据源于英国国防事务研究所查塔姆智库（Chatham House），2018年度，网址：https://resourcetrade.earth/data。

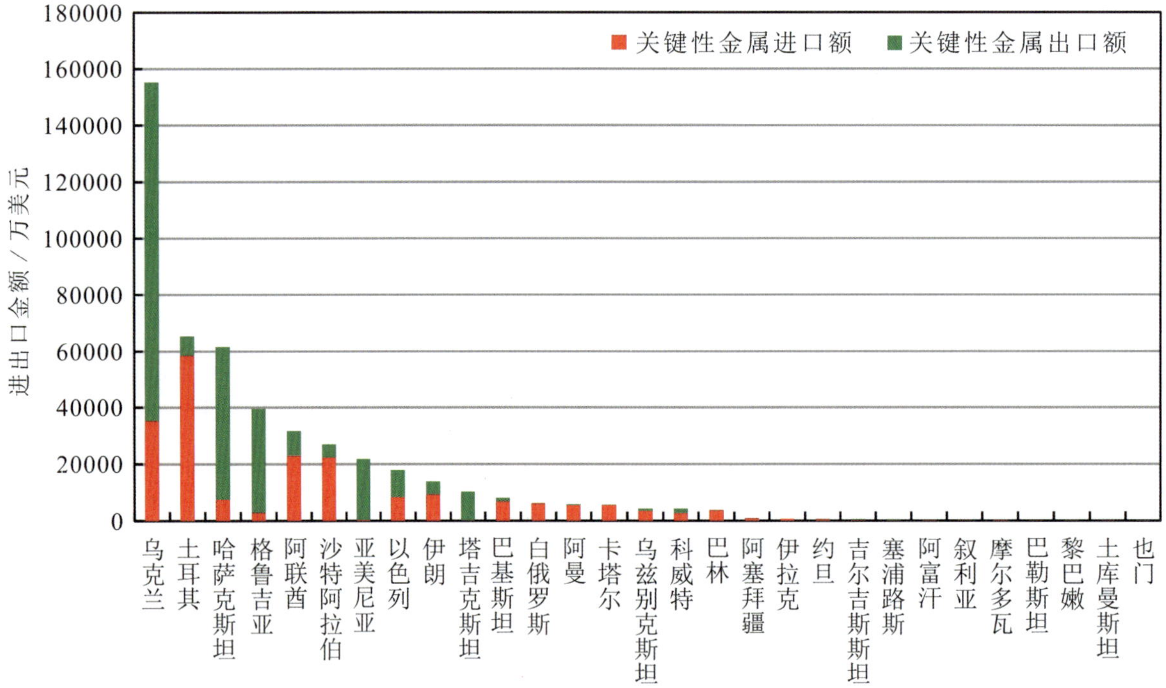

图 2–34　丝绸之路沿线29国关键性金属贸易排序（2018年）

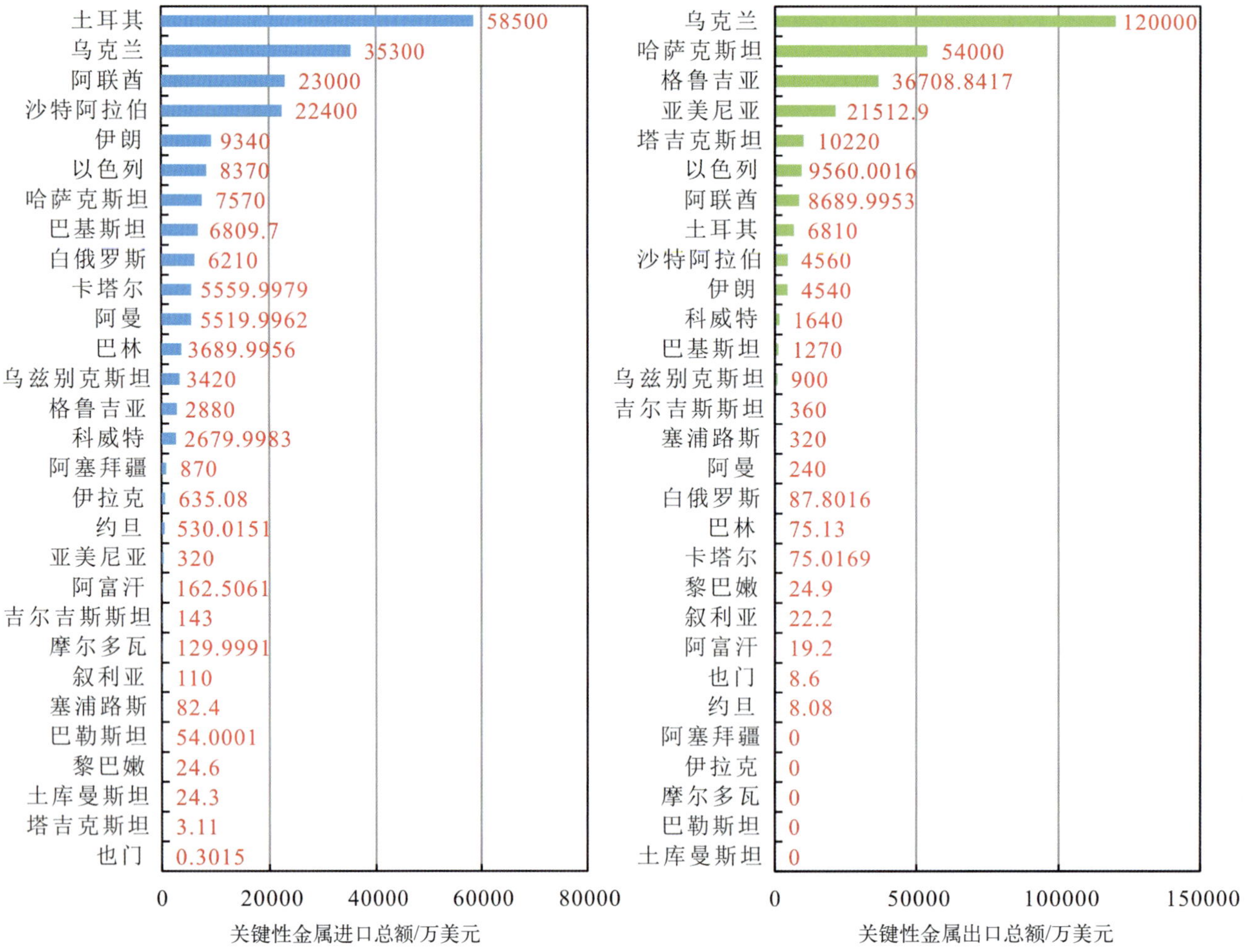

图 2–35　丝绸之路沿线29国关键性金属进出口总额排序（2018年）

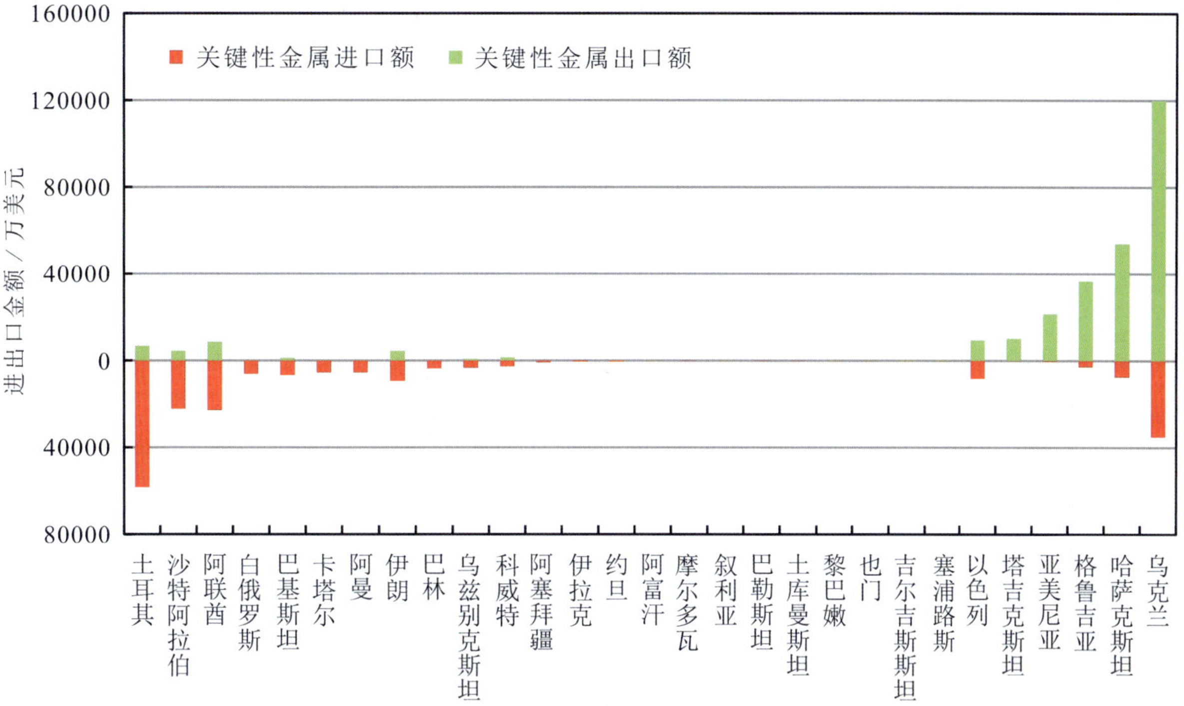

图 2–36 丝绸之路沿线29国关键性金属进出口金额（2018年）

元、5.4亿美元、3.67088417亿美元，分别占29国关键性金属出口总额的42.61%、19.17%、13.03%；亚美尼亚、塔吉克斯坦、以色列、阿联酋、土耳其等国位居其后，关键性金属出口金额均大于5000万美元；白俄罗斯、巴林、卡塔尔、黎巴嫩、叙利亚、阿富汗等国关键性金属出口较少，出口金额均小于100万美元；也门和约旦的关键性金属出口更少，出口金额均不足10万美元；阿塞拜疆、伊拉克、摩尔多瓦、巴勒斯坦、土库曼斯坦等国由于没有收集到相关数据，排在最后（表2–7、表2–8、图2–34、图2–35、图2–36）。

总体而言，乌克兰、哈萨克斯坦、格鲁吉亚为关键性金属产品贸易前三大逆差国，净流出金额分别为8.47亿美元、4.643亿美元、3.38288417亿美元；亚美尼亚、塔吉克斯坦两国位居其后，铬产品净流出金额均大于1亿美元；土耳其、沙特阿拉伯、阿联酋为关键性金属产品贸易前三大顺差国，净流入金额分别为5.169亿美元、1.784亿美元、1.43100047亿美元；白俄罗斯、巴基斯坦、卡塔尔、阿曼等国位居其后，关键性金属产品净流入金额均大于5000万美元（表2–7、图2–36）。

1. 锰

2018年度，丝绸之路沿线29国的锰产品贸易总额为281916.75万美元，进口总额为124548.53万美元，出口总额为157368.22万美元（表2–8）。乌克兰、格鲁吉亚、土耳其为前三大锰产品贸易国，贸易金额分别为11.63亿美元、3.957亿美元、3.914亿美元，分别占29国锰产品贸易总额的41.25%、14.04%、13.88%。阿联酋、哈萨克斯坦、沙特阿拉伯等国位居其后，其贸易金额均在1亿美元以上；伊朗、巴基斯坦两国也有一定的贸易份额，锰产品贸易金额均大于5000万美元（表2–8、图2–37、图2–38）。

在锰产品进口方面，土耳其、乌克兰、阿联酋为前三大进口国，进口金额分别为3.77亿美元、2.16亿美元、1.61亿美元，分别占29国锰产品进口总额的30.27%、17.34%、12.93%；沙特阿拉伯、伊朗、巴基斯坦等国位居其后，锰产品进口金额均大于5000万美元；叙利亚、亚美尼亚、塞浦路斯、吉尔吉斯斯坦、

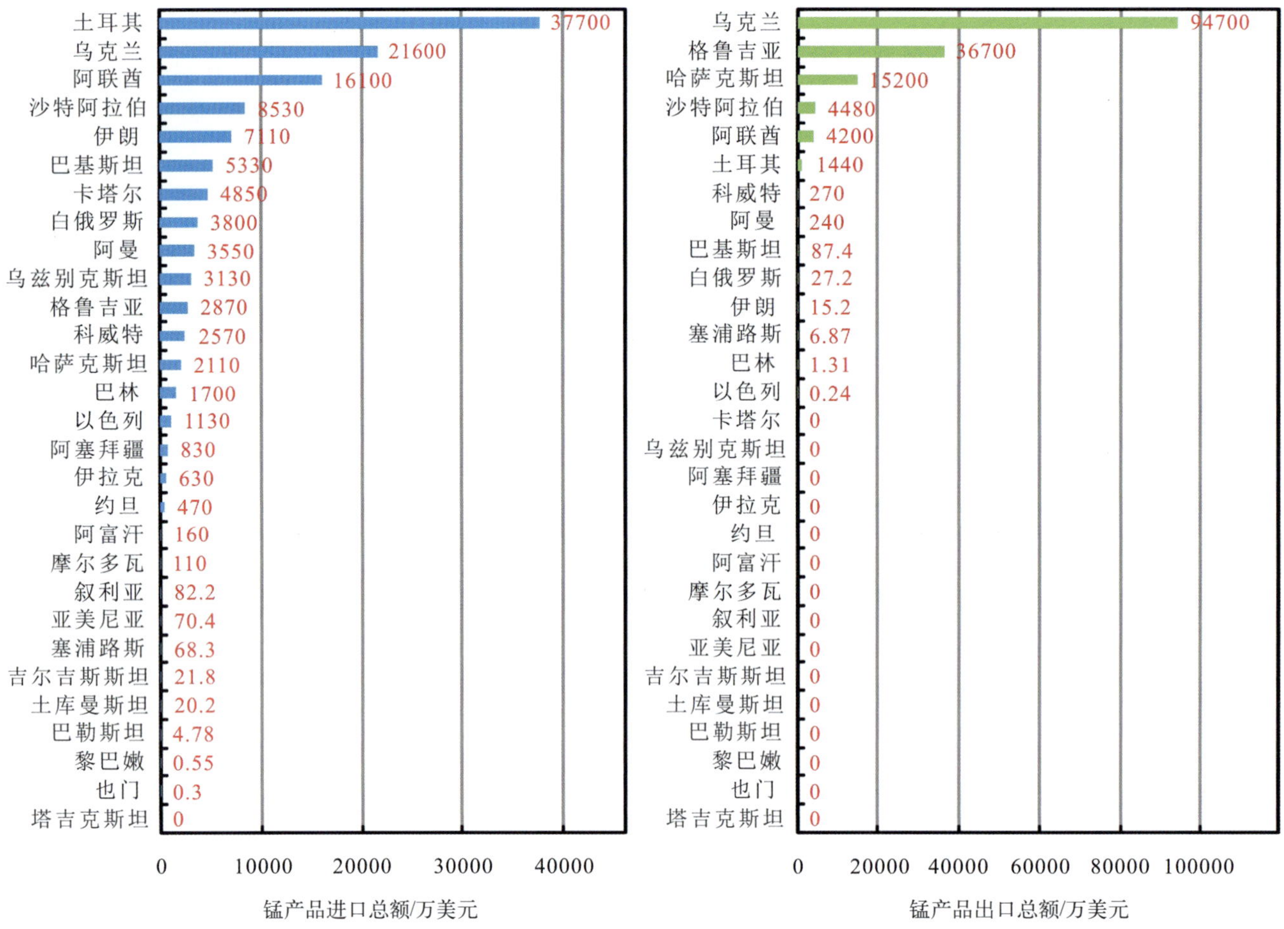

图 2–37　丝绸之路沿线29国锰产品进出口总额排序（2018年）

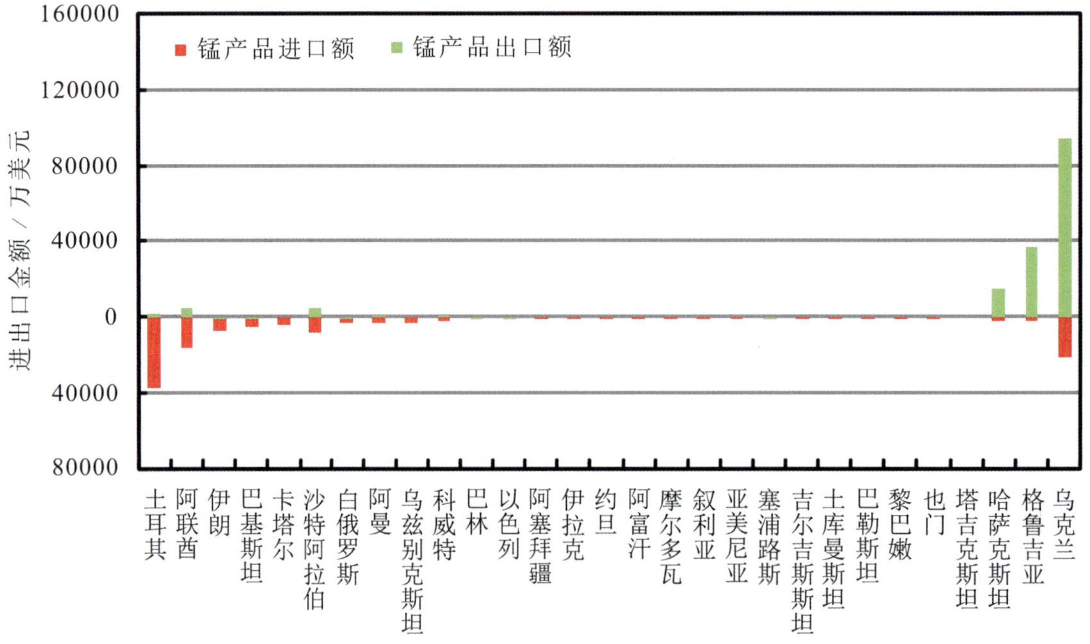

图 2–38　丝绸之路沿线29国锰产品进出口金额（2018年）

土库曼斯坦、巴勒斯坦等国锰产品进口较少，进口金额不足100万美元；黎巴嫩、也门两国产品进口更少，进口金额不足1万美元；塔吉克斯坦等国由于没有收集到相关数据，排在最后（表2–8、图2–37、图2–38）。

在锰产品出口方面，乌克兰、格鲁吉亚、哈萨克斯坦为前三大出口国，出口金额分别为9.47亿美元、3.67亿美元、1.52亿美元，分别占29国锰产品出口总额的60.18%、23.32%、9.66%；沙特阿拉伯、阿联酋、土耳其等国位居其后，锰产品出口金额均大于1000万美元；塞浦路斯、巴林两国锰产品出口较少，出口金额不足10万美元；以色列锰产品出口更少，出口金额仅为2400美元；卡塔尔、乌兹别克斯坦、阿塞拜疆、伊拉克、约旦、阿富汗、摩尔多瓦、叙利亚、亚美尼亚、吉尔吉斯斯坦、土库曼斯坦、巴勒斯坦、黎巴嫩、也门、塔吉克斯坦等国由于没有收集到相关数据，排在最后（表2–8、图2–37、图2–38）。

总体而言，乌克兰、格鲁吉亚、哈萨克斯坦为锰产品贸易前三大逆差国，净流出金额分别为7.31亿美元、3.383亿美元、1.309亿美元；土耳其、阿联酋、伊朗为锰产品贸易前三大顺差国，净流入金额分别为3.626亿美元、1.19亿美元、0.70948亿美元；巴基斯坦、卡塔尔、沙特阿拉伯、白俄罗斯、阿曼、乌兹别克斯坦、科威特、巴林、以色列等国位居其后，锰产品净流入金额均大于1000万美元；塔吉克斯坦由于没有收集到相关数据，进出口净流量为0(表2–8、图2–38)。

2.锑

2018年度，丝绸之路沿线29国的锑产品贸易总额为12449.8700万美元，进口总额为735.4284万美元，出口总额为11714.4416万美元（表2–8）。塔吉克斯坦、土耳其、巴基斯坦为前三大锑产品贸易国，贸易金额分别为10100万美元、1488万美元、485.84万美元，分别占29国锑产品贸易总额的81.13%、11.95%、3.90%；吉尔吉斯斯坦、阿联酋两国位居其后，锑产品贸易金额分别为155.4万美元、59.81万美元；哈萨克斯坦、以色列、乌克兰、阿曼、沙特阿拉伯、白俄罗斯、乌兹别克斯坦等国具有一定的贸易份额，锑产品贸易金额均大于10万美元（表2–8、图2–39、图2–40）。

在锑产品进口方面，巴基斯坦、阿联酋、土耳其为前三大进口国，进口金额分别为480万美元、59.7万美元、58万美元，分别占29国锑产品进口金额的65.27%、8.12%、7.89%；以色列、乌克兰、阿曼、沙特阿拉伯、白俄罗斯、乌兹别克斯坦等国位居其后，锑产品进口金额均大于10万美元；巴林锑产品进口较少，仅有6300美元；卡塔尔、科威特、约旦等国锑产品进口更少，均不足500美元；阿富汗、阿塞拜疆、格鲁吉亚、伊拉克、摩尔多瓦、也门、塔吉克斯坦等国由于没有收集到相关数据，排在最后（表2–8、图2–39、图2–40）。

在锑产品出口方面，塔吉克斯坦、土耳其、吉尔吉斯斯坦为前三大出口国，出口金额分别为10100万美元、1430万美元、150万美元，分别占29国锑产品出口金额的86.22%、12.21%、1.28%；哈萨克斯坦位居其后，锑产品出口金额为28.4万美元；巴基斯坦锑产品出口较少，出口金额为5.84万美元；阿联酋、以色列锑产品出口更少，出口金额分别为1100美元、916美元；其他22个国家由于没有收集到相关数据，排在最后（表2–8、图2–39、图2–40）。

总体而言，塔吉克斯坦、土耳其、吉尔吉斯斯坦为锑产品贸易前三大逆差国，净流出金额分别为10100万美元、1372万美元、144.6万美元；哈萨克斯坦位居其后，锑产品净流出金额为21.46万元；巴基斯坦、阿联酋、以色列为锑产品贸易前三大顺差国，净流入金额分别为474.16万美元、59.59万美元、27.6084万美元；乌克兰、阿曼、沙特阿拉伯、白俄罗斯、乌兹别克斯坦等国位居其后，锑产品净流入金额均大于10万美元；也门、巴勒斯坦、摩尔多瓦、伊拉克、格鲁吉亚、阿塞拜疆、阿富汗等国由于没有

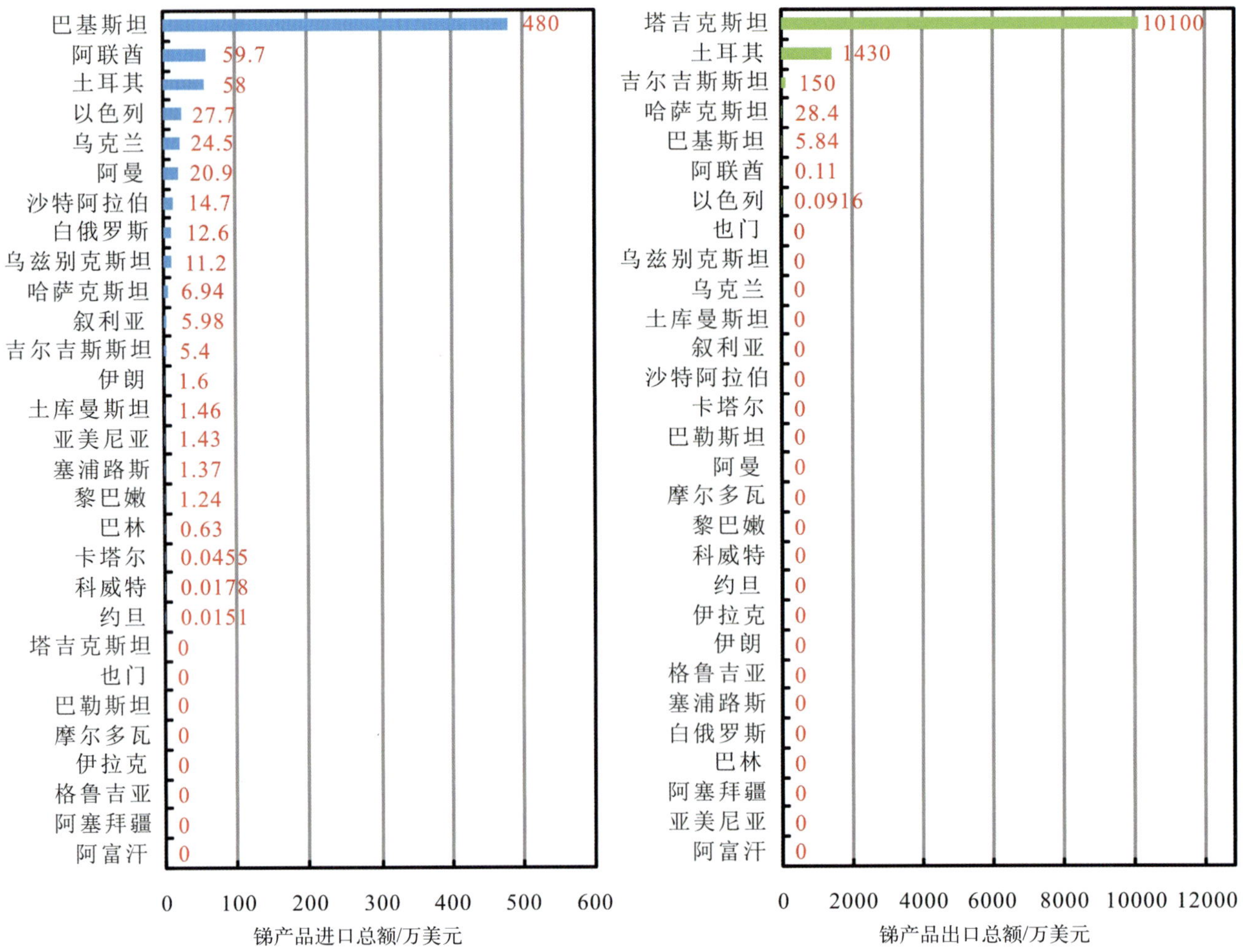

图 2–39　丝绸之路沿线29国锑产品进出口总额排序（2018年）

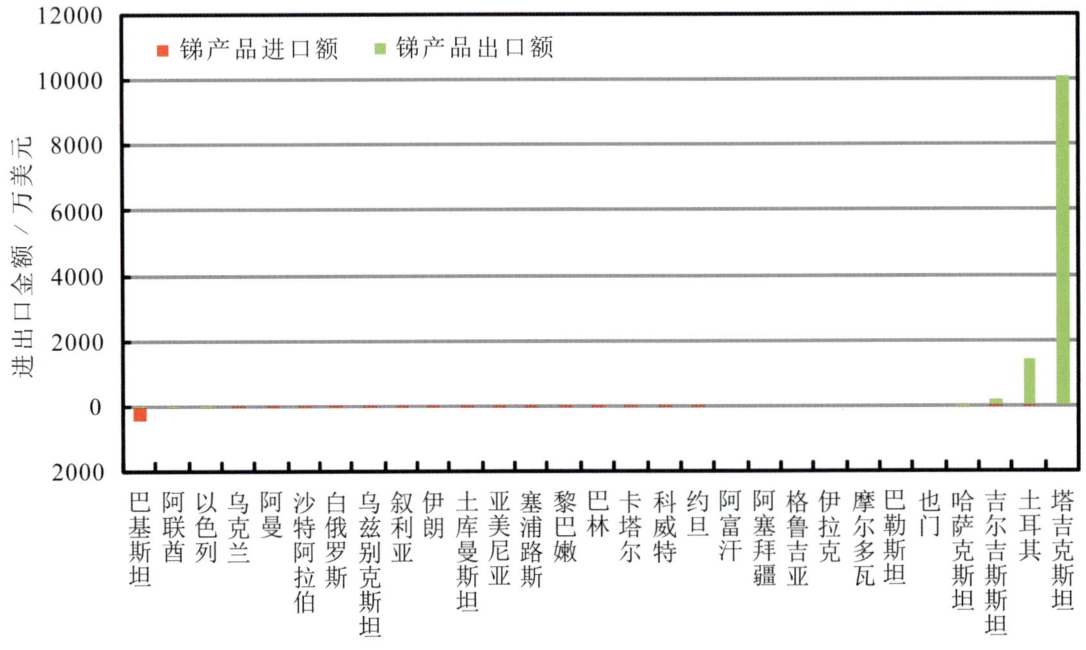

图 2–40　丝绸之路沿线29国锑产品进出口金额（2018年）

收集到相关数据，进出口净流量均为0(表2–8、图2–40)。

3.钨

2018年度，丝绸之路沿线29国的钨产品贸易总额为2647.9867万美元，进口总额为1404.5668万美元，出口总额为1243.4199万美元（表2–8）。土耳其、以色列、乌克兰为前三大钨产品贸易国，贸易金额分别为920万美元、560万美元、522.2万美元，分别占29国钨产品贸易总额的34.74%、21.15%、19.72%；阿联酋、伊朗、巴基斯坦、沙特阿拉伯、巴林、吉尔吉斯斯坦等国位居其后，钨产品贸易金额均大于50万美元；乌兹别克斯坦、科威特、哈萨克斯坦、阿富汗、塞浦路斯、白俄罗斯等国具有一定的贸易份额，钨产品贸易金额分别大于10万美元（表2–8、图2–41、图2–42）。

在钨产品进口方面，乌克兰、土耳其、以色列为前三大钨产品进口国，进口金额分别为490万美元、270万美元、230万美元，分别占29国钨产品进口总额的34.89%、19.22%、16.38%；阿联酋、沙特阿拉伯、吉尔吉斯斯坦等国位居其后，钨产品进口金额均大于50万美元；阿曼、摩尔多瓦、阿富汗、黎巴嫩、约旦、亚美尼亚等国钨产品进口较少，进口金额均不足1万美元；巴林、格鲁吉亚两国钨产品进口更少，仅有156美元和112美元；阿塞拜疆、伊拉克、巴勒斯坦、叙利亚、塔吉克斯坦、土库曼斯坦、也门、卡塔尔等国由于没有收集到相关数据，排在最后（表2–8、图2–41、图2–42）。

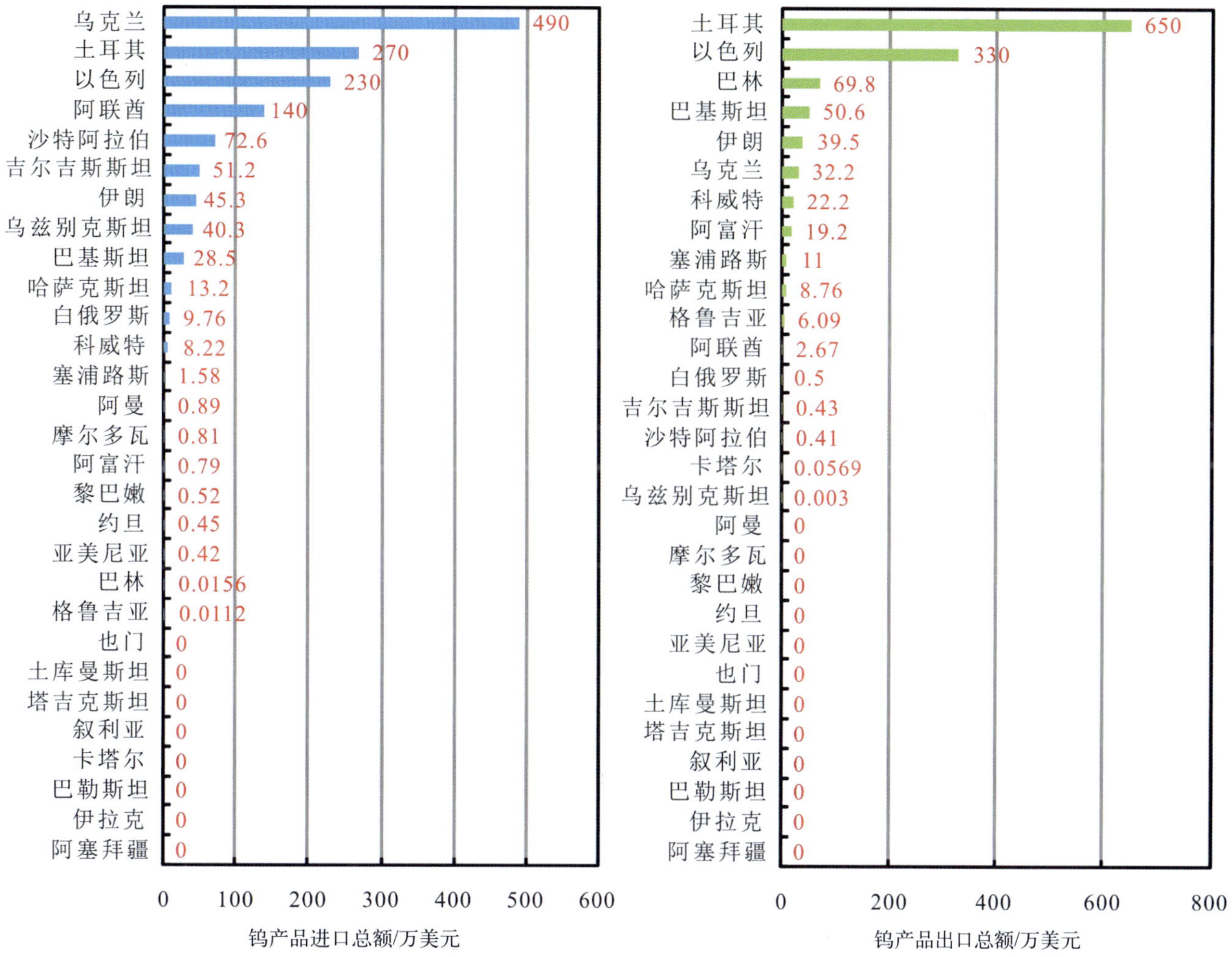

图 2–41 丝绸之路沿线29国钨产品进出口总额排序（2018年）

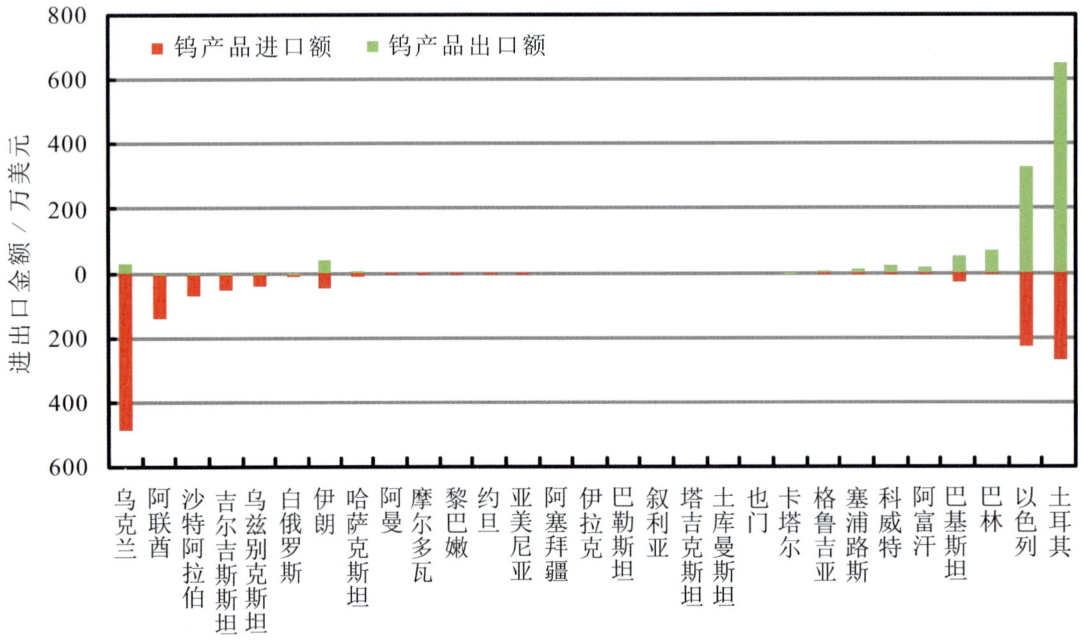

图 2–42　丝绸之路沿线29国钨产品进出口金额（2018年）

在钨产品出口方面，土耳其、以色列为钨产品最大出口国，出口金额分别为650万美元、330万美元，分别占29国钨产品出口总额的53.28%、26.54%；巴林、巴基斯坦两国位居其后，钨产品出口金额均大于50万美元；白俄罗斯、吉尔吉斯斯坦、沙特阿拉伯等国钨产品出口较少，出口金额均不足1万美元；卡塔尔、乌兹别克斯坦两国钨产品出口更少，出口金额分别为569美元、30美元；阿曼、摩尔多瓦、黎巴嫩、约旦、亚美尼亚、也门、土库曼斯坦、塔吉克斯坦、叙利亚、巴勒斯坦、伊拉克、阿塞拜疆等国由于没有收集到相关数据，排在最后（表2–8、图2–41、图2–42）。

总体而言，土耳其、以色列、巴林为钨产品贸易前三大逆差国，净流出金额分别为380万美元、100万美元、69.7844万美元；巴基斯坦、阿富汗、科威特等国位居其后，锑产品净流出金额均大于10万元；乌克兰、阿联酋、沙特阿拉伯为钨产品贸易前三大顺差国，净流入金额分别为457.8万美元、137.33万美元、72.19万美元；吉尔吉斯斯坦、乌兹别克斯坦两国位居其后，钨产品净流入金额均大于10万美元；阿塞拜疆、伊拉克、巴勒斯坦、叙利亚、塔吉克斯坦、土库曼斯坦、也门、卡塔尔等国由于没有收集到相关数据，进出口净流量均为0(表2–8、图2–42)。

4.钼

2018年度，丝绸之路沿线29国的钼产品贸易总额为38413.2237万美元，进口总额为8903.092万美元，出口总额为29510.1317万美元（表2–8）。阿联酋、塞浦路斯、叙利亚为前三大钼产品贸易国，贸易金额分别为21740万美元、4481.7万美元、4070万美元，分别占29国钼产品贸易总额的56.60%、11.67%、10.60%；土耳其、土库曼斯坦两国位居其后，钼产品贸易金额均大于1000万美元；黎巴嫩、乌兹别克斯坦、阿塞拜疆、伊朗、巴勒斯坦、摩尔多瓦等国具有一定的贸易份额，钼产品贸易金额均大于100万美元(表2–8、图2–43、图2–44)。

在钼产品进口方面，土耳其、叙利亚两国位居钼产品进口国前列，进口金额分别为3220万美元、2940万美元，分别占29国钼产品进口总额的36.17%、33.02%；黎巴嫩、阿塞拜疆、伊朗、巴勒斯坦、阿

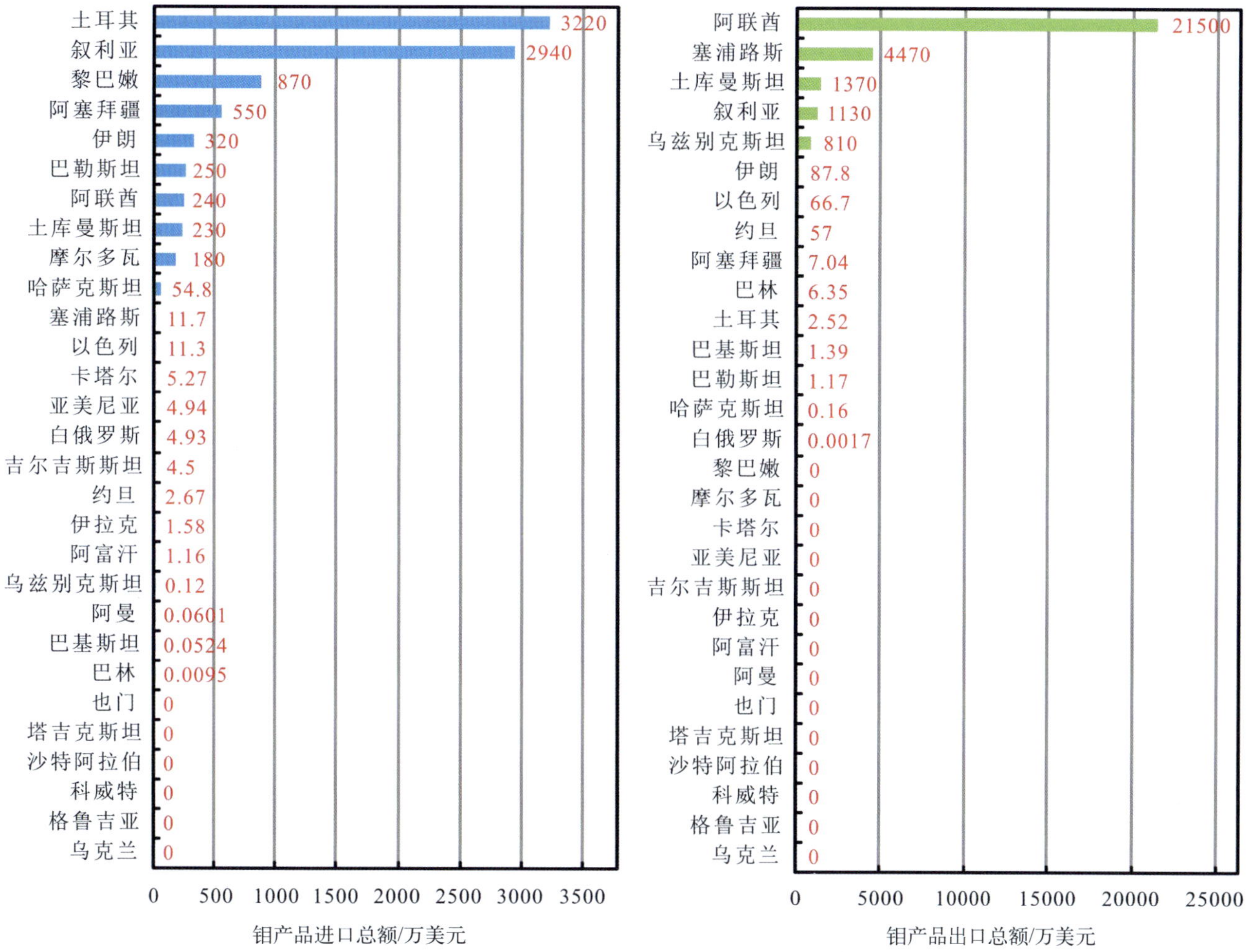

图 2–43　丝绸之路沿线29国钼产品进出口总额排序（2018年）

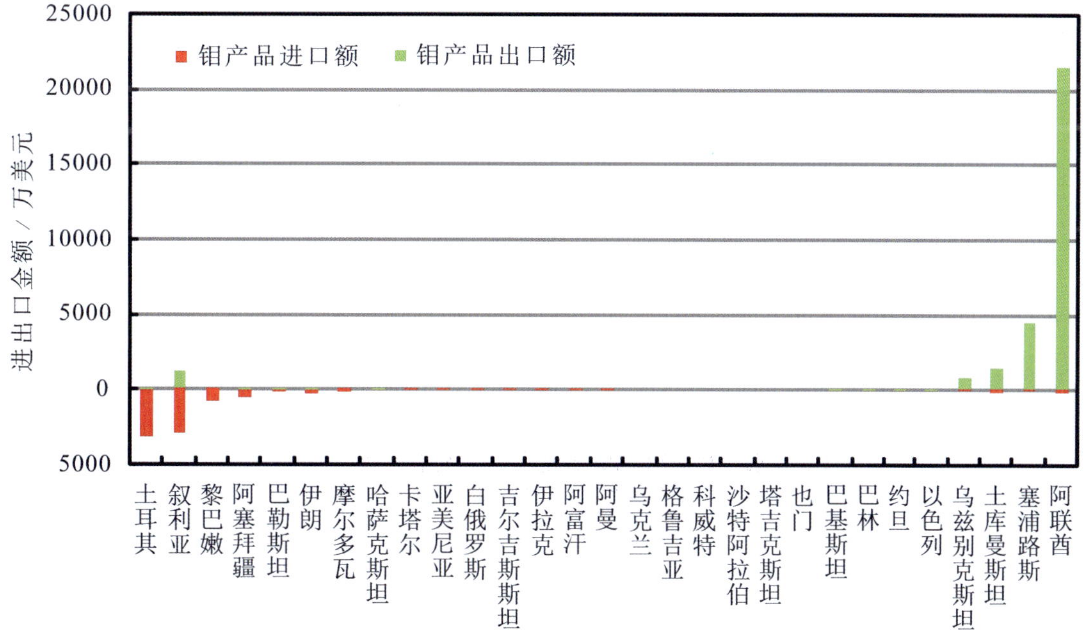

图 2–44　丝绸之路沿线29国钼产品进出口金额（2018年）

联酋、土库曼斯坦、摩尔多瓦等国位居其后，钼产品进口金额均大于100万美元；乌兹别克斯坦、阿曼、巴基斯坦等国钼产品进口较少，进口金额均不足1万美元；巴林钼产品进口更少，进口金额仅为95美元；也门、塔吉克斯坦、沙特阿拉伯、科威特、格鲁吉亚、乌克兰等国由于没有收集到相关数据，排在最后（表2–8、图2–43、图2–44）。

在钼产品出口方面，阿联酋是最大的钼产品出口国，出口金额高达21500万美元，占29国钼产品出口总额的72.86%；塞浦路斯、土库曼斯坦、叙利亚、乌兹别克斯坦（810万美元）等国位居其后，钼产品出口金额多大于1000万美元；阿塞拜疆、巴林、土耳其、巴基斯坦等国钼产品出口较少，出口金额均不足10万美元；哈萨克斯坦、白俄罗斯两国钼产品出口更少，出口金额仅为1600美元和17美元；黎巴嫩、摩尔多瓦、卡塔尔、亚美尼亚、吉尔吉斯斯坦、伊拉克、阿富汗、阿曼、也门、塔吉克斯坦、沙特阿拉伯、科威特、格鲁吉亚、乌克兰等国由于没有收集到相关数据，排在最后（表2–8、图2–43、图2–44）。

总体而言，阿联酋、塞浦路斯、土库曼斯坦、乌兹别克斯坦为钼产品贸易前四大逆差国，净流出金额分别为21260万美元、4458.3万美元、1140万美元、809.88万美元；以色列、约旦两国位居其后，钼产品净流出金额均大于50万美元；土耳其、叙利亚、黎巴嫩为钼产品贸易前三大顺差国，净流入金额分别为3217.48万美元、1810万美元、870万美元；阿塞拜疆、巴勒斯坦、伊朗、摩尔多瓦等国位居其后，钼产品净流入金额均大于100万元；乌克兰、格鲁吉亚、科威特、沙特阿拉伯、塔吉克斯坦、也门等国由于没有收集到相关数据，钼产品进出口净流量均为0(表2–8、图2–44）。

5.锂

2018年度，丝绸之路沿线29国的锂产品贸易总额为1745.8422万美元，进口总额为1731.4253万美元，出口总额为14.4169万美元（表2–8）。土耳其、阿联酋、以色列为前三大锂产品贸易国，贸易金额分别为1581.86万美元、65.3353万美元、42.4万美元，分别占29国锂产品贸易总额的90.61%、3.74%、2.43%；乌克兰、巴基斯坦两国位居其后，锂产品贸易金额均大于10万美元；伊朗、白俄罗斯、沙特阿拉伯、阿塞拜疆、约旦等国具有一定的贸易份额，锂产品贸易金额均大于1万美元（表2–8、图2–45）。

在锂产品进口方面，土耳其、阿联酋、以色列为前三大锂产品进口国，进口金额分别为1580万美元、65.3万美元、29.9万美元，分别占29国锂产品贸易总额的91.25%、3.77%、1.73%；乌克兰、巴基斯坦两国位居其后，锂产品进口金额均大于10万美元；叙利亚、哈萨克斯坦、卡塔尔、塞浦路斯、黎巴嫩等国锂产品进口较少，进口金额均不足1万美元；阿曼、摩尔多瓦两国锂产品进口更少，进口金额仅为462美元、91美元；也门、乌兹别克斯坦、土库曼斯坦、塔吉克斯坦、巴勒斯坦、吉尔吉斯斯坦、科威特、伊拉克、格鲁吉亚、巴林、亚美尼亚、阿富汗等国由于没有收集到相关数据，排在最后（表2–8、图2–45）。

在锂产品出口方面，收集到的相关数据仅限于以色列、土耳其、阿联酋、白俄罗斯四国。以色列为最大锂产品出口国，出口金额为12.5万美元，占29国锂产品出口总额的86.70%；其次是土耳其，锂产品出口金额为1.86万美元，占29国锂产品出口总额的12.90%；阿联酋、白俄罗斯两国锂产品出口较少，仅有353美元、216美元（表2–8、图2–45）。

总体而言，丝绸之路沿线29国都是锂产品贸易顺差国。其中，土耳其、阿联酋、以色列为前三大锂产品净流入国，净流入金额分别为1578.14万美元、65.2647万美元、17.4万美元；乌克兰、巴基斯坦两国位居其后，锂产品净流入金额均大于10万美元；也门、乌兹别克斯坦、土库曼斯坦、塔吉克斯坦、巴勒斯坦、吉尔吉斯斯坦、科威特、伊拉克、格鲁吉亚、巴林、亚美尼亚、阿富汗等国由于没有收集到相关数据，锂产品进口净流量均为0(表2–8、图2–45）。

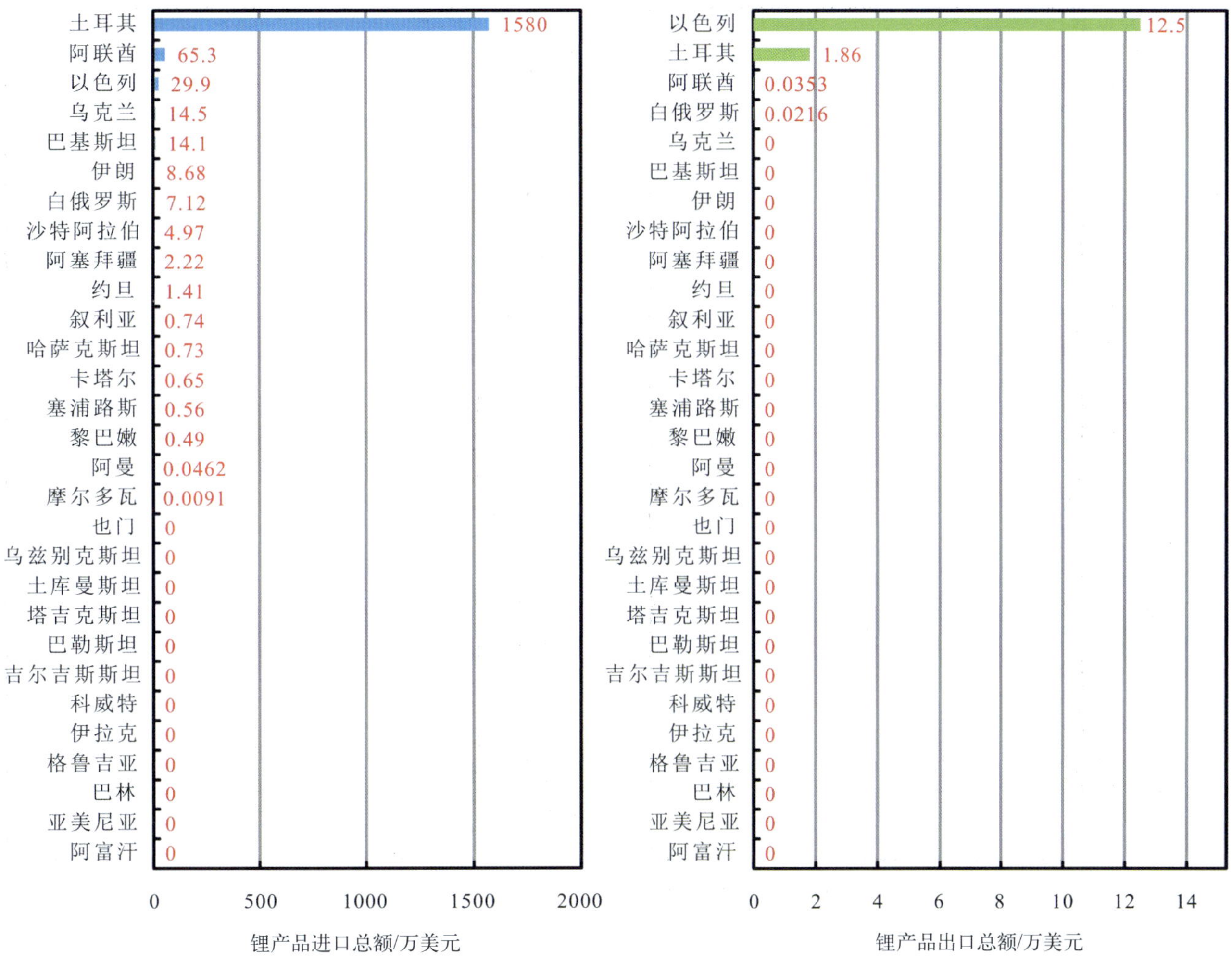

图 2–45　丝绸之路沿线29国锂产品进出口总额排序（2018年）

6.钛

2018年度，丝绸之路沿线29国的钛产品贸易总额为59061.9525万美元，进口总额为18944.2825万美元，出口总额为40117.67万美元（表2–8）。乌克兰、哈萨克斯坦、沙特阿拉伯为前三大钛产品贸易国，贸易金额分别为25750万美元、16740万美元、11943.7万美元，分别占29国钛产品贸易总额的43.60%、28.34%、20.22%；土耳其、阿联酋两国位居其后，钛产品贸易金额均大于500万美元；以色列、白俄罗斯、乌兹别克斯坦、巴林、塞浦路斯、巴基斯坦等国具有一定的贸易份额，钛产品贸易金额均大于100万美元（表2–8、图2–46、图2–47）。

在钛产品进口方面，沙特阿拉伯、乌克兰、土耳其为钛产品前三大进口国，进口金额分别为11900万美元、2450万美元、2140万美元，分别占29国钛产品进口总额的62.82%、12.93%、11.30%；阿联酋、哈萨克斯坦两国位居其后，钛产品进口金额均大于500万美元；格鲁吉亚、约旦、摩尔多瓦等国钛产品进口较少，进口金额不足1万美元；科威特、黎巴嫩两国钛产品进口更少，仅有135美元、90美元；也门、塔吉克斯坦、巴勒斯坦、伊拉克、亚美尼亚、阿富汗等国由于没有收集到相关数据，排在最后（表2–8、图2–46、图2–47）。

在钛产品出口方面，乌克兰、哈萨克斯坦位居钛产品出口国前列，出口金额分别为23300万美元、16000万美元，分别占29国钛产品出口总额的58.08%、39.88%；以色列、土耳其、塞浦路斯等国位居其

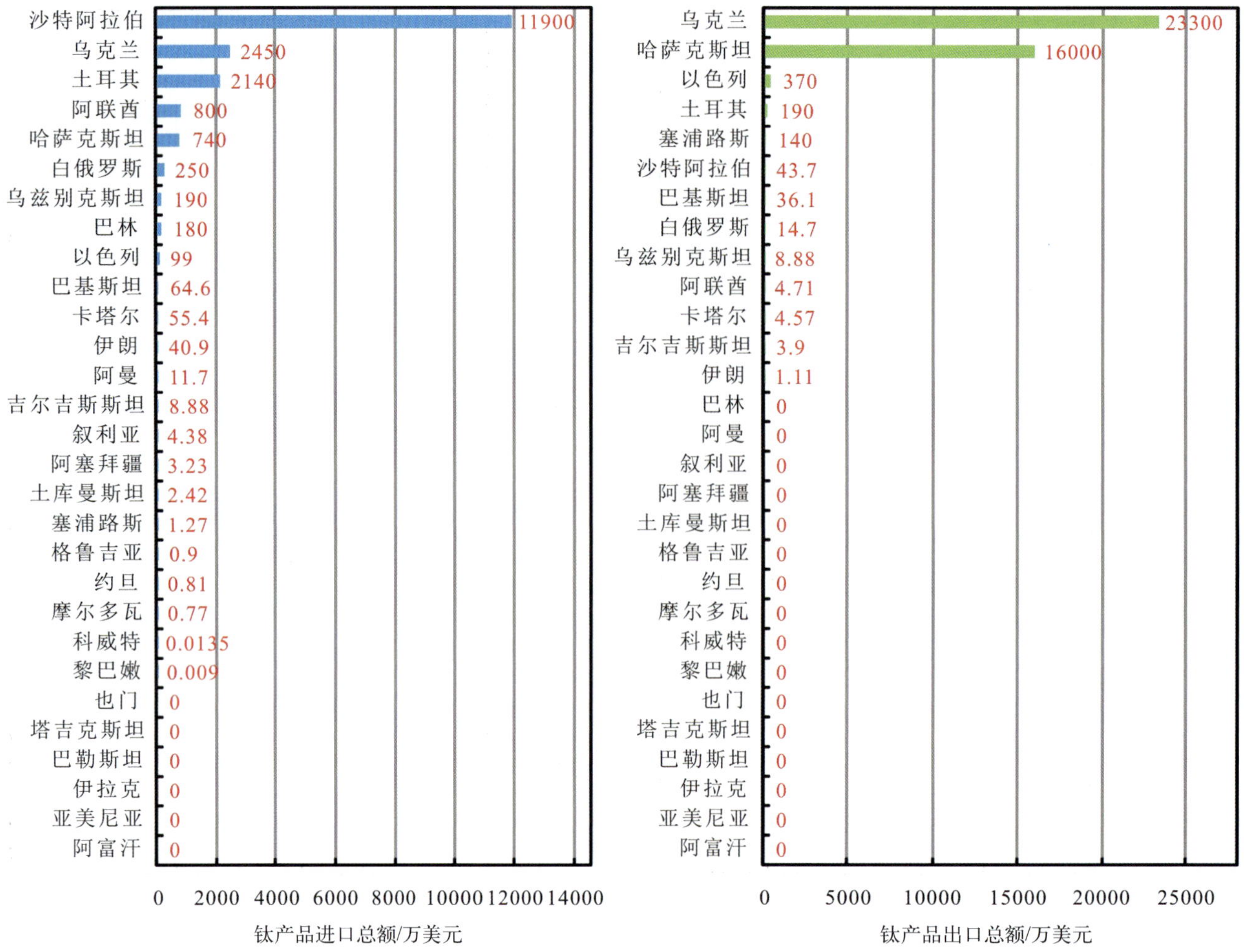

图 2–46　丝绸之路沿线29国钛产品进出口总额排序（2018年）

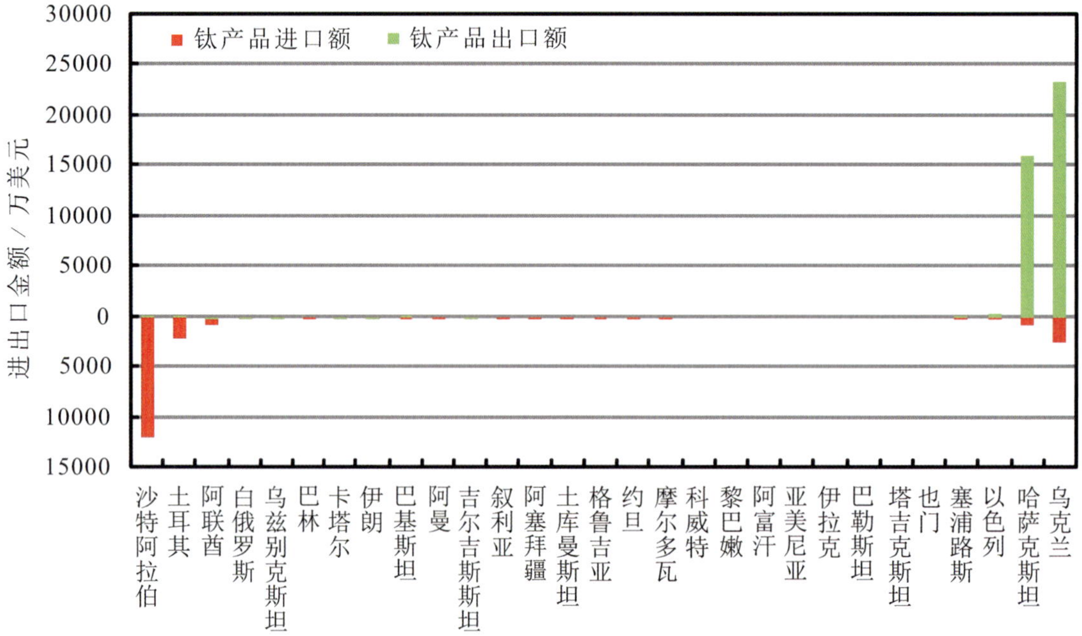

图 2–47　丝绸之路沿线29国钛产品进出口金额（2018年）

后，钛产品出口金额均大于100万美元；乌兹别克斯坦、阿联酋、卡塔尔、吉尔吉斯斯坦等国钛产品出口较少，出口金额均不足10万美元；伊朗钛产品出口更少，出口金额仅为1.11万美元；巴林、阿曼、叙利亚、阿塞拜疆、土库曼斯坦、格鲁吉亚、约旦、摩尔多瓦、科威特、黎巴嫩、也门、塔吉克斯坦、巴勒斯坦、伊拉克、亚美尼亚、阿富汗等国由于没有收集到相关数据，排在最后（表2–8、图2–46、图2–47）。

总体而言，乌克兰、哈萨克斯坦是最大的钛产品贸易逆差国，净流出金额分别为20850万美元、15260万美元；以色列、塞浦路斯两国位居其后，钛产品净流出金额均大于100万美元；沙特阿拉伯、土耳其、阿联酋为钛产品贸易前三大顺差国，净流入金额分别为11856.3万美元、1950万美元、795.29万美元；白俄罗斯、乌兹别克斯坦、巴林等国位居其后，钼产品净流入金额均大于100万元；阿富汗、亚美尼亚、伊拉克、巴勒斯坦、塔吉克斯坦、也门等国由于没有收集到相关数据，钛产品进出口净流量均为0（表2–8、图2–46、图2–47）。

六、工业矿物

本书讨论的工业矿物包括石材、石英岩、砂砾石、矿渣和矿灰、黏土、石灰、石膏、水泥等。查塔姆智库（Chatham House）统计数据显示：2018年度，丝绸之路沿线29国的工业矿物贸易总额为1940578.3万美元，进口总额为694330万美元，出口总额为1246248.3万美元（表2–9）。土耳其、阿联酋、沙特阿拉伯为前三大工业矿物贸易国，贸易金额分别为38.85亿美元、29.86亿美元、12.47亿美元，分别占29国工业矿物贸易总额的20.02%、15.39%、6.43%；阿曼、伊朗两国位居其后，工业矿物贸易金额均大于10亿美元；乌克兰、以色列、约旦、哈萨克斯坦、卡塔尔、巴基斯坦、科威特、白俄罗斯等国具有一定的贸易份额，工业矿物贸易金额均大于5亿美元（表2–9、图2–48、图2–49、图2–50）。

表 2–9　丝绸之路沿线 29 国工业矿物进出口金额统计

单位：百万美元

国家	贸易总额	排序	进口额	排序	出口额	排序
阿富汗	490.5	14	430	6	60.5	18
亚美尼亚	51.4	28	41.4	25	10	28
阿塞拜疆	87.6	25	52.9	23	34.7	21
巴林	253.9	18	240	12	13.9	25
白俄罗斯	541	13	267	11	274	12
塞浦路斯	138.5	22	50.9	24	87.6	16
格鲁吉亚	74.1	26	63.9	21	10.2	27
伊朗	1050.4	5	87.4	20	963	3
伊拉克	269.8	17	223	14	46.8	19
以色列	933	7	613	2	320	11
约旦	818	8	139	17	679	6
哈萨克斯坦	804	9	133	18	671	7
科威特	647.2	12	570	3	77.2	17
吉尔吉斯斯坦	70.1	27	41.3	26	28.8	22
黎巴嫩	142.6	21	131	19	11.6	26

续表

国家	贸易总额	排序	进口额	排序	出口额	排序
摩尔多瓦	36.9	29	19.6	27	17.3	24
阿曼	1171	4	341	8	830	4
巴基斯坦	695	11	161	16	534	9
巴勒斯坦	462	15	235	13	227	13
卡塔尔	746	10	416	7	330	10
沙特阿拉伯	1247	3	545	4	702	5
叙利亚	100.1	24	58.4	22	41.7	20
塔吉克斯坦	144.2	20	10.2	29	134	14
土耳其	3885	1	485	5	3400	1
土库曼斯坦	115	23	19.3	28	95.7	15
乌克兰	935	6	297	10	638	8
阿联酋	2986	2	786	1	2200	2
乌兹别克斯坦	338.3	16	314	9	24.3	23
也门	172.183	19	172	15	0.183	29
合计	19405.783	—	6943.3	—	12462.483	—

注：统计数据源于英国国防事务研究所查塔姆智库（Chatham House），2018年度，网址：https://resourcetrade.earth/data。

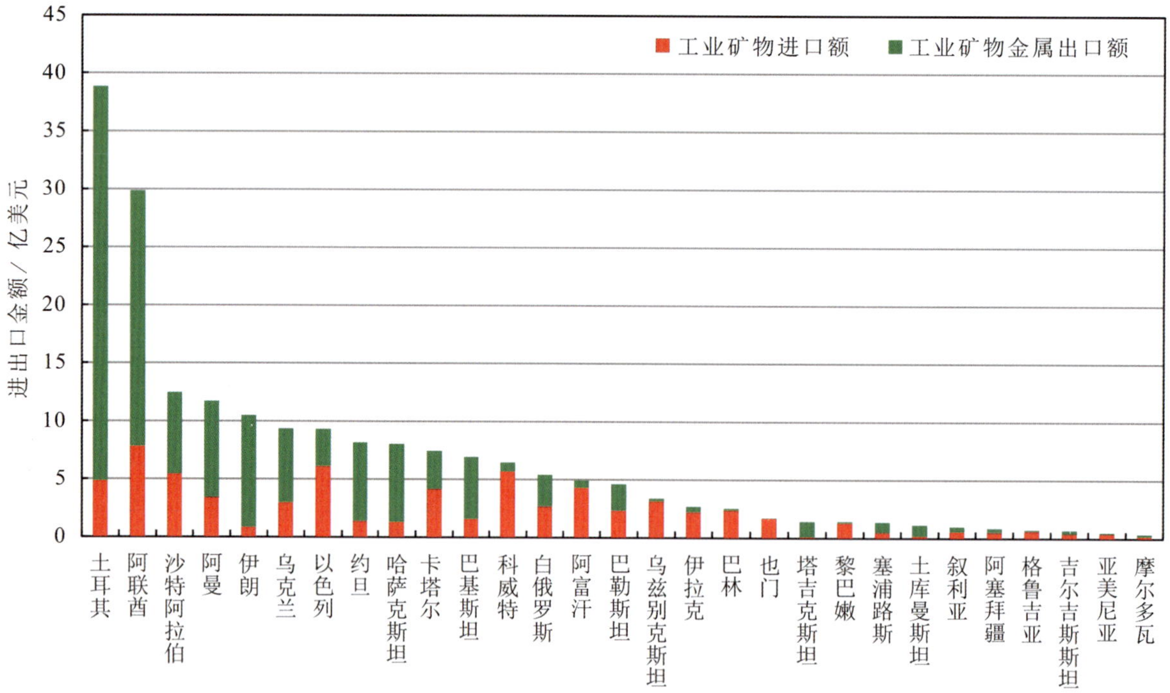

图 2-48　丝绸之路沿线29国工业矿物贸易排序（2018年）

在工业矿物进口方面，阿联酋、以色列、科威特为前三大工业矿物进口国，进口金额分别为7.86亿美元、6.13亿美元、5.7亿美元，分别占29国工业矿物进口总额的11.32%、8.83%、8.21%；沙特阿拉伯、土

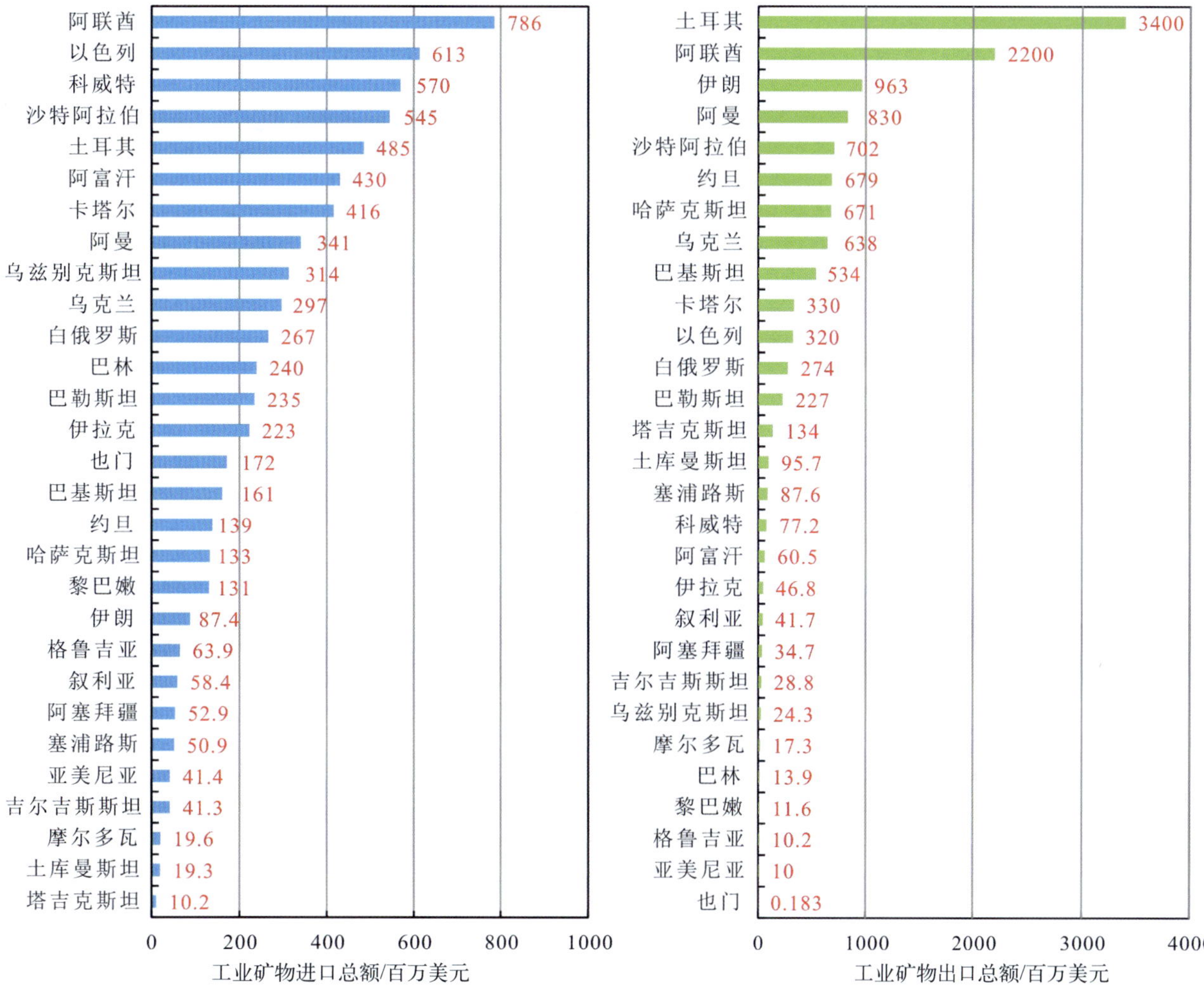

图 2–49　丝绸之路沿线29国工业矿物进出口总额排序（2018年）

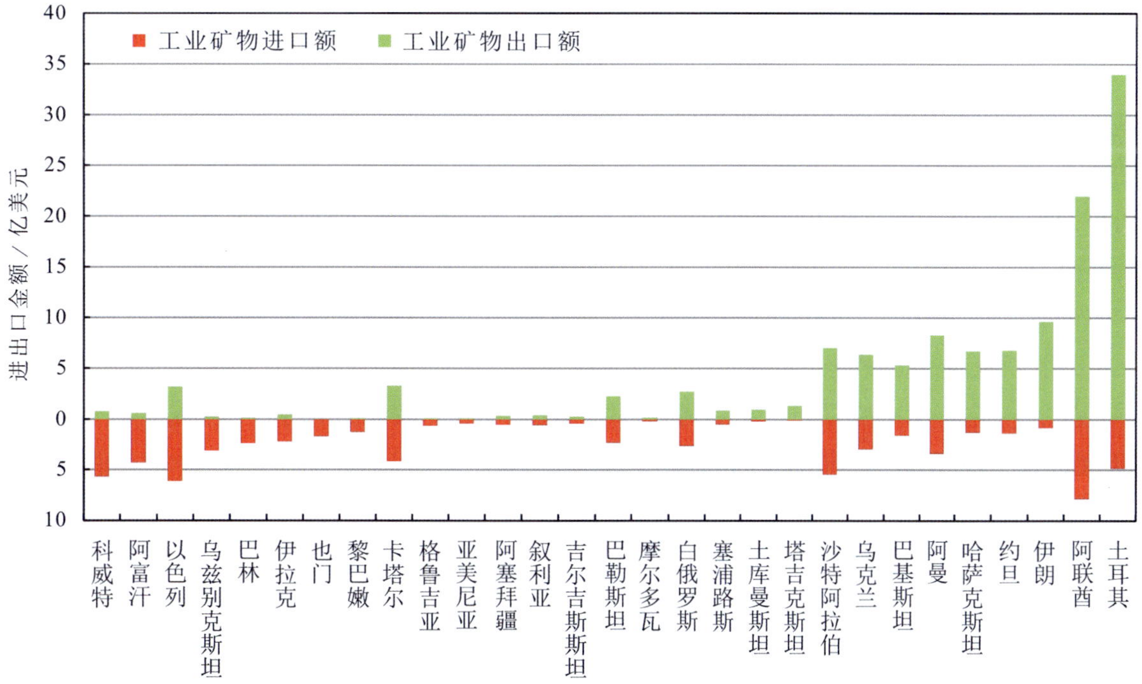

图 2–50　丝绸之路沿线29国工业矿物进出口金额（2018年）

耳其、阿富汗、卡塔尔、阿曼、乌兹别克斯坦等国位居其后，工业矿物进口金额均大于3亿美元；伊朗、格鲁吉亚、叙利亚、阿塞拜疆、塞浦路斯、亚美尼亚、吉尔吉斯斯坦等国工业矿物进口较少，均不足1亿美元；摩尔多瓦、土库曼斯坦、塔吉克斯坦等国工业矿物进口更少，仅有1000多万美元（表2–9、图2–48、图2–49、图2–50）。

在工业矿物出口方面，土耳其、阿联酋、伊朗为前三大工业矿物出口国，出口金额分别为34亿美元、22亿美元、9.63亿美元，分别占29国工业款物出口总额的27.28%、17.65%、7.73%；阿曼、沙特阿拉伯、约旦、哈萨克斯坦、乌克兰、巴基斯坦等国位居其后，工业矿物出口金额均大于5亿美元；伊拉克、叙利亚、阿塞拜疆、吉尔吉斯斯坦、乌兹别克斯坦、摩尔多瓦、巴林、黎巴嫩、格鲁吉亚、亚美尼亚等国工业矿物出口较少，出口金额均不足5000万美元；也门工业矿物出口金额最小，仅有18.3万美元（表2–9、图2–48、图2–49、图2–50）。

总体而言，土耳其、阿联酋、伊朗为工业矿物贸易前三大逆差国，净流出金额分别为29.15亿美元、14.14亿美元、8.756亿美元；约旦、哈萨克斯坦、阿曼、巴基斯坦、乌克兰、沙特阿拉伯、塔吉克斯坦等国位居其后，铬产品净流出金额均大于1亿美元；科威特、阿富汗、以色列为工业矿物贸易前三大顺差国，净流入金额分别为4.928亿美元、3.695亿美元、2.93亿美元；乌兹别克斯坦、巴林、伊拉克、也门、黎巴嫩等国位居其后，关键性金属产品净流入金额均大于1亿美元（表2–9、图2–50）。

第二节　中国与丝路沿线29国能源/矿产品贸易

一、能源

查塔姆智库（Chatham House）2018年度统计数据显示：中国与丝绸之路沿线29国之间的能源（石油、天然气、煤炭、其他化石燃料）贸易总额为13362242.0032万美元，进口总额为13187940.6227万美元，出口总额为174301.3805万美元（表2–10）。其中，煤炭进口金额为48287.1244万美元，占29国能源产品进口总额的0.37%；出口金额为69508.0126万美元，占29国能源出口总额的39.88%；石油进口金额为10725504.6172万美元，占29国能源进口总额的81.33%；出口金额为62385.6988万美元，占29国能源出口总额的35.79%；天然气进口金额为2381234.3459万美元，占29国能源进口总额的18.06%；出口金额为520.1528万美元，占29国出口总额的0.30%；其他化石能源进口金额为32914.5352万美元，占29国能源进口总额的0.25%；出口金额为41887.5163万美元，占29国能源出口总额的24.03%（表2–10、表2–11）。

沙特阿拉伯、伊拉克、阿曼是中国的前三大能源产品贸易国，贸易金额分别为3143098.2719万美元、2246498.8219万美元、1782196.2172万美元，分别占中国与29国能源贸易总额的23.52%、16.81%、13.34%；伊朗、科威特、阿联酋等国位居其后，中国与其之间的能源贸易金额均大于100亿美元；中国与土库曼斯坦、卡塔尔、哈萨克斯坦、乌兹别克斯坦等国之间也有较大的能源贸易金额，其贸易金额均大于10亿美元（表2–10、图2–51、图2–52、图2–53）。

在能源进口方面，沙特阿拉伯、伊拉克、阿曼是中国进口能源产品的前三大来源国，进口金额分别为3132516.1890万美元、2246370.3844万美元、1764190.0969万美元，分别占能源产品进口总额的23.75%、17.03%、13.38%；伊朗、科威特、阿联酋、土库曼斯坦、卡塔尔等国位居其后，中国从这些国家进口的能源产品金额均大于70亿美元；中国从土耳其、以色列进口的能源产品较少，进口金额不足100万美元；中国从约旦、格鲁吉亚进口的能源产品更少，进口金额分别仅有4.3885万美元、1.5070万美元；塔吉克斯

表 2–10 中国与丝路沿线 29 国能源进出口金额汇总

单位：万美元

国家	贸易总额	排序	进口额	排序	出口额	排序
阿富汗	288.5081	19	—	23	288.5081	14
亚美尼亚	13.8299	27	—	28	13.8299	26
阿塞拜疆	13900.6741	14	12459.9847	12	1440.6894	11
巴林	22152.0473	12	1058.9644	15	21093.0829	2
白俄罗斯	5.0000	29	0.0500	21	4.9500	29
塞浦路斯	11248.9103	15	—	22	11248.9103	6
格鲁吉亚	18.8797	25	1.5070	20	17.3727	25
伊朗	1524016.8487	4	1509045.4448	4	14971.4039	5
伊拉克	2246498.8219	2	2246370.3844	2	128.4375	18
以色列	625.0642	18	70.1366	18	554.9276	12
约旦	17.9847	26	4.3885	19	13.5962	27
哈萨克斯坦	222311.6010	9	218726.2482	9	3585.3528	10
科威特	1331104.8848	5	1330844.9273	5	259.9575	15
吉尔吉斯斯坦	1866.0876	17	1788.3335	14	77.7541	19
黎巴嫩	70.3216	21	—	24	70.3216	20
摩尔多瓦	32.2282	22	—	25	32.2282	22
阿曼	1782196.2172	3	1764190.0969	3	18006.1203	3
巴基斯坦	5837.9718	16	1963.2814	13	3874.6904	9
巴勒斯坦	13.2154	28	—	29	13.2154	28
卡塔尔	771314.9340	8	761082.1721	8	10232.7619	8
沙特阿拉伯	3143098.2719	1	3132516.1890	1	10582.0829	7
叙利亚	22.2293	24	—	27	22.2293	24
塔吉克斯坦	32.0331	23	—	26	32.0331	23
土耳其	16356.9309	13	83.2682	17	16273.6627	4
土库曼斯坦	802238.1759	7	802058.8451	7	179.3308	16
乌克兰	276.3782	20	107.0782	16	169.3000	17
阿联酋	1263542.8435	6	1202812.5965	6	60730.2470	1
乌兹别克斯坦	132607.7658	10	132288.2441	10	319.5217	13
也门	70533.3441	11	70468.4818	11	64.8623	21
合计	13362242.0032	—	13187940.6227	—	174301.3805	—

注：统计数据源于英国国防事务研究所查塔姆智库（Chatham House），2018年度，网址：https://resourcetrade.earth/data。

坦、叙利亚、巴勒斯坦、摩尔多瓦、黎巴嫩、塞浦路斯、亚美尼亚、阿富汗等国由于没有收集到相关数据，排在最后（表2–10、图2–51、图2–52、图2–53）。

阿联酋、巴林、阿曼是中国出口能源产品的前三大目标国，出口金额分别为60730.2470万美元、21093.0829万美元、18006.1203万美元，分别占能源产品出口总额的34.84%、12.10%、10.33%；土耳其、伊朗、塞浦路斯、沙特阿拉伯、卡塔尔等国位居其后，中国向其出口的能源产品金额均大于1亿美元；中

表 2–11 中国与丝路沿线 29 国能源进出口金额统计

单位：万美元

国家	煤炭		石油		天然气		其他	
	进口额	出口额	进口额	出口额	进口额	出口额	进口额	出口额
阿富汗	—	173.3830	—	18.4544	—	—	—	96.6707
亚美尼亚	—	0.2681	—	12.4642	—	0.0476	—	1.0500
阿塞拜疆	—	0.5355	12459.9847	1433.3327	—	0.0852	—	6.7360
巴林	—	16126.5590	574.3033	7.5443	—	2.3065	484.6611	4956.6731
白俄罗斯	—	0.0100	0.0500	0.9100	—	1.8400	—	2.1900
塞浦路斯	—	0.1954	—	11237.3953	—	0.2366	—	11.0830
格鲁吉亚	1.5070	0.4438	—	11.6487	—	0.9690	—	4.3112
伊朗	2310.1702	9805.1902	1500392.8150	1639.0075	4306.9212	4.4074	2035.5384	3522.7988
伊拉克	—	26.4122	2246369.0340	39.7272	—	—	1.3504	62.2981
以色列	—	78.0871	70.1366	343.0247	—	11.4304	—	122.3854
约旦	—	3.4043	—	9.4859	—	—	4.3885	0.7060
哈萨克斯坦	23.7041	3349.3413	98696.6843	215.6775	115782.8005	2.8990	4223.0593	17.4350
科威特	—	111.5949	1196556.7430	12.0496	134288.1843	—	—	136.3130
吉尔吉斯斯坦	511.3229	5.4526	1206.8121	62.9497	70.1985	0.3233	—	9.0285
黎巴嫩	—	0.7151	—	1.8849	—	0.6522	—	67.0694
摩尔多瓦	—	—	—	31.2663	—	0.9619	—	—
阿曼	—	2593.4934	1733288.7250	11925.3003	27995.8679	1.1180	2905.5040	3486.2086
巴基斯坦	0.2132	896.0697	1962.8533	1783.8009	—	156.8277	0.2149	1037.9921
巴勒斯坦	—	1.1505	—	1.8575	—	—	—	10.2074
卡塔尔	—	2381.9695	72992.0357	7850.6004	688090.1364	0.1920	—	—
沙特阿拉伯	757.6268	5230.1618	2987726.1370	145.9209	123587.4855	288.6192	20444.9397	4917.3810
叙利亚	—	17.5925	—	0.4680	—	—	—	4.1688
塔吉克斯坦	—	—	—	21.7161	—	—	—	10.3170
土耳其	0.0689	13328.0509	83.1776	2735.3043	—	1.4548	0.0217	208.8527
土库曼斯坦	—	—	4082.2371	179.3308	796187.7400	—	1788.8680	—
乌克兰	101.7022	62.3028	5.3555	55.1273	—	5.4088	0.0205	46.4611
阿联酋	44580.8072	15265.7339	798568.2360	22418.3055	358637.5846	40.3732	1025.9687	23005.8344
乌兹别克斯坦	0.0019	49.8951	0.8152	189.4711	132287.4270	—	—	80.1555
也门	—	—	70468.4818	1.6728	—	—	—	63.1895
合计	48287.1244	69508.0126	10725504.6172	62385.6988	2381234.3459	520.1528	32914.5352	41887.5163

注：统计数据源于英国国防事务研究所查塔姆智库（Chatham House），2018年度，网址：https://resourcetrade.earth/data。

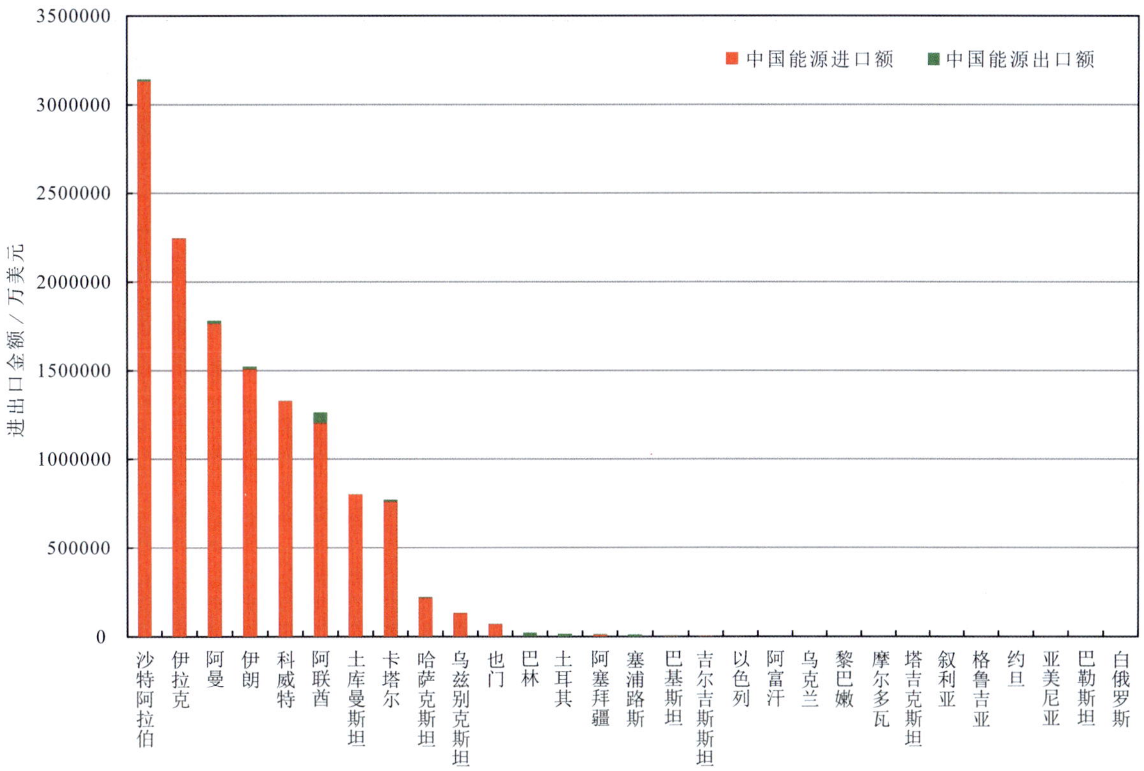

图 2–51　中国与丝路沿线29国能源贸易额排序（2018年）

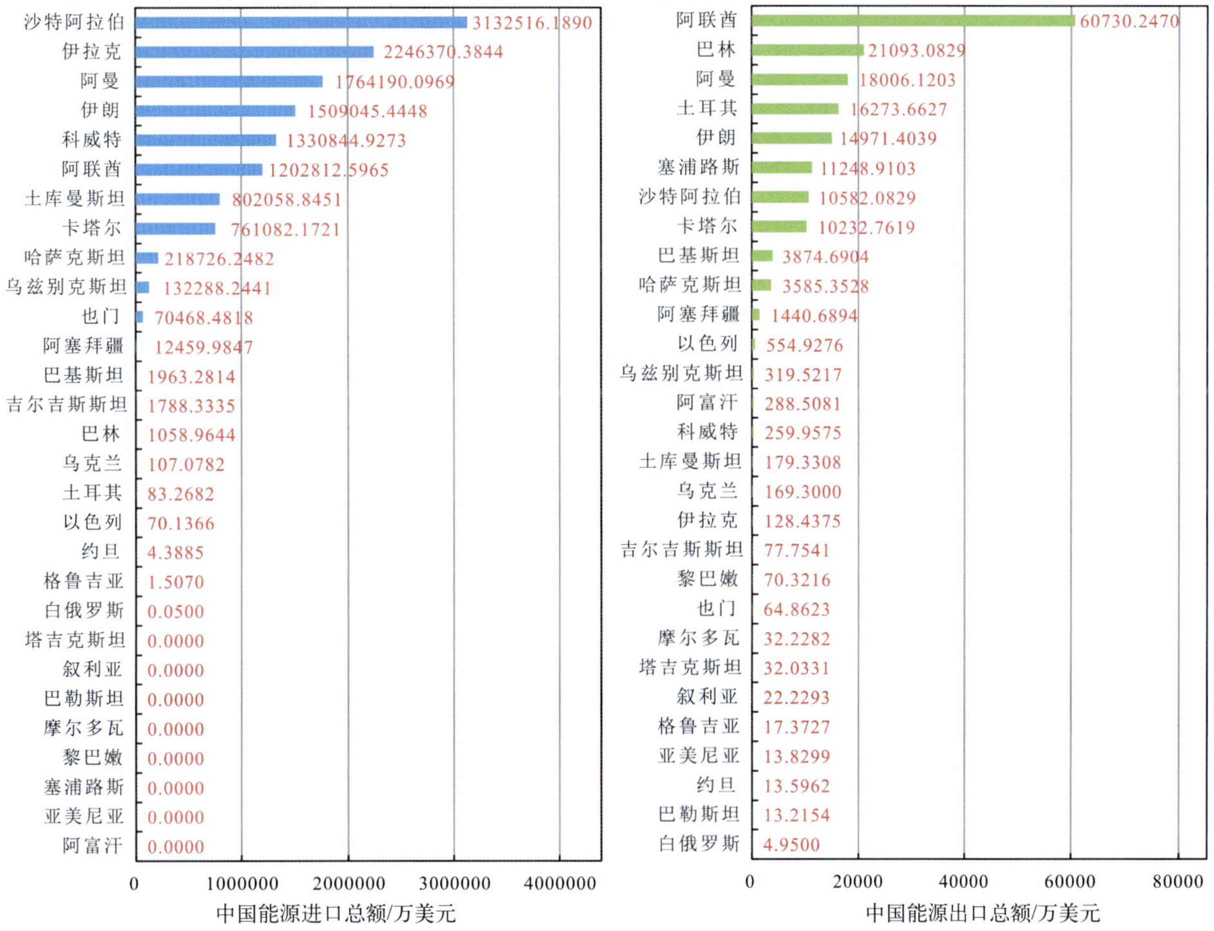

图 2–52　中国与丝路沿线29国能源进出口总额排序（2018年）

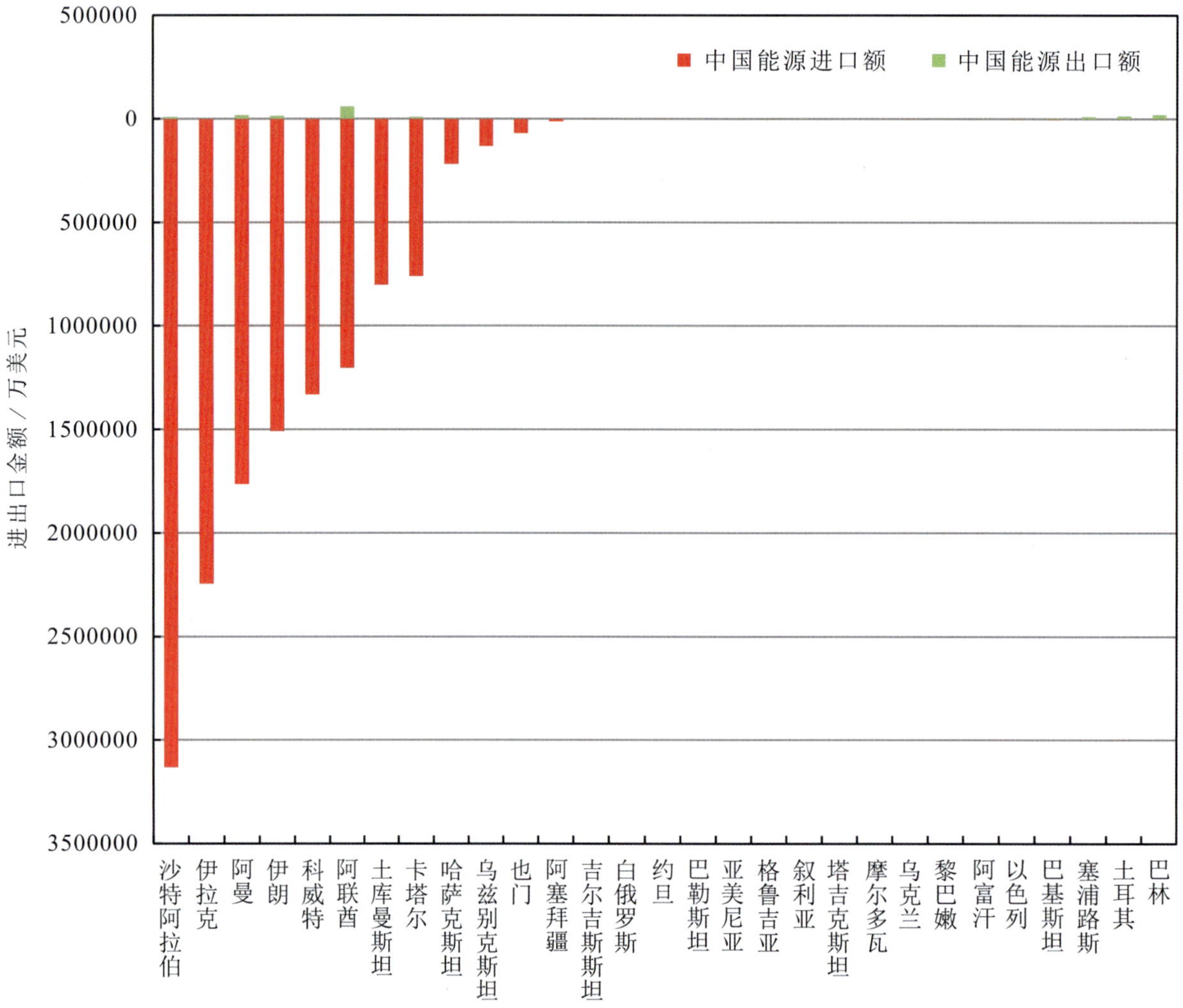

图 2–53　中国与丝路沿线29国能源进出口金额（2018年）

国向格鲁吉亚、亚美尼亚、约旦、巴勒斯坦等国出口的能源产品较少，出口金额均不足20万美元；中国向白俄罗斯出口的能源产品更少，出口金额仅为4.95万美元（表2–10、图2–51、图2–52、图2–53）。

总体而言，丝绸之路沿线29国中，沙特阿拉伯、伊拉克、阿曼是中国的能源产品贸易前三大来源国，净流入中国的能源产品金额分别为3121934.106万美元、2246241.947万美元、1746183.977万美元，伊朗、科威特、阿联酋等国位居其后，净流入中国的能源产品金额均大于100亿美元；巴林、土耳其、塞浦路斯是中国的能源贸易前三大目标国，来自中国的能源产品净流入金额为20034.1185万美元、16190.3945万美元、11248.9103万美元；巴基斯坦、以色列、阿富汗等国位居其后，来自中国的能源产品净流入金额均大于200万美元（表2–10、图2–51、图2–52、图2–53）。

1.煤炭

2018年度，中国与丝绸之路沿线29国的煤炭贸易总额为117795.137万美元，进口总额为48287.1244万美元，出口总额为69508.0126万美元（表2–11）。阿联酋、巴林、土耳其为中国的前三大煤炭贸易国，贸易金额分别为59846.5411万美元、16126.559万美元、13328.1198万美元，分别占中国与丝路沿线29国煤炭贸易总额的50.81%、13.69%、11.31%；伊朗、沙特阿拉伯、哈萨克斯坦、阿曼、卡塔尔等国位居其后，中国与这些国家的煤炭贸易金额均大于1000万美元（表2–11、图2–54、图2–55）。

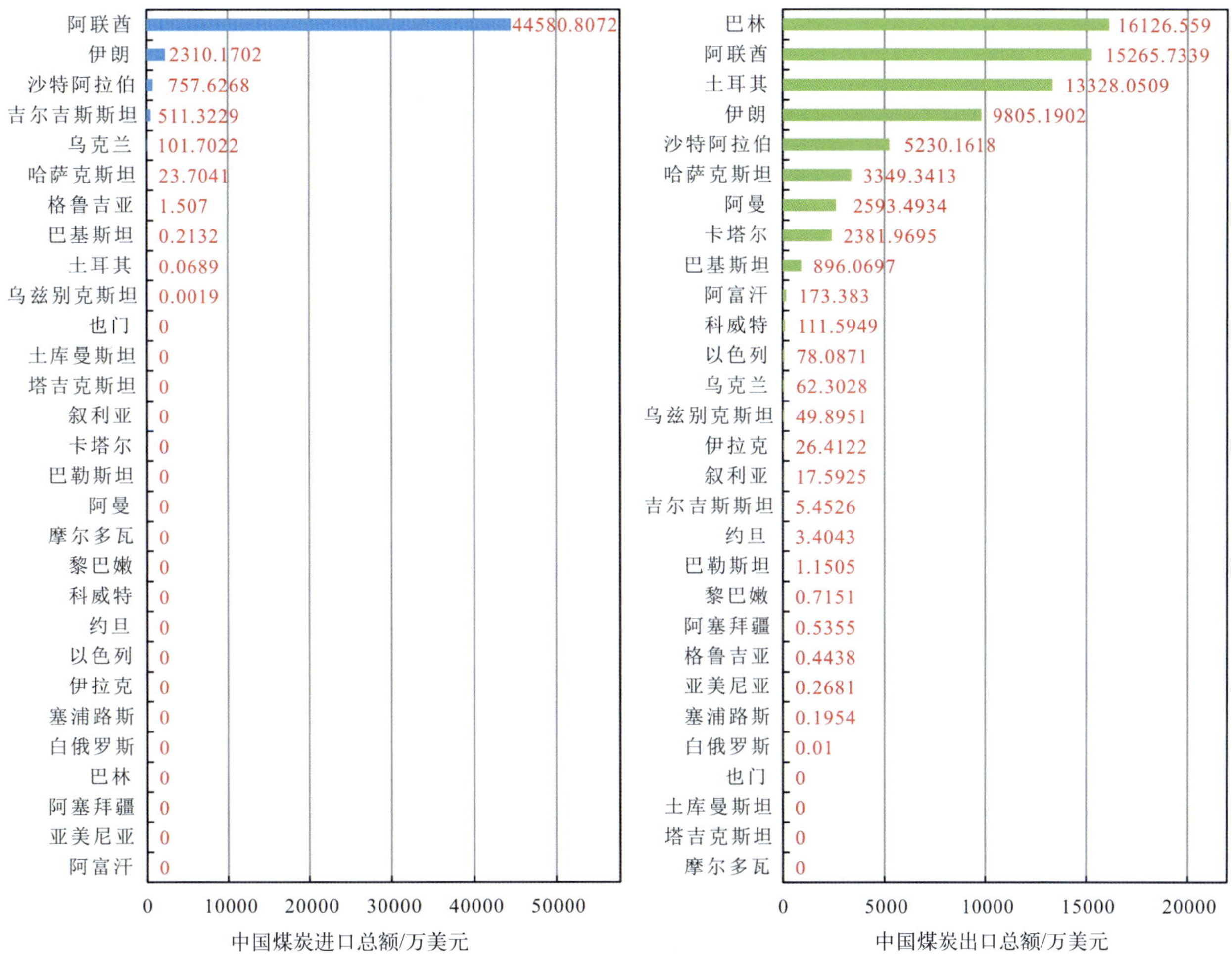

图 2–54　中国与丝路沿线29国煤炭进出口总额排序（2018年）

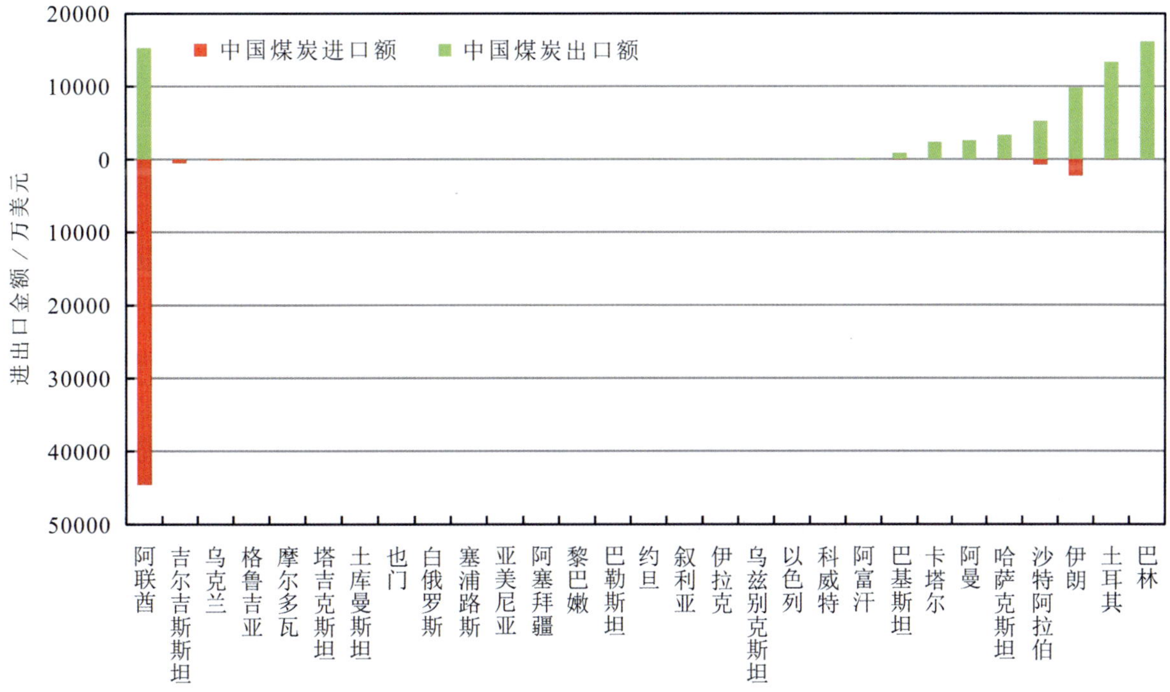

图 2–55　中国与丝路沿线29国煤炭进出口金额（2018年）

在煤炭进口方面，阿联酋是中国进口煤炭的最大来源国，进口金额为44580.8072万美元，占煤炭进口总额的92.32%；伊朗、沙特阿拉伯、吉尔吉斯斯坦、乌克兰等国位居其后，中国从这些国家进口煤炭的金额均大于100万美元；中国从哈萨克斯坦、格鲁吉亚两国进口煤炭较少，进口金额分别为23.7041万美元、1.507万美元；中国从巴基斯坦、土耳其、乌兹别克斯坦等国进口煤炭产品更少，进口金额仅为2132美元、689美元、19美元；也门、土库曼斯坦等其他19个国家由于没有收集到相关数据，排在最后（表2–11、图2–54、图2–55）。

在煤炭出口方面，巴林、阿联酋、土耳其是中国出口煤炭的前三大目标国，出口金额分别为16126.559万美元、15265.7339万美元、13328.0509万美元，分别占煤炭出口总额的23.20%、21.96%、19.17%；伊朗、沙特阿拉伯、哈萨克斯坦、阿曼、卡塔尔等国位居其后，中国向这些国家出口煤炭的金额均大于1000万美元；中国向吉尔吉斯斯坦、约旦、巴勒斯坦等国出口煤炭较少，出口金额均不足10万美元；中国向黎巴嫩、阿塞拜疆、格鲁吉亚、亚美尼亚、塞浦路斯、白俄罗斯等国出口煤炭更少，出口金额均不足1万美元；也门、土库曼斯坦、塔吉克斯坦、摩尔多瓦由于没有收集到相关数据，排在最后(表2–11、图2–54、图2–55)。

总体而言，丝绸之路沿线29国中，阿联酋是中国最大煤炭产品贸易来源国，净流入中国的煤炭产品金额为29315.0733万美元；吉尔吉斯斯坦、乌克兰伊朗、格鲁吉亚位居其后，净流入中国的煤炭产品金额分别为505.8703万美元、39.3994万美元、1.0632万美元；巴林、土耳其、伊朗是中国的前三大煤炭产品贸易目标国，来自中国的煤炭产品净流入金额为16126.559万美元、13327.982万美元、7495.02万美元；沙特阿拉伯、哈萨克斯坦、阿曼、卡塔尔等国位居其后，来自中国的煤炭产品净流入金额均大于1000万美元；也门、土库曼斯坦、塔吉克斯坦、摩尔多瓦等国由于没有收集到相关数据，煤炭产品净进出口额为0(表2–11、图2–54、图2–55)。

2.石油

2018年度，中国与丝绸之路沿线29国的石油产品贸易总额为10787890.32万美元，进口总额为10725504.62万美元，出口总额为62385.6988万美元（表2–11）。沙特阿拉伯、伊拉克、阿曼为中国的前三大石油产品贸易国，贸易金额分别为2987872.058万美元、2246408.761万美元、1745214.025万美元，分别占中国与丝路沿线29国石油贸易总额的27.70%、20.82%、16.18%；伊朗、科威特、阿联酋等国位居其后，中国与这些国家的石油产品贸易金额大于或接近100亿美元；哈萨克斯坦、卡塔尔、也门具有一定的贸易份额，中国与这些国家的石油产品贸易金额均接近10亿美元（表2–11、图2–56、图2–57）。

在石油进口方面，沙特阿拉伯、伊拉克、阿曼是中国进口石油产品的前三大来源国，进口金额分别为2987726.137万美元、2246369.034万美元、1733288.725万美元，占石油产品进口总额的27.86%、20.94%、16.16%；伊朗、科威特、阿联酋等国位居其后，中国从这些国家进口石油产品的金额大于或接近100亿美元；中国从土耳其、以色列、乌克兰等国进口石油产品较少，进口金额均为不足100万美元；中国从乌兹别克斯坦、白俄罗斯两国进口石油产品更少，进口金额仅有8152美元、500美元；塞浦路斯、摩尔多瓦、塔吉克斯坦、阿富汗、亚美尼亚、格鲁吉亚、约旦、黎巴嫩、巴勒斯坦、叙利亚等国由于没有收集到相关数据，排在最后（表2–11、图2–56、图2–57）。

在石油出口方面，阿联酋、阿曼、塞浦路斯是中国出口石油产品的前三大目标国，出口金额分别为22418.3055万美元、11925.3003万美元、11237.3953万美元，分别占石油产品出口总额的35.94%、19.12%、18.0%；卡塔尔、土耳其、巴基斯坦、伊朗、阿塞拜疆等国位居其后，中国向这些国家出口石油产品的金

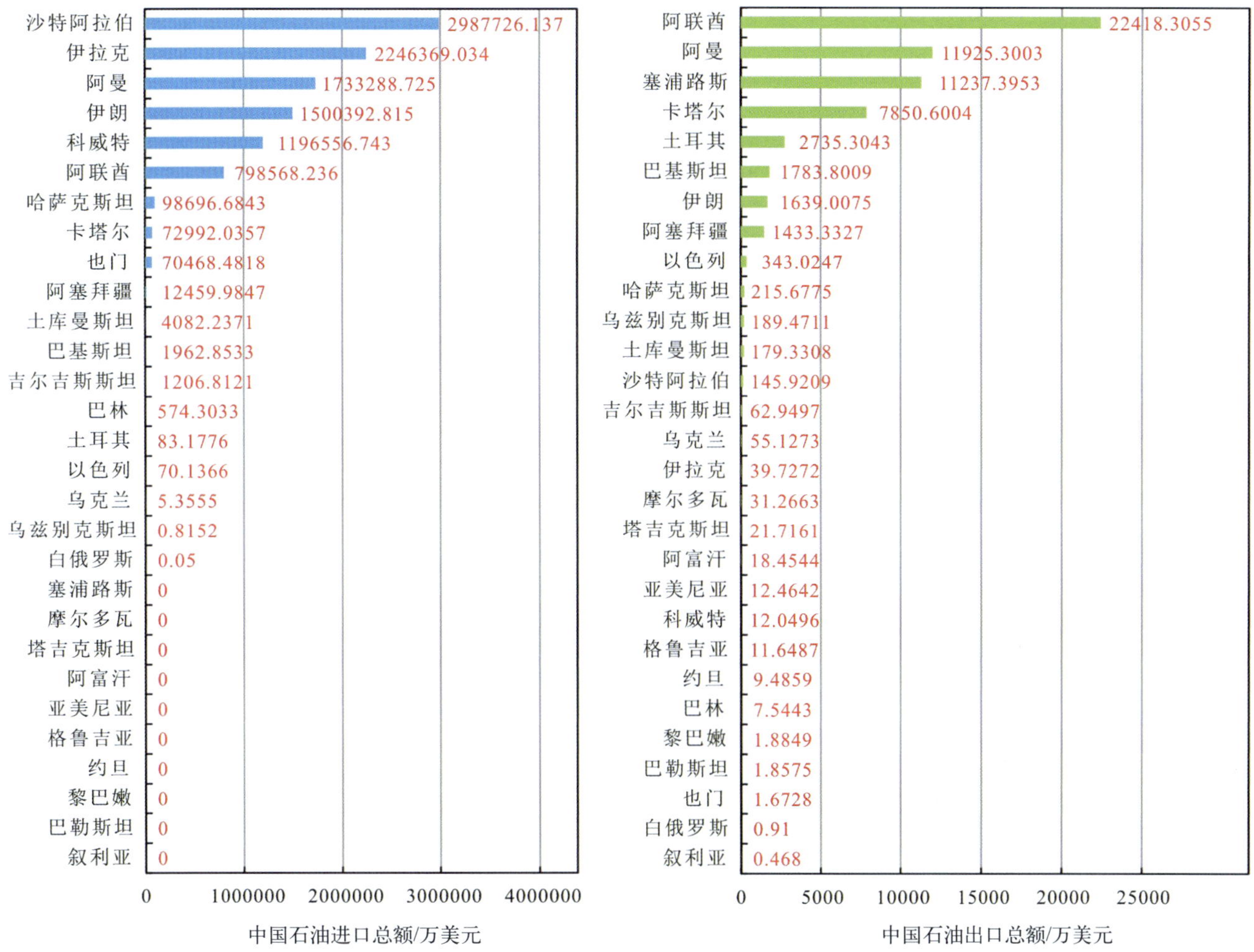

图 2–56　中国与丝路沿线29国石油进出口总额排序（2018年）

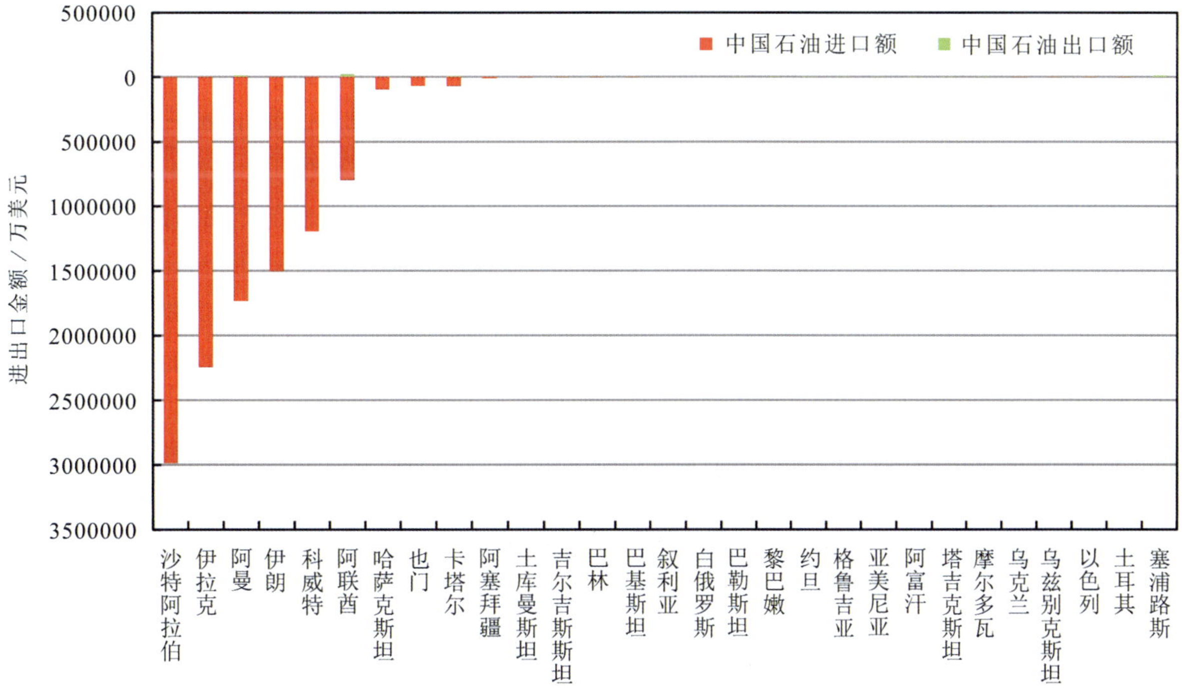

图 2–57　中国与丝路沿线29国石油进出口金额（2018年）

额均大于1000万美元；中国向约旦、巴林、黎巴嫩、巴勒斯坦、也门等国出口石油产品较少，出口金额均不足10万美元；中国向白俄罗斯、叙利亚两国出口石油产品更少，出口金额均不足1万美元（表2–11、图2–56、图2–57）。

总体而言，丝绸之路沿线29国中，沙特阿拉伯、伊拉克、阿曼为中国石油产品贸易前三大来源国，净流入中国的石油产品金额为2987580.216万美元、2246329.307万美元、1721363.425万美元，伊朗、科威特、阿联酋等国位居其后，净流入中国的石油产品金额大于或接近100亿美元；塞浦路斯、土耳其是中国最大的石油产品贸易目标国，来自中国的石油产品净流入金额分别为11237.3953万美元、2653.1267万美元；乌兹别克斯坦、乌克兰两国位居其后，来自中国的石油产品净流入金额均大于100万美元（表2–11、图2–56、图2–57）。

3.天然气

2018年度，中国与丝绸之路沿线29国的天然气产品贸易总额为2381754.4987万美元，进口总额为2381234.3459万美元，出口总额为520.1528万美元（表2–11）。土库曼斯坦、卡塔尔、阿联酋为中国的前三大天然气产品贸易国，贸易金额分别为796187.74万美元、688090.3284万美元、358677.9578万美元，分别占中国与丝路沿线29国石油贸易总额的33.43%、28.89%、15.06%；科威特、乌兹别克斯坦、沙特阿拉伯、哈萨克斯坦等国位居其后，中国与这些国家的天然气产品贸易金额均大于10亿美元；阿曼、土耳其两国具有一定的贸易份额，中国与这两个国家的天然气产品贸易金额分别为27996.9859万美元、4311.3286万美元（表2–11、图2–58、图2–59）。

在天然气进口方面，土库曼斯坦、卡塔尔、阿联酋是中国进口天然气产品的前三大来源国，进口金额分别为796187.74万美元、688090.1364万美元、358637.5846万美元，分别占天然气产品进口总额的33.44%、28.90%、15.06%；科威特、乌兹别克斯坦、沙特阿拉伯、哈萨克斯坦等国位居其后，中国从这些国家进口天然气产品的金额均大于10亿美元；中国从阿曼、伊朗两国国进口天然气产品较少，进口金额分别为27995.8679万美元、4306.9212万美元；中国从吉尔吉斯斯坦进口天然气产品更少，进口金额仅有70.1985万美元；巴基斯坦、以色列等19个国家由于没有收集到相关数据，排在最后（表2–11、图2–58、图2–59）。

在天然气出口方面，沙特阿拉伯、巴基斯坦、阿联酋是中国出口天然气产品的前三大目标国，出口金额分别为288.6192万美元、156.8277万美元、40.3732万美元，分别占天然气产品出口总额的55.49%、31.15%、7.76%；以色列、乌克兰两国位居其后，中国向这两个国家出口天然气产品的金额均大于5万美元；中国向格鲁吉亚、摩尔多瓦、黎巴嫩、吉尔吉斯斯坦、塞浦路斯、卡塔尔等国出口天然气产品较少，出口金额均不足1万美元。中国向阿塞拜疆、亚美尼亚等国出口天然气产品更少，出口金额均不足1000美元；阿富汗、伊拉克、约旦、巴勒斯坦、叙利亚、塔吉克斯坦、也门等国由于没有收集到相关数据，排在最后（表2–11、图2–58、图2–59）。

总体而言，丝绸之路沿线29国中，土库曼斯坦、卡塔尔、阿联酋为中国的天然气产品贸易前三大来源国，净流入中国的天然气产品金额分别为796187.74万美元、688089.9444万美元、358597.2114万美元；科威特、乌兹别克斯坦、沙特阿拉伯、哈萨克斯坦等国位居其后，净流入中国的天然气产品金额均大于10亿美元；巴基斯坦是中国最大的天然气产品贸易目标国，来自中国的天然气产品净流入金额为156.8277万美元；以色列、乌克兰两国位居其后，来自中国的天然气产品净流入金额均大于5万美元（表2–11、图2–58、图2–59）。

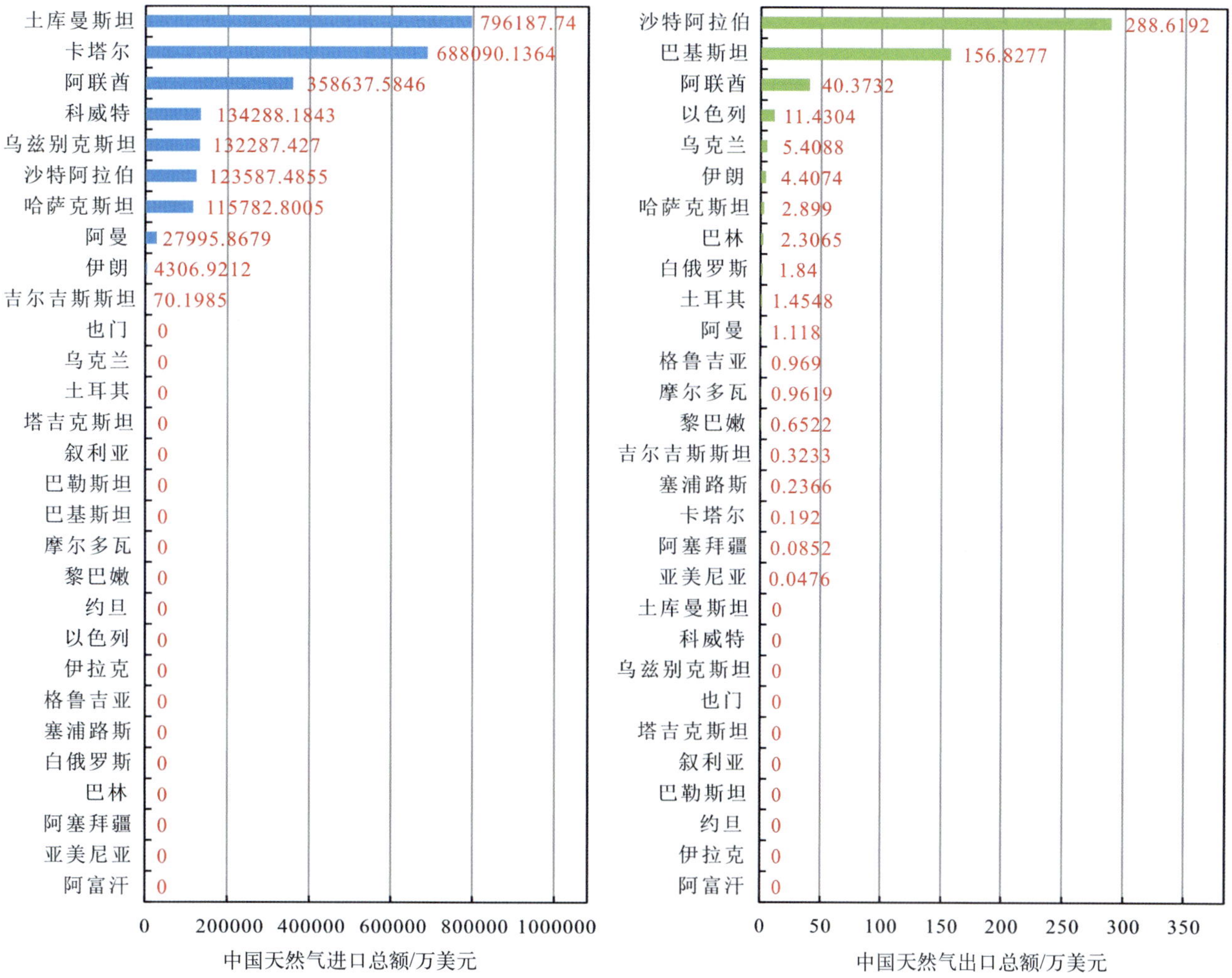

图 2–58　中国与丝路沿线29国天然气进出口总额排序（2018年）

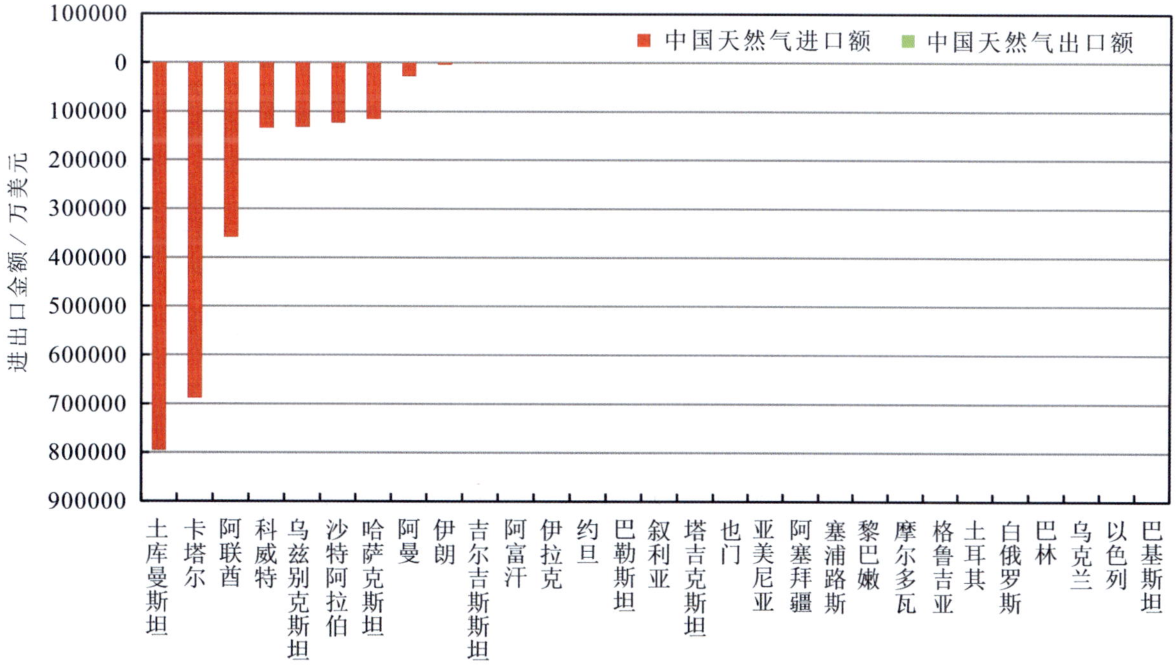

图 2–59　中国与丝路沿线29国天然气进出口金额（2018年）

二、铁矿/钢铁

查塔姆智库（Chatham House）2018年度统计数据显示：中国与丝绸之路沿线29国之间的铁矿/钢铁产品贸易总额为921157.234万美元，进口总额为254248.1461万美元，出口总额为666909.0879万美元（表2–12）。伊朗、阿联酋、巴基斯坦为中国的前三大铁矿/钢铁产品贸易国，贸易金额分别为154495.5038万

表2–12　中国与丝路沿线29国铁矿/钢铁进出口金额统计

单位：万美元

国家	贸易总额	排序	进口额	排序	出口额	排序
阿富汗	154495.5038	23	—	20	2062.47	23
亚美尼亚	121835.0802	26	—	21	984.4555	26
阿塞拜疆	113164.6165	22	418.3363	11	2263.5672	22
巴林	110270.0785	14	2895.3693	7	6021.4208	18
白俄罗斯	108774.3631	24	181.3843	14	1220.6382	24
塞浦路斯	78510.7144	29	0.0115	19	532.7177	29
格鲁吉亚	37859.3732	17	0.5815	17	7064.3078	16
伊朗	29046.3286	1	111553.273	1	42942.2308	5
伊拉克	27942.8038	12	—	22	15644.8435	12
以色列	24153.1367	8	403.7538	12	28642.5748	6
约旦	23492.4647	18	—	23	6491.5081	17
哈萨克斯坦	15644.8435	7	21796.5574	3	16062.8158	11
科威特	15495.2539	11	6.9972	16	23485.4675	9
吉尔吉斯斯坦	8916.7901	20	27.8843	15	4122.3949	20
黎巴嫩	7814.0267	19	—	24	5559.2811	19
摩尔多瓦	7439.4678	28	0.0329	18	705.1568	28
阿曼	7064.8893	10	7024.1004	5	17129.0363	10
巴基斯坦	6491.5081	3	757.2567	10	112407.3598	1
巴勒斯坦	5559.2811	25	—	25	998.9859	25
卡塔尔	4150.2792	13	1117.0982	9	14378.1557	13
沙特阿拉伯	2749.1948	4	5029.0585	6	105241.02	2
叙利亚	2681.9035	21	—	26	2749.1948	21
塔吉克斯坦	2062.47	16	—	27	7439.4678	15
土耳其	1402.0225	6	2033.266	8	76477.4484	4
土库曼斯坦	998.9859	27	—	28	919.4797	27
乌克兰	984.4555	5	83225.9181	2	25548.445	8
阿联酋	919.4797	2	17452.0428	4	104383.0374	3
乌兹别克斯坦	705.1897	9	325.2239	13	27617.5799	7
也门	532.7292	15	—	29	7814.0267	14
合计	921157.234	—	254248.1461	—	666909.0879	—

注：统计数据源于英国国防事务研究所查塔姆智库（Chatham House），2018年度，网址：https://resourcetrade.earth/data。

美元、121835.0802万美元、113164.6165万美元，分别占中国与丝路沿线29国铁矿/钢铁产品贸易总额的16.77%、13.23%、12.29%；沙特阿拉伯、乌克兰、土耳其等国位居其后，中国与这些国家的铁矿/钢铁产品贸易金额均大于或接近10亿美元；哈萨克斯坦、以色列、乌兹别克斯坦、阿曼、科威特、伊拉克、卡塔尔等国具有一定的贸易份额，中国与这些国家的铁矿/钢铁产品贸易金额均大于1亿美元（表2–12、图2–60、图2–61、图2–62）。

在铁矿/钢铁产品进口方面，伊朗、乌克兰、哈萨克斯坦是中国进口铁矿/钢铁产品的前三大来源国，进口金额分别为111553.273万美元、83225.9181万美元、21796.5574万美元，分别占铁矿/钢铁产品进口总额的43.88%、32.73%、8.57%；阿联酋、阿曼、沙特阿拉伯等国位居其后，中国从这些国家进口的铁矿/钢铁产品金额均大于5000万美元；中国从吉尔吉斯斯坦、科威特两国进口的铁矿/钢铁产品较少，进口金额均不足50万美元；中国从格鲁吉亚、摩尔多瓦、塞浦路斯等国进口的铁矿/钢铁产品更少，进口金额不足1万美元；土库曼斯坦、亚美尼亚、巴勒斯坦、阿富汗、叙利亚、黎巴嫩、约旦、塔吉克斯坦、也门、伊拉克等国由于没有收集到相关数据，排在最后（表2–12、图2–60、图2–61、图2–62）。

在铁矿/钢铁产品出口方面，巴基斯坦、沙特阿拉伯、阿联酋是中国出口铁矿/钢铁产品的前三大目标国，出口金额分别为112407.3598万美元、105241.02万美元、104383.0374万美元，分别占铁矿/钢铁产品出口总额的16.85%、15.78%、15.65%；土耳其、伊朗、以色列、乌兹别克斯坦、乌克兰、科威特、阿曼、哈萨克斯坦、伊拉克、卡塔尔等国位居其后，中国向这些国家出口的铁矿/钢铁产品金额均大于1亿美元；中国向巴勒斯坦、亚美尼亚、土库曼斯坦、摩尔多瓦等国出口的铁矿/钢铁产品较少，出口金额均不足1000万美元；中国向塞浦路斯出口的铁矿/钢铁产品更少，出口金额仅为532.7177万美元（表2–12、图2–60、图2–61、图2–62）。

总体而言，丝绸之路沿线29国中，伊朗、乌克兰、哈萨克斯坦为中国前三大铁矿/钢铁产品贸易来源国，净流入中国的铁矿/钢铁产品金额分别为68611.0422万美元、57677.4731万美元、5733.7416万美元；

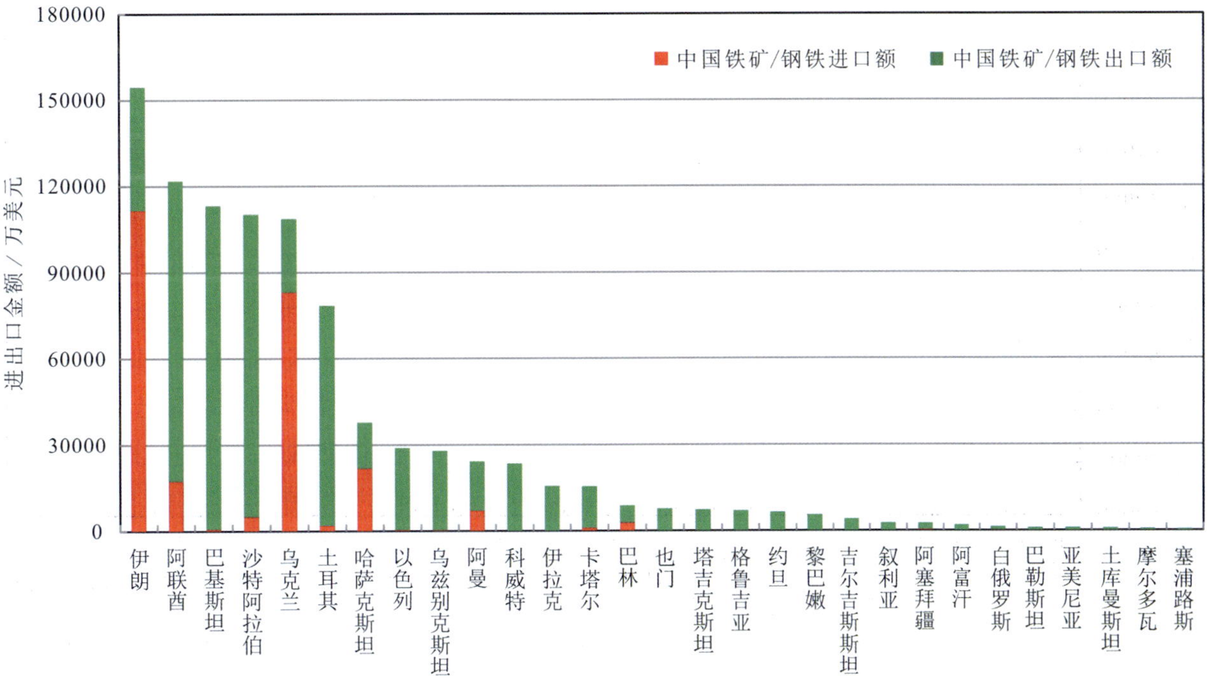

图 2–60　中国与丝路沿线29国铁矿/钢铁贸易排序（2018年）

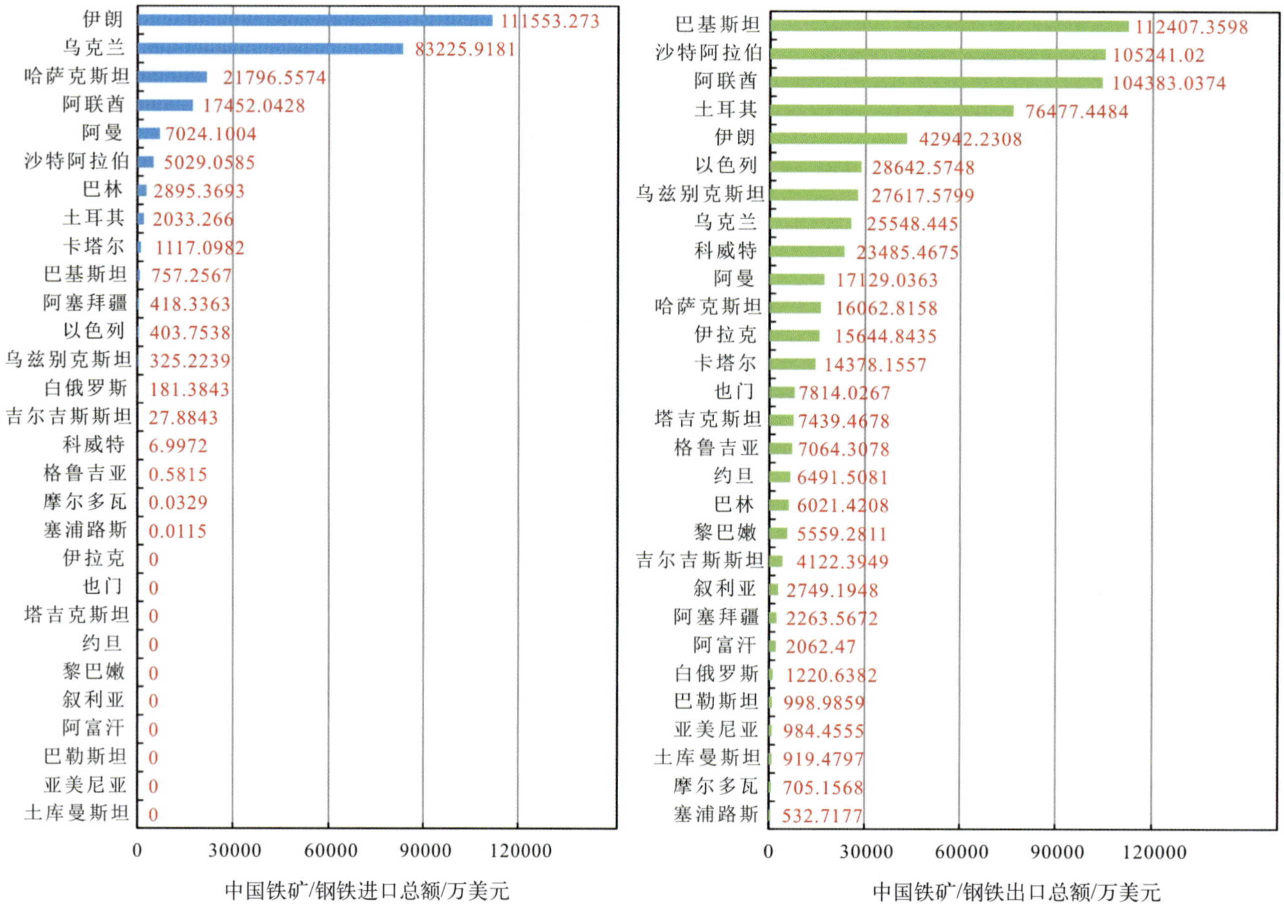

图 2–61　中国与丝路沿线29国铁矿/钢铁进出口总额排序（2018年）

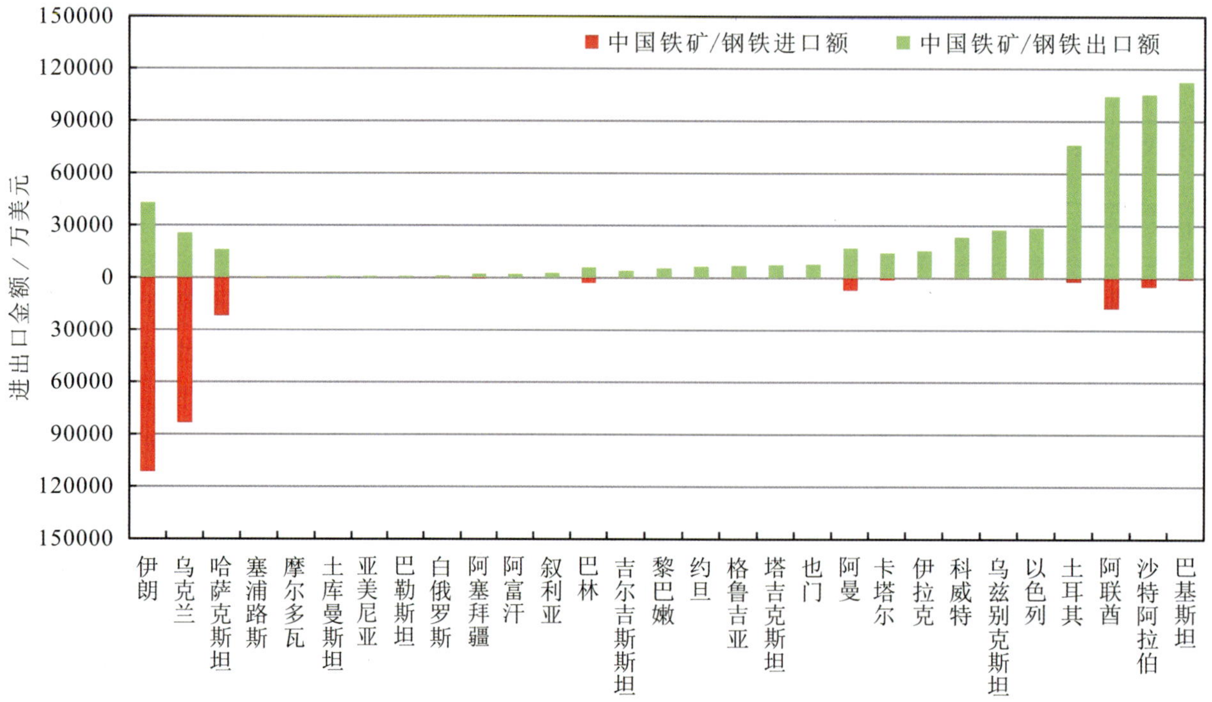

图 2–62　中国与丝路沿线29国铁矿/钢铁进出口金额（2018年）

巴基斯坦、沙特阿拉伯、阿联酋是中国前三大铁矿/钢铁产品贸易目标国，来自中国的铁矿/钢铁产品净流入金额分别为111650.1031万美元、100211.9615万美元、86930.9946万美元；土耳其、以色列、乌兹别克斯坦、科威特、伊拉克、卡塔尔、阿曼等国位居其后，来自中国的铁矿/钢铁产品净流入金额均大于1亿美元（表2–12、图2–60、图2–61、图2–62）。

三、贵金属

查塔姆智库（Chatham House）统计数据显示：2018年度，中国与丝绸之路沿线29国之间的贵金属产品贸易总额为36874.1947万美元，进口总额为27018.534万美元，出口总额为9855.6607万美元（表2–13）。其中，黄金产品进口金额为9122.827万美元，占贵金属进口总额的33.77%；出口金额为9844.7631万美元，占出口总额的99.89%；其他贵金属产品进口金额为17895.707万美元，占进口总额的66.23%；出口金额为10.8976万美元，占出口总额的0.11%（表2–13）。

土耳其、阿联酋在中国贵金属产品贸易国中位居前列，贸易金额分别为18327.943万美元、12461.8316万美元，分别占中国与丝路沿线29国贵金属贸易总额的49.70%、33.80%；哈萨克斯坦、吉尔吉斯斯坦两国位居其后，与中国的贵金属产品贸易金额均大于1000万美元；中国与卡塔尔、伊朗两国之间也有较大的贵金属产品贸易份额，其贸易金额均大于100万美元（表2–13、图2–63、图2–64、图2–65）。

表 2–13　中国与丝路沿线 29 国贵金属进出口金额统计

单位：万美元

国家	金		其他		中国进口额	中国出口额
	中国进口额	中国出口额	中国进口额	中国出口额		
阿富汗	—	—	—	—	—	—
亚美尼亚	—	—	0.01	—	0.01	—
阿塞拜疆	—	—	—	—	—	—
巴林	—	—	—	0.4858	—	0.4858
白俄罗斯	—	—	—	—	—	—
塞浦路斯	—	—	—	—	—	—
格鲁吉亚	—	—	—	—	—	—
伊朗	—	—	177.359	—	177.359	—
伊拉克	—	—	—	—	—	—
以色列	—	—	—	—	—	—
约旦	—	—	—	—	—	—
哈萨克斯坦	—	—	3222.2137	—	3222.2137	—
科威特	—	3.1446	—	—	—	3.1446
吉尔吉斯斯坦	8.8106	—	2046.6918	—	2055.5024	—
黎巴嫩	—	—	—	—	—	—
摩尔多瓦	—	—	—	—	—	—
阿曼	—	—	—	—	—	—
巴基斯坦	—	—	0.0301	—	0.0301	—
巴勒斯坦	—	—	—	—	—	—

续表

国家	金		其他		中国进口额	中国出口额
	中国进口额	中国出口额	中国进口额	中国出口额		
卡塔尔	—	624.9902	—	—	—	624.9902
沙特阿拉伯	—	—	—	0.3167	—	0.3167
叙利亚	—	—	—	—	—	—
塔吉克斯坦	—	—	0.3606	—	0.3606	—
土耳其	5139.7621	740.6811	12447.4998	—	17587.2619	740.6811
土库曼斯坦	—	—	—	—	—	—
乌克兰	—	—	—	—	—	—
阿联酋	3974.2543	8475.9472	1.535	10.0951	3975.7893	8486.0423
乌兹别克斯坦	—	—	0.007	—	0.007	—
也门	—	—	—	—	—	—
合计	9122.827	9844.7631	17895.707	10.8976	27018.534	9855.6607

注：统计数据源于英国国防事务研究所查塔姆智库（Chatham House），2018年度，网址：https://resourcetrade.earth/data。

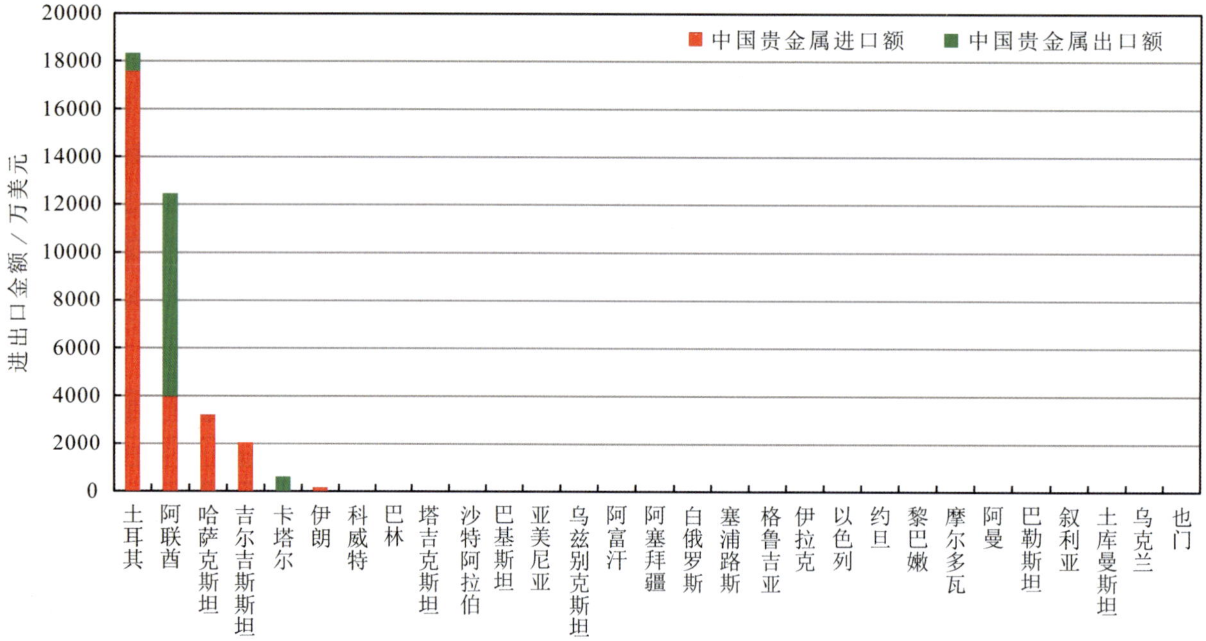

图 2–63　中国与丝路沿线29国贵金属贸易额排序（2018年）

在贵金属产品进口方面，土耳其是中国进口贵金属产品的最大来源国，进口金额为17587.262万美元，占贵金属产品进口总额的65.09%；阿联酋、哈萨克斯坦、吉尔吉斯斯坦、伊朗等国位居其后，中国从这些国家进口的贵金属产品金额大多大于1000万美元；中国从塔吉克斯坦、巴基斯坦、亚美尼亚等国进口的贵金属产品较少，进口金额不足1万美元；中国从乌兹别克斯坦进口的贵金属产品更少，进口金额仅有70美元；卡塔尔、科威特等其他20个国家由于没有收集到相关数据，排在最后（表2–13、图2–63、图

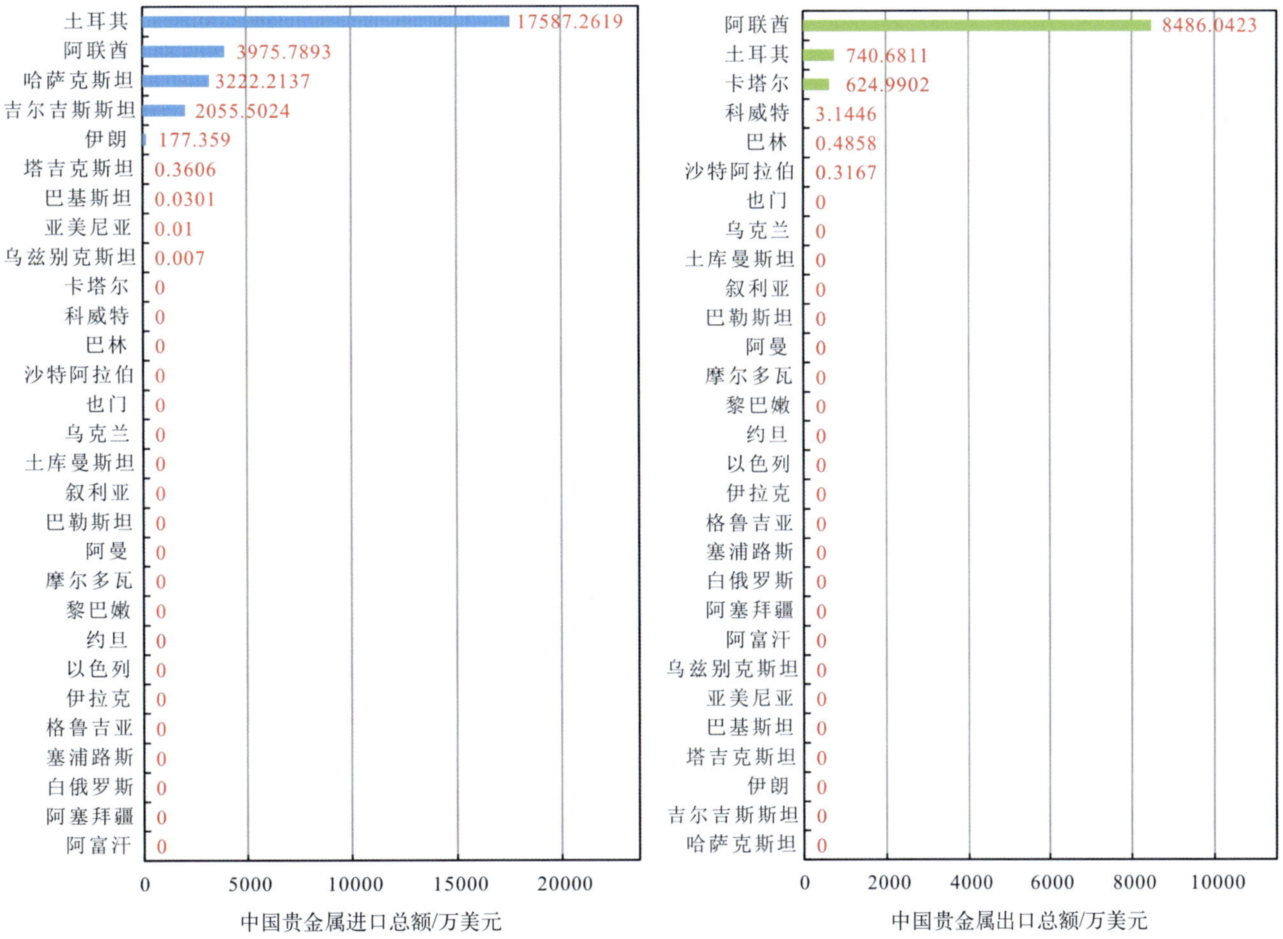

图 2–64　中国与丝路沿线29国贵金属进出口总额排序（2018年）

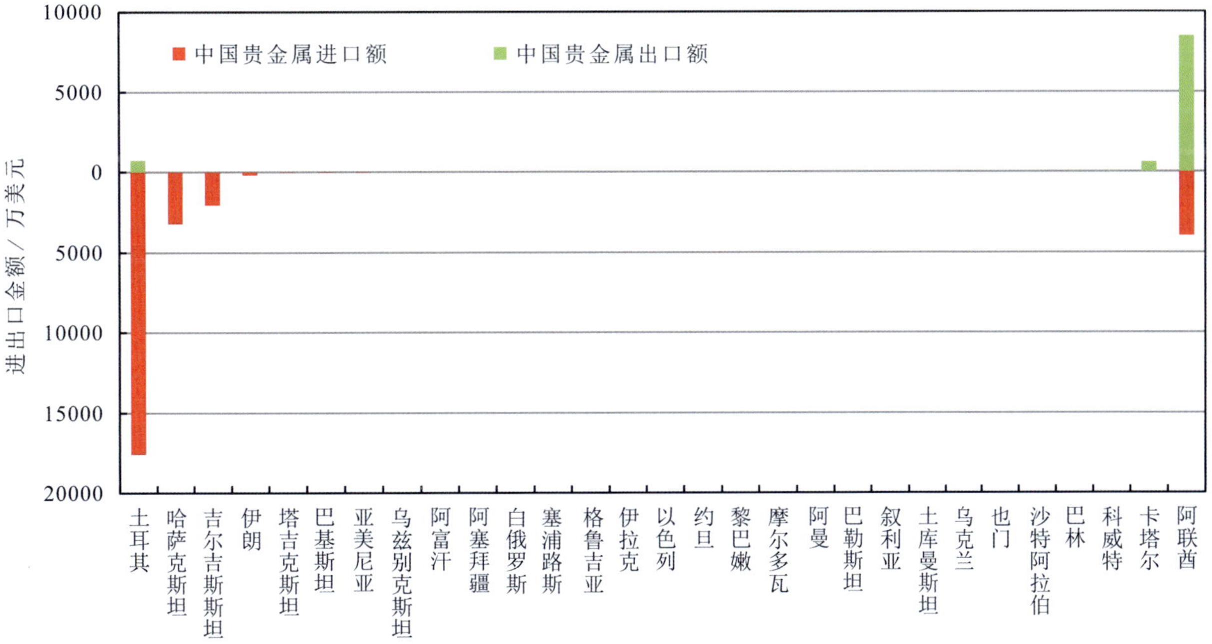

图 2–65　中国与丝路沿线29国贵金属进出口金额（2018年）

2–64、图2–65）。其中，黄金产品进口仅收集到土耳其、阿联酋、吉尔吉斯斯坦三国的数据，中国从这三国进口的黄金产品金额分别为5139.7621万美元、3974.2543万美元、8.8106万美元（表2–13、图2–63、图2–64、图2–65）。

在贵金属产品出口方面，阿联酋是中国出口贵金属产品的最大目标国，出口金额为8486.0423万美元，占贵金属产品出口总额的86.10%；土耳其、卡塔尔两国位居其后，中国向这两国出口的贵金属产品金额均大于500万美元；中国向科威特出口的贵金属产品较少，出口金额仅有3.1446万美元；中国向巴林、沙特阿拉伯两国出口的贵金属产品更少，出口金额均不足1万美元；哈萨克斯坦、吉尔吉斯斯坦等其他23个国家由于没有收集到相关数据，排在最后（表2–13、图2–63、图2–64、图2–65）。其中，黄金产品出口仅收集到阿联酋、土耳其、卡塔尔、科威特四国的数据，中国向这些国家出口的黄金产品金额分别为8475.9472万美元、740.6811万美元、624.9902万美元、3.1446万美元（表2–13、图2–63、图2–64、图2–65）。

总体而言，丝绸之路沿线29国中，土耳其为中国最大的贵金属产品贸易来源国，净流入中国的贵金属产品金额为16846.581万美元；哈萨克斯坦、吉尔吉斯斯坦、伊朗等国位居其后，净流入中国的贵金属产品金额大多大于1000万美元；阿联酋、卡塔尔是主要的贵金属产品贸易目标国，来自中国的贵金属产品净流入金额分别为4510.253万美元、624.9902万美元（表2–13、图2–63、图2–64、图2–65）。

四、有色金属

查塔姆智库（Chatham House）统计数据显示：2018年度，中国与其他丝绸之路沿线29国之间的有色金属产品（镍、铜、铅、锌、铝、锡、铬）贸易总额为882317.9149万美元，进口总额为708943.306万美元，出口总额为173374.6089万美元（表2–14、表2–15）。其中，镍产品进口金额为4948.6659万美元，占有色金属进口总额的0.70%；出口金额为2122.1694万美元，占出口总额的1.22%；铜产品进口金额为474830.0115万美元，占有色金属进口总额的66.98%；出口金额为26183.4653万美元，占出口总额的15.10%；铅产品进口金额为32873.2185万美元，占有色金属进口总额的4.64%；出口金额为695.4742万美元，占出口总额的0.40%；锌产品进口金额为53110.7716万美元，占有色金属进口总额的7.49%；出口金额为424.7577万美元，占出口总额的0.24%；铝产品进口金额为13100.0604万美元，占有色金属进口总额的1.85%；出口金额为141650.1759万美元，占出口总额的81.70%；锡产品进口金额为0.1114万美元，占有色金属进口总额的0.000015714%；出口金额为1281.6252万美元，占出口总额的0.74%；铬产品进口金额为130080.4667万美元，占进口总额的18.35%；出口金额为1016.9412万美元，占出口总额的0.59%（表2–14、表2–15）。

哈萨克斯坦、伊朗、土耳其是中国前三大有色金属贸易国，贸易金额分别为383995.0635万美元、95438.1123万美元、86378.9315万美元，分别占有色金属贸易总额的43.52%、10.82%、9.79%；沙特阿拉伯、巴基斯坦、阿联酋等国位居其后，中国与其之间的有色金属贸易金额均大于5亿美元；中国与亚美尼亚、格鲁吉亚、乌兹别克斯坦、阿曼、以色列等国之间也有较大的有色金属贸易金额，其贸易金额均大于1亿美元（表2–14、表2–15、图2–66、图2–67、图2–68）。

在有色金属产品进口方面，哈萨克斯坦、伊朗、土耳其是中国进口有色金属的最大来源国，进口金额分别为382603.7391万美元、80012.9439万美元、58843.9232万美元，占有色金属进口总额的53.97%、11.29%、8.30%；沙特阿拉伯、巴基斯坦、亚美尼亚、阿联酋、格鲁吉亚、乌兹别克斯坦、阿曼等国位居其后，中国从这些国家进口的有色金属金额大多大于1亿美元；中国从白俄罗斯、巴勒斯坦两国进口的有

表 2–14　中国与丝路沿线 29 国有色金属进出口金额汇总

单位：万美元

国家	贸易总额	排序	进口额	排序	出口额	排序
阿富汗	159.7542	29	—	29	159.7542	27
亚美尼亚	23817.7025	7	23657.6051	6	160.0974	26
阿塞拜疆	381.5581	25	277.9710	20	103.5871	29
巴林	5442.2734	16	854.8058	16	4587.4676	9
白俄罗斯	828.2919	21	89.4818	22	738.8101	19
塞浦路斯	824.3663	22	320.2699	18	504.0964	21
格鲁吉亚	16806.4466	8	16682.6623	8	123.7843	28
伊朗	95438.1123	2	80012.9439	2	15425.1684	5
伊拉克	8518.7570	13	—	25	8518.7570	7
以色列	14651.6032	11	2161.4344	13	12490.1688	6
约旦	2119.5066	18	496.7601	17	1622.7465	14
哈萨克斯坦	383995.0635	1	382603.7391	1	1391.3244	15
科威特	5447.8635	15	1566.0060	14	3881.8575	10
吉尔吉斯斯坦	471.7955	24	0.1132	24	471.6823	22
黎巴嫩	5604.3115	14	3358.1157	11	2246.1958	12
摩尔多瓦	362.2343	26	—	27	362.2343	23
阿曼	14685.5957	10	13651.5320	10	1034.0637	17
巴基斯坦	57517.7164	5	38559.1345	5	18958.5819	4
巴勒斯坦	1095.0592	20	12.1771	23	1082.8821	16
卡塔尔	3627.4880	17	318.6312	19	3308.8568	11
沙特阿拉伯	68452.5418	4	43582.8904	4	24869.6514	3
叙利亚	676.0660	23	—	26	676.0660	20
塔吉克斯坦	306.0231	27	105.7955	21	200.2276	25
土耳其	86378.9315	3	58843.9232	3	27535.0083	2
土库曼斯坦	233.3874	28	—	28	233.3874	24
乌克兰	9260.6829	12	3192.1054	12	6068.5775	8
阿联酋	56324.1205	6	22520.6125	7	33803.5080	1
乌兹别克斯坦	16779.5540	9	14971.0805	9	1808.4735	13
也门	2111.1080	19	1103.5154	15	1007.5926	18
合计	882317.9149	—	708943.3060	—	173374.6089	—

注：统计数据源于英国国防事务研究所查塔姆智库（Chatham House），2018年度，网址：https://resourcetrade.earth/data。

色金属产品较少，进口金额不足100万美元；中国从吉尔吉斯斯坦进口的有色金属产品更少，进口金额仅有1132美元；伊拉克、叙利亚、摩尔多瓦、土库曼斯坦、阿富汗等国由于没有收集到相关数据，排在最后（表2–14、表2–15、图2–66、图2–67、图2–68）。

在有色金属产品出口方面，阿联酋、土耳其、沙特阿拉伯为中国出口有色金属产品的前三大目标国，出口金额分别为33803.508万美元、27535.0083万美元、24869.6514万美元，占有色金属产品出口总额的

表 2–15　中国与丝路沿线 29 国有色金属进出口金额统计

单位：万美元

国家	镍		铜		铅		锌		铝		锡		铬	
	进口额	出口额	进口额	出口额	进口额	出口额	进口额	出口额	进口额	出口额	进口额	出口额	进口额	出口额
阿富汗	—	7.3770		14.3203	—	—	—	0.1800	—	137.8769	—	—	—	—
亚美尼亚	—	6.6342	23657.6051	14.5903	—	—	—	36.5870	—	101.9203	—	0.3656	—	—
阿塞拜疆	—	0.0270	266.1702	9.5431	11.8008	—	—	—	—	94.0055	—	—	—	0.0115
巴林	—	33.9567	459.2801	300.5962	—	0.4511	—	8.3438	395.5257	4125.0800	—	1.5590	—	117.4808
白俄罗斯	—	13.5027	88.6728	145.7322	—	0.4900	—	38.0800	0.8090	528.6152	—	12.3900	—	—
塞浦路斯	—	0.9034	310.1855	144.6605	—	0.0479	—	0.4381	10.0844	358.0465	—	—	—	—
格鲁吉亚	—	—	16660.9461	15.0052	21.7162	—	—	0.4593	—	107.9571	—	0.3627	—	—
伊朗	—	624.5941	65775.8146	602.4229	6568.6053	560.7215	4664.9764	22.5060	—	13341.4845	—	99.2737	3003.5476	174.1657
伊拉克	—	7.7511	—	323.9248	—	—	—	0.0750	—	8187.0061	—	—	—	—
以色列	15.1666	20.2676	1510.9407	1601.1272	—	3.5130	11.8591	8.3918	623.2790	10854.3692	—	2.5000	0.1890	—
约旦	—	0.3406	442.3298	108.4755	54.4303	—	—	0.1502	—	1510.1450	—	1.7170	—	1.9182
哈萨克斯坦	33.5379	43.5240	251106.3160	297.2448	10230.3261	34.3010	35846.9952	2.3809	501.1128	1012.1904	—	0.1194	84885.4511	1.5639
科威特	—	23.2933	1509.2276	599.3915	15.7904	9.8242	—	5.3331	40.9880	3243.6822	—	0.0533	—	0.2799
吉尔吉斯斯坦	—	0.2438	0.1117	16.5456	—	13.8785	—	0.3420	0.0015	440.6724	—	—	—	—
黎巴嫩	—	2.5615	3319.3089	534.0050	—	—	10.8281	1.6613	27.9787	1707.2104	—	0.7282	—	0.0294
摩尔多瓦	—	—	—	4.2968	—	—	—	—	—	357.8954	—	—	—	0.0421
阿曼	—	133.3696	2051.8033	188.4487	961.5792	0.2862	418.7506	2.4119	1684.7250	709.5473	—	—	8534.6739	
巴基斯坦	—	511.5340	25464.2316	11413.8826	549.6116	36.3690	6193.0119	211.7265	7.7078	6705.3468	—	74.6225	6344.5716	5.1005
巴勒斯坦	—	0.2878	—	1.5671	—	—	—	2.1544	12.1771	1078.8728	—	—	—	—
卡塔尔	—	2.6330	292.6787	245.0808	—	16.9231	—	—	25.9525	3033.1394	—	3.1245	—	7.9560
沙特阿拉伯	3.1502	235.0160	33993.0342	3106.2630	770.2578	8.4968	3392.3997	33.6112	5366.2429	21412.9799	—	31.9130	57.8056	41.3715
叙利亚	—	—	—	224.1666	—	0.1601	—	—	—	451.7393	—	—	—	—
塔吉克斯坦	—	0.9143	—	1.4043	105.7255	6.7655	0.0700	—	—	191.1435	—	—	—	—
土耳其	4883.7992	226.6658	13460.1900	3227.9542	12878.5316	0.2381	2328.8834	5.9053	823.2449	22720.1565	0.1114	892.4891	24469.1627	461.5993
土库曼斯坦	—	—	—	0.2652	—	—	—	—	—	233.1222	—	—	—	—
乌克兰	13.0120	53.1003	3165.1521	178.0247	13.9136	—	—	0.1321	0.0277	5664.1315	—	128.9973	—	44.1916
阿联酋	—	127.0914	15286.2302	2745.4016	645.8283	2.1144	226.6392	42.9263	3576.8496	30708.6317	—	18.3618	2785.0652	158.9808
乌兹别克斯坦	—	46.5802	14909.6207	82.7600	45.1018	0.8938	16.3580	0.9433	—	1661.9981	—	13.0481	—	2.2500
也门	—	—	1100.1616	36.3646	—	—	—	0.0182	3.3538	971.2098	—	—	—	—
合计	4948.6659	2122.1694	474830.0115	26183.4653	32873.2185	695.4742	53110.7716	424.7577	13100.0604	141650.1759	0.1114	1281.6252	130080.4667	1016.9412

注：统计数据源于英国国防事务研究所查塔姆智库（Chatham House），2018年度，网址：https://resourcetrade.earth/data。

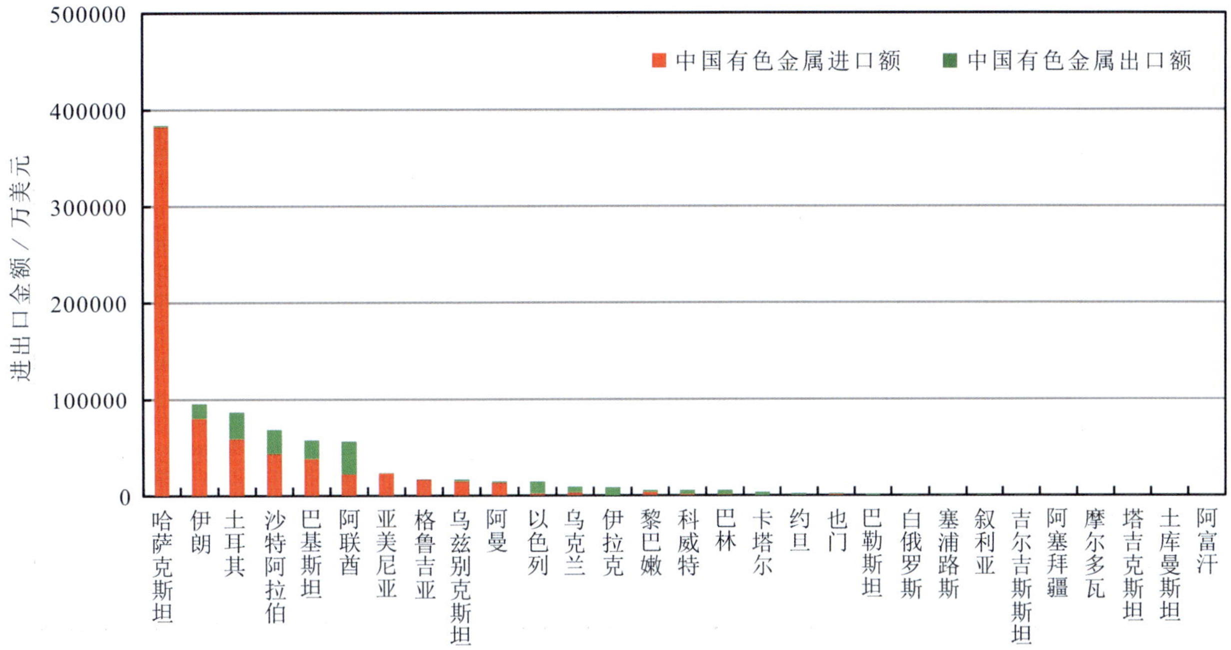

图 2–66　中国与丝路沿线29国有色金属贸易额排序（2018年）

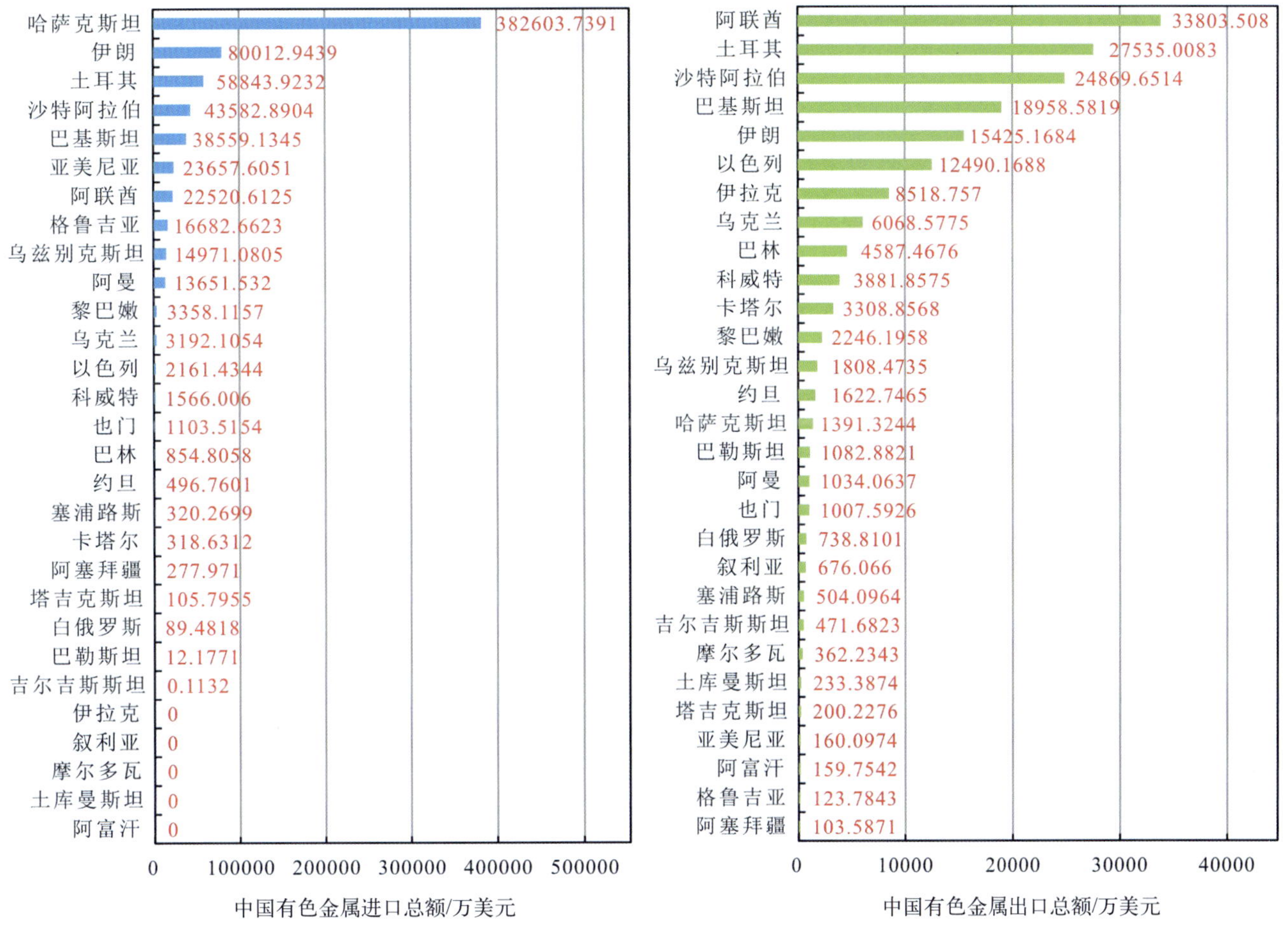

图 2–67　中国与丝路沿线29国有色金属进出口总额排序（2018年）

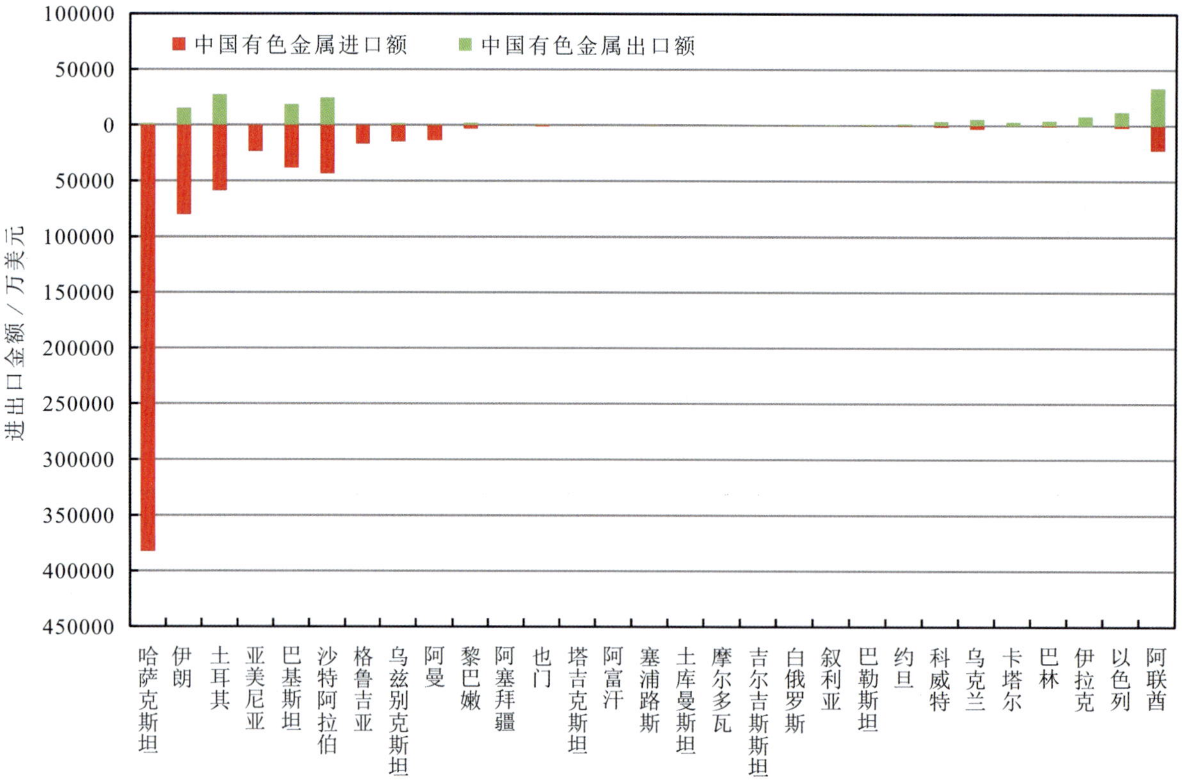

图 2–68　中国与丝路沿线29国有色金属进出口金额（2018年）

19.50%、15.88%、14.34%；中国向亚美尼亚、阿富汗、格鲁吉亚等国出口的有色金属产品较少，出口金额不足200万美元；中国向阿塞拜疆出口的有色金属产品更少，出口金额仅为103.5781万美元（表2–15、图2–66、图2–67、图2–68）。

总体而言，丝绸之路沿线29国中，哈萨克斯坦、伊朗、土耳其为中国前三大有色金属产品贸易来源国，净流入中国的有色金属产品金额分别为381212.4147万美元、64587.7755万美元、31308.9149万美元；亚美尼亚、巴基斯坦、沙特阿拉伯、格鲁吉亚、乌兹别克斯坦、阿曼等国位居其后，净流入中国的有色金属产品金额均大于1亿美元；阿联酋、以色列、伊拉克为中国前三大有色金属产品贸易目标国，来自中国的有色金属产品净流入金额分别为11282.8955万美元、10328.7344万美元、8518.757万美元；巴林、卡塔尔、乌克兰、科威特、约旦、巴勒斯坦等国位居其后，来自中国的有色金属产品净流入金额均大于1000万美元（表2–15、图2–66、图2–67、图2–68）。

1.镍

2018年度，中国与丝绸之路沿线29国之间的镍产品贸易总额为7070.8353万美元，进口金额为4948.6659万美元，出口金额为2122.1694万美元（表2–15）。土耳其、伊朗、巴基斯坦为中国的前三大镍产品贸易国，贸易金额分别为5110.465万美元、624.5941万美元、511.534万美元，占镍产品贸易额的72.28%、8.83%、7.23%；沙特阿拉伯、阿曼、阿联酋等国位居其后，镍产品贸易金额均大于100万美元（表2–15、图2–69、图2–70）。

在镍产品进口方面，仅收集到中国从土耳其、哈萨克斯坦、以色列、乌克兰、沙特阿拉伯等国进口的数据。其中，中国从土耳其进口镍产品的金额高达4883.7992万美元，占镍产品进口总额的98.69%；哈

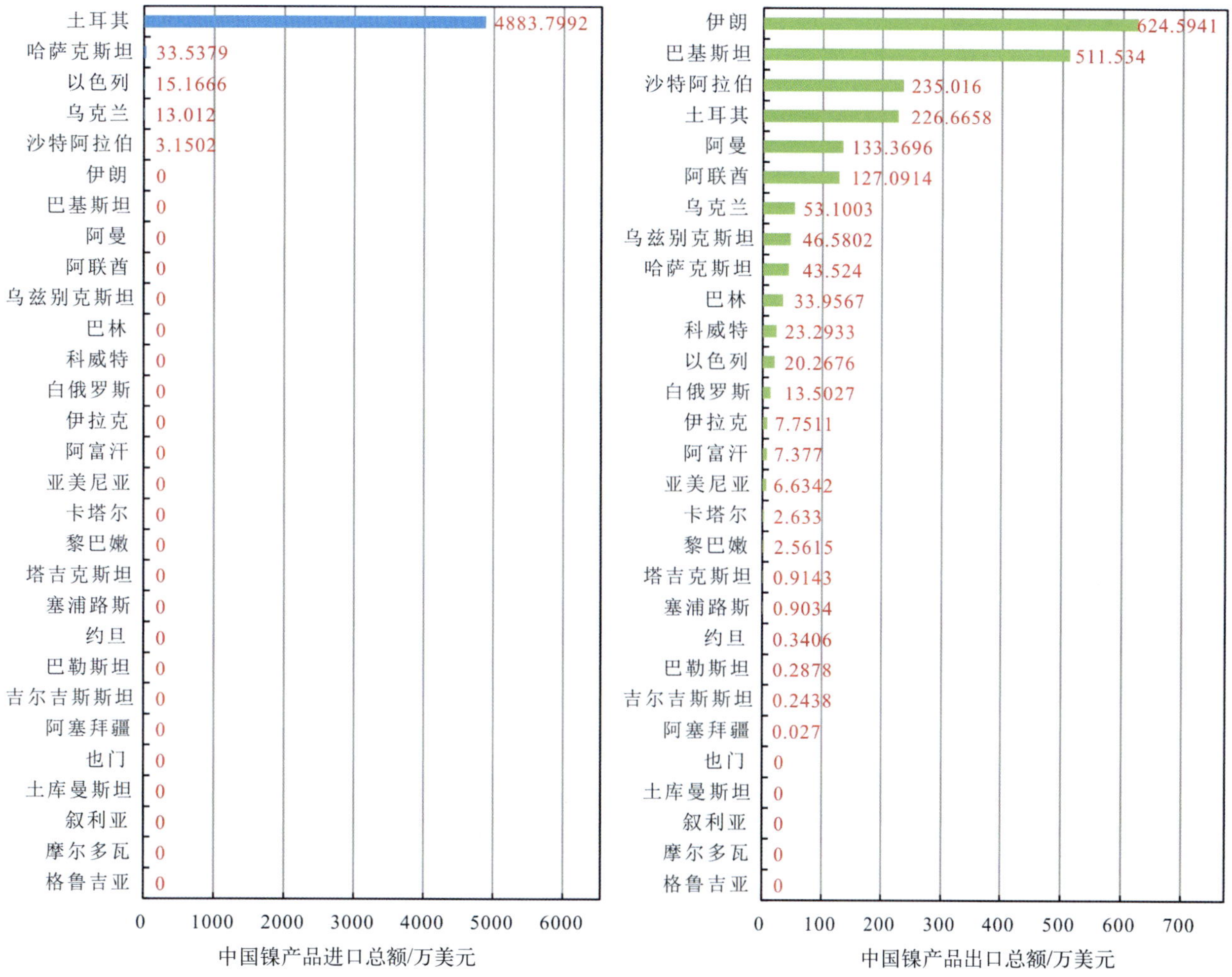

图 2–69　中国与丝路沿线29国镍产品进出口总额排序（2018年）

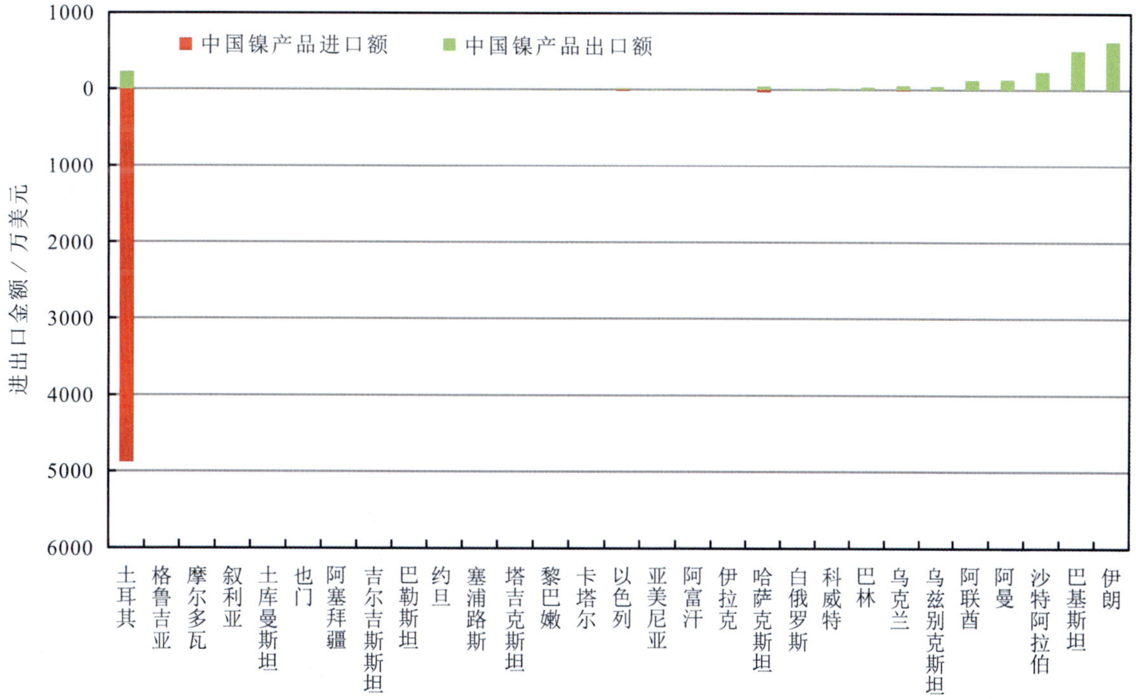

图 2–70　中国与丝路沿线29国镍产品进出口金额（2018年）

萨克斯坦、以色列、乌克兰等国位居其后，镍产品进口金额均大于10万美元；中国从沙特阿拉伯进口镍产品更少，进口金额仅为3.1502万美元（表2–15、图2–69、图2–70）。

在镍产品出口方面，伊朗、巴基斯坦、沙特阿拉伯为中国出口镍产品的前三大目标国，出口金额分别为624.5941万美元、511.534万美元、235.016万美元，占镍产品出口总额的29.43%、24.10%、11.07%；土耳其、阿曼、阿联酋等国位居其后，中国向这些国家出口的镍产品金额均大于100万美元；中国向塔吉克斯坦、塞浦路斯、约旦、巴勒斯坦、吉尔吉斯斯坦等国出口的镍产品较少，出口金额均不足1万美元；中国向阿塞拜疆出口的镍产品更少，出口金额仅为270美元；也门、土库曼斯坦、叙利亚、摩尔多瓦、格鲁吉亚等国由于没有收集到相关数据，排在最后（表2–15、图2–69、图2–70）。

总体而言，丝绸之路沿线29国中，土耳其是中国最大的镍产品贸易来源国，净流入中国的镍产品金额为4657.1334万美元；伊朗、巴基斯坦、沙特阿拉伯为中国前三大镍产品贸易目标国，来自中国的镍产品净流入金额分别为624.5941万美元、511.534万美元、231.8658万美元；阿曼、阿联酋等国位居其后，来自中国的镍产品净流入金额均大于100万美元；也门、土库曼斯坦、叙利亚、摩尔多瓦、格鲁吉亚等国由于没有收集到相关数据，中国与丝路沿线29国镍产品进出口净流量为0(表2–15、图2–69、图2–70)。

2.铜

2018年度，中国与丝绸之路沿线29国之间的铜产品贸易总额为501013.4768万美元，进口金额为474830.0115万美元，出口金额为26183.4653万美元（表2–15）。哈萨克斯坦、伊朗、沙特阿拉伯为中国的前三大铜产品贸易国，贸易金额分别为251403.5608万美元、66378.2375万美元、37099.2972万美元，占铜产品贸易额的50.18%、13.25%、7.40%；巴基斯坦、亚美尼亚、阿联酋、土耳其、格鲁吉亚、乌兹别克斯坦等国位居其后，中国与这些国家的镍产品贸易金额均大于1亿美元（表2–15、图2–71、图2–72）。

在铜产品进口方面，哈萨克斯坦、伊朗、沙特阿拉伯为中国前三大铜产品进口来源国，进口金额分别为251106.316万美元、65775.8146万美元、33993.0342万美元，分别占铜产品进口额的52.88%、13.85%、7.16%；巴基斯坦、亚美尼亚、格鲁吉亚、阿联酋、乌兹别克斯坦、土耳其等国位居其后，中国从这些国家进口的铜产品金额均大于1亿美元；中国从白俄罗斯进口的铜产品较少，进口金额不足100万美元；中国从吉尔吉斯斯坦进口的铜产品更少，进口金额仅为1117美元；伊拉克、叙利亚、阿富汗、摩尔多瓦、巴勒斯坦、塔吉克斯坦、土库曼斯坦等国由于没有收集到相关收集，排在最后（表2–15、图2–71、图2–72）。

在铜产品出口方面，巴基斯坦、土耳其、沙特阿拉伯为中国出口铜产品的前三大目标国，出口金额分别为11413.8826万美元、3227.9542万美元、3106.263万美元，占铜产品出口总额的43.59%、12.33%、11.86%；阿联酋、以色列两国位居其后，中国向这两国出口的铜产品金额均大于1000万美元；中国向阿塞拜疆、摩尔多瓦、巴勒斯坦、塔吉克斯坦等国出口的铜产品较少，出口金额均不足10万美元；中国向土库曼斯坦出口的铜产品更少，出口金额仅为2652美元（表2–15、图2–71、图2–72）。

总体而言，丝绸之路沿线29国中，哈萨克斯坦、伊朗、沙特阿拉伯为中国铜产品贸易前三大的来源国，净流入中国的铜产品金额分别为250809.0712万美元、65173.3917万美元、30886.7712万美元；亚美尼亚、格鲁吉亚、乌兹别克斯坦、巴基斯坦、阿联酋、土耳其等国位居其后，净流入中国的铜产品金额均大于1亿美元；伊拉克、叙利亚、以色列为中国前三大铜产品贸易目标国，来自中国的铜产品净流入金额分别为323.9248万美元、224.1666万美元、90.1865万美元；白俄罗斯、吉尔吉斯斯坦、阿富汗等国位居其后，来自中国的铜产品净流入金额均大于10万美元（表2–15、图2–71、图2–72）。

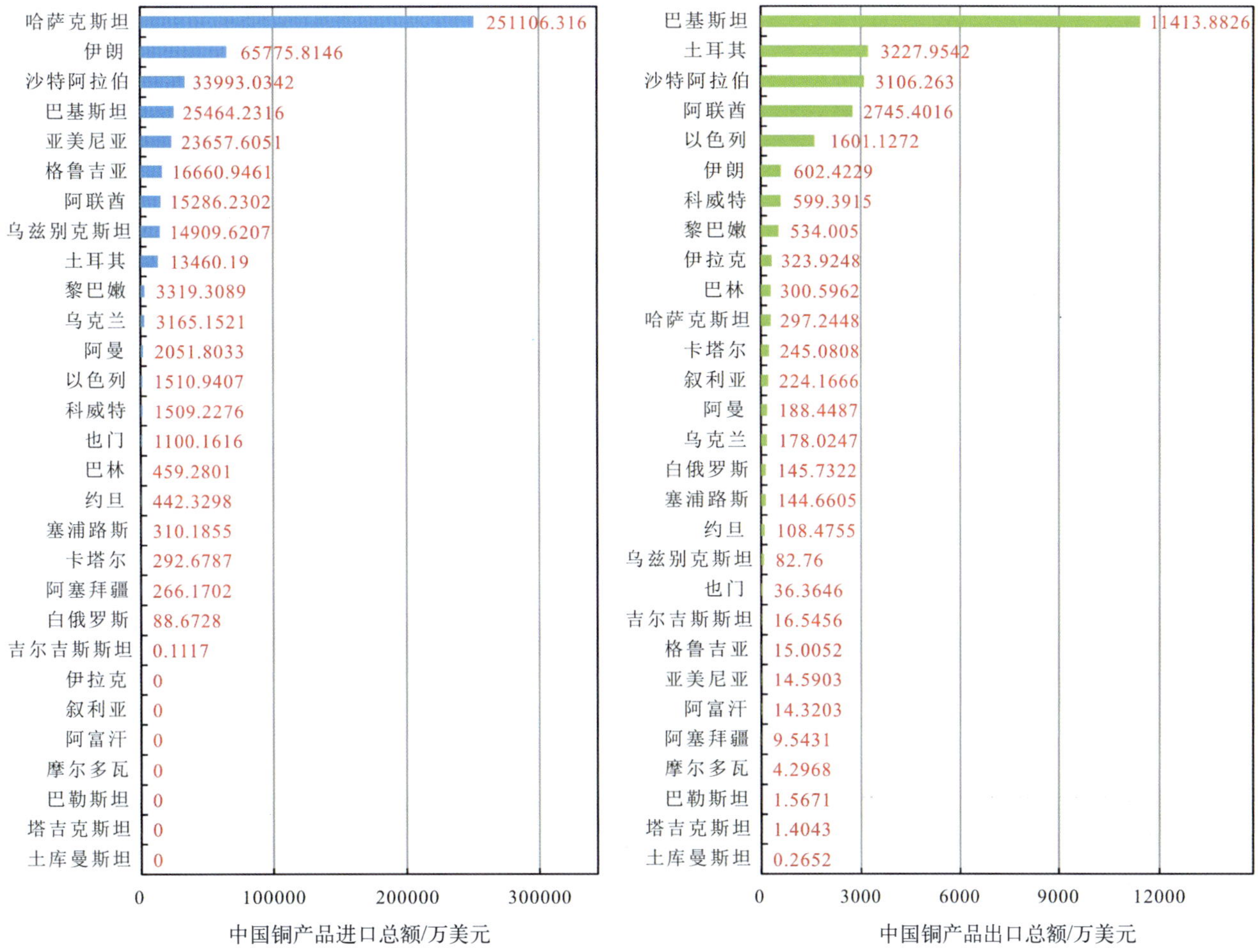

图 2–71　中国与丝路沿线29国铜产品进出口总额排序（2018年）

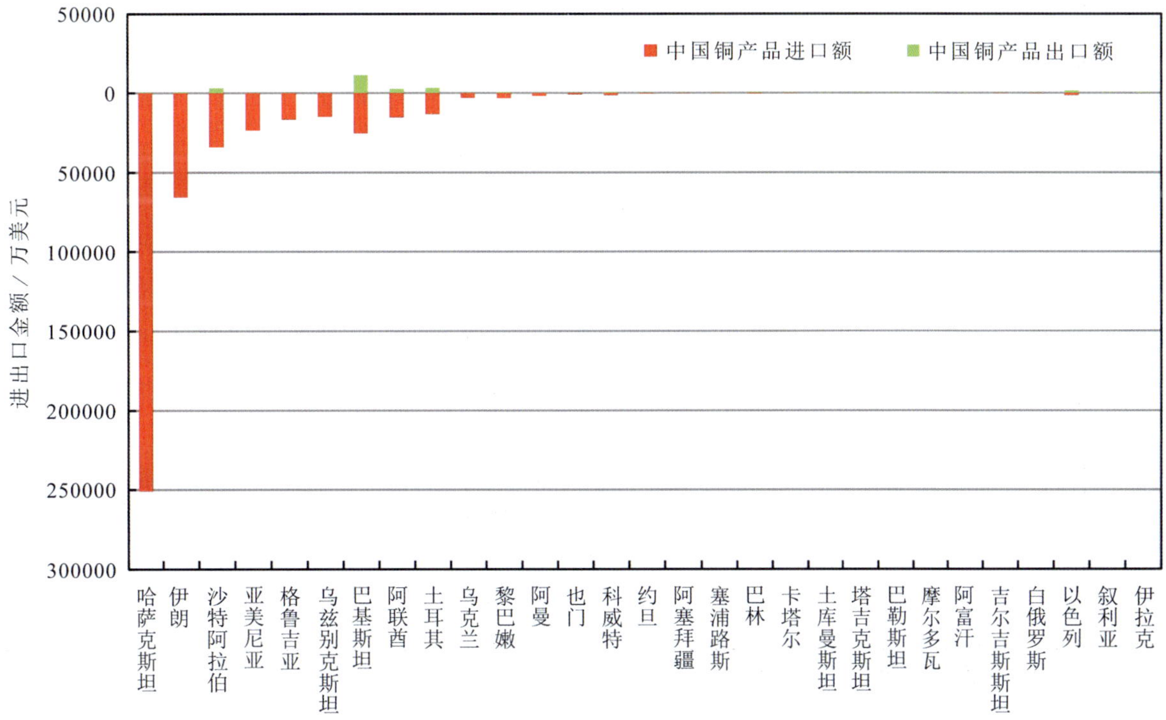

图 2–72　中国与丝路沿线29国铜产品进出口金额（2018年）

3.铅

2018年度，中国与丝绸之路沿线29国之间的铅产品贸易总额为33568.6927万美元，进口金额为32873.2185万美元，出口金额为695.4742万美元（表2–15）。土耳其、哈萨克斯坦、伊朗为中国的前三大铅产品贸易国，贸易金额分别为12878.7697万美元、10264.6271万美元、7129.3268万美元，占铅产品贸易额的38.37%、30.58%、21.24%；阿曼、沙特阿拉伯、阿联酋、巴基斯坦等国位居其后，中国与这些国家的铅产品贸易金额均大于500万美元；塔吉克斯坦也有一定的贸易份额，与中国的铅产品贸易金额大于100万美元（表2–15、图2–73、图2–74）。

在铅产品进口方面，土耳其、哈萨克斯坦、伊朗为中国进口铅产品的前三大来源国，进口金额分别为12878.5316万美元、10230.3261万美元、6568.6053万美元，占铅产品进口额的39.18%、31.12%、19.98%；阿曼、沙特阿拉伯、阿联酋、巴基斯坦等国位居其后，中国从这些国家进口的铅产品贸易金额均大于500万美元；中国从科威特、乌克兰两国进口铅产品较少，进口金额均不足20万美元；中国从阿塞拜疆进口铅产品更少，进口金额仅为11.8008万美元；卡塔尔、吉尔吉斯斯坦、以色列等15个国家由于没有收集到相关数据，排在最后（表2–15、图2–73、图2–74）。

在铅产品出口方面，伊朗是中国出口铅产品的最大目标国，出口金额为560.7215万美元，占铅产品出口总额的80.62%；巴基斯坦、哈萨克斯坦、卡塔尔、吉尔吉斯斯坦等国位居其后，中国向这些国家出口

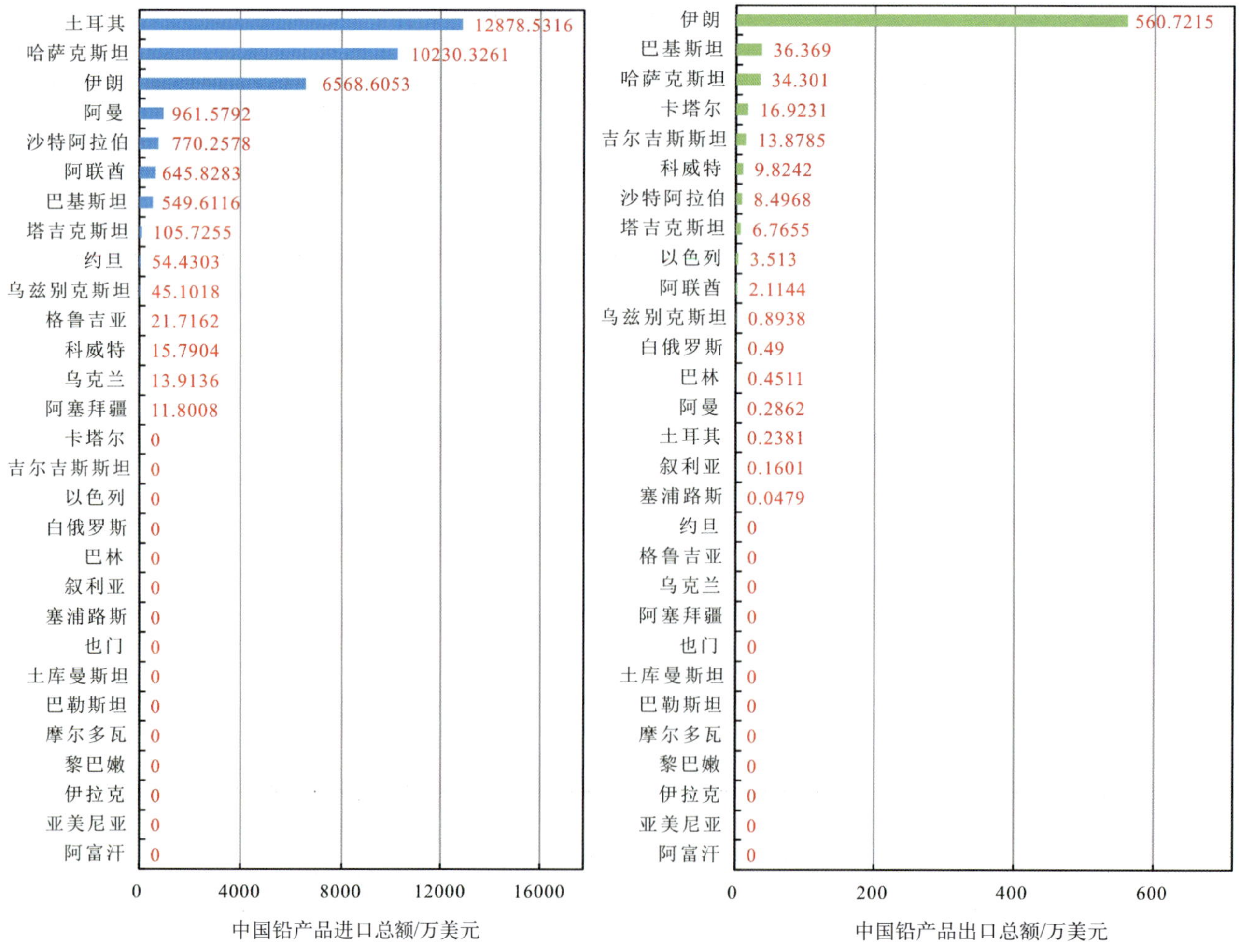

图 2–73　中国与丝路沿线29国铅产品进出口总额排序（2018年）

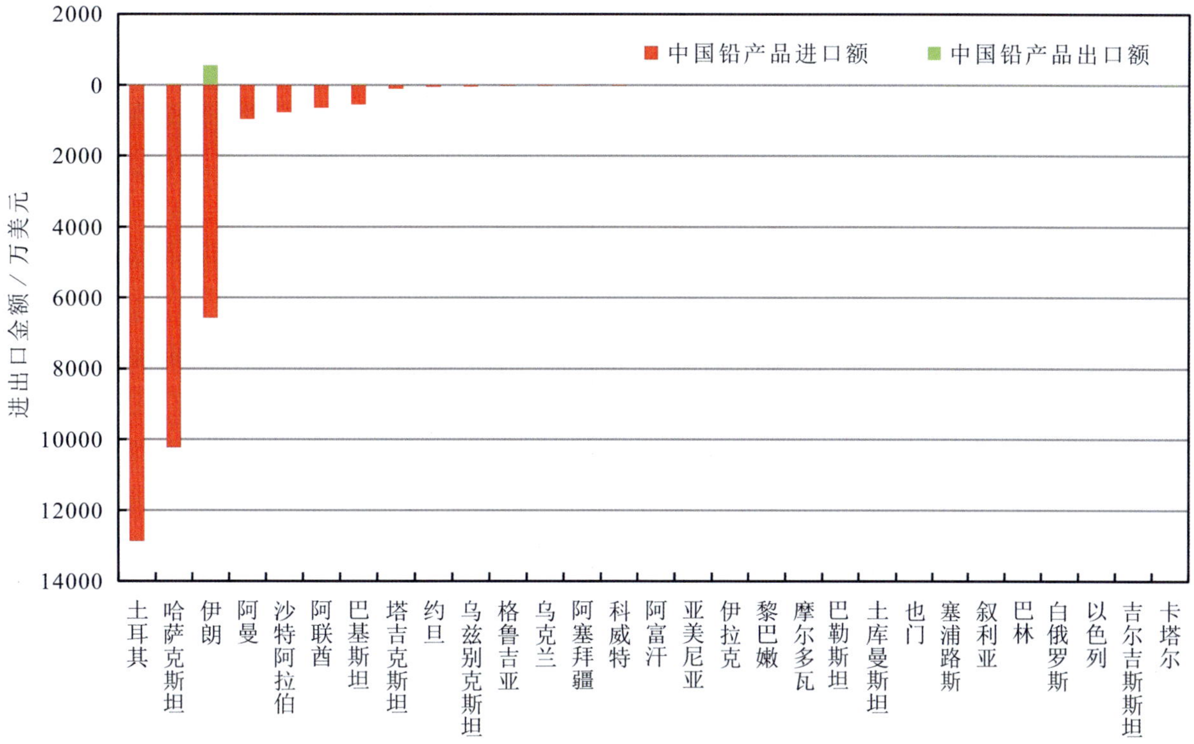

图 2–74　中国与丝路沿线29国铅产品进出口金额（2018年）

的铅产品金额均大于10万美元；中国向乌兹别克斯坦、白俄罗斯、巴林、阿曼、土耳其、叙利亚等国出口的铅产品较少，出口金额均不足1万美元；中国向塞浦路斯出口的铅产品更少，出口金额仅为479美元；约旦、格鲁吉亚、乌克兰等12个国家由于没有收集到相关数据，排在最后（表2–15、图2–73、图2–74）。

总体而言，丝绸之路沿线29国中，土耳其、哈萨克斯坦、伊朗为中国前三大的铅产品贸易来源国，净流入中国的铅产品金额分别为12878.2935万美元、10196.0251万美元、6007.8838万美元；阿曼、沙特阿拉伯、阿联酋、巴基斯坦等国位居其后，净流入中国的铅产品金额均大于500万美元；卡塔尔、吉尔吉斯斯坦在中国铅产品贸易目标国中位居前列，来自中国的铅产品净流入金额分别为16.9231万美元、13.8785万美元；以色列、白俄罗斯、巴林、叙利亚、塞浦路斯等国位居其后，来自中国的铜产品净流入金额均不足1万美元；也门、土库曼斯坦、巴勒斯坦、摩尔多瓦、黎巴嫩、伊拉克、亚美尼亚、阿富汗等国由于没有收集到相关数据，中国与丝路沿线29国铅产品进出口净流量为0(表2–15、图2–73、图2–74)。

4.锌

2018年度，中国与丝绸之路沿线29国之间的锌产品贸易总额为53535.5293万美元，进口金额为53110.7716万美元，出口金额为424.7577万美元（表2–15）。哈萨克斯坦、巴基斯坦、伊朗为中国的前三大锌产品贸易国，贸易金额分别为35849.3761万美元、6404.7384万美元、4687.4824万美元，占锌产品贸易额的66.96%、11.96%、8.76%；沙特阿拉伯、土耳其两国位居其后，中国与这些国家之间的锌产品贸易金额均大于2000万美元；中国与阿曼、阿联酋两国具有一定的锌产品贸易份额，贸易金额均大于200万美元（表2–15、图2–75、图2–76）。

在锌产品进口方面，哈萨克斯坦、巴基斯坦、伊朗为中国前三大锌产品进口来源国，进口金额分别为35846.9952万美元、6193.0119万美元、4664.9764万美元，分别占锌产品进口额的67.49%、11.66%、8.78%；土耳其、沙特两国位居其后，中国从这些国家进口的锌产品金额均大于2000万美元；中国从乌兹

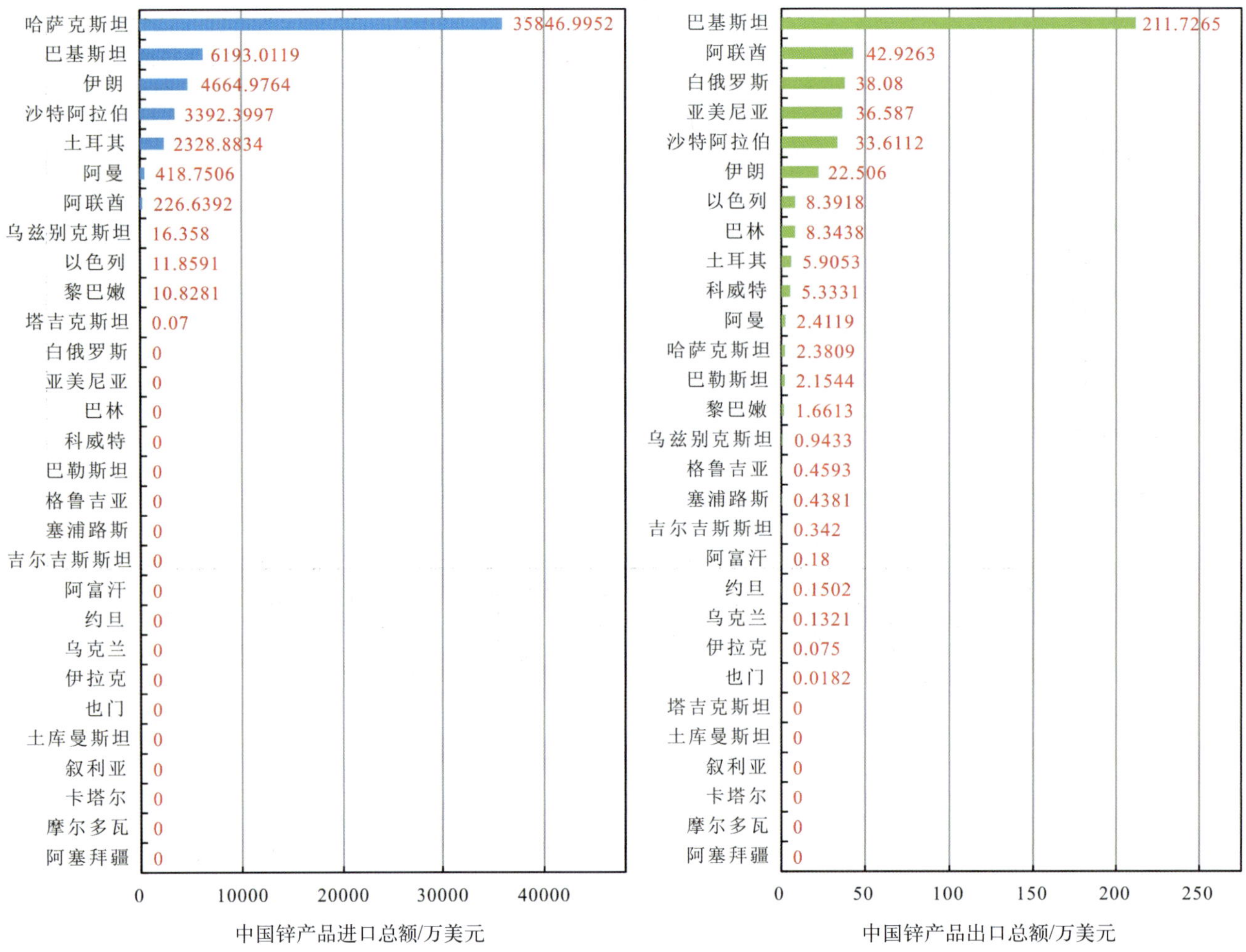

图 2–75　中国与丝路沿线29国锌产品进出口总额排序（2018年）

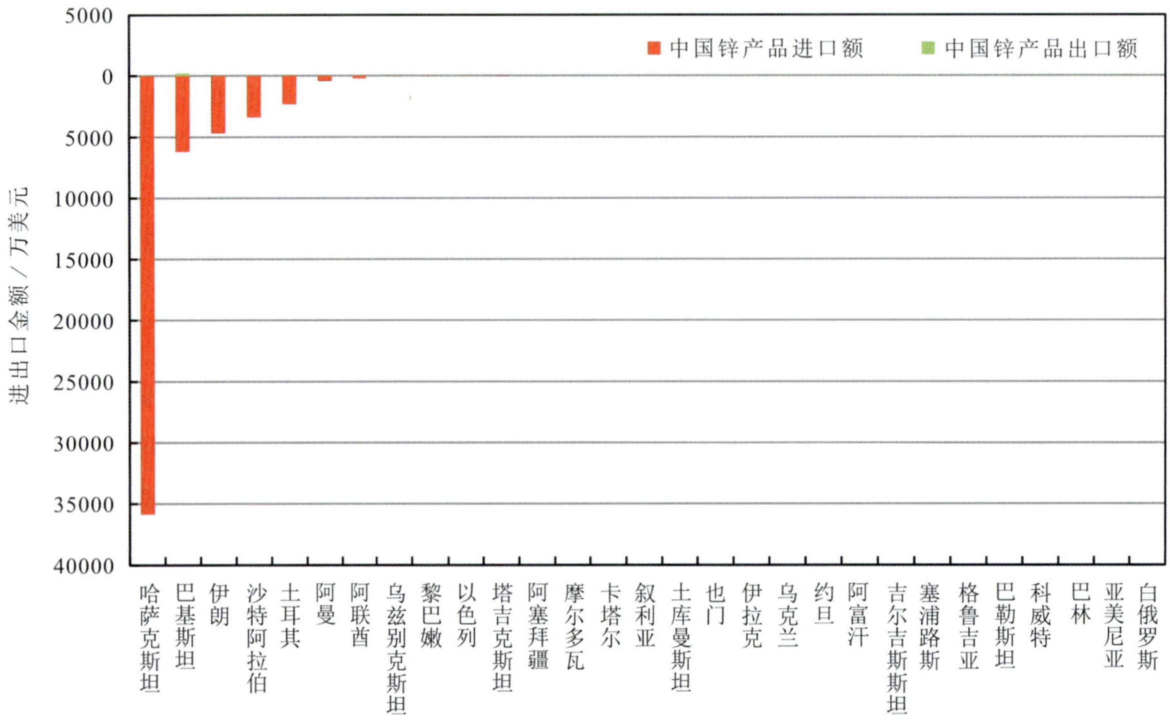

图 2–76　中国与丝路沿线29国锌产品进出口金额（2018年）

别克斯坦、以色列两国进口的锌产品较少，进口金额仅有10余万美元；中国从塔吉克斯坦进口的锌产品更少，进口金额仅为700美元；白俄罗斯、亚美尼亚等18个国家由于没有收集到相关收集，排在最后（表2–15、图2–75、图2–76）。

在锌产品出口方面，巴基斯坦、阿联酋、白俄罗斯为中国出口锌产品的前三大目标国，出口金额分别为211.7265万美元、42.9263万美元、38.08万美元，分别占锌产品出口总额的49.85%、10.11%、8.97%；亚美尼亚、沙特阿拉伯、伊朗等国位居其后，中国向这些国家出口的锌产品金额均大于10万美元；中国向乌兹别克斯坦、格鲁吉亚、塞浦路斯、吉尔吉斯斯坦、阿富汗、约旦、乌克兰、伊拉克等国出口的锌产品较少，出口金额均不足1万美元；中国向也门出口的锌产品更少，出口金额仅为182美元；塔吉克斯坦、土库曼斯坦、叙利亚、卡塔尔、摩尔多瓦、阿塞拜疆等国由于没有收集到相关数据，排在最后（表2–15、图2–75、图2–76）。

总体而言，丝绸之路沿线29国中，哈萨克斯坦、巴基斯坦、伊朗为中国锌产品贸易前三大的来源国，净流入中国的锌产品金额分别为35844.6143万美元、5981.2854万美元、4642.4704万美元；沙特阿拉伯、土耳其两国位居其后，净流入中国的锌产品金额均大于2000万美元；白俄罗斯、亚美尼亚在中国锌产品贸易目标国中位居前列，来自中国的锌产品净流入金额分别为38.08万美元、36.587万美元；巴林、科威特、巴勒斯坦等国位居其后，来自中国的锌产品净流入金额均大于1万美元；土库曼斯坦、叙利亚、卡塔尔、摩尔多瓦、阿塞拜疆等国由于没有收集到相关数据，中国与丝路沿线29国锌产品进出口净流量为0（表2–15、图2–75、图2–76）。

5.铝

2018年度，中国与丝绸之路沿线29国之间的铝产品贸易总额为154750.2363万美元，进口金额为13100.0604万美元，出口金额为141650.1759万美元（表2–15）。阿联酋、沙特阿拉伯、土耳其为中国的前三大铝产品贸易国，贸易金额分别为34285.4813万美元、26779.2228万美元、23543.4014万美元，占铝产品贸易额的22.16%、17.30%、15.21%；伊朗、以色列两国位居其后，中国与这两国之间的铝产品贸易金额均大于1亿美元；中国与伊拉克、巴基斯坦、乌克兰、巴林、科威特、卡塔尔等国具有一定的贸易份额，铝产品贸易金额均大于1000万美元（表2–15、图2–77、图2–78）。

在铝产品进口方面，沙特阿拉伯、阿联酋、阿曼为中国前三大铝产品进口来源国，进口金额分别为5366.2429万美元、3576.8496万美元、1684.725万美元，分别占铝产品进口额的40.96%、27.30%、12.86%；土耳其、以色列、哈萨克斯坦等国位居其后，中国从这些国家进口的铝产品金额均大于500万美元；中国从白俄罗斯、乌克兰进口的铝产品较少，进口金额不足1万美元；中国从吉尔吉斯斯坦进口的铝产品更少，进口金额仅为15美元；伊朗、伊拉克、乌兹别克斯坦等12个国家由于没有收集到相关收集，排在最后（表2–15、图2–77、图2–78）。

在铝产品出口方面，阿联酋、土耳其、沙特阿拉伯为中国出口铝产品的前三大目标国，出口金额分别为30708.6317万美元、22720.1565万美元、21412.9799万美元，占铝产品出口总额的21.68%、16.04%、15.12%；伊朗、以色列两国位居其后，中国向这两国出口的铝产品金额均大于1亿美元；中国向阿富汗、格鲁吉亚、亚美尼亚等国出口的铝产品较少，出口金额均不足150万美元；中国向阿塞拜疆出口的铝产品更少，出口金额仅为94.0055万美元（表2–15、图2–77、图2–78）。

总体而言，丝绸之路沿线29国中，阿曼为中国最大的铝产品贸易来源国，净流入中国的铝产品金额为975.1777万美元；阿联酋、土耳其、沙特阿拉伯为中国前三大铝产品贸易目标国，来自中国的铝产品净

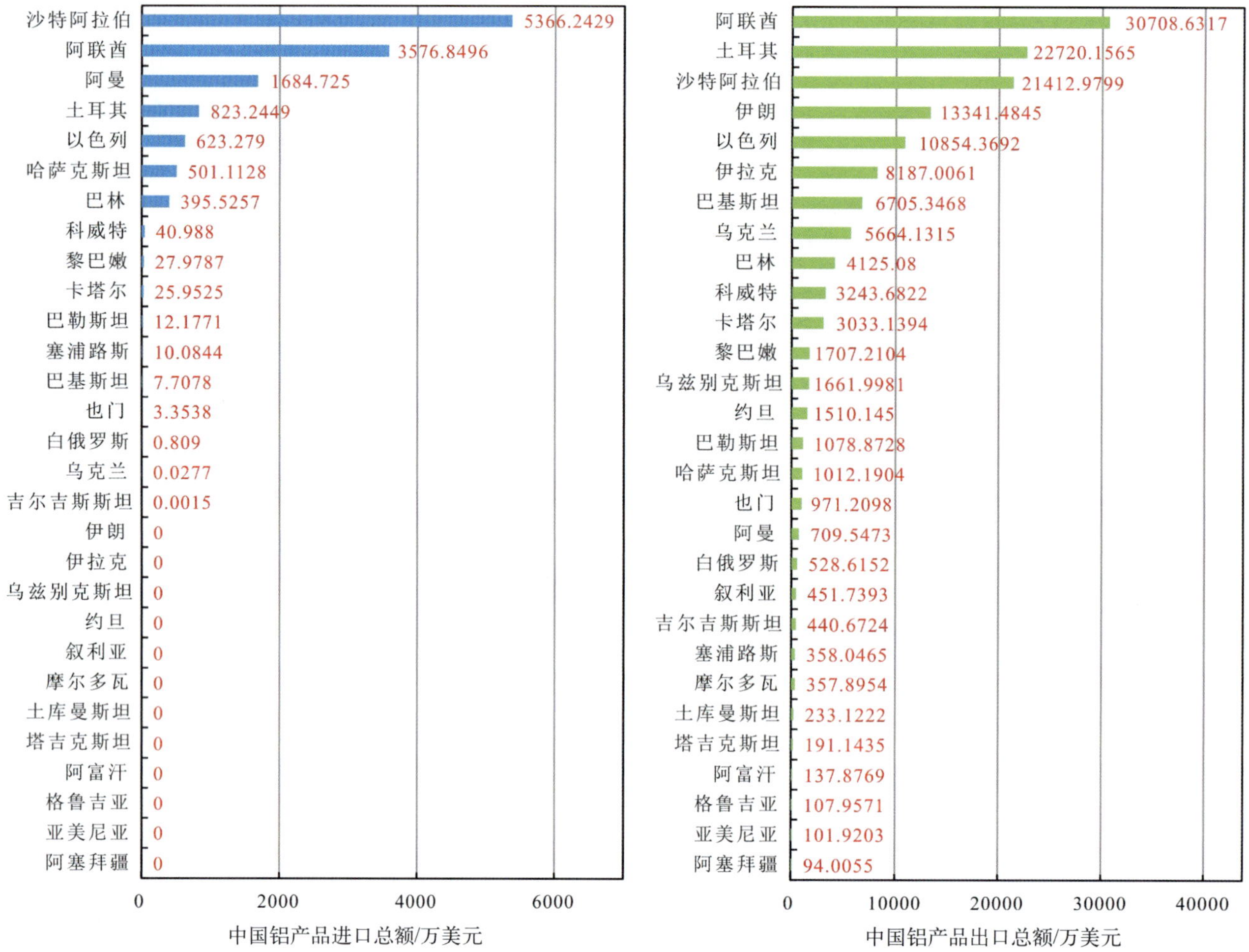

图 2–77 中国与丝路沿线29国铝产品进出口总额排序（2018年）

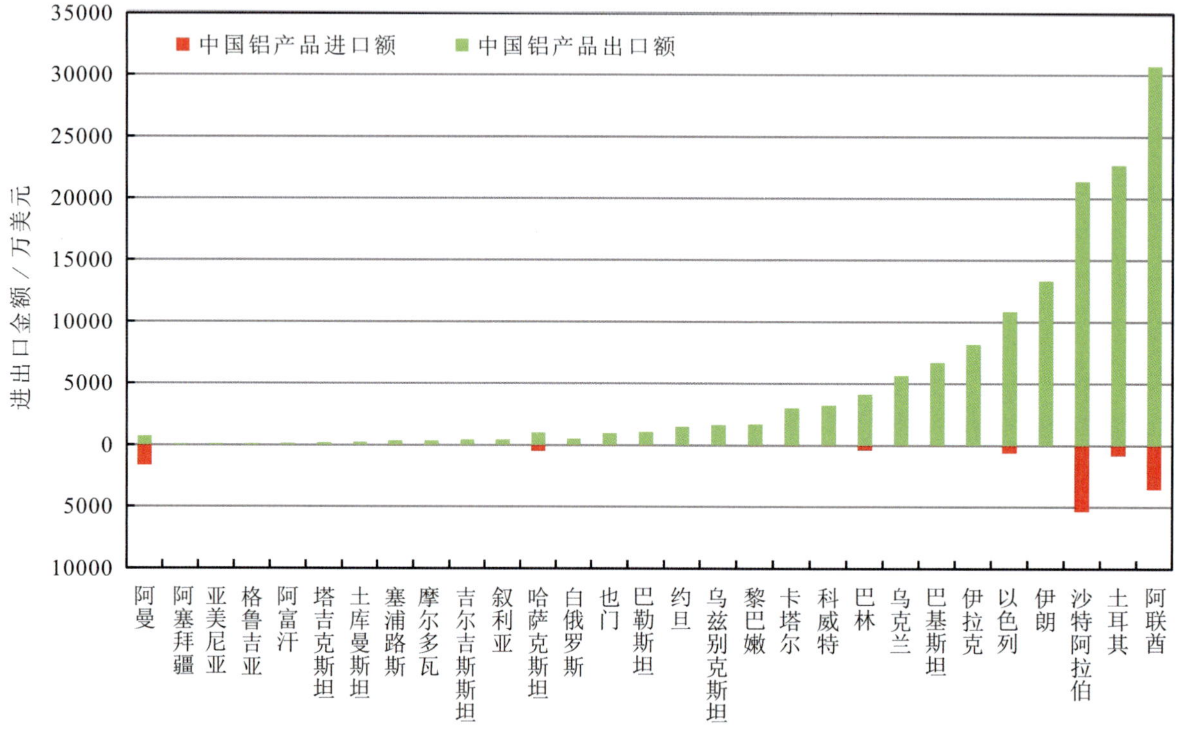

图 2–78 中国与丝路沿线29国铝产品进出口金额（2018年）

流入金额分别为27131.7821万美元、21896.9116万美元、16046.737万美元；伊朗、以色列两国位居其后，来自中国的铝产品净流入金额均大于1亿美元（表2–15、图2–77、图2–78）。

6.锡

2018年度，中国与丝绸之路沿线29国之间的锡产品贸易总额为1281.7366万美元，进口金额为0.1114万美元，出口金额为1281.6252万美元（表2–15）。土耳其是中国最大的锡产品贸易国，贸易金额为892.6005万美元，占锡产品贸易额的69.64%；乌克兰、伊朗、巴基斯坦等国位居其后，中国与这些国家之间的锡产品贸易金额均大于50万美元；中国与沙特阿拉伯、阿联酋、乌兹别克斯坦、白俄罗斯等国具有一定的锡产品贸易份额，贸易金额均大于10万美元（表2–15、图2–79）。

在锡产品进口方面，目前仅收集到中国从土耳其进口锡产品的数据，进口金额为1114美元（表2–15）。在锡产品出口方面，土耳其是中国出口锡产品的最大目标国，出口金额为892.4891万美元，占锡产品出口总额的69.64%；乌克兰、伊朗、巴基斯坦等国位居其后，中国向这些国家出口的锡产品金额均大于50万美元；中国向黎巴嫩、亚美尼亚、格鲁吉亚、哈萨克斯坦等国出口的锡产品较少，出口金额均不足1万美元；中国向科威特出口的锡产品更少，出口金额仅为533美元；也门、土库曼斯坦、塔吉克斯坦、叙利亚、巴勒斯坦、阿曼、摩尔多瓦、吉尔吉斯斯坦、伊拉克、塞浦路斯、阿塞拜疆、阿富汗等12国由于没有收集到相关数据，排在最后（表2–15、图2–79、图2–80）。

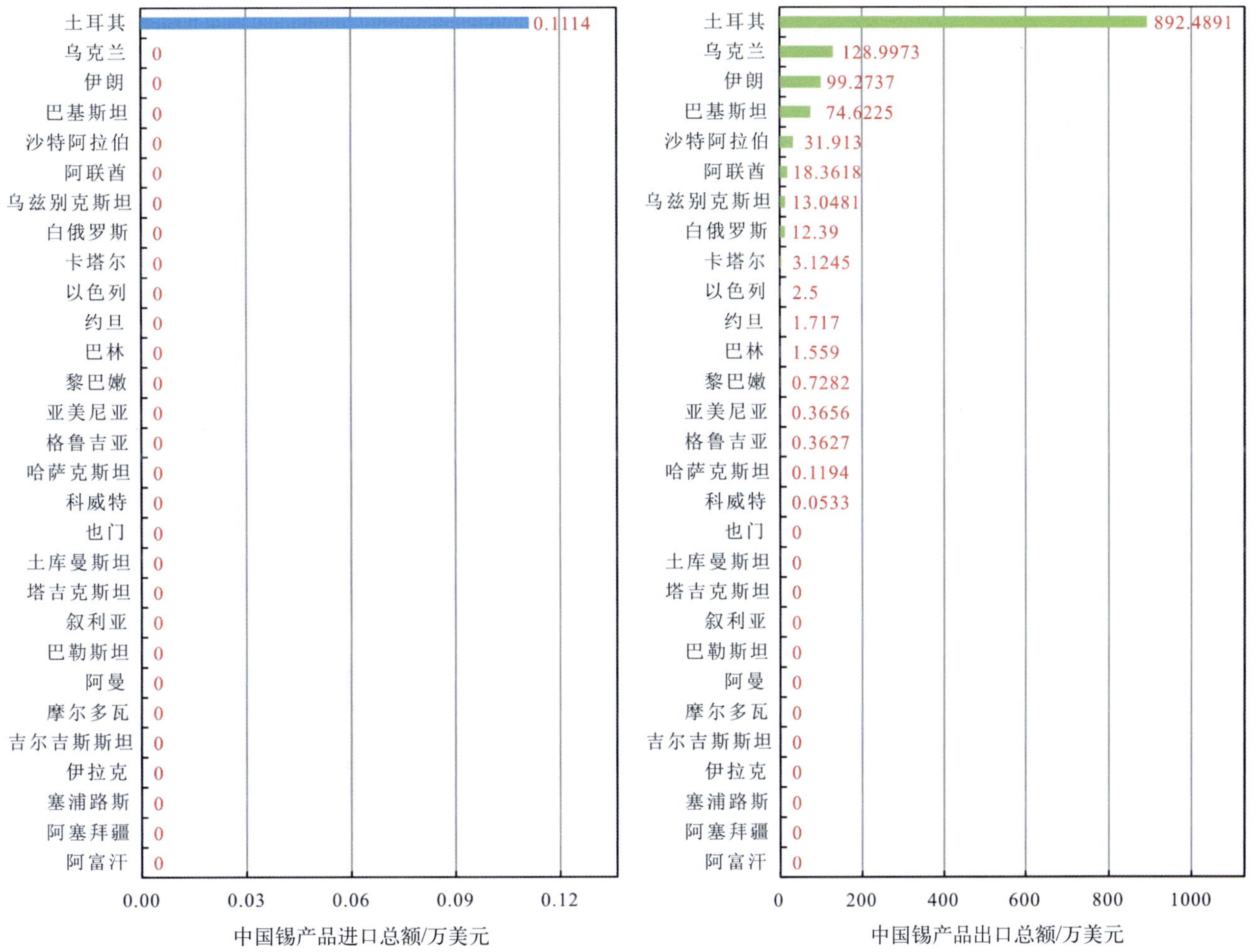

图 2–79 中国与丝路沿线29国锡产品进出口总额排序（2018年）

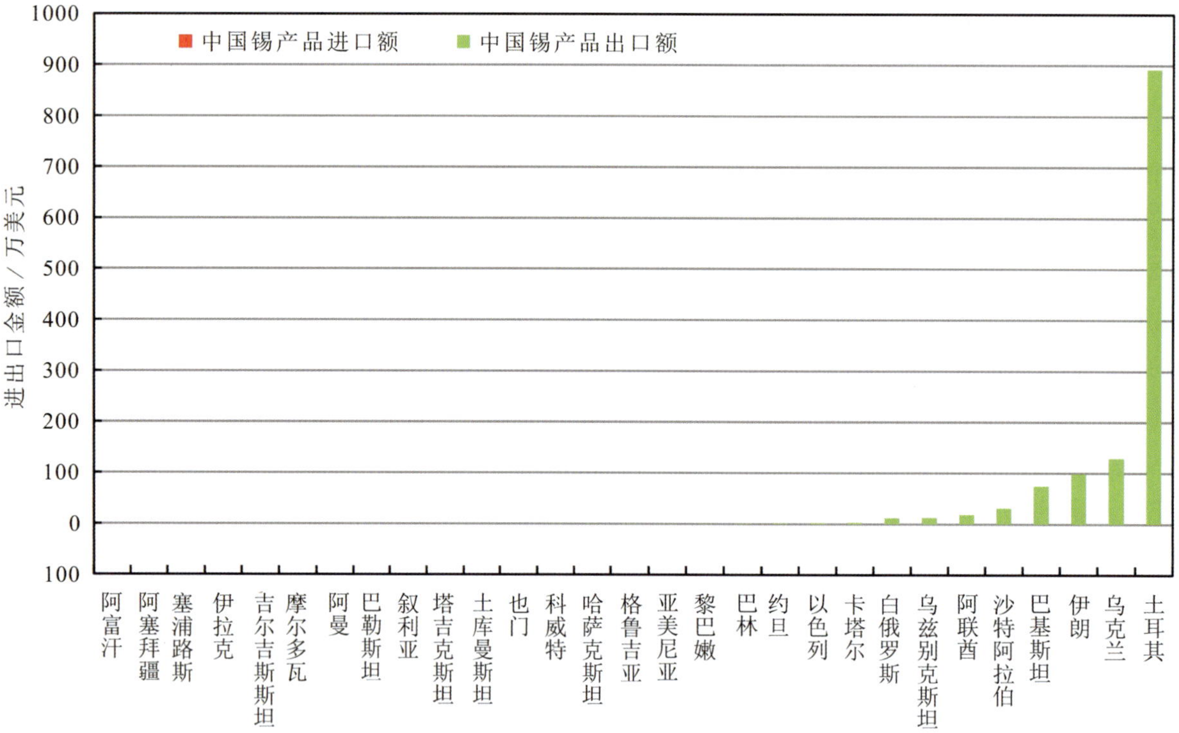

图 2–80　中国与丝路沿线29国锡产品进出口金额（2018年）

总体而言，丝绸之路沿线29国中，土耳其是中国最大的锡产品贸易来源国，来自中国的锡产品净流入金额分别为892.3777万美元；乌克兰、伊朗、巴基斯坦等国位居其后，来自中国的锡产品净流入金额均大于50万美元；也门、土库曼斯坦、塔吉克斯坦、叙利亚、巴勒斯坦、阿曼、摩尔多瓦、吉尔吉斯斯坦、伊拉克、塞浦路斯、阿塞拜疆、阿富汗等12国由于没有收集到相关数据，中国与丝路沿线29国锡产品进出口净流量为0(表2–15、图2–79)。

7.铬

2018年度，中国与丝绸之路沿线29国之间的铬产品贸易总额为131097.4079万美元，进口金额为130080.4667万美元，出口金额为1016.9412万美元（表2–15）。哈萨克斯坦、土耳其、阿曼为中国的前三大铬产品贸易国，贸易金额分别为84887.015万美元、24930.762万美元、8534.6739万美元，占铬产品贸易额的64.75%、19.02%、6.51%；巴基斯坦、伊朗、阿联酋等国位居其后，铬产品贸易金额均大于1000万美元；中国与巴林、沙特阿拉伯两国具有一定的铬产品贸易份额，贸易金额大约100万美元（表2–15、图2–81、图2–82）。

在铬产品进口方面，哈萨克斯坦、土耳其为中国进口铬产品的最大来源国，进口金额分别为84885.4511万美元、24469.1627万美元，分别占铬产品进口额的65.26%、18.81%；阿曼、巴基斯坦、伊朗、阿联酋等国位居其后，中国从这些国家进口的铬产品金额均大于1000万美元；中国从沙特阿拉伯进口的铬产品较少，进口金额为57.5056万美元；中国从以色列进口的铬产品更少，进口金额仅为1890美元；巴林、乌克兰、卡塔尔等21个国家由于没有收集到相关收集，排在最后（表2–15、图2–81、图2–82）。

在铬产品出口方面，土耳其是中国出口铬产品的最大目标国，出口金额为461.5993万美元，占铬产品出口总额的45.39%；伊朗、阿联酋、巴林等国位居其后，中国向这些国家出口的铬产品金额均大于100

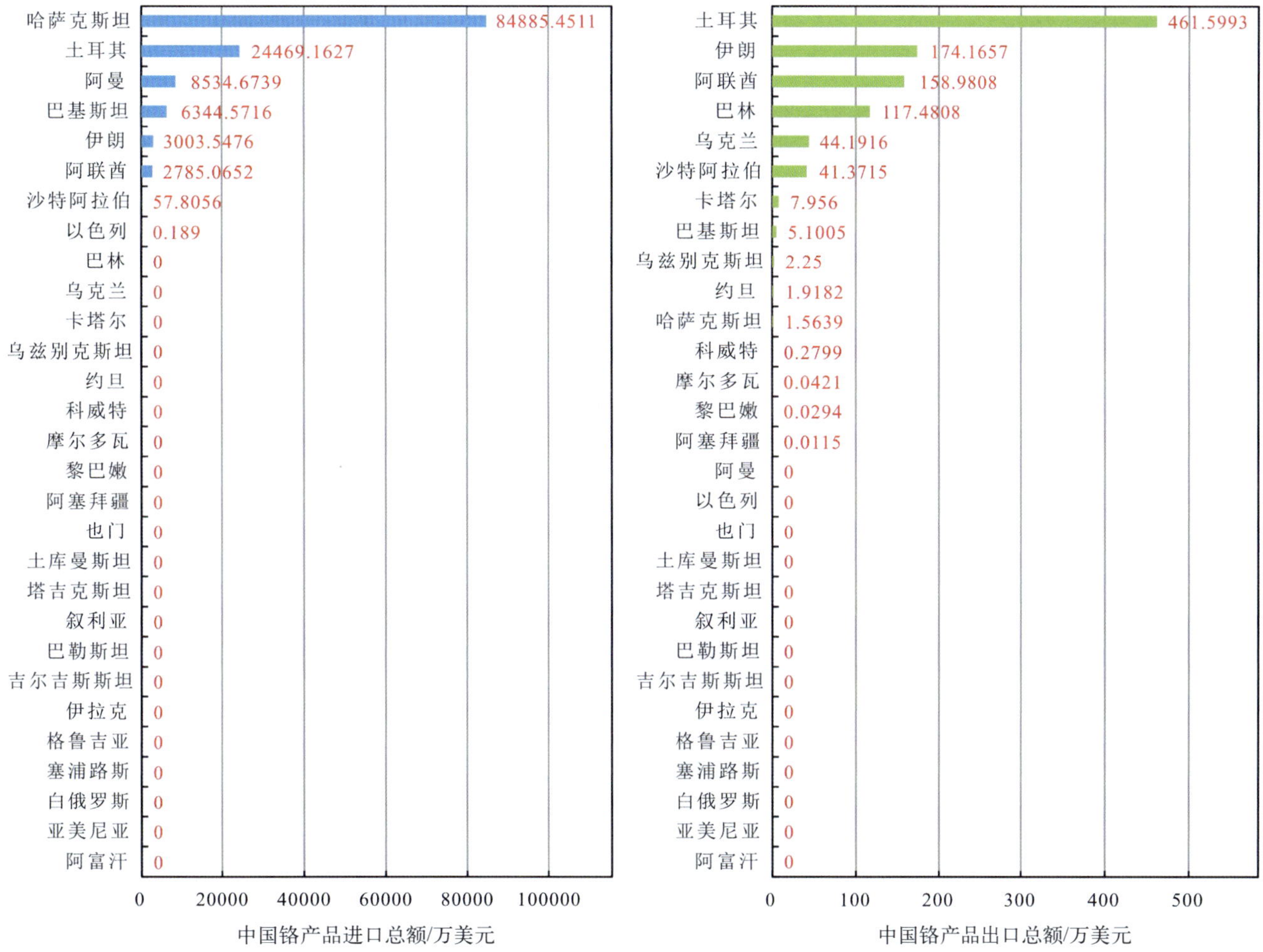

图 2–81　中国与丝路沿线29国铬产品进出口总额排序（2018年）

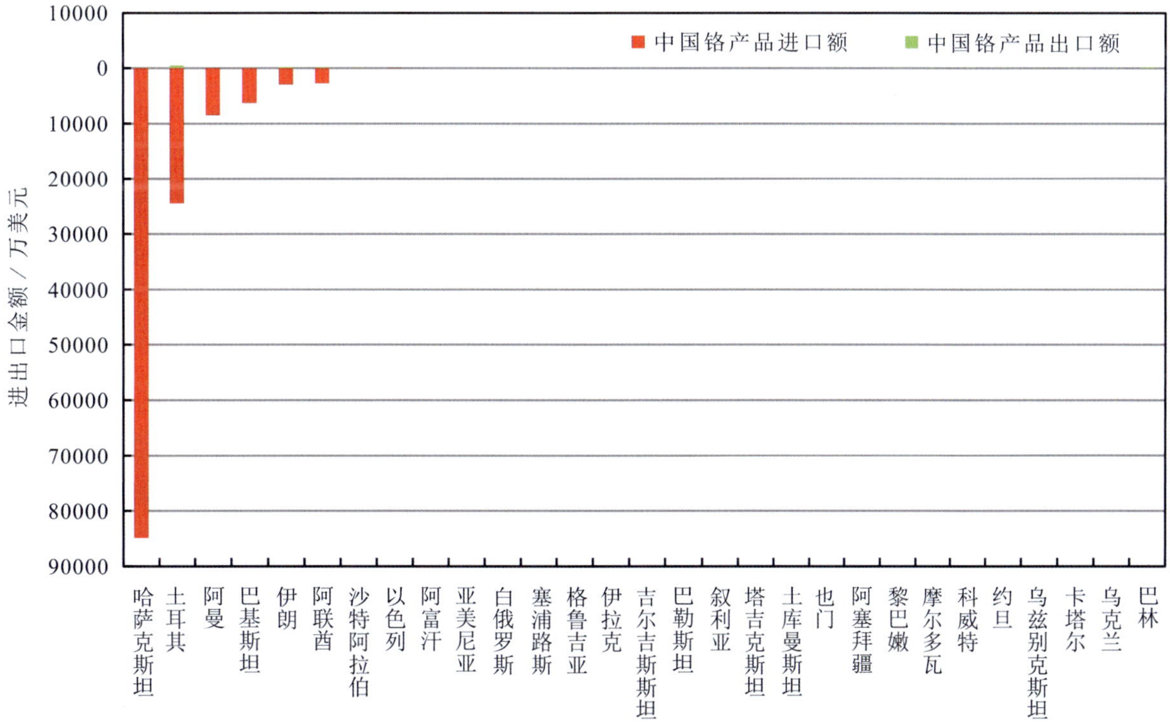

图 2–82　中国与丝路沿线29国铬产品进出口金额（2018年）

万美元；中国向乌兹别克斯坦、约旦、哈萨克斯坦、科威特、摩尔多瓦、黎巴嫩等国出口的铬产品较少，出口金额均不足5万美元；中国向阿塞拜疆出口的铬产品更少，出口金额仅为115美元；阿曼、以色列、也门等14个国家由于没有收集到相关收集，排在最后（表2–15、图2–81、图2–82）。

总体而言，丝绸之路沿线29国中，哈萨克斯坦、土耳其、阿曼为中国铬产品贸易前三大的来源国，净流入中国的铬产品金额分别为84883.8872万美元、24007.5634万美元、8534.6739万美元；巴基斯坦、伊朗、阿联酋等国位居其后，净流入中国的铬产品金额均大于1000万美元；巴林是中国铬产品的最大贸易目标国，来自中国的铬产品净流入金额为117.4808万美元；乌克兰、卡塔尔两国位居其后，来自中国的铬产品净流入金额分别为44.1916万美元、7.956万美元；阿富汗、亚美尼亚、白俄罗斯、塞浦路斯、格鲁吉亚、伊拉克、吉尔吉斯斯坦、巴勒斯坦、叙利亚、塔吉克斯坦、土库曼斯坦、也门等国由于没有收集到相关数据，中国与丝路沿线29国铬产品进出口净流量为0(表2–15、图2–81、图2–82)。

五、关键性金属

查塔姆智库（Chatham House）统计数据显示：2018年度，中国与丝绸之路沿线29国之间的关键性金属产品（本章节主要涉及锰、锑、钨、钼、钛、稀土等）贸易总额为32754.5539万美元，进口总额为14375.3856万美元，出口总额为18379.1683万美元（表2–16、表2–17）。其中，锰产品进口金额为1865.5836万美元，占关键性金属进口总额的12.98%；出口金额为2502.0210万美元，占关键性金属出口总额的13.61%；锑产品进口金额为5607.3386万美元，占关键性金属进口总额的39.01%；出口金额为104.4057万美元，占出口总额的0.57%；钨产品进口金额为11.6017万美元，占关键性金属进口总额的0.08%；出口金额为792.8926万美元，占出口总额的4.31%；钼产品进口金额为12.9342万美元，占关键性金属进口总额的0.09%；出口金额为633.4951万美元，占出口总额的3.45%；钛产品进口金额为4266.5127万美元，占关键性金属进口总额的29.68%；出口金额为304.8337万美元，占出口总额的1.66%；稀土产品进口金额为24.0666万美元，占关键性金属进口总额的0.17%；出口金额为328.9715万美元，占出口总额的1.79%；其他金属产品进口金额为2587.3482万美元，占进口总额的18.00%；出口金额为13712.5487万美元，占出口总额的74.61%（表2–16、表2–17）。

塔吉克斯坦、土耳其、哈萨克斯坦是中国关键性金属前三大的贸易国，贸易金额分别为5476.3871万美元、4660.9645万美元、4558.233万美元，分别占中国与丝路沿线29国关键性金属贸易总额的16.72%、14.23%、13.92%；乌克兰、阿联酋、以色列、沙特阿拉伯、巴基斯坦、巴林、乌兹别克斯坦等国位居其后，中国与其之间的关键性金属贸易金额均大于1000万美元；中国与伊朗、卡塔尔、阿曼、吉尔吉斯斯坦等国之间也有较大的关键性金属贸易份额，其贸易金额均大于200万美元（表2–16、表2–17、图2–83、图2–84、图2–85）。

在关键性金属产品进口方面，塔吉克斯坦、哈萨克斯坦、乌克兰是中国进口关键性金属的前三大来源国，进口金额分别为5476.3871万美元、4280.6937万美元、2624.3085万美元，分别占关键性金属进口总额的38.10%、29.78%、18.26%；巴基斯坦、土耳其、阿曼、吉尔吉斯斯坦等国位居其后，中国从这些国家进口的关键性金属金额均大于100万美元；中国从也门、以色列、伊朗、阿联酋等国进口的关键性金属产品较少，进口金额不足10万美元；中国从乌兹别克斯坦进口的关键性金属产品更少，进口金额仅有30美元；土库曼斯坦、巴勒斯坦、伊拉克、塞浦路斯、阿富汗、阿塞拜疆、黎巴嫩、叙利亚、摩尔多瓦、科威特、亚美尼亚、约旦、白俄罗斯、卡塔尔、沙特阿拉伯等15个国家由于没有收集到相关数据，排在最后（表2–16、表2–17、图2–83、图2–84、图2–85）。

表 2–16 中国与丝路沿线29国关键性金属进出口金额汇总

单位：万美元

国家	贸易总额	排序	进口总额	排序	出口总额	排序
阿富汗	0.7938	25	—	25	0.7938	22
亚美尼亚	15.9723	18	—	19	15.9723	16
阿塞拜疆	1.4828	24	—	24	1.4828	21
巴林	1191.6198	9	10.9999	9	1180.6199	6
白俄罗斯	62.1275	15	—	17	62.1275	14
塞浦路斯	0.0214	26	—	26	0.0214	24
格鲁吉亚	33.8163	16	33.6725	8	0.1438	23
伊朗	784.8059	11	4.2770	12	780.5289	8
伊拉克	—	27	—	27	—	27
以色列	2461.7633	6	5.6085	11	2456.1548	3
约旦	32.2154	17	—	18	32.2154	15
哈萨克斯坦	4558.2330	3	4280.6937	2	277.5393	11
科威特	5.6484	20	—	20	5.6484	17
吉尔吉斯斯坦	221.4997	14	126.9975	7	94.5022	13
黎巴嫩	2.2043	23	—	23	2.2043	20
摩尔多瓦	3.0709	21	—	21	3.0709	18
阿曼	484.0735	13	231.9297	6	252.1438	12
巴基斯坦	1647.0229	8	1112.2725	4	534.7504	10
巴勒斯坦	—	28	—	28	—	28
卡塔尔	658.1887	12	—	16	658.1887	9
沙特阿拉伯	2046.2235	7	—	15	2046.2235	4
叙利亚	3.0282	22	—	22	3.0282	19
塔吉克斯坦	5476.3871	1	5476.3871	1	—	25
土耳其	4660.9645	2	458.0624	5	4202.9021	1
土库曼斯坦	—	29	—	29	—	29
乌克兰	4247.6610	4	2624.3085	3	1623.3525	5
阿联酋	3112.4955	5	1.5758	13	3110.9197	2
乌兹别克斯坦	1034.6367	10	0.0030	14	1034.6337	7
也门	8.5975	19	8.5975	10	—	26
合计	32754.5539	—	14375.3856	—	18379.1683	—

注：统计数据源于英国国防事务研究所查塔姆智库（Chatham House），2018年度，网址：https://resourcetrade.earth/data。

在关键性金属产品出口方面，土耳其、阿联酋、以色列是中国出口关键性金属的前三大目标国，出口金额分别为4202.9021万美元、3110.9197万美元、2456.1548万美元，分别占关键性金属出口总额的22.87%、16.93%、13.36%；沙特阿拉伯、乌克兰、巴林、乌兹别克斯坦等国位居其后，中国向这些国家出口的关键性金属金额均大于1000万美元；中国向科威特、摩尔多瓦、叙利亚、黎巴嫩、阿塞拜疆、阿富汗、格鲁吉亚等国出口的关键性金属产品较少，出口金额不足10万美元；中国向塞浦路斯出口的关键

表 2–17　中国与丝路沿线 29 国关键性金属进出口金额统计

单位：万美元

国家	锰		锑		钨		钼		钛		稀土		其他	
	进口额	出口额	进口额	出口额	进口额	出口额	进口额	出口额	进口额	出口额	进口额	出口额	进口额	出口额
阿富汗	—	—	—	—	—	0.7938	—	—	—	—	—	—	—	—
亚美尼亚	—	13.9255	—	0.2835	—	0.4172	—	1.0856	—	—	—	0.2605	—	—
阿塞拜疆	—	0.019	—	—	—	—	—	—	—	—	—	0.0165	—	1.4473
巴林	—	92.2202	—	—	10.9999	0.1243	—	3.2583	—	33.7713	—	0.042	—	1051.2038
白俄罗斯	—	3.32	—	0.93	—	4.7788	—	1.6846	—	—	—	2.4541	—	48.96
塞浦路斯	—	—	—	—	—	—	—	—	—	—	—	0.0214	—	—
格鲁吉亚	33.6725	—	—	—	—	0.0112		0.0154	—	0.1172	—	—	—	—
伊朗	4.022	52.4448	—	—	—	20.9113	0.2355	6.6707	0.0195	—	—	12.8789	—	687.6232
伊拉克	—	—	—	—	—	—	—	—	—	—	—	—	—	—
以色列	—	50.7	—	—	0.1	74.1905	0.1022	16.6644	—	3.6	2.8828	22.9	2.5235	2288.0999
约旦	—	21.1931	—	—	—	0.076	—	0.8574	—	—	—	—		10.0889
哈萨克斯坦	749.9919	122.4535	—	—	0.0654	0.2463	12.4597	—	2175.3175	0.0398	21.0571	0.0894	1321.802	154.7103
科威特	—	0.0241	—	—	—	—	—	—	—	0.0135	—	—	—	5.6108
吉尔吉斯斯坦	—	1.472	126.4273	—	0.4334	51.161	0.1368	41.8692	—	—	—	—	—	—
黎巴嫩	—	—	—	—	—	—	—	—	—	—	—	0.1571	—	2.0472
摩尔多瓦	—	—	—	—	—	—	—	—	—	—	—	3.0709	—	—
阿曼	231.9297	110.3204	—	—	—	—	—	—	—	0.0423	—	—	—	141.7811
巴基斯坦	77.2128	92.1029	4.5242	55.1692		20.618		34.6949	—	6.2168	—	33.5643	1030.536	292.3843
巴勒斯坦	—	—	—	—	—	—	—	—	—	—	—	—	—	—
卡塔尔	—	16.4381	—	—	—	—	—	0.0524	—	—	—	—	—	641.6982
沙特阿拉伯	—	347.915	—	—	—	13.1268	—	3.3186	—	18.9742	—	2.2722	—	1660.6167
叙利亚	—	—	—	—	—	—	—	—	—	—	—	—	—	3.0282
塔吉克斯坦	—	—	5476.3871	—	—	—	—	—	—	—	—	—	—	—
土耳其	453.0647	245.3577	—	6.6128	—	177.271	—	12.5434	—	25.5309	—	145.6085	4.9977	3589.9778
土库曼斯坦	—	—	—	—	—	—	—	—	—	—	—	—	—	—
乌克兰	314.1142	164.2449	—	12.5311	—	382.1724	—	464.5339	2091.1757	10.6764	0.1267	24.14	218.8919	565.0538
阿联酋	1.5758	143.618	—	28.0399	—	46.6359	—	46.1285	—	205.8513	—	78.0789	—	2562.5672
乌兹别克斯坦	—	1024.2518	—	0.8392	0.003	0.3581	—	0.1178	—		—	3.4168	—	5.65
也门	—	—	—	—	—	—	—	—	—	—	—	—	8.5975	—
合计	1865.5836	2502.021	5607.3386	104.4057	11.6017	792.8926	12.9342	633.4951	4266.5127	304.8337	24.0666	328.9715	2587.348	13712.5487

注：统计数据源于英国国防事务研究所查塔姆智库（Chatham House），2018年度，网址：https://resourcetrade.earth/data。

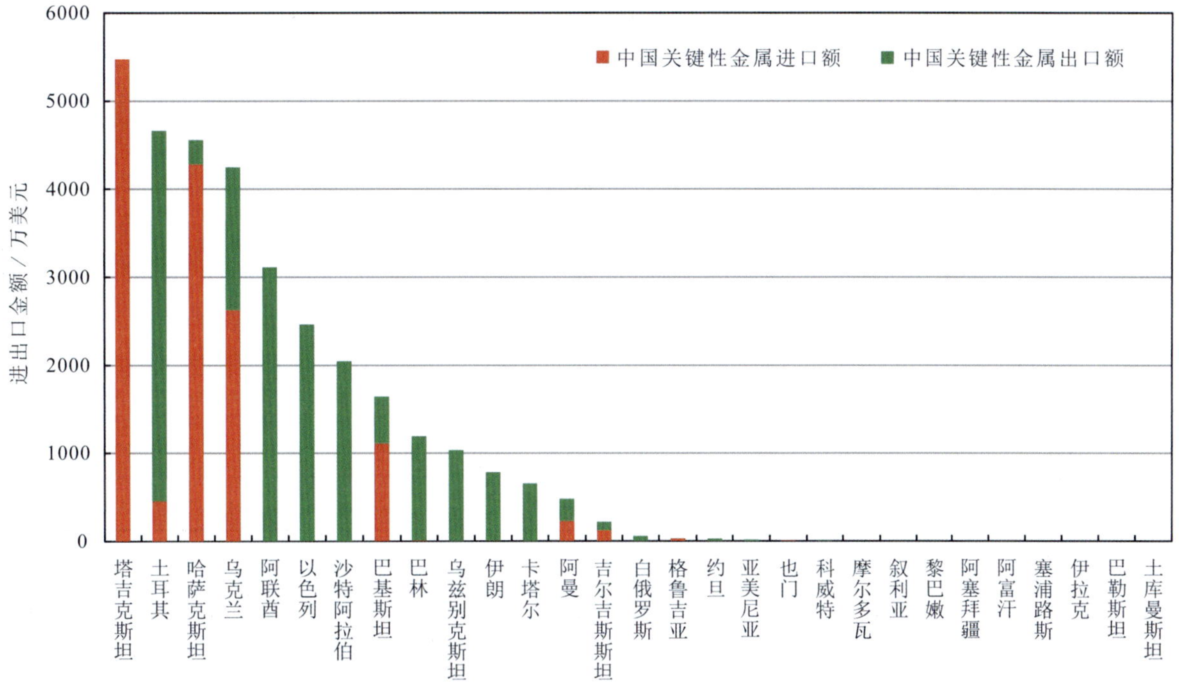

图 2–83　中国与丝路沿线29国关键性金属贸易额排序（2018年）

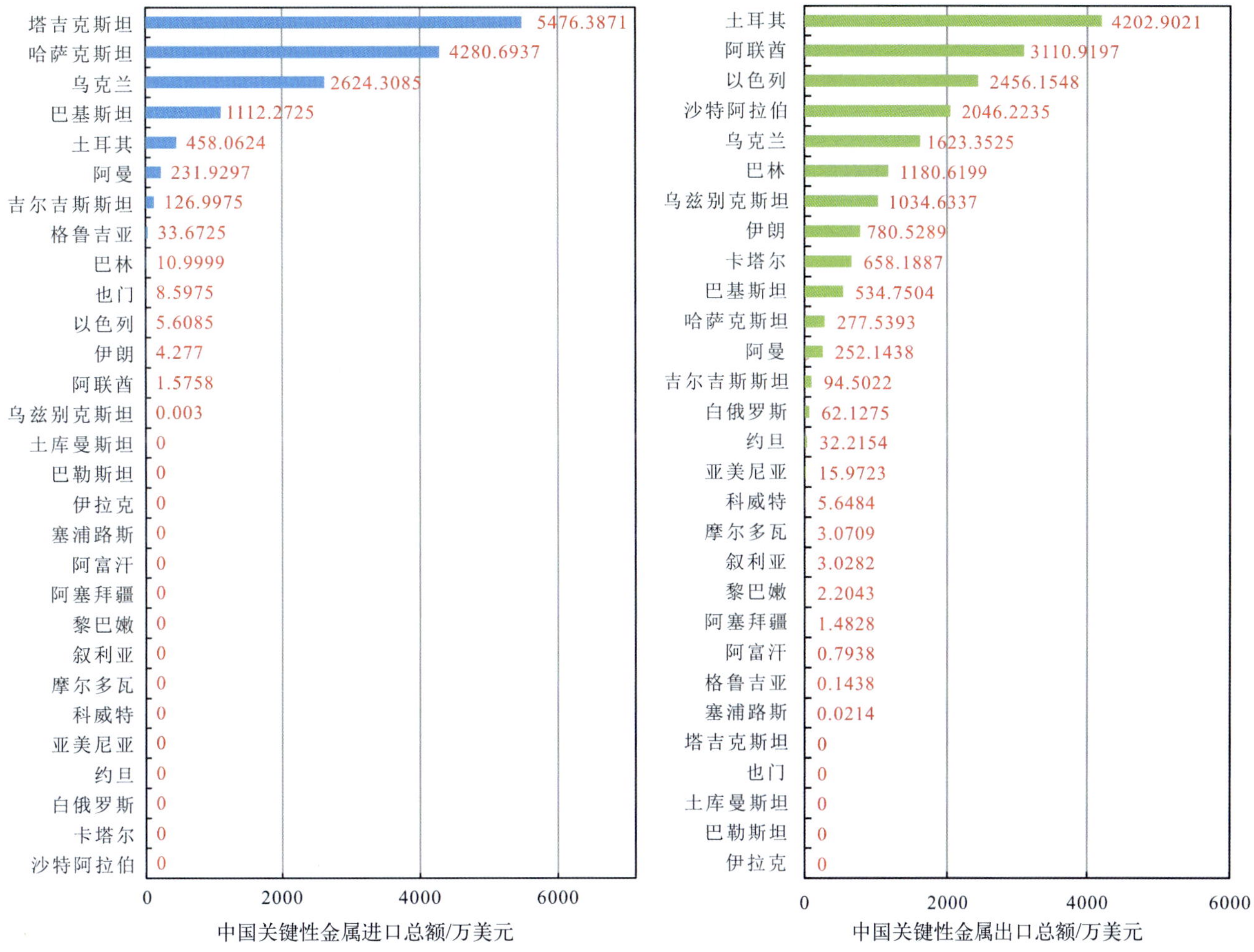

图 2–84　中国与丝路沿线29国关键性金属进出口总额排序（2018年）

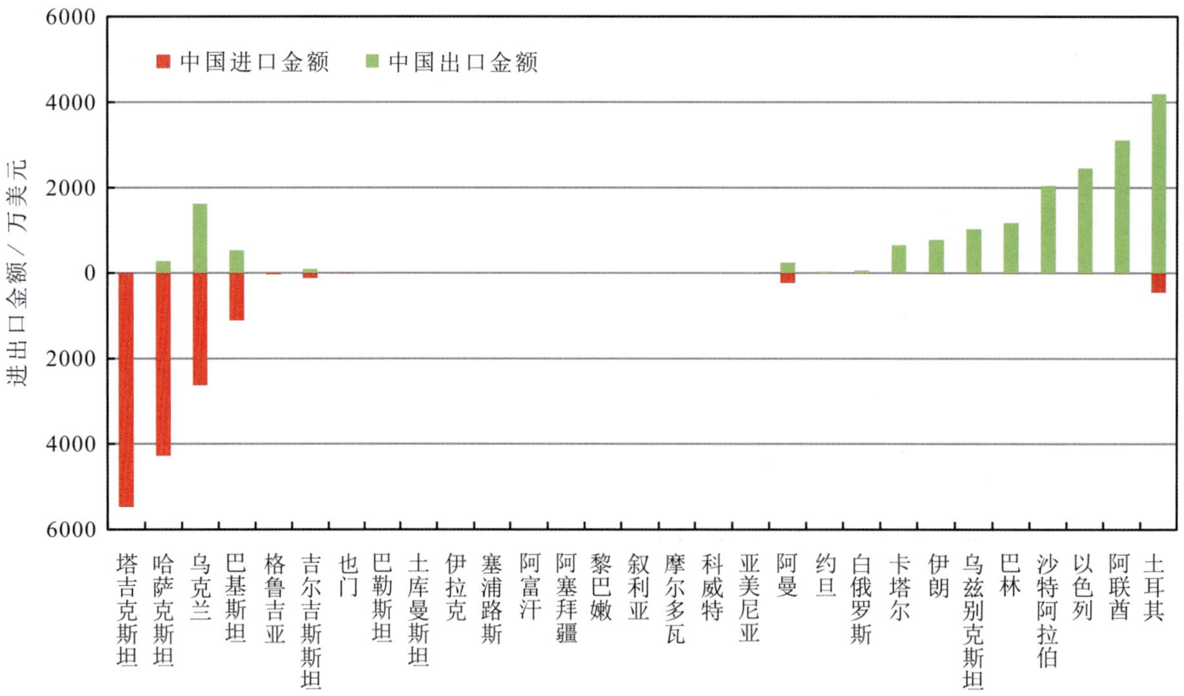

图2–85　中国与丝路沿线29国关键性金属进出口金额（2018年）

性金属产品更少，进口金额仅有214美元；塔吉克斯坦、也门、土库曼斯坦、巴勒斯坦、伊拉克等国由于没有收集到相关数据，排在最后（表2–16、表2–17、图2–83、图2–84、图2–85）。

总体而言，丝绸之路沿线29国中，塔吉克斯坦、哈萨克斯坦在与中国关键性金属产品贸易来源国中位居前列，净流入中国的关键性金属产品金额分别为5476.3871万美元、4003.1544万美元；乌克兰、巴基斯坦两国位居其后，净流入中国的关键性金属产品金额均大于500万美元；土耳其、阿联酋、以色列为中国关键性金属产品贸易前三大目标国，来自中国的关键性金属产品净流入金额分别为3744.8397万美元、3109.3439万美元、2450.5463万美元；沙特阿拉伯、巴林、乌兹别克斯坦等国位居其后，来自中国的关键性金属产品净流入金额均大于1000万美元；土库曼斯坦、巴勒斯坦、伊拉克等国由于没有收集到相关数据，中国与丝路沿线29国铬产品进出口净流量为0(表2–16、表2–17、图2–83、图2–84、图2–85)。

1.锰

2018年度，中国与丝绸之路沿线29国之间的锰产品贸易总额为4367.6046万美元，进口金额为1865.5836万美元，出口金额为2505.0210万美元（表2–17）。乌兹别克斯坦、哈萨克斯坦、土耳其为中国的前三大锰产品贸易国，贸易金额分别为1024.2518万美元、872.4454万美元、698.4224万美元，占锰产品贸易额的23.45%、19.98%、15.99%；乌克兰、沙特阿拉伯、阿曼、巴基斯坦、阿联酋等国位居其后，锰产品贸易金额均大于100万美元；巴林、伊朗、以色列等国具有一定的贸易份额，锰产品贸易金额均大于50万美元（表2–17、图2–86、图2–87）。

在锰产品进口方面，仅收集到中国从哈萨克斯坦、土耳其、乌克兰、阿曼、巴基斯坦、格鲁吉亚、伊朗、阿联酋等国进口的数据。其中，中国从哈萨克斯坦进口锰产品最多，进口金额为749.9919万美元，占锰产品进口总额的40.20%；土耳其、乌克兰、阿曼等国位居其后，中国从这些国家进口锰产品的金额均大于200万美元；中国从阿联酋、伊朗两国进口锰产品较少，进口金额分别为1.5758万美元、4.022万美元（表2–17、图2–86、图2–87）。

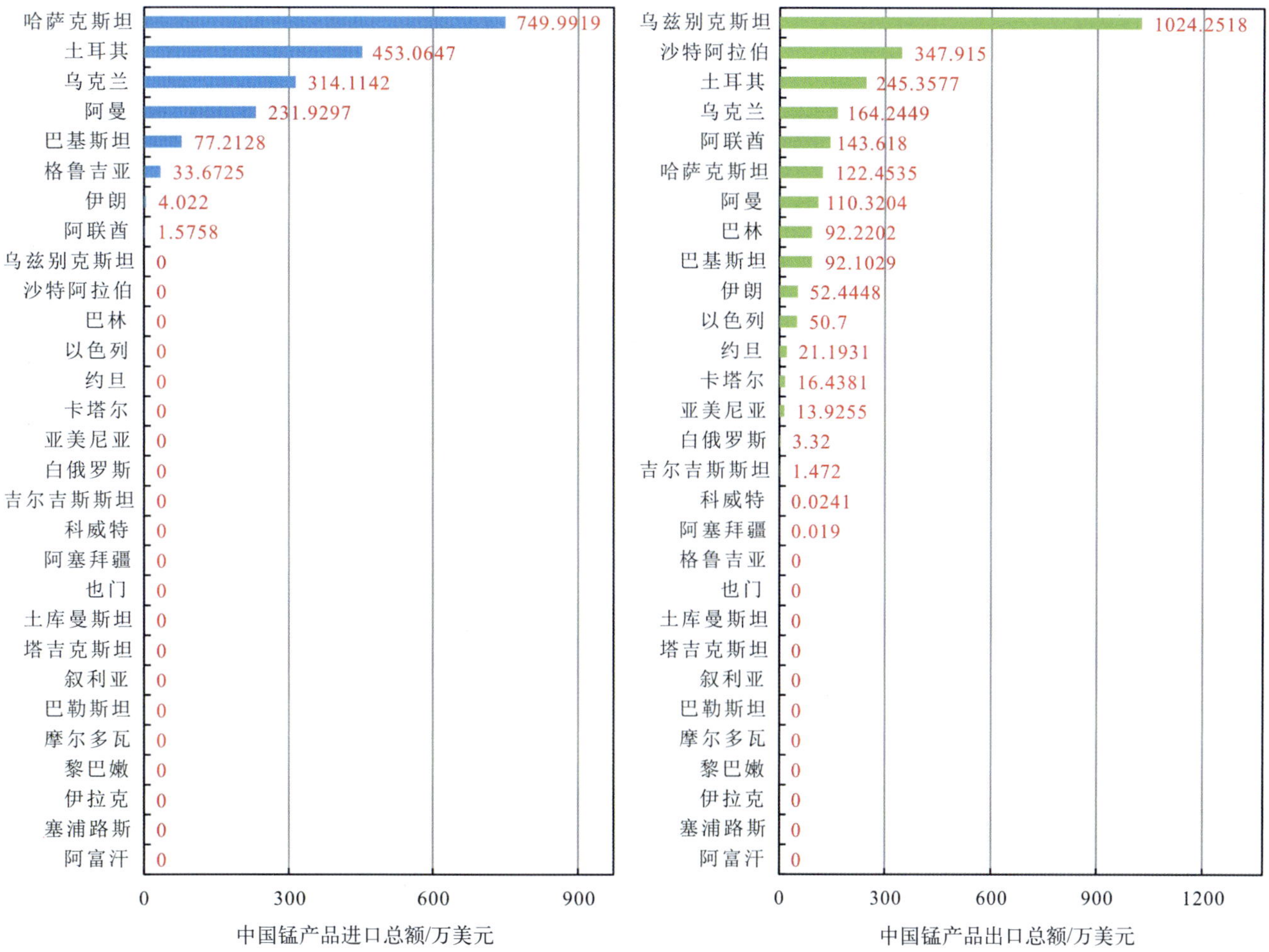

图 2–86 中国与丝路沿线29国锰产品进出口总额排序（2018年）

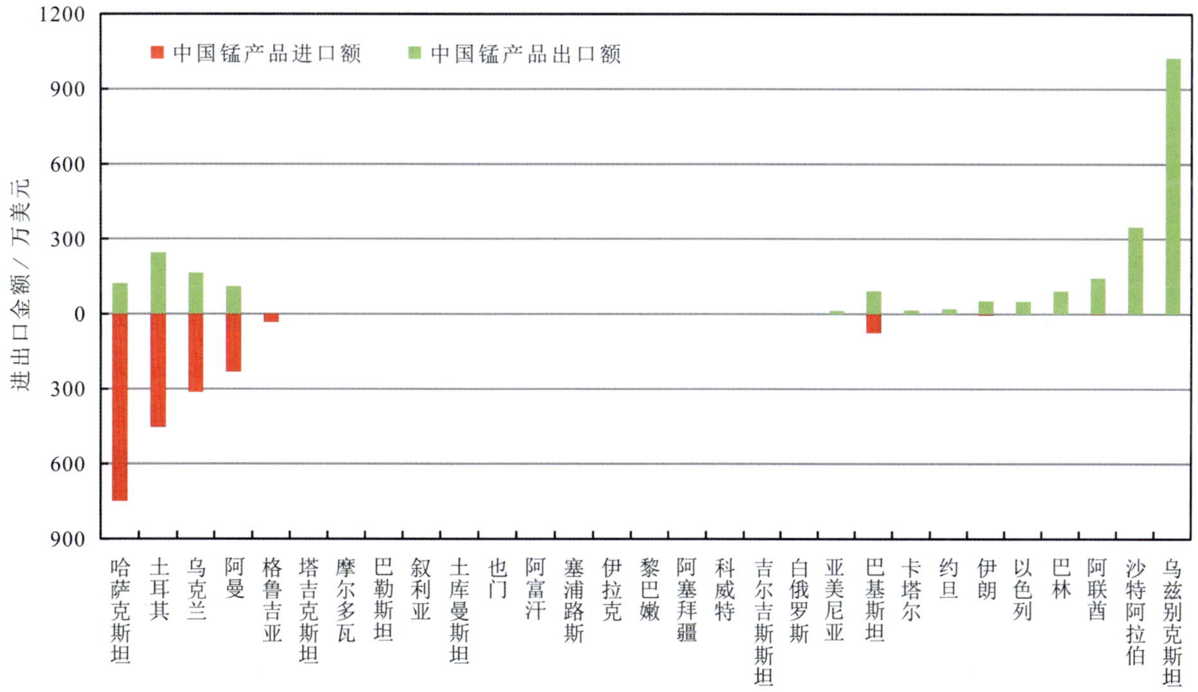

图 2–87 中国与丝路沿线29国锰产品进出口金额（2018年）

在锰产品出口方面，乌兹别克斯坦、沙特阿拉伯、土耳其为中国出口锰产品的前三大目标国，出口金额分别为1024.2518万美元、347.915万美元、245.3577万美元，占锰产品出口总额的40.94%、13.91%、9.81%；乌克兰、阿联酋、哈萨克斯坦、阿曼等国位居其后，中国向这些国家出口的锰产品金额均大于100万美元；中国向白俄罗斯、吉尔吉斯斯坦、科威特等国出口的锰产品较少，出口金额均不足5万美元；中国向阿塞拜疆出口的锰产品更少，出口金额仅为190美元；格鲁吉亚、也门、土库曼斯坦、塔吉克斯坦、叙利亚、巴勒斯坦、摩尔多瓦、黎巴嫩、伊拉克、塞浦路斯、阿富汗等国由于没有收集到相关数据，排在最后（表2–17、图2–86、图2–87）。

总体而言，丝绸之路沿线29国中，哈萨克斯坦是中国最大的锰产品贸易来源国，净流入中国的锰产品金额为627.5384万美元；土耳其、乌克兰、阿曼等国位居其后，净流入中国的锰产品金额均大于100万美元；乌兹别克斯坦是中国最大的锰产品贸易目标国，来自中国的锰产品净流入金额为1024.2518万美元；沙特阿拉伯、阿联酋、巴林等国位居其后，来自中国的锰产品净流入金额大于或接近100万美元；塔吉克斯坦、摩尔多瓦、巴勒斯坦、叙利亚、土库曼斯坦、也门、阿富汗、塞浦路斯、伊拉克、黎巴嫩等国由于没有收集到相关数据，锰产品进出口净流量为0(表2–17、图2–86、图2–87)。

2.锑

2018年度，中国与丝绸之路沿线29国之间的锑产品贸易总额为5711.7443万美元，进口金额为5607.3386万美元，出口金额为104.4057万美元（表2–17）。塔吉克斯坦是中国最大的锑产品贸易国，贸易金额高达5476.3871万美元，占锑产品贸易额的95.88%；吉尔吉斯斯坦、巴基斯坦两国位居其后，锑产品贸易金额均大于50万美元；巴基斯坦、阿联酋两国也具有一定的贸易份额，锑产品贸易金额均大于10万美元（表2–17、图2–88、图2–89）。

在锑产品进口方面，仅收集到中国从塔吉克斯坦、吉尔吉斯斯坦、巴基斯坦等国进口的数据。其中，中国从塔吉克斯坦进口锑产品的金额高达5476.3871万美元，占锑产品进口总额的97.66%；吉尔吉斯斯坦、巴基斯坦两国位居其后，锑产品进口金额分别为126.4273万美元、4.5242万美元（表2–17、图2–88、图2–89）。

在锑产品出口方面，仅收集到中国向黎巴嫩、伊拉克、塞浦路斯、阿富汗、格鲁吉亚、阿曼、哈萨克斯坦等国出口的数据。其中，黎巴嫩、伊拉克、塞浦路斯为中国出口锑产品的前三大目标国，出口金额分别为55.1692万美元、28.0399万美元、12.5311万美元，占锑产品出口总额的52.84%、26.86%、12.00%；阿富汗位居其后，中国向这些国家出口的锑产品金额为6.6128万美元；中国向格鲁吉亚、阿曼、哈萨克斯坦等国出口的锑产品较少，出口金额均不足1万美元（表2–17、图2–88、图2–89）。

总体而言，丝绸之路沿线29国中，塔吉克斯坦是中国最大的锑产品贸易来源国，净流入中国的锑产品金额为5476.3871万美元；吉尔吉斯斯坦位居其后，净流入中国的锑产品金额为126.4273万美元；巴基斯坦是中国最大的锑产品贸易目标国，来自中国的锑产品净流入金额为50.645万美元；阿联酋、乌克兰两国位居其后，来自中国的锑产品净流入金额均大于10万美元；哈萨克斯坦、阿曼、沙特阿拉伯等20个国家由于没有收集到相关数据，中国与丝路沿线29国锑产品进出口净流量为0(表2–17、图2–88、图2–89)。

3.钨

2018年度，中国与丝绸之路沿线29国之间的钨产品贸易总额为804.4943万美元，进口金额为11.6017万美元，出口金额为792.8926万美元（表2–17）。乌克兰、土耳其、以色列为中国的前三大钨产品贸易国，贸易金额分别为382.1724万美元、177.271万美元、74.2915万美元，占中国与丝路沿线29国钨产品贸易额

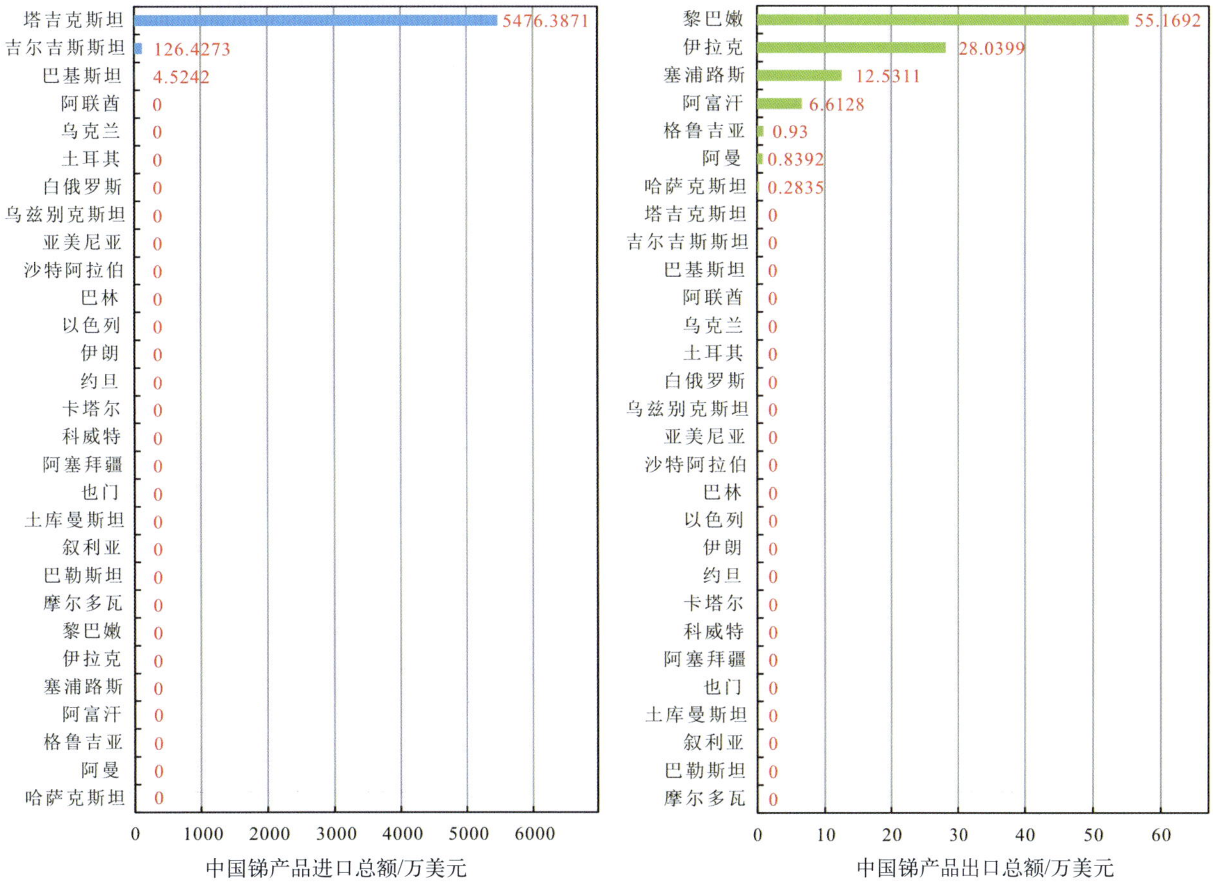

图 2–88　中国与丝路沿线29国锑产品进出口总额排序（2018年）

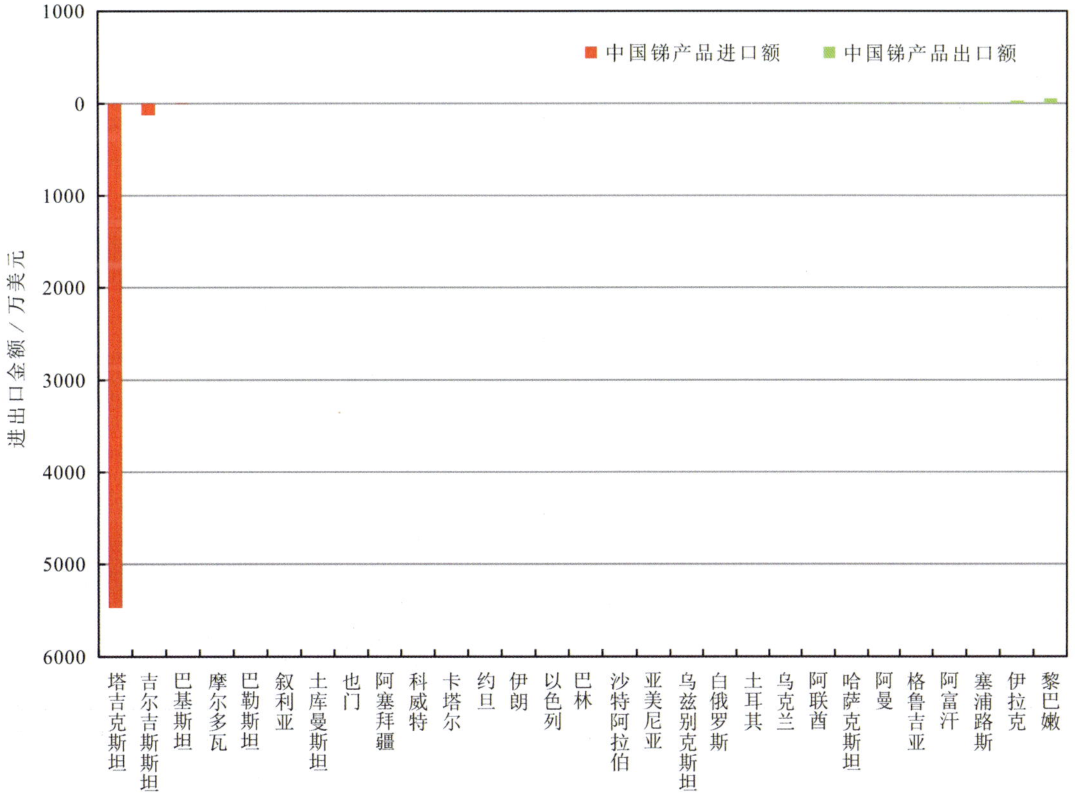

图 2–89　中国与丝路沿线29国锑产品进出口金额（2018年）

的47.50%、22.04%、9.23%；吉尔吉斯斯坦、阿联酋、伊朗、巴基斯坦、沙特阿拉伯、巴林等国位居其后，中国与这些国家之间的钨产品贸易金额均大于10万美元（表2–17、图2–90、图2–91）。

在钨产品进口方面，仅收集到中国从巴林、吉尔吉斯斯坦、以色列、哈萨克斯坦、乌兹别克斯坦等国进口的数据。其中，中国从巴林进口钨产品的金额为10.9999万美元，占中国与丝路沿线29国钨产品进口总额的94.81%；吉尔吉斯斯坦、以色列、哈萨克斯坦、乌兹别克斯坦等国位居其后，中国从这些国家进口的钨产品金额均小于1万美元（表2–17、图2–90、图2–91）。

在钨产品出口方面，乌克兰、土耳其、以色列为中国出口钨产品的前三大目标国，出口金额分别为382.1724万美元、177.271万美元、74.1905万美元，占钨产品出口总额的48.20%、22.36%、9.36%；吉尔吉斯斯坦、阿联酋、伊朗、巴基斯坦、沙特阿拉伯等国位居其后，中国向这些国家出口的钨产品金额均大于10万美元；中国向阿富汗、亚美尼亚、乌兹别克斯坦、哈萨克斯坦、巴林、约旦等国出口的钨产品较少，出口金额均不足1万美元；中国向格鲁吉亚出口的钨产品更少，出口金额仅为112美元；卡塔尔、科威特、阿塞拜疆、黎巴嫩、伊拉克、塞浦路斯、也门、土库曼斯坦、叙利亚、巴勒斯坦、摩尔多瓦、阿曼、塔吉克斯坦等国由于没有收集到相关数据，排在最后（表2–17、图2–90、图2–91）。

总体而言，丝绸之路沿线29国中，巴林是中国最大的钨产品贸易来源国，净流入中国的钨产品金额为10.8756万美元；乌克兰、土耳其、以色列为中国前三大钨产品贸易目标国，来自中国的钨产品净流入

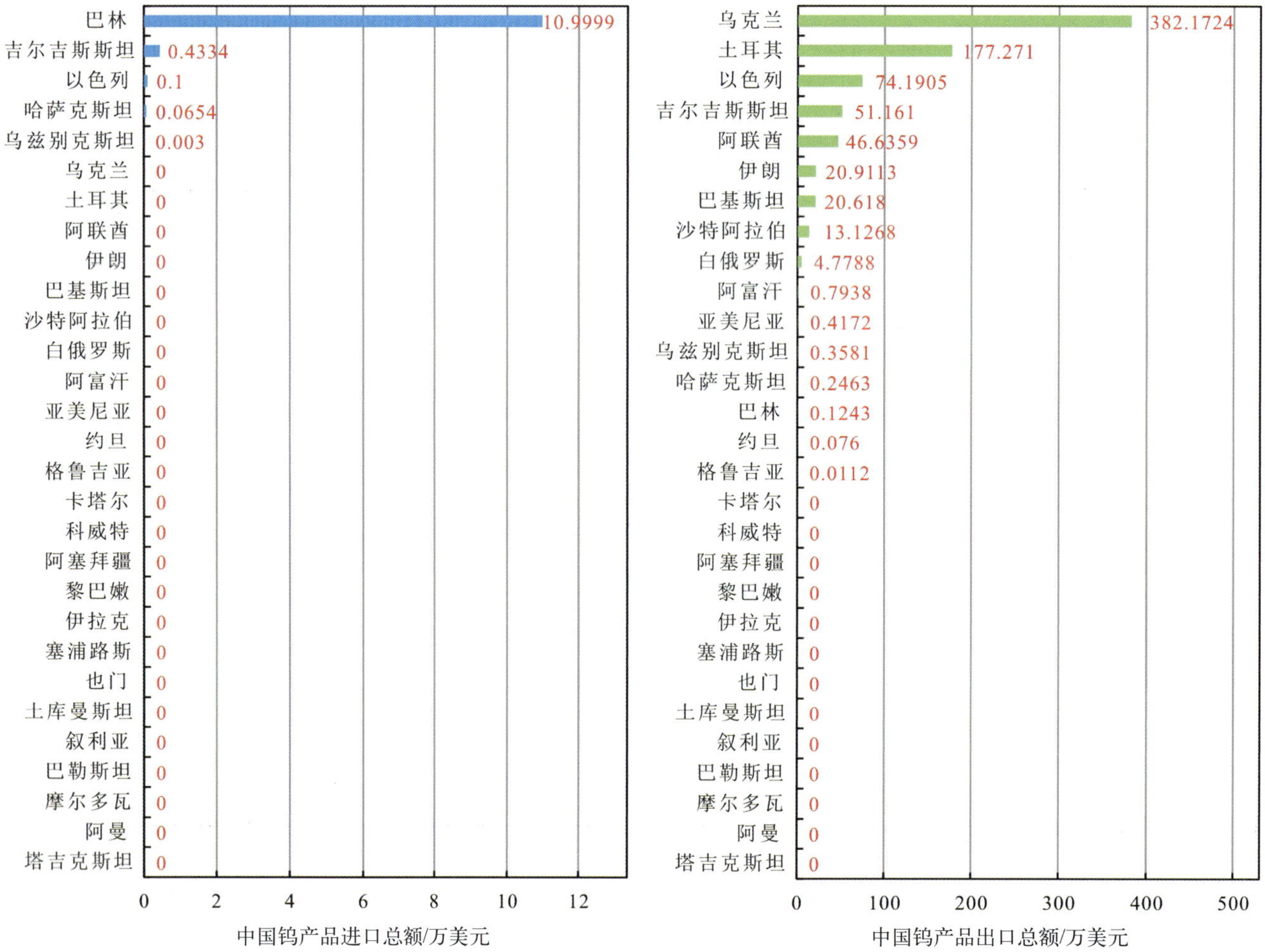

图 2–90　中国与丝路沿线29国钨产品进出口总额排序（2018年）

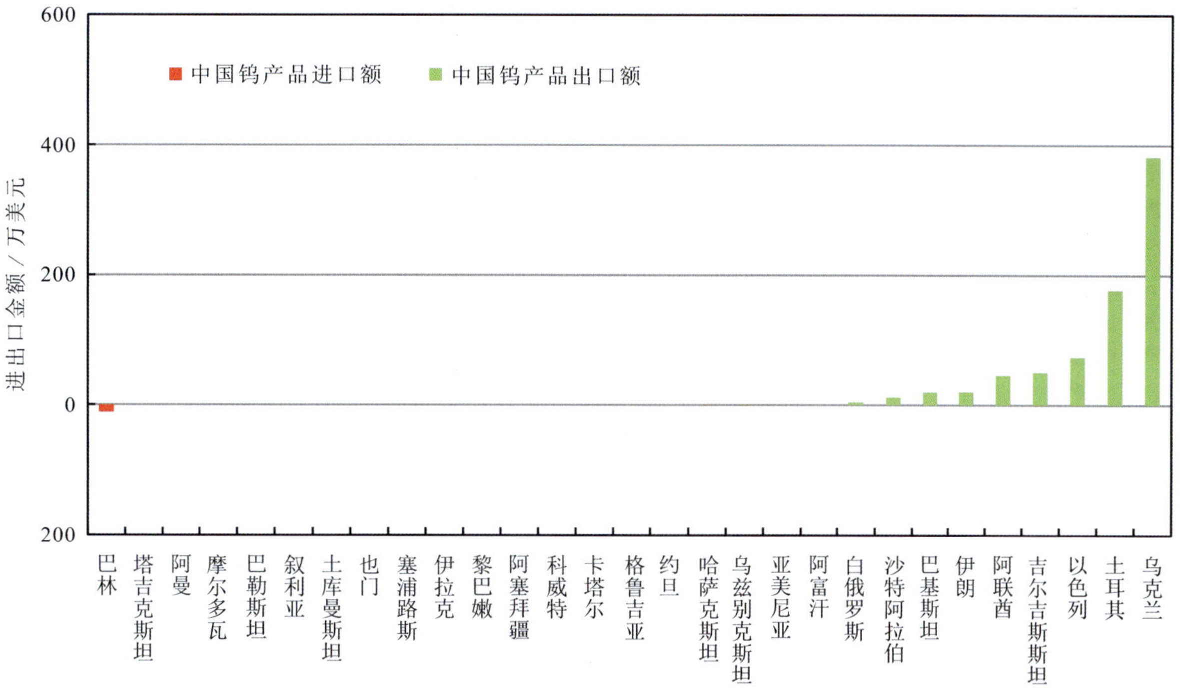

图 2–91　中国与丝路沿线29国钨产品进出口金额（2018年）

金额分别为382.1724万美元、177.271万美元、74.0905万美元；吉尔吉斯斯坦、阿联酋两国位居其后，来自中国的钨产品净流入金额大约50万美元；卡塔尔、科威特、塔吉克斯坦等13个国家由于没有收集到相关数据，中国与丝路沿线29国钨产品进出口净流量为0(表2–17、图2–90、图2–91)。

4.钼

2018年度，中国与丝绸之路沿线29国之间的钼产品贸易总额为646.4293万美元，进口金额为12.9342万美元，出口金额为633.4951万美元（表2–17）。乌克兰是中国最大的钼产品贸易国，贸易金额为464.5339万美元，占钼产品贸易额的71.86%；阿联酋、吉尔吉斯斯坦、巴基斯坦、以色列、土耳其、哈萨克斯坦等国位居其后，钼产品贸易金额均大于10万美元；伊朗、沙特阿拉伯、巴林、白俄罗斯、亚美尼亚等国也具有一定的贸易份额，钼产品贸易金额均大于1万美元（表2–17、图2–92、图2–93）。

在钼产品进口方面，仅收集到中国从哈萨克斯坦、伊朗、吉尔吉斯斯坦、以色列等国进口的数据。其中，中国从哈萨克斯坦进口的钼产品金额为12.4597万美元，占中国与丝路沿线29国钼产品进口总额的96.33%；伊朗、吉尔吉斯斯坦、以色列等国位居其后，中国从这些国家进口的钼产品金额均不足1万美元(表2–17、图2–92、图2–93)。

在钼产品出口方面，乌克兰为中国出口镍产品的最大目标国，出口金额分别为464.5339万美元，占钼产品出口总额的73.33%；阿联酋、吉尔吉斯斯坦、巴基斯坦、以色列、土耳其等国位居其后，中国向这些国家出口的钼产品金额均大于10万美元；中国向约旦、乌兹别克斯坦、卡塔尔等国出口的钼产品较少，出口金额均不足1万美元；中国向格鲁吉亚出口的镍产品更少，出口金额仅为154美元；哈萨克斯坦、阿富汗、塔吉克斯坦等14个国家由于没有收集到相关数据，排在最后（表2–17、图2–92、图2–93）。

总体而言，丝绸之路沿线29国中，哈萨克斯坦是中国最大的钼产品贸易来源国，净流入中国的钼产品金额为12.4597万美元；乌克兰是中国最大的钼产品贸易目标国，来自中国的钼产品净流入金额为

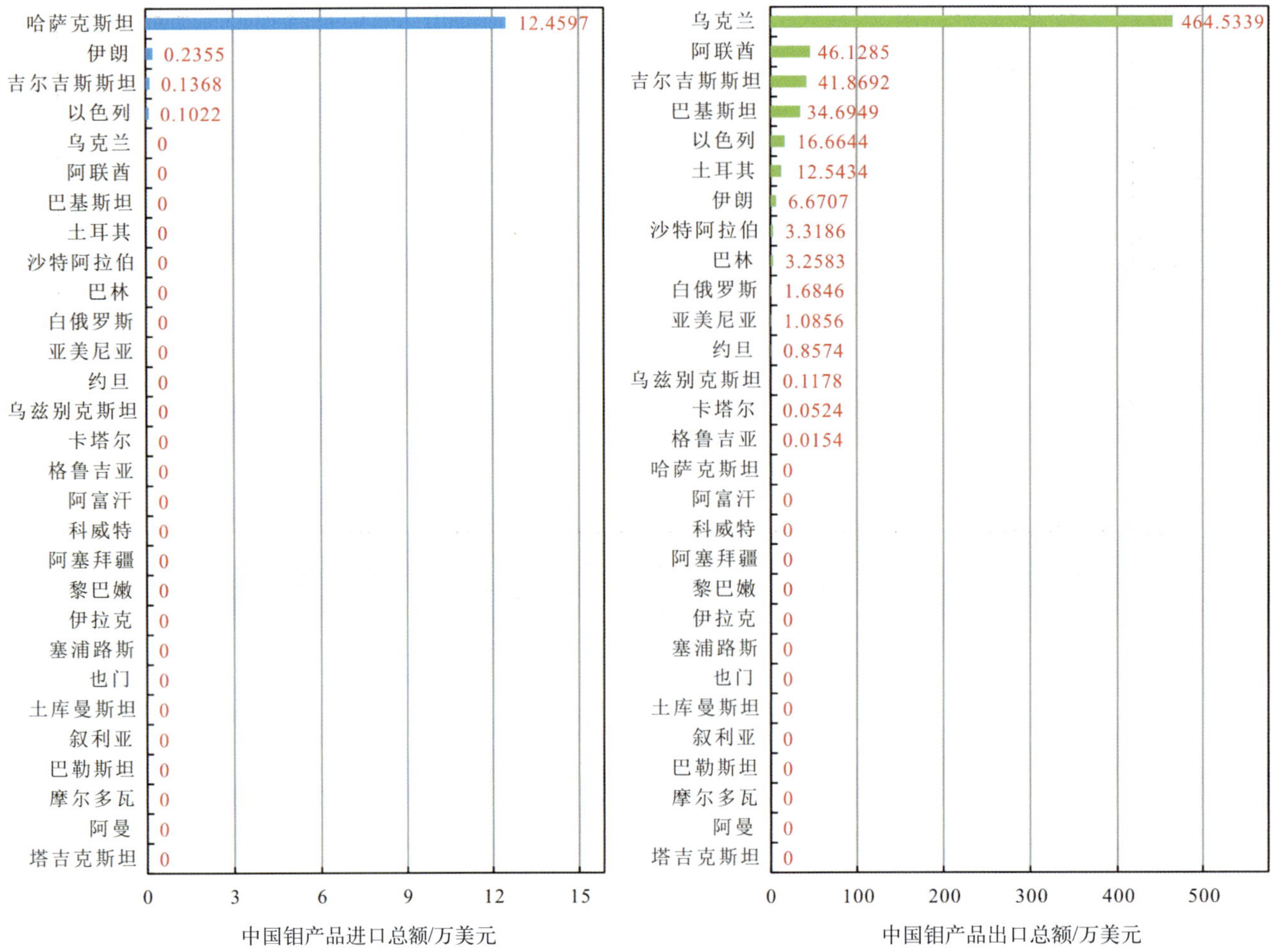

图 2–92　中国与丝路沿线29国钼产品进出口总额排序（2018年）

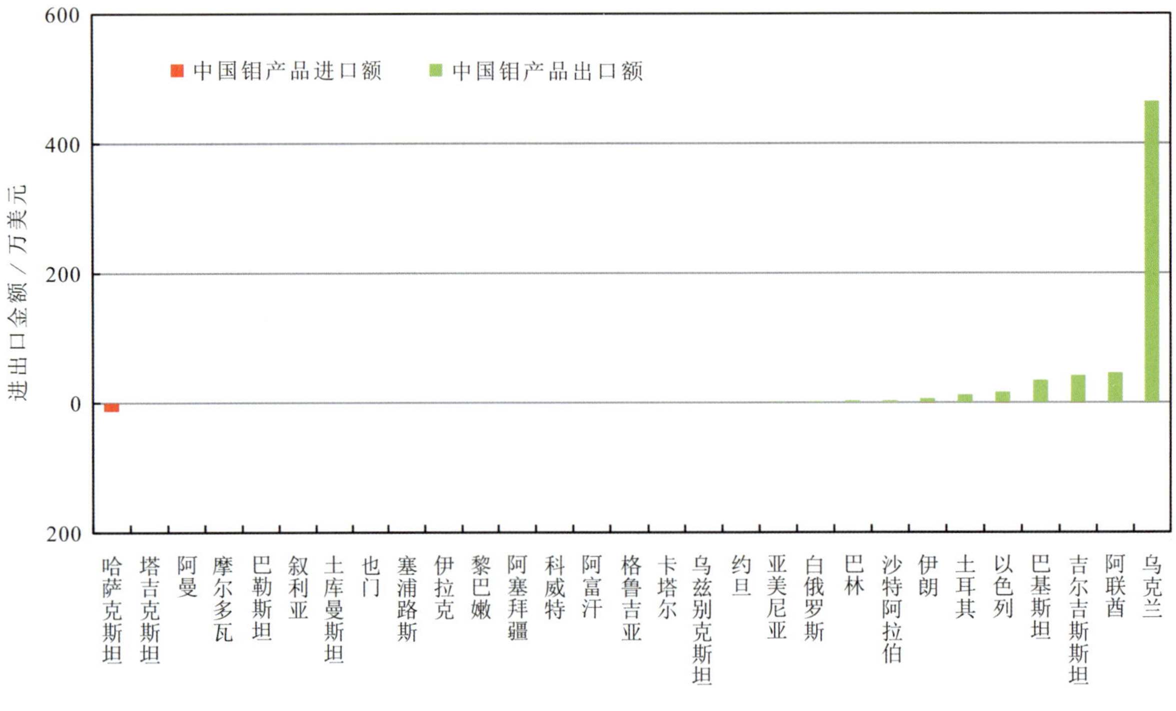

图 2–93　中国与丝路沿线29国钼产品进出口金额（2018年）

464.5339万美元；阿联酋、吉尔吉斯斯坦、巴基斯坦、以色列、土耳其等国位居其后，来自中国的钼产品净流入金额均大于10万美元；塔吉克斯坦、阿曼、阿富汗等13个国家由于没有收集到相关数据，中国与丝路沿线29国钼产品进出口净流量为0(表2–17、图2–92、图2–93)。

5.钛

2018年度，中国与丝绸之路沿线29国之间的钛产品贸易总额为4571.3464万美元，进口金额为4266.5127万美元，出口金额为304.8337万美元（表2–17）。哈萨克斯坦、乌克兰、阿联酋为中国的前三大钛产品贸易国，贸易金额分别为2175.3573万美元、2101.8521万美元、205.8513万美元，占中国与丝路沿线29国钛产品贸易额的47.59%、45.98%、4.50%；巴林、土耳其、沙特阿拉伯等国位居其后，钛产品贸易金额均大于10万美元（表2–17、图2–94、图2–95）。

在钛产品进口方面，仅收集到中国从哈萨克斯坦、乌克兰、伊朗等国进口的数据。其中，中国从哈萨克斯坦、乌克兰两国进口钛产品的金额分别为2175.3175万美元、2091.1757万美元，占中国与丝路沿线29国钛产品进口总额的50.99%、49.01%；中国从伊朗进口少量钛产品，进口金额仅有195美元（表2–17、图2–94、图2–95）。

在钛产品出口方面，阿联酋、巴林、土耳其为中国出口钛产品的前三大目标国，出口金额分别为205.8513万美元、33.7713万美元、25.5309万美元，占钛产品出口总额的67.53%、11.08%、8.38%；沙特

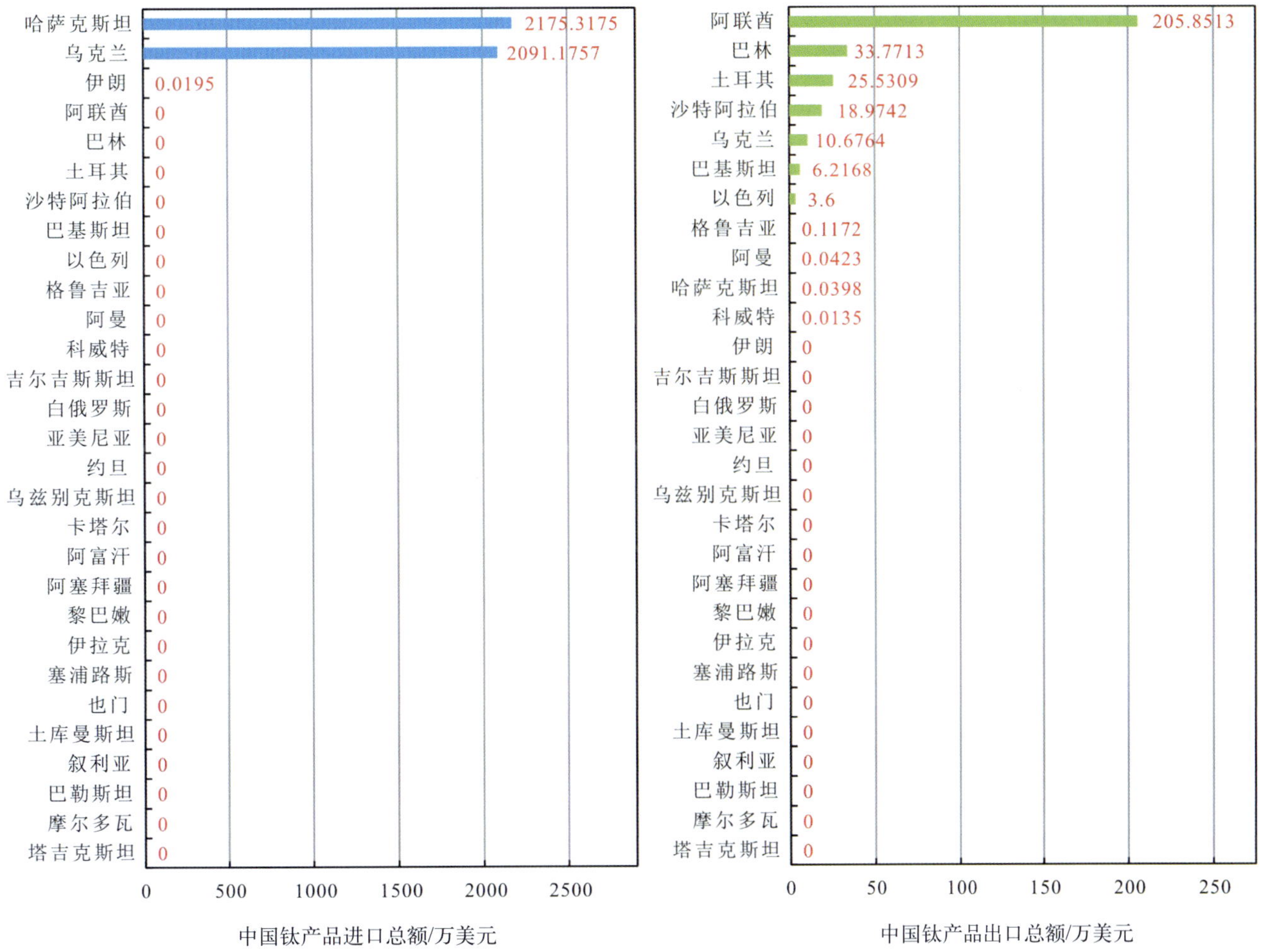

图 2–94　中国与丝路沿线29国钛产品进出口总额排序（2018年）

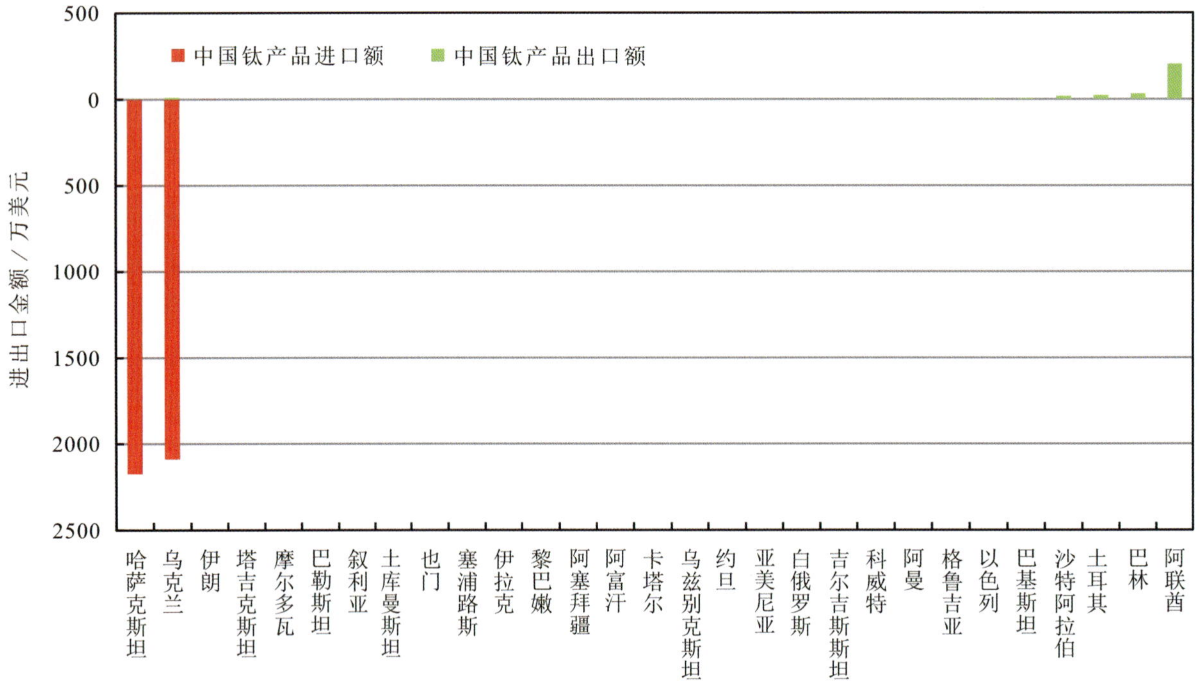

图 2–95　中国与丝路沿线29国钛产品进出口金额（2018年）

阿拉伯、乌克兰两国位居其后，中国向这些国家出口的钛产品金额均大于10万美元；中国向格鲁吉亚、阿曼、哈萨克斯坦等国出口的钛产品较少，出口金额均不足1万美元；中国向科威特出口的钛产品更少，出口金额仅为135美元；伊朗、吉尔吉斯斯坦、塔吉克斯坦等18个国家由于没有收集到相关数据，排在最后（表2–17、图2–94、图2–95）。

总体而言，丝绸之路沿线29国中，哈萨克斯坦、乌克兰是中国钛产品贸易最大的来源国，净流入中国的钛产品金额分别为2175.3175万美元、2091.1757万美元；阿联酋是中国钛产品贸易最大的目标国，来自中国的钛产品净流入金额为205.8513万美元；巴林、土耳其、沙特阿拉伯等国位居其后，来自中国的钛产品净流入金额均大于10万美元；塔吉克斯坦、摩尔多瓦、吉尔吉斯斯坦等17个国家由于没有收集到相关数据，镍产品进出口净流量为0(表2–17、图2–94、图2–95)。

6.稀土

2018年度，中国与丝绸之路沿线29国之间的稀土产品贸易总额为353.0381万美元，进口金额为24.0666万美元，出口金额为328.9715万美元（表2–17）。土耳其、阿联酋、巴基斯坦为中国的前三大稀土产品贸易国，贸易金额分别为145.6085万美元、78.0789万美元、33.5643万美元，占稀土产品贸易额的41.24%、22.12%、9.51%；以色列、乌克兰、哈萨克斯坦、伊朗等国位居其后，稀土产品贸易金额均大于10万美元（表2–17、图2–96、图2–97）。

在稀土产品进口方面，仅收集到中国从哈萨克斯坦、以色列、乌克兰等国进口的数据，其中，中国从哈萨克斯坦进口的稀土产品金额为21.0571万美元，占稀土产品进口总额的87.50%；中国从以色列、乌克兰两国进口少量稀土产品，进口金额分别为2.8828万美元、1267美元（表2–17、图2–96、图2–97）。

在稀土产品出口方面，土耳其、阿联酋、巴基斯坦为中国出口稀土产品的前三大目标国，出口金额分别为145.6085万美元、78.0789万美元、33.5643万美元，占稀土产品出口总额的44.26%、23.73%、

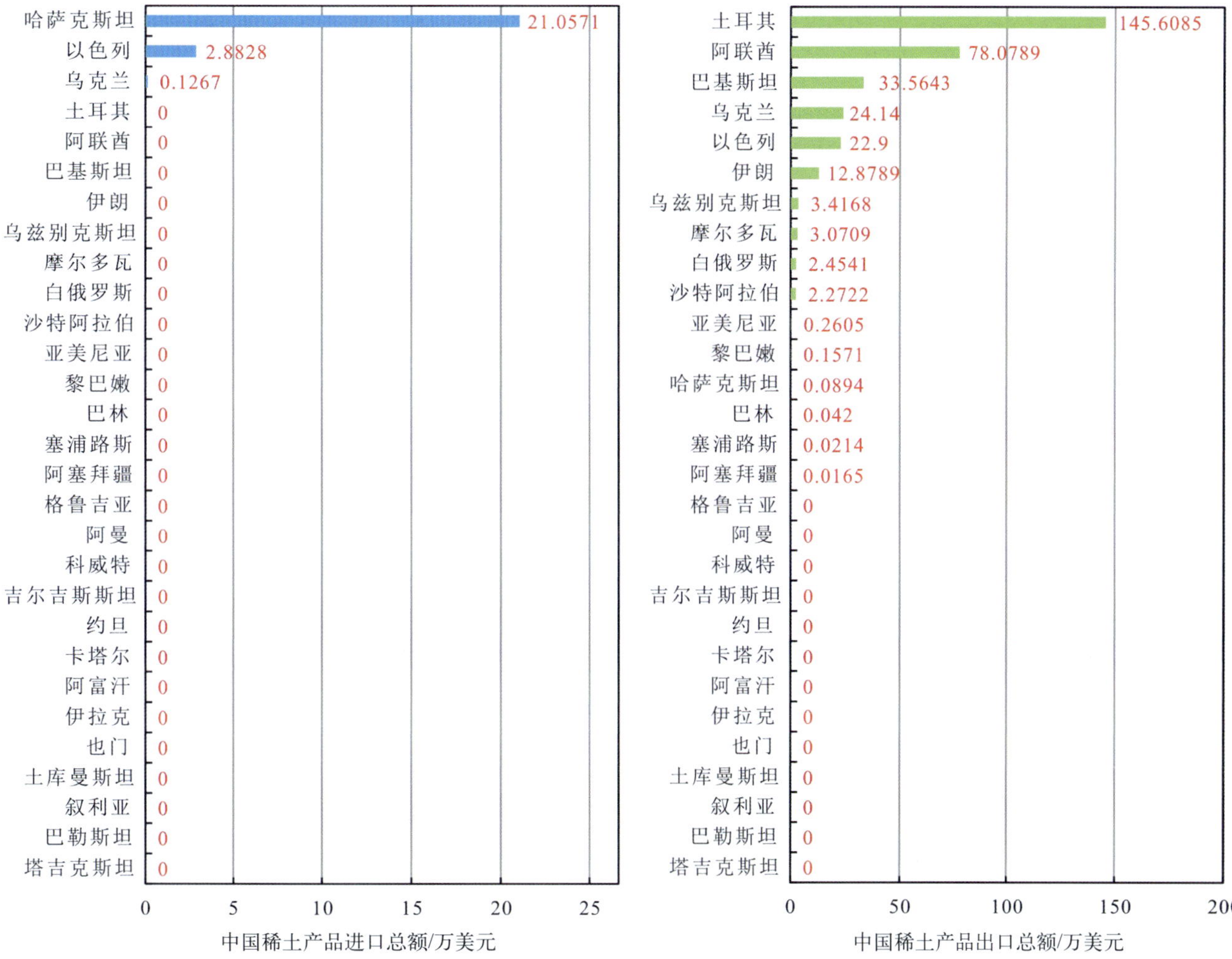

图 2–96　中国与丝路沿线29国稀土产品进出口总额排序（2018年）

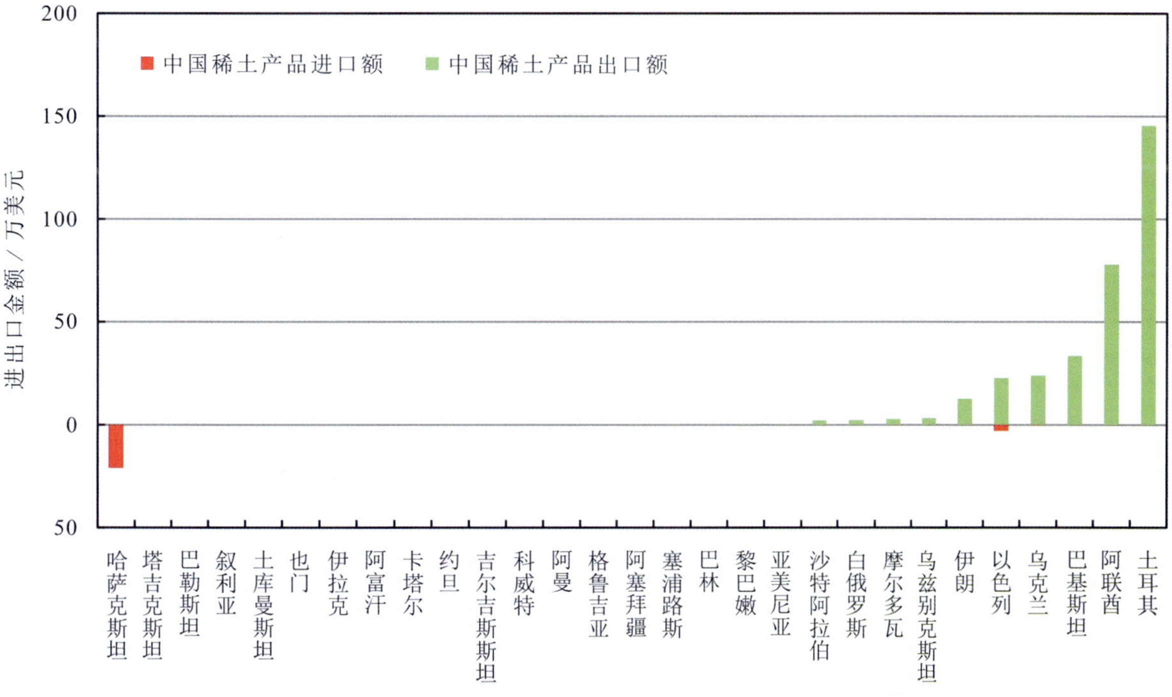

图 2–97　中国与丝路沿线29国稀土产品进出口金额（2018年）

10.20%；乌克兰、以色列、伊朗等国位居其后，中国向这些国家出口的稀土产品金额均大于10万美元；中国向亚美尼亚、黎巴嫩、哈萨克斯坦、巴林、塞浦路斯等国出口的稀土产品较少，出口金额均不足1万美元；中国向阿塞拜疆出口的稀土产品更少，出口金额仅为165美元；格鲁吉亚、阿曼、塔吉克斯坦等13个国家由于没有收集到相关数据，排在最后（表2–17、图2–96、图2–97）。

总体而言，丝绸之路沿线29国中，哈萨克斯坦是中国最大的稀土产品贸易来源国，净流入中国的稀土产品金额为20.9677万美元；土耳其、阿联酋、巴基斯坦为中国前三大稀土产品贸易目标国，来自中国的稀土产品净流入金额分别为145.6085万美元、78.0789万美元、33.5643万美元；乌克兰、以色列、伊朗等国位居其后，来自中国的稀土产品净流入金额均大于10万美元；塔吉克斯坦、巴勒斯坦、格鲁吉亚等13个国家由于没有收集到相关数据，中国与丝路沿线29国稀土产品进出口净流量为0(表2–17、图2–96、图2–97)。

六、工业矿物

查塔姆智库（Chatham House）2018年度统计数据显示：中国与丝绸之路沿线29国之间的工业矿物（石材、石英岩、砂砾石、矿渣和矿灰、黏土、石灰、石膏、水泥等）贸易总额为237475.8603万美元，进口总额为207838.6528万美元，出口总额为29637.2075万美元（表2–18）。土耳其、伊朗、阿联酋为中国的工业矿物前三大贸易国，贸易金额分别为100780.1745万美元、34095.411万美元、34082.9128万美元，分别占中国与丝路沿线29国工业矿物贸易总额的42.44%、14.36%、14.35%；沙特阿拉伯、卡塔尔两国位居其后，中国与这两国之间的工业矿物贸易金额大于1亿美元；土库曼斯坦、巴基斯坦两国与中国具有一定的贸易份额，贸易金额均大于5000万美元（表2–18、图2–98、图2–99、图2–100）。

表 2–18　中国与丝路沿线 29 国工业矿物进出口金额统计

单位：万美元

国家	贸易总额	排序	进口额	排序	出口额	排序
阿富汗	120.1824	21	34.4167	19	85.7657	22
亚美尼亚	20.8365	28	0.908	25	19.9285	28
阿塞拜疆	97.1315	23	1.9761	24	95.1554	21
巴林	2130.2758	10	1336.7337	9	793.5421	10
白俄罗斯	118.3005	22	2.9961	22	115.3044	20
塞浦路斯	195.9471	20	36.1914	18	159.7557	19
格鲁吉亚	61.3464	24	0.1641	28	61.1823	23
伊朗	34095.411	2	29505.484	2	4589.927	3
伊拉克	27.4113	26	0.6352	26	26.7761	26
以色列	1175.1672	12	550.1614	11	625.0058	11
约旦	388.1097	15	78.6772	14	309.4325	14
哈萨克斯坦	2239.6035	9	888.9294	10	1350.6741	7
科威特	3881.7731	8	2786.0315	8	1095.7416	9
吉尔吉斯斯坦	257.9385	17	16.72	21	241.2185	16
黎巴嫩	230.2492	18	48.7223	16	181.5269	17
摩尔多瓦	8.4864	29	—	29	8.4864	29
阿曼	975.8327	13	515.1408	12	460.6919	13

续表

国家	贸易总额	排序	进口额	排序	出口额	排序
巴基斯坦	6289.9449	7	4848.6003	7	1441.3446	6
巴勒斯坦	205.8657	19	44.7429	17	161.1228	18
卡塔尔	16612.25	5	14850.8548	5	1761.3952	5
沙特阿拉伯	24079.8768	4	21475.6985	4	2604.1783	4
叙利亚	49.6686	25	2.7092	23	46.9594	24
塔吉克斯坦	285.248	16	34.3264	20	250.9216	15
土耳其	100780.1745	1	95426.2703	1	5353.9042	2
土库曼斯坦	6836.363	6	6795.6454	6	40.7176	25
乌克兰	1596.5624	11	381.1852	13	1215.3772	8
阿联酋	34082.9128	3	28105.7955	3	5977.1173	1
乌兹别克斯坦	607.6896	14	68.4449	15	539.2447	12
也门	25.3012	27	0.4915	27	24.8097	27
合计	237475.8603	—	207838.6528	—	29637.2075	—

注：统计数据源于英国国防事务研究所查塔姆智库（Chatham House），2018年度，网址：https://resourcetrade.earth/data。

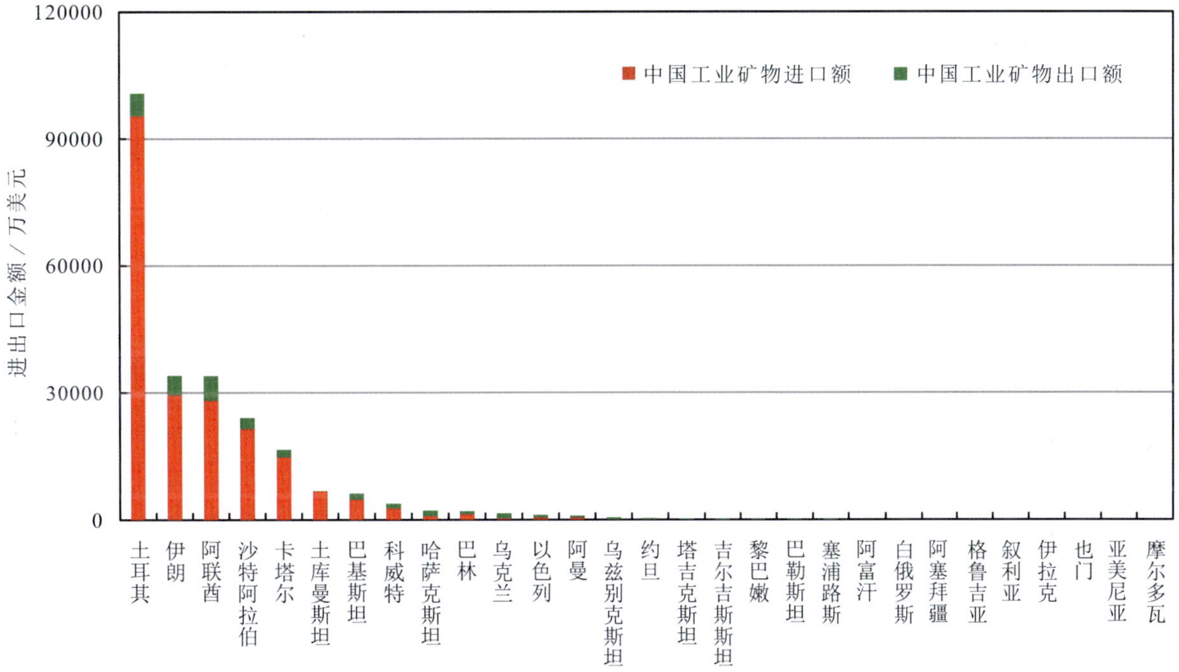

图 2–98　中国与丝路沿线29国工业矿物进出口金额排序（2018年）

在工业矿物进口方面，土耳其、伊朗、阿联酋是中国进口工业矿物的前三大来源国，进口金额分别为95426.2703万美元、29505.484万美元、28105.7955万美元，分别占中国与丝路沿线29国工业矿物进口总额的45.91%、14.20%、13.52%；沙特阿拉伯、卡塔尔两国位居其后，中国从这两国进口的工业矿物金额

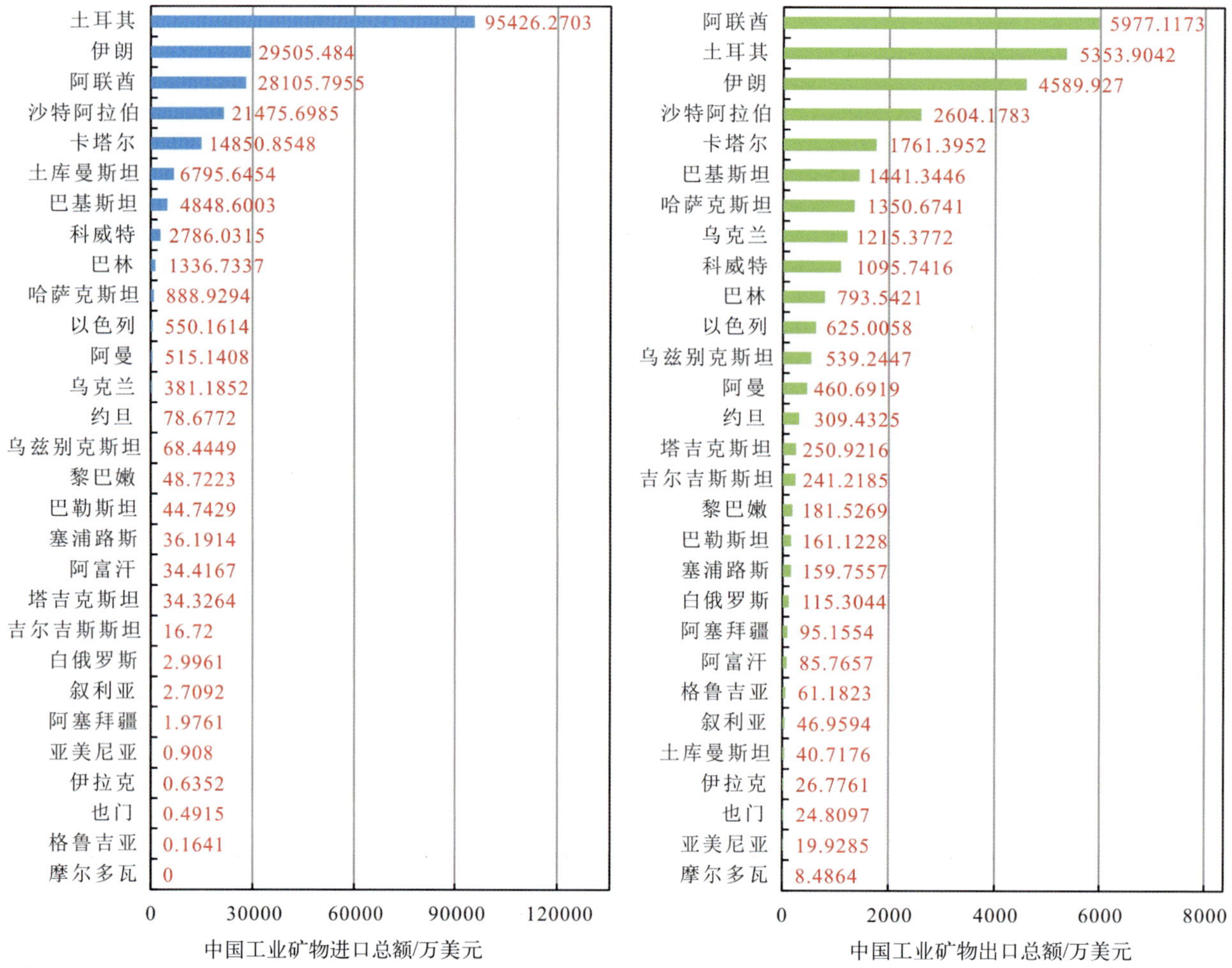

图2–99　中国与丝路沿线29国工业矿物进出口总额排序（2018年）

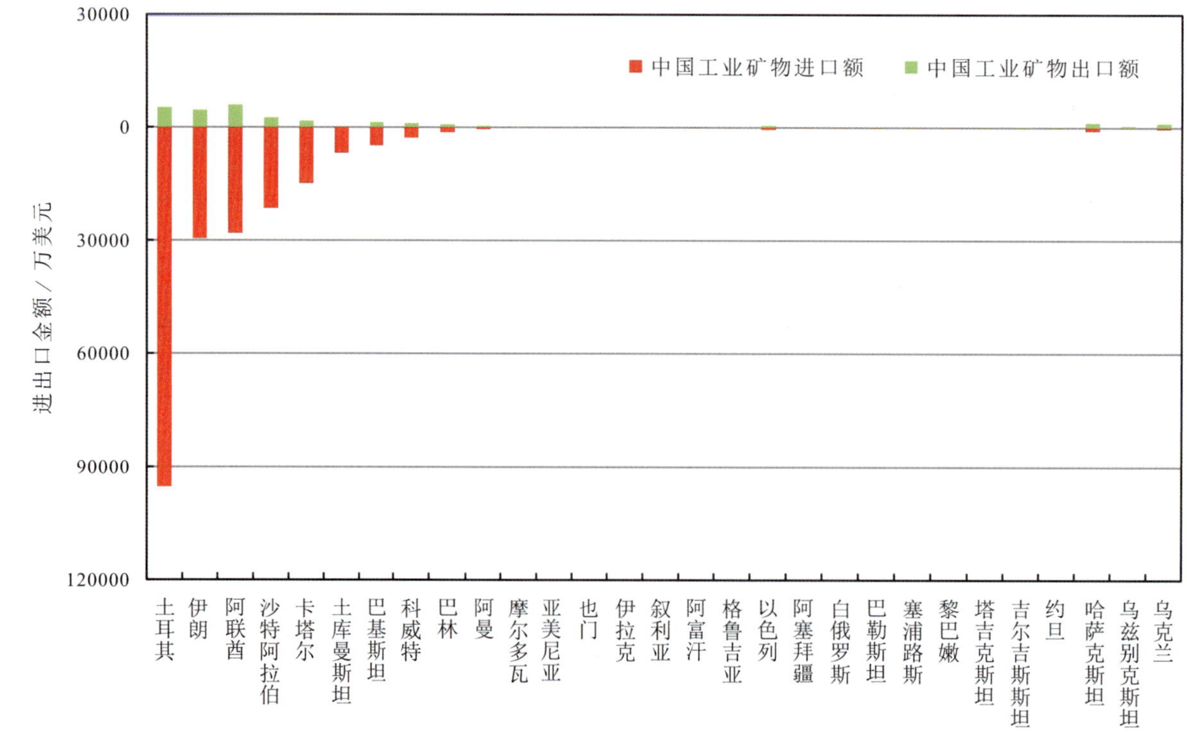

图2–100　中国与丝路沿线29国工业矿物进出口金额（2018年）

均大于1亿美元；中国从白俄罗斯、叙利亚、阿塞拜疆等国进口的工业矿物较少，进口金额不足5万美元；中国从亚美尼亚、伊拉克、也门、格鲁吉亚等国进口的铁矿/钢铁产品更少，进口金额不足1万美元；摩尔多瓦由于没有收集到相关数据，排在最后（表2–18、图2–98、图2–99、图2–100）。

在工业矿物出口方面，阿联酋、土耳其、伊朗是中国出口工业矿物的前三大目标国，出口金额分别为5977.1173万美元、5353.9042万美元、4589.927万美元，分别占中国与丝路沿线29国工业矿物出口总额的20.17%、18.06%、15.49%；沙特阿拉伯、卡塔尔、巴基斯坦、哈萨克斯坦、乌克兰、科威特等国位居其后，中国向这些国家出口的工业矿物金额均大于1000万美元；中国向叙利亚、土库曼斯坦、伊拉克、也门、亚美尼亚等国出口的工业矿物较少，出口金额均不足50万美元；中国向摩尔多瓦出口的工业矿物更少，出口金额仅为8.4864万美元（表2–18、图2–98、图2–99、图2–100）。

总体而言，丝绸之路沿线29国中，土耳其、伊朗、阿联酋为中国工业矿物贸易前三大来源国，净流入中国的工业矿物金额分别为90072.3661万美元、24915.557万美元、22128.6782万美元；沙特阿拉伯、卡塔尔两国位居其后，净流入中国的工业矿物金额均大于1亿美元；乌克兰、乌兹别克斯坦、哈萨克斯坦是中国工业矿物贸易前三大目标国，来自中国的工业矿物净流入金额分别为834.192万美元、470.7998万美元、461.7447万美元；约旦、吉尔吉斯斯坦、塔吉克斯坦、黎巴嫩、塞浦路斯、巴勒斯坦、白俄罗斯等国位居其后，来自中国的工业矿物净流入金额均大于100万美元（表2–18、图2–98、图2–99、图2–100）。

第三节　中国与丝路沿线29国经贸与对外直接投资

一、经贸概况

按照2018年度进出口贸易额计算，中国与丝绸之路沿线29国的进出口贸易总额为3512.2971亿美元（表2–19）。其中，沙特阿拉伯、阿联酋、伊朗是中国的前三大贸易伙伴，贸易金额分别为633.35亿美元、459.28亿美元、351.3亿美元；伊拉克、阿曼、土耳其、哈萨克斯坦、巴基斯坦、科威特、以色列、卡塔尔等国位居其后，中国与这些国家之间的贸易金额均超过100亿美元；中国与阿塞拜疆、塞浦路斯、阿富汗、亚美尼亚、摩尔多瓦等国之间的贸易较少，贸易金额均不足10亿美元；中国与巴勒斯坦的贸易更少，贸易金额仅为0.7375亿美元（表2–19、图2–101）。

中国向丝绸之路沿线29国之间的出口总金额为1672.5001亿美元（表2–19）。其中，阿联酋是中国最大出口目的国，出口金额达296.6亿美元；土耳其、沙特阿拉伯、巴基斯坦、伊朗、哈萨克斯坦等国位居其后，中国对这些国家的出口金额均超过100亿美元；中国对塞浦路斯、阿富汗、阿塞拜疆、土库曼斯坦、亚美尼亚、摩尔多瓦等国的出口度较少，出口金额不足10亿美元；中国对巴勒斯坦的出口更少，出口金额仅为0.7331亿美元（表2–19、图2–101、图2–102、图2–103）。

中国从丝绸之路沿线29国的进口总金额为1839.797亿美元（表2–19）。其中，沙特阿拉伯是中国最大的进口来源国，进口金额为458.91亿美元；伊拉克、伊朗、阿曼、阿联酋、科威特位居其后，中国从这些国家进口的金额均大于100亿美元；中国从塔吉克斯坦、吉尔吉斯斯坦、格鲁吉亚、塞浦路斯、黎巴嫩、摩尔多瓦、阿富汗、叙利亚等国进口的金额较小，进口金额不足1亿美元；中国从巴勒斯坦进口的金额更少，仅为0.0044亿美元（表2–19、图2–101、图2–102、图2–103）。

总体而言，巴基斯坦、土耳其、阿联酋是中国的前三大贸易顺差国，顺差金额分别为147.3亿美元、140.3亿美元、134.02亿美元；吉尔吉斯斯坦、以色列、乌克兰等国位居其后，贸易顺差金额均大约为50

表 2–19　中国与丝绸之路沿线 29 国经贸金额统计

单位：亿美元

国家	贸易额	排序	中方出口金额	排序	中方进口金额	排序
阿富汗	6.94	26	6.7	24	0.24	27
亚美尼亚	5.21	27	2.13	27	3.08	18
阿塞拜疆	8.98	24	5.16	25	3.82	17
巴林	14.37	21	12.87	20	1.5	20
白俄罗斯	36.78	16	31.52	13	5.26	16
塞浦路斯	7.92	25	7.38	23	0.54	24
格鲁吉亚	11.5	23	10.96	22	0.54	23
伊朗	351.3	3	140.3	5	211	3
伊拉克	303.94	4	79.04	8	224.9	2
以色列	139.2	10	92.8	7	46.4	10
约旦	31.84	17	29.7	14	2.14	19
哈萨克斯坦	198.85	7	113.5	6	85.35	8
科威特	186.88	9	33.14	12	153.74	6
吉尔吉斯斯坦	56.11	15	55.57	10	0.54	22
黎巴嫩	20.19	19	19.7	17	0.49	25
摩尔多瓦	1.4709	28	1.087	28	0.3839	26
阿曼	217.39	5	28.77	15	188.62	4
巴基斯坦	190.9	8	169.1	4	21.8	14
巴勒斯坦	0.7375	29	0.7331	29	0.0044	29
卡塔尔	116.26	11	24.82	16	91.44	7
沙特阿拉伯	633.35	1	174.44	3	458.91	1
叙利亚	12.7387	22	12.73	21	0.0087	28
塔吉克斯坦	15.1	20	14.3	19	0.8	21
土耳其	215.5	6	177.9	2	37.6	11
土库曼斯坦	84.36	13	3.17	26	81.19	9
乌克兰	96.7	12	70.2	9	26.5	12
阿联酋	459.18	2	296.6	1	162.58	5
乌兹别克斯坦	62.67	14	39.43	11	23.24	13
也门	25.93	18	18.75	18	7.18	15
合计	3512.2971	—	1672.5001	—	1839.797	—

注：大多数数据源于商务部国际贸易经济合作研究院、中国驻外使馆经济商务处、商务部对外投资和经济合作司合作编著的28国《对外投资合作国别（地区）指南（2019版）》(巴勒斯坦除外)，巴勒斯坦数据来源于中国商务部网站“中国—巴勒斯坦经贸合作简况”(http://xyf.mofcom.gov.cn/article/tj/hz/201902/20190202838592.shtml)，所有数据均为2018年数据。

亿美元；沙特阿拉伯、阿曼、伊拉克为中国的前三大贸易逆差国，逆差金额分别为284.47亿美元、159.85亿美元、145.86亿美元；科威特、土库曼斯坦、伊朗、卡塔尔等国位居其后，贸易逆差均大于50亿美元(表2–19、图2–101、图2–102、图2–103)。

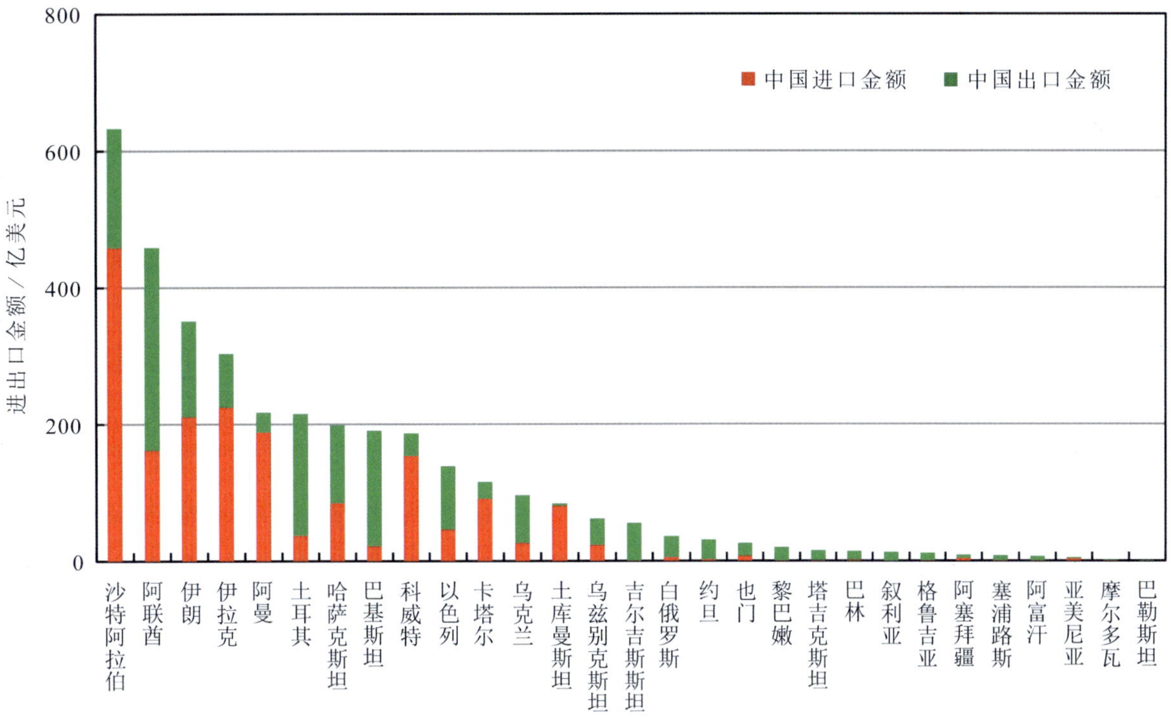

图 2–101　中国与丝绸之路沿线29国经贸排序（2018年）

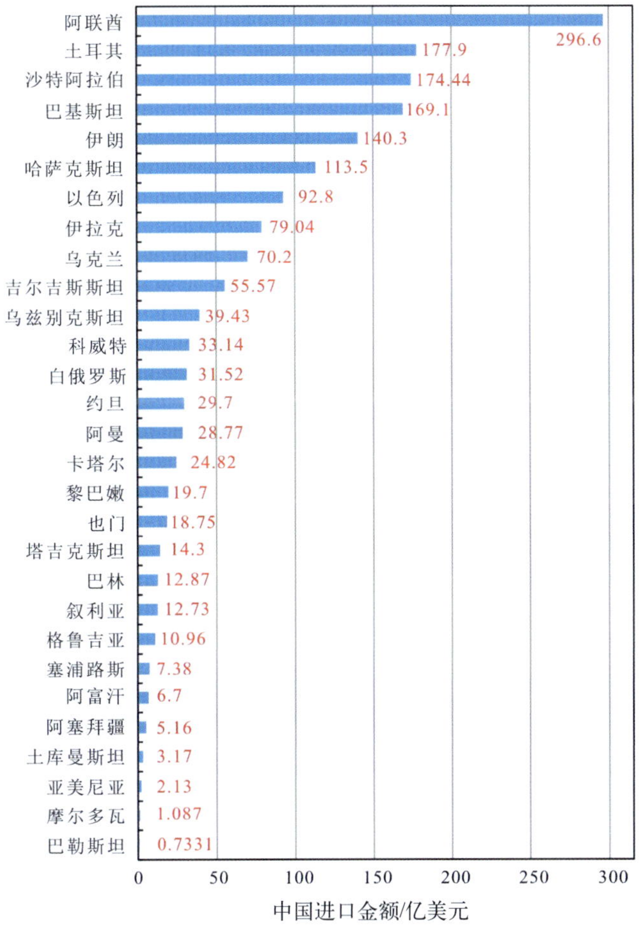

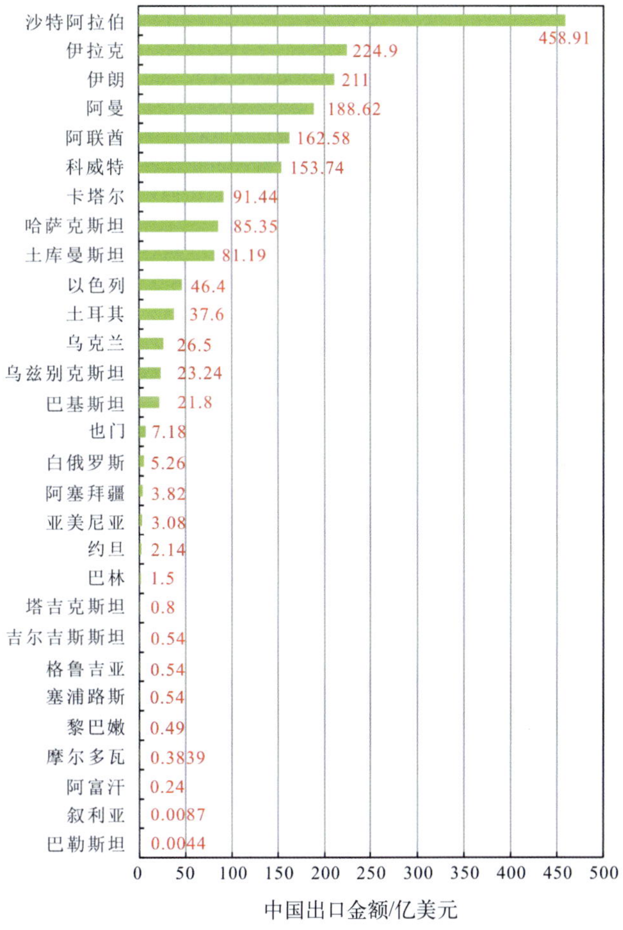

图 2–102　中国与丝绸之路沿线29国进出口金额排序（2018年）

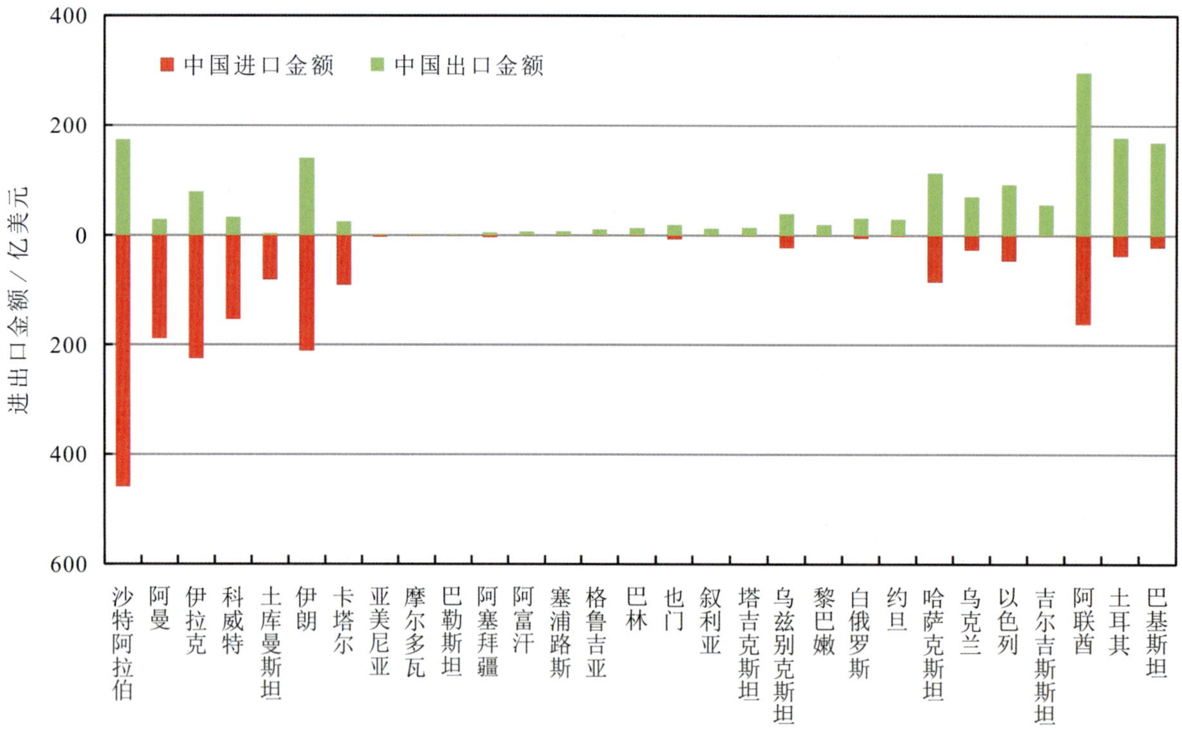

图 2–103　中国与丝绸之路沿线29国经贸金额（2018年）

二、中国对外直接投资

1.中国对外直接投资流量

中国对外直接投资数据显示，2018年度中国向188个国家（地区）的对外直接投资净额（投资流量）为1430.3731亿美元，占全球份额的14.1%，流量位列全球第二位。其中，采矿业对外直接投资流量为46.3亿美元，占中国对外直接投资流量的3.24%。2018年中国对外投资并购稳定发展，实际交易总额高达743.2亿美元，其中对外直接投资额为310.9亿美元（占国对外直接投资流量的21.7%），采矿业位居对外直接投资并购行业第二位，投资额为91.8亿美元（占并购项目投资额的12.35%）。此外，金属制品业、有色金属冶炼和加工业、非金属矿物制品业、黑色金属冶炼和加工业的对外直接投资额分别为13亿美元、11.6亿美元、6.6亿美元、6.5亿美元。

2018年度，中国对丝绸之路沿线29国直接投资流量额度为24.1394亿美元（表2–20），约占2018年度中国对外直接投资流量总额的1.6876%。其中，阿联酋、以色列、塔吉克斯坦、沙特阿拉伯、土耳其等国是中国的前五大投资目标国，投资流量分别为10.8101亿美元、4.1057亿美元、3.8824亿美元、3.8307亿美元、3.5282亿美元；科威特、哈萨克斯坦、塞浦路斯、吉尔吉斯斯坦等国位居其后，中国直接投资流量均大于1亿美元；中国对叙利亚、阿富汗、阿塞拜疆、巴林、土库曼斯坦、巴基斯坦、卡塔尔等国的直接投资流量较少，投资流量均为负值；中国对伊朗的直接投资流量更少，投资流量仅为-5.6733亿美元（表2–20、图2–104）。

2.中国对外直接投资存量

2018年年末，中国对外直接投资累计净额（投资存量）高达19822.6585亿美元，占全球份额的6.4%，

表 2–20　中国对外投资统计

单位：万美元

国家	中方直接投资流量	排序	中方直接投资存量	排序
阿富汗	-16	23	40444	18
亚美尼亚	1964	16	4961	24
阿塞拜疆	-105	24	918	25
巴林	-235	25	7196	23
白俄罗斯	6773	13	50378	16
塞浦路斯	11390	8	84543	12
格鲁吉亚	8023	12	63970	13
伊朗	-56733	29	323429	6
伊拉克	773	18	59854	15
以色列	41057	2	461998	3
约旦	8562	11	14198	21
哈萨克斯坦	11835	7	734108	1
科威特	19208	6	109184	11
吉尔吉斯斯坦	10016	9	139308	10
黎巴嫩	0	19	222	27
摩尔多瓦	0	19	387	26
阿曼	5191	14	15068	20
巴基斯坦	-19873	27	424682	4
巴勒斯坦	0	19	4	29
卡塔尔	-36810	28	43598	17
沙特阿拉伯	38307	4	259456	7
叙利亚	-1	22	87	28
塔吉克斯坦	38824	3	194483	8
土耳其	35282	5	173368	9
土库曼斯坦	-3830	26	31193	19
乌克兰	2745	15	9048	22
阿联酋	108101	1	643606	2
乌兹别克斯坦	9901	10	368988	5
也门	1045	17	62300	14
合计	241394	—	4320979	—

注：数据源于中国商务部、国家统计局、国家外汇管理局联合编制的《2018年度中国对外直接投资统计公报》，中国对外直接投资流量为2018年数据，投资存量数据截至时间为2018年末。

位列全球第三位。其中，采矿业投资存量为1734.8亿美元，占中国对外直接投资存量的8.75%，主要分布在石油和天然气开采、有色金属采选、黑色金属采选、煤炭开采等领域。

2018年年末，中国对丝绸之路沿线29国的对外直接投资存量额度为432.0979亿美元（表2–20），约占2018年度中国对外直接投资存量总额的2.1798%。其中，哈萨克斯坦、阿联酋、以色列、巴基斯坦、乌

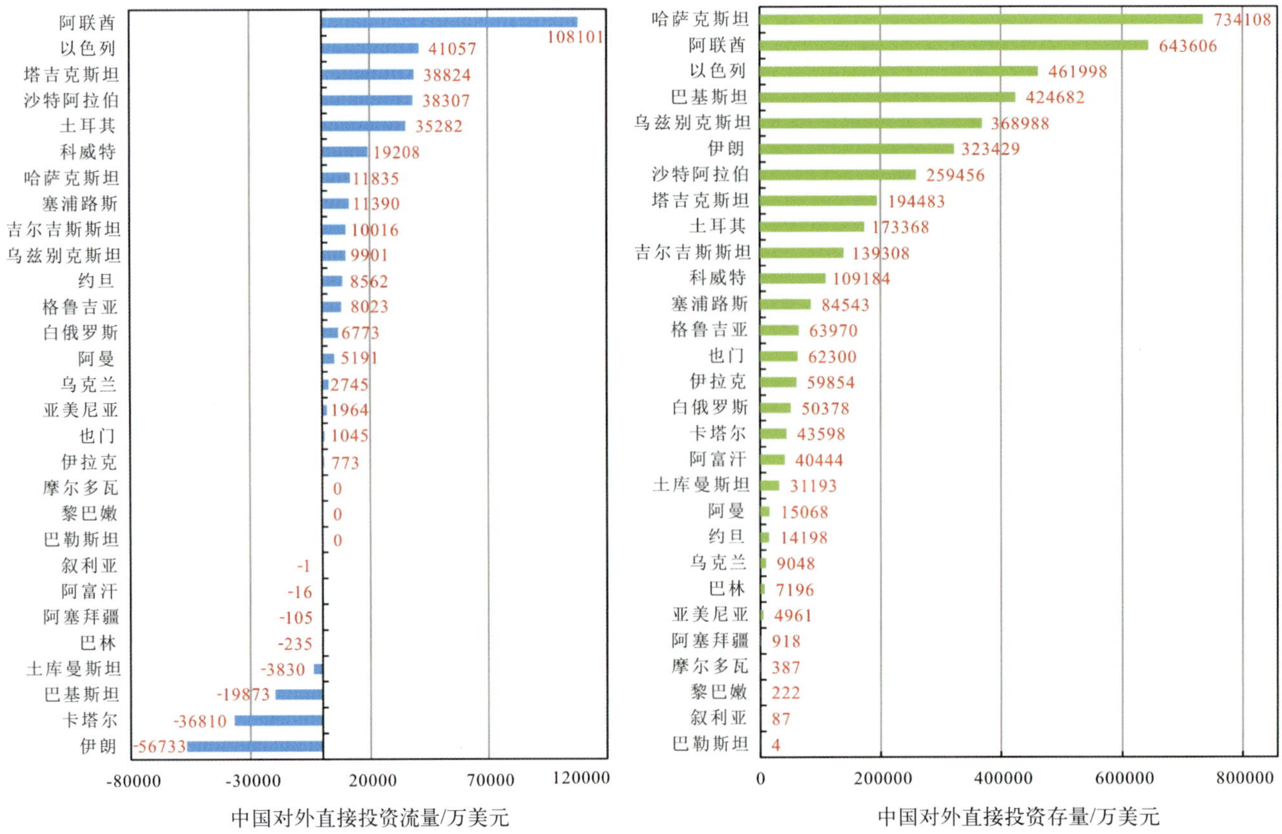

图 2–104 中国与丝绸之路沿线29国直接投资排序表（2018年）

兹别克斯坦为前五大投资目标国，直接投资存量分别为73.4108亿美元、64.3606亿美元、46.1998亿美元、42.4682亿美元、36.8988亿美元；伊朗、沙特阿拉伯、塔吉克斯坦、土耳其、吉尔吉斯斯坦、科威特等国位居其后，直接投资存量均大于10亿美元；中国对阿塞拜疆、摩尔多瓦、黎巴嫩、叙利亚等国的投资存量较少，直接投资存量均小于1000万美元；中国对巴勒斯坦的投资存量更少，直接投资存量仅为4万美元（表2–20、图2–104）。

第三章　矿业投资环境评价

第一节　总体评价与矿业投资目标国推荐

一、初步评价

矿业投资环境评价主要涉及能源资源禀赋指数、矿业勘查开发指数、国际合作关系指数、营商环境指数、投资风险指数5类一级指标。根据本书第一章第三节所建立的丝绸之路沿线29国矿业投资环境评价体系和评价方法，对各个国家的所有一级评价指标进行赋值打分，并根据各一级评价指标的权重，计算得出各个国家的矿业投资环境评价总体得分。

总体得分（满分100分）=能源资源禀赋指数得分×0.40+矿业勘查开发指数得分×0.15+国际合作关系指数得分×0.15+营商环境指数得分×0.15+投资风险指数得分×0.15。

根据上述计算方法，对丝绸之路沿线29国矿业投资环境各指标进行得分计算，得出的各国矿业投资环境总体得分结果见表3–1。根据得分情况，对各国投资环境评价情况进行初步排序，排序结果见图3–1。

表 3–1　丝绸之路沿线 29 国矿业投资环境评估表

评价指标	能源资源禀赋指数		矿业勘查开发指数		国际合作关系指数		营商环境指数		投资风险指数		合计
	单项分值	得分	单项分值	得分	单项分值	得分	单项分值	得分	单项分值	得分	
阿富汗	27	10.80	23	3.45	47	7.05	33.00	4.95	25	3.75	30.00
亚美尼亚	30	12.00	32	4.80	28	4.20	63.00	9.45	69	10.35	40.80
阿塞拜疆	24	9.60	27	4.05	26	3.90	64.00	9.60	58	8.70	35.85
巴林	16	6.40	4	0.60	18	2.70	67.33	10.10	70	10.50	30.30
白俄罗斯	28	11.20	26	3.90	48	7.20	54.00	8.10	70	10.50	40.90
塞浦路斯	10	4.00	12	1.80	17	2.55	68.67	10.30	78	11.70	30.35
格鲁吉亚	14	5.60	26	3.90	29	4.35	76.00	11.40	67	10.05	35.30
伊朗	76	30.40	53	7.95	81	12.15	37.00	5.55	63	9.45	65.50
伊拉克	23	9.20	26	3.90	34	5.10	32.67	4.90	37	5.55	28.65
以色列	29	11.60	14	2.10	33	4.95	78.33	11.75	63	9.45	39.85
约旦	40	16.00	14	2.10	35	5.25	50.33	7.55	59	8.85	39.75
哈萨克斯坦	99	39.60	89	13.35	78	11.70	74.00	11.10	65	9.75	85.50
科威特	21	8.40	13	1.95	42	6.30	62.00	9.30	65	9.75	35.70
吉尔吉斯斯坦	32	12.80	79	11.85	95	14.25	54.00	8.10	45	6.75	53.75
黎巴嫩	6	2.40	2	0.30	24	3.60	34.67	5.20	50	7.50	19.00

续表

评价指标	能源资源禀赋指数		矿业勘查开发指数		国际合作关系指数		营商环境指数		投资风险指数		合计
	单项分值	得分	单项分值	得分	单项分值	得分	单项分值	得分	单项分值	得分	
摩尔多瓦	2	0.80	0	0.00	22	3.30	60.00	9.00	64	9.60	22.70
阿曼	38	15.20	30	4.50	43	6.45	62.00	9.30	70	10.50	45.95
巴基斯坦	57	22.80	50	7.50	100	15.00	62.00	9.30	40	6.00	60.60
巴勒斯坦	0	0.00	0	0.00	12	1.80	17.00	2.55	52	7.80	12.15
卡塔尔	41	16.40	7	1.05	35	5.25	77.00	11.55	65	9.75	44.00
沙特阿拉伯	79	31.60	50	7.50	70	10.50	68.00	10.20	62	9.30	69.10
叙利亚	24	9.60	0	0.00	23	3.45	24.00	3.60	20	3.00	19.65
塔吉克斯坦	30	12.00	58	8.70	83	12.45	49.00	7.35	45	6.75	47.25
土耳其	82	32.80	66	9.90	77	11.55	70.33	10.55	53	7.95	72.75
土库曼斯坦	31	12.40	10	1.50	50	7.50	23.00	3.45	51	7.65	32.50
乌克兰	84	33.60	34	5.10	43	6.45	53.67	8.05	50	7.50	60.70
阿联酋	36	14.40	21	3.15	44	6.60	88.00	13.20	75	11.25	48.60
乌兹别克斯坦	59	23.60	51	7.65	91	13.65	55.67	8.35	63	9.45	62.70
也门	10	4.00	15	2.25	32	4.80	26.00	3.90	24	3.60	18.55

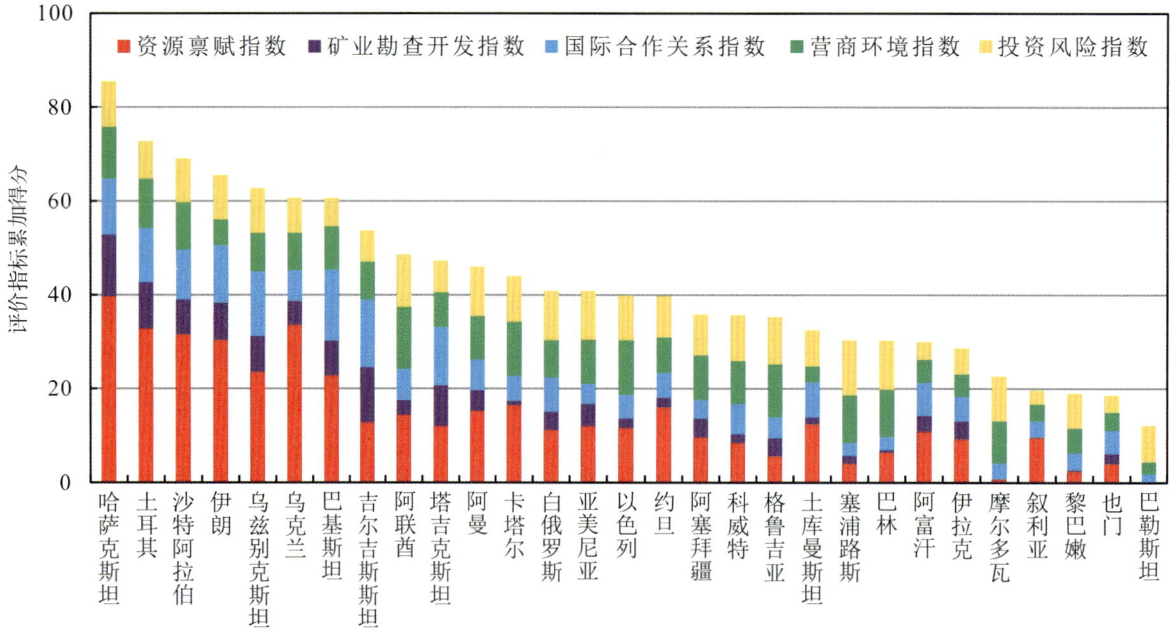

图 3–1　丝绸之路沿线29国矿业投资环境初步评价排序

根据丝绸之路沿线国家矿业投资环境评价各项指标得分和初步排序情况来看（表3–1、图3–1），哈萨克斯坦矿业投资环境较好（得分为85.50），各项评价指标得分较高；土耳其、沙特阿拉伯、伊朗、乌兹别克斯坦等国位居其后，大多数评价指标得分较高，总体得分均大于60分；以色列、约旦、阿塞拜疆、科威特、格鲁吉亚、土库曼斯坦、塞浦路斯、巴林、阿富汗、伊拉克、摩尔多瓦、叙利亚、黎巴嫩、也门等国矿业投资环境较差，总体得分均不足40分；巴勒斯坦因资源禀赋等指标信息缺失或不全，得分仅为12.15，排在末位。

二、评价优化

为了更加客观、公正地反映丝绸之路沿线29国的矿业投资环境优先程度，本书在各国矿业投资环境初步评价排序的基础上，结合各国能源/矿产品贸易、中国与各国能源/矿产品贸易、中国与各国之间的经贸、中国对各国的对外直接投资等排序情况，对各国矿业投资环境排序进行赋值和再次排序，对矿业投资环境评价进过性校对、优化。

矿业投资环境优化总体得分（满分100分）=矿业投资环境排序得分×0.60+各国能源/矿产品贸易排序得分×0.12+能源/矿产品贸易排序得分×0.12+经贸排序得分×0.08+中国对外直接投资流量排序得分×0.04+中国对外直接投资存量排序得分×0.04。

其中，矿业投资环境排序满分为100分，按照矿业投资环境得分高低排序并赋值，得分越高，排序越靠前，具体赋值标准见表3–2。

表 3–2　矿业投资环境评价优化各项指标排序赋值标准

排序	赋值	排序	赋值	排序	赋值
1	100	11	60	21	30
2	96	12	57	22	27
3	92	13	54	23	24
4	88	14	51	24	21
5	84	15	48	25	18
6	80	16	45	26	15
7	76	17	42	27	12
8	72	18	39	28	8
9	68	19	36	29	4
10	64	20	33	—	—

各国能源/矿产品贸易排序得分=（能源贸易排序得分+铁矿/钢铁贸易排序得分+贵金属贸易排序得分+有色金属贸易排序得分+关键性金属贸易排序得分+工业矿物贸易排序得分）÷6。各小项满分为100分，赋值标准见表3–2。

中国与丝路沿线29国能源/矿产品贸易排序得分的赋值标准与各国能源/矿产品贸易排序得分标准相似，中国与丝路沿线29国经贸排序、中国对外直接投资流量排序、中国对外直接投资存量排序得分的赋值标准与矿业投资环境排序得分标准相似。

按照上述矿业投资环境评价优化标准，对丝绸之路沿线29国的各类指标进行赋值打分，得出各国的矿业投资环境评价优化的各分项得分和最终优化结果，见表3–3、表3–4、表3–5。

总体来看，哈萨克斯坦、土耳其、沙特阿拉伯位于前三位，优化后总体得分均大于90分；伊朗、阿联酋、乌兹别克斯坦、巴基斯坦、乌克兰等国位居其后，总体得分均大于70分；格鲁吉亚、阿塞拜疆、伊拉克、巴林、土库曼斯坦、塞浦路斯、阿富汗、黎巴嫩、也门、摩尔多瓦、叙利亚等国矿业投资环境

表 3–3　丝绸之路沿线 29 国能源 / 矿产品贸易得分统计表

国家	能源贸易得分		铁矿/钢铁贸易得分		贵金属贸易得分		有色金属贸易得分		关键性金属贸易得分		工业矿物贸易得分		各国能源/矿产品贸易得分
	排序	赋值	排序	赋值	排序	赋值	排序	赋值	排序	赋值	排序	赋值	
阿富汗	21	30	26	15	20	33	28	8	23	24	14	51	26.83
亚美尼亚	26	15	28	8	13	54	10	64	7	76	28	8	37.50
阿塞拜疆	10	64	20	33	18	39	21	30	18	39	25	18	37.17
巴林	12	57	10	64	12	57	5	84	17	42	18	39	57.17
白俄罗斯	11	60	9	68	24	21	16	45	12	57	13	54	50.83
塞浦路斯	18	39	24	21	25	18	22	27	22	27	22	27	26.50
格鲁吉亚	22	27	22	27	21	30	14	51	4	88	26	15	39.67
伊朗	7	76	6	80	16	45	6	80	9	68	5	84	72.17
伊拉克	3	92	17	42	5	84	20	33	19	36	17	42	54.83
以色列	15	48	11	60	19	36	13	54	8	72	7	76	57.67
约旦	17	42	16	45	17	42	19	36	20	33	8	72	45.00
哈萨克斯坦	8	72	8	72	8	72	3	92	3	92	9	68	78.00
科威特	4	88	13	54	9	68	15	48	16	45	12	57	60.00
吉尔吉斯斯坦	24	21	23	24	7	76	24	21	21	30	27	12	30.67
黎巴嫩	19	36	15	48	6	80	18	39	27	12	21	30	40.83
摩尔多瓦	25	18	19	36	26	15	23	24	25	18	29	4	19.17
阿曼	6	80	5	84	10	64	8	72	13	54	4	88	73.67
巴基斯坦	13	54	7	76	23	24	11	60	11	60	11	60	55.67
巴勒斯坦	27	12	21	30	27	12	25	18	26	15	15	48	22.50
卡塔尔	5	84	14	51	11	60	7	76	14	51	10	64	64.33
沙特阿拉伯	2	96	3	92	3	92	4	88	6	80	3	92	90.00
叙利亚	29	4	27	12	28	8	26	15	24	21	24	21	13.50
塔吉克斯坦	28	8	25	18	15	48	17	42	10	64	20	33	35.50
土耳其	9	68	1	100	2	96	2	96	2	96	1	100	92.67
土库曼斯坦	16	45	29	4	29	4	29	4	28	8	23	24	14.83
乌克兰	14	51	2	96	22	27	9	68	1	100	6	80	70.33
阿联酋	1	100	4	88	1	100	1	100	5	84	2	96	94.67
乌兹别克斯坦	20	33	12	57	4	88	12	57	15	48	16	45	54.67
也门	23	24	18	39	14	51	27	12	29	4	19	36	27.67

较差，总体得分均不足40分；巴勒斯坦矿业投资环境更差，总体得分仅为9.20分排在末尾（表3–5、图3–2）。

对比各国矿业投资环境优化前后的排序情况（表3–6），可以发现，各国总体的排序变化不大，排名靠前的国家（哈萨克斯坦、土耳其、沙特阿拉伯等）整体资源禀赋、矿业勘查开发程度、国际合作关系、

表 3–4　中国与丝绸之路沿线 29 国间的能源 / 矿产品贸易得分统计表

国家	能源贸易得分		铁矿/钢铁贸易得分		贵金属贸易得分		有色金属贸易得分		关键性金属贸易得分		工业矿物贸易得分		各国能源/矿产品贸易得分
	排序	赋值	排序	赋值	排序	赋值	排序	赋值	排序	赋值	排序	赋值	
阿富汗	19	36	23	24	14	51	29	4	25	18	21	30	27.17
亚美尼亚	27	12	26	15	12	57	7	76	18	39	28	8	34.50
阿塞拜疆	14	51	22	27	15	48	25	18	24	21	23	24	31.50
巴林	12	57	14	51	8	72	16	45	9	68	10	64	59.50
白俄罗斯	29	4	24	21	16	45	21	30	15	48	22	27	29.17
塞浦路斯	15	48	29	4	17	42	22	27	26	15	20	33	28.17
格鲁吉亚	25	18	17	42	18	39	8	72	16	45	24	21	39.50
伊朗	4	88	1	100	6	80	2	96	11	60	2	96	86.67
伊拉克	2	96	12	57	19	36	13	54	27	12	26	15	45.00
以色列	18	39	8	72	20	33	11	60	6	80	12	57	56.83
约旦	26	15	18	39	21	30	18	39	17	42	15	48	35.50
哈萨克斯坦	9	68	7	76	3	92	1	100	3	92	9	68	82.67
科威特	5	84	11	60	7	76	15	48	20	33	8	72	62.17
吉尔吉斯斯坦	17	42	20	33	4	88	24	21	14	51	17	42	46.17
黎巴嫩	21	30	19	36	22	27	14	51	23	24	18	39	34.50
摩尔多瓦	22	27	28	8	23	24	26	15	21	30	29	4	18.00
阿曼	3	92	10	64	24	21	10	64	13	54	13	54	58.17
巴基斯坦	16	45	3	92	11	60	5	84	8	72	7	76	71.50
巴勒斯坦	28	8	25	18	25	18	20	33	28	8	19	36	20.17
卡塔尔	8	72	13	54	5	84	17	42	12	57	5	84	65.50
沙特阿拉伯	1	100	4	88	10	64	4	88	7	76	4	88	84.00
叙利亚	24	21	21	30	26	15	23	24	22	27	25	18	22.50
塔吉克斯坦	23	24	16	45	9	68	27	12	1	100	16	45	49.00
土耳其	13	54	6	80	1	100	3	92	2	96	1	100	87.00
土库曼斯坦	7	76	27	12	27	12	28	8	29	4	6	80	32.00
乌克兰	20	33	5	84	28	8	12	57	4	88	11	60	55.00
阿联酋	6	80	2	96	2	96	6	80	5	84	3	92	88.00
乌兹别克斯坦	10	64	9	68	13	54	9	68	10	64	14	51	61.50
也门	11	60	15	48	29	4	19	36	19	36	27	12	32.67

营商环境等条件相对较好，投资风险相对较低，能源/矿产品贸易、与中国贸易以及中国对外直接投资情况相对较好；排名较为靠后的，或因战乱、恐怖袭击等因素影响，矿业活动与经贸活动较差，导致相应的矿业投资环境较差。总的来说，本书的评估排序结果相对客观、公正，能够比较真实地反映29个国家矿业投资环境的整体实际情况。

表 3–5　丝绸之路沿线 29 国矿业投资环境评价优化结果

国家	各国投资环境得分		各国能源/矿产品贸易得分	中外能源/矿产品贸易得分	中外经贸排序		对外直接投资流量		对外直接投资存量		总分
	排序	赋值			排序	赋值	排序	赋值	排序	赋值	
阿富汗	23	24	26.83	27.17	26	15	23	24	18	39	24.60
亚美尼亚	14	51	37.50	34.50	27	12	16	45	24	21	42.84
阿塞拜疆	17	42	37.17	31.50	24	21	24	21	25	18	36.68
巴林	22	27	57.17	59.50	21	30	25	18	23	24	34.28
白俄罗斯	13	54	50.83	29.17	16	45	13	54	16	45	49.56
塞浦路斯	21	30	26.50	28.17	25	18	8	72	12	57	31.16
格鲁吉亚	19	36	39.67	39.50	23	24	12	57	13	54	37.46
伊朗	4	88	72.17	86.67	3	92	29	4	6	80	82.58
伊拉克	24	21	54.83	45.00	4	88	18	39	15	48	35.10
以色列	15	48	57.67	56.83	10	64	2	96	3	92	55.18
约旦	16	45	45.00	35.50	17	42	11	60	21	30	43.62
哈萨克斯坦	1	100	78.00	82.67	7	76	7	76	1	100	92.40
科威特	18	39	60.00	62.17	9	68	6	80	11	60	49.10
吉尔吉斯斯坦	8	72	30.67	46.17	15	48	9	68	10	64	61.54
黎巴嫩	27	12	40.83	34.50	19	36	19	36	27	12	21.04
摩尔多瓦	25	18	19.17	18.00	28	8	19	33	26	15	17.82
阿曼	11	60	73.67	58.17	5	84	14	51	20	33	61.90
巴基斯坦	7	76	55.67	71.50	8	72	27	12	4	88	70.62
巴勒斯坦	29	4	22.50	20.17	29	4	19	30	29	4	9.20
卡塔尔	12	57	64.33	65.50	11	60	28	8	17	42	56.58
沙特阿拉伯	3	92	90.00	84.00	1	100	4	88	7	76	90.64
叙利亚	26	15	13.50	22.50	22	27	22	27	28	8	16.88
塔吉克斯坦	10	64	35.50	49.00	20	33	3	92	8	72	57.74
土耳其	2	96	92.67	87.00	6	80	5	84	9	68	91.64
土库曼斯坦	20	33	14.83	32.00	13	54	26	15	19	36	31.78
乌克兰	6	80	70.33	55.00	12	57	15	48	22	27	70.60
阿联酋	9	68	94.67	88.00	2	96	1	100	2	96	78.24
乌兹别克斯坦	5	84	54.67	61.50	14	51	10	64	5	84	74.34
也门	28	8	27.67	32.67	18	39	17	42	14	51	18.88

三、境外矿业投资目标国推荐优先度

根据各国矿业投资环境评价优化结果（表3–5）及其得分的分布区间情况，对丝绸之路沿线29国的矿业投资优先推荐程度进行划分，按照以下标准将29个国家划分为优先推荐、推荐、密切关注、暂不推荐四大类（图3–3）：

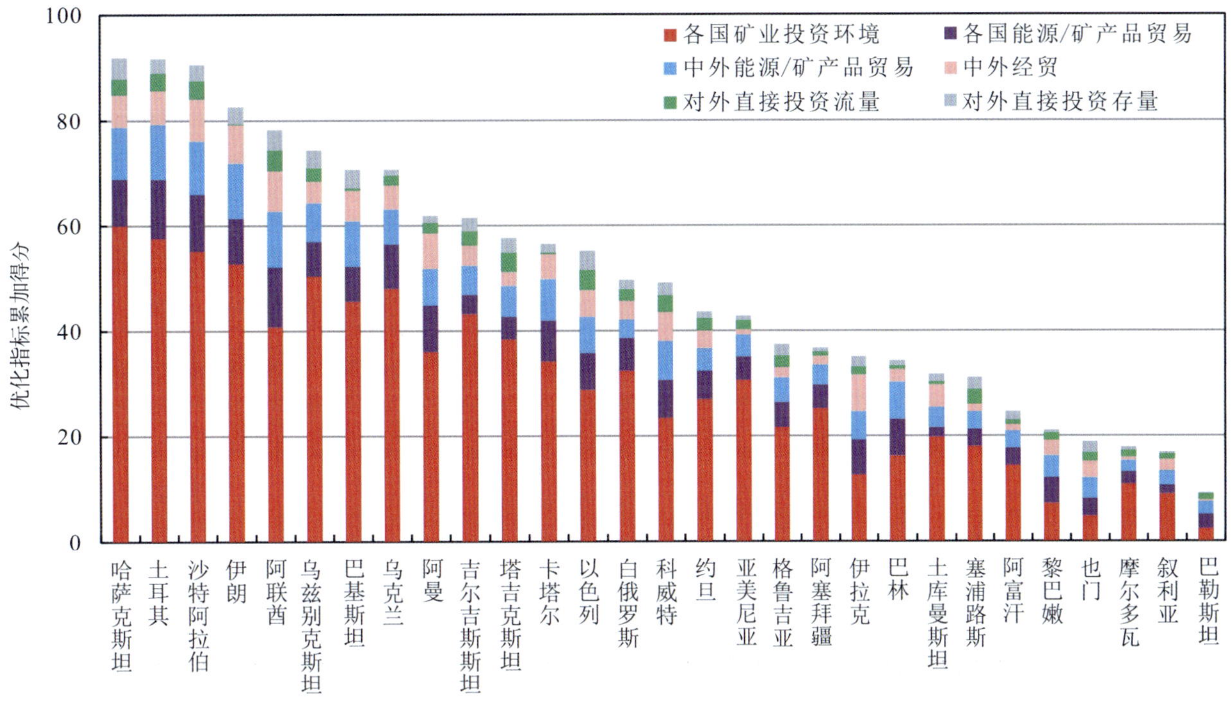

图 3–2　丝绸之路沿线29国矿业投资环境评价优化后排序

表 3–6　丝绸之路沿线 29 国矿业投资环境评价优化前后对比情况

国家	最初排名	优化后排名	变化状况
哈萨克斯坦	1	1	—
土耳其	2	2	—
沙特阿拉伯	3	3	—
伊朗	4	4	—
乌兹别克斯坦	5	6	↓1
乌克兰	6	8	↓2
巴基斯坦	7	7	—
吉尔吉斯斯坦	8	10	↓2
阿联酋	9	5	↑4
塔吉克斯坦	10	11	↓1
阿曼	11	9	↑2
卡塔尔	12	12	—
白俄罗斯	13	14	↓1
亚美尼亚	14	17	↓3
以色列	15	13	↑2
约旦	16	16	—
阿塞拜疆	17	19	↓2
科威特	18	15	↑3
格鲁吉亚	19	18	↑1

续表

国家	最初排名	优化后排名	变化状况
土库曼斯坦	20	22	↓2
塞浦路斯	21	23	↓2
巴林	22	21	↑1
阿富汗	23	24	↓1
伊拉克	24	20	↑4
摩尔多瓦	25	27	↓2
叙利亚	26	28	↓3
黎巴嫩	27	25	↑2
也门	28	26	↑2
巴勒斯坦	29	29	—

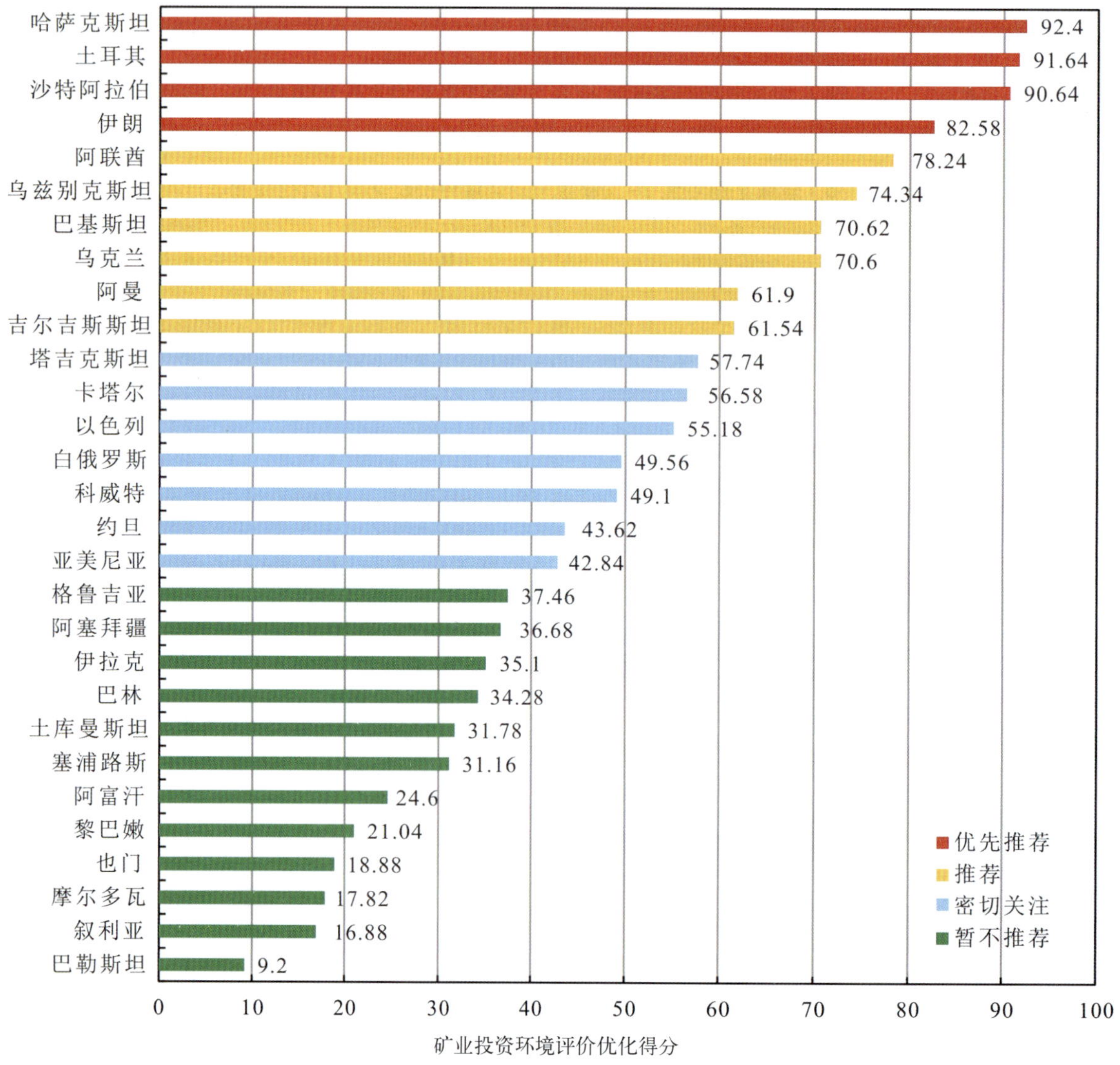

图 3–3 丝绸之路沿线29国矿业投资推荐优先度排序

以各国矿业投资环境评价优化结果≥80分为标准，将哈萨克斯坦、土耳其、沙特阿拉伯、伊朗等4国作为境外矿业投资优先推荐国家。

以80分＞优化结果≥60分为标准，将阿联酋、乌兹别克斯坦、巴基斯坦、乌克兰、阿曼、吉尔吉斯斯坦等6国作为境外矿业投资推荐国家。

以60分＞优化结果≥40为标准，将塔吉克斯坦、卡塔尔、以色列、白俄罗斯、科威特、约旦、亚美尼亚等7国作为境外矿业投资密切关注国家。

以优化结果＜40分为标准，将格鲁吉亚、阿塞拜疆、伊拉克、巴林、土库曼斯坦、塞浦路斯、阿富汗、黎巴嫩、也门、摩尔多瓦、叙利亚、巴勒斯坦等11国作为境外矿业投资暂不推荐国家。

第二节　能源资源禀赋指数评价

一、赋值标准

根据本书第一章第三节所建立的矿业投资环境评价体系和评价方法，对各个国家的能源资源禀赋指数所涉及的所有二级评价指标进行赋值打分，并根据各二级评价指标的权重，计算得出各个国家的能源资源禀赋指数得分。

能源资源禀赋指数得分（满分100分）=能源/矿产资源禀赋得分（满分40分）+能源/矿产品产量得分（满分30分）+战略性矿产种类得分（满分20分）+重点产业/采掘业透明度得分（满分10分）。

其中，能源/矿产资源禀赋得分是根据各个国家拥有的各类能源/矿产储量全球排名赋值打分，全球排名第1—5位赋值5分、第6—10位赋值4分、第11—15位赋值3分、第16—20位赋值2分、第20位以后赋值1分，每项优势矿产赋值1分，累计得分不超过40分，超过者按40分计算。

能源/矿产品产量得分是根据各个国家生产的各类能源/矿产品产量全球排名赋值打分，全球排名第1—5位赋值5分、第6—10位赋值4分、第11—20位赋值3分、第21—30位赋值2分、第30位以后赋值1分，累计得分不超过30分，超过者按30分计算。

战略性矿产种类得分是将各国的能源/矿产与中国地质调查局38种战略性矿产名录对比，得出每个国家的战略性矿产种类数，每个战略性矿产赋值2分，累计得分。

重点产业/采掘业透明度得分的赋值标准为，采矿业/工矿业/能矿产业赋值5分、石油天然气工业赋值3分、其他行业赋值1分、采掘业透明度评估有进展赋值3分，未按标准进行采掘业透明度评估2分、暂停采掘业透明度评估赋值1分，累计得分。

二、评价结果

丝绸之路沿线29国的能源资源禀赋指数得分见表3–7。总体而言，哈萨克斯坦的能源资源禀赋指数最高，这些国家的能源/矿产资源禀赋、能源/矿产品产量、战略性矿产种类、重点产业/采掘业透明度等指标排名均较靠前；其次是乌克兰、土耳其、沙特阿拉伯、伊朗等国，这些国家具有较好的能源资源禀赋指数，各类分项指标排名大多数比较靠前；巴林、格鲁吉亚、塞浦路斯、也门、黎巴嫩、摩尔多瓦等国具有较低的能源资源禀赋指数，各分项指标排名较为靠后；巴勒斯坦由于没有收集到相关信息，排在最后(表3–7、图3–4)。

就各类分指标而言（表3–7、图3–4），在能源/矿产资源禀赋方面，哈萨克斯坦、土耳其排名第一，获

表 3–7　丝绸之路沿线 29 国资源禀赋指数

国家	能源、矿产资源禀赋				能源、矿产品产量				战略性矿产种类	得分	重点产业、采掘业透明度	得分	合计
	矿种	全球占比/%	全球排名	得分	矿种	全球占比/%	全球排名	得分					
阿富汗	优势矿产有石油、天然气、煤炭、金、钼、铜、铁、锂、大理石			9	—	—	—	0	6	12	能源矿业产业；暂停采掘业透明度评估	6	27
亚美尼亚	优势矿产有铜钼矿（总储量为19.5亿吨，占世界总储量的5.1%，已探明钼储量占世界总储量的7.6%）、铁矿、金矿，珍珠岩			4	铼	0.57	7	9	5	10	采矿业（占工业产值17.31%），未按标准进行采掘业透明度评估	7	30
					珍珠岩	1.10	5						
阿塞拜疆	石油	0.40	19	9	石油	0.80	25	8	2	4	石油天然气工业	3	24
	天然气	1.10	16		天然气	0.50	31						
	碘	2.70	4		碘	0.71	4						
巴林	天然气	0.10	36	1	天然气	0.40	36	5	3	6	石油天然气工业、冶炼业	4	16
	优势矿产有石油，储量全球排名66位				金属铝	2.19	7						
白俄罗斯	钾盐	20.83	2	13	钾盐	17.07	2	12	1	2	石化工业	1	28
	泥炭	21.67	2		泥炭	8.67	4						
	优势矿产有岩盐、石灰石、石材				氮气	0.73	21						
塞浦路斯	优势矿产有铜矿、油气			2	氧化铁染料	0.16	7	4	2	4	—	0	10
格鲁吉亚	优势矿产有锰、铜、铁、铅、锌			5	锰	1.05	12	3	3	6	—	0	14
伊朗	石油	9.00	4	26	石油	5.00	5	30	6	12	石油天然气工业、工矿业	8	76
	天然气	16.20	2		天然气	6.20	3						
	铁	1.52	11		铁	1.59	9						
	钼	1.21	8		钼	0.24	13						
	—	—	—		锑	0.02	15						
	—	—	—		锶	16.82	4						
	重晶石	8.00	5		重晶石	2.00	5						
	萤石	1.10	10		萤石	0.79	9						
	—	—	—		硫	2.78	11						
	—	—	—		膨润土	1.95	9						
	—	—	—		长石	2.88	6						

续表

国家	能源、矿产资源禀赋				能源、矿产品产量				战略性矿产种类	得分	重点产业、采掘业透明度	得分	合计
	矿种	全球占比/%	全球排名	得分	矿种	全球占比/%	全球排名	得分					
伊朗	—	—	—	26	石灰	0.77	11	30	6	12	石油天然气工业、工矿业	8	76
	—	—	—		珍珠岩	0.49	7						
	—	—	—		石膏	10.67	2						
伊拉克	石油	8.50	5	8	石油	4.90	6	5	2	4	石油天然气工业；采掘业透明度评估有进展	6	23
	天然气	1.80	12		天然气	0.30	38						
以色列	天然气	0.20	30	6	—	—	—	17	3	6	—	0	29
	优势矿产有钾盐、镁、溴				金属镁	1.82	4						
					钾盐	4.88	6						
	磷酸盐岩	0.09	18		磷酸盐岩	1.46	11						
	—	—	—		溴	42.86	1						
约旦	—	—	—	8	钾盐	3.66	7	23	2	4	工矿业	5	40
	磷酸盐岩	1.44	10		磷酸盐岩	3.33	5						
	优势矿产有油页岩、钾盐、铀矿和硅砂				溴	35.71	2						
					浮石	5.00	3						
					沸石	0.83	10						
哈萨克斯坦	石油	1.70	12	40	石油	2.00	13	30	14	20	采矿业、石化工业，采掘业透明度评估有进展	9	99
	天然气	0.50	26		天然气	0.60	32						
	煤炭	2.40	10		煤炭	1.30	9						
	铬	40.35	1		铬	15.23	3						
	铼	7.92	4		铼	2.04	5						
	铜	2.30	9		锑	0.19	10						
	金	2.00	13		铜	3.50	10						
	钼	0.07	13		金	3.03	10						
	锰	0.62	8		钼	0.33	12						
	铁	1.72	10		锰	0.68	14						

续表

国家	能源、矿产资源禀赋				能源、矿产品产量				战略性矿产种类	得分	重点产业、采掘业透明度	得分	合计
	矿种	全球占比/%	全球排名	得分	矿种	全球占比/%	全球排名	得分					
哈萨克斯坦	铅	2.22	8	40	铁	1.47	10	30	14	20	采矿业、石化工业；采掘业透明度评估有进展	9	99
	锌	4.80	6		铅	2.00	9						
	镉	5.60	5		锌	2.23	10						
	—	—	—		铋	1.42	6						
	铀储量150万吨		2		二氧化钛	9.52	4						
	钴		7		金属镁	2.27	3						
	镍		12		重晶石	6.53	4						
	重晶石	28.33	1		磷酸盐岩	0.54	19						
	磷酸盐岩	0.38	14		石棉	18.18	2						
	铝矾土储量4.5亿吨		10		石灰	0.26	25						
	钨矿储量200万吨		1		硫	4.56	6						
科威特	石油	5.90	7	6	石油	3.20	9	8	2	4	石油天然气工业	3	21
	天然气	0.90	18		天然气	0.50	32						
	—	—	—		硫	1.14	16						
吉尔吉斯斯坦	优势矿产有金、钨、锡、汞、锑、铁、钼矿、稀土			8	锑	0.25	9	4	7	14	采矿业；暂停采掘业透明度评估	6	32
黎巴嫩	优势矿产有石油、天然气			2	—	—	—	0	2	4	—	0	6
摩尔多瓦	优势矿产有硅藻土、黏土			2	—	—	—	0	—	0	—	0	2
阿曼	石油	0.30	21	8	石油	1.00	21	11	8	16	石油天然气工业	3	38
	天然气	0.30	27		天然气	0.90	22						
	优势矿产有铜、铬、铁、锰、石膏、大理石				石膏	5.00	7						
					氦气	1.13	17						
巴基斯坦	天然气	0.20	30	16	天然气	0.90	22	27	6	12	水泥业、化肥业	2	57
	煤炭	0.30	18		—	—	—						
	锑	1.73	8		锑	0.02	8						
	重晶石	8.67	6		重晶石	1.16	12						

续表

国家	能源、矿产资源禀赋				能源、矿产品产量				战略性矿产种类	得分	重点产业、采掘业透明度	得分	合计
	矿种	全球占比/%	全球排名	得分	矿种	全球占比/%	全球排名	得分					
巴基斯坦	优势矿产有石油、铜、铅、锌、铬				氧化铁染料	2.83	3	27	6	12	水泥业、化肥业	2	57
	—	—	—		石墨	1.27	10						
	—	—	—		盐	1.54	15						
	—	—	—		石膏	1.57	18						
	—	—	—		氮气	2.07	11						
巴勒斯坦	—	—	—	0	—	—	—	0	—	0	—	0	0
卡塔尔	石油	1.50	13	13	石油	2.00	13	19	3	6	石油天然气工业	3	41
	天然气	12.5	3		天然气	4.50	5						
	氦气	101亿立方米	2		氦气	31.88	2						
	—	—	—		氮气	2.07	11						
	—	—	—		硫	2.66	12						
沙特阿拉伯	石油	17.20	2	26	石油	13.00	2	30	7	14	石油天然气工业、钢铁业、采矿业	9	79
	天然气	3.00	8		天然气	2.90	9						
	铝土矿	0.67	10		铝土矿	1.38	7						
	钽矿（储量约为94000吨）		1		氧化铝	1.11	10						
	磷酸盐岩	2.03	6		磷酸盐岩	2.58	6						
	优势矿产有铀（储量占全球总量的6%）、金、银、铜				浮石	3.06	11						
					硫	8.35	4						
					石膏	2.36	11						
					氮气	2.87	6						
叙利亚	石油	0.10	32	10	—	—	—	7	2	4	石油天然气工业	3	24
	天然气	0.10	36		天然气	0.10	45						
	磷酸盐岩	2.61	4		磷酸盐岩	0.83	14						
	优势矿产有岩盐、沥青、大理石				浮石	1.11	15						

续表

国家	能源、矿产资源禀赋				能源、矿产品产量				战略性矿产种类	得分	重点产业、采掘业透明度	得分	合计
	矿种	全球占比/%	全球排名	得分	矿种	全球占比/%	全球排名	得分					
塔吉克斯坦	锑	3.33	7	8	锑	10.00	3	10	2	4	铝业、石油天然气业、煤炭业；采掘业透明度评估有进展	8	30
	优势矿产有铅、锌、银、锡				汞	2.50	3						
土耳其	煤炭	1.10	11	40	煤炭	0.40	15	30	5	10	钢铁业、建材业	2	82
	铬	4.56	4		铬	22.73	2						
	锑	6.67	5		锑	1.88	4						
	铅	0.96	11		铅	1.56	10						
	钼	0.31	11		钼	3.89	6						
	优势矿产有钍（占全球储量22%）、大理石和天然石（占全球储量40%）				金属镁	0.45	7						
					镁化合物	7.14	2						
					锶	0.45	5						
	硼	66.14	1		硼	85.74	1						
	重晶石	11.67	4		重晶石	2.63	10						
	石墨	30.00	1		石墨	0.18	16						
	长石	2.88	6		长石	28.85	1						
	苏打粉	3.60	2		苏打粉	21.88	2						
	—	—	—		硅藻土	5.86	4						
	—	—	—		浮石	43.33	1						
	—	—	—		盐	2.25	12						
	—	—	—		沸石	5.42	7						
	—	—	—		膨润土	8.11	3						
	—	—	—		石灰	1.09	9						
	—	—	—		云母	1.84	9						
	—	—	—		珍珠岩	15.85	3						
	—	—	—		石膏	7.14	4						
	—	—	—		氮气	2.27	10						

续表

国家	能源、矿产资源禀赋				能源、矿产品产量				战略性矿产种类	得分	重点产业、采掘业透明度	得分	合计
	矿种	全球占比/%	全球排名	得分	矿种	全球占比/%	全球排名	得分					
土库曼斯坦	优势矿产有锶、钾盐			11	石油	0.20	34	9	4	8	石油天然气工业	3	31
	天然气	9.90	4		天然气	1.60	14						
	碘	1.11	7		碘	2.14	3						
乌克兰	天然气	0.60	23	30	天然气	0.50	31	30	10	20	钢铁工业；采掘业透明度评估有进展	4	84
	煤炭	3.30	8		煤炭	0.40	15						
	铁	2.48	7		铁	3.82	5						
	锰	17.28	2		锰	2.84	8						
	钛铁矿	0.77	10		钛铁矿	5.43	6						
	金红石	15.67	4		金红石	5.32	4						
	优势矿产有镍、钛、铀、汞、石墨、耐火土、石材				二氧化钛	4.29	5						
					金属镁	0.91	6						
					镓	1.25	2						
					溴	1.07	5						
					石墨	1.82	8						
					泥炭	2.00	11						
					硅	0.71	13						
					膨润土	0.59	12						
					石灰	0.49	15						
					氮气	1.07	18						
阿联酋	石油	5.70	8	11	石油	4.20	7	14	3	6	石油天然气工业、炼铝业、水泥业	5	36
	天然气	3.00	8		天然气	1.70	13						
	优势矿产有硫、镁、石灰岩				金属铝	4.22	5						
					硫	4.30	7						

续表

国家	能源、矿产资源禀赋				能源、矿产品产量				战略性矿产种类	得分	重点产业、采掘业透明度	得分	合计
	矿种	全球占比/%	全球排名	得分	矿种	全球占比/%	全球排名	得分					
乌兹别克斯坦	铀储量18.58万吨		7	14	石油	0.10	38	24	8	16	采矿业	5	59
	天然气	0.60	23		天然气	1.50	15						
	煤炭	0.10	25		煤炭	0.10	20						
	金	3.60	10		金	3.03	10						
	铜		较为丰富		铼	0.82	6						
	钨		较为丰富		氦气	0.07	20						
	磷酸盐岩	0.14	16		磷酸盐岩	0.38	22						
也门	石油	0.20	23	2	石油	0.10	38	1	2	4	石油天然气工业	3	10
	天然气	0.10	36		—	—	—						

能源、矿产资源禀赋：石油、天然气、煤炭数据源于BP集团《BP世界能源统计年鉴2019》，2018年数据；矿产资源数据源于美国地质调查局《世界矿产品摘要2020》，2019年数据，没有全球占比的矿产资源信息源于商务部国际贸易经济合作研究院、中国驻外使馆经济商务处、商务部对外投资和经济合作司合作编著的28国《对外投资合作国别（地区）指南（2019版）》(巴勒斯坦除外)，沙特阿拉伯钽矿资源量源于中国商务部网站“沙特塔布克的钽储量居世界首位”(http://www.mofcom.gov.cn/aarticle/i/jyjl/k/200307/20030700106487.html)、亚美尼亚矿资源量源于中国商务部网站“亚美尼亚矿产资源概况”(http://www.mofcom.gov.cn/article/i/dxfw/ae/201611/20161101872510.shtml)。根据各类矿产全球排名赋值，全球排名1—5位赋值5分、6—10位赋值4分、11—15位赋值3分、16—20位赋值2分、20位以后赋值1分，每项优势矿产赋值1分，累计得分不超过40分，最高得40分。

能源、矿产品产量：石油、天然气、煤炭数据源于BP集团《BP世界能源统计年鉴2019》，2018年数据；矿产资源数据源于美国地质调查局《世界矿产品摘要2020》，2019年数据。根据各类矿产全球排名赋值，全球排名1—5位赋值5分、6—10位赋值4分、11—20位赋值3分、21—30位赋值2分、30位以后赋值1分，累计得分超过30分，最高得30分。

战略性矿产种类：根据中国地质调查局38种战略性矿产名录，得出每个国家的战略性矿产种类数，每个战略性矿产赋值2分。

重点产业、采掘业透明度：重点产业资料源于商务部国际贸易经济合作研究院、中国驻外使馆经济商务处、商务部对外投资和经济合作司合作编著的28国《对外投资合作国别（地区）指南（2019版）》(巴勒斯坦除外)。采掘业透明度源于“采掘业透明度行动计划”官网（https://eiti.org/countries）。赋值标准为，采矿业/工矿业/能矿产业赋值5分、石油天然气工业赋值3分、其他行业赋值1分、采掘业透明度评估有进展赋值3分，未按标准进行采掘业透明度评估2分、暂停采掘业透明度评估赋值1分。

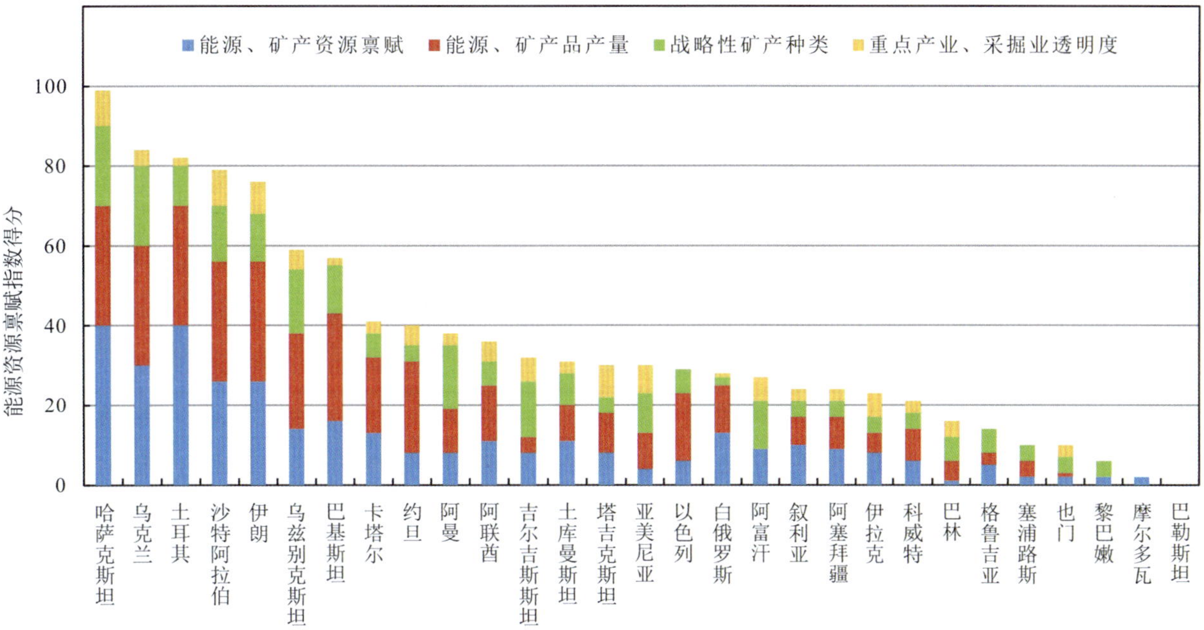

图 3–4　丝绸之路沿线29国能源资源禀赋指数排序

得满分40分，其次是乌克兰、伊朗、沙特阿拉伯等国，得分均大于20分。在能源/矿产品产量方面，哈萨克斯坦、土耳其、乌克兰、伊朗、沙特阿拉伯等国获得满分30分；巴基斯坦、乌兹别克斯坦、约旦等国位居其后，得分均大于20分。在战略性矿产种类方面，哈萨克斯坦、乌克兰排名最为靠前，获得满分20分；乌兹别克斯坦、阿曼、沙特阿拉伯、吉尔吉斯斯坦、伊朗、巴基斯坦、阿富汗等国位居其后，得分均大于10分。在重点产业/采掘业透明度方面，哈萨克斯坦、沙特阿拉伯得分最高（得分9分，满分10分）；伊朗、塔吉克斯坦、亚美尼亚、吉尔吉斯斯坦、阿富汗、伊拉克等国位居其后，得分均大于5分。

第三节　矿业勘查开发指数评价

一、赋值标准

根据本书第一章第三节所建立的丝绸之路沿线29国矿业投资环境评价体系和评价方法，对各个国家的矿业勘查开发指数所涉及的所有二级评价指标进行赋值打分，并根据各二级评价指标的权重，计算得出各个国家的矿业勘查开发指数得分。

矿业勘查开发指数得分（满分100分）=矿业勘查投入/GDP得分（满分25分）+矿业勘查公司数得分（满分10分）+矿山项目数得分（满分10分）+运营矿业公司数得分（满分10分）+运营矿山数得分（满分15分）+中资矿业企业和/或大型国企情况得分（满分30分）。

其中，矿业勘查投入/GDP得分根据各国矿业勘查投入经费在本国GDP总值中的占比情况，并根据各国占比情况的分布区间，分不同档次进行赋值，具体赋值标准见表3–8。

矿业勘查公司数得分依据标普数据库中各个国家的矿业勘查公司数，根据数量的不同，分不同档次进行赋值，具体赋值标准见表3–9。

表3-8 矿业勘查投入/GDP得分赋值标准

（矿业勘查投入/GDP）/‰	赋值	（矿业勘查投入/GDP）/‰	赋值
>5.0000	25	0.1000—0.1999	12
4.0000—4.9999	24	0.0800—0.0999	11
3.0000—3.9999	23	0.0600—0.0799	10
2.0000—2.9999	22	0.0400—0.0599	9
1.0000—1.9999	21	0.0200—0.0399	8
0.9000—0.9999	20	0.0100—0.0199	7
0.8000—0.8999	19	0.0080—0.0099	6
0.7000—0.7999	18	0.0060—0.0079	5
0.6000—0.6999	17	0.0040—0.0059	4
0.5000—0.5999	16	0.0020—0.0039	3
0.4000—0.4999	15	0.0010—0.0019	2
0.3000—0.3999	14	0.0000—0.0009	1
0.2000—0.2999	13	—	0

表3-9 矿业勘查公司数得分赋值标准

勘查公司数	赋值	勘查公司数	赋值	勘查公司数	赋值
>18	10	11—12	6	3—4	2
17—18	9	9—10	5	1—2	1
15—16	8	7—8	4	—	0
13—14	7	5—6	3		

矿山项目数得分依据标普数据库中各个国家的矿山项目数，根据数量的不同，分不同档次进行赋值，具体赋值标准见表3-10。

运营矿业公司数得分依据标普数据库中各个国家运营的矿业公司数，根据数量的不同，分不同档次进行赋值，具体赋值标准见表3-11。

运营矿山数得分依据标普数据库中各个国家运营的矿山数，根据数量的不同，分不同档次进行赋值，具体赋值标准见表3-12。

表3-10 矿山项目数得分赋值标准

矿山项目数	赋值	矿山项目数	赋值	矿山项目数	赋值
>400	10	71—100	6	6–10	2
301–400	9	41—70	5	1–5	1
201–300	8	21—40	4	—	0
101–200	7	11—20	3	—	—

表 3–11　运营矿业公司数得分赋值标准

运营公司数	赋值	运营公司数	赋值	运营公司数	赋值
>50	10	11—20	6	3—4	2
41—50	9	9—10	5	1—2	1
31—40	8	7—8	4	—	0
21—30	7	5—6	3	—	—

表 3–12　运营矿山数得分赋值标准

运营矿山数	赋值	运营矿山数	赋值	运营矿山数	赋值	运营矿山数	赋值
>200	15	81—100	11	21—30	7	5—6	3
161—200	14	61—80	10	11—20	6	3—4	2
131—160	13	41—60	9	9—10	5	1—2	1
101—130	12	31—40	8	7—8	4	—	0

二、评价结果

丝绸之路沿线29国的矿业勘查开发指数由各国矿业勘查投入在GDP中的占比、矿业勘查公司数、矿山项目数、运营矿业企业数、运营矿山数、中资矿业企业和/或大型国企等分项指标组成，各分项得分及总体得分见表3–13。

总体而言，哈萨克斯坦的矿业勘查开发指数最高，这些国家矿业勘查投资在GDP总值中的比例、运营矿业公司数、矿业勘查公司数、运营矿山数、矿山项目数、中资矿业企业和/或大型国企情况等指标排名均较靠前；吉尔吉斯斯坦、土耳其、塔吉克斯坦、伊朗、乌兹别克斯坦、巴基斯坦、沙特阿拉伯等国位居其后，这些国家具有较高的矿业勘查开发指数，各类分项指标排名大多数比较靠前；也门、以色列、约旦、科威特、塞浦路斯、土库曼斯坦、卡塔尔、巴林、黎巴嫩等国具有较低的矿业勘查开发指数，各分项指标排名较为靠后；巴勒斯坦、叙利亚、摩尔多瓦由于没有收集到相关信息，排在最后（表3–13、图3–5）。

就各类分指标而言（表3–13、图3–5），在各国矿业勘查投入与GDP比值得分方面，吉尔吉斯斯坦、伊朗、哈萨克斯坦等国排名前三，显示矿业在这些国家受重视程度较高；亚美尼亚、乌兹别克斯坦、塔吉克斯坦、阿塞拜疆、格鲁吉亚等国位居其后，这些国家对矿业的重视程度也较高。在矿业勘查公司得分方面，哈萨克斯坦获得满分10分，土耳其、吉尔吉斯斯坦两国位居其后；在矿山项目得分方面，乌克兰、哈萨克斯坦、土耳其排名前三，吉尔吉斯斯坦、伊朗、沙特阿拉伯、乌兹别克斯坦等国位居其后；在运营矿山公司得分方面，哈萨克斯坦、土耳其、乌克兰排名前三，吉尔吉斯斯坦、沙特阿拉伯、阿曼、伊朗、塔吉克斯坦等国位居其后；在运营矿山得分方面，哈萨克斯坦、乌克兰、土耳其等国排名前三，沙特阿拉伯、吉尔吉斯斯坦、阿曼、伊朗、塔吉克斯坦等国位居其后，说明这些国家的矿业勘查开发活动较为活跃。在中资矿业企业/大型国企情况得分方面，哈萨克斯坦、吉尔吉斯斯坦、巴基斯坦等国均获得满分，排名第一；塔吉克斯坦、土耳其、伊拉克、沙特阿拉伯、乌兹别克斯坦、伊朗、阿联酋等国位居其后，说明中国矿业公司或大型国企在这些国家的活动程度较高。

表 3–13　丝绸之路沿线 29 国矿业勘查开发指数

评价指标	矿业勘查投入在GDP中的占比/‰	得分	矿业勘查公司数	得分	矿山项目数	得分	运营矿业公司数	得分	运营矿山数	得分	中资矿业企业、大型国企情况	得分	合计
阿富汗	0.0048a	4	1d	1	25	4	3	2	3	2	中冶（铜矿）、中石油（油气）、中铁十四局、中兴公司、中国路桥、中电工程、中国十九冶	10	23
亚美尼亚	0.4853b	15	2d	1	30	4	5	3	8	4	中信建设、中国电建、西电国际、中兴公司、中水电	5	32
阿塞拜疆	0.1569a	12	2d	1	18	3	4	2	6	3	中石油（油气）、中铁十九局、中国土木工程集团、中国地质工程集团、中国路桥	6	27
巴林	—	0	—	0	5	1	—	0	—	0	中国建筑、中集车辆、山东电建	3	4
白俄罗斯	0.0483b	9	1d	1	1	1	2	1	—	0	中机建设、中信建设、北京住总集团、中化化肥、中兴公司、中工国际、中铁二十五局、中铁九局、中机设备工程公司、中国十五冶建设公司、华北电力设计院、天津电建、中国路桥、葛洲坝集团	14	26
塞浦路斯	0.0040c	4	1c	1	12	3	3	2	3	2	—	0	12
格鲁吉亚	0.0795a	10	1d	1	9	2	3	2	6	3	中国路桥、湖南路桥、东方电气、中铁二十三局、中水电、中铁二院、中核二三建设公司、中冶建工	8	26
伊朗	0.6279a	17	1d	1	76	6	10	5	26	7	江西地矿资源（金矿）、中石油（油气）、中石化（油气）、中海油（油气）、中冶、中色建筑、葛洲坝集团、中铁国际、奇瑞公司、中信国合、中航技、东方电气	17	53
伊拉克	—	0	—	0	1	1	—	0	—	0	中石油（油气）、中海油（油气）、绿洲石油公司（油气）、振华石油（油气）、中曼石油（油气）安东石油（油气）、上海电气、天津电建、苏州中材、中建材、中国交通建设、葛洲坝集团、中地国际、中机设备工程公司、中兴公司、东方电气、中国铁建、中国电建、中信建设	25	26
以色列	0.0017c	2	2d	1	5	1	1	1	2	1	中国化工集团、上海光明食品、中铁隧道局集团、中建、中水电、中国土木工程集团、北京建工、中铁十二局	8	14
约旦	—	0	1d	1	9	2	5	3	5	3	广东能源集团、山东电建、中远海运、广东火电国际工程、成都建材院	5	14
哈萨克斯坦	0.5469a	16	20d	10	369	9	56	10	165	14	中广核（铀矿）、中核集团（铀矿）、五矿集团（铬矿、镍矿）、金川集团（铜矿）、江铜集团（钨矿）、厦门钨业（钨钼矿）、新疆吉安（铜钴矿）、中石油（油气）、中石化（油气）、振华石油（油气）、中信集团（油气）、新天国际（油气）、中色股份、中水电	30	89
科威特	—	0	—	0	—	0	—	0	—	0	中石化（油气）、中国建筑、中国港湾、中水电、中冶科工、中铁十八局、中铁一局、中国电线电缆公司、山东电建、葛洲坝集团、中兴公司、中航技	13	13

续表

评价指标	矿业勘查投入在GDP中的占比/‰	得分	矿业勘查公司数	得分	矿山项目数	得分	运营矿业公司数	得分	运营矿山数	得分	中资矿业企业、大型国企情况	得分	合计
吉尔吉斯斯坦	4.5438a	24	9d	5	167	7	19	6	29	7	中金集团（金铜矿）、紫金矿业（金矿）、灵宝黄金（金矿）、亿阳集团（钨锡矿、石油）、塔城国际（金矿、锡矿）、山东正元（金矿、铁矿）、美林控股集团（铁矿）、新疆凯迪矿业（金铜矿、锡矿）、新疆远山矿产资源勘查公司（金矿、铜矿、银矿）、中能国际（油气）、中国路桥、中国能建、中水电、中铁五局	30	79
黎巴嫩	—	0	—	0	—	0	—	0	—	0	中兴公司、中水电	2	2
摩尔多瓦	—	0	—	0	—	0	—	0	—	0	—	0	0
阿曼	0.0472a	9	1d	1	26	4	18	6	21	7	中石油（油气）、中水产公司、中铁十八局	3	30
巴基斯坦	0.0067a	5	1d	1	29	4	8	4	11	6	中冶（铜金矿）、华冶（铅锌矿）、科达利矿业（铜金矿）、神华集团（煤矿）、振华石油（油气）、联合能源（油气）、中国移动、中建、中水电、上海建工、葛洲坝集团、中国路桥、东方电气、中油工程、中油测井、新疆路桥、华中电力、四川石油管理局、中原对外、中航技、山东巨菱	30	50
巴勒斯坦	—	0	—	0	—	0	—	0	—	0	—	0	0
卡塔尔	—	0	—	0	1	1	2	1	1	1	中国电建、中国港湾、葛洲坝集团、中国铁建	4	7
沙特阿拉伯	0.0044a	4	5d	3	60	5	12	6	34	8	中核集团（铀钍资源调查）、中石油（油气）、中石化（油气）、福建石化（油气）、中国地矿总公司（铜锌金矿建设）、中铝（电解铝厂）、中铁隧道局集团、山东电建、中国铁建、中材国际、中国土木工程集团、中国港湾、中铁十八局、中工国际、中水电、中国电建、中铁九局、北京建工、中国远洋	24	50
叙利亚	—	0	—	0	—	0	—	0	—	0	—	0	0
塔吉克斯坦	0.2458a	13	3d	2	34	4	10	5	15	6	塔中矿业（铅锌矿）、紫金矿业（金矿）、中色国际（金矿）、华钰矿业（金矿、锑矿）、新疆特变电（金矿）、中亚矿业（银矿）、河南豫矿（锡矿）、中水电、中石油、中国路桥、中国重机、中铁五局、中铁十九局、中国电建	28	58
土耳其	0.0311a	8	11d	6	201	8	38	8	73	10	中冶（铬铁矿）、中轻资源（铬铁矿）、辰瀚矿业（铜矿）、太钢集团（铬铁矿）、中国化工（镍矿、天然碱）、大同煤矿（煤矿）、中煤建设（煤炭）、上海电力、中航技、中兴公司、中电电气、中国中车	26	66
土库曼斯坦		0	—	0	3	1	—	0	—	0	中石油（油气）、中石化（油气）、中机进出口公司、中工国际、兰石国际、大庆石油管理局、四川石油管理	9	10

续表

评价指标	矿业勘查投入在GDP中的占比/‰	得分	矿业勘查公司数	得分	矿山项目数	得分	运营矿业公司数	得分	运营矿山数	得分	中资矿业企业、大型国企情况	得分	合计
乌克兰	0.0031b	3	1b	1	404	10	26	7	88	11	上海电建、中机设备工程公司	2	34
阿联酋	—	0	—	0	6	2	2	1	3	2	中石油（油气）、中石化（油气）、华信能源（油气）、中化（油气）、中远海运、上海电气、中铁十八局、中铁四局、中国铁建、中国建筑、中江国际、江苏海投	16	21
乌兹别克斯坦	0.2501a	13	3d	2	53	5	7	4	15	6	中广核（铀矿）、河南鑫佰利、中石油（油气）、中国机械设备工程公司、中元国际、中工国际、中技公司、中信建设、中铁隧道、保利科技、中国电建、中兴公司、中煤科工、中国路桥、中国南航、东方电气	21	51
也门	0.0048c	4	1c	1	11	3	—	0	—	0	中石化（油气）、中原油田、江苏油田、中水产公司、中水远洋渔业公司、中兴公司	7	15

矿业勘查投入/GDP总值：矿业勘查投入数据源于标普数据库（网址：https://www.spglobal.com/marketintelligence/en/）、GDP数据源于世界银行（网址：https://data.worldbank.org.cn/），伊朗GDP数据源于外交部网站“伊朗国家概况”（网址https://www.fmprc.gov.cn/web/gjhdq_676201/gj_676203/yz_676205/1206_677172/1206x0_677174/）。a表示该数据年份为2018年，b表示该数据年份为2017年，c表示该数据年份为2016年。

矿业勘查公司数：数据源于标普数据库（网址：https://www.spglobal.com/marketintelligence/en/），b表示该数据年份为2017年，c表示该数据年份为2016年，d表示该数据年份为2019年。

矿山项目数、运营矿业公司数、运营矿山数：数据均源于标普数据库（网址：https://www.spglobal.com/marketintelligence/en/），2019年数据。

中资矿业企业、大型国企情况：资料主要源于商务部国际贸易经济合作研究院、中国驻外使馆经济商务处、商务部对外投资和经济合作司合编的28国《对外投资合作国别（地区）指南（2019版）》(巴勒斯坦除外)，部分信息来源于网站报道，在此不一一列出。

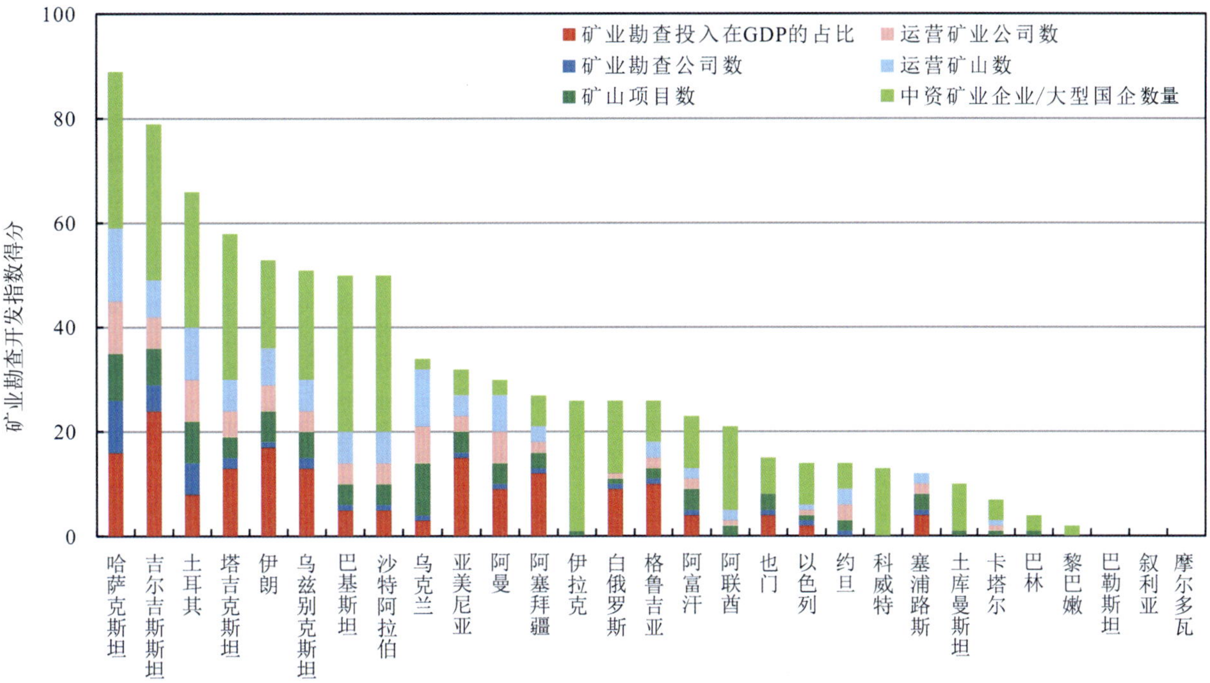

图 3–5　丝绸之路沿线29国矿业勘查开发指数排序

三、各国矿业勘查投入概况

矿业勘查投入状况可以在一定程度上反映矿业活动/矿业行业在各个国家不同工业行业中的地位。按照矿业勘查投入体量来分析（表3–14、图3–6），哈萨克斯坦矿业勘查经费投入最多，多达11160万美元，土耳其、吉尔吉斯斯坦、沙特阿拉伯、伊朗、乌兹别克斯坦等国位居其后（勘查投入经费均大于1000万美元），乌克兰、也门、塞浦路斯、阿富汗等国勘查投入较少（不足50万美元），阿联酋、黎巴嫩、叙利亚、巴林、伊拉克、巴勒斯坦、约旦、土库曼斯坦、摩尔多瓦、科威特、卡塔尔等国由于没有收集到相关数据，排在最后。

按照矿业勘查投入在各国GDP总值中的比例情况来分析（一定程度上可以反映各国对矿业勘查行业的重视程度），吉尔吉斯斯坦的比例最高，高达4.5438‰；伊朗、哈萨克斯坦、亚美尼亚、乌兹别克斯坦、塔吉克斯坦、阿塞拜疆等国位居其后（比例均大于0.1‰）；巴基斯坦、也门、阿富汗、沙特阿拉伯、塞浦路斯、乌克兰、以色列等国的比例较低（比例均不足0.01‰）；阿联酋、黎巴嫩、叙利亚、巴林、伊拉克、巴勒斯坦、约旦、土库曼斯坦、摩尔多瓦、科威特、卡塔尔等国由于没有收集到相关数据，排在最后（表3–14、图3–6）。

第四节　国际合作关系指数评价

一、赋值标准

根据本书第一章第三节所建立的丝绸之路沿线29国矿业投资环境评价体系和评价方法，对各个国家的国际合作关系指数所涉及的所有二级评价指标进行赋值打分，并根据各二级评价指标的权重，计算得

表 3–14 丝绸之路沿线 29 国矿业勘查投入统计表

国家	矿业勘查投入/万美元	排序	矿业勘查投入在本国GDP中的占比/‰	排序
[a]阿富汗	10	16	0.0048	13
[b]亚美尼亚	600	8	0.4853	4
[a]阿塞拜疆	900	7	0.1569	7
巴林	0	19	0.0000	19
[b]白俄罗斯	300	10	0.0483	9
[c]塞浦路斯	10	16	0.0040	16
[a]格鲁吉亚	140	13	0.0795	8
[a]伊朗	2700	5	0.6279	2
伊拉克	0	19	0.0000	19
[c]以色列	50	14	0.0017	18
约旦	0	19	0.0000	19
[a]哈萨克斯坦	11160	1	0.5469	3
科威特	0	19	0.0000	19
[a]吉尔吉斯斯坦	3120	3	4.5438	1
黎巴嫩	0	19	0.0000	19
摩尔多瓦	0	19	0.0000	19
[a]阿曼	360	9	0.0472	10
[a]巴基斯坦	170	12	0.0067	12
巴勒斯坦	0	19	0.0000	19
卡塔尔	0	19	0.0000	19
[a]沙特阿拉伯	3060	4	0.0044	15
叙利亚	0	19	0.0000	19
[a]塔吉克斯坦	240	11	0.2458	6
[a]土耳其	3860	2	0.0311	11
土库曼斯坦	0	19	0.0000	19
[b]乌克兰	40	15	0.0031	17
阿联酋	0	19	0.0000	19
[a]乌兹别克斯坦	1950	6	0.2501	5
[c]也门	10	16	0.0048	14

注：丝绸之路沿线29国矿业勘查投入数据源于标普数据库（网址：https://www.spglobal.com/marketintelligence/en/）、GDP数据源于世界银行数据库（网址：https://data.worldbank.org.cn/），伊朗GDP数据源于外交部网站《伊朗国家概况》(网址https://www.fmprc.gov.cn/web/gjhdq_676201/gj_676203/yz_676205/1206_677172/1206x0_677174/)。[a]表示该数据年份为2018年。[b]表示数据年份为2017年，[c]表示数据年份为2016年。

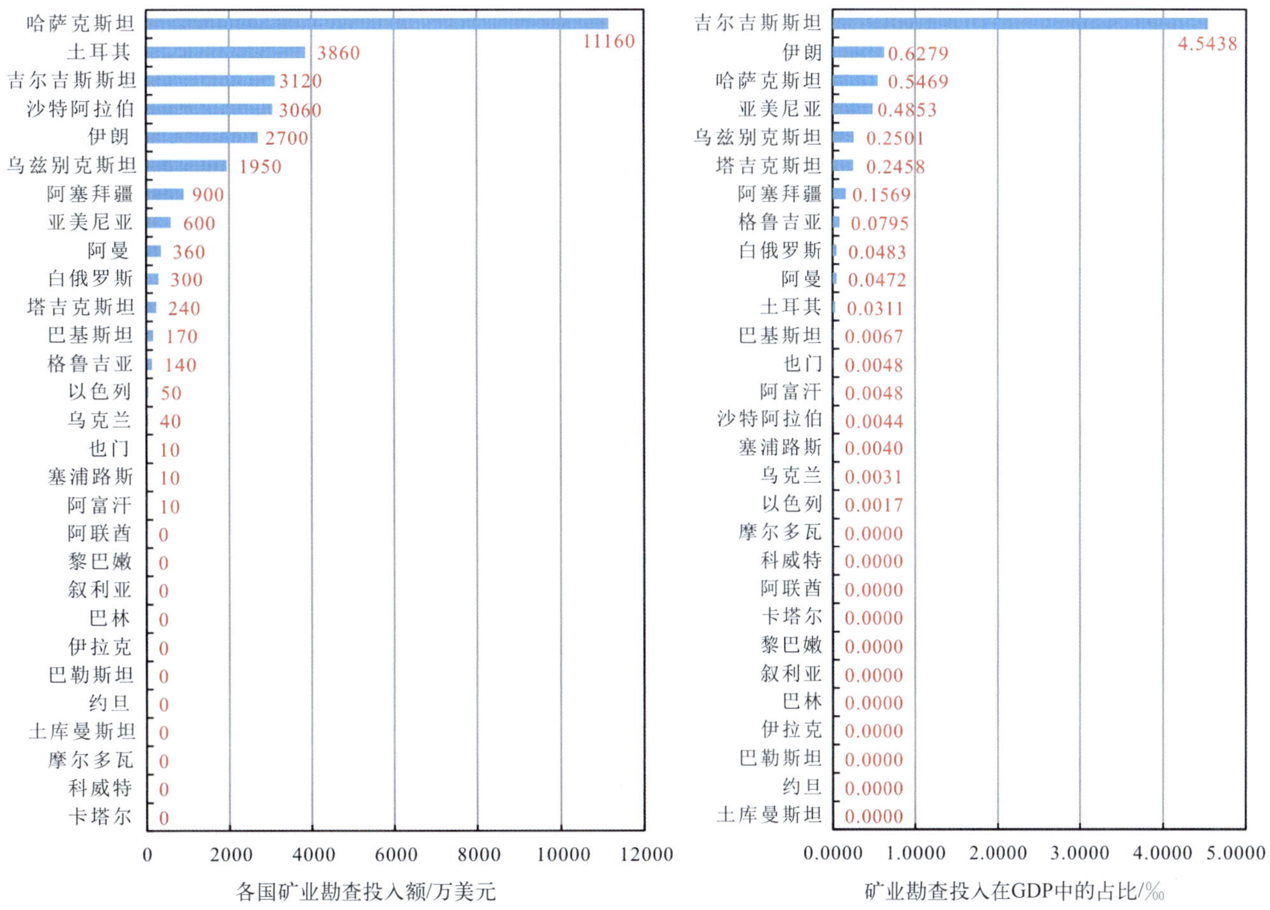

图 3–6　丝绸之路沿线29国矿业勘查投入排序

出各个国家的国际合作关系指数得分。

国际合作关系指数得分（满分100分）=外交关系得分（满分25分）+经贸关系得分（满分20分）+共建“一带一路”协议签署情况及对接策略/共同组织得分（满分15分）+中方产业园区/重大工程/中资企业数/企业商会得分（满分10分）+地学合作关系得分（满分30分）。

其中，外交关系得分按照不同外交关系赋值：全天候战略合作伙伴关系赋值25分、全面战略伙伴关系赋值20分、战略伙伴关系赋值15分、创新全面伙伴关系赋值10分、友好合作关系（签署协议）赋值8分、友好合作赋值5分。

经贸关系得分按照不同经贸关系赋值，具体赋值标准见表3–15。贸易伙伴和投资来源国赋值可以累加，进口来源国可与出口目的国或逆差来源国赋值累加，但这三者均不能与贸易伙伴国赋值累加，当同时出现时取最大值。

共建“一带一路”协议签署情况及对接策略/共同国际组织得分按照不同情况分别赋值（表3–16）：签署共建“一带一路”文件赋值6分；有战略对接赋值4分；商签“一带一路”文件赋值5分；表示积极参与一带一路建设赋值4分；“一带一路”能源合作伙伴赋值2分；上海合作组织成员国赋值2分；上海合作组织观察员国赋值1分；上海合作组织对话伙伴国赋值1分；亚投行创始成员国赋值1分；G20成员国赋值1分。

中方产业园区/重大工程/中资企业数/企业商会得分按照不同情况分别赋值：有共建工业/产业园区赋值3分；有共建重大工程赋值2分；有中资企业入驻赋值1分；有中资企业商会/协会赋值1分；有中资矿业

表 3–15 经贸关系得分赋值标准

经贸关系	赋值	经贸关系	赋值
非油类最大贸易伙伴国	10	第一大投资来源国	10
第一大贸易伙伴国	10	第二大投资来源国	9
第二大贸易伙伴国	9	第四大投资来源国	7
第三大贸易伙伴国	8	主要投资来源国	3
第四大贸易伙伴国	7	重要投资来源国	2
第六大贸易伙伴国	5	第一大进口来源国	5
主要贸易伙伴国	3	第二大进口来源国	4
重要贸易伙伴国	2	第三大进口来源国	3
有贸易往来	1	第九大进口来源国	1
第一大出口目的国	5	第一大贸易逆差来源国	5
第九大出口目的国	1		

表 3–16 共建“一带一路”协议签署情况及对接策略 / 共同组织得分赋值标准

地学合作关系	赋值	地学合作关系	赋值
签署共建“一带一路”文件	6	上海合作组织成员国	2
有战略对接	4	上海合作组织观察员国	1
商签“一带一路”文件	5	上海合作组织对话伙伴国	1
表示积极参与“一带一路”建设	4	亚投行创始成员国	1
“一带一路”能源合作伙伴	2	G20成员国	1

园区加1分；有中资矿业项目加2分；有中资油气项目加1分；中资企业数超过100家加1分。累计不超过10分，超过者按10分计算。

地学合作关系得分按照不同合作关系分别赋值（表3–17）：签署地学合作备忘录赋值8分；签署项目合作协议赋值8分；建有地学合作委员会赋值8分；有高层互访赋值3分；开展实质性合作赋值9分；参加中国援外培训班赋值2分；来访中国赋值2分。

表 3–17 经贸关系得分赋值标准

地学合作关系	赋值	地学合作关系	赋值
签署地学合作备忘录	8	开展实质性合作	9
签署项目合作协议	8	参加中国援外培训班	2
建有地学合作委员会	8	来访中国	2
高层互访	3	—	—

二、评价结果

丝绸之路沿线29国的国际合作关系指数由外交关系、经贸关系、共建“一带一路”协议签署情况及对接策略/共同国际组织、中方产业园区/重大工程/中资企业数/企业商会、地学合作关系等分项指标组成，按前文分项评价指标赋值打分，各分项得分及总体得分见表3–18。

总体而言，巴基斯坦、吉尔吉斯斯坦、乌兹别克斯坦在国际合作关系指数得分中排名前三，这些国家在外交关系、经贸关系、共建“一带一路”协议签署情况及对接策略/共同国际组织、中方产业园区/重大工程/中资企业数/企业商会、地学合作关系等分项指标的排名均比较靠前，表明这些国家与中国的国际合作关系非常好，特别表现在地学合作关系；塔吉克斯坦、伊朗、哈萨克斯坦、土耳其、沙特阿拉伯等国位居其后，各类分项指标排名大多数比较靠前，这些国家与中国之间具有较好的国际合作关系；巴林、塞浦路斯、巴勒斯坦等国排在更后，各分项指标排名较为靠后，这些国家与中国之间的国际合作关系不太理想（表3–18、图3–7）。

就各类分指标而言（表3–18、图3–7），在各国与中国的外交关系方面，巴基斯坦排名第一，两国之间具有良好的外交关系；阿联酋、白俄罗斯、沙特阿拉伯、哈萨克斯坦、伊朗、塔吉克斯坦、乌兹别克斯坦、吉尔吉斯斯坦等国位居其后，这些国家与中国具有较好的外交关系。

在中国与丝路沿线29国经贸关系方面，巴基斯坦、吉尔吉斯斯坦两国排名并列第一，这两国与中国之间经贸关系良好、经贸地位高、贸易活动频繁、贸易量大；乌兹别克斯坦、土库曼斯坦、哈萨克斯坦、伊朗等国位居其后，这些国家与中国之间经贸关系较好、经贸地位较高、贸易活动较为频繁、贸易量较大。

在共建“一带一路”协议签署情况及对接策略/共同国际组织得分方面，巴基斯坦、吉尔吉斯斯坦、土耳其、塔吉克斯坦等国排名靠前，这些国家与中国志向相投，认可中国“一带一路”倡议，与中方有着共同的发展目标、共同的利益诉求，有着很好的合作潜力和很大的合作空间；乌兹别克斯坦、哈萨克

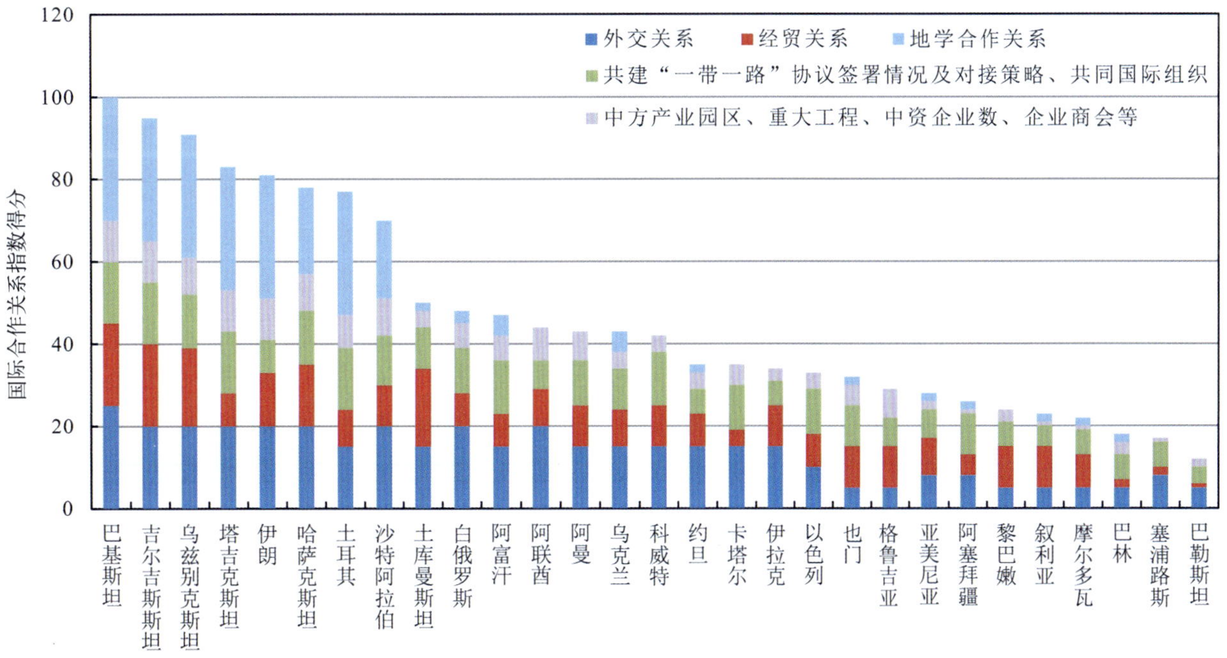

图 3–7　丝绸之路沿线29国国际合作关系指数排序

表 3–18 丝绸之路沿线 29 国国际合作关系指数

评价指标	外交关系	得分	经贸关系	得分	共建“一带一路”协议签署情况及对接策略、共同国际组织	得分	中方产业园区、重大工程、中资企业数、企业商会等	得分	地学合作关系	得分	合计
阿富汗	战略伙伴关系	15	第三大贸易伙伴国	8	签署了《共同推进“一带一路”建设谅解备忘录》，加强阿富汗国家转型和发展战略与“一带一路”倡议对接，“一带一路”能源合作伙伴。上海合作组织观察员国	13	阿姆河盆地油田项目、埃纳克铜矿项目、巴米扬-萨曼甘省公路改造与修复项目等，14家中资企业	6	高层互访、援外培训班	5	47
亚美尼亚	友好合作关系	8	第二大贸易伙伴国 第二大进口来源国	9	签署了《加强共建丝绸之路经济带合作备忘录》。上海合作组织对话伙伴国	7	阴极铜冶炼厂项目、8家中资企业	2	援外培训班	2	28
阿塞拜疆	友好合作关系	8	第六大贸易伙伴国 第三大进口来源国	5	签署了《关于共同推进丝绸之路经济带建设的谅解备忘录》，“一带一路”能源合作伙伴。上海合作组织对话伙伴国、亚投行创始成员国	10	20余家中资企业	1	援外培训班	2	26
巴林	友好合作	5	重要贸易伙伴国	2	签署了《共同推进“一带一路”建设的谅解备忘录》，坚定支持“一带一路”倡议	6	阿杜尔二期电站和水站项、8家中资企业	3	援外培训班	2	18
白俄罗斯	全面战略伙伴关系	20	第三大贸易伙伴国 第二大进口来源国	8	签署了《关于共建丝绸之路经济带合作议定书》《共同推进“一带一路”建设的措施清单》。上海合作组织观察员国	11	中白工业园，约300家中资企业，白俄罗斯中国企业商会	6	高层互访	3	48
塞浦路斯	友好合作关系	8	第九大进口来源国 第九大出口目的国	2	签署了《共建“一带一路”谅解备忘录》，将抓住共建“一带一路”机遇，扩大塞中各领域合作	6	4家中资企业	1	无	0	17
格鲁吉亚	友好合作	5	第四大贸易伙伴 主要投资来源国	10	签署了《关于加强共建丝绸之路经济带合作备忘录》。亚投行创始成员国	7	华凌国际经济特区（最大投资项目）、格鲁吉亚联合循环电站项目总承包（最大能源项目），20余家中资企业，格鲁吉亚中资企业商会	7	无	0	29
伊朗	全面战略伙伴关系	20	第一大贸易伙伴国 重要投资来源国	13	签署了《关于共同推进丝绸之路经济带和21世纪海上丝绸之路建设的谅解备忘录》。上海合作组织观察员国、亚投行创始成员国	8	中伊汽车工业园，Baft钢铁项目、伊朗亚兹德第二输水管线工程、伊朗高速铁路项目等，100多家中资企业，伊朗中资企业联谊会	10	地学备忘录、项目协议、高层互访、开展实质性合作、援外培训班	30	81
伊拉克	战略伙伴关系	15	第一大贸易伙伴国	10	期待“一带一路”扩大与发展，积极参与“一带一路”建设，“一带一路”能源合作伙伴	6	格拉芙油田原油处理项目、马基鲁油田一体化管理服务等，30余家中资企业	3	无	0	34
以色列	创新全面伙伴关系	10	第三大贸易伙伴国	8	与四川等8省份签署了产业研发协议，推动“新丝绸之路”建设。愿积极参与“一带一路”框架下基础设施等合作，加强发展战略对接，在共建“一带一路”的框架内，稳步推进重大合作项目，拓展两国务实合作的深度和广度。亚投行创始成员国	11	特拉维夫轻轨项目、吉隆隧道项目、海法港口公参项目等，18家中资机构，以色列中资企业协会	4	无	0	33

续表

评价指标	外交关系	得分	经贸关系	得分	共建“一带一路”协议签署情况及对接策略、共同国际组织	得分	中方产业园区、重大工程、中资企业数、企业商会等	得分	地学合作关系	得分	合计
约旦	战略伙伴关系	15	第三大贸易伙伴国 第二大进口来源国	8	正在共商关于签署“一带一路”合作备忘录。愿与中方深化共建“一带一路”合作，推进能源、基础设施等领域大项目建设。亚投行创始成员国	6	阿塔拉特油页岩发电站项目、侯赛因联合循环电站等，10余家中资企业，约旦中资企业协会	4	援外培训班	2	35
哈萨克斯坦	全面战略伙伴关系	20	第三大贸易伙伴国 第四大投资来源国	15	签署了《哈萨克斯坦“光明之路”新经济政策与“丝绸之路经济带”对接的合作计划》。上海合作组织成员国、亚投行创始成员国	13	中哈金土地高科技产业园区、哈萨克斯坦农产品加工物流园区，中哈铀矿开采项目、中哈石油管道项目、拉赞巴斯油田项目等，中资企业1083家	9	中哈地质与矿产利用分委会、地学备忘录、高层互访、援外培训班	21	78
科威特	战略伙伴关系	15	非油类最大贸易伙伴国	10	签署了《共同建设“一带一路”协议》，实现“一带一路”倡议与科威特“2035愿景”战略对接，以科北部开发为契机，在落实好两国已经签署的有关合作文件的基础上提升合作水平。“一带一路”能源合作伙伴。亚投行创始成员国	13	油田钻修井项目、祖尔新炼厂项目等，40余家中资企业，科威特中资企业协会	4	无	0	42
吉尔吉斯斯坦	全面战略伙伴关系	20	第一大贸易伙伴国 第一大投资来源国	20	签署了《关于共同合作建设丝绸之路经济带的议定书》，加快“一带一路”倡议与《吉尔吉斯共和国2018—2040年国家发展战略》对接。“一带一路”能源合作伙伴、上海合作组织成员国、亚投行创始成员国	15	亚洲之星农业产业合作区，“黄金加工绿色循环综合利用资源产业园”项目、左岸金矿、中–吉天然气管线合作项目，574家中资企业，吉尔吉斯中华投资总商会	10	地学备忘录、项目协议、高层互访、开展实质性合作、援外培训班	30	95
黎巴嫩	友好合作	5	第一大贸易伙伴国 第一大进口来源国	10	签署了《关于共同推进丝绸之路经济带与21世纪海上丝绸之路建设的谅解备忘录》，举办共建“一带一路”合作发展大会，促进双方的经贸和文化交流	6	援助黎巴嫩政府国家高等音乐学院项目，3家中资企业	3	无	0	24
摩尔多瓦	友好合作	5	第六大贸易伙伴国 第三大进口来源国 第一大逆差来源国	8	签署了《关于在中摩政府间经贸合作框架内加强共建丝绸之路经济带合作备忘录》	6	3家中资企业	1	来访	2	22
阿曼	战略伙伴关系	15	第一大贸易伙伴国 第一大出口目的国 第三大进口来源国	10	签署了《共同推进丝绸之路经济带与21世纪海上丝绸之路建设的谅解备忘录》，“一带一路”倡议涉及的重点领域、合作模式与阿“2040愿景”“九五”计划等远景规划十分契合。亚投行创始成员国	11	中阿（杜库姆）产业园，建阿曼原油储罐项目、建阿曼电信项目等，至少20余家中资企业，阿曼中资企业协会	7	无	0	43
巴基斯坦	全天候战略合作伙伴关系	25	第一大贸易伙伴国 第一大投资来源国	20	签署了《共建“一带一路”谅解备忘录》，成立了中巴经济走廊合作委员会，“一带一路”能源合作伙伴。上海合作组织成员国、亚投行创始成员国	15	海尔–鲁巴经济区、瓜达尔港自由区，塔尔煤田燃煤电站、萨希瓦尔燃煤电站、山达克铜金矿项目、杜达铅锌矿项目等，近300家中资企业，全巴基斯坦中资企业协会	10	地学备忘录、项目协议、高层互访、开展实质性合作、援外培训班	30	100

续表

评价指标	外交关系	得分	经贸关系	得分	共建“一带一路”协议签署情况及对接策略、共同国际组织	得分	中方产业园区、重大工程、中资企业数、企业商会等	得分	地学合作关系	得分	合计
巴勒斯坦	友好合作	5	有贸易往来，以援外投资为主	1	愿积极参与共建“一带一路”，拓展巴中经济、科技、基础设施、工业园区、旅游等合作	4	援建巴勒斯坦外交部大楼项目、援助巴勒斯坦拉姆安拉市连接道路项目等40余项	2	无	0	12
卡塔尔	战略伙伴关系	15	主要贸易伙伴国 第二大进口来源国	4	签署了《关于共同编制中卡共建“一带一路”倡议实施方案的谅解备忘录》，深入挖掘“一带一路”倡议与卡塔尔“国家愿景2030”的契合点。亚投行创始成员国	11	塔尔东部海域BC区块勘探项目、多哈新机场项目等，30余家中资企业，卡塔尔中资企业协会	5	无	0	35
沙特阿拉伯	全面战略伙伴关系	20	第一大贸易伙伴国	10	签署了《关于共同推进丝绸之路经济带和21世纪海上丝绸之路以及开展产能合作的谅解备忘录》，围绕深入推进“一带一路”倡议与沙特“2030愿景”进行了产业对接，签署了35份“一带一路”合作协议。亚投行创始成员国、G20成员国	12	中沙工业园区、沙特B区块天然气勘探开发项目、沙特延布炼厂项目等，160家中资企业，沙特中资企业协会	9	地学备忘录、项目协议、高层互访	19	70
叙利亚	友好合作	5	第一大贸易伙伴国	10	叙利亚“向东看”国家发展战略与“一带一路”倡议契合度高，愿在“一带一路”框架下加强同中国在各领域的务实合作	5	至少18家中资企业	1	援外培训班	2	23
塔吉克斯坦	全面战略伙伴关系	20	第三大贸易伙伴国	8	签署了《共建丝绸之路经济带合作备忘录》，成立了共建“一带一路”合作委员会，推动“塔吉克斯坦至2030年前国家发展战略”与“一带一路”倡议深度对接，“一带一路”能源合作伙伴。上海合作组织成员国、亚投行创始成员国	15	塔中矿业工业产业园区、中泰新丝路纺织园区、河南黄泛区农业示范园区，阿尔登–托普坎铅锌矿项目，300余家中资企业	10	地学备忘录、项目协议、高层互访、开展实质性合作、援外培训班	30	83
土耳其	战略伙伴关系	15	第二大贸易伙伴国 第一大贸易逆差来源国	9	签署了《关于”一带一路”倡议和”中间走廊”倡议相对接的谅解备忘录》《关于加强标准合作，助推“一带一路”建设联合倡议》，“一带一路”能源合作伙伴。上海合作组织对话伙伴国、亚投行创始成员国、G20成员国	15	卡赞天然碱项目、胡努特鲁燃煤电站项目、盐湖地下天然气储库项目。423家中资企业，土耳其中资企业总商会	8	地学备忘录、项目协议、高层互访、开展实质性合作、援外培训班	30	77
土库曼斯坦	战略伙伴关系	15	第一大贸易伙伴国 第二大投资来源国	19	商签共同推进“一带一路”建设合作文件，共同推动“丝绸之路经济带”建设、“一带一路建设和“复兴丝绸之路”战略对接	10	土库曼斯坦测井项目、土库曼斯坦巴格德雷合同区域基尔桑、鲍–坦–乌、奥–桑和麦捷让气田集输项目等，23家中资机构	4	援外培训班	2	50
乌克兰	战略伙伴关系	15	第二大贸易伙伴国	9	2013年签署了《中乌战略伙伴关系发展规划（2014–2018年）》，成为较早响应中国推动一带一路倡议的国家之一。2017年签署了落实“新丝绸之路经济带”和“海上丝绸之路”路线图”，成立了乌克兰“一带一路”贸易投资促进中心	10	锡瓦斯湖风电项目、尼克波尔200MW光伏电站项目等，38家中资企业，乌克兰中国商会	4	高层互访、援外培训班	5	43

续表

评价指标	外交关系	得分	经贸关系	得分	共建“一带一路”协议签署情况及对接策略、共同国际组织	得分	中方产业园区、重大工程、中资企业数、企业商会等	得分	地学合作关系	得分	合计
阿联酋	全面战略伙伴关系	20	第二大贸易伙伴国	9	签署了《关于推动中阿双边及共同在中东北非地区开展“一带一路”产能与投融资合作的谅解备忘录》，亚投行创始成员国	7	“一带一路”产能合作园，石油仓储合资项目——富查伊拉石油仓储公司、阿布扎比哈利法港2号码头运营权等，4000家中资企业，阿联酋中国商会	8	无	0	44
乌兹别克斯坦	全面战略伙伴关系	20	第一大贸易伙伴国 第二大投资来源国	19	签署了《关于在落实建设“丝绸之路经济带”倡议框架下扩大互利经贸合作的议定书》，加强乌方国家发展战略五大优先方向对接。上海合作组织成员国、亚投行创始成员国	13	鹏盛工业园，中国—中亚天然气管道、卡拉库利区块天然气田项目、明布拉克油田项目、华新水泥乌兹别克斯坦项目，1268家中资企业，乌兹别克斯坦中国企业商会	9	地学备忘录、项目协议、高层互访、开展实质性合作、援外培训班	30	91
也门	友好合作	5	连续多年成为也门最大贸易伙伴国	10	签署了《关于共同推进丝绸之路经济带和21世纪海上丝绸之路建设的谅解备忘录》。愿将“一带一路”建设与也门战后经济重建对接	10	油气方面拥有2个作业风险勘探区块和1个参股生产区块、参股也10区块经营，共16家中资公司返回也门开展经营活动，也门中资企业协会	5	援外培训班	2	32

注：资料主要源于商务部国际贸易经济合作研究院、中国驻外使馆经济商务处、商务部对外投资和经济合作司合作编著的28国《对外投资合作国别（地区）指南（2019版）》(巴勒斯坦除外)，部分信息源于网站报道，在此不一一列出。

斯坦、科威特、阿富汗、沙特阿拉伯等国位居其后，这些国家认可中国“一带一路”倡议，与中国在利益诉求、发展方向等方面具有较好的合作潜力和较大的合作空间。

在中方产业园区/重大工程/中资企业数/企业商会得分方面，巴基斯坦、吉尔吉斯斯坦、塔吉克斯坦、伊朗等国排名靠前，这些国家与中国具有良好的产能合作基础和合作经验，中资企业投资氛围很好；乌兹别克斯坦、哈萨克斯坦、沙特阿拉伯、土耳其、阿联酋等国位居其后，这些国家与中国的产能合作基础较好，中资企业投资环境较为成熟。

在中国与丝路沿线29国地学合作关系方面，巴基斯坦、吉尔吉斯斯坦、塔吉克斯坦、伊朗、乌兹别克斯坦、土耳其等国排名靠前，这些国家与中国之间地学合作形式多样，开展实质性地学合作项目，地学领域的交流合作氛围良好，效果明显，合作基础良好；哈萨克斯坦、沙特阿拉伯两国位居其后，这两国与中国具有较好的地学合作基础，在地学领域的各类合作中有一定的进展和成效，合作条件较为成熟。

第五节　营商环境指数评价

一、赋值标准

根据本书第一章第三节所建立的丝绸之路沿线29国矿业投资环境评价体系和评价方法，对各个国家的营商环境指数得分所涉及的所有二级评价指标进行赋值打分，并根据各二级评价指标的权重，计算得出各个国家的营商环境指数得分。

营商环境指数得分（满分100分）=全球营商环境得分+全球竞争力得分+经济自由度得分+主权信用评级得分+外汇政策得分+中国/中资金融机构得分+磋商机制/经贸文件得分+协定/协议得分。

其中，全球营商环境得分是结合世界银行《全球营商环境报告2020》依据“开办企业、办理施工许可证、电力获取、财产登记、信贷获取、少数投资者的保护、纳税、跨境贸易、合同执行、破产办理”等10项目指标的总体得分。将29国按得分值划分为6大类赋值，即全球营商环境得分＜40的国家赋值1—5分；40≤全球营商环境得分＜50的国家赋值6—10分；50≤全球营商环境得分＜60的国家赋值11—15分；60≤全球营商环境得分＜70的国家赋值16—20分；70≤全球营商环境得分＜80的国家赋值21—25分；全球营商环境得分80≤的国家赋值26—30分。每个大类又细分5小类进行赋值，具体赋值标准见表3–19。

表 3–19　全球营商环境得分赋值标准

各国得分	赋值	各国得分	赋值	各国得分	赋值	各国得分	赋值
>88.0	30	72.0—73.9	22	56.0—57.9	14	40.0—41.9	6
86.0—87.9	29	70.0—71.9	21	54.0—55.9	13	35.0—39.9	5
84.0—85.9	28	68.0—69.9	20	52.0—53.9	12	30.0—34.9	4
82.0—83.9	27	66.0—67.9	19	50.0—51.9	11	20.0—29.9	3
80.0—81.9	26	64.0—65.9	18	48.0—49.9	10	10.0—19.9	2
78.0—79.9	25	62.0—63.9	17	46.0—47.9	9	<10.0	1
76.0—77.9	24	60.0—61.9	16	44.0—45.9	8	—	0
74.0—75.9	23	58.0—59.9	15	42.0—43.9	7	—	—

全球竞争力得分是结合世界经济论坛《2019年全球竞争力报告》，依据“制度建设、基础设施、宏观经济环境、健康与基础教育、高等教育与培训、商品市场效率、劳动力市场效率、金融市场发展水平、技术成熟度、市场规模、商业成熟度、创新能力”12项指标的总体得分，将29国按得分值划分为4大类赋值，即全球竞争力得分＜50的国家赋值1—3分；50≤全球竞争力得分＜60的国家赋值4—6分；60≤全球竞争力得分＜70的国家赋值7—9分；70≤全球竞争力得分的国家赋值10—12分。每大类又细分3小类进行赋值，具体赋值标准见表3–20。

表 3–20 全球竞争力得分赋值标准

各国得分	赋值	各国得分	赋值
≥77.0	12	53.5—56.9	5
73.5—76.9	11	50.0—53.4	4
70.0—73.4	10	40.0—49.9	3
67.0—69.9	9	30.0—39.9	2
63.5—66.9	8	<30	1
60.0—63.4	7	—	0
57.0—59.9	6	—	—

经济自由度得分是结合美国智库传统基金会与华尔街日报发表的《2020经济自由度指数》，依据“贸易政策、政府财政开支、政府对经济的干预、货币政策、资本流动和外国投资、银行业和金融业、工资与物价、产权、规制、非正规市场活动（黑市）”等10项指标的总体得分，将29国按得分值划分为4大类，即经济自由度得分＜50的国家赋值1—3分；50≤经济自由度得分＜60的国家赋值4—6分；60≤经济自由度得分＜70的国家赋值7—9分；70≤经济自由度得分的国家赋值10—12分。每大类又细分3小类进行赋值，具体赋值标准见表3–21。

表 3–21 经济自由度得分赋值标准

各国得分	赋值	各国得分	赋值
≥77.0	12	53.5—56.9	5
73.5—76.9	11	50.0—53.4	4
70.0—73.4	10	40.0—49.9	3
67.0—69.9	9	30.0—39.9	2
63.5—66.9	8	<30	1
60.0—63.4	7	—	0
57.0—59.9	6	—	—

主权信用评价得分是根据穆迪、惠誉、标普三大国际评级机构对各国主权信誉的评价进行赋值，按照三大国际评级机构对29个国家的评级分别赋值后，取平均值，保留小数点后2位。具体赋值标准见表3–22。

表 3–22　主权信用评价得分赋值标准

穆迪评价	惠誉评价	标普评价	赋值
Aaa	AAA	AAA	10
Aa	AA	AA	9
A	A	A	8
Baa	BBB	BBB	7
Ba	BB	BB	6
B	B	B	5
Caa	CCC	CCC	4
Ca	CC	CC	3
C	C	C	2
—	RD/D	SD/D	1
—	—	—	0

外汇政策得分是根据商务部国际贸易经济合作研究院、中国驻外使馆经济商务处、商务部对外投资和经济合作司合编的28国《对外投资合作国别（地区）指南（2019版）》(巴勒斯坦除外）中对各国外汇制度的描述，依据外汇管制程度的不同进行赋值：外汇自由赋值10分、部分限制赋值8分、外汇管制或无法自由出入赋值5分。

中国/中资金融机构得分是根据28国《对外投资合作国别（地区）指南（2019版）》(巴勒斯坦除外）中对每个国家是否有中国金融机构入驻的情况进行赋值，每一个机构赋值2分，得分累计。

磋商机制/经贸文件得分是根据28国《对外投资合作国别（地区）指南（2019版）》(巴勒斯坦除外）经贸合作章节所描述的内容，依据是否建立磋商机制或签署经贸文件情况进行赋值：建有双边磋商机制赋值3分、签署经贸文件赋值3分，得分累计，最高不超过6分。

协定/协议得分是根据28国《对外投资合作国别（地区）指南（2019版）》(巴勒斯坦除外）经贸合作章节所描述的内容，依据中国与各个国家是否签署经贸协定、FTA协定、保护投资协定、产能合作协议、货币互换协议的情况进行赋值，每签署一项协定或协议，赋值2分，得分累加，最高不超过10分。

二、评价结果

丝绸之路沿线29国的国际合作关系指数由全球营商环境、全球竞争力、经济自由度、主权信用评价、外汇政策、中国/中资金融机构、磋商机制/经贸文件、协定/协议等分项指标组成，按前文分项评价指标赋值打分，各分项得分及总体得分见表3–23。

总体而言，阿联酋在营商环境指数得分中排名第一，这些国家在营商环境指数评价中的分项指标排名均比较靠前，投资环境良好，有利于企业投资；以色列、卡塔尔、格鲁吉亚、哈萨克斯坦、土耳其等国位居其后，各类分项指标排名比较靠前，这些国家具有较好的投资环境；伊拉克、也门、叙利亚、土库曼斯坦、巴勒斯坦等国排后，各分项指标排名靠后，其营商环境不太理想，不利于企业投资（表3–23、图3–8）。

就各类分指标而言（表3–23、图3–8），在全球营商环境方面，格鲁吉亚、阿联酋、哈萨克斯坦等国

表 3–23　丝绸之路沿线 29 国营商环境指数

评价指标	全球营商环境	得分	全球竞争力	得分	经济自由度	得分	主权信用评级	得分	外汇政策	得分	中国/中资金融机构	得分	磋商机制/经贸文件	得分	协定/协议	得分	合计
阿富汗	44.1 (173)	8	—	0	54.7 (136)	5	—	0.00	对合法用汇无限制	10	无中资银行	0	成立经贸联委会、签署经贸文件	6	经贸协定、保护投资协定	4	33.00
亚美尼亚	74.5 (47)	23	—	0	70.6 (34)	10	Ba3、展望稳定/穆迪2019.8 BB-、展望消极/惠誉2020.4	6.00	外汇汇入、汇出自由	10	无中资银行	0	成立政府间经贸合作委员会、签署经贸文件	6	经贸协定、保护投资协定、货币互换协议、产能合作协议	8	63.00
阿塞拜疆	76.7 (34)	24	62.7 (58)	7	69.3 (44)	9	Ba2、展望稳定/穆迪2017.8 BB+、展望消极/惠誉2020.4 BB+、展望稳定/标普2018.1	6.00	外汇汇入没有限制，汇出时需提供证明材料	8	无中资银行	0	成立政府间经贸合作委员会、签署经贸文件	6	经贸协定、保护投资协定	4	64.00
巴林	76.0 (43)	24	65.4 (45)	8	66.3 (63)	8	B2、展望稳定/穆迪2017.12 BB-、展望稳定/惠誉2018.3 B+、展望稳定/标普2020.3	5.33	外汇汇入、汇出自由	10	中国银行	2	成立中–巴经贸技术混委会、签署经贸文件	6	经贸协定、保护投资协定	4	67.33
白俄罗斯	74.3 (49)	23	—	0	61.7 (88)	7	B3、展望稳定/穆迪2018.3 B、展望稳定/惠誉2018.1 B、展望稳定/标普2017.10	5.00	外汇管制	6	中国国家开发银行	2	签署经贸文件	3	经贸协定、保护投资协定、货币互换协议、产能合作协议	8	54.00
塞浦路斯	73.4 (54)	22	66.4 (44)	8	70.1 (37)	10	Ba2、展望积极/穆迪2019.9 BBB-、展望稳定/惠誉2020.4 BBB-、展望稳定/标普2018.9	6.67	外汇汇入、汇出自由	10	无中资银行	0	成立经济联委会、签署经贸文件	6	经贸协定、保护投资协定、货币互换协议	6	68.67
格鲁吉亚	83.7 (7)	27	60.6 (74)	7	77.1 (12)	12	Ba2、展望稳定/穆迪2017.9 BB、展望稳定/惠誉2019.2 BB、展望稳定/标普2019.10	6.00	外汇汇入、汇出申报	8	新疆华凌集团收购的基础银行	2	成立中国–格鲁吉亚经贸混委会、签署经贸文件	6	经贸协定、FTA协定、保护投资协定、货币互换协议	8	76.00
伊朗	58.5 (127)	15	53.0 (99)	4	49.2 (164)	3	—	0.00	外汇无法自由出入	5	无中资银行	0	建立部长级经贸联委会、签署经贸文件	6	经贸协定、保护投资协定	4	37.00
伊拉克	44.7 (172)	8	—	0	—	0	Caa1、展望稳定/穆迪2017.8 B-、展望稳定/惠誉2017.3 B-、展望稳定/标普2015.9	4.67	外汇汇入、汇出自由	10	无中资银行	0	成立贸易经济技术合作联委会、签署经贸文件	6	经贸协定、保护投资协定	4	32.67
以色列	76.7 (34)	24	76.7 (20)	11	74.0 (26)	11	A1、展望积极/穆迪2018.7 A+、展望稳定/惠誉2016.11 AA-、展望稳定/标普2018.8	8.33	外汇汇入、汇出申报	10	中国国家开发银行常驻工作组	2	成立创新合作联委会、经济技术合作机制、签署经贸文件	6	经贸协定、保护投资协定、进行FTA协定谈判	6	78.33
约旦	69.0 (75)	20	—	0	66.0 (66)	8	B1、展望稳定/穆迪2013.6 BB-、展望稳定/惠誉2019.6 B+、展望稳定/标普2017.10	5.33	外汇汇入、汇出自由	10	无中资银行	0	签署经贸文件	3	经贸协定、保护投资协定	4	50.33

续表

评价指标	全球营商环境	得分	全球竞争力	得分	经济自由度	得分	主权信用评级	得分	外汇政策	得分	中国/中资金融机构	得分	磋商机制/经贸文件	得分	协定/协议	得分	合计
哈萨克斯坦	79.6 (25)	25	62.9 (55)	7	69.6 (39)	9	Baa3、展望积极/穆迪2019.8 BBB、展望稳定/惠誉2016.4 BBB-、展望稳定/标普2017.9	7.00	外汇汇入没限制，汇出时需提供进口合同或利润证明材料	8	中国银行、中国工商银行	4	成立政府间经贸合作委员会、签署经贸文件	6	经贸协定、保护投资协定、产能合作协议、货币互换协议	8	74.00
科威特	67.4 (83)	19	65.1 (46)	8	63.2 (79)	7	Aa2、展望稳定/穆迪2020.3 AA、展望稳定/惠誉2011.11 AA-、展望稳定/标普2020.3	9.00	外汇汇入、汇出自由	10	中国工商银行	2	签署经贸文件	3	经贸协定、保护投资协定	4	62.00
吉尔吉斯斯坦	67.8 (80)	19	54.0 (96)	5	62.9 (81)	7	B2、展望稳定/穆迪2015.12 B、展望稳定/标普2015.12	5.00	外汇汇入、汇出申报并提供证明	8	无中资银行	0	成立政府间经贸合作委员、签署经贸文件	6	经贸协定、保护投资协定	4	54.00
黎巴嫩	54.3 (143)	12	—	0	51.7 (157)	4	Ca、展望积极/穆迪2020.2 RD、展望n/a/惠誉2020.3 SD、展望n/a/标普2020.3	1.67	外汇汇入、汇出自由	10	无中资银行	0	签署经贸文件	3	经贸协定、保护投资协定	4	34.67
摩尔多瓦	74.4 (48)	23	56.7 (86)	5	62.0 (87)	7	B3、展望稳定/穆迪2017.1	5.00	外汇汇入、汇出自由	10	无中资银行	0	成立中–摩经贸合作委员会、签署经贸文件	6	经贸协定、保护投资协定	4	60.00
阿曼	70.0 (68)	21	63.6 (53)	7	63.6 (75)	8	Ba2、展望稳定/穆迪2020.3 BB、展望消极/惠誉2020.3 BB-、展望消极/标普2020.3	6.00	外汇汇入、汇出自由	10	无中资银行	0	成立经贸联委会、签署经贸文件	6	经贸协定、保护投资协定	4	62.00
巴基斯坦	61.0 (108)	16	51.4 (110)	4	54.8 (135)	5	B3、展望稳定/穆迪2019.12 B-、展望稳定/惠誉2018.12 B-、展望稳定/标普2019.2	5.00	外汇汇入、汇出自由	10	中国银行、中国工商银行、中国国家开发银行、中国太平保险集团	8	成立中巴经济走廊合作委员会、签署经贸文件	6	经贸协定、FTA协定、保护投资协定、货币互换协议	8	62.00
巴勒斯坦	—	0	—	0	—	0	—	0.00	外汇汇入、汇出自由	10	无中资银行	0	签署经贸文件	3	经贸协定、进行FTA协定谈判	4	17.00
卡塔尔	68.7 (77)	20	72.9 (29)	10	72.3 (31)	10	Aa3、展望稳定/穆迪2018.6 AA-、展望稳定/惠誉2018.7 AA-、展望稳定/标普2018.12	9.00	外汇汇入、汇出自由	10	中国工商银行、中国银行	4	成立政府间经贸合作委员会、签署经贸文件	6	经贸协定、保护投资协定、货币互换协议、产能合作协议	8	77.00
沙特阿拉伯	71.6 (62)	21	70.0 (36)	10	62.4 (83)	7	A1、展望稳定/穆迪20116.5 A、展望稳定/惠誉2019.9 A-、展望稳定/标普2016.2	8.00	外汇汇入、汇出自由	10	中国工商银行	2	成立经贸技术混委会、中沙高级别委员会、签署经贸文件	6	经贸协定、保护投资协定	4	68.00

续表

评价指标	全球营商环境	得分	全球竞争力	得分	经济自由度	得分	主权信用评级	得分	外汇政策	得分	中国/中资金融机构	得分	磋商机制/经贸文件	得分	协定/协议	得分	合计
叙利亚	42.0 (176)	7	—	0	—	0	—	0.00	外汇汇入、汇出自由	10	无中资银行	0	签署经贸文件	3	经贸协定、保护投资协定	4	24.00
塔吉克斯坦	61.3 (106)	16	52.4 (104)	4	52.2 (155)	4	B3、展望消极/穆迪2018.12 B-、展望稳定/标普2017.8	5.00	外汇汇入、汇出申报	8	无中资银行	0	成立经贸合作委员会、签署经贸文件	6	经贸协定、保护投资协定、货币互换协议	6	49.00
土耳其	76.8 (33)	24	62.1 (61)	7	64.4 (71)	8	B1、展望消极/穆迪2019.7 BB-、展望稳定/惠誉2019.11 B+、展望稳定/标普2018.8	5.33	外汇汇入、汇出自由	10	中国银行、中国工商银行	4	成立经贸联委会、签署经贸文件	6	经贸协定、保护投资协定、货币互换协议	6	70.33
土库曼斯坦	—	0	—	0	46.5 (170)	3	—	0.00	外汇汇入申报无限额、汇出申报有限额，外资合法收入可全部汇出	8	中国国家开发银行	2	成立政府间经贸合作委员会、签署经贸文件	6	经贸协定、保护投资协定	4	23.00
乌克兰	70.2 (64)	21	57.0 (85)	6	54.9 (134)	5	Caa1、展望积极/穆迪2019.11 B、展望积极/惠誉2019.9 B、展望稳定/标普2019.9	4.67	外汇汇入自由、汇出管制	8	无中资银行	0	签署经贸文件	3	经贸协定、保护投资协定、货币互换协议	6	53.67
阿联酋	80.9 (16)	26	75.0 (25)	11	76.2 (18)	11	Aa2、展望稳定/穆迪2017.5 AA、展望稳定/惠誉2007.7 AA、展望稳定/标普2007.7	9.00	外汇汇入、汇出自由	10	中国银行、中国农业银行、中国建设银行、中国国家开发银行、中国出口信用保险公司	10	签署经贸文件	3	经贸协定、保护投资协定、货币互换协议、产能合作协议	8	88.00
乌兹别克斯坦	69.9 (69)	20	—	0	57.2 (114)	6	B1、展望稳定/穆迪2019.2 BB-、展望稳定/惠誉2018.12 BB-、展望稳定/标普2018.12	5.67	外汇汇入没有限制，汇出需提供证明材料	8	中国进出口银行、国家开发银行	4	成立政府间经贸合作委员会、签署经贸文件	6	经贸协定、保护投资协定、货币互换协议（已失效）	6	55.67
也门	31.8 (187)	4	30.5 (140)	2	—	0	—	0.00	外汇汇入、汇出自由	10	无中资银行	0	成立中国–也门双边经贸联委会、签署经贸文件	6	经贸协定、保护投资协定	4	26.00

注：营商环境资料源于世界银行《全球营商环境报告2020》。

全球竞争力资料源于世界经济论坛《2019年全球竞争力报告》。

经济自由度资料源于美国智库传统基金会与华尔街日报发表《2020经济自由度指数》。

主权信用评价：资料源于https://zh.tradingeconomics.com/country-list/rating。

外汇政策、中国金融机构、双边磋商机制/经贸文件、协议/协定等资料主要源于商务部国际贸易经济合作研究院、中国驻外使馆经济商务处、商务部对外投资和经济合作司合编的28国《对外投资合作国别（地区）指南（2019版）》（巴勒斯坦除外），部分信息源于网站报道，在此不一一列出。

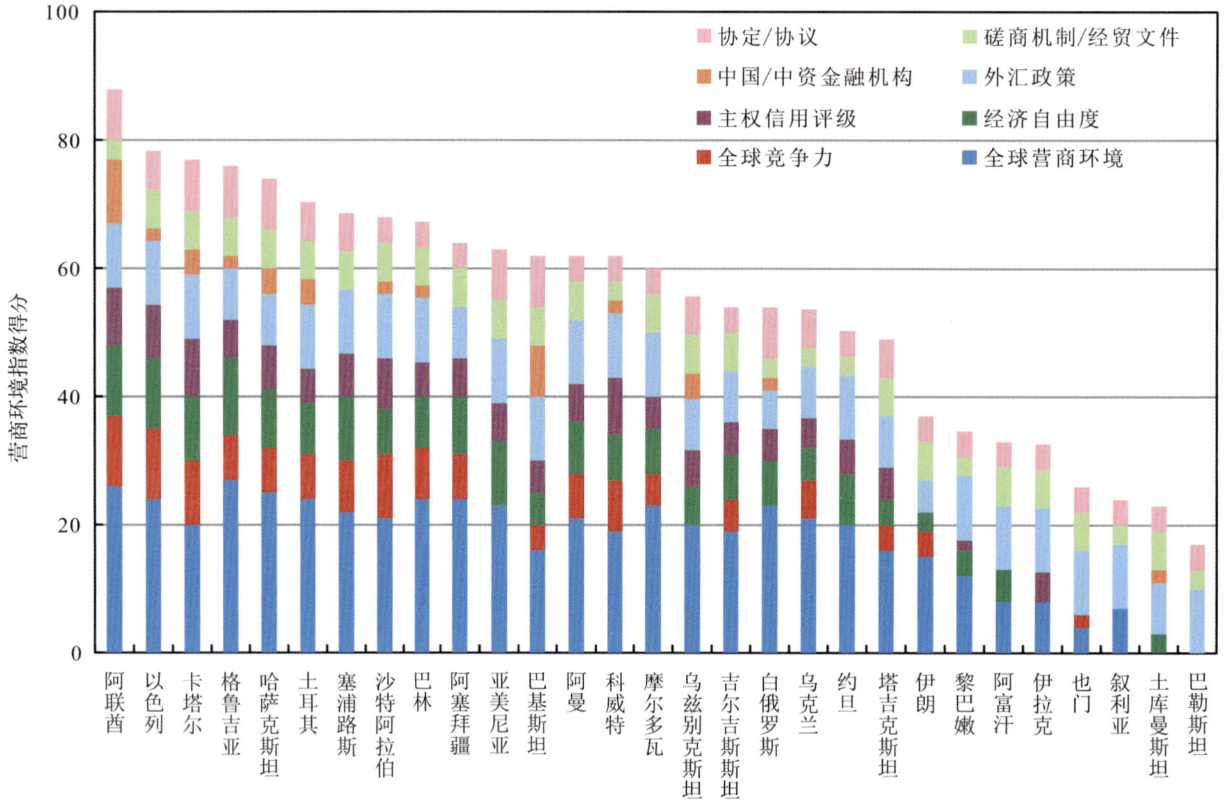

图 3–8 丝绸之路沿线29国营商环境指数排序

排名前三，这些国家在开办企业、办理施工许可证、电力获取、财产登记、信贷获取、少数投资者的保护、纳税、跨境贸易、合同执行、企业破产办理等方面具有良好的营商条件，有利于企业投资；阿塞拜疆、巴林、土耳其、以色列、白俄罗斯、摩尔多瓦、亚美尼亚、塞浦路斯、乌克兰、阿曼、沙特阿拉伯等国位居其后，这些国家的营商条件较好。

在全球竞争力方面，阿联酋、以色列两国排名并列第一，这两国在制度建设、基础设施、宏观经济环境、健康与基础教育、高等教育与培训、商品市场效率、劳动力市场效率、金融市场发展水平、技术成熟度、市场规模、商业成熟度、创新能力等方面具有良好的竞争力，投资市场吸引力强；沙特阿拉伯、卡塔尔、巴林、塞浦路斯、科威特等国位居其后，这些国家具有较强的投资吸引力和竞争力。

在经济自由度方面，格鲁吉亚、阿联酋、以色列等国排名前三，这些国家在贸易政策、政府财政开支、政府对经济的干预、货币政策、资本流动和外国投资、银行业和金融业、工资与物价、产权、规制、非正规市场活动（黑市）等方面具有很高的自由度，企业经营活动受限制很少，有利于投资企业开展经营活动；卡塔尔、塞浦路斯、亚美尼亚、哈萨克斯坦、阿塞拜疆等国位居其后，这些国家的经济自由度比较高，企业投资活动受约束、限制较少。

在主权信用评价方面，阿联酋、卡塔尔、科威特等国排名前三，这些国家作为债务人履行偿债责任的信用意愿和信用能力很好，国家政府具有很好的公信力和偿债能力，投资企业；以色列、沙特阿拉伯、哈萨克斯坦、塞浦路斯等国位居其后，这些国家的主权信用较好。

在外汇政策方面，阿联酋、卡塔尔、科威特、以色列、沙特阿拉伯、塞浦路斯、亚美尼亚、阿曼、巴林、土耳其、约旦、摩尔多瓦、巴基斯坦、伊拉克、黎巴嫩、阿富汗、也门、叙利亚、巴勒斯坦等国排名靠前，外汇汇入、汇出自由，约束较少。

在中国/中资金融机构方面，阿联酋排名第一，这些国家的中国/中资金融机构最多，有利于中资企业的资金管理和流通；巴基斯坦、卡塔尔、土耳其、哈萨克斯坦、乌兹别克斯坦等国位居其后，这些国家的中国/中资金融机构较多。

在双边磋商机制/经贸文件方面，巴基斯坦、卡塔尔、土耳其、哈萨克斯坦、乌兹别克斯坦、以色列、沙特阿拉伯、巴林、格鲁吉亚、土库曼斯坦、塞浦路斯、亚美尼亚、阿曼、摩尔多瓦、伊拉克、阿富汗、也门、阿塞拜疆、吉尔吉斯斯坦、塔吉克斯坦、伊朗等国排名靠前，这些国家与中国之间建有健全的双边磋商机制，签署了双边经贸文件，为中资企业境外投资提供体制保障和政策支撑。

在协定/协议方面，巴基斯坦、卡塔尔、哈萨克斯坦、格鲁吉亚、亚美尼亚、阿联酋、白俄罗斯等国排名靠前，这些国家与中国之间签署了多份经贸协定、合作协议、保护协定等文件，为中资企业境外投资提供了政策保障。

第六节　投资风险指数评价

一、赋值标准

根据本书第一章第三节所建立的丝绸之路沿线29国矿业投资环境评价体系和评价方法，对各个国家的投资风险指数得分所涉及的所有二级评价指标进行赋值打分，并根据各二级评价指标的权重，计算得出各个国家的投资风险指数得分。

投资风险指数得分（满分100分）=政治风险得分（满分25分）+项目运营风险得分（满分25分）+项目安全风险得分（满分25分）+恐怖袭击风险得分（满分25分）。

根据标普数据库对各个国家的政治风险、安全风险、运营风险、恐怖袭击风险的分级结果，结合各国整体风险情况和局部风险情况综合考虑进行赋值，总分100分，每项分别为25分。赋值标准为：极低风险赋值25分、低风险赋值20分、中风险赋值15分、高风险赋值10分、极高风险赋值5分。若局部风险等级有变，结合变化情况增加/减少1分，跨级累计调整，例如，低风险+局部高风险（跨越2级，调整2分），得分为20–2=18分，中风险+局部低风险，得分为15+1=16分。

二、评价结果

丝绸之路沿线29国的投资风险指数由政治风险、项目运营风险、项目安全风险、恐怖袭击风险等分项指标组成，按前文分项评价指标赋值打分，各分项得分及总体得分见表3–24。

总体而言，塞浦路斯投资风险指数得分排名第一，这些国家在政治风险、项目运营风险、项目安全风险、恐怖袭击风险等分项指标的排名均比较靠前，表明总体投资风险很小、各类安全形势很好，有利于企业开展生产运营工作；阿联酋、巴林、阿曼、白俄罗斯等国位居其后，各类分项指标排名大多数比较靠前，在这些国家进行投资所面临的各类风险较小，投资安全环境较好；巴基斯坦、伊拉克、阿富汗、也门、叙利亚等国排名居后，各分项指标排名较为靠后，这些国家的安全形势不太乐观，安全事故时有发生，企业投资过程中可能会面临各种安全问题（表3–24、图3–9）。

就各类分指标而言（表3–24、图3–9），在政治风险方面，塞浦路斯排名第一，该国政局稳定，政治变故很少，政治环境良好，政局变化或政府行为对外国投资企业产生不利影响的可能性很小；土耳其、

表 3–24　丝绸之路沿线 29 国投资风险指数

评价指标	政治风险		项目运营风险		项目安全风险		恐怖袭击风险		合计
	风险等级	得分	风险等级	得分	风险等级	得分	风险等级	得分	
阿富汗	高风险	10	极高风险	5	极高风险	5	极高风险	5	25
亚美尼亚	中风险	15	中风险	15	中风险+局部高风险	14	极低风险	25	69
阿塞拜疆	高风险	10	中风险+局部高风险	14	中风险+局部高风险	14	低风险	20	58
巴林	中风险	15	中风险	15	低风险	20	低风险	20	70
白俄罗斯	高风险	10	中风险	15	低风险	20	极低风险	25	70
塞浦路斯	低风险+局部中风险	19	中风险	15	低风险	20	极低风险+局部低风险	24	78
格鲁吉亚	中风险+局部高风险	14	中风险+局部高风险	14	低风险+局部中风险	19	低风险	20	67
伊朗	高风险	10	中风险	15	低风险+局部中风险	19	低风险+局部中风险	19	63
伊拉克	高风险	10	高风险+局部极高风险	9	高风险+局部极高风险	9	高风险+局部极高风险	9	37
以色列	中风险	15	中风险	15	低风险+局部中风险	19	中风险+局部高风险	14	63
约旦	中风险	15	高风险	10	低风险+局部中风险	19	中风险	15	59
哈萨克斯坦	中风险	15	高风险+局部中风险	11	低风险+局部中风险	19	低风险	20	65
科威特	中风险	15	高风险	10	低风险	20	低风险	20	65
吉尔吉斯斯坦	高风险	10	高风险	10	高风险	10	中风险	15	45
黎巴嫩	高风险	10	高风险+局部中风险	11	中风险+局部高风险	14	中风险	15	50
摩尔多瓦	高风险	10	中风险	15	低风险+局部中风险	19	低风险	20	64
阿曼	中风险	15	高风险	10	低风险	20	极低风险	25	70
巴基斯坦	中风险+局部极高风险	13	高风险+局部极高风险	9	高风险+局部极高风险	9	高风险+局部极高风险	9	40
巴勒斯坦	高风险+局部极高风险	9	高风险	10	中风险+局部极高风险	13	低风险	20	52
卡塔尔	中风险	15	高风险	10	低风险	20	低风险	20	65
沙特阿拉伯	中风险	15	高风险	10	低风险+局部高风险	18	低风险+局部中风险	19	62
叙利亚	极高风险	5	极高风险	5	极高风险	5	极高风险	5	20
塔吉克斯坦	高风险	10	高风险	10	高风险	10	中风险	15	45
土耳其	中风险	15	高风险	10	中风险+局部高风险	14	中风险+局部高风险	14	53
土库曼斯坦	高风险	10	高风险	10	中风险+局部低风险	16	中风险	15	51
乌克兰	高风险+局部极高风险	9	高风险+局部极高风险	9	中风险+局部极高风险	13	低风险+局部中风险	19	50
阿联酋	中风险	15	低风险	20	低风险	20	低风险	20	75
乌兹别克斯坦	中风险	15	高风险	10	低风险+局部中风险	19	低风险+局部中风险	19	63
也门	极高风险	5	极高风险	5	极高风险+局部中风险	7	极高风险+局部中风险	7	24

注：资料源于标普数据库（网址：https://www.spglobal.com/marketintelligence/en/）。

约旦、沙特阿拉伯、以色列、乌兹别克斯坦、科威特、卡塔尔、哈萨克斯坦、亚美尼亚、阿曼、巴林、阿联酋、格鲁吉亚、巴基斯坦等国位居其后，这些国家政治条件总体上较好，政局较为稳定、政治环境较好，外国投资者经济利益受各国政治因素影响较小。

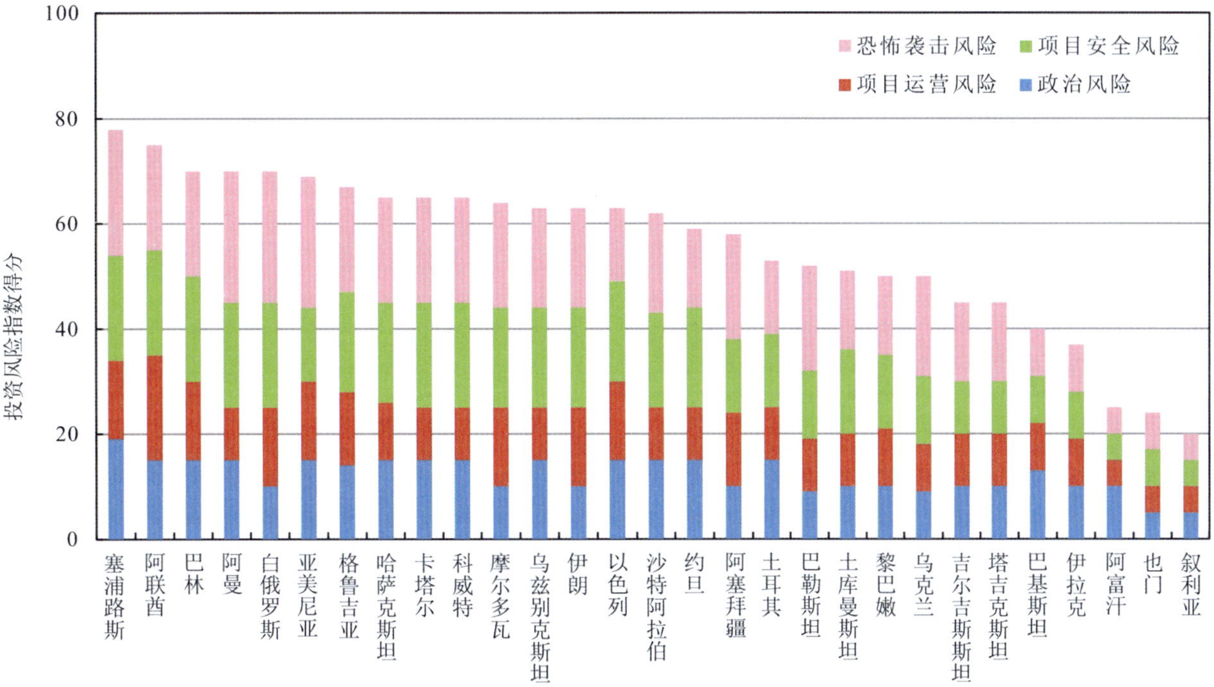

图 3–9　丝绸之路沿线29国投资风险指数排序

在项目运营风险方面，阿联酋排名第一，这些国家商业环境良好，商业基础设施完备，有利于外资企业成功投资和可持续投资；塞浦路斯、以色列、亚美尼亚、巴林、伊朗、摩尔多瓦、白俄罗斯、格鲁吉亚、阿塞拜疆、哈萨克斯坦、黎巴嫩等国位居其后，这些国家的商业环境较好，商业基础设施较好，偶尔的项目运营挑战不会严重阻碍企业运营项目的发展。

在项目安全风险方面，阿联酋、塞浦路斯、巴林、白俄罗斯、科威特、卡塔尔、阿曼等国排名靠前，这些国家能够为企业生产提供有效的安全保障，安全环境良好，有利于投资企业正常生产经营；以色列、伊朗、摩尔多瓦、格鲁吉亚、哈萨克斯坦、约旦、乌兹别克斯坦、沙特阿拉伯、土库曼斯坦等国位居其后，这些国家能为企业生产提供较好的安全保障，安全条件总体较好，偶尔的安全挑战不会严重阻碍企业生产经营活动。

在恐怖袭击风险方面，白俄罗斯、阿曼、亚美尼亚、塞浦路斯等国排名靠前，这些国家没有已知的恐怖集团或可能助长恐怖主义的问题，恐怖主义或恐怖袭击对企业经营活动几乎不构成任何威胁或风险；阿联酋、巴林、科威特、卡塔尔、摩尔多瓦、格鲁吉亚、哈萨克斯坦、阿塞拜疆、巴勒斯坦、伊朗、乌兹别克斯坦、沙特阿拉伯、乌克兰等国位居其后，这些国家罕见大规模的恐怖袭击活动，或者很少发动以商业为目的的恐怖袭击事件，恐怖主义对企业生产经营活动产生的影响或风险很小或较低。

第四章　矿业投资推荐目标国评价与投资建议

为了方便矿业企业全面了解各个国家的具体情况，本书根据矿业投资环境评价得分及矿业投资目标国优先推荐程度，按各国排名先后顺序，依次介绍各国的总体经济形势、矿业经济概况、投资环境评估分析结果与矿业投资建议。由于塔吉克斯坦、卡塔尔、以色列、白俄罗斯、科威特、约旦、亚美尼亚等7国总体评价得分较低，属于密切关注国家；格鲁吉亚、阿塞拜疆、伊拉克、巴林、土库曼斯坦、塞浦路斯、阿富汗、黎巴嫩、也门、摩尔多瓦、叙利亚、巴勒斯坦等12国评估得分较低，属于暂不推荐国家，考虑到矿业投资的可操作性，本章主要对哈萨克斯坦、土耳其、沙特阿拉伯、伊朗等4国优先推荐国家，以及阿联酋、乌兹别克斯坦、巴基斯坦、乌克兰、阿曼、吉尔吉斯斯坦等6国推荐国家进行国别矿业投资环境评价分析，提出矿业投资建议。此外，考虑到塔吉克斯坦地质总局与中国地质调查局已开展了近10年的地学合作，具有较好的合作基础，且有塔中矿业、紫金矿业、华钰矿业等中资矿业企业在塔吉克斯坦矿业合作开发中取得了较好的成效，本章也将塔吉克斯坦的总体经济形势、矿业经济概况、投资环境评估分析结果予以描述，并提出矿业投资建议。

第一节　哈萨克斯坦

哈萨克斯坦共和国（哈萨克语：Қазақстан Республикасы，英语：The Republic of Kazakhstan），简称“哈萨克斯坦”“哈萨克”（国家代码：KAZ），是位于中亚的内陆国家，也是世界上最大的内陆国，首都是努尔苏丹，北邻俄罗斯，南与乌兹别克斯坦、土库曼斯坦、吉尔吉斯斯坦接壤，西濒里海，东接中国。

哈萨克斯坦国土面积为272.49万平方千米，全国人口约为1839.57万（截至2019 年1月），约有140个民族，其中哈萨克族占65.5%，俄罗斯族占21.4%。哈萨克斯坦多数居民信奉伊斯兰教，多数属逊尼派。此外，还有东正教、天主教和佛教等。

哈萨克斯坦政局稳定，主要有3个政党：“祖国之光”党、哈萨克斯坦共产人民党、“光明道路”民主党。哈萨克斯坦政治体制为总统制共和制，官方语言为哈萨克语、俄语，货币为哈萨克斯坦坚戈（货币符号：KZT）。哈萨克斯坦经济以石油、天然气、采矿、煤炭和农牧业为主，加工工业和轻工业相对落后。

一、总体经济形势

哈萨克斯坦经济稳中有升，成绩可圈可点。2018年哈萨克斯坦GDP增速为4.1%，亚洲开发银行《2019年亚洲发展展望》预测哈萨克斯坦2019年经济增长率为3.7%，国际货币基金组织2019年发布的《世界经济展望报告》中预测哈萨克斯坦GDP增长率为3.2%。不过，哈萨克斯坦国家统计委员会称，2019年哈萨克斯坦GDP增长率为4.5%（目前哈萨克斯坦没有公布具体增长数），其中采矿业增长率为3.7%。世界银行评估，2019年哈萨克斯坦营商环境位居世界第25位，较上年上升了3位；世界经济论坛《全球竞争力指数》报告显示，哈竞争力位居全球第55位，较上年上升了4位；2020年1月《美国新闻与世界报道》发表评估报告，将哈萨克斯坦列为世界强国第36位，较上年提升了7位。

2019年，哈萨克斯坦制定了《到2025年哈萨克斯坦工业创新发展国家规划》，哈政府继续推行国企私有化进程。2020年4月27日，哈萨克斯坦LS网站报道，哈政府已启动QAZTRADE“出口加速计划”。亚洲开发银行预测，由于新冠肺炎疫情及油价下跌导致油气减产，2020年哈萨克斯坦GDP将降至1.8%。但在油气扩产和投资增长的背景下，预计2021年哈萨克斯坦GDP增速将达到3.6%。

二、矿产资源禀赋

哈萨克斯坦是世界矿产大国，拥有丰富的能源资源、黑色金属、有色金属、贵金属、稀有金属、非金属、地下水等种类齐全的能源和矿产资源。据估测，哈萨克斯坦石油蕴藏量170亿吨、铁矿石30亿吨、锰矿47亿吨、铬矿近30亿吨、铜1.82亿吨、铅1.08亿吨、锌2.20亿吨、铝土矿12亿吨、钨480万吨、钼620万吨、黄金1.5万吨、镍480万吨、钛2.91亿吨、锡170万吨、铀60万吨和煤炭900亿吨等。目前，哈萨克斯坦国家储量平衡表中登记在册的矿床有7962个，其中3706个在开发，4256个为资源储备基地。其中，油气田318个、固体矿产917个、普通矿产3115个、地下水3625个。

1.铀

哈萨克斯坦是世界铀资源第二丰富的国家（仅次于以角砾杂岩型为主的澳大利亚），资源量约为150万吨。哈萨克斯坦90%以上的铀资源为砂岩型，已探明铀矿超过55个，拥有探明资源量（RAR＋IR，U成本低于130美元/千克）647691吨铀，约占全球砂岩型铀资源总量的40%。2008年以来哈萨克斯坦一直是世界第一大铀生产国和资源量仍持续增长的铀资源大国，2010—2013年，其探明资源量增长了12.7%。

哈萨克斯坦铀矿主要集中在楚–萨雷苏铀矿区、锡尔河铀矿区、伊犁铀矿区、滨里海铀矿区、北哈萨克斯坦铀矿区和滨巴尔喀什铀矿区。楚–萨雷苏铀矿区，位于楚–萨雷苏中新生代洼地的中部，该洼地形成于中晚古生代盆地之上。工业铀矿化在6个含水层（下土伦阶—中始新统）上与层状氧化带边界有关，铀石和沥青铀矿呈细分散状发育在石英砂岩和长石石英砂岩的多孔隙黏土—粉砂充填物中。该区域铀矿资源总量为50万吨，已探明 22.1万吨，其中主要工业矿床有古近系的 Uvanas（2万吨）、Kanzhugan（5万吨）、Moinkum 矿床（8.25万吨），白垩系的Mynkuduk（12.7万吨）和Zhalpak矿床。

锡尔河铀矿区位于复杂的锡尔河盆地内，主要由白垩纪、古近纪和新近纪地层构成，铀矿产于盆地东部和东南部。控制铀矿化的是晚白垩世和始新世含水层中的层状氧化带区域氧化-还原界面，沥青铀矿和铀石、针状自然硒吸附或聚集在氢氧化铁中。该区域铀矿资源总量为 14.3万吨，已勘探的主要铀矿床铀Irkol（3.7万吨）、北Karamurun（2.8万吨）、南Karamurum、Zarechnoye（2.5万吨）。

伊犁铀矿区位于哈萨克斯坦东南部，地跨伊犁和巴尔喀什两盆地，伊犁盆地东南和巴尔喀什盆地西北发育早中侏罗世陆相含煤层，铀矿化在煤层和砂–砾沉积围岩中均有发育，铀含量变化很大，以沥青铀矿为主，少量铀石和氧化沥青铀矿。该区域主要矿床有Koldjatskoye 铀矿床（储量 3.7万吨，尚未开采）、Nizhne-Ilysky铀–煤矿床（铀储量为6万吨）。此外，该区域还发现了砂岩型层状淋积铀矿床，铀矿化与坎潘期—古近纪的砂岩层有关，受层间氧化带尖灭的边界所控制，主要铀矿床有Suluchkinskoye（储量 3.3万吨）、Kalkanskoye和Aktau铀矿。

滨里海铀矿区位于里海东北部，主要含矿建造为渐新世—早中新世沉积，铀矿化产于黄铁矿黏土中带有磷酸盐化的鱼骨化石碎屑堆积中。铀主要赋存在鱼骨化石和硫化物中，容矿层为一套渐新世—早中新世的巨厚马伊科普砂质黏土–纯黏土建造，可归于广义的砂岩型矿床，也有划为磷块岩型。该区域已探明铀矿储量 6.44万吨，最大的铀矿床是麦洛沃耶（Melovoye）铀矿（储量4.38万吨），其他矿床（如Tomakskoye、Tasmurunskoye、Taibagarskoye 等铀矿）的储量均在 4000—9000 吨。

北哈萨克斯坦铀矿区分布有大约26个铀矿床，主要产于志留系—泥盆系页岩、长石砂岩、碧玉岩、灰岩和花岗岩等之中，与古生代造山作用和活化期有关，铀矿化主要与黄铁绢英岩化和其他碱交代蚀变岩伴生。该区域铀矿总储量为20.8万吨左右，其中已探明储量为9.92万吨。已探明储量中，铀产品成本低于80美元/kg的占73%。主要铀矿床包括Vostok、Manyba、Grachevsk、Zaozernoe、Semizbai铀矿等，其储量约为2万吨；金属铀和相对较小的矿床储量约为3000 吨金属铀，如Balkashinskoye-Tastykolskoye铀矿等。

滨巴尔喀什（Kendyktas-Chuily-Betpak-Dalynskaya）铀矿区内矿床主要产于泥盆纪火山岩带中，带内广泛发育酸性喷出岩和火山碎屑岩、破火山口、次火山岩。该区域的铀矿属脉—网脉状热液类型，在形成的空间和时间上与流纹质火山杂岩密切相关。该区域的铀矿资源量约为12万吨，其中探明储量为2.19万吨，主要矿床有Botaburum、Kyzylsai、Kurdai、Djidely铀矿，目前该区采矿作业处于停止状态。

哈萨克斯坦铀矿的水文地质条件非常好，开采成本低，目前有来自世界6个国家的公司投资哈萨克斯坦铀矿开采，正在开采的铀矿90%以上采用地下浸出的低成本方法开采。

2.黄金

哈萨克斯坦金资源比较丰富，主要分布在北部、东部和东南部地区，基本为中小型矿（黄金储量在25吨以下为小型矿，25—100吨为中型矿）。储量超过200吨的大金矿只有2座：瓦西里科夫矿和巴克尔奇克矿。从金矿的种类上看，单一金矿占总储量的68%左右，其余为共生矿。但全国黄金产量的三分之二来自共生矿，是在加工锌和铜的过程中提炼出来的。

截至2012年1月1日，黄金蕴藏量（A+ B+C1）主要集中在下列大公司矿产地，如哈锌公司（占黄金蕴藏量的32%）、哈铜集团公司（占比19%）、巴克尔奇克采矿公司（占比18%）、哈萨克斯坦阿尔腾采矿冶金股份公司（占比5%）、迈卡伊恩黄金股份公司和科克萨伊–穆兹别利公司（各占3%）等。

截至目前，哈萨克斯坦在107个矿区进行黄金勘探开采，其中，在37个矿区开采黄金；在27个矿区进行勘探；在43个矿区同时进行勘探和开采。

3.铁矿

2011年哈萨克斯坦探明的铁矿储量有30亿吨，铁矿资源主要集中在图尔盖洼地（库斯塔奈州和卡拉干达州）。主要分布在5个地区：①索科洛夫–萨尔拜地区，包括卡恰雷地区，含铁量38%—43%，这是哈萨克斯坦最大的铁矿区；②里萨克地区，含铁量34%—38%，含有磷杂质，随着矿层深入，含磷量逐渐增大，铁矿品质下降；③阿塔苏（卡拉让利斯克）地区，属于铁锰矿；④杰恩达别斯克地区，含铁量47%—70%，含有硫杂质；⑤阿塔恩索尔斯克地区，含铁量37%—57%，杂质较少。此外，哈萨克斯坦东部还有丰富的赤铁矿有待开发。

目前，哈萨克斯坦有23家公司从事铁矿开采，其中3家外国公司和20家国内公司。哈萨克斯坦铁矿储量（A+B+C1）主要集中在下列公司的矿区，如索科洛夫–萨尔拜采矿选矿生产联合股份公司（占哈萨克斯坦铁储量的50%）、奥尔肯公司（占比26%），哈萨克斯坦矿产资源公司、阿克托比–铁木尔–BC和马萨利斯克采矿选矿联合公司各占5%，托波尔股份公司占4%。

4.铬

据2011年统计，其铬铁矿储量为2.2亿吨，居世界第1位。哈萨克斯坦已发现铬矿23个，几乎全部集中在阿克托贝州的赫罗姆套（意为“铬山”）。铬矿的平均品位为40%，现在开采的大都为含量在45%以上的富矿。

哈萨克斯坦铬矿储量位居世界前列，且铬矿品位很高（含45%—50%氧化铬）。哈铬业股份公司从事铬矿开采和精炼，该公司矿区所拥有的铬矿储量占哈萨克斯坦铬矿储量的94%，其余6%由Восход-Oriel公司所有。

5.铜

2014年铜矿预测资源量为1亿吨。目前哈萨克斯坦已知的铜矿和铜矿点共计149个，铜矿床的主要地质工业类型有斑岩铜矿、砂岩铜分布广泛，以中部的卡拉干达州和东部的东哈萨克斯坦州相对集中，南部的江布尔州和西部的阿克托贝州也有一定分布。哈境内超大型铜矿床有两个，分别为：科翁腊德铜矿（储量大于790万吨，品位0.9%，属中生代铜镍硫化物型铜矿）和杰兹卡兹甘铜矿（储量约为676万吨，品位为1.54%，属古生代砂页岩型铜矿）。

其中铜矿储量（A+B+C1)主要集中在下列公司矿产地：如哈铜集团（占铜矿蕴藏量的79%）、科克萨伊–穆兹别利公司（占比6.4%）、哈锌公司（占比3.8%）和科别尔–捷克诺洛吉公司（占比3%）。截至2013年底，哈萨克斯坦在39个矿区开展铜矿勘探和开采。其中，在13个矿区开展勘探工作，在8个矿区进行铜矿开采，在18个矿区同时进行勘探和开采。

6.钨

哈萨克斯坦钨矿储量为200万吨，集中在12个矿区，储量居世界第一位。哈萨克斯坦钨矿主要集中在中部的卡拉干达州及东南部地区，多为钨钼共生矿。最大的钨矿是位于卡拉干达州阿塔苏东大约100千米的上凯拉克特矿。

7.镍、钴

哈萨克斯坦镍储量约150万吨，占世界总储量的1.45%—2%，钴储量10万吨，占世界总储量的1.4%。哈萨克斯坦满足工业开发的钴镍矿都属于风化壳中的硅酸盐型矿床，其中镍的平均品位为0.9%—1.01%、钴为0.055%—0.06%。据统计，哈萨克斯坦镍的表内储量为183.977万吨，表外储量为98.313万吨。

哈萨克斯坦镍、钴的主要矿产资源基地在西哈萨克斯坦的肯比尔赛矿集区，分布有肯比尔赛、布拉诺夫、诺瓦布拉诺夫、布杰特科尔、卡拉宾、阔克别克津、阿克加不里钴镍矿，北哈萨克斯坦分布有舍甫琴科钴镍矿、杰德卡琳钴镍矿等，东哈萨克斯坦——戈尔诺斯塔耶夫钴镍矿、别尔科尔钴镍矿，中哈萨克斯坦——昂格列索尔、阿吉尔别克钴镍矿等。

哈萨克斯坦硅酸盐型钴镍矿的空间分布和成因都与超基性岩风化壳有关。根据矿床形态、成矿背景、产状等因素，可分为四个类型：平面分布型、条带型、喀斯特型和混合型，矿体以板状和透镜体状产出。此外，硫化物型铜镍矿也有找矿前景，而钴则多见于北哈萨克斯坦的矽卡岩型铁矿床中。

8.铅、锌

哈萨克斯坦发现的铅锌矿有3000多处，主要集中在中部、南部和东部地区，已探明铅储量为1170万吨，已探明锌储量为2570万吨。近年来，铅锌共生金属开采的发展主要是因为在哈萨克斯坦南部开采沙尔基亚大型矿区，在此将建设新的锌厂。此外，在哈萨克斯坦北部，沙伊梅尔坚卡斯特型锌矿区拟将投入开采，该矿区对哈萨克斯坦来说不多见且含锌量高；在哈萨克斯坦东部，在诺沃列宁诺戈尔、多林、奥布鲁切夫矿区基础上建设矿场；在哈萨克斯坦西部建设了发展铜锌工业的不错条件，在已探明含铜黄铁矿的昆德兹德、普里奥尔等矿区将开展采矿冶金生产。

哈萨克斯坦铅锌矿储量（A+B+C1）主要集中在下列公司矿产地，如扎伊列姆斯基采矿选矿联合企业股份公司（34%的铅和22%的锌）、哈锌公司（16%的铅和25%的锌）、哈铜集团公司（各占14%）、沙尔基亚锌业有限责任公司（12%的铅和19%的锌）以及萨雷阿尔卡股份公司（9%的铅和4%的锌）。

目前，哈萨克斯坦在30个矿区勘探和开采铅锌矿。其中，在19个矿区进行开采，在2个矿区进行勘探，在9个矿区同时进行勘探和开采。

9.铝土矿

哈萨克斯坦铝工业矿物原料主要来自东托尔盖铝土矿区（红色十月、阿亚特矿产地）难以加工的铝土矿。为了从这些矿区开采的低品位铝土矿提取铝，巴甫洛达尔铝厂开发了新技术工艺。此外，哈境内十分广泛地分布有霞石白榴岩、霞石岩以及明矾石次生石英岩。

哈萨克斯坦铝土储量的93%，由红色十月铝土矿管理公司所有，它是哈萨克斯坦铝业股份公司的分公司。其余储量（7%）由该公司的另外两个分公司托尔盖铝土公司和基达尔公司平均占有。目前，哈萨克斯坦在5个矿区勘探开采铝土矿。其中，在4个矿区开采铝土矿，在1个矿区进行勘探。

10.石油和天然气

哈萨克斯坦油气资源丰富，其探明储量居世界前列。2011年统计，哈萨克斯坦石油储量约41亿吨，占世界总探明储量的1.97%，居世界第11位；天然气储量约2.4万亿立方米，占世界总储量的1.26%，居世界第14位。据估计，石油资源量可能达93亿吨，天然气可达6万亿立方米，凝析油可达18亿吨，60%以上的石油资源集中在哈属里海水域。

哈萨克斯坦境内共有15个含油气盆地，但实现工业开采的仅有5块，它们是：滨里海盆地、曼吉斯套盆地、乌斯秋尔特盆地、南图尔盖斯克盆地和楚–萨雷苏克盆地。据统计，可开采石油的91%主要集中蕴藏在13个大型油气田里，而田吉兹和卡沙甘这两大巨型油气田的储量就占了其中的69%。目前共有318个油气田，其中223个富含石油，58个富含凝析油气，202个富含天然气，正在开发的油气田有100多个。

11.煤

据2010年统计，哈萨克斯坦煤探明可采储量为336亿吨，位列全球第8，占世界总储量的3.9%。全国已探明和开采的煤田数量100个，其中的大部分煤田分布在哈萨克斯坦中部（卡拉干达、艾斯基巴斯图兹和舒巴尔科里煤田）和北部（图尔盖煤田）。

三、矿业经济概况

哈萨克斯坦在丰富的矿产资源基础上，建立和发展了实力雄厚的石油天然气、铀和煤炭工业，开采并加工黑色金属矿产、有色金属矿产和贵金属，以及各种各样的非金属矿产。采矿业是哈萨克斯坦国民经济的支柱产业，2018年哈萨克斯坦采矿业总产值约441.01亿美元，同比增长4.1%，在工业总产值（约799.98亿美元）中占比高达55.1%。目前，共有50个国家的矿业企业在哈萨克斯坦开展矿产资源领域的投资，其中，采油企业主要集中在哈萨克斯坦西南部的5个州，包括中石油、中石化、中海油在内的几乎世界所有的著名石油公司都进入哈萨克斯坦石油开采领域；铜、锌、铝等有色金属开采业主要集中在哈萨克斯坦南部、北部和中西部地区，煤炭工业主要在哈萨克斯坦中部的巴甫洛达尔州，铀矿开发地则在哈萨克斯坦南部和北部地区。

1.勘查投入概况

近十年来，哈萨克斯坦矿业勘查投入金额0.721亿—2.17亿美元，总体呈下降趋势。2010—2012年矿业勘查投入逐年增加，在2012年达到较高点，投入金额高达2.17亿美元；2012年之后逐渐回落，2016年降至较低，仅有72.1亿美元；2017年之后逐年略有小幅回升，2019年较2018年又有小幅下降（表4–1、图4–1）。

从全球勘查投入中的比例来分析，哈萨克斯坦在当年全球勘查投入中的占比变化不大，基本保持在全球勘查投入的1.10%左右，显示出较为强大的投资力度，投入比例较高出现在2017年，在全球勘查入中的占比为1.1907%，较低为2015年，投入占比仅有0.8812%（表4–1）。

表 4–1　哈萨克斯坦 2010—2019 年矿业勘查经费投入统计表

单位：百万美元

年份	2010	2011	2012	2013	2014
勘查投入	134.3	191.0	217.1	134.5	126.0
全球占比/%	1.1666	1.1080	1.0580	0.9334	1.1735
年份	2015	2016	2017	2018	2019
勘查投入	77.3	72.1	95.8	111.6	96.2
全球占比/%	0.8812	1.0314	1.1907	1.1595	1.0360

注：数据源于标普数据库（网址：https://www.spglobal.com/marketintelligence/en/）。

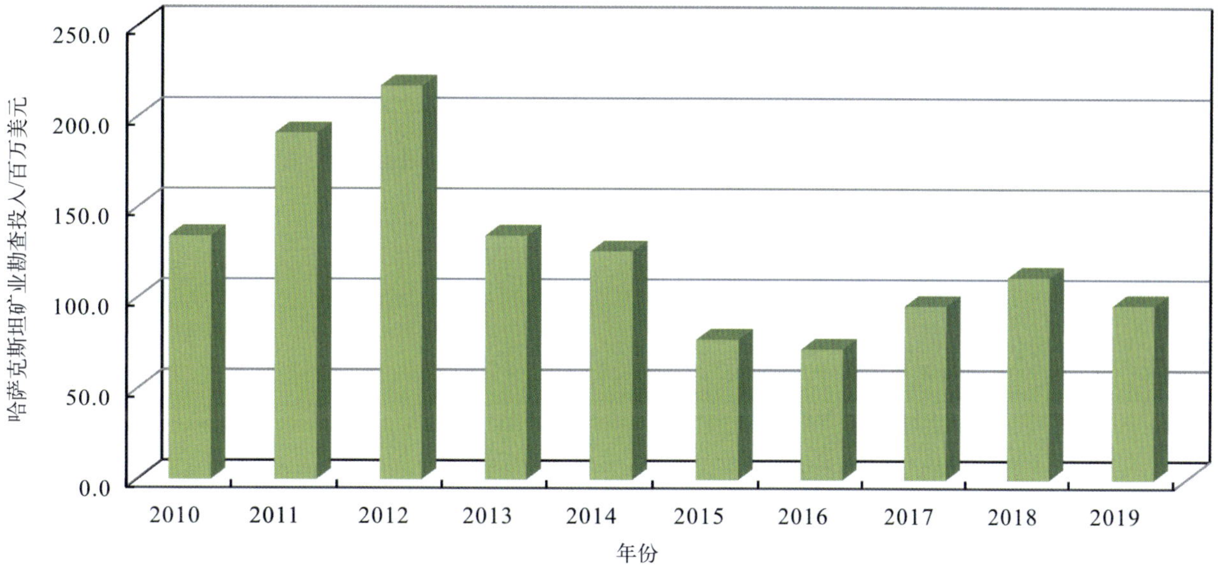

图 4–1　哈萨克斯坦2010—2019年矿业勘查经费投入

2.哈萨克斯坦能源/矿产品贸易概况

2010—2018年，哈萨克斯坦能源/矿产品贸易总金额361.927亿—838.27亿美元，以能源/矿产品出口为主。其中，能源/矿产品出口金额327.53亿—766.21亿美元，占贸易总额的90.09%—94.32%；进口金额32.839亿—77.46亿美元（表4–2、图4–2）。

哈萨克斯坦在能源/矿产品进口方面，进口金额32.839亿—77.46亿美元，2010—2013年进口金额逐年增加，在2013年度达到顶峰，进口金额高达77.46亿美元；2013年之后开始逐年回落，于2016年降至34.397亿美元，2017年又开始逐年攀升（表4–2、图4–2）。

就各矿种进口额度而言，各类产品进口金额变化趋势与能源/矿产品进口总体变化趋势基本一致。其中，能源产品进口金额17亿—55亿美元，在进口总额中占比接近50%，2013年度占比较高，达71.00%，

2015年度占比较低，仅有49.18%；其次是铁矿/钢铁产品和有色金属，进口金额分别为6.59亿—13亿美元、1.51亿—6.98亿美元，分别占进口总额中的为16.78%—26.20%和3.59%—15.00%；工业矿物、贵金属、关键性金属进口较少，进口金额分别为1.11亿—2.73亿美元、0.114亿—4.3亿美元、0.305亿—1.72亿美元，分别占进口总额的为2.61%—4.32%、0.35%—6.54%和0.93%—2.39%（表4–2、图4–2）。

哈萨克斯坦在能源/矿产品出口方面，2010—2012年出口金额逐年增加，在2012年达到顶峰，出口金额高达766.21亿美元；2012年之后开始逐年降低，于2016年降至327.63亿美元，随后又开始逐年回升（表4–2、图4–3）。就各类矿种出口额度而言，能源产品出口金额228亿—594亿美元，在能源/矿产品出口金额中的比例最大，占比大于70%，其中2013年度占比较高，达82.79%，2016年度占比较低，仅有69.61%；其次是有色金属，出口金额60亿—100亿美元，占能源/矿产品出口总额的为9.80%—20.71%；铁矿/钢铁产品出口金额较小，为18亿—47亿美元，占能源/矿产品出口总额的为4.01%—6.19%；贵金属、关键性金属、工业矿物出口金额较小，分别为5.75亿—18亿美元、3.65亿—9.69亿美元、3.83亿—8.11亿美元，分别占能源/矿产品出口总额的1.01%—2.35%、0.87%—1.72%和0.70%—1.51%（表4–2、图4–3）。

表4–2　哈萨克斯坦2010—2018年能源/矿产品贸易金额统计

单位：亿美元

矿种	2010年		2011年		2012年	
	进口金额	出口金额	进口金额	出口金额	进口金额	出口金额
能源	23	421	47	579	48	594
铁矿/钢铁	6.59	30	13	47	13	39
贵金属	0.114	9.95	0.413	16	4.3	18
有色金属	1.51	73	2.75	100	2.59	99
关键性金属	0.305	7.04	1.42	9.63	1.72	8.10
工业矿物	1.32	3.83	1.86	8.05	2.45	8.11

矿种	2013年		2014年		2015年	
	进口金额	出口金额	进口金额	出口金额	进口金额	出口金额
能源	55	583	24	555	18	300
铁矿/钢铁	13	29	12	27	9.59	18
贵金属	1.79	11	2.16	7.31	2.17	8.6
有色金属	3.40	69	5.82	67	4.52	60
关键性金属	1.54	6.20	0.889	9.69	0.737	3.65
工业矿物	2.73	6.01	1.93	6.66	1.58	5.98

矿种	2016年		2017年		2018年	
	进口金额	出口金额	进口金额	出口金额	进口金额	出口金额
能源	17	228	23	297	26	432
铁矿/钢铁	8.4	19	12	26	13	25
贵金属	2.25	6.81	2.43	6.15	2.8	5.75
有色金属	5.16	64	6.85	88	6.98	92
关键性金属	0.477	5.62	0.649	3.71	0.757	5.40
工业矿物	1.11	4.10	1.42	4.08	1.33	6.71

注：统计数据源于英国国防事务研究所查塔姆智库（Chatham House），网址：https://resourcetrade.earth/data。

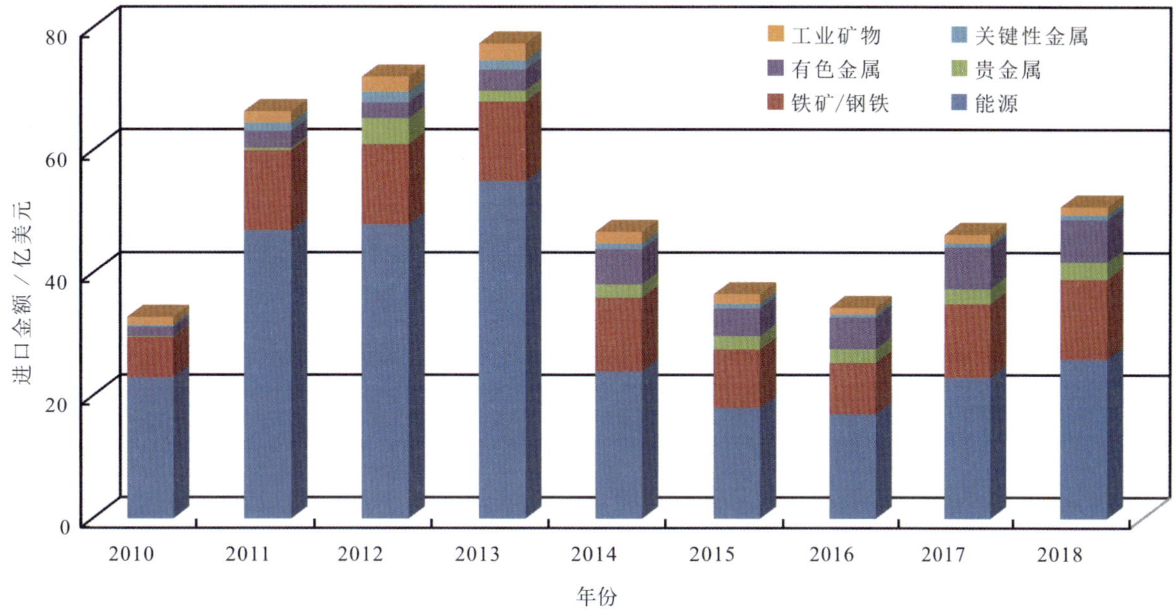

图 4-2　哈萨克斯坦2010—2018年能源/矿产品进口金额

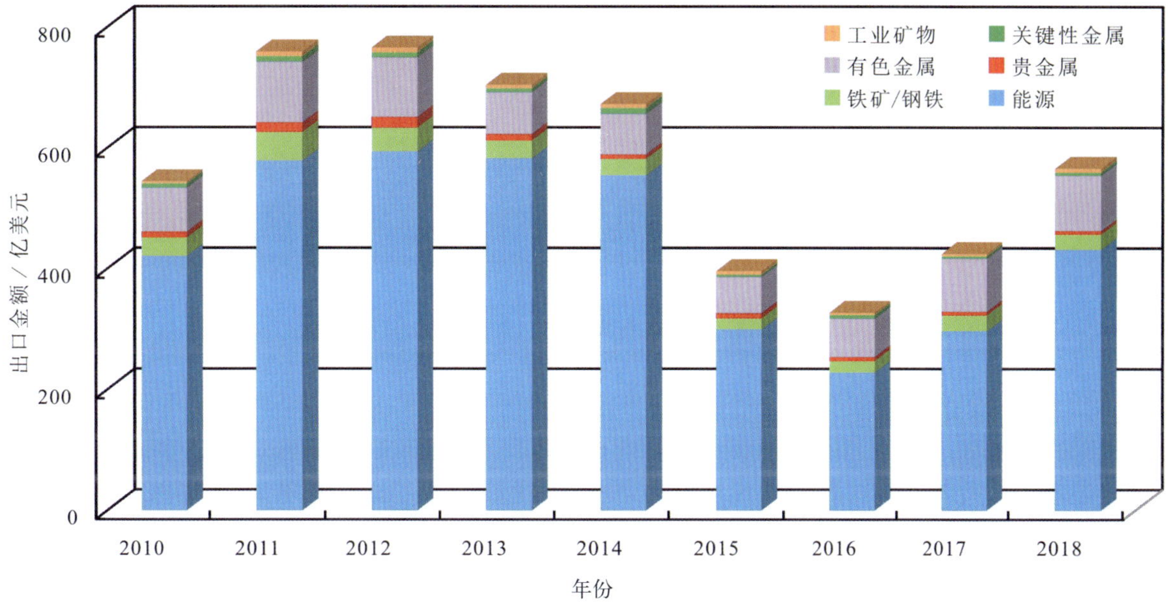

图 4-3　哈萨克斯坦2010—2018年能源/矿产品出口金额

3.中国–哈萨克斯坦能源/矿产品贸易概况

2010—2018年，中国与哈萨克斯坦之间的能源/矿产品贸易总金额为37.173亿—146.78478亿美元，其中，以中国从哈萨克斯坦进口能源/矿产品为主，中国进口的金额为35.284亿—143.70678亿美元，占中–哈能源/矿产品贸易总额的93.87%—9.790%；中国向哈萨克斯坦出口能源/矿产品的金额为1.889亿—4.055亿美元。从总体变化趋势来看，中国与哈萨克斯坦之间的能源/矿产品贸易总金额在2011年度上升至较高点，2012年开始逐年降低，于2016年降至较低点，2016年以后又开始逐年回升（表4–3、图4–4）。

在能源/矿产品进口方面，中国从哈萨克斯坦进口金额变化趋势与中–哈两国总体能源/矿产品贸易变化趋势一致，能源/矿产品进口金额在2011年度上升至较高点，进口金额为143.70678亿美元；2012年开始逐年降低，于2016年降至较低点，进口金额降为35.284亿美元；2016年以后又开始逐年回升（表4–3、图4–4、图4–5）。

就中国从哈萨克斯坦进口的各类矿产品种而言，2015年以前中国从哈萨克斯坦进口的能源产品金额较高，2015年以后中国进口的有色金属金额较高，中国进口能源产品和有色金属的金额分别为10亿—97亿美元和20亿—38亿美元，分别占中国进口金额的22.85%—70.61%和22.85%—70.61%；中国从哈萨克斯坦进口的铁矿/钢铁产品也占有一定的比例，进口金额0.387亿—12亿美元，占中国进口金额的0.91%—9.37%；中国从哈萨克斯坦进口工业矿物和关键性金属较少，进口金额分别为0.085亿—2.26亿美元和0.077亿—0.614亿美元，分别占进口金额的0.18%—2.79%和0.18%—0.44%；中国从哈萨克斯坦进口贵金属更少，进口金额0.00478亿—0.322亿美元，占进口金额的0.003%—0.511%（表4–3、图4–5）。

表4–3　中国–哈萨克斯坦2010—2018年能源/矿产品贸易金额统计

单位：亿美元

矿种	2010年		2011年		2012年	
	中国进口	中国出口	中国进口	中国出口	中国进口	中国出口
能源	57	0.643	97	0.96	92	0.709
铁矿/钢铁	9.15	1.16	10	1.31	12	1.97
贵金属	0.014	—	0.00478	—	0.053	—
有色金属	30	0.213	34	0.325	34	0.189
关键性金属	0.356	0.040	0.442	0.308	0.614	0.116
工业矿物	1.11	0.297	2.26	0.175	2.17	0.396
矿种	2013年		2014年		2015年	
	中国进口	中国出口	中国进口	中国出口	中国进口	中国出口
能源	95	1.16	52	1.75	21	0.945
铁矿/钢铁	8.61	1.97	3.80	1.77	0.387	1.39
贵金属	0.00635	—	0.012	—	0.00542	—
有色金属	29	0.209	27	0.244	20	0.157
关键性金属	0.382	0.046	0.221	0.100	0.077	0.107
工业矿物	1.52	0.253	1.43	0.191	1.19	0.187
矿种	2016年		2017年		2018年	
	中国进口	中国出口	中国进口	中国出口	中国进口	中国出口
能源	10	0.099	11	0.346	22	0.359
铁矿/钢铁	0.653	1.46	0.677	1.80	2.18	1.61
贵金属	0.019	—	0.086	—	0.322	—
有色金属	24	0.131	36	0.091	38	0.139
关键性金属	0.173	0.030	0.295	0.044	0.428	0.028
工业矿物	0.439	0.169	0.085	0.153	0.089	0.135

注：统计数据源于英国国防事务研究所查塔姆智库（Chatham House），网址：https://resourcetrade.earth/data。

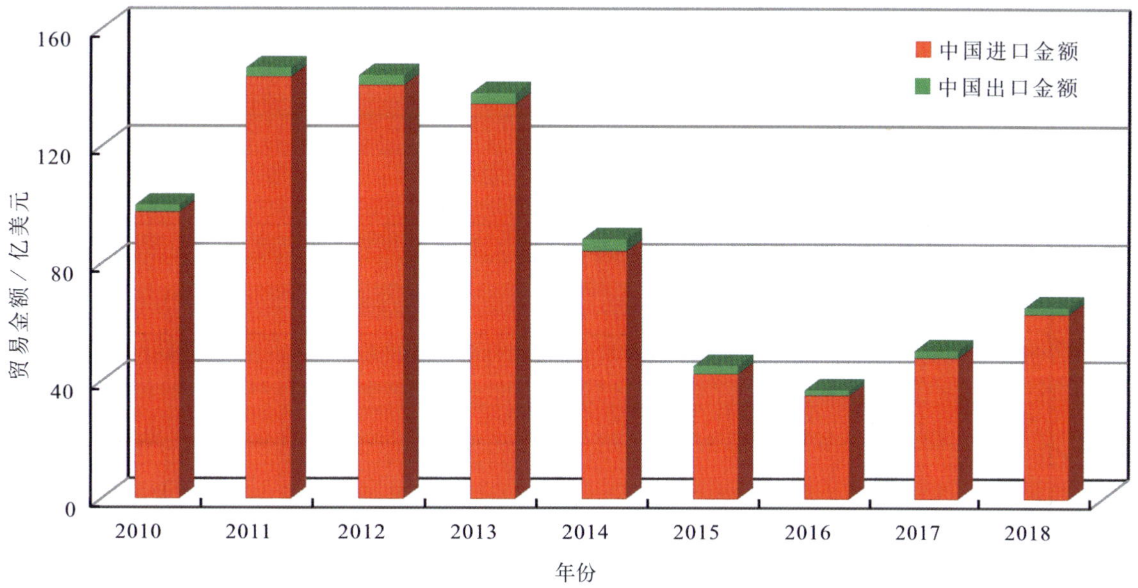

图 4–4　中国–哈萨克斯坦能源/矿产品贸易金额（2010—2018年）

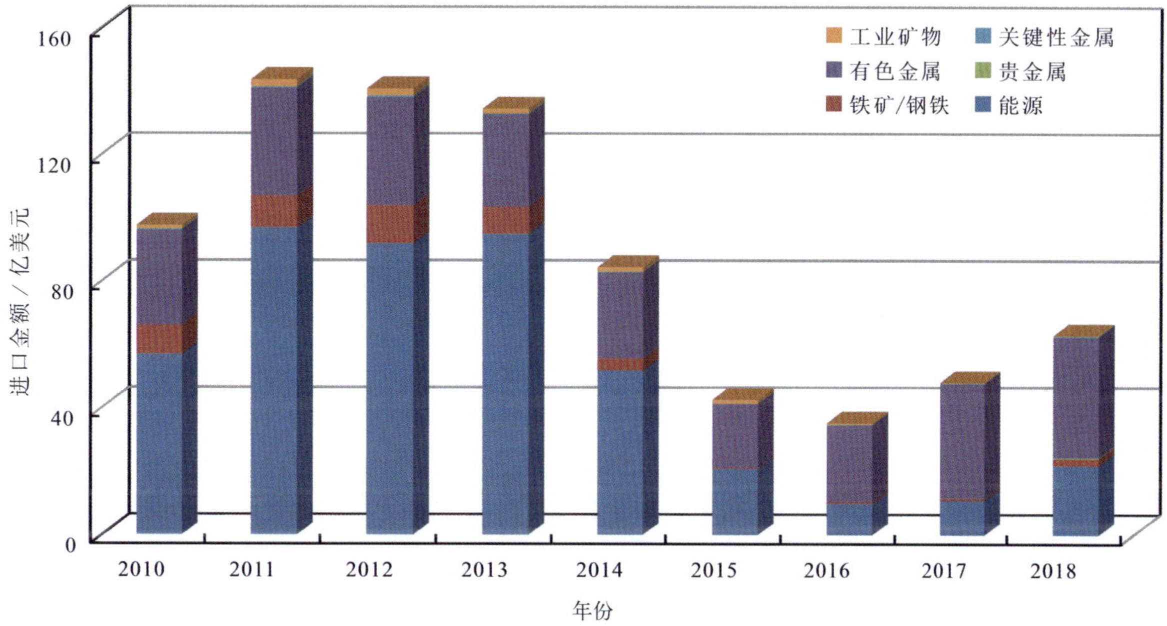

图 4–5　中国进口哈萨克斯坦的能源/矿产品金额（2010—2018年）

在能源/矿产品出口方面，中国向哈萨克斯坦出口金额变化趋势总体上与中–哈两国总体能源/矿产品贸易变化趋势基本一致，能源/矿产品出口金额从2010年开始逐年增加，在2014年度上升至高点，出口金额为4.055亿美元；2015年开始逐年降低，于2016年降至低点，出口金额降为1.889亿美元；2017年较2016年有小幅回升，2018年又较2017年又小幅下降（表4–3、图4–4、图4–5）。其中，中国向哈萨克斯坦出口的铁矿/钢铁产品最多，出口金额1.16—1.97亿美元，占中国出口总额的42.56%—77.29%；其次是能源产品，出口金额0.099亿—1.75亿美元，占中国进口金额的5.24%—43.16%；中国向哈萨克斯坦出口工业矿物、有色金属、关键性金属较少，出口金额分别为0.135亿—0.396亿美元、0.091亿—0.325亿美元、0.028亿—0.308亿美元，分布占中国出口总额的4.71%—12.62%、3.74%—10.56%、1.23%—10.01%（表4–3、图4–6）。

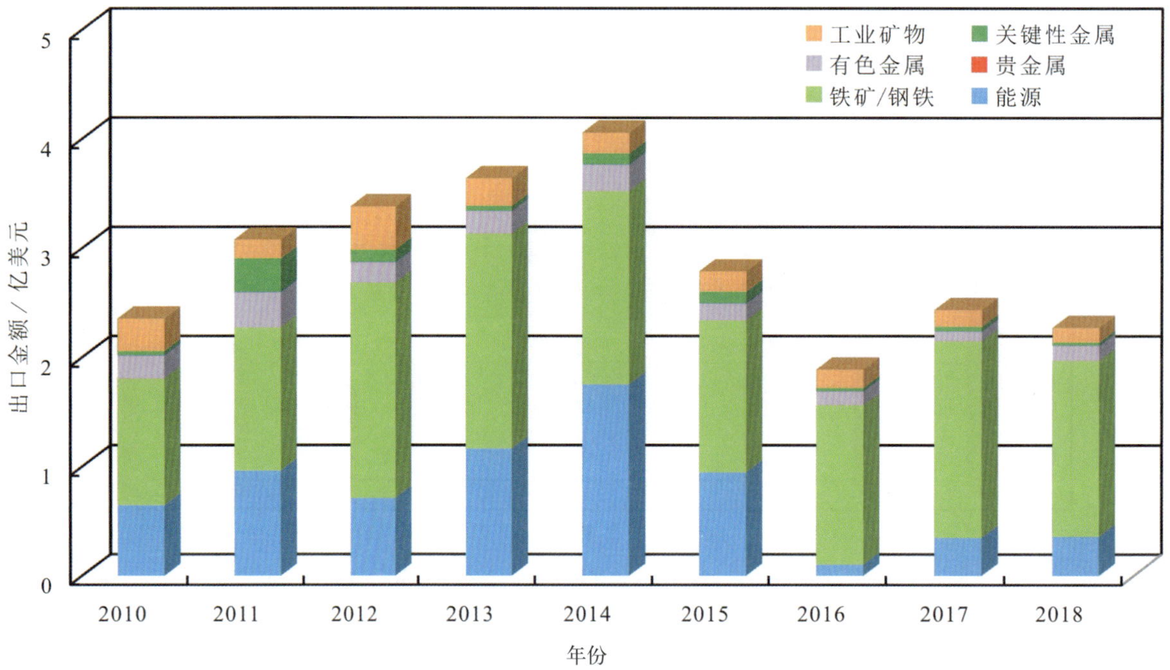

图4-6　中国出口哈萨克斯坦的能源/矿产品金额（2010—2018年）

四、矿业投资环境评价结果

在矿业投资环境评价的各项一级指标中，哈萨克斯坦各项指标总体得分较高（总得分为55.50，排名第1），显示出良好的矿业投资环境（表3-1）。其中，能源资源禀赋指数评价最高，得分为39.60分（满分40分）；其次是矿业勘查开发指数，得分为13.35分（满分15分）；国际合作关系指数和营商环境指数评价较低，得分分别为11.70分、11.10分（满分均为15分）；投资风险指数评价最低，得分仅为9.75分（满分15分）（表3-1、图4-7）。

就各项二级指标而言，在资源禀赋指数方面，哈萨克斯坦拥有丰富的铬、铀、钨、镉、铼、铅、锌、锰、铜、铁、金、钼、镍、铝、石油、煤炭等矿产资源，并且部分能源矿产资源的产量位居全球前十，这些国家在能源/矿产资源禀赋、能源/矿产品产量、战略性矿产种类三项指标均获得了满分，显示这些国家具有非常好的资源禀赋。采矿业、石化工业在哈萨克斯坦均作为重点行业，显示出重要的行业地位；这些国家在采掘业透明度评估中有部分进展，说明该行业有一定的透明度，在本书的资源禀赋指数评价中，重点产业/采掘业透明度指标也获得了相对较高的分值（表3-1、表3-7、图4-7）。

在矿业勘查开发指数方面，哈萨克斯坦拥有最多的矿业勘查公司、矿山项目、运营矿业公司，中广核集团、中核集团、五矿集团、金川集团、江铜集团、中石油、中石化等国内知名矿业/能源企业在哈萨克斯坦开展能源/矿产开采开发项目。在本次矿业投资环境评价中，相关二级指标均获得了满分，表明哈萨克斯坦矿业勘查开发活动极其活跃，中资企业/矿业企业参与度非常高（表3-1、表3-13、图4-7）。

在国际合作关系指数方面，哈萨克斯坦与中国是全面战略伙伴关系，中国是其重要的贸易伙伴；双方积极推动哈萨克斯坦“光明之路”政策与“一带一路”倡议的对接，共同参与多个国际组织；共建多个产业园区，约有1000余家中资企业在哈萨克斯坦投资；两国建立了中哈合作委员会地质与矿产利用分委会，并进行高层互访，但在地学合作与矿业开发的深度和广度还不够。总体上，双方在国际合作关系指数相关二级指标评价中均获得了较高的得分，显示出较好的合作关系（表3-1、表3-18、图4-7）。

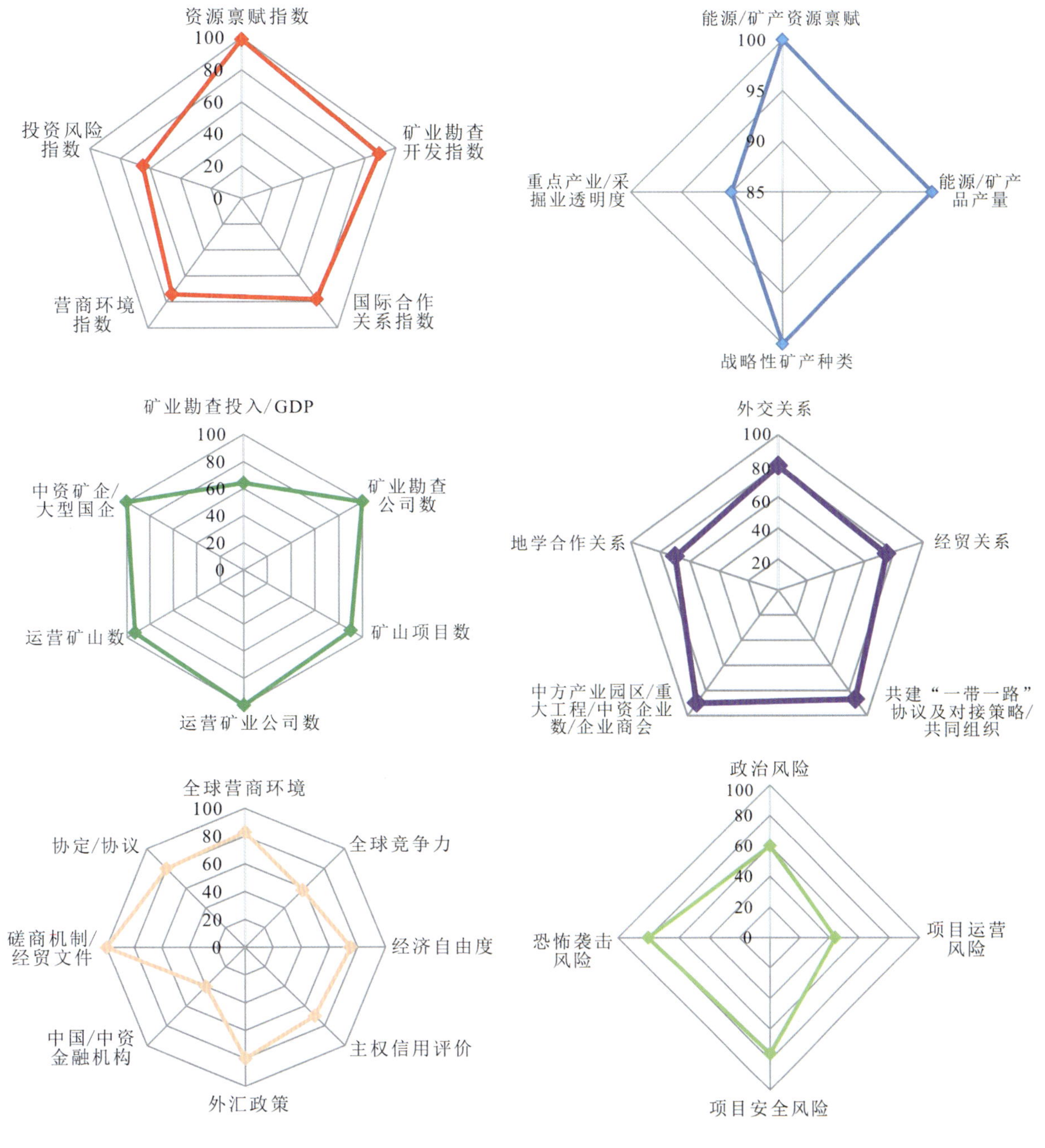

图 4–7　哈萨克斯坦矿业投资环境各类指标贡献量蛛网图

在营商环境指数方面，哈萨克斯坦在全球营商环境报告、全球竞争力报告、经济自由度报告等国外知名智库评价报告中均有较高的得分和较好的评价；在惠誉、标普、穆迪全球三大主流评价机构中，主权信用评价较高，政府信用较好；外汇政策较自由，境内有中国银行、中国工商银行，建有政府间经贸合作委员会，签署了经贸协定、保护投资协定、产能合作协定、货币互换协定等。营商环境指数总体评价较高，在哈萨克斯坦各项二级评价指标中，磋商机制/经贸文件评价最高，其次是全球营商环境、协定/协议、外汇政策、经济自由度等指标，主权信用评价、全球竞争力得分较低，中国/中资金融机构得分最低（表3–1、表3–23、图4–7）。

在投资风险指数方面，各项二级评价指标得分较高，说明哈萨克斯坦总体投资风险较小，各类安全形势较好，有利于投资企业开展生产运营。其中，恐怖袭击风险评价最高，评价为低风险，说明这些国家罕见大规模的恐怖袭击活动，企业遭受恐怖袭击的可能性很小；项目安全风险位居其后，评价为整体低风险、局部中风险，说明这些国家整体安全条件较好，这些国家基本能为企业投资提供足够的安全保障，局部的安全问题可能给企业生产或人员安全带来一些挑战，需要谨慎对待。政治风险适中，评价为中风险，说明这些国家整体政局较为稳定，政治环境良好，企业受政治因素的影响较小；相对于其他风险，项目运营风险评价最低，评价为整体高风险，局部中风险，说明这些国家整体商业运营环境和基础设施较差，可能会给投资者带来持续而严峻的挑战（表3–1、表3–24、图4–7）。

五、矿业投资建议

1.利用好常态化中–哈地矿产能合作机制及相关配套设施

2015年8月，中哈双方签署了《中华人民共和国政府与哈萨克斯坦共和国政府关于加强产能与投资合作的框架协议》，确定了两国开展产能合作的目标、原则、领域、工作机制等重要内容和安排。同年12月，双方签署了《产能与投资合作框架内便利双方人员办理商务签证的协定》，施行取消“返签号”的特殊签证便利化安排。2016年12月，由丝绸之路基金出资20亿美元设立中哈产能合作基金，重点支持中哈产能合作及相关领域投资。

中哈双方共同设立由地质与矿产利用分委会、能源合作分委会、经贸合作分委会等10个专业分委会组成的中哈产能与投资合作协调委员会；确定了项目对接机制，指定中国产业海外发展协会（以下简称“海外协会”）和哈萨克国家投资公司（以下简称“KAZNEX-INVEST”）作为项目对接机制牵头单位，协助企业进行项目对接、跟踪和更新。截至2019年3月底，中哈双方已成功举办十六次“中哈产能与投资合作对话会”，形成55个重点项目（15个项目正式投产，11个项目正在实施），总投资金额达276亿美元，涉及矿产、石油天然气、冶金等领域，例如，巴夏库铜矿选厂项目、中哈铀矿开采项目、巴甫洛达尔电解铝厂项目、中哈原油管道项目、哈萨克斯坦阿克纠宾油气项目、哈萨克斯坦PKOP奇姆肯特炼油厂现代化升级改造项目、卡拉赞巴斯油田项目、阿特劳炼油厂芳烃生产装置建设项目等。

进一步加强中国“一带一路”倡议和哈萨克斯坦“光明之路”新经济政策对接，深度解读对接政策，调研、跟踪中资矿业/能源企业在哈萨克斯坦矿业/能源等领域的投资项目进展，以及投资过程中存在的现实困难，充分利用中哈合作委员会地质与矿产利用分委会、能源合作分委会，加强政策对接与项目合作，更新重点项目清单，协调解决项目推进中存在的问题和困难，进一步支持中资企业开拓哈萨克斯坦矿业/能源市场。

2.搭建地学与矿业产能合作服务平台，完善信息沟通交流机制

采矿业是哈萨克斯坦国民经济的支柱产业，哈政府鼓励矿业发展。哈萨克斯坦实施的第2个5年《工业发展国家纲要》指出，2015—2019年，哈萨克斯坦将重点发展黑色冶金业、有色冶金业、采矿业、机械设备制造业等16个制造行业。中新社努尔苏丹2020年7月6日报道：哈生态、地质和自然资源部消息指出，哈萨克斯坦国内大部分正在开采的资源为苏联时期探明，未来10—15年部分矿区的资源将枯竭。为此，大力吸引投资用于勘探新的矿产资源“已成当务之急”，政府计划吸引至少20亿美元外国投资用于勘探新的矿产资源。哈生态、地质和自然资源部已制定出了2021—2025年资源勘探计划，根据计划将提高勘探投入，寻找新的资源产地。截至2020年4月1日，外国对哈直接投资主要集中在采矿业，达到1216亿美元，同比增长1.1%。2020年1—6月，哈固定资产投资总额约280.9亿美元（5.2156万亿坚戈），其中采矿

业投资约130亿美元（2.4148万亿坚戈），在固定资产投足总额中的占比为46.3%。

建议充分利用中国—上海合作组织地学合作研究中心，依托中国地质调查局中亚西亚地质调查国际合作工程，开展哈萨克斯坦矿产资源潜力评价、矿业投资环境分析、矿业投资项目调研评级排序等，针对不同中资矿业企业在哈萨克斯坦的投资需求制定相应的矿合作推介/服务产品，例如，矿业投资项目资讯、矿业投资项目推介清单、矿业投资项目资料包、找矿勘查建议书等。与哈萨克斯坦地矿机构联合举办哈萨克斯坦矿业投资论坛、矿业投资项目推介会等，共同宣传介绍哈萨克斯坦矿业投资政策，推介矿业投资项目为中国矿业企业参与哈萨克斯坦矿业领域招商引资搭建“面对面”“一站式”的沟通交流平台和信息咨询服务。

3.加强哈萨克斯坦法律政策研究，应对投资制度性壁垒

2003年以来，哈萨克斯坦对与投资相关的法律法规的立、废、改相当频繁，导致立法的频繁变动，增加了投资者对哈萨克斯坦投资的制度性风险。哈萨克斯坦2005年修改的《矿产法》对外国投资者进入和退出哈萨克斯坦矿业，尤其是收购哈萨克斯坦内矿产企业构成了实质性障碍，该法律规定企业在准备转让矿产开发权或出卖股份时，哈萨克斯坦能源部有权拒绝发放许可证；哈萨克斯坦政府不仅有权优先购买矿产开发企业所转让的开发权或股份，还可以优先购买能对该企业直接或间接影响的企业所转让的开发权或股份；对采矿企业以浮动费率的方式征收矿费，矿费率按照年开采量的增加而逐级递增。哈萨克斯坦投资法规定所有的外资必须进行强制性审批和登记，并指定哈萨克斯坦国家投资委员会作为唯一的管理机构，规定超过约24万美元（1亿）的外资须由哈萨克斯坦政府批准。哈萨克斯坦还规定外资参与的企业、代表处、公司、协会等均需要依法申领经营许可证，并接受许可证制度管理。哈萨克斯坦投资领域法律变动频繁，形成了以投资法为核心，以大量总统令为辅的投资法律体系。此外，2004年，哈萨克斯坦提出“哈萨克斯坦含量”的概念（即提出了投资者在经营过程中，对哈萨克斯坦产品和服务采购的比例要求），主要体现在《矿产资源法》《国家采购法》等法律法规中，独特的“哈萨克斯坦含量”规定对外资造成了更多的经营障碍。2010年6月24日，哈萨克斯坦通过新版《地下资源及地下资源其利用法》，该法律中多处规定地下资源利用企业履行“哈萨克斯坦含量”的义务和各国家机关拥有的监督权利：政府有权设定地下资源勘探开 发过程中使用哈萨克斯坦国产品和服务的比例，有权要求外资企业在管理层人员配置上履行“哈萨克斯坦含量”的义务。

因此，建议结合中国—上海合作组织地学合作研究中心、中国—上海合作组织国际司法交流合作培训基地、中国—上海合作组织环境保护合作中心等平台专业优势，加强政策法规对接研究，共同开展哈萨克斯坦地下资源与矿产利用法、石油法、外国投资法、土地法典、环境保护法等法律法规的解读，分析政策变化、安全形势变化对矿业投资的影响，并提出中资企业在哈萨克斯坦投资需要特别注意的要点、重点问题，排查投资误区，协助中资企业做到知法、懂法、守法，进一步降低中资企业潜在投资风险。

4.谋划产业集群，共建矿业/能源经济产业园区

哈萨克斯坦自然资源丰富，有着“能源和原材料基地”之称。综合分析哈萨克斯坦铀、铬、钨、铜、金、铅、锌、铁、锰、铝、钴、镍、铼等优势矿产资源的分布情况，调研分析中资企业在哈萨克斯坦矿业/能源领域开发投资现状、投资成功的经验或失败的教训（总结成功经验、剖析失败原因），结合新亚欧大陆桥经济走廊哈萨克斯坦段重大工程部署和哈萨克斯坦基础设施分布情况，梳理哈萨克斯坦矿产/能源勘查开发项目推荐清单，谋划走廊沿线地矿产业布局，并提出走廊沿线矿业勘查开发合作建议。

在中国“一带一路”倡议、哈萨克斯坦“光明之路”新经济政策、哈萨克斯坦《2020—2025年国家

产业和创新发展规划纲要》框架下，充分利用好哈萨克斯坦投资政策和经济特区优惠政策，谋划共建集矿石采选冶、矿产品深加工、尾砂尾矿综合利用、矿山设备销售/租赁/售后维修、矿产品进出口贸易、物流仓储、矿业金融为一体的矿业经济产业园区，创新合作模式，构建产业集群，带动中国相关企业、资本参与哈萨克斯坦矿业全产业链合作，从而实现多方共赢、和谐发展。例如，借助中国企业充足的资金、先进的生产技术和高水平的管理能力等优势，充分借鉴BOT（建设－经营－转让）、PPP（政府和社会资本合作）国际先进合作模式，利用中国政策性银行的产业投资基金进行“工程承包+融资+运营”等合作方式，与“哈萨克国家石油天然气股份公司（КазМунайГаз）”谋划共建油气产业园区，与哈萨克铜业公司、锌业公司谋划共建有色金属产业园区或产业集群，在加强对哈萨克斯坦矿产/能源勘探开发合作的同时，将合作链条向产业下游延伸，并且强化在技术服务、技术装备领域的深入合作。

哈萨克斯坦的经济产业结构较为单一，主要依靠能源与采矿业，但目前在哈萨克斯坦参与矿产勘查开发的中资企业并不太多，合作进展与成效也不理想，建议在参与哈萨克斯坦矿产开发时，总结学习在哈萨克斯坦西方矿业公司运作模式，借鉴相关合作经验，尝试以矿业联合体等形式参与哈萨克斯坦矿业勘查开发。此外，结合哈萨克斯坦意欲打造连接东西方最大中转站的“光明之路”计划和哈萨克斯坦目前的矿产品开采贸易现状，建议中资企业，尤其是中资矿产品贸易企业，可以尝试与哈萨克斯坦矿产品贸易公司，依托哈萨克斯坦基础交通设施和“中欧班列”进行矿产品贸易合作，通过矿产品贸易与矿产品合作开发并举的形式来满足我国矿产品的需求。

第二节　土耳其

土耳其共和国（土耳其语：Türkiye Cumhuriyeti，英语：The Republic of Turkey），简称土耳其（国家代码：TUR），首都安卡拉。土耳其是一个横跨欧亚两洲的国家，地理位置和地缘政治战略意义极为重要，是连接欧亚的十字路口。土耳其北临黑海，南临地中海，东南与叙利亚、伊拉克接壤，西临爱琴海，与希腊以及保加利亚接壤，东部与格鲁吉亚、亚美尼亚、阿塞拜疆和伊朗接壤。

土耳其国土面积为78.36万平方千米，全国人口约为8200万（截至2019年1月），其中土耳其族占80%，库尔德族占15%，另有阿拉伯族、亚美尼亚族和希腊族等少数民族。土耳其绝大多数居民信奉伊斯兰教，其中85%属逊尼派，其余为什叶派。此外，还有东正教、天主教和犹太教等。

土耳其实行多党制，国内政党林立，主要政党有正义与发展党、共和人民党、民族行动党、人民民主党、美好党、幸福党和爱国党，其中正义与发展党自2002年起执政至今，共和人民党是最大反对党。土耳其政治体制为总统制共和制，宪法规定土耳其为民主、政教分离和实行法制的国家，官方语言为土耳其语，货币为新土耳其里拉（货币符号：YTL）。土耳其工业基础好，主要有食品加工、纺织、汽车、采矿、钢铁、石油、建筑、木材和造纸等产业。

一、总体经济形势

土耳其是继中国、俄罗斯、印度、巴西和南非等“金砖国家”之后又一蓬勃发展的新兴经济体，在国际社会享有“新钻国家”的美誉，已成为“经济安理会”G20的成员。2018年，土耳其GDP约为3.7万亿里拉，折合7649.5亿美元，GDP增长率为2.6%。2019年1月17日，路透调查显示，土耳其经济从2018年第四季开始萎缩，直到2019年第三季才再度实现增长。路透社对51位经济分析师的调查显示，2019年土耳其经济仅增长0.2%，2020年增长3.0%，分别大大低于政府已经大幅下调的预估值2.3%和3.5%。2019年10月15日美国穆迪投资者服务公司（Moody's Investors Service）调查显示，土耳其的经济计划增长目标可能加剧宏观失衡，预计2019年土耳其经济增长率为0.25%，到2020年和2021年至少反弹至3%。据土耳其《自由报》报道，随着新冠疫情防控形势逐步向好，土耳其的生活开始恢复正常，在2019年第四季度土耳其经济同比增长6%，这是自2018年货币危机后的经济衰退的强劲反弹。

土耳其国库与财政部长阿勒拜拉克表示，将继续实施改革，推进就业、纳税、改善公司设立和外贸等领域里的改革进程，尤其将进一步降低成本，提高企业效率，从而将土耳其的投资环境提升至高水平。世界银行发布了《2020年营商环境报告》，土耳其连续两年跻身全球营商环境改善较大的经济体，并且在总排名中继续获得大幅提升，由去年的43位上跃升至33位。根据土耳其贸易部统计，截至2018年底，土耳其共有外资企业51902家，其中伊斯坦布尔的外资企业为40542家，安塔利亚为5561家，安卡拉为3153家，伊兹密尔为2646家。据土耳其《自由报》2020年5月8日报道，2020年，土耳其政府预计今年和明年的经济增长为5%；根据《交易经济学》全球宏观模型和分析师的预期，到本季度末，土耳其的GDP年增长率预计将达到5.10%；从长期来看，根据计量经济学模型，预计土耳其的GDP年增长率在2021年将达到4.20%左右。

二、矿产资源禀赋

土耳其的矿产资源比较丰富，已发现有60多种矿产。主要矿产有铬铁矿、金、银、铜、锑、镁、铅、锌、铁、铝土矿、锰、铀、汞、石油、天然气、煤、海泡石、硼、重晶石、大理石、矾等，其中硼矿、铬铁矿、锑矿、菱镁矿和天然碱产量在世界上占有重要地位。

土耳其非金属矿产非常丰富，硼储量总储量超30 亿吨（24.4%—35% B_2O_3），占全球的72%，居世界首位，主要分布在土耳其西北部的屈塔希亚省、巴勒克埃西尔省和埃斯基谢希尔省。天然石（大理石）储量占世界的40%，长石储量占全球的23%，膨润土储量占全球的20%。天然碱储量8.36亿吨，占世界的7%（与墨西哥并列世界第三位），主要分布于安卡拉省和梅尔辛省。据2012年资料统计，重晶石储量为400万吨，基础储量2000万吨，列世界第六位，重晶石矿床主要分布在南和西南部的伊斯帕塔省、科尼亚省、安塔利亚省和阿达纳省，及东部的锡瓦斯省、木什省。

土耳其金属矿产资源相对丰富，铬铁矿储量约为2600万吨（Cr_2O_3含量>20%），占世界总储量的5.2%，主要分布在东部埃拉泽省古莱曼地区、西南部费提耶–克伊查伊兹–德兹利地区、西北部布尔萨–厄斯基色希尔地区、南部开塞利–阿达纳–梅尔辛地区、东部科普尔山地区和南部伊斯肯德仑–伊斯拉布耶–马腊什地区。2008年国际原子能机构（IAEA）与核能源署（NEA）共同发表了一篇报告，指出土耳其钍储量为34.4万吨，约占全球总储量的22%。土耳其还是世界主要金、银、锑矿产地，金储量约700吨（资源潜力1700—6500吨），主要分布于东北部黑海沿岸和爱琴海沿岸，主要矿床有奥瓦哲克、屈曲克德雷等。银储量约1000吨，主要分布在西北部地区，且大多与碱金属伴生。美国地质调查局2015年数据显示，土耳其锑矿储量为11万吨，主要分布在托卡特、达阿尔德、屈塔希亚、巴勒克西尔、伊兹密尔、尼德、安卡拉、伊内格尔、比累季克等省。

土耳其能源资源相对较少，石油和天然气的资源量在世界上仅为中等水平，2012年的石油剩余探明储量为3704.93万吨。天然气的剩余探明储量为61.73亿立方米。石油和天然气主要分布于东南部油气区、南部的阿达尔盆地、西部的色雷斯盆地，以及黑海沿岸近海区。煤炭储量约65亿吨，多为褐煤；铀矿资源量为7300吨。

1.硼矿

土耳其是世界硼资源最丰富的国家，而且硼矿品位很高，多为优质资源。主要分布在土耳其小亚细亚半岛的安托利亚高原的西部，即马尔马拉海以南，该区域东西长300km，南北宽约150km，处于阿尔卑斯喜马拉雅的板块构造带中。该区域自北向南再向东，依次分布着5个超大型火山沉积型硼矿床：科斯特雷克(Kestelek)、苏丹泽里(Sultancayiri)、比加第奇(Bigadic)、埃梅特(Emet)和柯卡(Kirka)。矿床类型主要系新近纪火山沉积型，且发育于浅水湖相沉积中，硼矿类型有天然硼砂、硬硼钙石和钠硼解石三种，其矿石总储量超30亿吨，矿石中B_2O_3的最高品位可达37%—42%，最低品位为26%—27%。土耳其是世界主要硼产品生产国和出口国，2014年硼矿产量达177万吨，占世界产量47.6%，当前其硼矿开采与加工由总部设在其首都安卡拉的国有公司埃蒂矿山集团（ETI）负责管理，对土耳其硼矿实行垄断经营，其在凯斯特莱克、埃梅特、科尔卡、比加迪奇及班德尔玛等土耳其主要硼产地均建有工厂，其硼化物产量居全球第一，长期占据全球硼产品供应厂商龙头地位。

2.铬铁矿

土耳其铬铁矿总储量约为2600万吨，占世界总储量的5.2%，铬铁矿出口量占世界的15%左右，推测可能的铬矿远景储量达4亿吨（包含土耳其南部阿达纳地区的低品位铬资源）。土耳其铬铁矿可分为六个成矿带：东部的古里曼（Guleman）成矿带、中东部的锡瓦斯–埃尔津詹（Sivas-Erzincan）成矿带、西南部的费特希耶–科伊杰伊兹–丹尼兹利（Fethiye-Köycegiz-Denizli）成矿带、西北部的布尔萨–库塔亚–埃斯基谢希尔（Bursa-Kütahya-Eskisehir）成矿带、南部的麦德森–阿达纳–皮纳德巴斯（Mersin-Adana-Pinarba-si）成矿带、伊斯肯德洛–卡赫拉曼马什拉（Iskenderun- Kherraman mashira）成矿带。

3.天然碱

土耳其天然碱主要分布在这些国家西北部的安卡拉省和梅尔辛省，2014年储量约2亿吨，与墨西哥并列世界第三位，也是世界主要的天然碱生产国，2014年产量约200万吨。土耳其的天然碱矿床主要是形成于古代盐湖埋藏于地下的古代天然碱矿产，该类矿床含碱层位是中新统希尔卡层，其岩性和矿物组合特征与美国绿河的Wikings poak剖面特征相似，代表性矿床为安卡拉省的贝帕扎里天然碱矿床。

4.锑矿

土耳其锑矿资源集中于这些国家安纳托利亚和屈塔西亚地区，锑矿床众多，探明储量为11万吨，主要矿床有托卡特、伊兹米尔–厄代米什、Goynuk、库克罗恩矿床等。土耳其主要开采辉锑矿，生产的锑除少量用于电池及工业需求，大部分用于出口。托卡特矿区由奥泽德米锑矿公司控制，伊兹米尔–厄代米什矿区由伊迪巴恩国家矿业公司控制，Cengiz公司目前每年产锑精矿2400吨左右，2012年Tri-star资源公司完成了对Goynuk矿床地质评估，该矿床锑储量约35万吨。我国江苏华东地质调查有限责任公司对土耳其屈塔希亚地区的库克罗恩锑矿床进行预查和普查，认为该矿床为浅成热液充填型矿床，锑矿体赋存于碳酸盐岩（灰岩）层中。

5.浅成低温热液型Au-Ag-Hg-Sb矿

土耳其浅成低温热液矿床可分为高硫化型、低硫化型两种类型。高硫化型矿床主要集中在西北部和东北部,西北部有Agi Dagi、Kirazli等矿床，与晚中新世中酸性火山活动有关；而东北部的浅成低温热液矿床都赋存在Pontides造山带的晚白垩世—始新世钙碱性火山岩中。土耳其西部低硫化型矿床主要分布在碰撞活动影响强烈地区，典型矿床有Ovacik、Narlica矿床。

6.大理石

土耳其大理石资源丰富，开采历史悠久，全国探明储量达50亿立方米，占世界总储量的40%。土耳其32%的大理石分布在爱琴海地区，31%在黑海与地中海地区，26%在马尔马拉岛，11%在东部及东南部，以马尔马拉岛、爱琴海地区和阿菲永省尤为重要。目前，土耳其全境共有近700个大理石采石场、1600个加工场和120个加工厂，开采的大理石共有250多个品种，其中100多种出口到国外。

三、矿业经济概况

土耳其是以市场经济为主的国家，目前在矿业领域投资中，政府投资主要集中在硼矿、煤炭和石油，私人投资几乎遍布各个矿种，约占矿业投资的66%。钢业行业是土耳其的重点产业，土耳其已成为世界第8大和欧洲地区第2大钢铁生产国，拥有24座电炉钢铁厂、5座感应炉钢铁厂和3座氧气转炉钢铁厂，年均粗钢产能达到5180万吨。2018年，土耳其钢铁产量为3730万吨。

土耳其也是全球主要的建材生产国和出口国之一，主要产品包括建筑钢材、水泥、陶瓷和玻璃制品，2015年土耳其建材出口总额为165亿美元，其中，钢筋、型钢和钢丝出口额63亿美元，钢管和管件出口额14亿美元，水泥出口量排名全球第5，瓷砖产量占全球的3.2%，出口额为5.01亿美元。

土耳其生产的矿种超过60种，目前是世界上最大的硼生产国和出口国、大理石和石灰出口国，第三大天然石材出口国，第四大铬铁矿生产国，主要的天然碱和锑矿生产国。土耳其拥有中东地区最大的碱厂，产能达75万吨/年。

1.勘查投入概况

近十年来，土耳其矿业勘查投入经费0.38亿—1.243亿美元，总体呈现先上升后下降的趋势。2010—2012年，土耳其矿业勘查投入经费逐年增加，至2012年达到较高值，投入金额为1.243亿美元，2012年之后逐年降低（表4–4、图4–8）。

就全球矿业投入占比而言，土耳其矿业勘查投入占全球矿业勘查投入的0.4010%—1.0199%，其变化趋势与矿业经费投入变化趋势基本一致，先逐年上升，而后逐年降低，最高占比为2016年的1.0199%，最低为2018年的0.4010%（表4–4、图4–8）。

2.土耳其能源/矿产品贸易概况

2010—2018年，土耳其能源/矿产品贸易总金额677.099—1063.613亿美元，以能源/矿产品进口为主，其中，能源/矿产品进口金额427.762亿—688.982亿美元，占贸易总额的60.55%—70.26%；能源/矿产品出口金额241.506亿—419.588亿美元，占贸易总额的29.74%—39.45%（表4–5、图4–9）。

表 4–4　土耳其 2010—2019 年矿业勘查经费投入统计

单位：百万美元

年份	2010	2011	2012	2013	2014
勘查投入	67.9	113.0	124.3	97.3	87.5
全球占比/%	0.5898	0.6555	0.6057	0.6752	0.8149
年份	2015	2016	2017	2018	2019
勘查投入	79.1	71.3	41.9	38.6	38.0
全球占比/%	0.9018	1.0199	0.5207	0.4010	0.4092

注：数据源于标普数据库（网址：https://www.spglobal.com/marketintelligence/en/）。

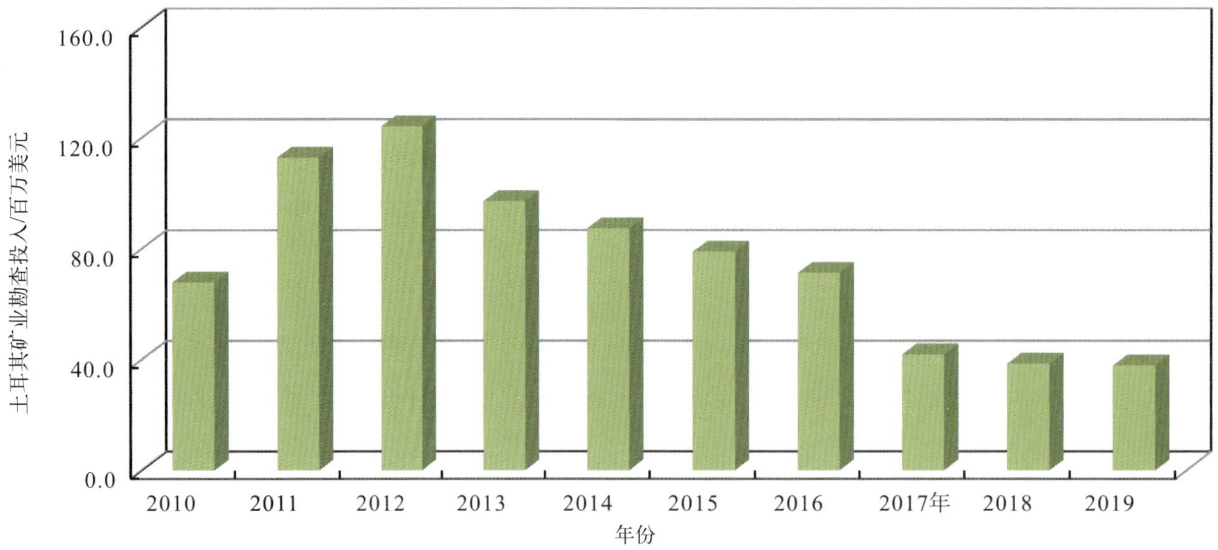

图 4–8　土耳其2010—2019年矿业勘查经费投入

表 4–5　土耳其 2010—2018 年能源 / 矿产品贸易额统计

单位：亿美元

矿种	2010年		2011年		2012年	
	进口金额	出口金额	进口金额	出口金额	进口金额	出口金额
能源	212	49	261	69	284	71
铁矿/钢铁	166	100	211	126	207	125
贵金属	25	23	60	17	74	150
有色金属	63	37	82	40	78	40
关键性金属	0.563	0.506	0.572	0.708	0.527	0.588
工业矿物	0.373	32	0.531	31	0.498	33
矿种	2013年		2014年		2015年	
	进口金额	出口金额	进口金额	出口金额	进口金额	出口金额
能源	265	79	288	68	181	45
铁矿/钢铁	201	108	187	102	159	73
贵金属	146	44	69	34	34	76
有色金属	76	43	84	39	71	34
关键性金属	0.476	1.08	0.48	0.81	0.382	0.388
工业矿物	0.506	34	0.552	33	0.463	29
矿种	2016年		2017年		2018年	
	进口金额	出口金额	进口金额	出口金额	进口金额	出口金额
能源	164	34	230	38	230	79
铁矿/钢铁	136	64	177	87	180	117
贵金属	63	89	152	69	98	28
有色金属	64	33	82	42	86	48
关键性金属	0.317	0.337	0.583	0.742	0.585	0.681
工业矿物	0.445	29	0.487	35	0.485	34

注：统计数据源于英国国防事务研究所查塔姆智库（Chatham House），网址：https://resourcetrade.earth/data。

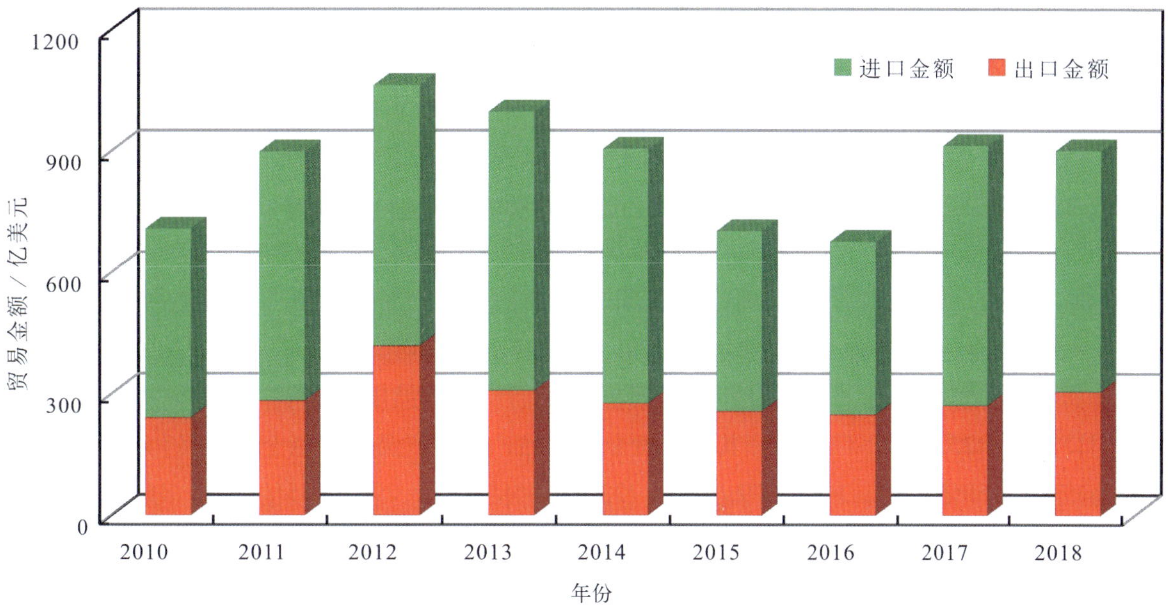

图 4-9 土耳其能源/矿产品贸易金额（2010—2018年）

就土耳其能源/矿产品贸易具体变化趋势而言，2010—2012年，土耳其能源/矿产品贸易逐年上升，2012年升至高点，贸易金额为1063.613亿美元；2013年开始回落，2016年降到低点，贸易金额为677.099亿美元；2017年贸易金额较2016年有明显增加，2018年较2017年有小幅回落（表4-5、图4-9）。

土耳其在能源/矿产品进口方面，进口金额变化趋势与能源/矿产品贸易总体变化趋势一致，2010—2013年，土耳其能源/矿产品进口金额逐年上升，2013年升至高点，进口金额为644.025亿美元；2014年开始回落，2016年降至低点，进口金额为427.762亿美元；2017年贸易金额较2016年有明显增加，2018年较2017年有小幅回落（表4-5、图4-10）。

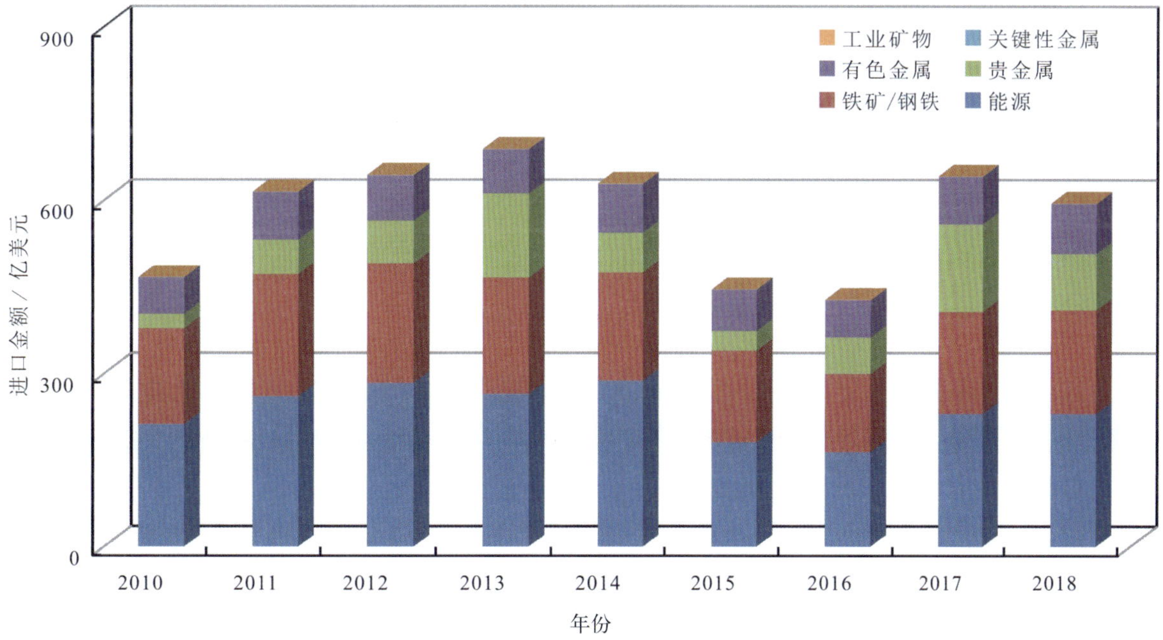

图 4-10 土耳其2010—2018年能源/矿产品进口金额

就土耳其进口各类能源/矿产品的具体金额而言，能源产品和铁矿/钢铁产品进口较多，进口金额分别为164亿—288亿美元、136亿—211亿美元，分别占进口总额的35.82%—45.78%和27.57%—35.66%；其次是贵金属产品和有色金属产品，进口金额分别为29亿—152亿美元和63亿—86亿美元，分别占进口总额的5.35%—23.67%和11.03%—15.92%；土耳其进口关键性金属产品和工业矿物较少，进口金额分别为0.317亿—0.585亿美元和0.373亿—0.552亿美元，分别占进口总额的0.07%—0.12%和0.08%—0.10%（表4–5、图4–10）。

土耳其在能源/矿产品出口方面，2010—2012年出口金额逐年增加，在2012年达到高点，达419.588亿美元；2013年之后开始逐年降低，于2016年降至249.337亿美元，随后又开始逐年回升（表4–5、图4–11）。

就土耳其出口各类能源/矿产品的具体金额而言，铁矿/钢铁产品出口较多，出口金额为64亿—126亿美元，占出口总额的25.67%—44.41%；其次是贵金属产品、能源产品、有色金属产品和工业矿物，出口金额分别为17亿—150亿美元、34亿—79亿美元、33亿—48亿美元、29亿—35亿美元，分别占出口总额的5.99%—35.75%、13.64%—25.76%、9.53%—15.65%、7.86%—13.25%；土耳其出口关键性金属产品较少，出口金额0.388亿—1.08亿美元，占出口总额的0.14%—0.35%（表4–5、图4–11）。

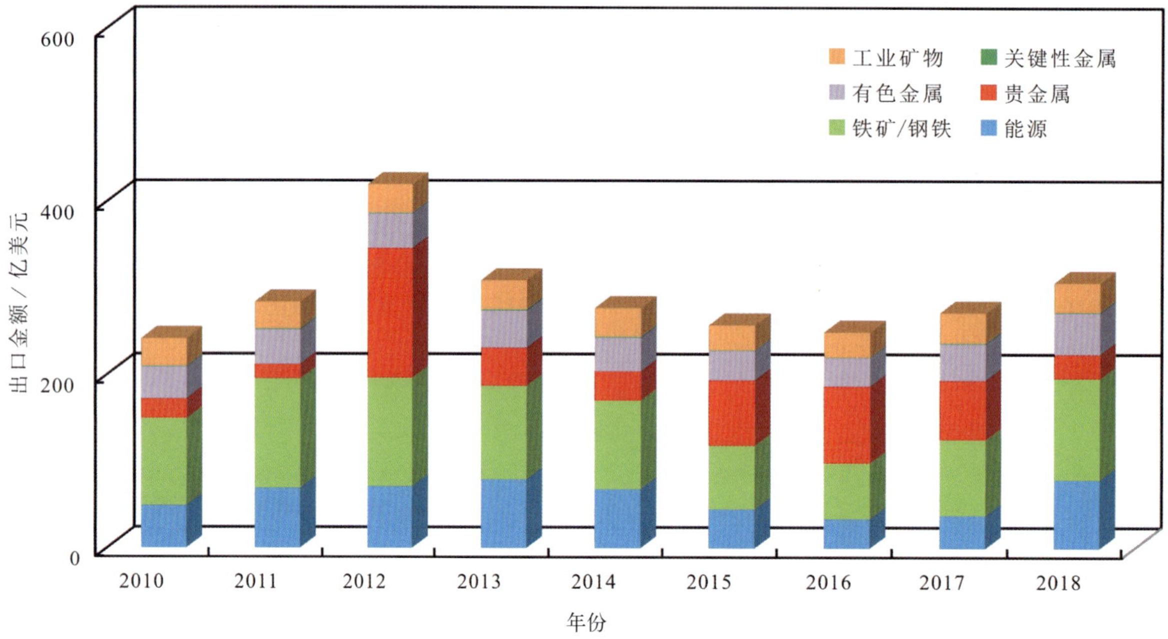

图4–11 土耳其2010—2018年能源/矿产品出口金额

3.中–土能源/矿产品贸易概况

2010—2018年，中国与土耳其之间的能源/矿产品贸易总金额为25.189亿—33.847亿美元，总体显示缓慢上升的趋势，高值出现在2013年，低值出现在2011年（表4–6、图4–12）。其中，以中国进口能源/矿产品为主，进口金额14.595亿—26.763亿美元，占中–土能源/矿产品贸易总额的44.04%—79.07%；中国向土耳其出口能源/矿产品的金额为5.941亿—18.865亿美元，占中–土能源/矿产品贸易总额的20.93%—55.96%（表4–6、图4–12）。

在能源/矿产品进口方面，中国从土耳其进口金额总体显示缓慢下降的趋势，2011年能源/矿产品进口金额较2010年略有减少，之后开始逐年增加，于2013年增加至高点，进口金额为26.763亿美元；2014年开始降低，2016年降至14.595亿美元；2017年较2016年略有增加，2018年又有小幅回落（表4–6、图4–12、图4–13）。

就中国从土耳其进口的各类矿产品种而言，以工业矿物、有色金属为主，进口金额分别为7.21亿—12亿美元和4.64亿—12亿美元，分别占中国进口能源/矿产品金额的34.78%—60.36%、31.26%—53.07%；贵金属产品、铁矿/钢铁产品位居其后，进口金额分别为0.046亿—1.95亿美元、0.106亿—1.14亿美元，分别占中国进口金额的0.25%—10.09%、0.73%—4.80%；中国从土耳其进口能源产品和关键性金属产品较少，进口金额分别为0.00833亿—2.03亿美元、0.018亿—0.423亿美元，分别占中国进口能源/矿产品金额的0.05%—9.79%、0.12%—1.58%（表4–6、图4–12、图4–13）。

在能源/矿产品出口方面，中国向土耳其出口金额总体显示逐年增加的趋势，出口金额更少为2012年的5.941亿美元，最多为2015年的18.865亿美元（表4–6、图4–12、图4–14）。

表 4–6　中 – 土 2010—2018 年能源 / 矿产品贸易金额统计

单位：亿美元

矿种	2010年		2011年		2012年	
	中国进口	中国出口	中国进口	中国出口	中国进口	中国出口
能源	2.03	0.404	0.217	0.661	0.537	0.389
铁矿/钢铁	0.363	4.30	0.415	4.68	0.638	3.71
贵金属	0.052	—	0.046	—	0.388	—
有色金属	11	0.692	8.80	1.37	9.41	0.968
关键性金属	0.074	0.469	0.082	0.527	0.081	0.463
工业矿物	7.21	0.476	7.88	0.511	10	0.411
矿种	2013年		2014年		2015年	
	中国进口	中国出口	中国进口	中国出口	中国进口	中国出口
能源	0.25	0.371	0.033	0.292	0.107	0.387
铁矿/钢铁	1.14	4.80	1.01	8.34	0.254	16
贵金属	1.95	0.035	1.39	0.141	1.18	0.026
有色金属	12	1.06	7.43	1.18	4.97	1.73
关键性金属	0.423	0.469	0.194	0.424	0.018	0.402
工业矿物	11	0.349	11	0.402	8.32	0.32
矿种	2016年		2017年		2018年	
	中国进口	中国出口	中国进口	中国出口	中国进口	中国出口
能源	0.058	0.449	0.022	1.38	0.00833	1.63
铁矿/钢铁	0.106	10	0.153	7.15	0.203	7.65
贵金属	1.31	—	1.45	0.131	1.76	0.074
有色金属	4.64	1.28	6.22	1.82	5.88	2.75
关键性金属	0.021	0.287	0.037	0.427	0.046	0.42
工业矿物	8.46	0.339	12	0.354	9.54	0.535

注：统计数据源于英国国防事务研究所查塔姆智库（Chatham House），网址：https://resourcetrade.earth/data。

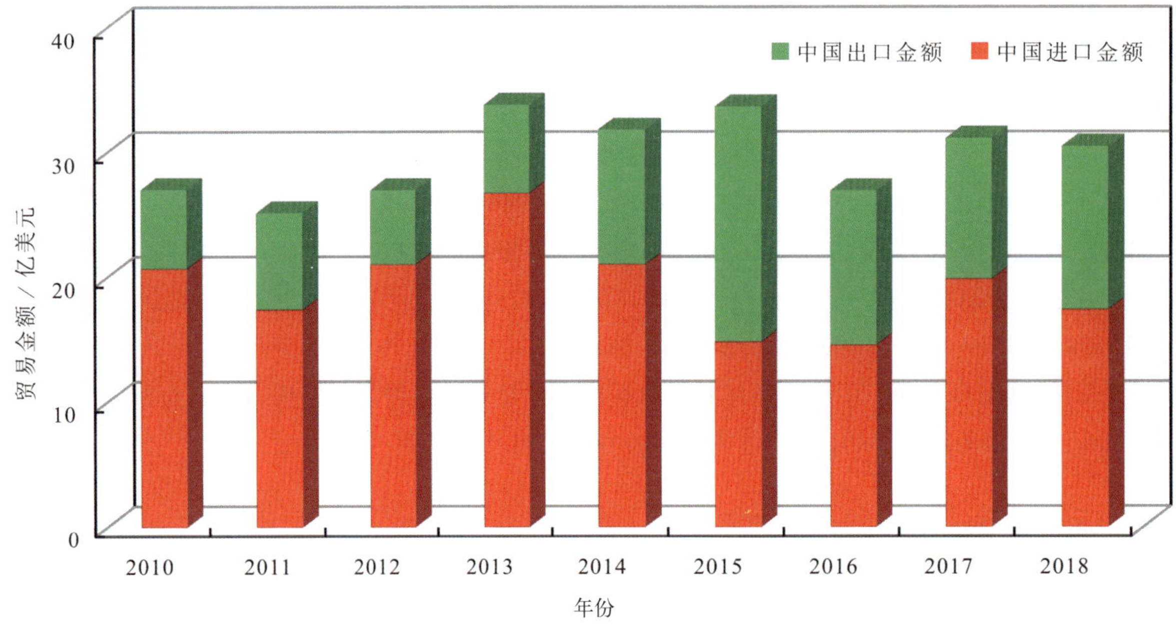

图 4–12　中国–土耳其能源/矿产品贸易金额（2010—2018年）

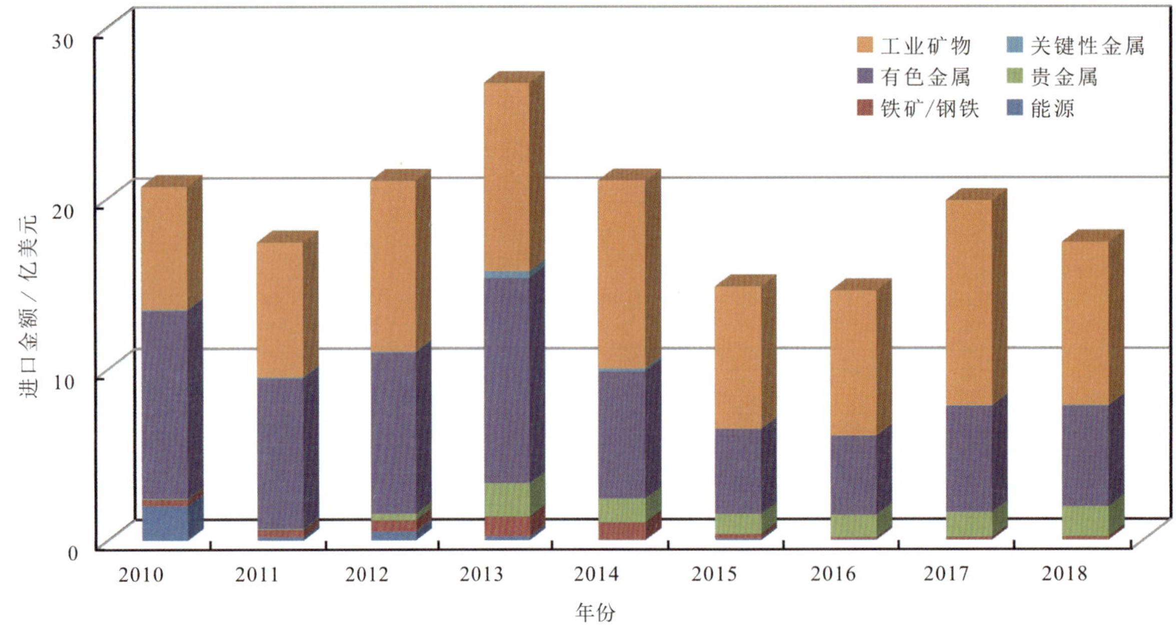

图 4–13　中国进口土耳其的能源/矿产品金额（2010—2018年）

就中国向土耳其出口的各类矿产品种而言，以铁矿/钢铁产品为主，出口金额为3.71亿—16亿美元，占中国出口总额的58.58%—84.81%；其次是有色金属产品，出口金额为0.692亿—2.75亿美元，占中国出口金额的9.17%—21.06%；中国向土耳其出口能源产品、关键性金属产品、工业矿物也具有一定的份额，出口金额分别为0.292亿—1.63亿美元、0.287亿—0.527亿美元、0.32亿—0.535亿美元，占中国出口总额的2.05%—12.48%、2.13%—7.79%、1.70%—7.51%；中国向土耳其出口贵金属更少，出口金额为0.026亿—0.141亿美元，占中国出口总额的0.14%—1.31%（表4–6、图4–12、图4–14）。

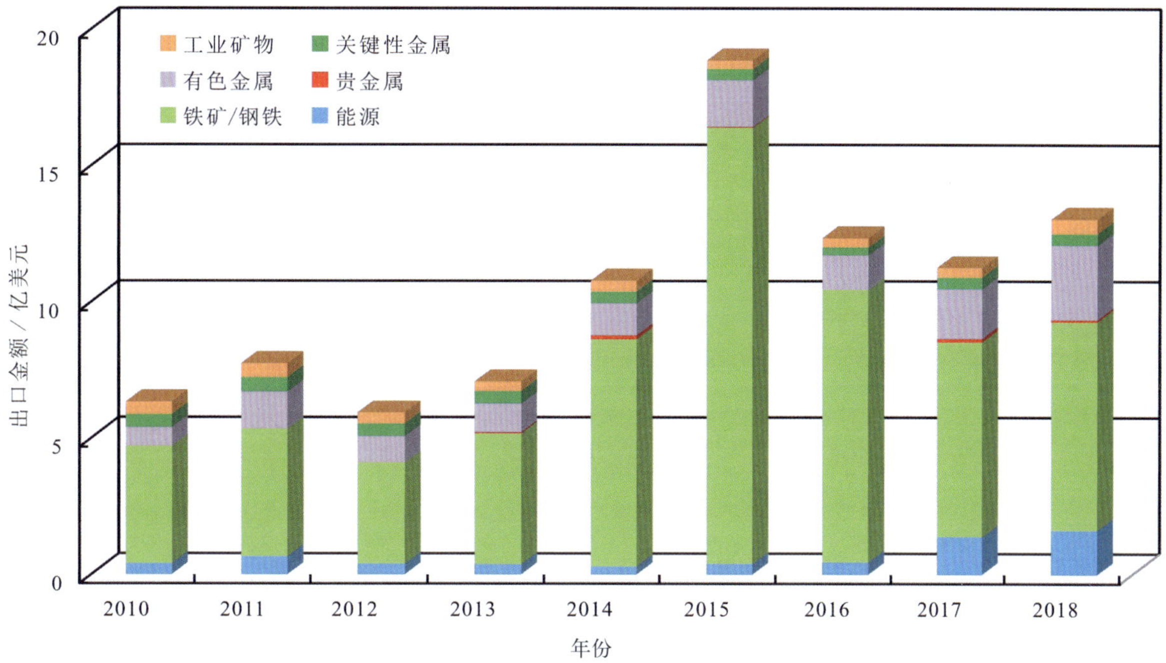

图 4–14 中国出口土耳其的能源/矿产品金额（2010—2018年）

四、矿业投资环境评价结果

在矿业投资环境评价的各项一级指标中，土耳其各项指标总体得分较高（总得分为72.75，排名第2），显示出良好的矿业投资环境（表3–1）。其中，资源禀赋指数评价最高，得分为32.80分（满分40分）；其次是国际合作关系指数，得分为11.55分（满分15分）；营商环境指数和矿业勘查开发指数评价较低，得分分别为10.55分、9.90分（满分均为15分）；投资风险指数评价最低，得分仅为7.95分（满分15分）(表3–1、图4–15)。

就各项二级指标而言，在资源禀赋指数方面，土耳其拥有丰富的硼、铬、锑、铅锌、钼、钍、石墨、大理石、重晶石等资源，并且部分矿产资源的产量位居全球前十，这些国家在能源/矿产资源禀赋、能源/矿产品产量两项指标均获得了满分，显示这些国家具有非常好的资源禀赋。土耳其部分矿产是我们重要的战略性矿产，与我国具有一定的互补性；钢铁业、建材业在土耳其均作为重点行业，显示出重要的行业地位，因此在战略性矿产数、重点产业/采掘业透明度等指标中，也获得了一定分值（表3–1、表3–7、图4–15）。

在矿业勘查开发指数方面，土耳其拥有较多的矿业勘查公司、矿山项目、运营矿业公司，中冶集团、辰瀚矿业、太钢集团、中国化工、中轻资源公司、大同煤矿、中煤建设等中资企业在土耳其开展能源/矿产开采开发项目。在本次矿业投资环境评价中，相关二级指标均获得较高的分值，表明土耳其矿业勘查开发活动较为活跃，中资企业/矿业企业参与度较高（表3–1、表3–13、图4–15）。

在国际合作关系指数方面，土耳其与中国是战略伙伴关系，中国是其第二大贸易伙伴；双方积极推动“中间走廊”政策与“一带一路”倡议的对接，共同参与多个国际组织；合作开展卡赞天然碱项目、盐湖地下天然气储库项目等，约有423家中资企业在土耳其投资；两国地矿机构签署了地学合作谅解备忘录和项目合作协议，初步开展实质性地学合作。总体上，双方在国际合作关系指数相关二级指标评价中均获得了较高的得分，显示出较好的合作关系（表3–1、表3–18、图4–15）。

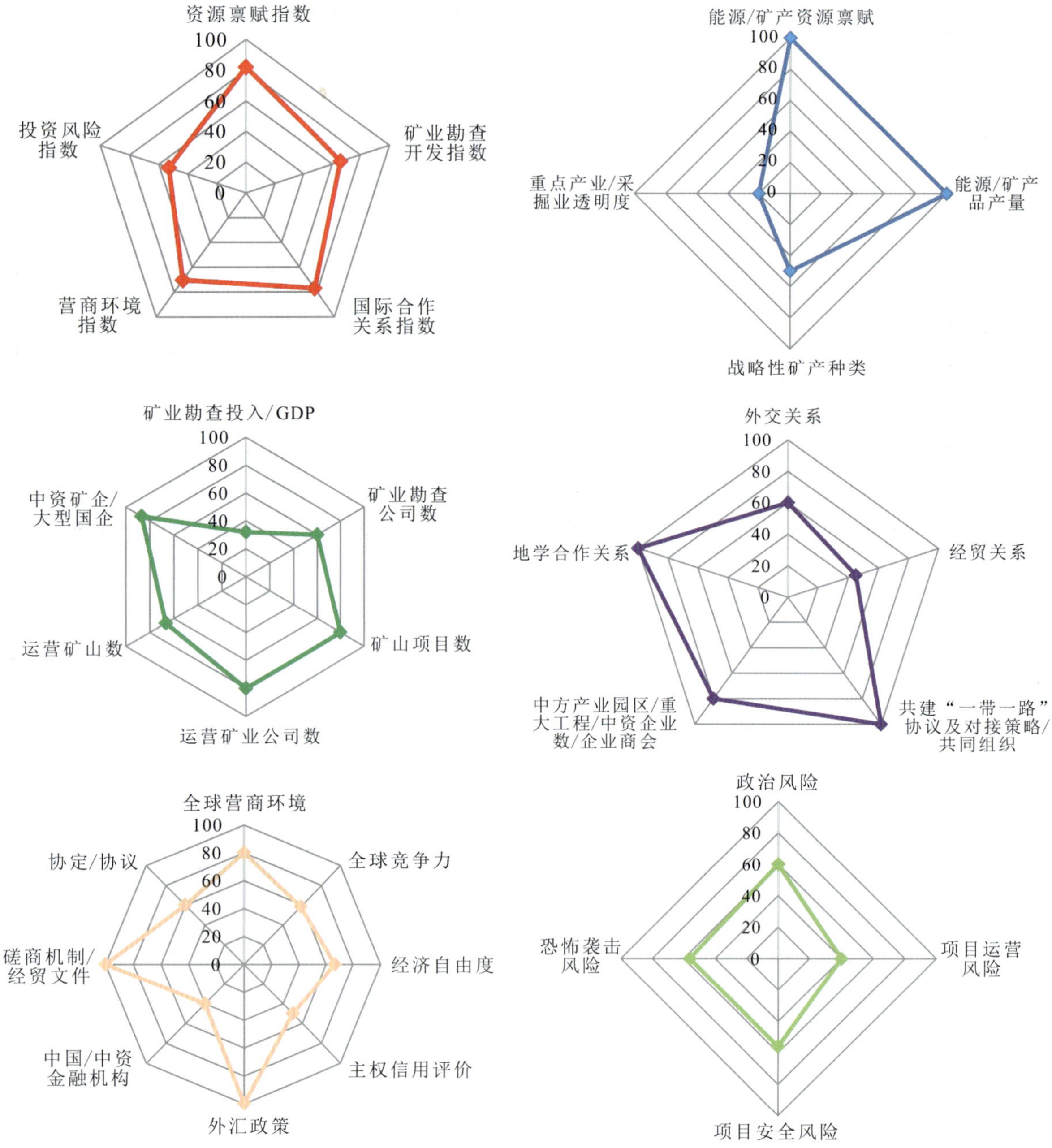

图 4–15　土耳其矿业投资环境各类指标贡献量蛛网图

在营商环境指数方面，土耳其在全球营商环境报告、全球竞争力报告、经济自由度报告等国外知名智库评价报告中均有较高的得分和较好的评价；在惠誉、标普、穆迪全球三大主流评价机构中，主权信用评价较高，政府信用较好；外汇汇入、汇出自由，境内有中国银行、中国工商银行，建有中土经贸联委会，签署了经贸协定、保护投资协定、货币互换协议等。营商环境指数总体评价较高，在各项二级评价指标中，磋商机制/经贸文件、外汇政策得分最高，均获得了满分；其次是全球营商环境、经济自由度、协定/协议等指标，全球竞争力、主权信用评价较低，中国/中资金融机构得分最低（表3–1、表3–23、图4–15）。

在投资风险指数方面，各项二级评价指标大多数得分较高，说明土耳其总体投资风险较小，各类环境安全，有利于投资企业开展生产运营工作。其中，政治风险适中，评价为中风险，说明这些国家政局较为稳定，政治环境较好，企业受政治因素的影响较小；恐怖袭击风险、项目安全风险位居其后，均评价为整体中风险，局部高风险，说明这些国家基本能够为企业生产提供较好的安全保障，能够在一定程度上抵抗恐怖袭击活动的威胁；相对于其他风险，项目运营风险得分最低，评价为高风险，表明这些国家商业运营环境和基础设施较差，基础设施缺陷等问题可能会对企业生产经营或投资业务产生较为严峻的挑战（表3–1、表3–24、图4–15）。

五、矿业投资建议

1.积极推动构建中–土地矿产能合作高层会晤交流机制

充分利用土耳其“中间走廊”倡议与“一带一路”倡议的对接政策，谋划地矿领域常态化高层对话机制，例如，在中国–土耳其经贸联委会框架下构建地学与矿业产能合作分委会，抑或在上海合作组织框架内设置自然资源（矿业、能源）部长会议或地质调查局局长会议，进一步加强中国–土耳其地学与矿业产能合作顶层设计，共同推动土耳其矿业开发与招商投资，助力矿业/能源项目合作。

2.搭建地学与矿业产能合作服务平台，精准服务中资企业需求

充分利用中国—上海合作组织地学合作研究中心，依托中国地质调查局中亚西亚地质调查国际合作工程，开展土耳其矿产资源潜力评价、矿业投资环境分析、矿业投资项目调研评级排序等，针对不同中资矿业企业在土耳其的投资需求制定不同地矿合作推介/服务产品，例如，矿业投资项目资讯、矿业投资项目推介清单、矿业投资项目资料包、找矿勘查建议书等。与土耳其地矿机构联合举办土耳其矿业投资论坛、矿业投资项目推介会等，共同宣介土耳其矿业投资政策，推介矿业投资项目，为中国矿业企业赴土耳其投资搭建“面对面”“一站式”的沟通交流平台。

此外，结合中国—上海合作组织地学合作研究中心、中国—上海合作组织国际司法交流合作培训基地、中国—上海合作组织环境保护合作中心等平台专业优势，加强政策法规对接研究，共同开展土耳其矿业法、外国直接投资法、鼓励投资和就业法、环境（保护）法、环境影响评估条例等法律法规的解读，分析政策变化、安全形势变化对矿业投资的影响，并提出中资企业在土耳其投资需要特别注意的要点、重点问题，排查投资误区和投资陷阱，协助中资企业做到知法、懂法、守法，进一步降低中资企业潜在投资风险。

3.总结经验教训，引领中资企业参与土耳其矿产资源勘查开发

结合土耳其完善的港口、机场、公路、铁路、油气管线等基础设施，在开展土耳其矿产资源潜力评价，梳理主要矿产分布情况和勘查开发现状的基础上，调研土耳其矿业勘查开发需求，建议根据中资企业目前在土耳其合作开发现状或中国–土耳其矿产品贸易的种类，建议优先关注铬、锑、铅、铜、金、钼等矿产资源的勘查开发。

总结分析中资企业在土耳其参与矿业勘查开发合作的经验教训，梳理合作模式，分享矿业投资经验。例如，中国地质调查局勘探技术所依托自主研发的“高精度受控定向钻探技术”和“高精度定向钻进中靶导向系统”等核心技术，承担土耳其卡赞天然碱溶采项目钻井工程；中轻集团资源公司以矿产品贸易为抓手，与土耳其矿业公司共同开发铬矿资源；中国化工集团天辰公司与土耳其吉奈尔集团在中国工商银行、中国出口信用保险公司等财团的资金支持下，顺利实施卡赞天然碱项目的建设和运营。

4.谋划共建矿业/能源经济产业园区、打造国际矿产品中转贸易枢纽

借助土耳其“世界十字路口”的区位优势，结合土耳其“中间走廊”规划部署和基础设施发展规划，利用好土耳其国家/地区优惠政策和行业优惠政策，在进一步加强中国–土耳其矿产品贸易的基础上，依托中资企业资本优势、生产技术和装备优势，借鉴BOT（建设–经营–转让）、PPP（政府和社会资本合作）国际先进合作模式，利用中国政策性银行的产业投资基金进行“工程承包+融资+运营”等合作方式，带动中国资本、中资企业与土耳其地方政府、大型矿业企业共同谋划地矿产业布局，合作开发矿产资源，联合建立集矿石采选冶、矿产品深加工、尾砂尾矿综合利用、矿山设备销售/租赁/售后维修、矿产品进出口贸易、物流仓储、矿业金融为一体的矿业经济产业园区，打造连接欧亚、非洲的国际矿产品中转贸易枢纽，充分发掘周边拥有15亿人口、综合GDP达25万亿美元、国际贸易额达8万亿美元的潜在市场，从而实现多方共赢、共同发展。

第三节　沙特阿拉伯

沙特阿拉伯王国（阿拉伯语：مملكة عربية سعودية，英语：Kingdom of Saudi Arabia），通称沙特阿拉伯（Saudi Arabia），简称沙特（国家代码：TUR），首都利雅得。沙特位于亚洲西南部的阿拉伯半岛，东濒波斯湾，西临红海，同约旦、伊拉克、科威特、阿拉伯联合酋长国、阿曼、也门、巴林、卡塔尔等国接壤。

沙特国土面积为225万平方千米，全国人口约为3255万（截至2019年4月），其中沙特籍约占62%。伊斯兰教为国教，其中85%属逊尼派，其余为什叶派。沙特的政治体制是君主制王国，禁止政党活动，无宪法，《古兰经》和穆罕默德的圣训是国家执法的依据。国王行使最高行政权和司法权，有权任命、解散或改组内阁，有权立、废王储，解散协商会议，有权批准和否决内阁会议决议及与外国签订的条约、协议。

官方语言为阿拉伯语，货币为沙特里亚尔（货币符号：SR）。沙特实行自由经济政策，金融体系完善发达，石油和石化工业是沙特的经济命脉，石油收入占国家财政收入的87%。近年来，沙特政府实行经济多样化政策，重点发展现代工业和基础工业，充分利用本国丰富的石油、天然气资源，积极引进国外的先进技术设备，大力发展钢铁、炼铝、水泥、海水淡化、电力工业、农业和服务业等非石油产业，以逐步改变单纯依赖石油收入的状况，建立现代化、多样化的国民经济体系。

一、总体经济形势

沙特阿拉伯是西亚北非地区最大的经济体，2018年经济总量排名全球第16位，也是世贸组织、石油输出国组织的主要成员国，阿拉伯国家中唯一的G20集团成员国。在国际油价回升、沙特财政金融政策稳步实施的带动下，2019年沙特财政状况显著改善，经济将保持稳定增长，2019年4月国际货币基金组织对沙特经济展望乐观，预计全年非油领域经济增长2.9%，总体经济增长率为1.9%。2018年，沙特GDP约为7825亿美元，GDP增长率为2.2%。石油和石化工业仍是沙特的经济命脉。2016年4月，沙特推出了《2030愿景》，目标是通过打造新的经济增长点，推动经济多元化，摆脱对石油的过度依赖。2019年1月，沙特宣布启动国家工业发展和物流计划，该计划是沙特“2030愿景”的一部分，旨在通过推动工业、矿业、能源和物流的产业升级与融合发展，将沙特打造成全球领先的工业强国和物流枢纽。沙特“2030愿景”及“2020年国家转型计划”均以采矿业改革为切入点，刺激行业大规模增长，目标是到2020年创收970亿

里亚尔，创造9万个就业机会。

沙特推出“2030愿景”以来，国内改革力度有所加大，国内政治社会保持稳定，各项经济指标向好，政府加大基础设施建设，采取一系列增收节支、改善营商环境等措施。世界经济论坛《2019年全球竞争力报告》显示，沙特阿拉伯在全球最具竞争力的141个国家和地区中排名第36位，比上年上升3位。世界银行发布的《2019年营商环境报告》显示，沙特的营商便利程度在全球190个经济体中排名第92位。在电力指数、保护少数投资者指数、跨境贸易指数和执行合同指数四个方面取得较大进展，在G20推进改善商业环境和改革数量方面排名第4位。世界银行合同执行指数排名跃升24位，从上一年的第83位上升至第59位。

中沙两国经济互补性强，合作潜力巨大，发展前景广阔，两国在“一带一路”倡议与沙特“2030愿景”战略上加强对接，在经贸、产能、金融、基础设施建设等领域的合作不断向纵深发展，务实合作水平不断提高。2018年中沙双边贸易额达633.3亿美元，沙特曾连续第15年成为中国最大的原油供应国，连续第18年成为中国在西亚非洲地区的最大贸易伙伴国。2018年中资企业对沙特全行业直接投资额3.83亿美元，其中非金融类直接投资3.7亿美元。

二、矿产资源禀赋

沙特拥有丰富的油气资源，素有“石油王国”之称，石油储量和剩余可采量均居世界首位，其已探明原油储量为2642亿桶，占世界储量的19%；天然气剩余可采储量8.2万亿立方米，占世界储量的4.1%，居世界第四位。目前沙特共探明有110个油气田，其中约一半的石油储量分布在以下8个主要的油气田中：加瓦尔（Ghawar）、萨法尼亚（Safaniyah）、布盖格（Abqaiq）、贝利（Berri）、马尼法（Manifa）、祖卢夫（Zuluf）、谢巴（Shaybah）、阿布萨法（Abu Safah）和胡尔塞尼亚（Khursaniyah）。天然气储量主要赋存在沙特西北部，其中57%的天然气赋存在加瓦尔油田、萨法尼亚油田和祖卢夫油田，近10年新增探明非伴生气气田储量为2.12万亿立方米，探明的气田有Mazalij、Manjura、Shaden、Niban、Tinat、Al-Waar、Khuff、Unaizah和Jauf。

沙特除了石油天然气外，其他矿产储量也较为丰富，主要有铀、金、银、铜、铁、钽、锡、铝、锌、铝矾土、磷酸盐和石膏等矿产，分布在沙漠和山区地带，且多在近地表层。沙特《经济报》援引沙特统计总署数据称，截至2016年年底，沙特探明的矿产共有5478处，54%为磷酸盐、砂石、硫矿和煤矿等非金属矿，其余46%为金属矿（包括金、铜、铬铁矿、铀矿、稀有金属等）。其中，已探明的金属矿产30多种，以金矿储量最为丰富，占全部金属矿产的33%。非金属矿产中石灰石的储量最多，占所有非金属矿产的18%。沙特地区磷酸盐储量大约5亿吨，占全球储量的7%，主要位于阿拉尔和图莱福之间的艾尔贾拉米德（AlJalamid）和乌姆瓦尔（UmmWu'al）地区。钽矿储量约为94000吨，居世界首位。铀矿储量有望占全球总量的5%（正在评估）。

三、矿业经济概况

1.矿产品开发概况

沙特阿拉伯对矿产的开发利用程度较低，2014年沙特能工矿部在矿业领域收入5.64亿里亚尔，开采的各类原矿石约4.2亿吨，主要包括石灰石、盐、黏土、长石、工业用大理石、铁砂、高岭土、石膏以及建筑用大理石、花岗岩、石灰石、沙土等。近些年，沙特对矿产资源加大了开发力度，通过铜产业和黄金开采，以及水泥、化肥和钢铁制造，新开发铝矾土、铁矿石和多种贱金属开发。此外，2012年沙特开始开采磷酸盐，当年产量达153.4万吨，到2014年产量升至191.1万吨，此外将新建7座大型磷酸盐工厂，年产能将达1600万吨。

目前，沙特马阿登（Saudi Ma'aden）公司是这些国家唯一的矿业公司，是海湾地区最大的矿业公司，近些年扩大到铝和磷矿，计划投资240亿里亚尔在瓦德沙马尔生产磷肥，沙特公共投资基金（Public Investment Fund）持有该公司65%股份。沙特马阿登公司与中国地质矿业总公司先后合作开展AL-MASANE铜-锌-金矿山联合开发建设项目、AL-Masane铜锌金矿项目和AS-SUQ金矿堆浸项目；与美国铝业公司(Alcoa)（占股25.1%）合资成立的沙特矾土和氧化铝矿业公司，签署了一系列在沙铝矿合作项目，包括建设矿山设施和精炼厂，2013年投产，项目首期年产铝74万吨，食品级铝罐用铝片38万吨，项目二期2014年建成，包括一个年产400万吨的铝矾土矿和180万氧化铝熔炼厂；与力拓旗下加铝公司（Alcan）合作开发宰比拉（Azzabirah）项目（力拓49%，沙特51%），包括一座冶炼厂、一座氧化铝精炼厂和一座发电站。

此外，2010年6月沙特与加拿大成立合资公司，共同开采红海锌、铜、银和黄金等矿产资源。加拿大Diamond Fields International Ltd. (FDI) 公司占50.1%股份，沙特Manafa International Trade Company 占49.9%股份，采矿许可证有效期30年。据悉，该矿储量锌183万吨，铜40.2万吨，银3432吨。

沙特“2030愿景”致力于发展矿产行业，提升该行业对沙特经济发展的贡献，努力将其发展成为除油气和石化产业的第三大支柱产业，目标是到2020年该行业收入提高至260亿美元，占非石油领域收入的10%，到2030年将采矿业收入提高至640亿美元。开采大量未开发的铝土矿、磷酸盐、黄金、铜和铀是沙特采矿业发展的关键。沙特能工矿部报道，沙特可能的地质储量价值超过1万亿美元，正在寻求通过实施全面战略来发展采矿业，进一步放宽在矿产领域投资的限制，目前已经有60多家国内外公司参与了金矿、银矿、锌矿的开采。目前，沙特政府颁发的矿产开发执照超过1800个，总开采量4.2亿吨，营业额180亿里亚尔，净利润超过80亿里亚尔。根据沙特能工矿部规划，吉赞及其周边地区是未来矿产开发的重点区域，该地区富集盐矿、钾肥、硅砂、石灰石、石膏、白云石、大理石等矿产资源。

2.勘查投入概况

近十年来，沙特阿拉伯矿业勘查投入经费1760万—5720万美元，总体呈现下降的趋势。矿业勘查投入经费2010—2015年基本保持平稳，2016年大幅下降后开始逐年上升，2019年较2018年又有小幅回落，其中2014年矿业勘查投入较多，2016年投入较少（表4–7、图4–16）。

就全球矿业投入的占比而言，沙特阿拉伯矿业勘查投入占全球矿业勘查投入的0.2158%—5327%，其变化趋势与矿业经费投入变化趋势基本一致，最高占比出现在2014年、2015年，约占全球投入的0.5%，最低为2011年（表4–7、图4–16）。

表4–7　沙特阿拉伯2010—2019年矿业勘查经费投入统计

单位：百万美元

年份	2010	2011	2012	2013	2014
勘查投入	44.3	37.2	47.8	44.6	57.2
全球占比/%	0.3848	0.2158	0.2329	0.3095	0.5327
年份	2015	2016	2017	2018	2019
勘查投入	46.3	17.6	22.8	30.6	28.4
全球占比/%	0.5278	0.2517	0.2833	0.3179	0.3058

注：数据源于标普数据库（网址：https://www.spglobal.com/marketintelligence/en/）。

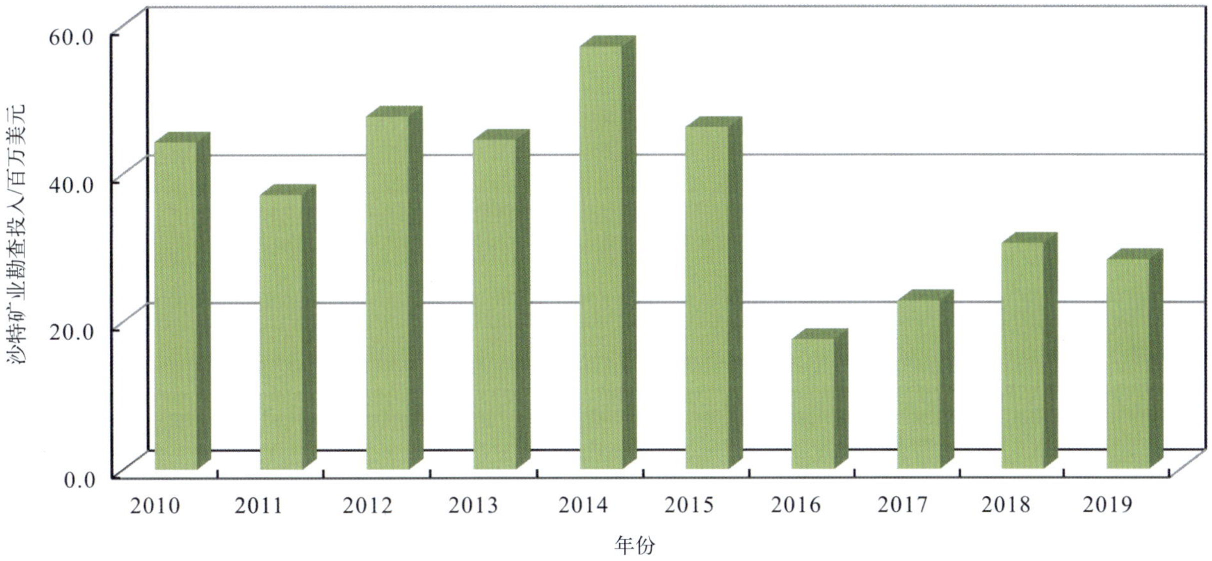

图 4–16　沙特2010—2019年矿业勘查经费投入

3.沙特能源/矿产品贸易概况

2010—2018年，沙特阿拉伯能源/矿产品贸易总金额1759.942亿—6004.205亿美元，总体以能源/矿产品出口为主。其中，能源/矿产品出口金额1613.042亿—5747.745亿美元，占贸易总额的91.28%—96.30%；能源/矿产品进口金额129.65亿—283.45亿美元，占贸易总额的3.70%—8.72%（表4–8、图4–17）。

就沙特阿拉伯能源/矿产品贸易具体变化趋势而言，2010—2014年，沙特能源/矿产品贸易金额逐年上升，2014年增加至高点，贸易金额高达6004.205亿美元；2015年开始大幅回落，至2017年到低点，贸易金额仅为1759.942亿美元；2018年较2017年有小幅上升（表4–8、图4–17）。

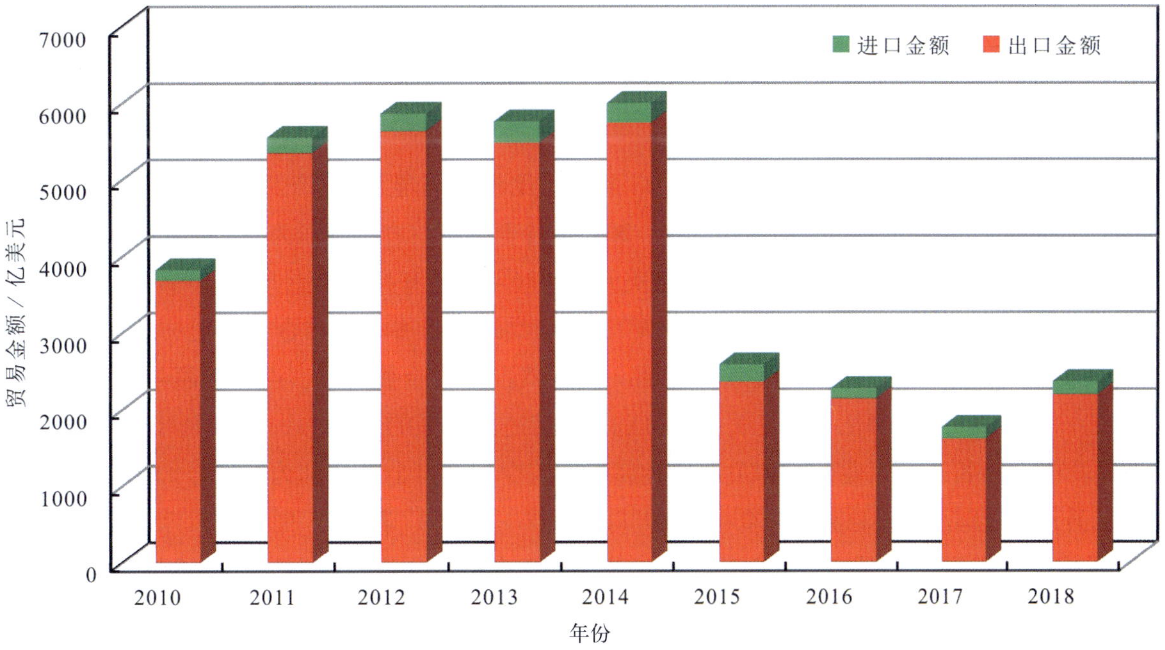

图 4–17　沙特能源/矿产品贸易金额（2010—2018年）

表4–8　沙特阿拉伯2011—2018年能源/矿产品贸易金额统计

单位：亿美元

矿种	2010年		2011年		2012年	
	进口金额	出口金额	进口金额	出口金额	进口金额	出口金额
能源	12	3660	32	5320	33	5610
铁矿/钢铁	79	8.98	94	12	107	11
贵金属	9.64	3.46	19	4.56	23	5.66
有色金属	35	8.21	52	11	52	11
关键性金属	2.41	0.413	2.70	0.426	3.38	0.292
工业矿物	4.45	5.12	6.17	6.42	7.60	5.28

矿种	2013年		2014年		2015年	
	进口金额	出口金额	进口金额	出口金额	进口金额	出口金额
能源	89	5450	68	5710	54	2320
铁矿/钢铁	84	11	80	6.29	66	5.89
贵金属	44	3.52	43	3.34	52	4.27
有色金属	55	15	54	23	43	25
关键性金属	2.20	0.54	3.34	0.455	1.76	0.181
工业矿物	9.25	4.00	8.12	4.66	8.71	5.22

矿种	2016年		2017年		2018年	
	进口金额	出口金额	进口金额	出口金额	进口金额	出口金额
能源	21	2100	32	1560	45	2120
铁矿/钢铁	48	5.21	46	6.56	51	22
贵金属	21	9.12	28	7.74	33	8.83
有色金属	31	24	32	34	31	37
关键性金属	1.38	0.115	2.06	0.622	2.44	0.456
工业矿物	7.27	4.21	6.84	4.12	5.45	7.02

注：统计数据源于英国国防事务研究所查塔姆智库（Chatham House），网址：https://resourcetrade.earth/data。

沙特阿拉伯在能源/矿产品进口方面，进口金额变化趋势与能源/矿产品贸易总体变化趋势一致，2010—2013年，能源/矿产品进口金额逐年上升，2013年升至高点，进口金额为283.45亿美元；2014年开始回落，至2016年到低点，进口金额仅为129.65亿美元，2016年以后开始逐年上升（表4–8、图4–18）。

就沙特进口各类具体能源/矿产品而言，铁矿/钢铁产品进口最多，进口金额48亿—107亿美元，占进口总额的29.27%—55.44%；其次是有色金属产品、能源产品和贵金属产品，进口金额分别为31亿—55亿美元、12亿—89亿美元、9.64亿—52亿美元，分别占沙特进口总额的18.46%—25.26%、8.42%—31.40%、6.76%—23.06%；沙特进口工业矿物和关键性金属产品较少，进口金额分别为4.45亿—9.25亿美元、1.38亿—3.38亿美元，分别占进口总额的3.00%—5.61%、0.78%—1.69%（表4–8、图4–18）。

沙特阿拉伯在能源/矿产品出口方面，2011年较2010年大幅增加后，基本保持在5000亿美元以上，并在2014年达到高位，出口金额高达5747.745亿美元；2015年大幅减少之后又逐年降低，于2017年降至1613.042亿美元，2018年较2017年有小幅回升（表4–8、图4–19）。

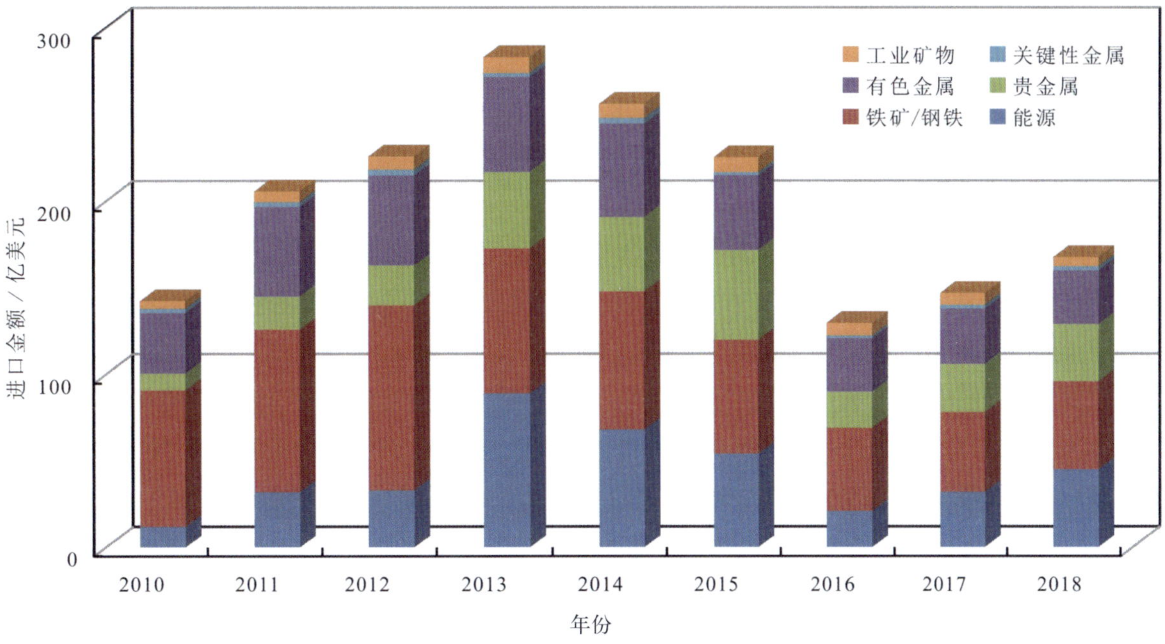

图 4–18 沙特2010—2018年能源/矿产品进口金额

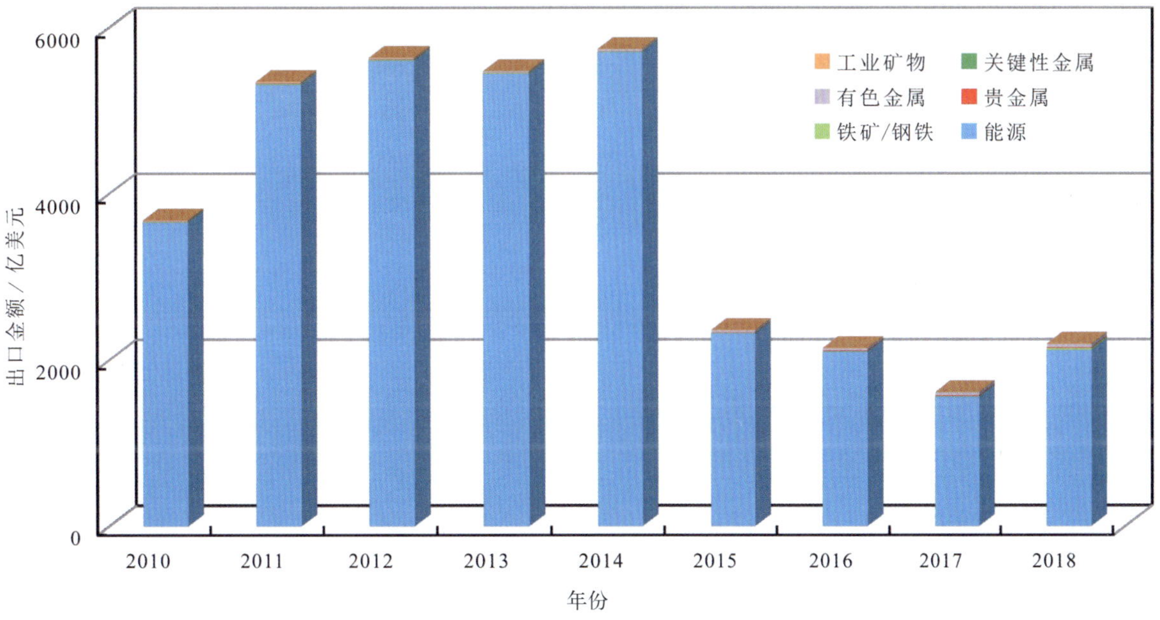

图 4–19 沙特2010—2018年能源/矿产品出口金额

就沙特出口各类能源/矿产品的具体金额而言，主体以能源产品出口为主，出口金额1560亿—5710亿美元，占出口总额的96.57%—99.41%；其次是有色金属产品、铁矿/钢铁产品、贵金属产品和工业矿物，出口金额分别为8.21亿—37亿美元、5.21亿—22亿美元、3.34亿—9.12亿美元、4.00亿—7.02亿美元，分别占出口总额的0.19%—2.11%、0.11%—1.00%、0.06%—0.48%、0.07%—0.32%；沙特出口关键性金属产品更少，出口金额0.115亿—0.622亿美元，占出口总额的0.01%—0.04%（表4–8、图4–19）。

4.中–沙能源/矿产品贸易概况

2010—2018年，中国与沙特阿拉伯之间的能源/矿产品贸易总金额为184.097亿—466.86338亿美元，其中，以中国进口能源/矿产品为主，进口金额166.982亿—452.301亿美元，占中–沙能源/矿产品贸易总额的90.70%—97.41%；中国向沙特出口能源/矿产品的金额7.274亿—18.431204亿美元，占中–沙能源/矿产品贸易总额的2.59%—9.30%（表4–9、图4–20）。

就中–沙能源/矿产品贸易变化趋势而言，总体显示上升→下降→上升的趋势。其中，2010—2012年，中–沙能源/矿产品贸易逐年增加，2012年贸易金额达到高点；2013—2016年，能源/矿产品贸易逐年回落，2016年降至低点；2016年以后又逐年增加（表4–9、图4–20）。

在能源/矿产品进口方面，中国从沙特阿拉伯进口金额总体呈现上升→下降→上升的趋势，与中–沙能源/矿产品贸易变化趋势基本一致。2010—2012年，中国从沙特进口的能源/矿产品金额逐年增加，于2012年增加至高点，进口金额高达452.301亿美元；2013年开始逐年回落，于2016年降至低点，进口金额仅为

表4–9　中–沙2010—2018年能源/矿产品贸易金额统计

单位：亿美元

矿种	2010年		2011年		2012年	
	中国进口	中国出口	中国进口	中国出口	中国进口	中国出口
能源	259	0.141	385	0.17	449	0.329
铁矿/钢铁	0.00395	5.20	0.056	8.14	0.073	11
贵金属	—	—	—	0.000357	—	0.00238
有色金属	0.683	1.38	0.831	2.34	0.898	2.24
关键性金属	0.018	0.141	0.017	0.084	—	0.17
工业矿物	1.63	0.412	2.27	0.511	2.33	0.821
矿种	2013年		2014年		2015年	
	中国进口	中国出口	中国进口	中国出口	中国进口	中国出口
能源	433	0.375	379	0.369	213	0.367
铁矿/钢铁	0.227	7.70	0.098	12	0.032	14
贵金属	—	—	—	—	0.000204	0.00054
有色金属	2.04	2.74	1.79	2.03	1.24	2.18
关键性金属	0.00183	0.073	—	0.154	—	0.124
工业矿物	1.67	0.725	1.92	0.667	2.46	1.76
矿种	2016年		2017年		2018年	
	中国进口	中国出口	中国进口	中国出口	中国进口	中国出口
能源	164	0.313	215	0.534	313	1.06
铁矿/钢铁	0.081	14	0.177	9.29	0.503	11
贵金属	0.101	—	—	—	—	0.000032
有色金属	1.11	1.45	1.81	1.79	4.36	2.49
关键性金属	—	0.092	0.00131	0.047	—	0.205
工业矿物	1.69	1.26	2.00	0.848	2.15	0.26

注：统计数据源于英国国防事务研究所查塔姆智库（Chatham House），网址：https://resourcetrade.earth/data。

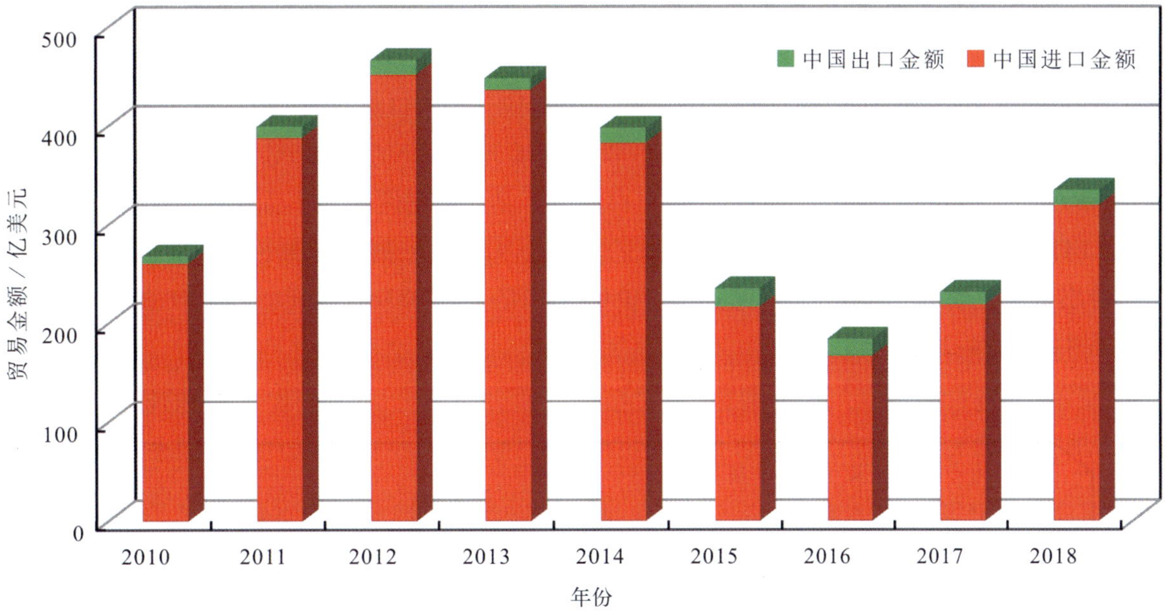

图 4–20　中国–沙特能源/矿产品贸易金额（2010—2018年）

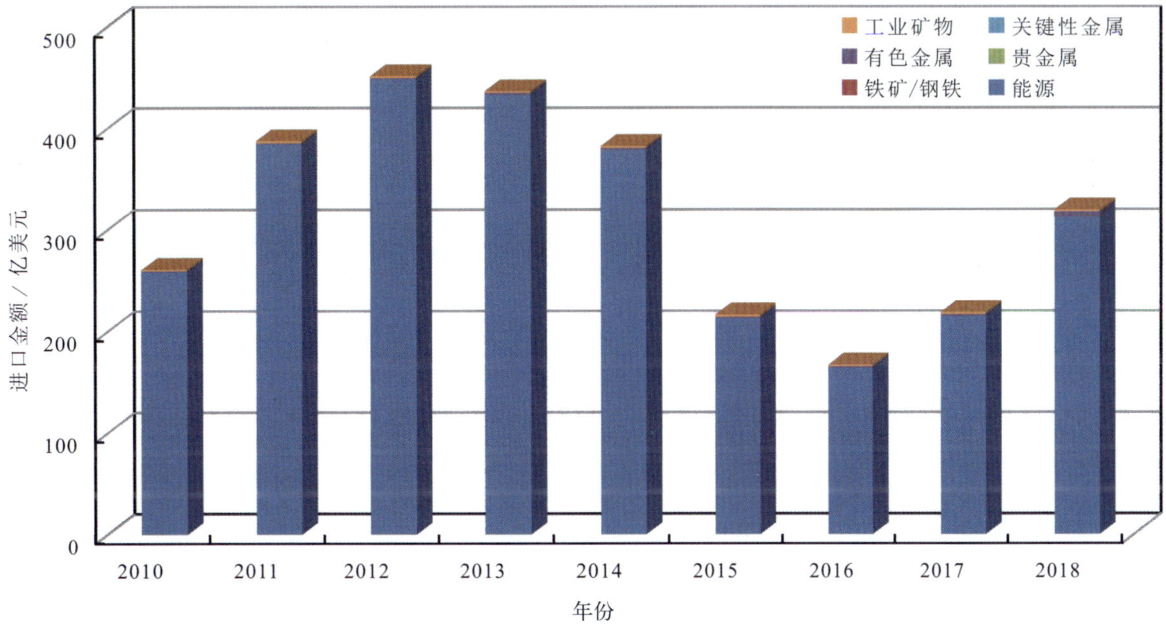

图 4–21　中国进口沙特的能源/矿产品金额（2010—2018年）

166.982亿美元；2017年又开始逐年增加（表4–9、图4–20、图4–21）。

就中国从沙特进口的各类矿产品种而言，以能源产品为主，进口金额164亿—449亿美元，占中国进口金额的97.81%—99.27%；工业矿物、有色金属产品位居其后，进口金额分别为1.63亿—2.46亿美元、0.683亿—4.36亿美元，分别占进口金额的0.38%—1.14%、0.20%—1.36%；中国从沙特进口铁矿/钢铁产品、关键性金属产品、贵金属产品较少，进口金额分别为0.00395亿—0.503亿美元、0.00131亿—0.018亿美元、0.000204亿—0.101亿美元，分别占进口总额的0.002%—0.157%、0.0004%—0.0069%、0.0001%—0.0605%（表4–9、图4–20、图4–21）。

在能源/矿产品出口方面，中国向沙特阿拉伯出口金额总体显示逐年增加的趋势，出口金额更少的为2010年的7.274亿美元，最多的为2015年的18.4312亿美元（表4–9、图4–20、图4–22）。其中，以中国向沙特出口的铁矿/钢铁产品为主，出口金额5.2亿—14亿美元，占出口总额的66.31%—81.80%；其次是有色金属产品和工业矿物，出口金额分别为1.38亿—2.74亿美元、0.26亿—1.76亿美元，分别占出口金额的8.47%—23.59%、1.73%—9.55%；中国向沙特出口能源产品、关键性金属产品具有一定的份额，出口金额分别为0.141亿—1.06亿美元、0.047亿—0.205亿美元，占出口总额的1.51%—7.06%、0.38%—1.94%；中国向沙特出口贵金属产品较少，出口金额仅为0.000032亿—0.00238亿美元，占出口总额的0.0002%—0.0163%（表4–9、图4–20、图4–22）。

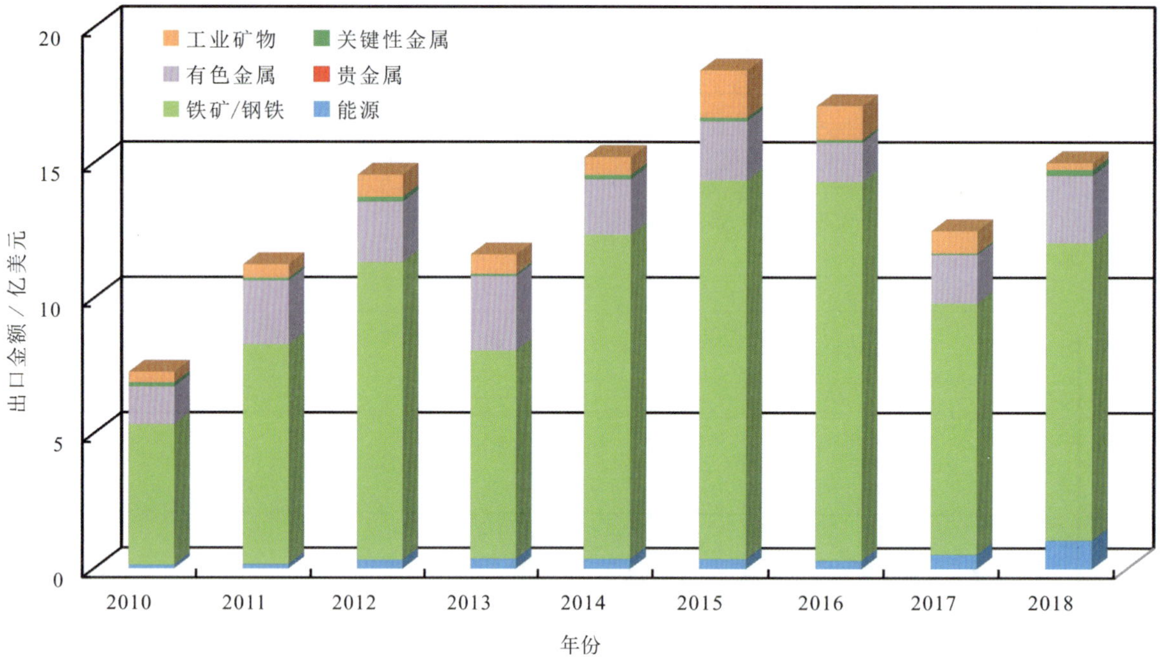

图 4–22　中国出口沙特的能源/矿产品金额（2010—2018年）

四、矿业投资环境评价结果

在矿业投资环境评价的各项一级指标中，沙特阿拉伯各项指标总体得分较高（总得分为71.65，排名第3），显示出良好的矿业投资环境（表3–1）。其中，资源禀赋指数评价最高，得分为31.60分（满分40分）；其次是国际合作关系指数、营商环境指数和投资风险指数评价指数，得分分别为10.50分、10.20分、9.30分（满分均为15分）；矿业勘查开发指数最低，得分仅为7.50分（满分15分）（表3–1、图4–23）。

就各项二级指标而言，在资源禀赋指数方面，沙特2019年的石油产量位居全球第2、硫产量位居全球第4、氮气和磷酸盐岩产量位居全球第6、铝土矿产量位居全球第7、天然气产量位居全球第9、氧化铝产量位居全球第10、浮石和石膏产量位居全球第11，该国的能源/矿产品产量指标获得了满分。沙特“2030愿景”及“2020年国家转型计划”均将采矿业视为改革的重点产业，石油天然气工业、钢铁业、采矿业均作为沙特的重点产业，显示出极其重要的行业地位，在重点产业/采掘业透明度指标中获得了较高的分值（9分，满分10分）。沙特具有丰富的石油（全球第2）、天然气（全球第8）、钽矿（全球第1）、磷酸盐

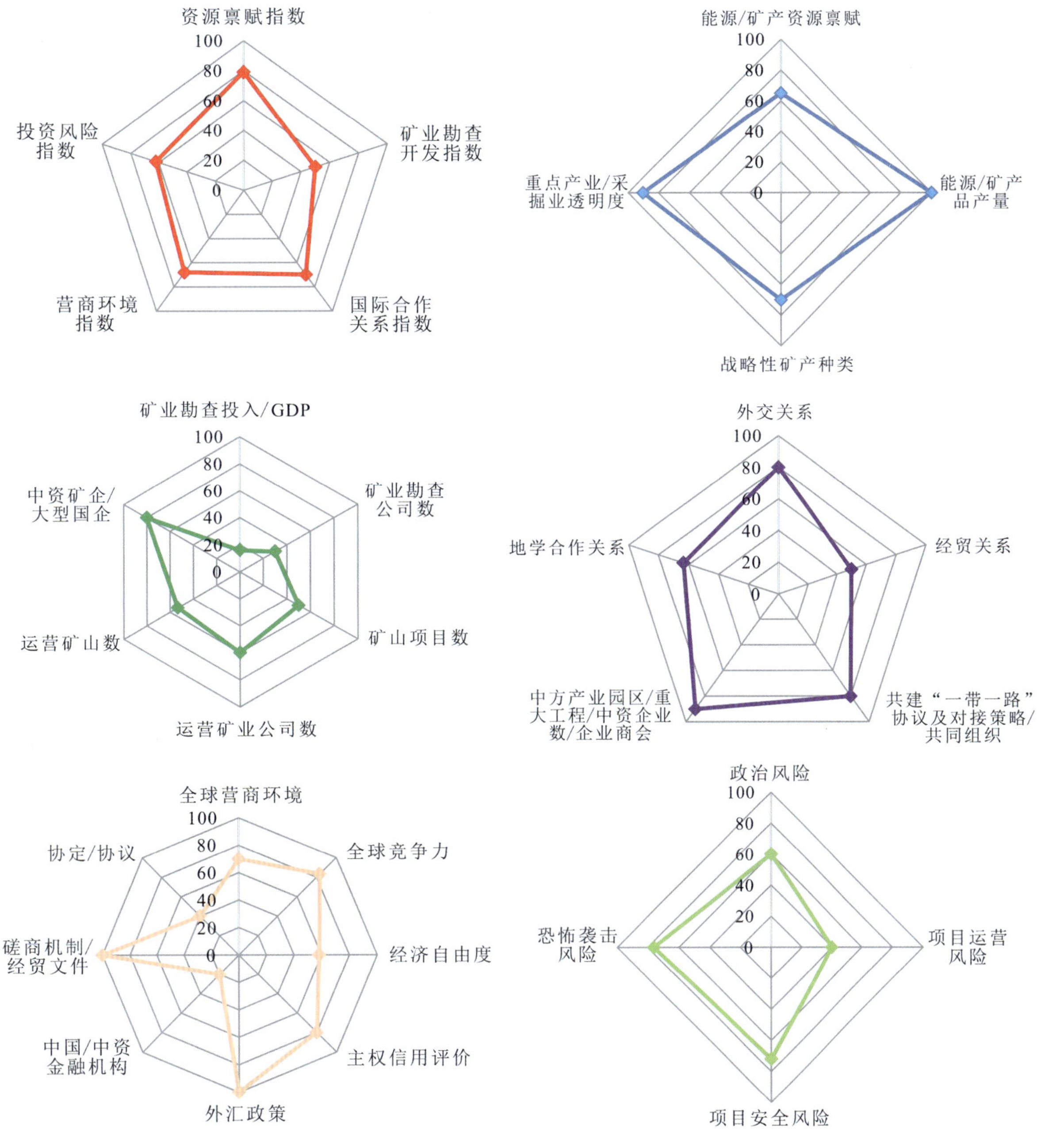

图 4–23　沙特矿业投资环境各类指标贡献量蛛网图

岩（全球第6）、铀矿资源（全球储量6%），此外还拥有银、银、铜等资源，这些国家在能源/矿产资源禀赋、战略性矿产数等指标中，也获得了一定分值（表3–1、表3–7、图4–23）。

在矿业勘查开发指数方面，沙特阿拉伯在矿业勘查方面的投入较多，拥有较多的矿业运营矿业公司，中核集团、中石油、中石化、福建石化、中国地矿总公司、中铝等中资企业在沙特开展能源/矿产开采开发项目。在本次矿业投资环境评价中，中资矿企/大型国企、运营矿业公司数、运营矿山数等二级指标均获得较高的分值，表明沙特矿业勘查开发活动较为活跃，中资企业/矿业企业参与度较高（表3–1、表3–13、图4–23）。

在国际合作关系指数方面，沙特阿拉伯与中国是全面战略伙伴关系，中国是其第一大贸易伙伴；双方签署了《关于共同推进丝绸之路经济带和21世纪海上丝绸之路以及开展产能合作的谅解备忘录》，围绕深入推进“一带一路”倡议与沙特“2030愿景”进行了产业对接，共同参与亚投行、G20集团等多个国际组织；共建中沙工业园区，合作开展天然气勘探开发、沙特延布炼厂项目等，约有160家中资企业在沙特投资；两国地矿机构签署了地学合作谅解备忘录和项目合作协议。总体上，双方在国际合作关系指数相关二级指标评价中均获得了较高的得分，显示出较好的合作关系（表3–1、表3–18、图4–23）。

在营商环境指数方面，沙特阿拉伯在全球营商环境报告、全球竞争力报告、经济自由度报告等国外知名智库评价报告中均有较高的得分和较好的评价；在惠誉、标普、穆迪全球三大主流评价机构中，主权信用评价较高，政府信用较好；外汇汇入、汇出自由，境内有中国工商银行，建有中沙经济贸易技术混合委员会，签署了经贸协定、保护投资协定等经贸文件。营商环境指数总体评价较高，在各项二级评价指标中，沙特阿拉伯的磋商机制/经贸文件、外汇政策等二级指标得分最高，均获得了满分；其次是全球竞争力、主权信用评价、全球营商环境等指标，经济自由度、协定/协议两项指标得分较低，中国/中资金融机构得分最低（表3–1、表3–23、图4–23）。

在投资风险指数方面，各项二级评价指标大多数得分较高，说明沙特阿拉伯总体投资风险较小，各类安全形势较好，有利于投资企业开展生产运营工作。其中，恐怖袭击风险指标得分最高，评价为整体低风险、局部中风险，说明这些国家罕见大规模的恐怖袭击活动，恐怖主义对企业造成的风险很小，局部零星的恐怖袭击活动可能会对企业构成定期的威胁。其次是项目安全风险，评价为整体低风险，局部高风险，说明整体安全条件较好，这些国家基本能为企业提供足够的安全保障，局部的安全环境可能给企业带来严峻的挑战，需要采取特殊措施。政治风险得分较低，评价为中风险，这些国家政治环境为企业提供良好的发展条件，但也会出现个别重大挑战，例如合同容易遭受不确定性或偶发事件的影响。项目运营风险评价最低，评价为高风险，说明这些国家项目运营环境可能会给企业投资业务带来持续而严峻的挑战（表3–1、表3–24、图4–23）。

五、矿业投资建议

1.积极推动构建中–沙地矿产能合作高层会晤交流机制

沙特“2030愿景”及“2020年国家转型计划”均以采矿业改革为切入点，拟提升该行业对沙特经济发展的贡献，努力将其发展成为除油气和石化产业之外的第三大支柱产业，目标是到2020年该行业收入提高至260亿美元，占非石油领域收入的10%。

2020年6月，沙特内阁批准了沙特采矿行业的新法案《沙特矿业投资法》，旨在鼓励外国资本对沙特矿业进行投资。按照新法律的规定，设立一个“矿业发展基金”将增加矿业领域的投资吸引力。沙特矿业和工业大臣胡莱夫表示，新的矿业法将有助于吸引来自全世界各地的投资者，最终使矿产行业对沙特国民经济的贡献度提高两倍，并将在2030年之前创造20万个直接和间接的就业岗位，助力沙特经济产业多元化发展。

建议充分利用沙特“2030愿景”与“一带一路”倡议的战略对接，加强地质矿产、能源等领域的合作力度，构建地矿领域常态化高层对话机制，例如，在中沙高级别委员会框架下构建地学与矿业产能合作分委会，进一步加强中–沙地学与矿业产能合作顶层设计，共同推动沙特矿业开发与招商投资，助力矿业/能源项目合作。

2.搭建地学与矿业产能合作服务平台，精准服务中资企业需求

为进一步推动矿业经济发展，释放矿业发展潜力，沙特政府提出了矿业发展新思路：一是优化矿业

发展战略，简化投资流程，加快许可证发放进度，鼓励本国和外国投资者进行矿业投资，进一步提高本国矿产资源开发能力，以期带动北部边境等欠发达地区发展；二是研究制定融资办法，探索国有和私营企业合作路径，充分调动两者积极性，共同推动矿业基础设施建设；三是革新矿业技术，提升创新能力，延伸产业链，提高产品附加值。

建议依托中国—上海合作组织地学合作研究中心，通过中国地质调查局中亚西亚地质调查国际合作工程，开展沙特矿产资源潜力评价、矿业投资环境分析、矿业投资项目调研评级排序等，针对不同中资矿业企业在沙特的投资需求制定不同地矿合作推介/服务产品，例如，矿业投资项目资讯、矿业投资项目推介清单、矿业投资项目资料包、找矿勘查建议书等。与沙特地矿机构联合举办沙特矿业投资论坛、矿业投资项目推介会等，共同宣介沙特矿业投资政策，推介矿业投资项目，为中国矿业企业赴沙特投资搭建“面对面”“一站式”的沟通交流平台，提供信息咨询服务。

此外，结合中国—上海合作组织地学合作研究中心、中国—上海合作组织国际司法交流合作培训基地、中国—上海合作组织环境保护合作中心等平台专业优势，加强政策法规对接研究，共同开展沙特矿业投资法、外国投资法、外国投资法实行条例、劳动法、通用环境保护法、环境保护条例等法律法规的解读，分析政策变化、安全形势变化对矿业投资的影响，并提出中资企业在沙特投资需要特别注意的要点、重点问题，排查投资误区和投资陷阱，协助中资企业做到知法、懂法、守法，进一步降低中资企业潜在投资风险。

3.积极参与沙特地矿领域国际招标项目，打造中国地矿产能合作品牌

沙特是中东地区自然资源最为丰富的国家之一，除众所周知的石油和天然气等化石能源之外，金、银、铜、铁、锡、铝、锌、磷酸盐等金属和非金属矿也有大量储藏，官方估计沙特境内未开采的矿产资源总价值超过5万亿沙特里亚尔（约合9.4万亿元人民币）。

沙特地质调查局于2019年启动“沙特20个勘查区矿产资源综合勘探和评价”“沙特1：5万地质填图”“沙特1：10万地球化学填图和重砂测量”“沙特数字岩芯库建设及地质资料馆翻新”等项目，建议统筹中国各省地质调查院、地学科研院所、地勘单位、中资矿业企业，合力参与沙特地质调查局招标项目，努力促成项目落地，为地矿领域的中国技术、中国标准、中国装备走出国门奠定基础，也为未来参与沙特后续地质调查工作、引领中国矿业企业参与沙特矿产开发利用打下坚实基础。

此外，调研分析中国地质矿业总公司、中国铝业、中国核工业集团、中钢集团等公司在沙特合作开展矿业合作项目的进展、成效、存在问题及相关经验，借鉴中石油、中石化等油气公司与沙特的能源合作模式，探讨中–沙矿业勘查开发合作模式，为进一步引导其他中资企业进入沙特矿业市场提供参考。

4.共同打造吉赞经济城中–沙产业园矿业板块、助推地矿产能合作

沙特的“2030愿景”与中国的“一带一路”建设高度契合，产能合作现已成为推进中–沙合作的重要抓手，而中沙（吉赞）产业园建设正是进一步推进中沙产能合作的重要举措。根据沙特经济城的发展部署，吉赞地区的工业项目将以矿产开采和加工业为主，大力发展钢铁、铜、铝等项目，目前，中–沙（吉赞）产业园已经建成和基本建成阿美石油公司的炼油厂项目、发电厂、港口和年产200万吨的炼钢厂等项目。

因此，建议充分利用好沙特国家/地区优惠政策、行业鼓励政策，以及经济城发展战略，依托中资企业产能优势和中国产业园建设经验，与沙特政府、大型矿业企业共同谋划地质与矿业产业布局，合作开发沙特矿产资源，在吉赞经济城中–沙产业园区联合建立集矿石采选冶、矿产品深加工、尾砂尾矿综合利

用、矿山设备销售/租赁/售后维修、矿产品进出口贸易、矿业金融、物流仓储为一体的矿业经济产业集群，助推沙特经济转型升级和多元化发展，同时带动中国矿业领域优势产能、先进技术装备“走出去”。

第四节　伊　朗

伊朗伊斯兰共和国（波斯语：جمهوری اسلامی ایران，英语：Islamic Republic of Iran），简称伊朗（国家代码：IRN），首都德黑兰。位于西亚，属中东国家，东邻巴基斯坦和阿富汗，与土库曼斯坦接壤，西北与阿塞拜疆和亚美尼亚为邻，西接土耳其和伊拉克，中北部紧靠里海、南靠波斯湾和阿拉伯海。

伊朗国土面积约164.5万平方千米，全国人口约为8165万（截至2019年12月），其中波斯人占66%，阿塞拜疆人占25%，库尔德人占5%，此外还有阿拉伯人、巴赫蒂亚里人、卢尔人、俾路支人及土库曼人等少数民族。伊斯兰教为伊朗国教，98.8%的居民信奉伊斯兰教，其中91%为什叶派，7.8%为逊尼派。

沙特的政治体制是政教合一，神权统治高于一切，国家一切行为必须符合伊斯兰教法。伊朗实行总统内阁制，在宗教领袖领导下，实行行政、立法、司法三权分立制度，即国家权力机构由彼此独立的政府、议会、司法部门组成。

伊朗官方语言为波斯语，货币为土曼（货币符号：IRR）。经济以石油开采业为主，伊朗的石油化工、钢铁、汽车制造业也比较发达，电子工业、核工业、计算机软硬件业发展很快。伊朗的机械制造业有了长足的进步。

一、总体经济形势

伊朗是亚洲主要经济体之一。伊朗的经济实力位居亚洲第七位（次于中、日、印、韩、印尼、沙特）。伊朗2017年GDP总量为4307.09亿美元，国际货币基金组织（IMF）估算，其2018年GDP约为4522.75亿美元，增长率约为-3.9%。2018年以来，伊朗货币贬值、遭受美国经济制裁、众多欧洲企业纷纷撤离，伊朗内外交困，面临前所未有的压力，国内经济前景黯淡。美伊关系加剧紧张，伊核全面协议的不确定性，对伊朗投资吸引力造成较大影响。世界经济论坛《2019年全球竞争力报告》显示，伊朗在全球最具竞争力的141个国家和地区中，排第99位。世界银行《2019年营商环境报告》(DB）显示，伊朗在全球190个国家和地区中营商环境便利度综合排第128位，较2017年下降8位。

2019年3月21日，伊朗最高领袖哈梅内伊在伊新年来临之际发表新年致辞，将伊历1398年确定为“促进生产年”，呼吁国家和政府进一步促进生产，应对外来制裁压力。伊朗政府制定实施“社会、经济发展五年计划”，通过提升石油产量、吸引外国投资、推动私有化进程等措施，对国民经济的发展进行规划和调控。为发展“抵抗型经济”，伊朗出台“20年发展愿景规划”，其核心内容是减少对石油的依赖和创造更多的就业岗位，重要举措包括完善石油和天然气工业价值链，增加石油产品的附加值，提高电力、石化和石油产品的产量及出口等。

世界银行2020年6月版《全球经济前景报告》预计，伊朗经济2020年将收缩5.3%，而2021年将增长2.1%，世行此前对此的预测分别是增长0%和1%。根据世行数据，伊朗在2019年、2018年和2017年的增长率分别为–8.2%、–4.7%和3.8%。伊朗《国家通讯社》2020年4月14日报道，国际货币基金组织（IMF）发布最新报告显示，尽管新冠病毒在全球范围蔓延造成危机，但伊朗的经济萎缩将在2020年有所减缓。该组织预测，伊朗2020年的经济增长率为–6%，较2019年的–7.6%有所改善，2021年经济增长率将达到3.1%。

二、矿产资源禀赋

伊朗石油、天然气和煤炭蕴藏丰富。仅仅占世界人口总量1%的伊朗，自然资源储备却占全球总量的7%。根据《BP世界能源统计年鉴2019》，截至2018年年底，伊朗已探明石油储量达1556亿桶，占全球总储量的9%，居世界第四位；探明天然气储量达31.9万亿立方米，占总储量的16.2%，居世界第二位。2018年，伊朗石油日产量471.5万桶，天然气年产量2395亿立方米。

目前，已探明矿产种类68类，探明储量370亿吨，远期潜在储量570亿吨，价值超过7000亿美元，排名世界第15位。伊朗已探明铜矿储量已达33亿吨，居世界第三位。有松贡、萨尔切什曼和梅杜克等大型露天铜矿，其中萨尔切什曼和哈通阿巴德矿已开发，年产量约26万吨。锌矿已探明储量为2.3亿吨，居世界第一位，主要分布在三大矿山，其中，安古朗矿山锌矿储量达2200万吨。铬矿已探明储量为1500万吨，煤炭储量21亿吨，铁矿储量47亿吨。此外，伊朗金、铝、铀、锰、锑、铅、硼、重晶石、大理石等资源比较丰富。

1.石油

截至2014年年底，伊朗石油剩余探明可采储量为217亿吨，居世界第4位，占全球总储量的9. 3%，储采比超过100年。伊朗原油储量约70%位于陆上，其余主要在波斯湾等处的海洋中。伊朗最大的陆上生产油田是Ahwaz-Asmari、Marun和Gachsaran油田；最大的海上油田是Abuzar油田，生产能力为17.5万桶/天；其他油田包括Rag-e-Safid、Ahwaz、Bangestan、Mansouri和BibiHakimeh油田。

2.天然气

伊朗是世界第二大天然气资源国，天然气可采储量为34万亿立方米，居世界第2位，约占全球储量的18.2%，占石油输出国组织（OPEC）储量的1/3多，仅次于俄罗斯。伊朗的天然气勘探成功率高，估测值79%，而世界平均成功率为30%—35%。最大的天然气田南帕尔斯气田，位于波斯湾中间的海上，拥有天然气储量为3964.35亿立方米，占全球天然气储量的7.5%，该气田估计还含有180亿桶凝析油。在里海盆地陆上和海上探明和可能存在的天然气储量约有566.34亿立方米。伊朗与邻国共享28个油气田。这些油气田含有伊朗石油储量的20%和天然气储量的30%。这些油气田中的5个位于伊拉克边界。阿扎德根（Azadegan）油田与伊拉克共享，估计拥有330亿桶石油，是世界上最大的油田之一。南帕尔斯气田由伊朗与卡塔尔（北方气田）共享。伊朗还与沙特阿拉伯、科威特、阿联酋、阿曼共享油气田，在里海伊朗与俄罗斯、阿塞拜疆、土库曼斯坦和哈萨克斯坦等国也有油气田共享。

伊朗西南部的扎格罗斯盆地是伊朗主要的油气田富集区，油气田密集分布于伊朗西部的胡泽斯坦省。在该地区大约有20个油田在进行生产，伊朗国内石油产量主要也来自该地区。伊朗西南部含油气区，为波斯湾盆地的一部分，由扎格罗斯山前褶皱带和阿拉伯地台东缘（相当于鲁卜哈利盆地）的伊朗部分组成。主要产油层为古新统—渐新统Asmai组灰岩、白云岩，其次为白垩系的Benny Stan组灰岩，以及二叠系—三叠系孔隙性白云岩和灰岩产气层。

伊朗中部地区夹于扎格罗斯山和厄尔布尔士山（阿尔博兹山）及鲁特地块之间，地表大部分地区为沙漠覆盖，发育有一系列盆地，如中央盆地群等，包括迪拜（Dibdibah）平原坳陷，卡塔尔（Qatar）隆起和西海湾坳陷，是除西南部以外伊朗最大的含油气远景区，石油和天然气产层约50多个，所有的油气藏主要储存于背斜圈闭中，其形成时代从志留纪到中新世。迄今已在中阿拉伯盆地的伊朗部分发现了11个油气田，亿吨级以上的大油气田有5个。

3.铬铁矿

伊朗铬铁矿主要分布在南部扎格罗山脉、北部厄尔布尔士山脉、东北部萨卜泽瓦尔以及卢特高原周围，矿床均为岩浆型原生矿，产出时期比较集中，主要为基米里中晚期，相当于中侏罗世—晚白垩世，部分为始新世，少数为华力西晚期。

伊朗境内的铬铁矿主要分布在扎格罗斯大型推覆带（伊朗南部）、萨卜泽瓦尔、北伊朗缝合带以及卢特高原（伊朗东部）等地区。扎格罗斯大型推覆带中铬铁矿成矿作用比较强烈，矿化也比较连续，该区围岩构造没有遭受破坏，矿体得以完好保存，主要赋矿围岩为橄榄岩和斜辉橄榄岩，矿体多呈似层状、大透镜状。矿石品位大于45%，Cr/FeO>3，储量一般在10—50万吨，个别大于50万吨，预计储量约为3000万吨以上，是伊朗最重要的铬铁矿产地，如阿米尔（Amir）、沙赫里阿尔（Shahriar）、雷扎（Reza）、阿布达什特（Abdasht）等均为百万吨级大型铬铁矿床。萨卜泽瓦尔地区以中小型铬铁矿床为主，超基性岩体呈分散状分布，矿体呈扁透镜状、豹皮状和条带状，赋存于东西走向的蛇纹石化橄榄岩和斜辉橄榄岩块体中，规模一般为1000—2000吨，个别达万吨以上。矿石品位为30%—40%，如萨鲁尔（Sarur）、米尔马赫穆德（Mir Mahmud）、加弗特（Gaft）等矿床。北伊朗缝合带以及卢特高原周围3条深断裂中的铬铁矿床，规模较小，矿体多呈扁豆状，品位变化大，以小型矿床与矿点为主，工作程度普遍较低。

4.铁矿

根据伊朗地质调查局2016年的统计数据，伊朗铁矿探明储量为47亿吨，分布在超过200个的铁矿床中，占全球铁矿储量的1.39%。矿石平均品位为45%—60%。其中，超过90%的探明储量集中分布于伊朗东南部扎格罗斯大型推覆带与卢特高原交界处。铁矿主要产于前寒武系中，其他层位很少形成有规模的铁矿床。前寒武系中铁矿床有两种产出方式。一种沿角闪岩相变质岩系呈层状、似层状产出，矿体围岩常有磷灰石化、电气石化和水镁石化，并且具有垂直分带现象。地表氧化带主要为褐铁矿石、赤铁矿石，向下渐变为假象赤铁矿石带和纯磁铁矿石带，如戈尔戈哈尔（Gol Gohar）铁矿，其储量达20亿吨，矿石品位56%—63%。矿石中含硫较高，影响了它的利用价值。这种产出形式的矿床均被认为是属于新太古代—古元古代的火山-沉积变质型铁矿床。另一种沿火山构造产出，矿体呈大透镜状、柱状产于火山岩和火山碎屑岩中，矿体与围岩界线清楚，偶见隐爆现象。矿石以磷灰石、黄铁矿、磁铁矿型为主，矿石品位较富，含全Fe（包括Fe_2O_3和FeO）大于50%，易选，并且矿体集中，矿床规模较大，如恰道尔马柳（Chador Malu）、乔加赫特（Chogahart）、圣恰孚恩（Se Chahun）、恰赫加兹（Chah Gaz）等大型铁矿床，其储量都在1亿吨以上。此类矿床是当今伊朗铁矿开采的主要对象。目前部分学者认为这种产出形式的矿床应属于中—新元古代与火山喷发作用有关的岩浆型铁矿床。

伊朗的铁矿主要分布在中部、东部和西部地区。伊朗中部地区的铁矿探明储量达到39亿吨，主要矿床包括Gole Gohar铁矿床（储量为20亿吨）、Bafgh矿床（储量为12亿吨）、Chador Malu矿床（储量为3.2亿吨）、Choghart矿床（储量为2.1亿吨）、Chah Gaz矿床（储量为1亿吨）、Shams Abad矿床（储量为1亿吨）。目前，除Chah Gaz矿床已闭坑外，其他矿床均处于生产阶段。中部地区是伊朗铁供应的主要产地。东部地区的铁矿探明储量约为7.2亿吨，主要有分布在Taubad地区的Sangan矿床（储量为6.2亿吨）、Kashmar地区的DehZaman矿床（储量为2亿吨）。伊朗西部地区的铁矿探明储量约为0.4亿吨，主要分布在Shahrak矿床和Shams Abad矿床。

5.铜矿

伊朗铜矿资源比较丰富，铜矿探明储量为33亿吨，分布在超过500个的铜矿床中，占全球铜矿储量的

4.3%。矿石品位较高，分布比较集中，主要分布在伊朗中东部地区的新生代活动带上。按矿床类型划分主要铜矿类型为斑岩型、热液型、火山岩型和矽卡岩型铜矿，以斑岩型铜矿为主。大部分的铜矿床均形成于渐新世和中新世，少数铜矿化形成于新元古代至上新世。

伊朗斑岩型铜矿主要产于古近纪火山岩带中，赋矿的闪长斑岩、花岗闪长斑岩及花岗斑岩的侵入及铜矿成矿作用往往于中性—中酸性火山岩、次火山岩喷溢之后，两者之间接触关系不明显，是属于同期不同次的产物。赋矿的斑岩体规模都不大，但矿化比较集中，矿石成分比较单一，以Cu为主，伴有Mo、Au等，矿石品位多在1%以上。常具有次生富集带，因此有的矿床规模较大。如萨尔切什梅（Sar Chesmch）铜钼矿床，矿体长2300m，宽1200m，矿石Cu品位1.12%、储量490万吨，Mo品位0.103%、储量12.8万吨；查哈尔冈巴德（Chahar Gonbad）铜矿床，其含矿的闪长斑岩岩株面积为200m×20m，矿石品位最高可达13.15%，平均品位为11.67%，铜矿储量达300万吨；松岗（Sungun）铜矿床产于花岗闪长斑岩中，钾化强烈，Cu平均品位0.76%，资源量达500万吨，并伴有一定数量的Mo矿。

伊朗热液型与火山岩型铜矿多产于火山岩带及其附近，矿体呈脉状、似层状，矿石品位变化大，矿床规模以小型为主，个别达中型，如拉查尔（Lachar）铜矿、安捷尔特（Anjert）铜钼矿、亚玛克汉（Yama khan）铜矿等。矽卡岩型铜矿目前仅有马兹雷奇（Mazrach）铜金矿床一处，产于渐新世花岗闪长岩体与古生代碳酸盐岩接触带上，有4个矿体、长300—400米、厚10—50米，矿石Cu品位2.5%，Au品位2克/吨，估算铜矿规模相当于小—中型。伊朗矽卡岩型铜矿床以及斑岩体接触带的矽卡岩化均不发育，部分学者认为其原因可能与斑岩体侵位较高及盖层较薄有一定关系。

6.铅锌矿

伊朗铅锌矿主要产于中东部新生代活动带中，分布较广，但在矿床类型上相对单一，以层控型为主，其次为热液脉状型。按照地质特征，可将伊朗铅锌矿化区域划分为以下 5 个铅锌矿带：根据铅锌矿地质特征，伊朗铅锌成矿区域可分为以下几类：Malayer-Esfahan 铅锌矿带、Azerbaijan铅锌矿带、中伊朗（Bafq、Behabad-Kuhbanan、Yazd and Sirjan附近地区）铅锌矿带、东伊朗铅锌矿带、Alborz铅锌矿带。

铅锌矿床主要产于滨海—泻湖相沉积岩层中。矿体多呈层状、似层状和大透镜状，矿石成分相对单一，以Pb 、Zn 为主，伴有Ag。矿体赋存的层位较多，矿床规模差异也很大，其中有产于古近纪灰岩与砂岩之间的安古兰（Anguran）铅锌矿床，Zn 品位为3%，Pb品位为6%，储量188万吨，是伊朗目前已知最大铅锌矿床。产于早白垩世砂质白云岩中的阿汉加兰（Ahangaran）铅锌银矿床、查里斯奇（Charisch）、加达纳赫希尔（Gardanehshar）等铅锌矿床均为中小型。产于早中三叠世白云岩、白云质灰岩中的库赫苏尔姆奇（Kuh-e-Surmch）铅锌矿床，Zn 品位达12%，Pb品位为5%，矿床规模达中型以上。产于中新元古代火山岩中的库什克（Kushk）铅锌矿床规模达大型。

从目前资料看，伊朗产于中生代地层中的层控型铅锌矿床比较多，但规模不大，多为中、小型，而产于中新元古代与古近纪地层中的层控型铅锌矿床虽然数量不多，但规模往往较大，是目前主要开采对象。伊朗热液脉状型铅锌矿数量较多，主要分布于卢特高原，有的成群出现，其形成时间以古近纪为主，但矿床规模小，最大达小型，很少被开发。

7.金矿

伊朗从元古宙到第四纪的不同阶段均有金矿化作用，如岩浆成因型、热液作用型、变质作用型、蛇绿岩型、混杂滑石菱镁片岩型、砂岩型等。伊朗的金矿成因类型可以分为五类。①新元古代—早寒武世与蛇绿岩和绿片岩基底有关的金矿；②晚古生代—中生代和中生代—新生代与拉斑玄武质–花岗质侵入岩伴生的金矿；③年轻的与As和Hg共生的浅成热液金矿或矿化线索（卡林型）；④与蛇绿岩套和滑石菱镁片岩共生的金矿；⑤与铜矿伴生的矿床和矿化线索。

根据构造–成矿带和成矿过程，可以将伊朗金矿可划分为10个金矿带：

（1）Ahar金矿化带，位于Urumiyeh-Dokhtar火山带中，走向为北西—南东向，已知其中发育有矽卡岩型和脉型金矿化体。矽卡岩矿化体产出于白垩纪灰岩和古近纪—新近纪花岗闪长岩体的接触带上，而脉型和细脉型矿化体产于始新世火山岩中。

（2）Mianeh矿化带，矿化带走向为东西向，分布在Mianeh和Bostanabad地区之间，并穿过Bozgoosh高地。该地区是伊朗金矿潜力较好的地区之一，但尚未进行详细勘探。

（3）Takab-Dashkasan矿化带，Takab地区发育有影响力最大、种类最多的金矿床，包括卡林型、脉型、多金属脉型和砂金矿床，除砂金矿外。Takab地区内的金矿化一般都与热水溶液有关，并伴随发育古近纪—新近纪的中深成火成岩体，该地区内金矿化潜力最大的岩体是侵入到前寒武片岩中的年轻的酸性穹窿。

（4）Taraom矿化带，位于Zanjan地区内，从北向东南延伸，并穿过厄尔布尔士省西部构造带部分区域。其中发育有金矿化体和铅、锌、铜并偶见银矿床，以脉状和细脉状发育在古近纪—新近纪围岩中(尤其是始新世火山岩)。该区主要产出伴生金，金是铜和铅锌矿化作用的副矿物。

（5）Muteh-Astaneh矿化带，沿东西向呈带状延伸，位于伊朗中部沙漠的北缘，找矿潜力较大。金矿化体产出于前寒武纪—古生代(多金属块状氧化物和硫化物矿床)、古近纪—新近纪(脉状基本金属和富含镜铁矿的铜矿床)和第四系中（砂矿床）。

（6）中伊朗矿化带，长约900千米，位于Nehbandan断层（东部）和Nayband断层（西部）中间地带。该地块内的金矿化体与铜、银、铅锌、锑和钨有关，产出于晚三叠世—侏罗纪火山–沉积岩层序和古近纪—新近纪火山岩中。Qal’e Zari，Hirood，Chah Kalap，Shourab，Chah Zaghoo和Khoonic等金矿和矿点产于该区。

（7）Kerman金矿带，位于Urumiyeh-Dokhtar成矿省南部，含有19个金矿床和矿化带，它们与古近纪—新近纪侵入岩中的斑岩铜钼矿床或脉型铜钼矿床有关，但脉型矿床都很小，其中铜是最重要的伴生矿产。

（8）Mashhad矿化带，从西部的Torghabeh延伸到阿富汗和土库曼斯坦边界的Janat Abad，包含Tarik Dareh和Torghabeh矿床。

（9）Kashmar矿化带未做详细勘查，具体内容不详。

（10）Taftan-Qalehzan矿化带，位于伊朗中部微大陆的西部，北部以Dorooneh断层为界，西部边界是Naein-Baft 蛇绿岩带。该地块内的金矿床产出于Anarak变质杂岩体中（主要为多金属矿），同时发育有斑岩铜矿床、矽卡岩和滑石菱镁片岩矿床。

8.磷矿

根据伊朗地质调查局2016年的统计数据，伊朗磷矿探明储量为4亿吨，占全球探明总储量的3.33%，主要分布在80多个磷矿床中，预测资源总量为50亿吨。它们形成于3个地质时期，主要为沉积型矿床和少量岩浆型磷矿床。

9.硼矿

根据伊朗地质调查局2016年的统计数据，伊朗硼矿并不丰富，探明储量为2.5万吨，主要分布在7个硼矿床中，找矿前景良好。伊朗所有硼矿床的形成年代均为晚中新世至第四纪，主要形成于中新世—上新世。目前，除了Zanjan地区内的Gharagol矿床正在积极开发并获得了一定的地质矿产资料外，伊朗其他地区开展的都是一些杂乱无章的勘查和找矿工作，由于对矿床、成矿过程、特定地质背景下的硼砂沉积机制认识不足，尚未取得理想的找矿效果。

三、矿业经济概况

伊朗《经济论坛报》2019年11月9日报道，伊朗工矿贸易部副部长撒奎尼表示，本财年（2019年3月至2020年3月）伊朗矿产品产值有望达到220亿美元；上财年伊朗共生产200亿美元矿产品，其中出口约90亿美元，国内消费110亿美元。撒奎尼称，预计本财年矿产品出口额达到100亿美元。

1.勘查投入概况

近十年来，伊朗矿业勘查投入经费1700万—4000万美元，总体呈现先上升后下降的趋势。2010—2012年，伊朗矿业勘查投入经费逐年增加，至2012年达到高值，投入金额为4000万美元，2012年之后逐年减少，至2016年又开始逐年回升，2019年度勘查经费较2018年度有小幅减少（表4–10、图4–24）。

表 4–10　伊朗 2010—2019 年矿业勘查经费投入统计

单位：百万美元

年份	2010	2011	2012	2013	2014
勘查投入	17.0	22.0	40.0	35.0	31.5
全球占比/%	0.1476	0.1276	0.1949	0.2429	0.2933
年份	2015	2016	2017	2018	2019
勘查投入	25.2	23.2	25.3	27.0	20.0
全球占比/%	0.2873	0.3318	0.3144	0.2805	0.2153

注：数据源于标普数据库（网址：https://www.spglobal.com/marketintelligence/en/）。

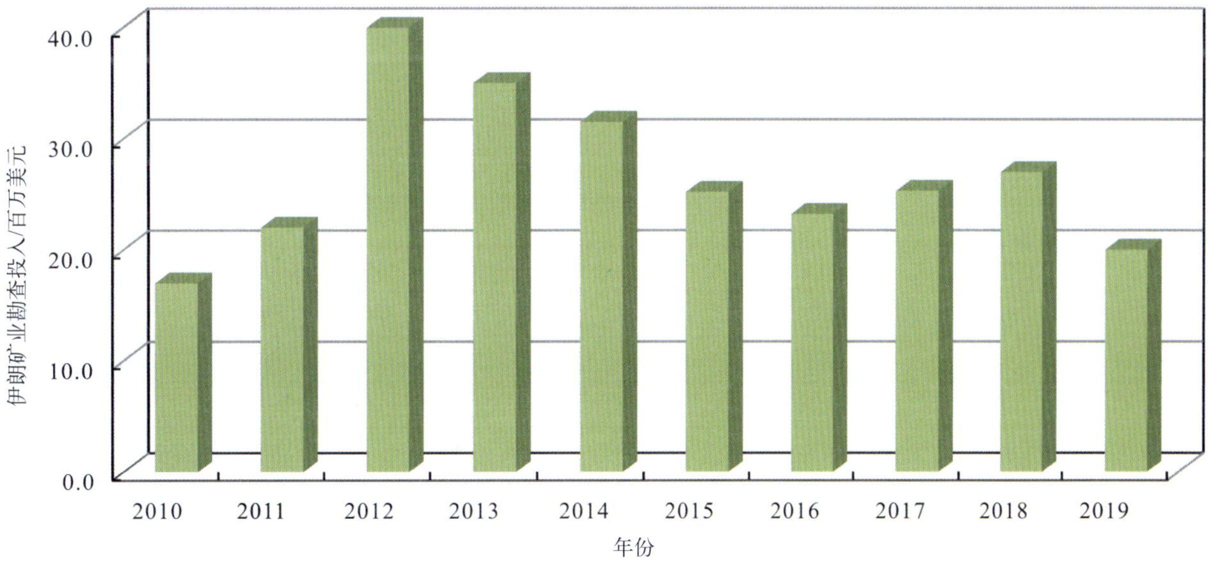

图 4–24　伊朗2010—2019年矿业勘查经费投入

就全球矿业投入的占比而言，伊朗矿业勘查投入占全球矿业勘查投入的0.1276%—0.3318%，总体显示增加后减少的趋势。2012年占比最低，仅为0.1276%，2012年之后逐年增加，至2016年增加为高点，随后逐年降低（表4–10、图4–24）。

2.伊朗能源/矿产品贸易概况

2010—2018年，伊朗能源/矿产品贸易总金额301.813亿—1654.503亿美元，以能源/矿产品出口为主，其中，能源/矿产品出口金额260.665亿—1524.132亿美元，占贸易总额的84.93%—96.43%；能源/矿产品进口金额21.871亿—140.71亿美元，占贸易总额的3.57%—15.07%（表4–11、图4–25）。

就伊朗能源/矿产品贸易具体变化趋势而言，总体呈现先下降后缓慢上升的趋势。2011年度，伊朗能源/矿产品贸易高达1654.503亿美元，2012年、2013年连续减少，2014年又有小幅回升，2015年降至低值，贸易金额仅为301.813亿美元，2016年开始又逐年回升（表4–11、图4–25）。

伊朗在能源/矿产品进口方面，进口金额总体呈现逐年缓慢减少的趋势。2010年进口较多，进口金额

表4–11　伊朗2011—2018年能源/矿产品贸易金额统计

单位：亿美元

矿种	2010年		2011年		2012年	
	进口金额	出口金额	进口金额	出口金额	进口金额	出口金额
能源	20	922	13	1460	4.33	601
铁矿/钢铁	106	26	105	30	39	23
贵金属	4.46	0.128	0.601	0.132	67	2.12
有色金属	6.77	21	6.44	22	3.63	18
关键性金属	1.99	0.723	3.86	1.00	0.866	0.395
工业矿物	1.49	9.66	1.47	11	0.633	6.11
矿种	2013年		2014年		2015年	
	进口金额	出口金额	进口金额	出口金额	进口金额	出口金额
能源	6.40	440	8.33	490	3.27	226
铁矿/钢铁	33	38	44	43	27	17
贵金属	19	0.603	3.32	0.018	6.13	0.384
有色金属	3.80	15	4.62	13	3.27	9.90
关键性金属	2.79	0.436	2.52	0.378	0.568	0.261
工业矿物	1.38	16	1.14	13	0.91	7.12
矿种	2016年		2017年		2018年	
	进口金额	出口金额	进口金额	出口金额	进口金额	出口金额
能源	4.76	313	9.37	357	5.64	523
铁矿/钢铁	22	38	24	55	10	38
贵金属	14	1.28	1.44	1.20	0.483	1.37
有色金属	4.06	18	7.50	21	3.94	18
关键性金属	1.14	0.296	3.39	0.39	0.934	0.454
工业矿物	0.972	9.95	1.24	10	0.874	9.63

注：统计数据源于英国国防事务研究所查塔姆智库（Chatham House），网址：https://resourcetrade.earth/data。

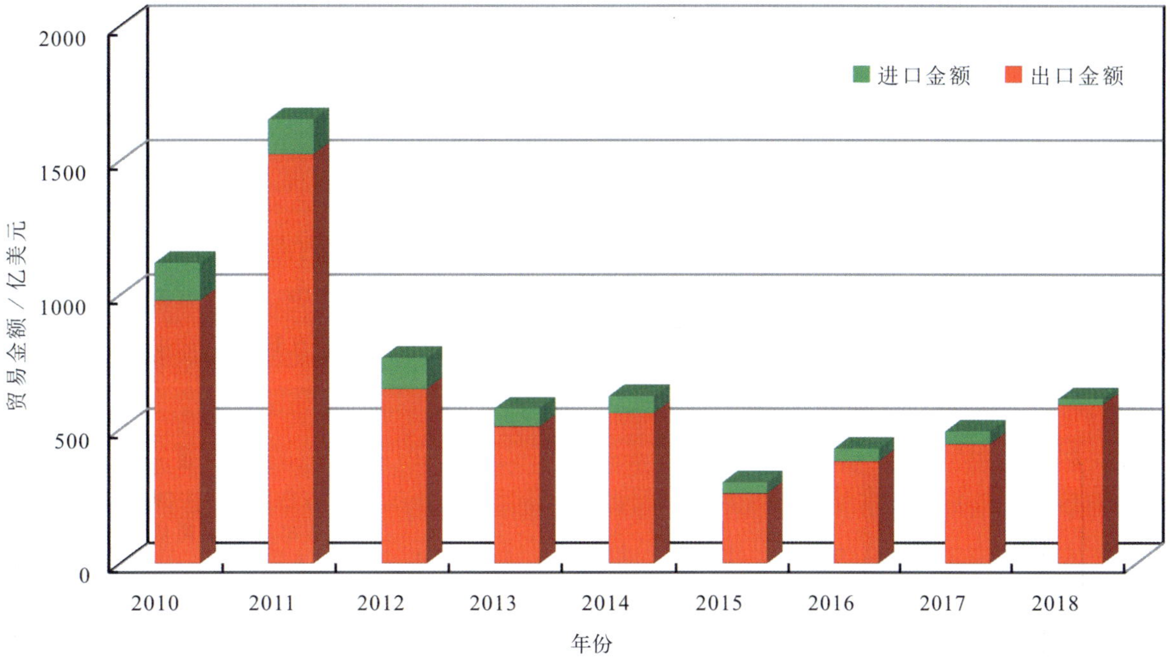

图 4–25　伊朗能源/矿产品贸易金额（2010—2018年）

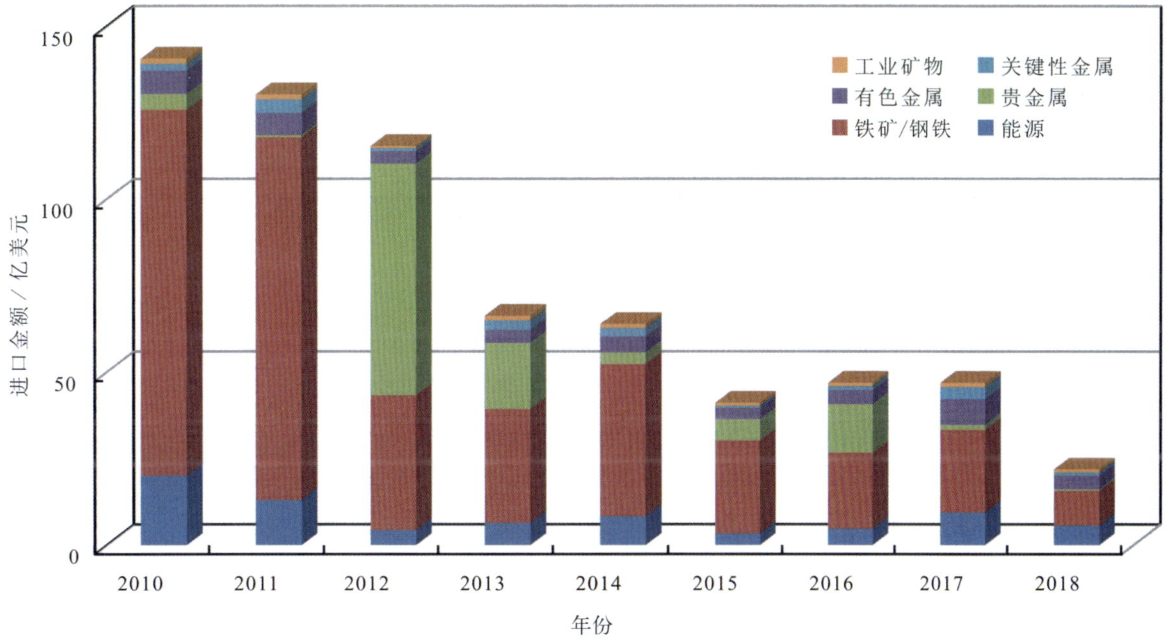

图 4–26　伊朗2010—2018年能源/矿产品进口金额

为140.71亿美元；2018年进口较少，进口金额仅为21.871亿美元（表4–11、图4–26）。

就伊朗进口各类能源/矿产品的具体金额而言，铁矿/钢铁产品进口最多，进口金额10亿—106亿美元，占进口总额的33.78%—80.54%；其次是贵金属产品、能源产品和有色金属产品，进口金额分别为0.483亿—67亿美元、3.27亿—20亿美元、3.27亿—7.5亿美元，分别占伊朗进口总额的0.46%—58.03%、3.75%—25.79%、3.14%—18.01%；伊朗进口关键性金属产品和工业矿物较少，进口金额分别为0.568亿—3.86亿美元、0.633亿—1.49亿美元，分别占进口总额的0.75%—7.22%、0.55%—4.00%（表4–11、图4–26）。

伊朗在能源/矿产品出口方面，出口金额变化趋势与能源/矿产品贸易总体变化趋势一致。2011年出口较多，出口金额高达1524.132亿美元，2015年出口较少，出口金额仅为260.665亿美元（表4–11、图4–27）。

就伊朗出口各类能源/矿产品的具体金额而言，能源产品是伊朗最主要的出口商品，出口金额226亿—1460亿美元，占出口总额的80.30%—95.79%；其次是铁矿/钢铁产品、有色金属产品和工业矿物，出口金额分别为17亿—55亿美元、21亿—22亿美元、6.11亿—16亿美元，分别占出口总额的1.97%—12.37%、1.44%—4.73%、0.72%—3.14%；伊朗出口贵金属产品和关键性金属产品较少，出口金额为0.018亿—2.12亿美元、0.261亿—1亿美元，分别占出口总额的0.003%—0.336%和0.061%—0.100%（表4–11、图4–27）。

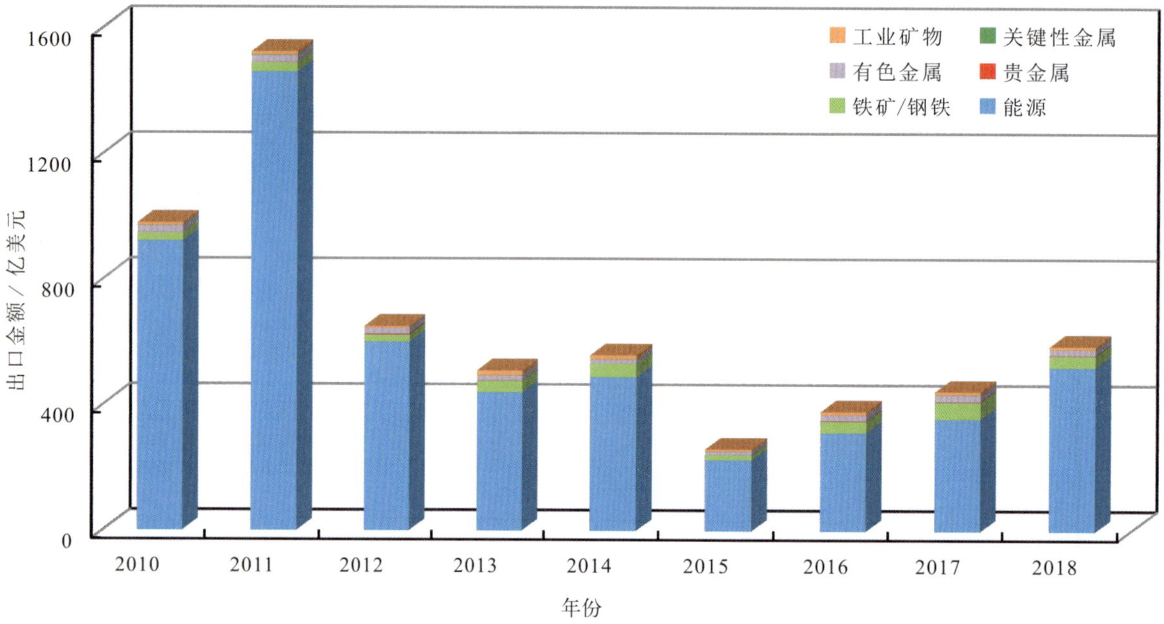

图4–27 伊朗2010—2018年能源/矿产品出口金额

3.中–伊能源/矿产品贸易概况

2010—2018年，中国与伊朗之间的能源/矿产品贸易总金额为91.316316亿—274.0070057亿美元，总体显示上升→下降→上升的趋势，较高值出现在2014年，较低值出现在2016年（表4–12、图4–28）。其中，以中国进口能源/矿产品为主，进口金额为83.712316亿—258.3250057亿美元，占中–伊能源/矿产品贸易总额的90.41%—97.83%；中国向伊朗出口能源/矿产品的金额为5.17418亿—15.682亿美元，占中–伊能源/矿产品贸易总额的2.17%—9.59%（表4–12、图4–28）。

在能源/矿产品进口方面，中国从伊朗进口金额总体呈现上升→下降→上升的趋势，与中–伊朗能源/矿产品贸易变化趋势基本一致。2010—2014年，中国从伊朗进口的能源/矿产品金额总体上逐年增加，于2014年增加至较高值，达258.3250057亿美元；2015年开始逐年回落，于2016年降至较低值，仅为83.71232亿美元；2017年又开始逐年增加（表4–12、图4–28、图4–29）。

就中国从伊朗进口的各类矿产品种而言，以能源产品为主，进口金额为65亿—238亿美元，占中国进口金额的74.89%—92.13%；铁矿/钢铁产品位居其后，进口金额为6.9亿—21亿美元，占进口金额的5.48%—12.81%；中国从伊朗进口有色金属产品、工业矿物较少，进口金额分别为2.72亿—9.55亿美元、

表 4–12　中 – 伊 2010—2018 年能源 / 矿产品贸易金额统计

单位：亿美元

矿种	2010年		2011年		2012年	
	中国进口	中国出口	中国进口	中国出口	中国进口	中国出口
能源	130	0.548	229	0.266	184	0.545
铁矿/钢铁	16	3.22	20	3.81	18	4.21
贵金属	—	0.00218	—	0.00235	—	—
有色金属	3.79	1.00	4.74	1.07	5.40	1.23
关键性金属	0.069	0.075	0.046	0.183	0.031	0.173
工业矿物	1.86	0.329	2.55	0.354	2.92	0.171
矿种	2013年		2014年		2015年	
	中国进口	中国出口	中国进口	中国出口	中国进口	中国出口
能源	181	1.13	238	4.04	111	1.98
铁矿/钢铁	21	7.25	15	9.70	6.90	9.50
贵金属	0.000037	—	0.00000572	—	0.000002	—
有色金属	3.52	0.946	2.72	1.37	5.18	1.53
关键性金属	0.00265	0.13	0.015	0.144	0.0026	0.051
工业矿物	2.10	0.55	2.59	0.428	2.94	0.303
矿种	2016年		2017年		2018年	
	中国进口	中国出口	中国进口	中国出口	中国进口	中国出口
能源	65	0.468	76	0.793	151	1.50
铁矿/钢铁	8.12	5.49	13	6.85	11	4.29
贵金属	0.00138	—	0.000816	—	0.018	—
有色金属	8.34	1.31	9.55	1.70	8.00	1.54
关键性金属	0.000936	0.069	0.017	0.116	0.000428	0.078
工业矿物	2.25	0.267	2.92	0.353	2.95	0.459

注：统计数据源于英国国防事务研究所查塔姆智库（Chatham House），网址：https://resourcetrade.earth/data。

1.86亿—2.95亿美元，分别占进口金额的1.05%—9.96%、0.99%—2.88%；中国从伊朗进口关键性金属产品、贵金属产品更少，进口金额分别为4.28万—690万美元、0.02万—180万美元，分别占进口金额的0.0002%—0.0455%、0.000002%—0.010407%（表4–12、图4–28、图4–29）。

在能源/矿产品出口方面，中国向伊朗出口金额总体显示逐年增加的趋势，2010—2014年，中国出口金额逐年增加，于2014年增加至较高值，出口金额高达15.682亿美元；2015—2016年，中国出口金额逐年回落，2017年较2016年有所增加，2018年较2017年又有小幅回落（表4–12、图4–28、图4–30）。

就中国向伊朗出口的各类矿产品种而言，以铁矿/钢铁产品为主，出口金额为3.22亿—9.7亿美元，占中国出口金额的54.53%—72.46%；其次是有色金属产品和能源产品，出口金额分别为0.946亿—1.7亿美元、0.266亿—4.04亿美元，分别占中国出口金额的8.74%—19.58%、4.68%—25.76%；中国向伊朗出口工业矿物、关键性金属产品具有一定的份额，出口金额分别为0.171亿—0.55亿美元、0.051亿—0.183亿美

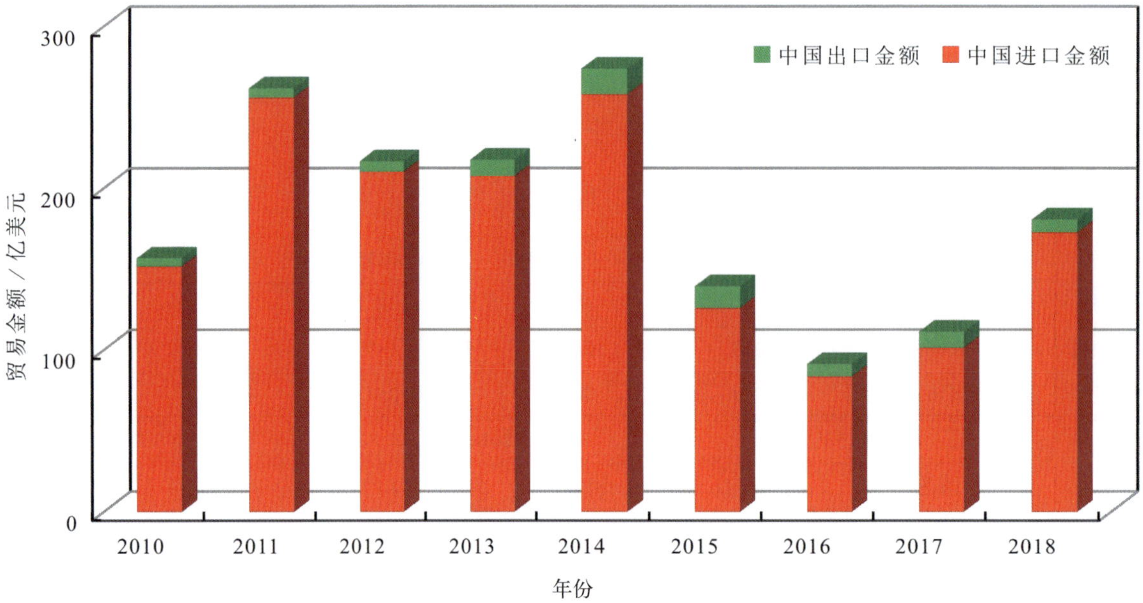

图 4–28 中国–伊朗能源/矿产品贸易金额（2010—2018年）

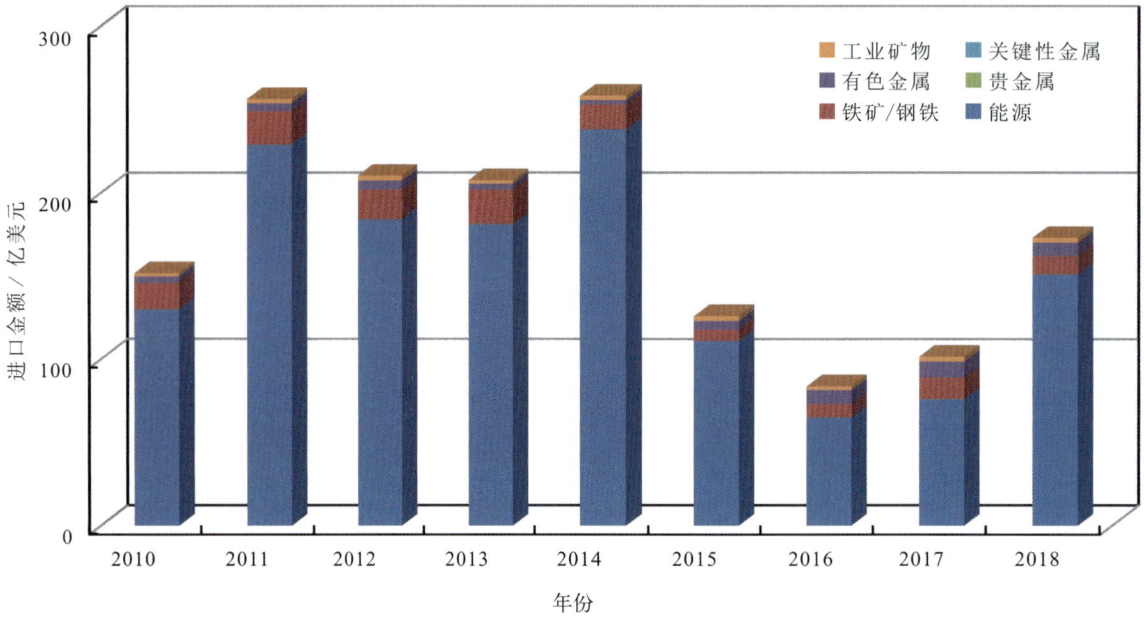

图 4–29 中国进口伊朗的能源/矿产品金额（2010—2018年）

元，分别占中国出口总额的2.27%—6.36%、0.38%—3.22%；中国向伊朗出口贵金属产品较少，出口金额仅为21.8万—23.5万美元，占中国出口总额的0.041%—0.042%（表4–12、图4–28、图4–30）。

四、矿业投资环境评价结果

在矿业投资环境评价的各项一级指标中，伊朗各项指标总体得分较高（总得分为65.50，排名第4），显示出良好的矿业投资环境（表3–1）。其中，国际合作关系指数得分最高，为12.15分（满分15分）；其

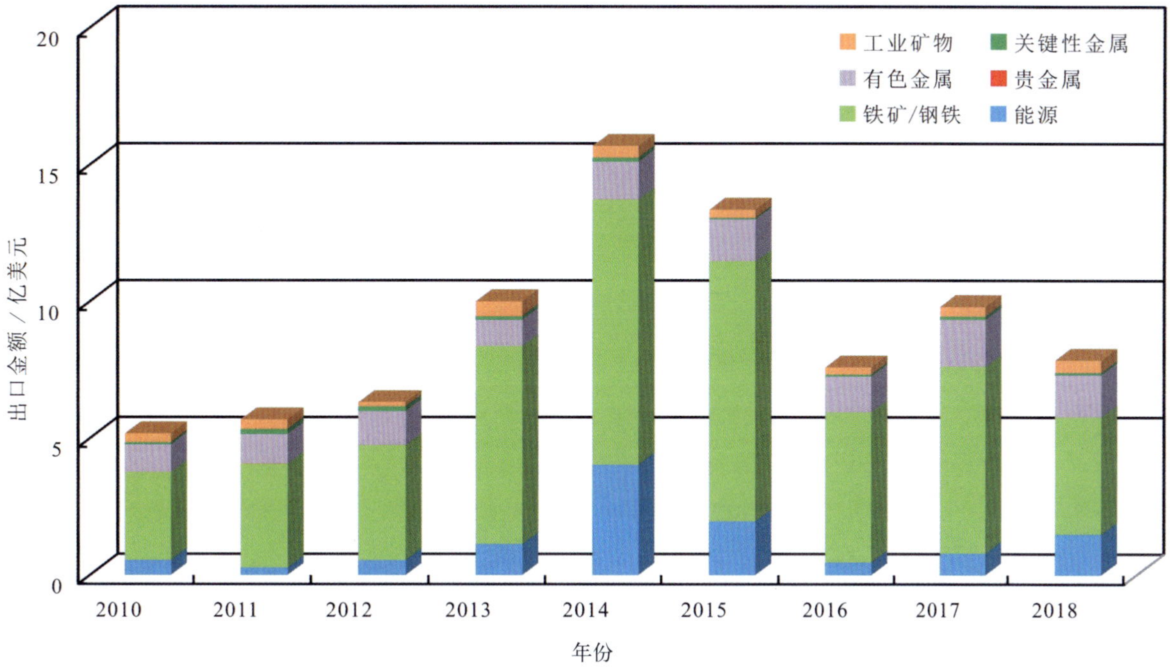

图 4–30 中国出口伊朗的能源/矿产品金额（2010—2018年）

次是资源禀赋指数和投资风险指数，得分分别为30.40分（满分40分）、9.45分（满分15分）；矿业勘查开发指数得分较低，为7.95分（满分均为15分）；营商环境指数得分最低，仅为5.55分（满分均为15分）（表3–1、图4–31）。

就各项二级指标而言，在资源禀赋指数方面，伊朗2019年的石膏产量位居全球第2、天然气产量全球第3、锶产量全球第4、石油和重晶石产量全球第5、铁产量全球第9、钼产量全球第13、锑产量全球第15，长石、珍珠岩、萤石、膨润土等产量位居全球前10，该国的能源/矿产品产量指标获得了满分。石油天然气工业、工矿业作为伊朗的重点产业，具有较为重要的行业地位，在重点产业/采掘业透明度指标中获得了较高的分值（得分8分，满分10分）。伊朗具有丰富的石油（全球第4）、天然气（全球第2）、锌矿（全球第1）、铜矿（全球第3）、钼矿（全球第8）、铁矿（全球第11）、重晶石（全球第5）、萤石（全球第10）等资源，此外还有较为丰富的铬铁矿、铁矿、金、铝、铀、锰、锑、铅、硼等资源，这些国家在能源/矿产资源禀赋、战略性矿产数等指标中，也获得了一定分值（表3–1、表3–7、图4–31）。

在矿业勘查开发指数方面，伊朗在矿业勘查方面的投入较多，拥有较多的矿业运营矿业公司，江西地矿资源公司、中石油、中石化、中海油等中资企业在伊朗开展能源/矿产开采开发项目。在本次矿业投资环境评价中，中资矿企/大型国企、矿业勘查投入/GDP、运营矿业公司数等二级指标均获得较高的分值，表明伊朗矿业勘查开发活动较为活跃，中资企业/矿业企业参与度较高（表3–1、表3–13、图4–31）。

在国际合作关系指数方面，伊朗与中国是全面战略伙伴关系，中国是其第一大贸易伙伴和重要投资来源国；双方签署了《关于共同推进丝绸之路经济带和21世纪海上丝绸之路以及开展产能合作的谅解备忘录》，共同参与亚投行、上海合作组织等多个国际组织；共建中伊汽车工业园，合作开展Baft钢铁项目、伊朗高速铁路项目等，约有100多家中资企业在伊朗投资；两国地矿机构签署了地学合作谅解备忘录和项目合作协议、开展实质性地学合作。在国际合作关系指数评价中，地学合作关系、中方产业园区/重大工程/中资企业数/企业商会两项二级指标获得了满分，外交关系、经贸关系、共建“一带一路”协议及对接

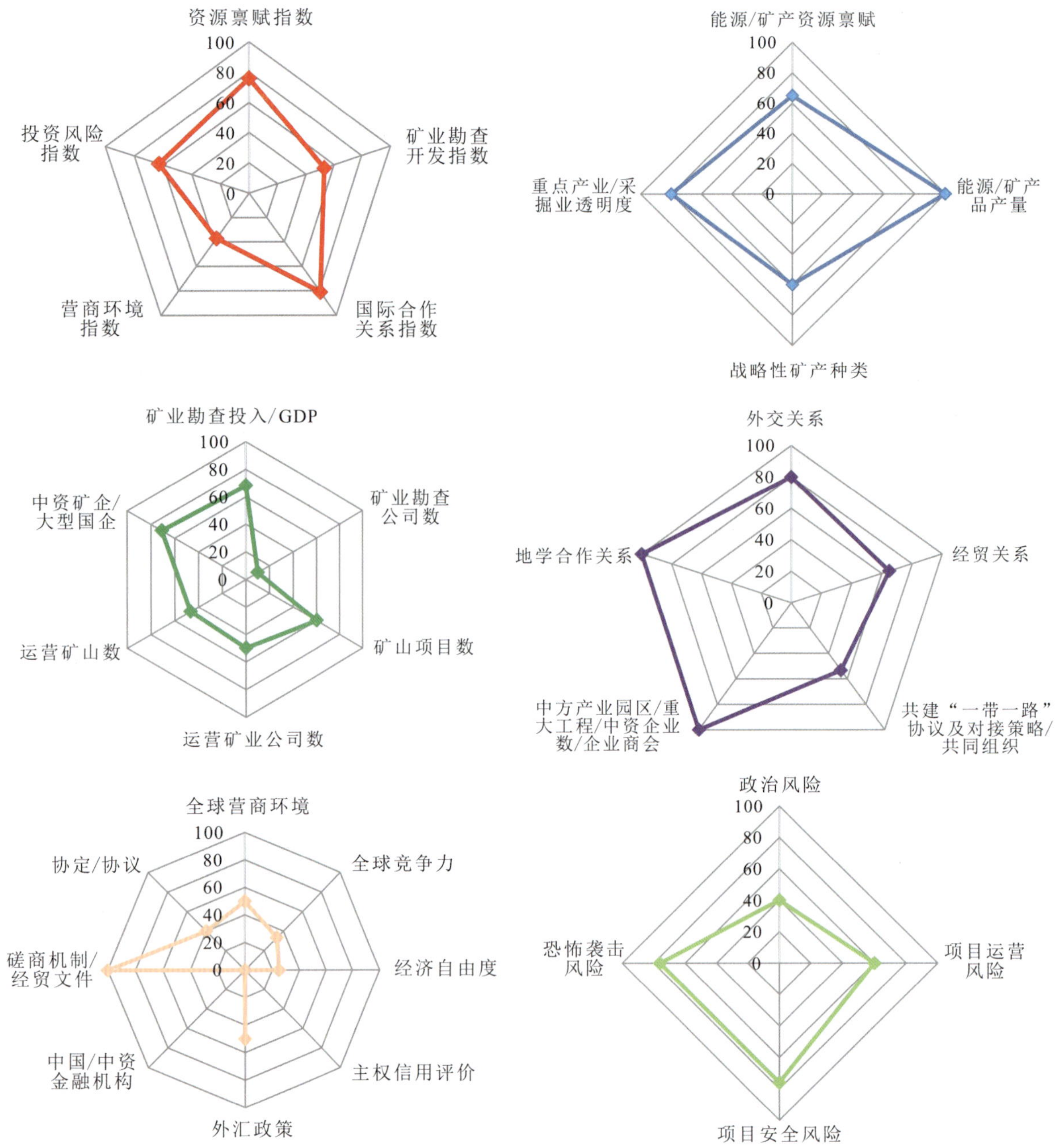

图4–31　伊朗矿业投资环境各类指标贡献量蛛网图

战略/共同组织等二级指标均获得了较高的得分，整体显示出较好的合作关系（表3–1、表3–18、图4–31）。

在营商环境指数方面，因受美国经济制裁的影响，伊朗在全球营商环境报告、全球竞争力报告、经济自由度报告等国外知名智库评价报告中的评价状况不太好；伊朗与中国建立部长级中伊经贸联委会、签署经贸协定、保护投资协定等多份经贸文件。营商环境指数总体评价较差，在伊朗各项二级评价指标中，磋商机制/经贸文件二级指标评价获得了满分；主权信用评价因没有收集到相关资料，伊朗境内没有中资金融机构，因此主权信用评价、中国/中资金融机构两项二级指标评价为零分；其他二级指标受美伊关系持续恶化的影响，获得了较低的得分（表3–1、表3–23、图4–31）。

在投资风险指数方面，各项二级评价指标大多数得分较高，说明伊朗总体投资风险一般，不太利于投资企业开展生产运营工作。其中，项目安全风险、恐怖袭击风险指标得分最高，评价为整体低风险、局部中风险，说明伊朗整体安全条件较好，罕见大规模的恐怖袭击活动，恐怖主义对企业造成的风险很小，这些国家基本能为企业提供足够的安全保障，局部的安全问题或局部零星的恐怖袭击活动可能给企业生产或人员安全带来一些挑战，需要谨慎对待。项目运营风险评价较低，评价为中风险，说明这些国家项目运营环境较差，基础设施不足，可能会给企业生产经营带来一定的困难；政治风险得分最低，评价为高风险，政治动荡、政府政策变化等政治环境的不断变化可能会给企业投资业务带来持续而严峻的挑战（表3–1、表3–24、图4–31）。

五、矿业投资建议

1.积极推动构建中–伊地矿产能合作高层会晤交流机制

加强伊朗“20年发展愿景规划”与“一带一路”倡议的战略对接，依托《中伊全面发展25年合作计划》，谋划地矿领域常态化高层对话机制，例如，在中伊经贸联委会框架下构建地学与矿业产能合作分委会，抑或在上海合作组织框架内设置自然资源（矿业、能源）部长会议或地质调查局局长会议，进一步加强中–伊地学与矿业产能合作顶层设计，共同推动伊朗矿业开发与招商投资，助力矿业/能源产能合作。

2.搭建地学与矿业产能合作服务平台，精准服务中资企业

充分利用中国—上海合作组织地学合作研究中心，依托中国地质调查局中亚西亚地质调查国际合作工程，开展伊朗矿产资源潜力评价、矿业投资环境分析、矿业投资项目调研评级排序等，针对不同中资矿业企业在伊朗的投资需求制定不同地矿合作推介/服务产品，例如，矿业投资项目资讯、矿业投资项目推介清单、矿业投资项目资料包、找矿勘查建议书等。与伊朗地矿机构（伊朗工业、矿业及贸易部、伊朗地质调查局）联合举办伊朗矿业投资论坛、矿业投资项目推介会等，共同宣介伊朗矿业投资政策，推介矿业投资项目，为中国矿业企业赴伊朗投资搭建“面对面”“一站式”的沟通交流平台，提供信息咨询服务。

3.联合开展伊朗政策法规对接研究，有效规避投资风险

伊朗伊斯兰革命胜利后，对原有法律进行了较大程度的修订，法律法规宗教色彩较浓，且与国际不接轨，法规修订较为频繁，中资企业难以准确把握法律条文。在伊朗投资注册文件繁多，注册程序复杂，审批时间较长，办理项目人员居住和工作许可的条件相对苛刻，投资企业需随时应付伊朗出台的各种税费。根据部分企业反映，项目结束后，质保金和履约保函的撤销存在困难。以上种种原因导致外资进入伊朗目前仍然不够通畅。

建议结合中国—上海合作组织地学合作研究中心、中国—上海合作组织国际司法交流合作培训基地、中国—上海合作组织环境保护合作中心等平台专业优势，加强政策法规对接研究，共同开展《伊朗采矿法案》《鼓励和保护外国投资法》《外国投资促进与保护法》《环境保护和加强法》《伊朗“五五”计划执行法》《劳工法》《公众股份公司法》《进出口法》《进出口法实施细则》《海关法》等法律法规的解读，分析政策法律变化对矿业投资的影响，并提出中资企业在伊朗投资需要特别注意的要点、重点问题，排查投资误区和投资陷阱，协助中资企业做到知法、懂法、守法，进一步降低中资企业潜在投资风险。

4.分析伊朗矿业发展局势，共同参与矿业/能源全产业链发展

伊朗不仅是石油、天然气资源大国，也是世界上其他矿产最丰富的国家之一，素有“世界矿产博物馆”之美誉。目前，伊朗矿业发展尚处于起步阶段，规模化生产起步较晚，产量及出口增长迅速未来拥

有巨大的发展潜力。

伊朗议会工业研究所矿业分析报告显示，“低产量、低效率、低附加值”是伊朗矿业发展面临的突出问题，目前伊朗大多矿场还没有配备先进的采矿设备、机械化选矿和传送装置，特别是一些中小型私营矿场主要还是依靠人力开采作业，每年出口的矿产品中初级矿产品占多数。当前，伊朗政府已清醒认识到大量出口低附加值的原矿产品严重影响伊朗矿业的利润率，所以开始越来越重视采矿后的加工处理，鼓励和支持外资进入伊朗矿业的勘探、开采、加工、冶炼等上中下游产业链各合作领域。

建议在伊朗开展铜、锌、铅、铬、铁等优势矿产矿产资源潜力评价，梳理主要矿产分布情况和勘查开发现状的基础上，结合伊朗“20年发展愿景规划”和基础设施展布情况，利用好伊朗国家/地区优惠政策、行业鼓励政策（矿业投资80%免税等）和经济特区/工业园优惠政策，在进一步加强中–伊矿产品贸易的基础上，依托中资企业资本优势、生产技术和装备优势和人民币结算便利条件，借鉴中国公司在伊朗采用的EPC或EPCF项目承包合作方式，与伊朗政府、大型矿业企业共同谋划地矿产业布局，合作开发矿产资源，联合建立集矿石采选冶、矿产品深加工、尾砂尾矿综合利用、矿山设备销售/租赁/售后维修、矿业金融、矿产品进出口贸易、物流仓储为一体的矿业经济产业集群，盘活矿业经济全产业链，带动中国资本、技术、装备等参与中–伊矿业产能合作，从而实现共同发展、互利共赢。

第五节　阿联酋

阿拉伯联合酋长国（阿拉伯语：امارات عربية متحدة，英语：The United Arab Emirates），简称“阿联酋”（国家代码：ARE），首都阿布扎比。位于亚洲西南部阿拉伯半岛东部，北濒波斯湾，西北与卡塔尔为邻，西和南与沙特阿拉伯交界，东和东北与阿曼毗连，东部濒临阿曼湾。

阿联酋国土面积约8.36万平方千米，全国人口约为963.0959万（截至2018年），阿拉伯人占87%，其他民族占13%，外籍人口占全国总人口的88.5%，主要来自印度、巴基斯坦、孟加拉国、菲律宾、埃及、伊朗等国，其中华人总数近30万人。伊斯兰教为阿联酋国教，76%的居民信奉伊斯兰教，其中多数为逊尼派，15%属于什叶派（主要在迪拜）；15%的居民信奉印度教、佛教等宗教，10%左右信奉基督教。

阿联酋实行政教合一，对其他宗教人士奉行信仰自由的政策，在中东伊斯兰国家中，阿联酋的宗教政策最为开放。阿联酋的政治体制是贵族共和制，阿联酋联邦最高委员会由7个酋长国的酋长组成，是最高权力机构。除外交和国防相对统一外，各酋长国拥有相当的独立性和自主权。阿联酋政局稳定，对内继续积极推动经济发展和国家现代化建设；对外交往活跃，注重加强与海湾地区国家及大国关系，在地区和国际事务中发挥独特作用。

阿联酋官方语言为阿拉伯语，通用英语，英语在商务活动领域普遍使用；另外还有乌尔都语和波斯语，前者是印度、巴基斯坦人使用，后者是伊朗人使用。阿联酋货币为阿联酋迪拉姆（货币符号：AED）。阿联酋以石油生产和石油化工工业为主，同时注重发展经济多样化，阿联酋政府在发展石化工业的同时，把发展多样化经济，扩大贸易，增加非石油收入在国内生产总值中的比例当作其首要任务，注意利用天然气资源，发展水泥、炼铝、塑料制品、建筑材料、服装、食品加工等工业，重视发展农、牧、渔业；阿联酋政府充分利用各种财源，重点发展文教、卫生事业，完成和扩大在建项目。

一、总体经济形势

阿联酋拥有世界第6大石油和天然气储备，使其成为海湾地区第二大经济体和世界上最富裕的国家之一。阿联酋联邦竞争力和数据中心2018年宏观经济指数报告显示，2018年阿联酋实际GDP总额为3920亿美元。《海湾新闻》2020年2月23日报道，阿联酋央行经济评估预计，2019年阿联酋国内经济增长率可达2.9%。为减少对石油产业的依赖，降低石油价格波动对经济增长的影响，实现可持续发展，阿联酋致力于推行经济多元化政策，鼓励创新发展，已逐步成为中东地区的金融、商贸、物流、旅游中心和商品集散地。

根据国际货币基金组织的最新预测估计，受新型冠状病毒疫情和油价下跌的影响，阿联酋2020年实际GDP增长率为–3.5%，而2019年同期的增长率为1.5%。世界银行发布的《2020全球经济展望报告》显示，2020年阿联酋经济增长将下降4.5%，预计随着非石油经济复苏，2021年阿联酋宏观经济将实现1.4%的增长。阿联酋主要经济学家预测，阿联酋经济将在2021年中后期开始逐步恢复到疫情之前的水平，直到2022年，其经济才能完全复苏。

为应对新冠疫情和国际油价下跌的影响，阿联酋政府于2020年5月12日推出经济复苏计划，第一阶段是短期刺激阶段，阿联酋政府先后注资了2825亿迪拉姆（约合5477亿人民币），为受到新冠肺炎疫情影响严重的重点部门和中小企业提供支持；第二阶段是长期刺激阶段，通过鼓励对数字化经济的投资，重点发展5G技术、人工智能、生物技术、绿色经济等前沿科技领域，以推动阿联酋经济转型升级和逐渐复苏。

二、矿产资源禀赋

2019年11月，阿拉伯联合酋长国阿布扎比酋长国最高石油委员会（SPC）宣布在阿联酋探明新的油气资源，新增原油探明储量70亿桶，新增天然气探明储量58万亿标准立方英尺（约合1.64万亿立方米），使阿联酋原油总储量达到1050亿桶，常规天然气总储量增加为273万亿立方英尺（7.73万亿立方米），非常规天然气增为160万亿立方英尺（4.53万亿立方米），使其在全球石油和天然气储量中的排名从第7位提升至第6位。据法新社2020年2月3日消息称，阿布扎比国家石油公司（ADNOC）表示，在迪拜和阿布扎比之间发现了约80万亿 立方英尺（2.26万亿立方米）的浅层天然气资源（Jebel Ali气田）。

阿联酋绝大部分原油都属于API重度为32—44的轻油，石油储量的94.08%分布在阿布扎比，其次是迪拜（4.08%）、加沙（1.53%）和哈伊马角（0.1%），主要的油田有穆尔班油田（Murban Grade）、上扎库姆油田（Uper Zakum）、下扎库姆油田（Lower Zakum）、达斯油田（Das Oil）、乌姆沙依夫–纳斯尔(Umm Shaif & Nasr）油田、SARB (Satah al-Rasboot）油田、Umm al-Lulu油田、ZKM TOP油田、UA油田、SATUHI油田、Haliba油田、Bu Haseer油田等。阿联酋绝大多数天然气分布在阿布扎比，约占总储量的91.36%，少量分布在加沙（5.05%）、迪拜（1.93%）和哈伊马角（0.52%），主要的气田有Jebel Ali气田、乌姆盖万海上气田等。

三、矿业经济概况

1.阿联酋能源/矿产品贸易概况

2010—2018年，阿联酋能源/矿产品贸易总金额为1311.549亿—3542.269亿美元，以能源/矿产品出口为主，其中，能源/矿产品出口金额为1074.96亿—3001.929亿美元，占贸易总额的70.14%—85.89%；能源/矿产品进口金额236.589亿—543.39亿美元，占贸易总额的14.11%—29.86% (表4–13、图4–32)。

就阿联酋能源/矿产品贸易具体变化趋势而言，总体呈现上升→下降→再上升的趋势。阿联酋能源/矿产品贸易金额自2010年开始逐年攀升，至2013年达到较高值，贸易金额高达3542.269亿美元；2014—2016年，贸易金额连续减少，2016年之后又逐年回升（表4–13、图4–32）。

表4–13 阿联酋2011—2018年能源/矿产品贸易金额统计

单位：亿美元

矿种	2010年		2011年		2012年	
	进口金额	出口金额	进口金额	出口金额	进口金额	出口金额
能源	143	872	163	1280	122	1650
铁矿/钢铁	49	51	60	60	67	28
贵金属	19	97	38	130	301	334
有色金属	21	45	23	70	46	60
关键性金属	0.699	0.47	1.12	1.38	1.54	0.119
工业矿物	3.89	9.49	3.85	13	5.85	16
矿种	2013年		2014年		2015年	
	进口金额	出口金额	进口金额	出口金额	进口金额	出口金额
能源	115	2650	130	2310	64	1280
铁矿/钢铁	54	33	62	38	51	22
贵金属	315	224	208	332	196	154
有色金属	45	75	48	79	31	79
关键性金属	1.73	0.929	1.66	0.787	1.45	0.072
工业矿物	9.61	19	7.18	20	6.69	23
矿种	2016年		2017年		2018年	
	进口金额	出口金额	进口金额	出口金额	进口金额	出口金额
能源	126	790	164	1330	172	2030
铁矿/钢铁	42	24	52	27	61	32
贵金属	271	221	270	216	243	137
有色金属	35	77	41	98	49	102
关键性金属	0.957	0.363	2.44	1.60	2.30	0.869
工业矿物	7.46	21	7.30	20	7.86	22

注：统计数据源于英国国防事务研究所查塔姆智库（Chatham House），网址：https://resourcetrade.earth/data。

阿联酋在能源/矿产品进口方面，进口金额变化趋势与能源/矿产品贸易总体变化趋势一致。2010—2012年，进口金额逐年增加，至2012年达到较高值，进口金额为543.39亿美元；2013—2015年进口金额连续减少，2015年之后又逐年增加，2018年较2017年有小幅回落（表4–13、图4–33）。

就阿联酋进口各类能源/矿产品的具体金额而言，主要进口能源产品和贵金属产品，进口金额分别为64亿—172亿美元、19亿—315亿美元，占阿联酋进口总额的18.28%—60.44%、8.03%—58.30%；其次是铁矿/钢铁产品和有色金属产品，进口金额分别为42亿—67亿美元、21亿—49亿美元，分别占进口总额的8.71%—20.76%、7.26%—10.51%；阿联酋进口工业矿物较少，进口金额3.85亿—9.61亿美元，占进口总额的1.08%—1.91%；阿联酋进口关键性金属产品更少，进口金额为0.699亿—2.44亿美元，占进口总额的0.20%—0.45%（表4–13、图4–33）。

阿联酋在能源/矿产品出口方面，出口金额变化趋势与能源/矿产品贸易总体变化趋势一致，2010—2013年出口金额逐年增加，至2013年达到高值，出口金额为3001.929亿美元；2014—2016年出口金额连续

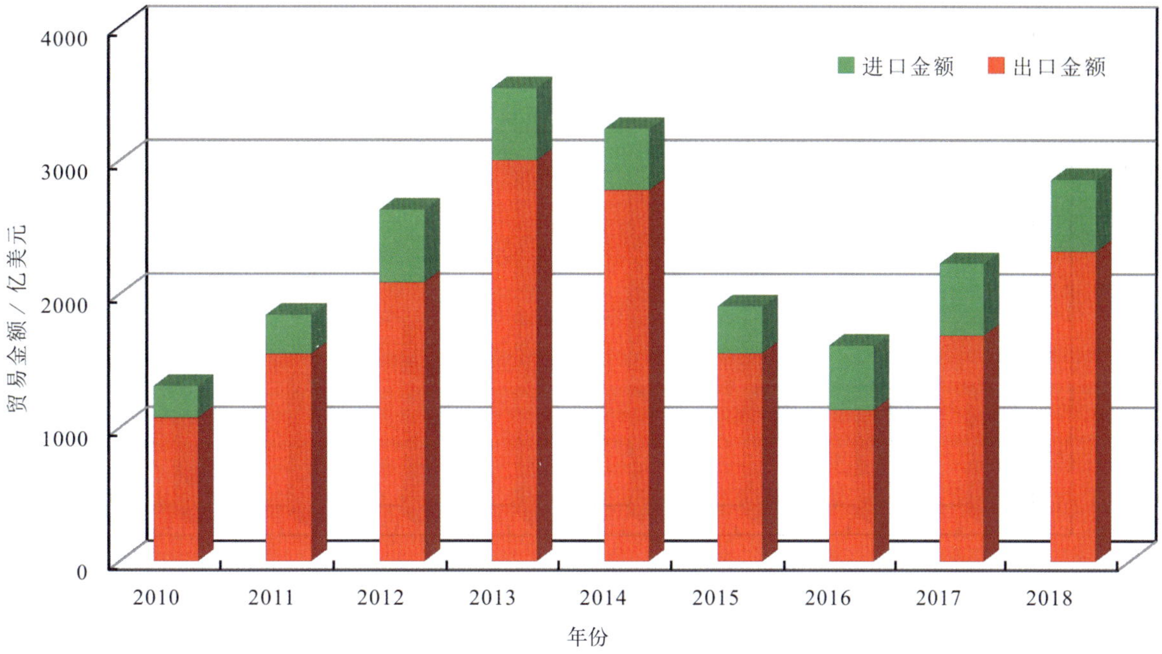

图 4–32　阿联酋能源/矿产品贸易金额（2010—2018年）

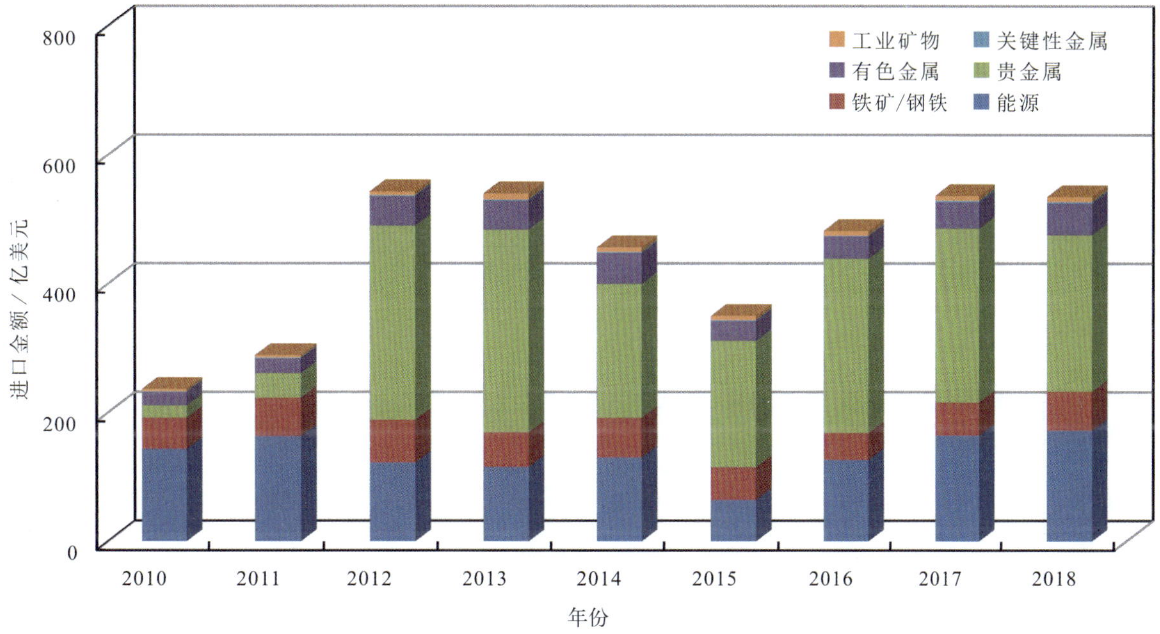

图 4–33　阿联酋2010—2018年能源/矿产品进口金额

减少，2016年之后又逐年回升（表4–13、图4–34）。

就阿联酋出口各类能源/矿产品的具体金额而言，能源产品是阿联酋最主要的出口商品，出口金额790亿—2650亿美元，占出口总额的69.70%—88.28%；其次是贵金属产品和有色金属产品，出口金额分别为97亿—334亿美元、45亿—102亿美元，分别占阿联酋出口总额的5.90%—19.50%、2.50%—6.79%；阿联酋出口铁矿/钢铁产品和工业矿物也有一定的份额，出口金额分别为22亿—60亿美元、9.49亿—23亿美

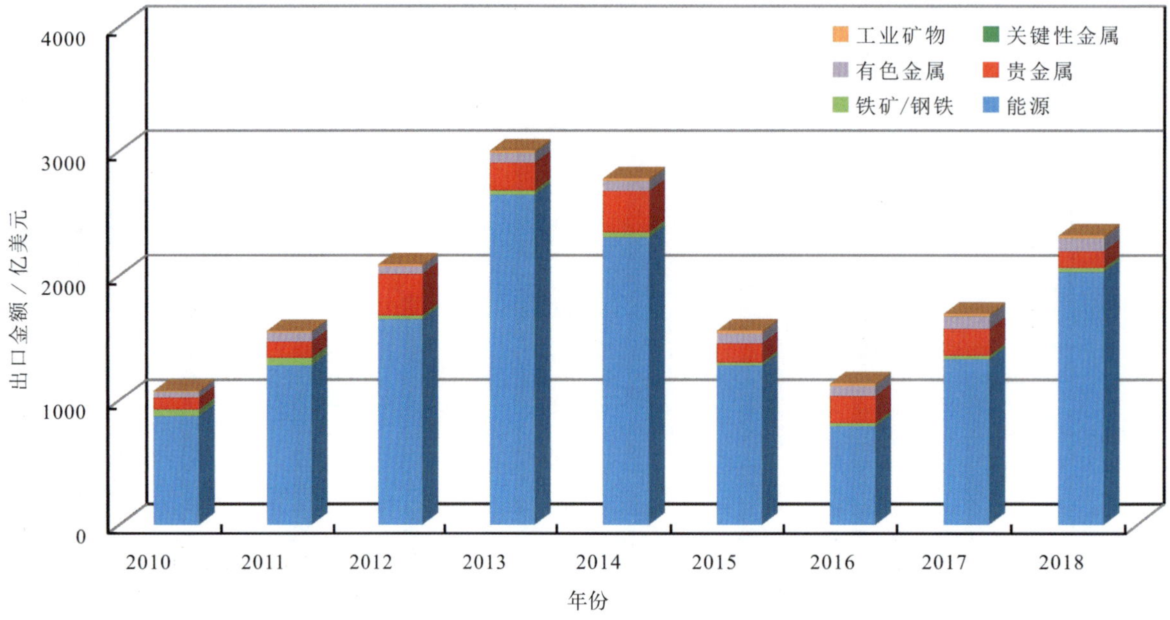

图 4–34　阿联酋2010—2018年能源/矿产品出口金额

元，分别占出口总额的1.10%—4.74%、0.63%—1.85%；阿联酋出口关键性金属产品较少，出口金额仅有0.072—1.6亿美元，占出口总额的0.005%—0.095%（表4–13、图4–34）。

2.中–阿能源/矿产品贸易概况

2010—2018年，中国与阿联酋之间的能源/矿产品贸易总金额为49.34422亿—150.42774亿美元，总体显示先上升、后下降、再上升的趋势。2010—2014年贸易金额逐年增加，至2014年达到高值，贸易金额为150.42774亿美元；2015—2016年贸易金额连续减少，2016年之后又逐年增加（表4–14、图4–35）。其中，以中国进口能源/矿产品为主，进口金额37.26922亿—132.035亿美元，占中–阿能源/矿产品贸易总额

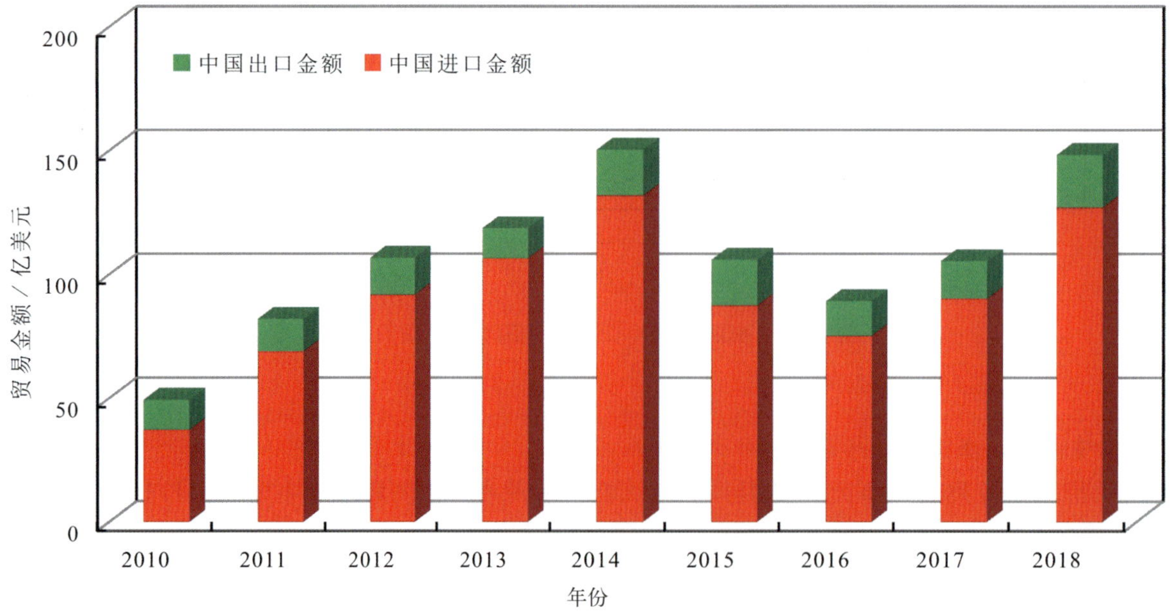

图 4–35　中国–阿联酋能源/矿产品贸易金额（2010—2018年）

表 4–14　中–阿 2010—2018 年能源 / 矿产品贸易金额统计

单位：亿美元

矿种	2010年		2011年		2012年	
	中国进口	中国出口	中国进口	中国出口	中国进口	中国出口
能源	35	4.58	66	2.12	87	3.10
铁矿/钢铁	0.19	4.98	0.342	7.69	0.464	7.77
贵金属	—	—	—	—	0.0022	0.492
有色金属	1.57	2.09	1.75	2.88	2.17	2.82
关键性金属	0.00822	0.183	—	0.182	—	0.283
工业矿物	0.501	0.242	0.904	0.189	2.26	0.329
矿种	2013年		2014年		2015年	
	中国进口	中国出口	中国进口	中国出口	中国进口	中国出口
能源	101	2.82	128	4.64	82	5.24
铁矿/钢铁	1.14	5.77	0.775	10	0.499	9.39
贵金属	0.01	0.000208	0.052	0.00874	0.568	0.209
有色金属	2.78	2.82	2.38	2.87	2.21	2.75
关键性金属	—	0.303	—	0.374	0.00000045	0.299
工业矿物	1.63	0.434	0.828	0.50	2.34	0.496
矿种	2016年		2017年		2018年	
	中国进口	中国出口	中国进口	中国出口	中国进口	中国出口
能源	69	3.37	84	3.12	120	6.07
铁矿/钢铁	0.989	7.35	0.875	7.97	1.75	10
贵金属	1.41	0.08	0.167	0.208	0.398	0.849
有色金属	2.10	2.30	3.17	2.97	2.25	3.38
关键性金属	0.00159	0.26	0.02	0.308	0.000158	0.311
工业矿物	1.84	0.586	2.11	0.503	2.81	0.598

注：统计数据源于英国国防事务研究所查塔姆智库（Chatham House），网址：https://resourcetrade.earth/data。

的75.53%—89.77%；中国向阿联酋出口能源/矿产品的金额为12.075亿—21.208亿美元，占中–阿能源/矿产品贸易总额的10.23%—24.27%(表4–14、图4–35)。

在能源/矿产品进口方面，中国从阿联酋进口金额总体呈现上升→下降→上升的趋势，与中–阿能源/矿产品贸易变化趋势基本一致。2010—2014年，中国从阿联酋进口的能源/矿产品金额总体上逐年增加，于2014年增加至高值，进口金额高达132.035亿美元；2015—2016年开始逐年回落，2016年之后又开始逐年增加（表4–14、图4–35、图4–36）。

就中国从阿联酋进口的各类矿产品种而言，以能源产品为主，进口金额35亿—128亿美元，占中国进口金额的91.58%—96.94%；有色金属产品、工业矿物位居其后，进口金额分别为1.57亿—3.17亿美元、0.501亿—2.81亿美元，分别占进口金额的1.77%—4.21%、0.63%—2.67%；中国从阿联酋进口铁矿/钢铁产品和贵金属产品较少，进口金额分别为0.19亿—1.75亿美元、0.0022亿—1.41亿美元，分别占进口金额的0.50%—1.38%、0.002%—1.872%；中国从阿联酋进口关键性金属产品更少，进口金额为0.0045万—200万

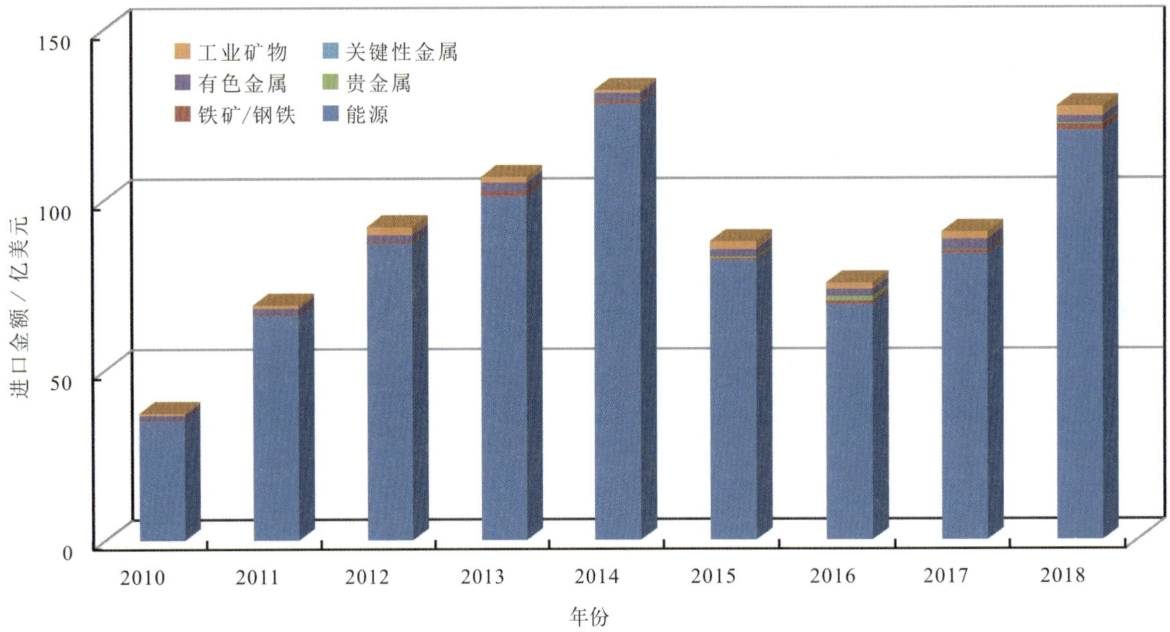

图4–36　中国进口阿联酋的能源/矿产品金额（2010—2018年）

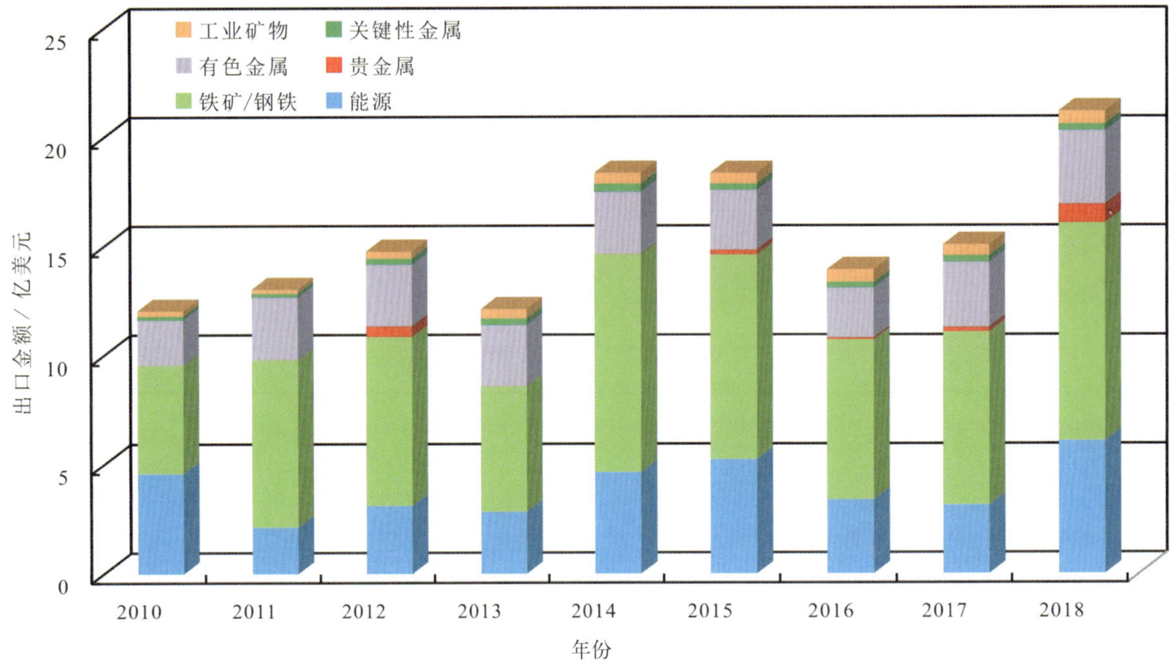

图4–37　中国出口阿联酋的能源/矿产品金额（2010—2018年）

美元，占进口金额的0.000001%—0.022138%（表4–14、图4–35、图4–36）。

在能源/矿产品出口方面，中国向阿联酋出口金额总体显示逐年增加的趋势（表4–14、图4–35、图4–37）。

就中国向阿联酋出口的各类矿产品种而言，以铁矿/钢铁产品为主，出口金额为4.98亿—10亿美元，占中国出口金额的41.24%—58.88%；其次是能源产品和有色金属产品，出口金额分别为2.12亿—6.07亿美元、2.09亿—3.38亿美元，分别占中国出口金额的16.23%—37.93%、14.96%—23.22%；中国向阿联酋出口工业矿物、关键性金属产品具有一定的份额，出口金额分别为0.189亿—0.598亿美元、0.182亿—0.374亿美元，分别占中国出口总额的1.45%—4.20%、1.39%—2.49%；中国向阿联酋出口贵金属产品较少，出口金额仅为2.08万—8490万美元，占中国出口总额的0.002%—4.003%（表4–14、图4–35、图4–37）。

四、矿业投资环境评价结果

在矿业投资环境评价的各项一级指标中，阿联酋各项指标总体得分中等偏上（总得分为48.6，排名第9），显示出较好的矿业投资环境（表3–1）。其中，营商环境指数和投资风险指数评价最高，得分分别为13.20分、11.25分（满分均为15分）；其次是国际合作关系指数和资源禀赋指数，得分分别为6.60分（满分15分）、14.40分（满分40分）；矿业勘查开发指数评价最低，得分仅为3.15分（满分均为15分）（表3–1、图4–38）。

就各项二级指标而言，在资源禀赋指数方面，阿联酋以石油、天然气为主，固体矿产资源很少，石油天然气工业、炼铝业、水泥业是该国的重点产业；2018年阿联酋石油、天然气储量均排名全球第8，产量全球排名分别列第7和第13；2019年阿联酋金属铝产量全球列第5、硫产量全球列第7。在本次资源禀赋指数评价中，各项二级指标总体评价均较低，重点产业/采掘业透明度指标相对得分较高，其次是能源/矿产品产量、战略性矿产数指标，能源/矿产资源禀赋指标得分更少（表3–1、表3–7、图4–38）。

在矿业勘查开发指数方面，由于阿联酋以油气生产为主，拥有较少矿业项目、运营矿山和运营矿业公司，未收集到矿业勘查投入、矿业勘查公司信息，中石油、中石化、华信能源、中化等公司在该国均从事油气合作项目。在本次矿业投资环境评价中，中资矿企/大型国企指标获得了较高的分值，显示中资企业参与度较高；矿山项目、运营矿山、运营矿业公司等二级指标获得了较少分值，说明这些国家矿业勘查开发活动不太活跃（表3–1、表3–13、图4–38）。

在国际合作关系指数方面，阿联酋与中国是全面战略伙伴关系，中国是其第二大贸易伙伴国；双方签署了《关于推动中阿双边及共同在中东北非地区开展“一带一路”产能与投融资合作的谅解备忘录》，均为亚投行创始成员国；共建“一带一路”产能合作园，合作开展石油仓储合资项目、阿布扎比哈利法港码头运营权项目等，约有4000家中资企业在阿联酋进行投资，建有阿联酋中国商会；双方尚未建立地学合作关系。在国际合作关系指数评价中，整体显示出较好的合作关系，其中中方产业园区/重大工程/中资企业数/企业商会、外交关系两项二级指标获得较高的评价，其次是经贸关系、共建“一带一路”协议及对接战略/共同组织等二级指标（表3–1、表3–18、图4–38）。

在营商环境指数方面，阿联酋总体评价较高，在全球营商环境报告、全球竞争力报告、经济自由度报告、国外知名智库评价报告中均有较高的得分和较好的评价；在惠誉、标普、穆迪全球三大主流评价机构中，主权信用评价较高，政府信用较好；外汇汇入、汇出自由，境内有中国银行、中国农业银行、中国建设银行、中国国家开发银行、中国出口信用保险公司等金融机构，双方签署了经贸协定、保护投资协定、货币互换协议、产能合作协议等。在各项二级评价指标中，外汇政策和中国/中资金融机构两项二级指标得分最高，均获得了满分；其次是全球竞争力、经济自由度、主权信用评价、全球营商环境、协定/协议等指标，磋商机制/经贸文件指标得分最低（表3–1、表3–23、图4–38）。

在投资风险指数方面，各项二级评价指标大多数得分较高，说明阿联酋总体投资风险较小，各类安全形势较好，有利于投资企业开展生产运营工作。其中，项目运营风险、项目安全风险、恐怖袭击风险指标得分较高，均评价为低风险，说明阿联酋整体商业环境较好，基础设施较为完善，整体安全条件较

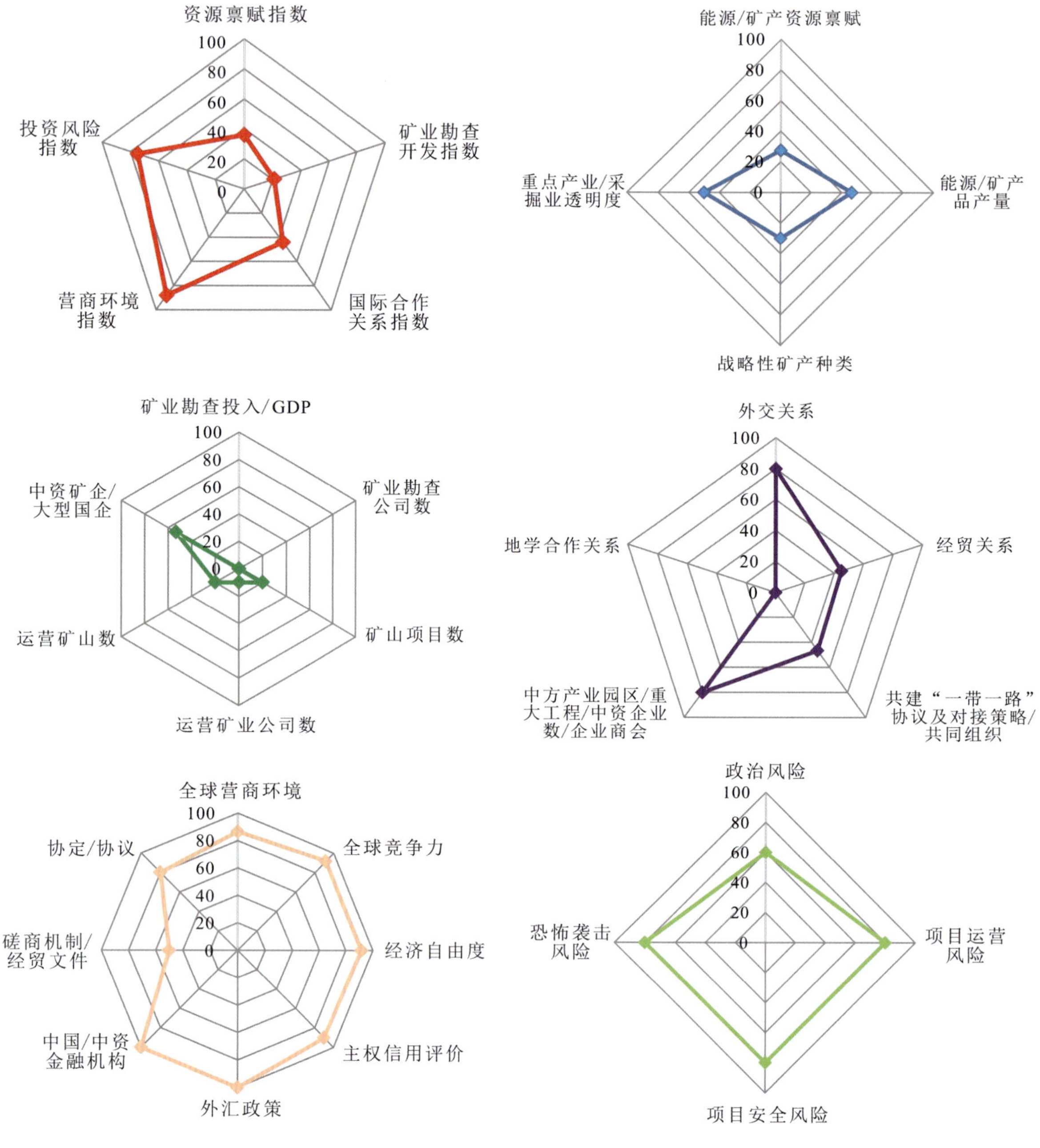

图 4-38　阿联酋矿业投资环境各类指标贡献量蛛网图

好，罕见大规模的恐怖袭击活动，恐怖主义对企业造成的风险很小，这些国家基本能为企业提供足够的安全保障。相对于其他风险，阿联酋政治风险评价较低，评价为中风险，说明这些国家政治环境能为企业提供良好的投资环境，但也确实存在某些不确定的重大挑战（表3–1、表3–24、图4–38）。

五、矿业投资建议

1.加强能源产能合作、谋求能源领域全产业合作

阿联酋以石油生产和石油化工工业为主，但以油气产业为主的经济结构使其极易受到世界经济波动的影响。阿联酋政府积极推行经济多元化与能源转型。根据阿联酋“2021年愿景规划”“2050年能源战

略”，阿联酋政府将致力于实现能源多样化，减少化石燃料和天然气消耗。

阿联酋国家石油公司“2030年战略”提出，要大力吸引外资发展油气业务，上游业务仍将是其最盈利的业务，陆上和海上项目是其提高石油产量的重中之重，以实现“更有利的上游、更有价值的下游、更可持续和更经济的天然气供应”的目标，拟引入亚洲石油公司参与陆上和海上项目。2018年7月中阿联合声明强调，鼓励两国政府主管部门和相关企业深化在原油贸易、油气资源勘探开发和油田工程建设服务领域合作，就战略储备设施、石油衍生品炼化及相关产业和贸易活动的合作进行沟通，将油气合作延伸至原油与石油产品的贸易和销售、先进技术、研发、工程服务、钻井平台和服务等。

中石油、中石化、中海油、振华石油等与阿联酋国家石油公司的合作开发项目，将传统能源合作从下游延伸到中游与上游，成为中阿油气行业上下游紧密合作的典范。建议充分利用我国能源领域的产能、技术、装备优势，进一步加强两国在油气资源勘探开发、石油化工等全产业的合作，助推双边经济发展和产业结构调整。

2.充分利用阿联酋区域优势，打造矿产品转口贸易中心

阿联酋位于“二洋三洲五海”交会处的亚非欧核心位置，自古就是中国通往欧洲与非洲海上丝绸之路的要道。世贸组织曾表示，阿联酋迪拜港是继新加坡与香港之后的全球第三大转口中心。如今，阿联酋是国际企业全球化运营的战略支点，是我国在阿拉伯地区第一大出口市场和转口中心，中国向中东地区出口的60%的货物途经阿联酋。

目前，中国从阿联酋进口商品主要类别包括：①矿物燃料、矿物油及其产品；沥青等；②塑料及其制品；③铜及其制品；④珠宝、贵金属及制品；⑤有机化学品；⑥盐、硫磺、土及石料；石灰、水泥；⑦矿砂、矿渣及矿灰；⑧铝及其制品。建议在进一步加强中阿矿产品贸易的基础上，充分利用阿联酋优越的区域优势、完备的交通设施、发达的金融体系，依托中阿产能合作示范园，打造国际矿产品转口贸易中心，借助阿联酋在中东地区的辐射作用，带动“一带一路”与中东地区矿业产能深度融合。

3.借助阿联酋经济多元化发展，促进冶炼、建材等产能合作

阿联酋“2021远景规划”“2071百年计划”等战略规划均把实现经济长期稳定的发展、实现经济多元化、吸引外国和本地的直接投资作为其经济发展的三大目标。阿联酋政府一直致力于减少对石油资源的依赖，在发展石化工业的同时，把发展多样化经济、扩大贸易和增加非石油收入在国内生产总值中的比例作为首要任务，努力发展水泥、炼铝、建筑材料等工业。而我国在上述领域具有产能优势和丰富的经验，建议借助阿联酋经济多元化发展政策，依托中阿产能合作协议和中阿共同投资基金，加强双方在这一领域的合作，引导中国企业与阿方加强冶炼、建材等行业产能合作，促进技术、装备等转移转化。

第六节　乌兹别克斯坦

乌兹别克斯坦共和国（乌兹别克语：O’zbekiston Respublikasi，英语：Republic of Uzbekistan），简称“乌兹别克斯坦”（国家代码：UZB），是中亚中部的内陆国家，首都是塔什干，西北濒临咸海，与哈萨克斯坦、吉尔吉斯斯坦、塔吉克斯坦、土库曼斯坦和阿富汗毗邻。

乌兹别克斯坦国土面积为44.89万平方千米，全国人口约为3337.58万（截至2019 年4月），是一个由130个民族组成的多民族国家，其中乌孜别克族占80%，俄罗斯族占5.5%，塔吉克族占4%，哈萨克族占3%，卡拉卡尔帕克族占2.5%，鞑靼族占1.5%,吉尔吉斯族占1%，朝鲜族占0.7%。克斯坦人大多数信奉伊

斯兰教，多数属逊尼派。

乌兹别克斯坦政治体制为总统制共和制，官方语言为乌孜别克语，货币为乌兹别克斯坦苏姆（货币符号：UZS）。乌兹别克斯坦独立之始，首任总统卡里莫夫提出按“乌兹别克斯坦发展模式”建设国家的“五项原则”（经济优先，国家调控，法律至上，循序渐进，社会保障），在该“五项原则”指导下，乌兹别克斯坦致力于复兴民族精神和宗教传统，提高社会宽容度，增进族际互容，对弱势阶层和群体实施社会保障。乌兹别克斯坦国民经济支柱产业是“四金”：黄金、“白金”（棉花）、“黑金”（石油）、“蓝金”（天然气），农业、畜牧业和采矿业发达，但经济结构单一，加工工业较为落后。

一、总体经济形势

近年来，乌兹别克斯坦经济实现较快增长，经济增长速度总体较为平稳，多年来国内生产总值增速一直保持在7%以上。乌兹别克斯坦2018年GDP约503亿美元（407.5万亿苏姆，按1美元=8100苏姆计算），去除通胀因素，GDP同比增长5.1%，是中亚地区经济发展最快的国家。亚洲开发银行《2019年亚洲发展展望》预测2019年乌兹别克斯坦经济增长将达到5.2%，2020年经济增长将达5.5%。世界银行预测乌兹别克斯坦GDP增长率2019年为5.3%，2020年为5.5%。国际货币基金组织2019年发布的《世界经济展望报告》中预测乌兹别克斯坦GDP增长率为5.5%，2020年预期为6%。乌兹别克斯坦经济和工业部2020年1月6日发布的统计数据显示，2019年乌兹别克斯坦GDP增速达5.5%。据乌兹别克斯坦政府统计，2019年，乌国内生产总值（GDP）为约579.1亿美元（511.8万亿苏姆，按平均汇率1美元=8839苏姆计算），同比实际增长5.6%。

乌兹别克斯坦正处于改革的“窗口期”和发展的黄金机遇期，在外交上奉行睦邻及多边外交政策，在经济上积极推行自由化。2016年12月以来，乌兹别克斯坦新一届政府励精图治，积极对外开放，大力招商引资，采取了一系列措施推动经济改革，包括取消外汇兑换管制、降低税负以及对引进外资给予优惠等，已经成为安全可靠的投资圣地。乌兹别克斯坦政府2018年批准了《2019—2021年创新发展战略》《2030年前乌兹别克斯坦国民经济发展构想》，2019年为乌兹别克斯坦“积极投资和社会发展年”，政府大力鼓励招商引资，且经过两年多的改革，乌兹别克斯坦营商环境有所改善，政府行政效率有所提高。世界银行《2020年营商环境报告》显示，乌兹别克斯坦在全球190个参加排名的经济体中列第69位，比前一年上升了7位；乌兹别克斯坦在《2020年经济自由指数》报告中排名第114位，较上一年上升了26位。乌兹别克斯坦详实网2020年4月3日报道，据亚洲开发银行预测，受新冠肺炎疫情及石油、铜价格下跌影响，2020年乌兹别克斯坦经济发展速度将放缓，GDP增速初步估计为4.7%，但2021年，得益于投资额增加及工农业生产的增长，乌兹别克斯坦经济将逐步恢复增长，预计增速为5.8%。

目前，中乌关系处于较好时期，政治互信、互利合作、战略协调全面推进，各领域务实合作不断取得丰硕成果。2018年中乌双边贸易额62.7亿美元，同比增长48.5%。中乌市场规模和资源禀赋优势各异，互补性强，潜力巨大，前景广阔，平等互利的中乌务实合作已成为丝绸之路经济带上的新亮点。

二、矿产资源禀赋

乌兹别克斯坦能源资源丰富，黄金、石油、天然气是其国民经济重要支柱。目前共确定了2700多个矿床和矿化点，已探明矿产资源储量总值1.3万亿美元，前景储量总值3.5万亿美元，已探明矿产品有100多种，矿产地3000余处，主要为天然气、石油、煤炭、贵金属、有色金属。其中探明矿床1000多个，含有约100种矿物原料，其中60多种矿物原料已经进行工业开采。探明油田、天然气田和凝析气田165个，煤田3个，贵金属矿床46个，有色、稀有和放射性金属矿床42个，黑色金属矿床3个，宝石矿床20个，建材矿484个。

石油预测储量超过53亿吨，已探明储量5.84亿吨，凝析油探明储量1.9亿吨。天然气预测储量超5.43万亿立方米，已探明储量3.4万亿立方米。煤炭储量20亿吨。黄金探明储量2100吨，居世界第4位。铀预测储量23万吨，探明储量5.5万吨，占世界第7位，天然铀产量居世界第5位。铜、钨等矿藏也较为丰富。其他非金属矿产有高岭土、石灰岩、石膏、石英岩、蛭石、硅灰石、重晶石、石墨及多种建材石料等。

区域矿产的分布与成矿带分布紧密相关，集中于中部和东部。东部的塔什干州盛产铜、铅锌、金银、钼、铁、砷等及褐煤和油气资源。中部纳沃伊州、撒马尔罕州、卡什卡达里亚州北部，有金银、铅锌、钨、锡、铀等和石盐矿。南部与土库曼斯坦接壤的各州生产油气资源、钾盐和石盐等。

1.金

乌兹别克斯坦金矿储量居世界第 4 位，产量居世界第8位，每年生产黄金80多吨。目前乌兹别克斯坦的探明金储量13000吨，预测总资源量达20000吨，储量在100吨以上的大型金矿约有10个。乌兹别克斯坦已开采金矿床48处，规模最大的是穆龙套金矿，其次是扎尔米坦金矿。乌兹别克斯坦金矿床工业类型有黑色岩系型（穆龙套型金矿）和浅成低温热液型，主要分布在纳沃伊州中克孜勒库姆地区穆龙套矿集区，其次为撒马尔罕州。

2.铜

在铜探明储量和开采水平方面，乌兹别克斯坦均占据世界领先地位。铜资源十分丰富，有铜矿床和铜矿点900余处，探明铜储量有3000多万吨，主要集中在阿尔玛雷克斑岩铜矿床。产量约占乌兹别克斯坦铜矿石产量的85%。

乌兹别克斯坦铜矿床工业类型有铜斑岩矿和铜黄铁矿，斑岩铜矿是乌兹别克斯坦最主要的工业类型，铜矿集中分布在乌兹别克中天山库拉玛地区阿尔马雷克镇东南部。阿尔马雷克冶金工业联合体旗下的阿尔马雷克矿田铜储量占全国总量的80%以上，该矿田探明资源量在3200万吨以上，可保证这些国家原料供应200年左右。

3.铀

乌兹别克斯坦境内发现了许多铀矿，大量的铀矿资源使乌兹别克斯坦成为世界上最大的铀供应国之一。探明铀储量18.5万吨，铀矿资源量24万吨，居世界第七位。共有46个铀矿床，其中大型超大型矿床13个，中型矿床8个，小型矿床25个。

乌兹别克斯坦铀矿矿床工业类型有砂岩型、碳硅泥岩型、火山岩型。铀矿主要分布在纳沃伊州的克孜勒库姆地区，该地区铀矿以砂岩型铀矿为主，其次为碳硅泥岩型铀矿，均为大型超大型规模。该地区铀矿床目前均已采完，当地曾经规模庞大的工业基地，如今也已是荒无人烟。中天山恰特卡尔地区分布有中小型规模的铀矿床以及若干矿化点，矿床类型以火山岩型为主。

4.铅锌

乌兹别克斯坦是苏联第三大铅锌生产国，其铅锌矿床的工业类型有：碳酸盐岩中的层控型铅锌矿床（乌奇库拉奇、库列储拉克）、矽卡岩型铅锌矿床（库尔加申坎、库梅什坎）、火山岩中的黄铁矿型多金属矿床（汉季扎、恰克恰尔等）。铅锌矿主要集中在吉扎克州西北地区以及南部吉萨尔山区。探明铅锌储量主要集中在乌奇库拉奇矿床（300多万吨）和汉季扎矿床（70多万吨）中。汉季扎矿床的矿石中还伴生有铜、银、镉、硒、金、铟。

三、矿业经济概况

乌兹别克斯坦自然资源丰富，盛产的“四金”——黄金、“白金”（棉花）、“乌金”（石油）、“蓝金”（天然气）是国民经济主要支柱产业。据统计，乌兹别克斯坦2019年采矿业产值约为20.45亿美元，占工业产值的9.70%。2018年，乌兹别克斯坦开采石油74.46万吨，同比下降9.2%。天然气开采量598.4亿立方米，同比增长6.1%。截至2019年，乌兹别克斯坦天然气开采量居世界第11位，黄金开采量居第9位，铀矿开采量居第5位。黄金、天然气、黑色和有色金属是乌兹别克斯坦主要的出口商品。

1.勘查投入概况

近十年来，乌兹别克斯坦矿业勘查投入经费1360万—4870万美元，总体呈逐年减少的趋势。2010—2011年、2012—2017年、2018—2019年分阶段逐年减少，2012年矿业勘查投入较多，投入金额为4870万美元；2017年投入较少，投入金额仅为1360万美元（表4–15、图4–39）。

就全球矿业投入的占比而言，乌兹别克斯坦矿业勘查投入占全球矿业勘查投入的0.1508%—0.3104%，总体呈现分阶段逐年增加的趋势。其中，2011—2017年连续多年持续增加；2016年占比最高，为0.3104%；2011年最低，仅有0.1508%（表4–15、图4–39）。

表4–15　乌兹别克斯坦2010—2019年矿业勘查经费投入统计

单位：百万美元

年份	2010	2011	2012	2013	2014
勘查投入	28.3	26.0	48.7	38.8	30.5
全球占比/%	0.2458	0.1508	0.2373	0.2692	0.2840
年份	2015	2016	2017	2018	2019
勘查投入	24.7	21.7	13.6	19.5	18.0
全球占比/%	0.2816	0.3104	0.1690	0.2026	0.1938

注：数据源于标普数据库（网址：https://www.spglobal.com/marketintelligence/en/）。

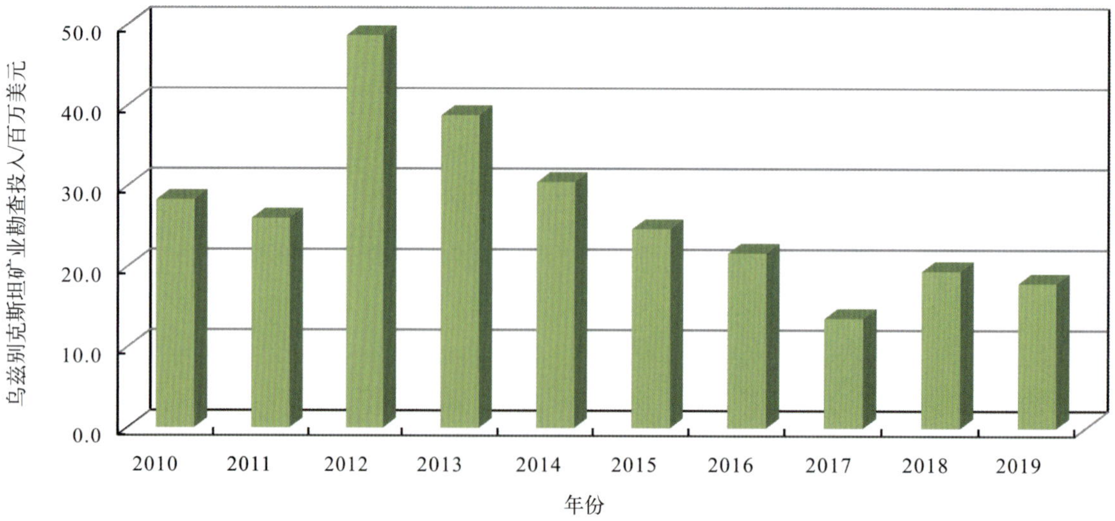

图4–39　乌兹别克斯坦2010—2019年矿业勘查经费投入

2.乌兹别克斯坦能源/矿产品贸易概况

2010—2018年，乌兹别克斯坦能源/矿产品贸易总金额34.463亿—93.872亿美元，以能源/矿产品出口为主，其中，能源/矿产品出口金额18.565亿—64.781亿美元，占贸易总额的53.87%—77.62%；能源/矿产品进口金额12.452亿—30.199亿美元，占贸易总额的22.38%—46.13%（表4–16、图4–40）。

就乌兹别克斯坦能源/矿产品贸易具体变化趋势而言，总体表现为逐年增加的趋势。其中，2010—2011年，乌兹别克斯坦能源/矿产品贸易额逐年增加，2012年降至较低点，贸易金额为34.463亿美元；2013年较2012大幅增加，2013—2015年逐年减少，2016—2018年逐年增加（表4–16、图4–40）。

乌兹别克斯坦在能源/矿产品进口方面，总体表现逐年增加的趋势。其中，2010—2014年，乌兹别克斯坦能源/矿产品进口金额逐年增加，2015—2016年，进口金额逐年减少，2016年之后又逐年大幅回升（表4–16、图4–41）。

就乌兹别克斯坦进口各类能源/矿产品的具体金额而言，铁矿/钢铁产品和能源产品进口较多，进

表 4–16 乌兹别克斯坦 2010—2018 年能源 / 矿产品贸易金额统计

单位：亿美元

矿种	2010年		2011年		2012年	
	进口金额	出口金额	进口金额	出口金额	进口金额	出口金额
能源	6.33	13	5.77	16	6.49	3.55
铁矿/钢铁	4.87	0.194	5.80	0.061	6.29	0.025
贵金属	0.088	2.67	0.013	1.96	0.012	6.95
有色金属	1.18	6.51	2.07	8.18	2.31	7.46
关键性金属	0.05	0.138	0.052	0.078	0.116	0.079
工业矿物	0.508	0.321	0.55	0.442	0.68	0.501
矿种	2013年		2014年		2015年	
	进口金额	出口金额	进口金额	出口金额	进口金额	出口金额
能源	8.03	13	7.00	11	5.59	6.67
铁矿/钢铁	7.60	0.06	8.22	0.134	6.15	0.028
贵金属	0.00255	18	—	14	0.00000102	19
有色金属	1.62	7.31	2.33	7.07	1.36	6.49
关键性金属	0.071	0.08	0.037	0.066	0.09	0.02
工业矿物	0.637	0.365	0.705	0.151	0.446	0.122
矿种	2016年		2017年		2018年	
	进口金额	出口金额	进口金额	出口金额	进口金额	出口金额
能源	5.04	8.36	8.39	15	9.16	26
铁矿/钢铁	5.40	0.039	9.27	1.39	14	2.95
贵金属	—	29	0.027	40	0.317	26
有色金属	1.39	5.69	2.25	7.74	3.24	8.39
关键性金属	0.108	0.015	0.258	0.058	0.342	0.09
工业矿物	0.514	0.095	0.988	0.593	3.14	0.243

注：统计数据源于英国国防事务研究所查塔姆智库（Chatham House），网址：https://resourcetrade.earth/data。

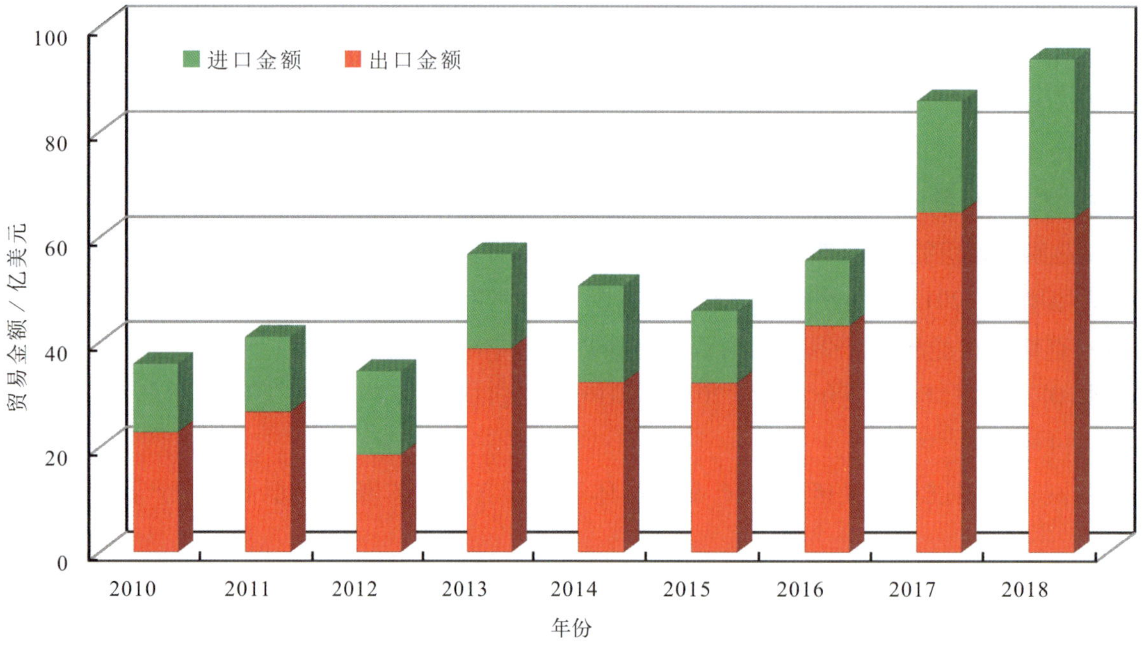

图 4–40　乌兹别克斯坦能源/矿产品贸易金额（2010—2018年）

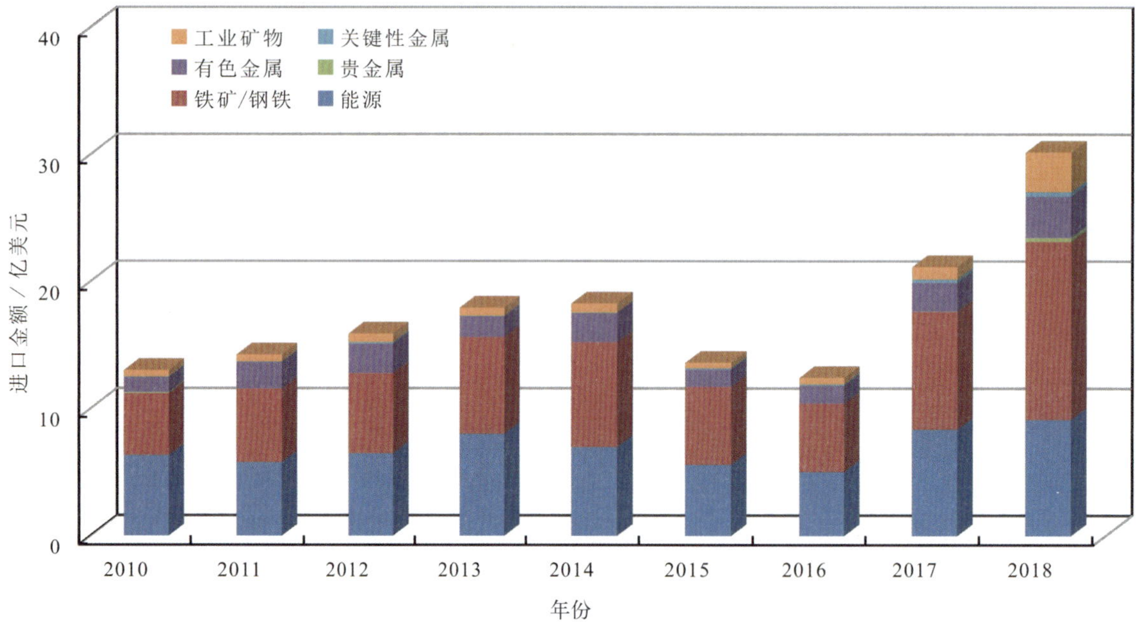

图 4–41　乌兹别克斯坦2010—2018年能源/矿产品进口金额

口金额分别为4.87亿—14亿美元、5.04亿—9.16亿美元，分别占进口总额的37.39%—46.36%和30.33%—48.60%；其次是有色金属产品，进口金额为1.18亿—3.24亿美元，占进口总额的9.06%—14.53%；乌兹别克斯坦进口工业矿物和关键性金属产品较少，进口金额分别为0.446亿—3.14亿美元、0.037亿—0.342亿美元，分别占进口总额的3.27%—10.40%、0.20%—1.22%；乌兹别克斯坦进口贵金属产品更少，进口金额仅为102—31700000美元，仅占进口总额的0.000007%—1.05%（表4–16、图4–41）。

乌兹别克斯坦在能源/矿产品出口方面，出口金额变化趋势与能源/矿产品贸易总体变化趋势一致。其

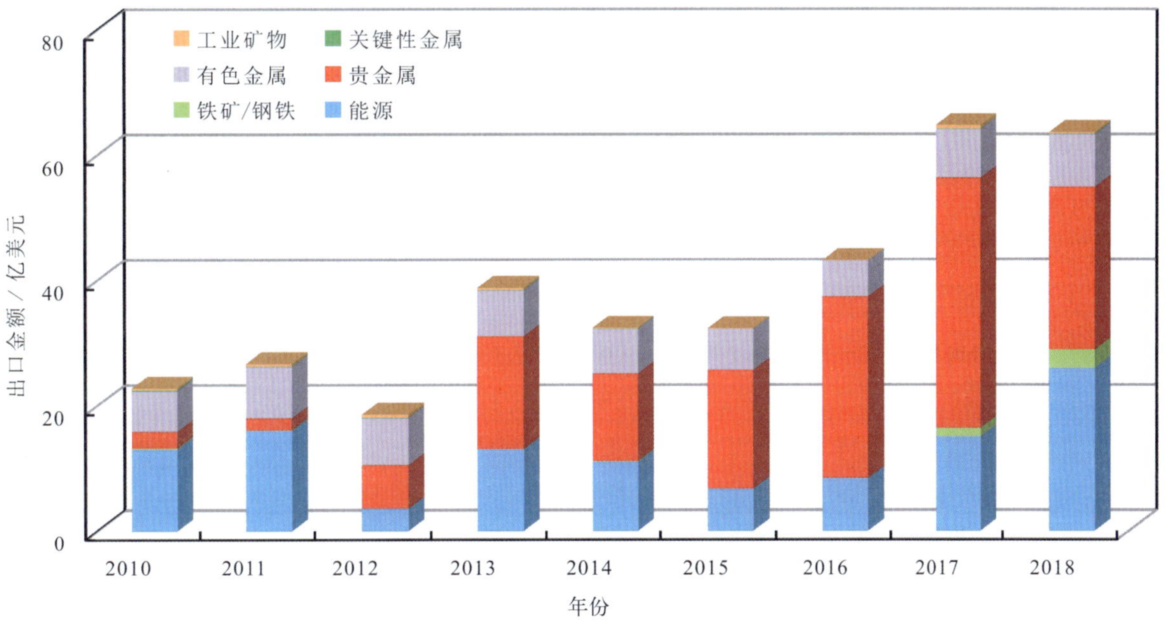

图 4–42 乌兹别克斯坦2010—2018年能源/矿产品出口金额

中，2010—2011年，乌兹别克斯坦能源/矿产品进口金额逐年增加，2012年降至低点，进口金额为18.565亿美元；2013年较2012大幅增加，2013—2015年逐年减少；2016—2017年又逐年增加，至2017年达到高值，2018年较2017年又有小幅减少（表4–16、图4–42）。

就乌兹别克斯坦出口各类能源/矿产品的具体金额而言，贵金属产品和能源产品出口较多，出口金额分别为1.96亿—40亿美元、3.55亿—26亿美元，分别占出口总额的7.34%—67.13%、19.12%—59.88%；其次是有色金属产品，出口金额为5.69亿—8.39亿美元，占出口总额的11.95%—40.18%；乌兹别克斯坦出口铁矿/钢铁产品、工业矿物较少，出口金额分别为0.025亿—2.95亿美元、0.095亿—0.593亿美元，分别占出口总额的0.09%—4.63%、0.22%—2.70%；乌兹别克斯坦出口关键性金属产品更少，出口金额为150万—1380万美元，占出口总额的0.03%—0.60%（表4–16、图4–42）。

3.中–乌能源/矿产品贸易概况

2010—2018年，中国与乌兹别克斯坦之间的能源/矿产品贸易总金额为10909.25万—176698.41万美元。中国从乌兹别克斯坦进口能源/矿产品的金额为2070.5万—145398.41万美元，占中–乌能源/矿产品贸易总额的16.57%—83.39%；中国向乌兹别克斯坦其出口能源/矿产品的金额为8493.25万—31300万美元，占贸易总额的16.61%—83.43%（表4–17）。其中，2010—2012年，以中国出口能源/矿产品为主；2013—2018年，以中国进口能源/矿产品为主（表4–17、图4–43）。

就中–乌能源/矿产品贸易金额的具体变化趋势而言，总体显示快速增加的趋势。其中，2010—2013年，中–乌能源/矿产品贸易金额逐年增加；2014—2015年，能源/矿产品贸易金额逐年减少，2015年以后，贸易金额又逐年回升（表4–17、图4–43）。

在能源/矿产品进口方面，中国从乌兹别克斯坦进口金额变化趋势与能源/矿产品贸易金额变化趋势一致，总体显示快速增长的趋势。其中，2010—2013年，中国从乌兹别克斯坦进口能源/矿产品的金额逐年增加；2014—2015年，能源/矿产品进口金额逐年大幅减少，2015年以后进口金额又有大幅回升（表4–17、图4–43、图4–44）。

表4-17 中－乌2010—2018年能源/矿产品贸易金额统计

单位：亿美元

矿种	2010年		2011年		2012年	
	中国进口	中国出口	中国进口	中国出口	中国进口	中国出口
能源	0.221	0.022	0.15	0.034	0.70	0.041
铁矿/钢铁	—	0.692	—	0.897	—	1.01
贵金属	—	—	—	—	—	—
有色金属	—	0.106	0.00205	0.077	—	0.092
关键性金属	0.0036	0.000325	0.024	0.00324	0.011	—
工业矿物	0.017	0.029	0.031	0.031	0.031	0.05
矿种	2013年		2014年		2015年	
	中国进口	中国出口	中国进口	中国出口	中国进口	中国出口
能源	9.67	0.043	8.03	0.047	3.72	0.028
铁矿/钢铁	—	1.71	—	1.98	—	1.43
贵金属	—	—	—	—	—	—
有色金属	0.019	0.126	0.026	0.169	0.033	0.159
关键性金属	0.01	0.00149	0.011	0.000463	0.012	0.024
工业矿物	0.00658	0.053	0.0038	0.033	0.00546	0.031
矿种	2016年		2017年		2018年	
	中国进口	中国出口	中国进口	中国出口	中国进口	中国出口
能源	6.90	0.024	5.94	0.034	13	0.032
铁矿/钢铁	—	1.40	0.057	2.07	0.033	2.76
贵金属	—	—	—	—	0.0000007	—
有色金属	0.781	0.095	1.33	0.118	1.5	0.181
关键性金属	—	0.02	0.015	0.07	0.0000003	0.103
工业矿物	0.000801	0.02	0.038	0.04	0.00684	0.054

注：统计数据源于英国国防事务研究所查塔姆智库（Chatham House），网址：https://resourcetrade.earth/data。

就中国从乌兹别克斯坦进口的各类矿产品种而言，中国进口的能源产品金额较大，为1500万—130000万美元，占中国进口能源/矿产品金额的72.45%—99.63%；有色金属产品位居其后，进口金额为20.5万—15000万美元，占中国进口能源/矿产品金额的0.20%—18.02%；中国从乌兹别克斯坦进口工业矿物、铁矿/钢铁产品、关键性金属产品较少，进口金额分别为8.01万—380万美元、330万—570万美元、0.003万—240万美元，分别占中国进口能源/矿产品金额的0.01%—14.97%、0.23%—0.77%、0.000002%—11.59%；中国从乌兹别克斯坦进口贵金属产品较少，仅收集到2018年的数据，进口金额仅为70美元，占中国进口能源/矿产品金额的0.000005%（表4–17、图4–43、图4–44）。

在能源/矿产品出口方面，中国向乌兹别克斯坦出口金额总体显示逐年增加的趋势，其中，2010—2014年，中国向乌兹别克斯坦出口能源/矿产品的金额逐年增加；2015—2016年，能源/矿产品出口金额逐年减少；2016年以后，能源/矿产品出口金额又大幅回升（表4–17、图4–43、图4–45）。

就中国向乌兹别克斯坦出口的各类矿产品种而言，以铁矿/钢铁产品为主，出口金额6920万—27600

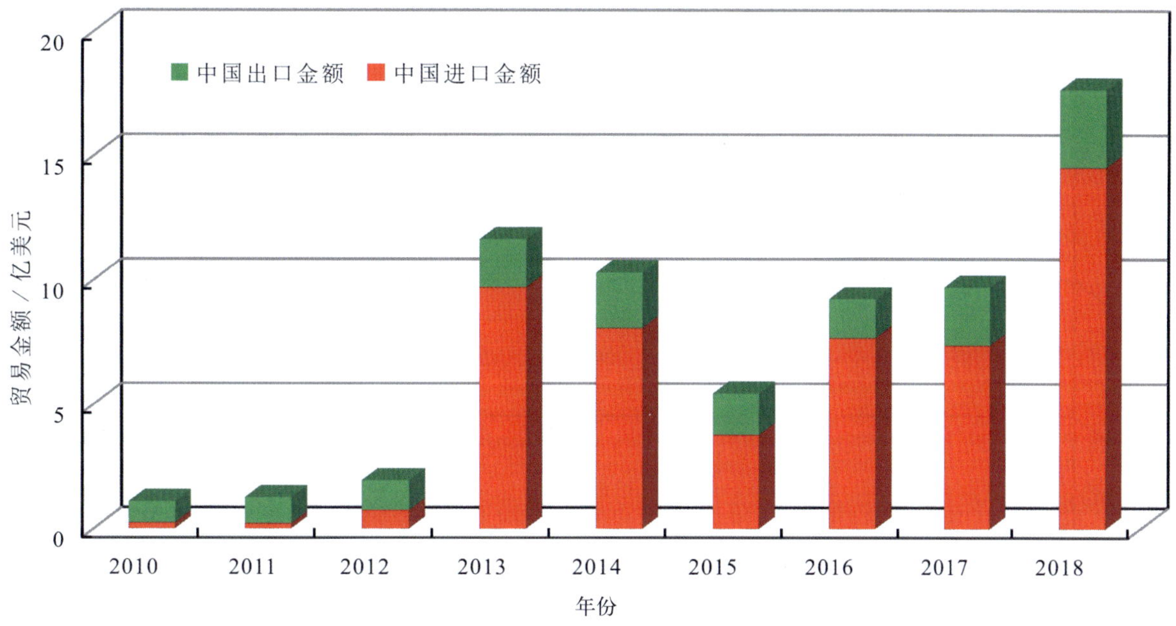

图 4–43 中国–乌兹别克斯坦能源/矿产品贸易金额（2010—2018年）

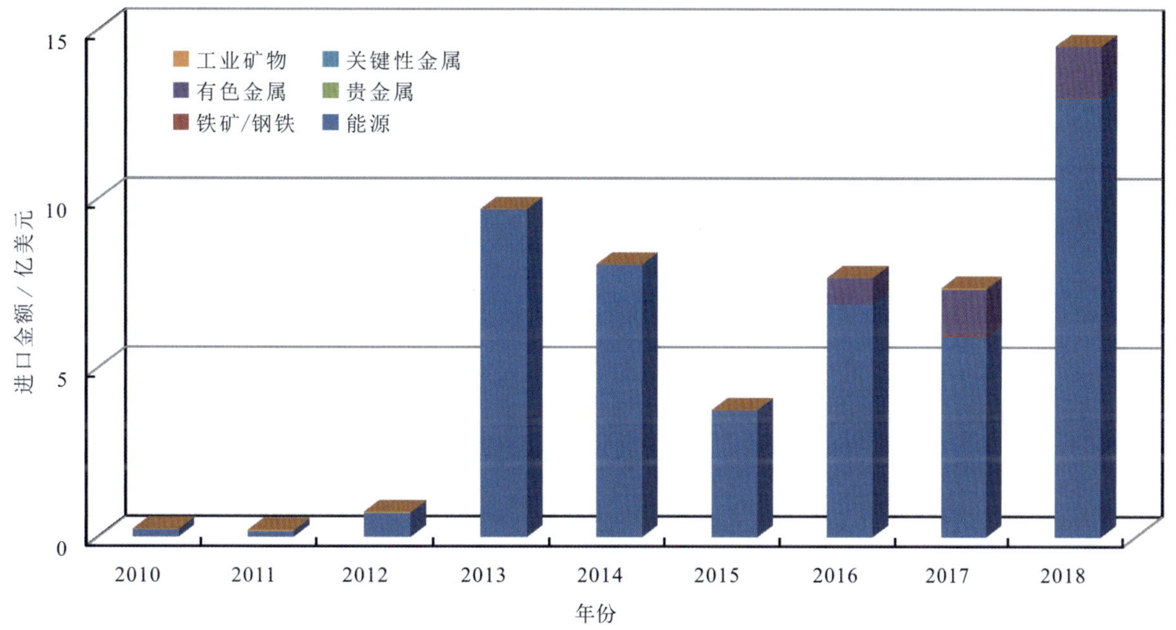

图 4–44 中国进口乌兹别克斯坦的能源/矿产品金额（2010—2018年）

万美元，占中国出口总额的81.48%—89.80%；其次是有色金属产品，出口金额为770万—1810万美元，占中国出口金额的5.06%—12.48%；中国向乌兹别克斯坦出口工业矿物、能源产品也具有一定的份额，出口金额分别为200万—540万美元、220万—470万美元，分别占中国出口总额的1.28%—4.19%、1.02%—3.44%；中国向乌兹别克斯坦出口关键性金属产品较少，出口金额为3.25万—1030万美元，占中国出口总额的0.02%—3.29%；中国向乌兹别克斯坦出口贵金属的数据没有收集到（表4–17、图4–43、图4–45）。

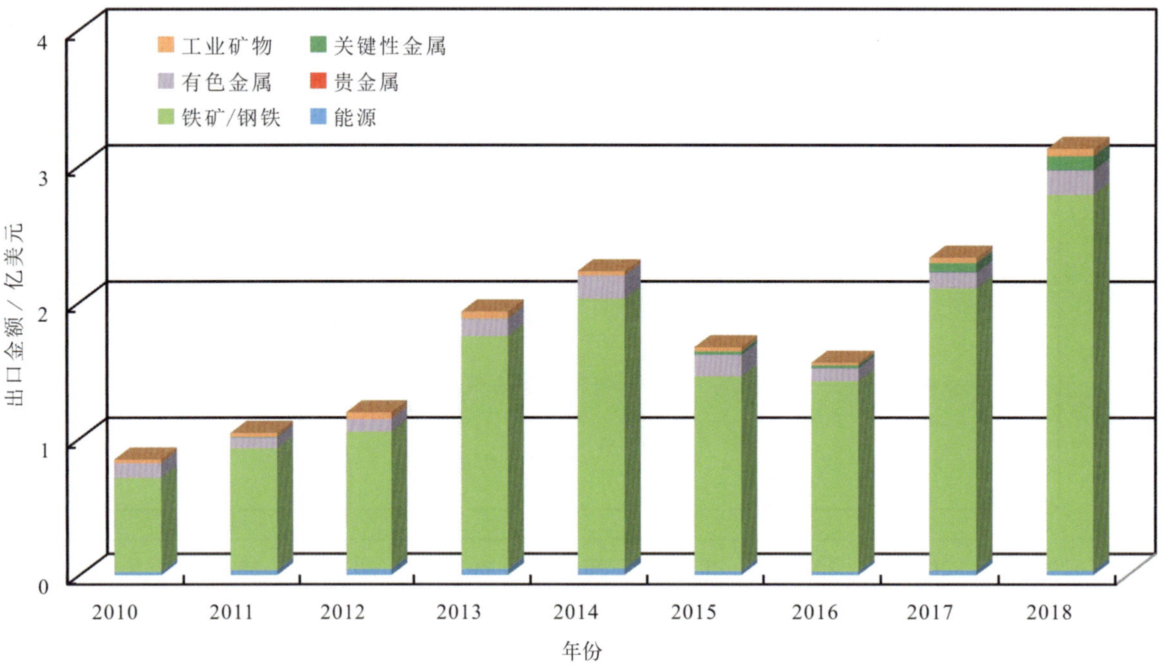

图4–45　中国出口乌兹别克斯坦的能源/矿产品金额（2010—2018年）

四、矿业投资环境评价结果

在矿业投资环境评价的各项一级指标中，乌兹别克斯坦各项指标总体得分较高（总得分为62.70，排名第5），显示出较好的矿业投资环境（表3–1）。其中，国际合作关系指数评价最高，得分为13.65分（满分15分）；其次是投资风险指数，得分仅为7.95分（满分15分）；资源禀赋指数和营商环境指数评价较低，得分分别为23.60分（满分40分）、8.35分（满分15分）；矿业勘查开发指数贡献最小，得分仅为7.65分（满分15分）（表3–1、图4–46）。

就各项二级指标而言，在资源禀赋指数方面，采矿业是乌兹别克斯坦的重点行业，显示出重要的行业地位；乌兹别克斯坦拥有丰富的铬（全球第7）、金（全球第10）、天然气、煤炭、磷酸盐岩、铜、钨等资源，并且铼（全球第6）、锑（全球第10）、金（全球第10）、天然气、煤炭、氦气、碳酸盐岩、石油等资源的产量在全球占有较高的比例。因此乌兹别克斯坦在能源/矿产品产量、战略性矿产数等指标获得了较高的分值，在重点产业/采掘业透明度、能源/矿产资源禀赋两项指标中获得了一定的分值（表3–1、表3–7、图4–46）。

在矿业勘查开发指数方面，乌兹别克斯坦拥有一些的矿业勘查公司、矿山项目、运营矿业公司，中广核、河南鑫佰利、中石油等中资企业在乌兹别克斯坦开展能源/矿产开采开发项目。在本次矿业投资环境评价中，相关二级指标均获得一定的分值。其中，中资矿业企业/大型国企指标得分最高，其次是矿业勘查投入/GDP、矿山项目数、运营矿业公司数、运营矿山数等指标，矿业勘查公司数指标得分最低，说明乌兹别克斯坦矿业勘查开发活动不太多，矿业市场不太活跃，中资矿业企业虽有一定的参与度，但总体参与度不太高（表3–1、表3–13、图4–46）。

在国际合作关系指数方面，乌兹别克斯坦与中国是全面战略伙伴关系，中国是其第一大贸易伙伴国和第二大投资来源国；双方签署了《关于在落实建设“丝绸之路经济带”倡议框架下扩大互利经贸合作

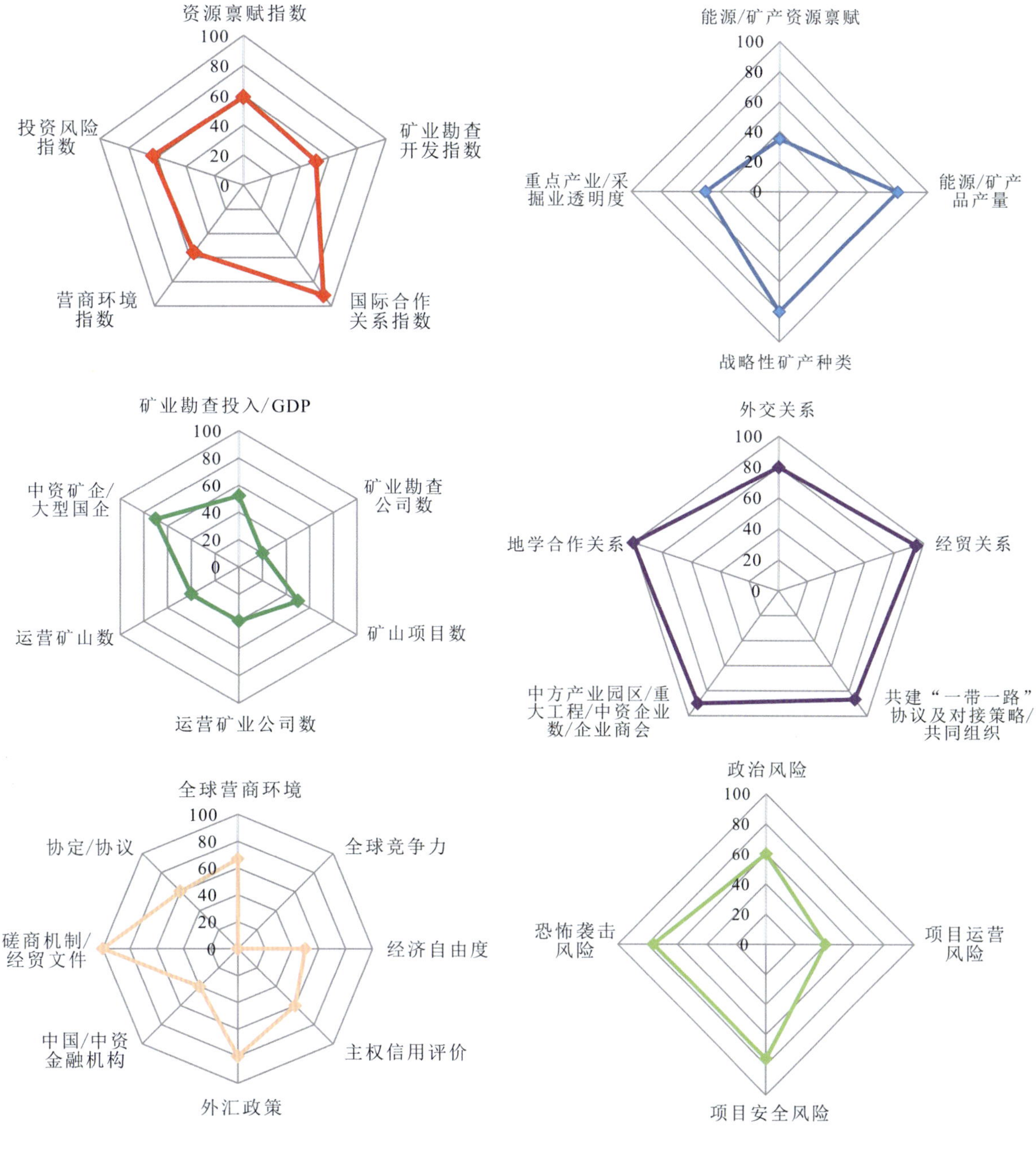

图 4–46　乌兹别克斯坦矿业投资环境各类指标贡献量蛛网图

的议定书》，加强乌方国家发展战略五大优先方向对接；共同参与上海合作组织、亚投行等国际组织；共建鹏盛工业园，合作开展中国–中亚天然气管道、卡拉库利区块天然气田项目、明布拉克油田项目、华新水泥乌兹别克斯坦项目等，1268家中资企业在乌兹别克斯坦进行投资；两国地矿机构签署了地学合作谅解备忘录和项目合作协议，并开展实质性地学合作。总体上，双方在国际合作关系指数相关二级指标评价中均获得了较高的得分，显示出较好的合作关系，尤其是在地学合作方面获得了满分评价（表3–1、表3–18、图4–46）。

在营商环境指数方面，乌兹别克斯坦在全球营商环境报告、经济自由度报告等国外知名智库评价报告中均有较高的得分和较好的评价；在惠誉、标普、穆迪全球三大主流评价机构中，主权信用评价较高，政府信用较好；外汇汇入没有限制，汇出需要提供证明材料，外汇管制较为自由，境内有中国进出口银行、国家开发银行等中资金融金钩，建有政府间经贸合作委员会，签署了经贸协定、保护投资协定、货币互换协议等多份经贸文件。在营商环境指数总体评价较高，在各项二级评价指标中，磋商机制/经贸文件指标得分最高，获得了满分；其次是外汇政策、全球营商环境、主权信用评价协定/协议等指标；经济自由度、中国/中资金融机构得分最低，全球竞争力指标由于没有相关信息，评价为0分（表3–1、表3–23、图4–46）。

在投资风险指数方面，各项二级评价指标大多数得分较高，说明乌兹别克斯坦总体投资风险较小，各类安全形势较好，有利于投资企业开展生产运营工作。其中，项目安全风险、恐怖袭击风险较小，评价为整体低风险、局部中风险，说明乌兹别克斯坦整体安全条件较好，罕见大规模的恐怖袭击活动，这些国家基本能为企业投资提供足够的安全保障，局部的安全问题或局部零星的恐怖袭击活动可能给企业生产或人员安全带来一些挑战，需要谨慎对待。其次是政治风险，评价为中风险，说明这些国家政局较为稳定，政治环境较好，企业受政治因素的影响较小；相对于其他风险，项目运营风险得分最低，评价为高风险，表明这些国家商业运营环境和基础设施较差，政府腐败、基础设施缺陷等问题可能会对企业生产经营或投资业务产生较为严峻的挑战（表3–1、表3–24、图4–46）。

五、矿业投资建议

1.积极推动构建中–乌地矿产能合作高层会晤交流机制

乌兹别克斯坦正处于改革的“窗口期”和发展的黄金机遇期，在外交上奉行睦邻及多边外交政策，在经济上积极推行自由化。在共建“一带一路”的大背景下，结合乌兹别克斯坦“2019—2021年创新发展战略”和“2030年前乌兹别克斯坦国民经济发展构想”，充分利用乌兹别克斯坦改革发展机遇，以及中乌经贸合作委员会、上海合作组织等合作平台，谋划地矿领域常态化高层对话机制，例如，在中乌经贸合作委员会框架下构建地学与矿业产能合作分委会，抑或在上海合作组织框架内设置自然资源（矿业、能源）部长会议或地质调查局局长会议，进一步加强中–乌地学与矿业产能合作顶层设计，共同推动乌兹别克斯坦矿业市场开发，促进地矿领域投资与招商引资，加快矿业/能源产能合作。

2.借助乌兹别克斯坦矿业投资春风，密切关注跟踪矿业招标项目，落实“推进中国企业参与乌兹别克斯坦境内矿产资源开发”协议

随着乌兹别克斯坦改革发展的不断深入，乌兹别克斯坦各类矿业政策和招商信息频出，地矿领域迎来了矿业改革与招商引资的春天。2017年5月，乌兹别克斯坦总统米尔济约耶夫颁布了《关于加速利用外资开展国内战略性固体矿产资源地质调查与开发措施》，乌兹别克斯坦内阁发布了《吸引外资开发战略性固体矿产地目录》以及《吸引外资开展战略性固体矿产地质调查潜力区目录》，这是乌兹别克斯坦政府首次对外开放矿业市场，引导外资进入。其中，《矿产地目录》中包括29处矿产地，金矿12处，C2级储量共计14.568吨；铀矿3处，C2级储量共计2771吨，B+C1级储量11121吨；还有钨矿8处、铁矿3处和锂矿3处。《吸引外资开展战略性固体矿产地质调查潜力区目录》中包括111个区块，金、银潜力区31个，有色金属潜力区18个，稀土、放射性、黑色金属51个，以及其他矿种的潜力区块。

2018年1月，乌兹别克斯坦地质矿产委员会发布了《乌兹别克斯坦2020—2024年地质行业发展规划》，明确了未来几年地质行业发展的具体目标和任务。未来5年内，乌兹别克斯坦计划拨款3.316亿美元，用于金、银、铀、铜、铅锌、钨、稀有和稀土金属元素资源基地增储，计划分别增加474吨、444.8吨、3.23万吨、21万吨、23.9万吨、2.4万吨和4600吨。该规划的主要任务之一就是巩固乌兹别克斯坦矿产资源基地

的可持续发展，同时实行积极投资政策，吸引外资进行矿产开发，拉动矿业经济发展。

2019年7月，乌兹别克斯坦总统召开了“关于地质领域进一步发展，扩大地质勘探和采矿工作范围”的会议，会议决定成立专门部门发布相关招商引资信息，通过各种形式和活动吸引外资赴乌兹别克斯坦投资。乌兹别克斯坦总统签署了《关于2020—2021年间进一步完善地下资源地质调查工作、落实国家发展规划以及矿产资源基地增储》的法令，要求乌兹别克斯坦相关部门在2个月内建立矿产资源网上查询系统，并公布固体矿产潜力区块和矿产地的相关信息，包括位置、储量、矿体埋藏深度、产状等详细信息，进一步吸引和服务矿业投资者。

因此，建议积极调研2017年以来乌兹别克斯坦资源领域大力吸引外国投资的基本情况及相关优惠政策、西方及中国矿业公司目前在乌兹别克斯坦的投资状况，为落实中-乌领导人新达成的“推进中国企业参与乌兹别克斯坦境内矿产资源开发”协议奠定了基础。密切跟踪2017年以来发布的111处勘查区块和29处矿床的国际招商项目，以及后续的矿业招商项目，在充分调查研究的基础上，对这些矿业项目进行综合分析评价、评级排序，并与中国矿业企业积极对接沟通，有序引导中国矿业企业参与乌兹别克斯坦矿业开发合作。

3.开展乌兹别克斯坦地质矿产相关研究工作，搭建地学与矿业产能合作服务平台

目前，中乌关系处于较好时期，政治互信、互利合作、战略协调全面推进，各领域务实合作不断取得丰硕成果。中乌市场规模和资源禀赋优势各异，互补性强，潜力巨大，前景广阔，平等互利的中乌务实合作已成为丝绸之路经济带上的新亮点。在乌兹别克斯坦注册的中资企业1268家，主要从事油气勘探开发、天然气管道建设和运营、煤矿等业务。此外，中国从乌兹别克斯坦主要进口商品以天然气、黑色和有色金属为主。

建议充分利用中国—上海合作组织地学合作研究中心，依托中国地质调查局中亚西亚地质调查国际合作工程，开展乌兹别克斯坦矿产资源潜力评价、矿业投资环境分析、矿业投资项目调研评级排序等，针对不同中资矿业企业在乌兹别克斯坦的投资需求制定不同地矿合作推介/服务产品，例如，矿业投资项目资讯、矿业投资项目推介清单、矿业投资项目资料包、找矿勘查建议书等。

此外，积极与乌兹别克斯坦地矿机构（乌地矿委）联合举办乌兹别克斯坦矿业投资论坛、矿业投资项目推介会等，共同宣介乌兹别克斯坦矿业投资政策，推介矿业投资项目，分享矿业投资经验，为中国矿业企业赴乌兹别克斯坦投资搭建“面对面”“一站式”的沟通交流平台与信息咨询服务。

4.深入研究乌兹别克斯坦法律法规、政策变化，做好风险防控

乌兹别克斯坦处于改革“窗口期”，新政策、新法规层出不穷，常出现新出台的政策与已有政策相矛盾和冲突的现象，在对投资的领域进行深入的分析研究的同时，尤其要深入分析乌兹别克斯坦行业发展所涉及的相关贸易、投资、税收等方面的法律法规，扎实做好投资风险评估。

建议结合中国—上海合作组织地学合作研究中心、中国—上海合作组织国际司法交流合作培训基地、中国—上海合作组织环境保护合作中心等平台专业优势，加强政策法规对接研究，共同开展乌兹别克斯坦地下资源法、外国投资法、投资活动法、关于保护外国投资权益保障和维护措施、关于促进吸引外国直接投资补充措施、环境保护法、自然保护法、保护自然土地法、合理利用能源法、大气保护法、土地法典、生态监督法、劳动法等法律法规的解读，分析政策变化对矿业投资的影响，并提出中资企业在乌兹别克斯坦投资需要特别注意的要点、重点问题，排查投资误区，协助中资企业做到知法、懂法、守法，进一步降低中资企业潜在投资风险。

5.加强人才联合培养

依托中国—上海合作组织地学合作研究中心、中国地矿类高校、在乌兹别克斯坦中资矿业企业，借助来华留学中国政府奖学金生项目、商务部援外培训项目等，联合开展地矿领域学历教育、短期培训/研修、教学实习等人才联合培养/培训活动，协助乌兹别克斯坦培养/培训一批具有较好劳动技能、知华友华的专业技术人才，提高乌方工作人员的业务水平和技术能力，同时也为中资企业在乌兹别克斯坦投资培养一批优秀的储备技术人员，为后期的属地化经营管理奠定人才基础，从发展经济、扩大就业等方面积极回报当地社会，避免引起对方产生中方掠夺其资源和市场、剥削其廉价劳动力的误解。

第七节　巴基斯坦

巴基斯坦伊斯兰共和国（乌尔都语：اسلامی جمہوریہ پاکستان，英语：Islamic Republic of Pakistan），简称“巴基斯坦”（国家代码：PAK），首都伊斯兰堡。巴基斯坦位于南亚次大陆西北部，南濒阿拉伯海，东接印度，东北邻中华人民共和国，西北与阿富汗交界，西邻伊朗。

巴基斯坦国土面积为796095平方千米（不包括巴控克什米尔地区），全国人口约为2.04亿（截至2019年3月）。巴基斯坦是一个多民族国家，主要民族有旁遮普族、信德族、巴丹族（普什图族）和俾路支族，其中旁遮普人占63%，信德人占18%，普什图人占11%，俾路支人占4%。此外，巴基斯坦还有克什米尔人、布拉灰人、奇特拉尔人和古吉拉特人等人数较少的民族和部落。巴基斯坦的国教为伊斯兰教，伊斯兰教徒占全国人口总数的95%，少数信奉基督教、印度教和锡克教等。巴基斯坦政治体系为议会制共和制，实行联邦制、多党制，现有政党200个左右，主要政党有巴基斯坦人民党、巴基斯坦穆斯林联盟（领袖派）、巴基斯坦穆斯林联盟（谢里夫派）、正义运动党、统一民族运动党、人民民族党、伊斯兰促进会、伊斯兰神学者协会等。

巴基斯坦宪法规定乌尔都语为国语，英语为官方语言。主要民族语言有旁遮普语、信德语、普什图语和俾路支语等。巴基斯坦货币为巴基斯坦卢比（货币符号：PKR）。巴基斯坦拥有多元化的经济体系，经济结构由主要以农业为基础转变为以服务业为基础。巴基斯坦最大的工业部门是棉纺织业，其他还有毛纺织、制糖、造纸、烟草、制革、机器制造、化肥、水泥、电力、天然气、石油等。

一、总体经济形势

巴基斯坦经济尚不发达，经济以农业为主，但近年来农业在GDP中的份额正在下降，工业所占比例逐年增长。2013年谢里夫政府执政后，在中巴经济走廊及结构性改革带动下，巴基斯坦经济逐渐趋稳且持续较快增长，年增长率超过4%，2017/2018财年增长率为5.79%。2018年8月伊姆兰·汗领导的新政府执政后，受各种因素影响，经济通胀上升，预计2018/2019财年经济增长率将降至2.9%。亚洲开发银行《2019年亚洲发展展望》指出，巴基斯坦将继续面临宏观经济挑战，这些国家实施了紧缩的财政和货币政策以控制“双赤字”，导致2018/2019财年GDP降至3.9%。据中国驻卡拉奇总领事馆经济商务室消息，巴基斯坦2018/2019财年GDP增速为2.4%。根据巴基斯坦央行数据，2018/2019财年巴国内生产总值约合2914.6亿美元（38.6万亿卢比），增长率为3.3%。

巴基斯坦政府制定了经济振兴计划，推行经济改革和经济自由化、私有化，制定了较宽松、自由的投资政策，希望通过改善政策体系、提供优惠待遇和良好投资服务来增强吸引外资方面的竞争力，巴基斯坦几乎所有经济领域均向外资开放。2016年巴基斯坦政府制定《国家营商改革战略》，包括法规改革，改进执行部门技术，减少商业注册审批时间，简化审批手续。2018年巴基斯坦总理伊姆兰·汗批准《国家金融包容战略》5年实施计划，要求通过该计划改善金融体系，为经济发展营造良好的金融环境。2019年11月，巴政府内阁批准了《国家关税政策》，对国家关税管理体系做出改革，将制定关税政策的出发点由增加国家财政收入调整为促进贸易和工业发展。世界银行《2020营商环境报告》显示，巴基斯坦在全球190个参加排名的经济体中列第108位，营商环境较前一年有较为明显的改善，上升了28位。

世界银行发布2020年6月期《全球经济展望》显示，巴基斯坦2019/2020财年GDP预计增速放缓至1.9%，2020/2021财年预计将收缩2.6%。国际货币基金组织预测，受疫情影响，巴基斯坦经济将陷入衰退，2019/2020财年增长率为–1.5%。亚洲开发银行《2020年亚洲发展展望》报告称，受应对疫情举措抑制经济活动、外部需求减少等因素影响，2019/2020财年预计将收缩2.6%，2020/2021财年预计为3.2%。据中国驻巴基斯坦使馆经济商务处消息,《论坛快报》报道，巴基斯坦国家经济协调委员会（ECC）考虑到巴对新冠疫情的控制程度、大量国际贷款给经济带来不确定性、蝗灾等因素的影响，将2020/2021财年经济增长目标定为2.1%。为抗击新冠肺炎疫情，保护巴基斯坦人民健康和经济发展免受疫情影响，巴基斯坦总理伊姆兰·汗2020年3月宣布一项总额约70亿美元（1.13万亿卢比）的经济救助计划，该计划主要包括增强医疗行业力量、支持出口和中小企业、稳定市场供给、托底就业民生等内容。此外，为增加市场流动性、减缓资金外流，巴国家银行在此前基准利率降至12.5%的基础上，进一步下调至11%。

二、矿产资源禀赋

巴基斯坦矿产资源比较丰富，矿床类型较为齐全，经过几十年的艰苦努力，已发现了55个矿种，探明的矿产地有1000处以上。除山达克斑岩铜金矿、雷克迪克斑岩型铜金矿以外，尽管目前巴基斯坦尚未发现其他具有世界意义的重大矿床，但从其成矿地质环境看潜力比较大。目前已探明的天然气、石油、煤、铁、铝土、大理石、铬、铜、花岗岩、宝石等矿藏量较大。其中天然气、铬和大理石的开采最多，品质也比较高，铜矿也开始进入开采阶段。近几年来，由于巴基斯坦加大了对矿床的勘探力度，相继发现了金、银、铅、锌等矿种。

巴基斯坦的优势金属矿产主要有铜、铬、铁、铅、锌、金、银等。其中，铜矿主要分布在俾路支省，以斑岩型为主，少量为黑矿型、岩浆型、热液型，远景资源量可能超700亿吨，代表矿床有山达克铜金矿、雷克迪克铜矿、达斯特·伊·凯恩铜矿床等。铬铁矿主要分布在俾路支省和西北边境省，为岩浆型，估算储量可达1000万吨，矿体主要产于北部的科希斯坦蛇绿岩带、中部的瓦齐里斯坦–贝拉（Bela）蛇绿岩带，以及西南部的查盖（Chagai）蛇绿岩带中，其中，瓦齐里斯坦–贝拉蛇绿岩带是巴基斯坦最主要的铬铁矿产区。铁矿主要分布在旁遮普省、俾路支省和西北边境省，以沉积型为主，其次为火山岩型、矽卡岩型、热液型和沉积变质型，矿石储量约14亿吨，代表性矿床有卡拉巴赫·赤查里（Kalabagh Chichali）铁矿、迪尔邦德（Dilband）铁矿、拉克希·蒙赫（Rakhi Munh）铁矿、尼赞普（Nizampur）铁矿、诺昆迪（Nokkundi）铁矿等。铅锌矿分布较广，主要为喷流沉积型、密西西比河谷型，其次为热液型。其中喷流沉积型和密西西比河谷型铅锌矿主要分布在俾路支省的胡兹达尔—拉斯贝拉一带，热液型铅锌矿主要产在俾路支省查盖地区、西北边境省吉德拉尔地区、达苏（Dasu）地区和赛杜地区；已知的主要铅锌矿床有杜达、贡加、苏迈、顿格、拉霍（Lahor）、帕增（Pazang）、帕克图里（Pakhturi）、格拉姆（Kalam）、谢克兰、兰贾拉基（Ranj Laki）、迈克霍尔（Malkhor）、米提（Mithi）、胡兹达尔、蒙纳塔格等，矿石储量超过6000万吨。金银矿主要为斑岩型铜–金矿的伴生矿（主要集中在俾路支省赛因达克矿床中），其次与其他多金属矿床伴生，也有部分砂矿型金矿（印度河流域），在西北边境省的吉德拉尔（Chitral）地区，已经确定了13处不规则的含金地带。此外，在迪尔（Dir）、斯瓦特（Swat）和马拉坎（Malakand）地区还确定了9处含金地段。

巴基斯坦能源矿种较全，煤炭资源主要为褐煤到次烟煤，含硫量和灰分较高，初步估算煤炭资源量为1872亿吨，其中1865亿吨分布在信德省，俾路支省有2.49亿吨，旁遮普省约2.67亿吨，9千万吨在西北边境省，极少量分布在开伯尔–普什图省，代表性矿床有塔尔（Thar）煤田、宋达-萨塔（Sonda-Thatta）煤田、拉基拉–桑达（Lakhra-Sonda）煤田、马奇（Mach）煤田。巴基斯坦现已发现油田27个，气田24个，其中已开发生产的油田有9个，气田13个，大多属于中小型油、气田，代表性油气田有图尔纳尔（Dhurnal）油田、Sui天然气田、Mari气田和Qadirpur气田。据美国能源信息管理局（EIA）估计，巴基斯坦拥有586万亿立方英尺的天然气，其中105万亿立方英尺技术上是可开采的。而除了天然气储量外，巴基斯坦还拥有2270亿桶石油储量，其中可开采量为91亿桶,。石油和天然气主要产出在印度河流域，集中在北部的胡沙布、中部的雅各布巴巴德和南部海得拉巴德等3个地区。

巴基斯坦是世界上岩盐矿最丰富的国家，已探明岩盐矿资源约100亿吨，主要分布在旁遮普省和西北边境省的盐岭地区（Salt Range），代表性盐矿有Khewra岩盐矿（又称Mayo岩盐矿）、Warcha岩盐矿、Kalabagh岩盐矿、Jatta岩盐矿、Bahadur Khel/Karak岩盐矿等。

巴基斯坦宝石资源丰富，其北部地区有宝石王国之称，西北边境省和巴控克什米尔地区由于得天独厚的地理条件，成为宝石的主要产地，主要包括：绿宝石、翡翠、红宝石、黄玉、橄榄石、绿电石、绿玉、紫晶石以及各种石榴子石。在斯瓦特地区，预计有7000万吨翡翠，红宝石和其他宝石大概有2亿吨。此外，在俾路支省查盖地区也发现了发现了大量的玛瑙、绿玉髓、黄水晶等宝石，其中包括彭加格地区的碧玉、蓝宝石，卡拉特地区的石榴子石、石英、紫水晶等。

巴基斯坦拥有储量巨大的天然建筑装饰材料用石，包括花岗岩、不同花纹的大理石、玛瑙石、闪长岩、橄榄岩、辉石等。信德省的Nagarparkar和西北边境省的曼瑟拉（Manshera）地区是主产地，吉尔吉特也发现了巨大的潜在储量，单是北部地区储量据估计就高达4亿吨。巴基斯坦大理石储量约1.6亿吨，其中1.58亿吨在西北边境省，200万吨在俾路支省。

三、矿业经济概况

巴基斯坦由于基础设施薄弱、地质勘查起步晚、开采技术水平的落后以及资金的匮乏，导致国内大部分矿藏目前还未被开发和利用。巴基斯坦政府十分重视矿产的开发以及矿业的发展，特别是矿业大省俾路支省，2012—2013年度巴基斯坦矿业在其国内生产总值（GDP）中的贡献率是3.3%，与上一年度相比增长了11%。截至2014年，巴基斯坦政府已经授予了超过1400个采矿权，生产的矿产品主要包括石油、天然气、煤、铁矿石、铜矿、铅锌矿、铬铁矿、铝土矿、重晶石、石膏、盐矿等。

1.勘查投入概况

近十年来，巴基斯坦矿业勘查投入经费为30万—580万美元，总体呈先增加、后减少的变化趋势。其中，2010—2011年、2013—2015年、2016—2017年，巴基斯坦矿业勘查投入分阶段逐年增加，其余阶段则逐年减少（表4–18、图4–47）。就具体投入金额而言，2011年巴基斯坦矿业勘查投入较多，投入金额高达580万美元；2013年投入较少，投入金额仅为30万美元（表4–18、图4–47）。

就全球矿业投入的占比而言，巴基斯坦矿业勘查投入占全球矿业勘查投入的0.0020%—0.0336%，其

表 4–18 巴基斯坦 2010—2019 年矿业勘查经费投入统计

单位：百万美元

年份	2010	2011	2012	2013	2014
勘查投入	2.1	5.8	2.1	0.3	0.8
全球占比/%	0.0182	0.0336	0.0102	0.0020	0.0074
年份	2015	2016	2017	2018	2019
勘查投入	1.4	0.9	2.0	1.7	1.3
全球占比/%	0.0159	0.0128	0.0248	0.0176	0.0140

注：数据源于标普数据库（网址：https://www.spglobal.com/marketintelligence/en/）。

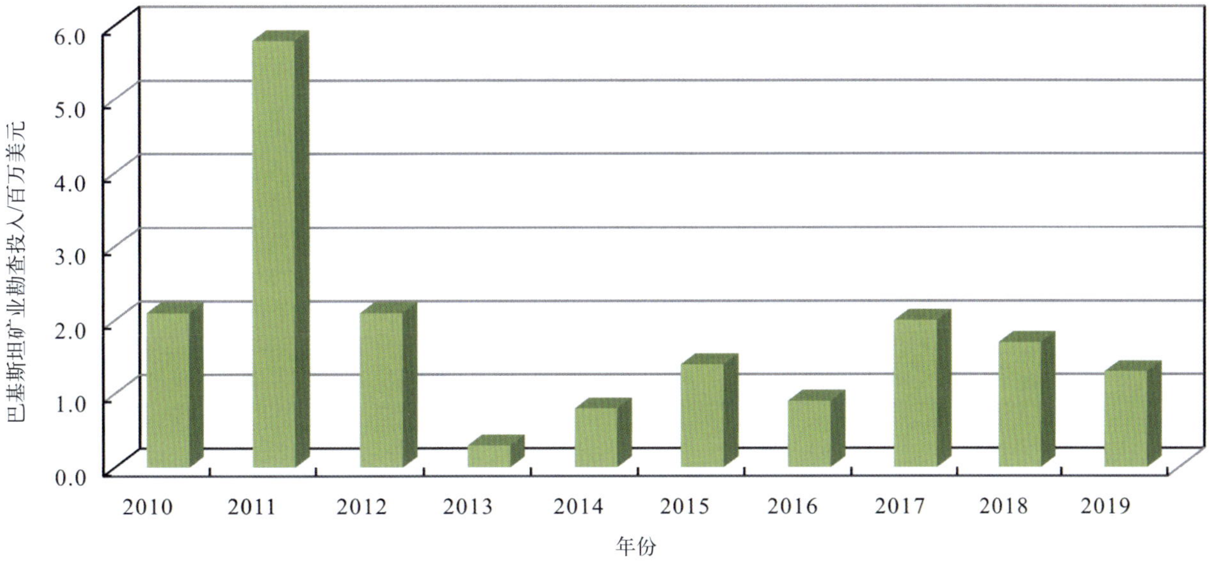

图 4–47 巴基斯坦2010—2019年矿业勘查经费投入

变化趋势与巴基斯坦矿业勘查投入经费变化趋势基本一致。其中，2011年巴基斯坦矿业勘查投入在全球矿业勘查投入总额中的占比最高，为0.0336%；2013年占比最低，仅有0.0020%（表4–18、图4–47）。

2.巴基斯坦能源/矿产品贸易概况

2010—2018年，巴基斯坦能源/矿产品贸易总金额为120.797亿—215.349亿美元，以能源/矿产品进口为主，其中，能源/矿产品进口金额为106.76亿—194.916亿美元，占贸易总额的84.02%—91.21%；能源/矿产品出口金额为14.037亿—32.244亿美元，占贸易总额的8.79%—15.98%（表4–19、图4–48）。

就巴基斯坦能源/矿产品贸易具体变化趋势而言，总体呈现增长→下降→增长的趋势。其中，与2010年相比，2011年巴基斯坦能源/矿产品贸易金额有一定幅度的增长；2012—2016年，能源/矿产品贸易金额基本上呈现逐年下降的趋势，2016年降至低点，贸易金额为120.797亿美元；2016年以后，能源/矿产品贸易金额逐年较大幅度增长（表4–19、图4–48）。

巴基斯坦在能源/矿产品进口方面，进口金额变化趋势与能源/矿产品贸易总体变化趋势一致。其中，2010—2012年，巴基斯坦能源/矿产品进口金额逐年增加；2013—2016年，能源/矿产品进口金额基本上逐年回落，2016年降至低点，进口金额为106.76亿美元；2016年以后，能源/矿产品进口金额逐年较大幅度增长（表4–19、图4–49）。

表 4–19　巴基斯坦 2010—2018 年能源 / 矿产品贸易金额统计

单位：亿美元

矿种	2010年		2011年		2012年	
	进口金额	出口金额	进口金额	出口金额	进口金额	出口金额
能源	108	12	140	16	141	6.47
铁矿/钢铁	20	0.504	21	1.16	22	0.424
贵金属	1.30	0.132	1.93	0.592	2.09	0.805
有色金属	4.73	5.18	5.32	5.96	5.04	7.62
关键性金属	0.388	0.034	0.384	0.042	0.387	0.088
工业矿物	0.854	7.87	1.18	8.49	1.16	9.50
矿种	2013年		2014年		2015年	
	进口金额	出口金额	进口金额	出口金额	进口金额	出口金额
能源	118	6.93	132	8.06	81	6.34
铁矿/钢铁	23	0.527	27	0.668	28	0.563
贵金属	4.03	0.125	0.341	0.255	2.04	0.156
有色金属	5.16	5.47	5.94	4.09	6.28	2.78
关键性金属	0.374	0.073	0.419	0.154	0.368	0.131
工业矿物	1.21	11	1.38	9.75	1.44	6.98
矿种	2016年		2017年		2018年	
	进口金额	出口金额	进口金额	出口金额	进口金额	出口金额
能源	67	4.25	108	4.97	146	5.99
铁矿/钢铁	31	0.656	38	0.935	39	3.15
贵金属	0.369	0.547	0.433	0.359	0.195	0.536
有色金属	6.41	2.43	6.89	3.99	7.43	5.29
关键性金属	0.411	0.114	0.638	0.10	0.681	0.127
工业矿物	1.57	6.04	1.65	4.64	1.61	5.34

注：统计数据源于英国国防事务研究所查塔姆智库（Chatham House），网址：https://resourcetrade.earth/data。

就巴基斯坦进口各类能源/矿产品的具体金额而言，能源产品进口较多，进口金额为67亿—146亿美元，占进口总额的62.76%—82.44%；其次是铁矿/钢铁产品，进口金额为20亿—39亿美元，占进口总额的12.37%—29.04%；巴基斯坦进口一定份额的有色金属产品，进口金额为4.73亿—7.43亿美元，占进口总额的2.94%—6.00%；巴基斯坦进口工业矿物和贵金属产品较少，进口金额分别为0.854亿—1.65亿美元、0.195亿—4.03亿美元，分别占进口总额的0.63%—1.47%和0.10%—2.66%；巴基斯坦进口关键性金属产品更少，进口金额仅为0.368亿—0.681亿美元，分别占进口总额的0.23%—0.41%（表4–19、图4–49）。

巴基斯坦在能源/矿产品出口方面，总体呈现先减少、后增加的趋势。其中，2011年巴基斯坦能源/矿产品出口增加至高点，出口金额为32.244亿美元；2012—2016年，能源/矿产品出口逐年减少，在2016年降至低点，出口金额仅为14.037亿美元；2016年之后，能源/矿产品出口金额开始逐年回升（表4–19、图4–50）。

就巴基斯坦出口各类能源/矿产品的具体金额而言，能源产品和工业矿物出口较多，出口金额分别为

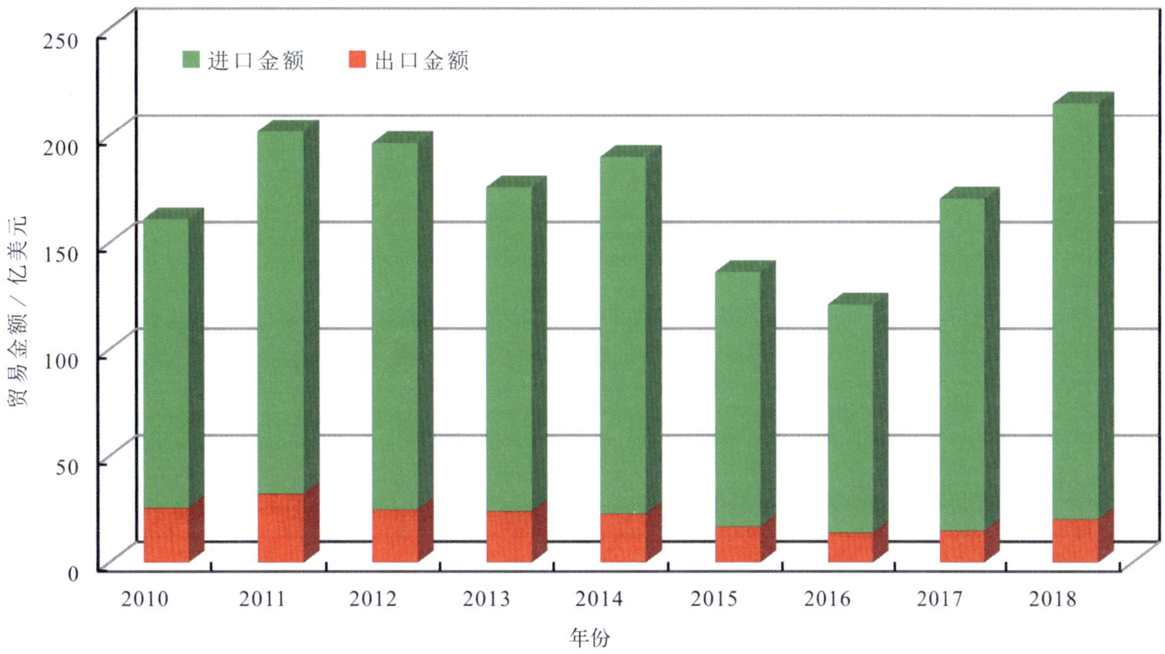

图 4–48 巴基斯坦能源/矿产品贸易金额（2010—2018年）

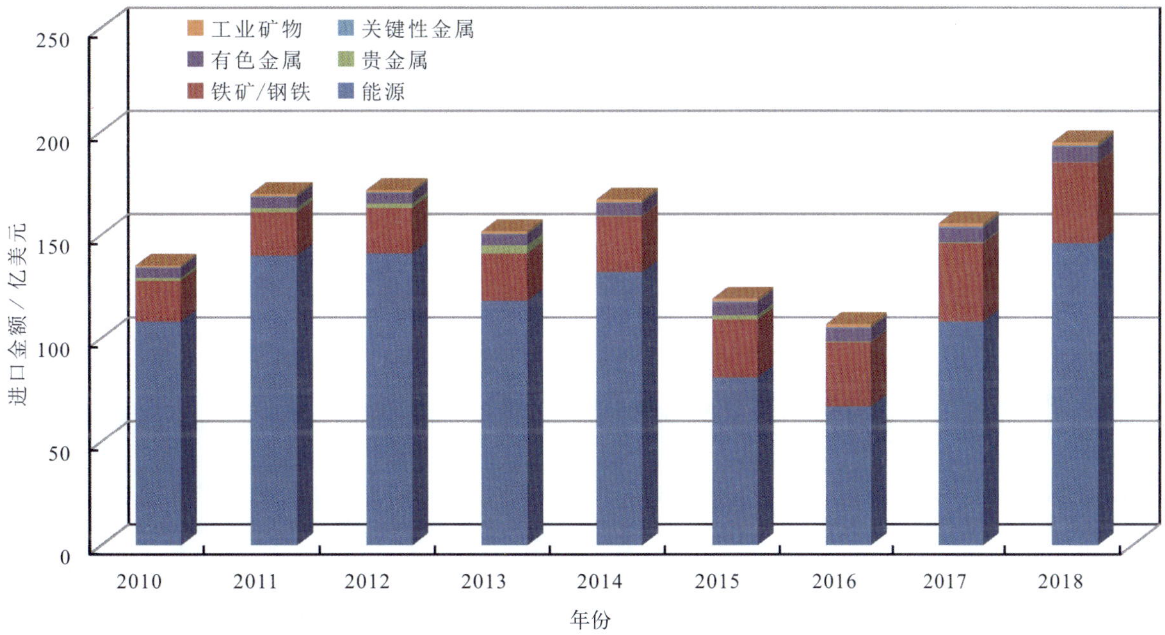

图 4–49 巴基斯坦2010—2018年能源/矿产品进口金额

4.25亿—16亿美元、4.64亿—11亿美元，分别占出口总额的25.98%—49.62%、26.13%—45.60%；其次是有色金属产品，出口金额为2.43亿—7.62亿美元，占出口总额的16.40%—30.59%；巴基斯坦出口铁矿/钢铁产品和贵金属产品较少，出口金额分别为0.424亿—3.15亿美元、0.125亿—0.805亿美元，分别占出口总额的1.70%—15.42%、0.51%—3.90%；巴基斯坦出口关键性金属产品更少，出口金额仅为0.034亿—0.154亿美元，占出口总额的0.13%—0.81%（表4–19、图4–50）。

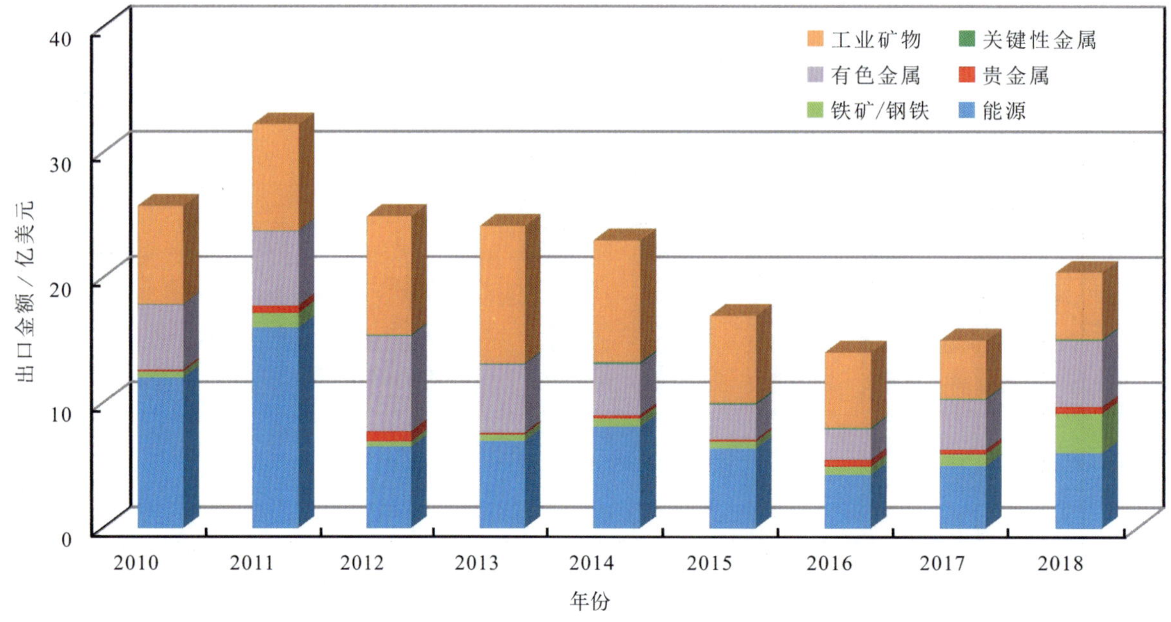

图 4–50　巴基斯坦2010—2018年能源/矿产品出口金额

3.中–巴能源/矿产品贸易概况

2010—2018年，中国与巴基斯坦之间的能源/矿产品贸易总金额为7.20867亿—18.21100301亿美元，总体显示逐年上升的趋势（表4–20、图4–51）。其中，以中国出口能源/矿产品为主，出口金额为3.60971亿—14.01400438亿美元，占中–巴能源/矿产品贸易总额的44.04%—79.07%；中国从巴基斯坦进口能源/矿产品的金额为2.394亿—4.72700301亿美元，占能源/矿产品贸易总额的16.06%—52.85%（表4–20、图4–51）。

在能源/矿产品进口方面，中国从巴基斯坦进口金额总体显示先减少、后增加的趋势。其中，相对于2010年，2011年能源/矿产品进口金额有所增加；2011—2016年，进口金额基本上逐年减少，并于2016

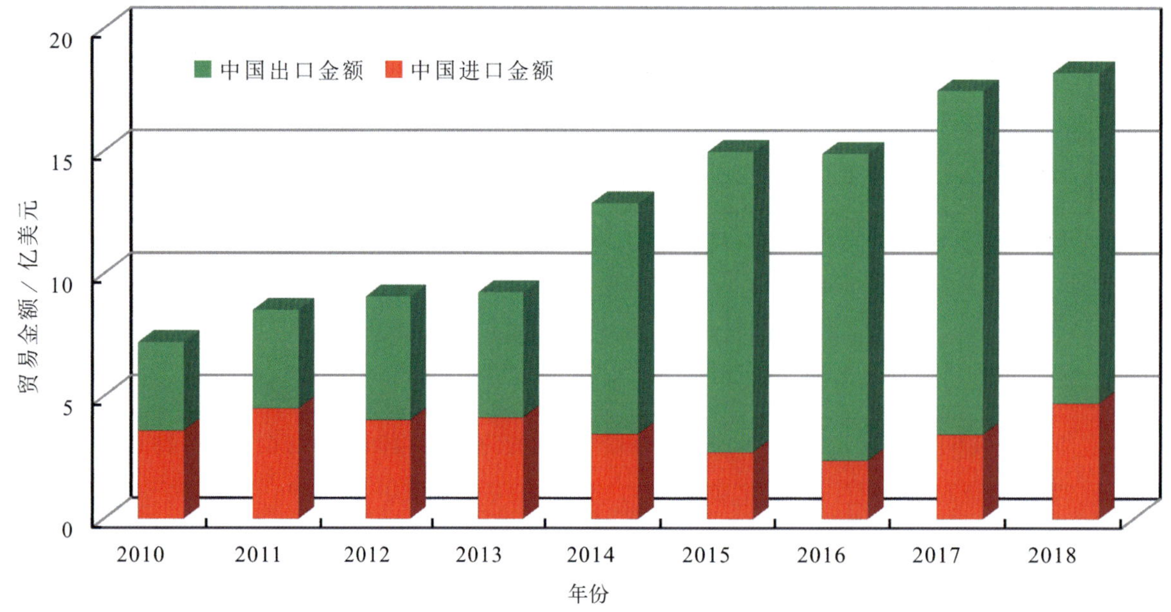

图 4–51　中国–巴基斯坦能源/矿产品贸易金额（2010—2018年）

表 4–20　中 – 巴 2010—2018 年能源 / 矿产品贸易金额统计

单位：亿美元

矿种	2010年		2011年		2012年	
	中国进口	中国出口	中国进口	中国出口	中国进口	中国出口
能源	0.055	0.296	0.246	0.318	0.000257	0.195
铁矿/钢铁	0.132	2.82	0.238	3.12	0.071	4.32
贵金属	0.00041	0.00171	0.000857	0.00212	—	—
有色金属	2.93	0.361	3.10	0.457	3.10	0.414
关键性金属	0.00855	0.06	0.016	0.046	0.056	0.028
工业矿物	0.473	0.071	0.902	0.074	0.807	0.073
矿种	2013年		2014年		2015年	
	中国进口	中国出口	中国进口	中国出口	中国进口	中国出口
能源	0.000068	0.241	0.232	0.317	0.037	0.197
铁矿/钢铁	0.041	4.27	0.075	8.27	0.036	11
贵金属	—	0.000276	—	—	—	—
有色金属	2.91	0.488	2.14	0.683	1.90	0.894
关键性金属	0.066	0.023	0.135	0.038	0.124	0.024
工业矿物	1.12	0.082	0.89	0.103	0.635	0.131
矿种	2016年		2017年		2018年	
	中国进口	中国出口	中国进口	中国出口	中国进口	中国出口
能源	0.129	0.184	0.191	0.21	0.196	0.387
铁矿/钢铁	0.034	11	0.09	12	0.076	11
贵金属	—	—	—	0.00000438	0.00000301	—
有色金属	1.63	1.12	2.57	1.65	3.86	1.90
关键性金属	0.106	0.032	0.074	0.028	0.111	0.053
工业矿物	0.495	0.174	0.528	0.126	0.484	0.144

注：统计数据源于英国国防事务研究所查塔姆智库（Chatham House），网址：https://resourcetrade.earth/data。

年减至较低值，进口金额仅为2.394亿美元；2016年以后，进口金额逐年大幅增加（表4–20、图4–51、图4–52）。

就中国从巴基斯坦进口的各类矿产品种而言，有色金属较多，进口金额为1.63亿—3.86亿美元，占中国从巴基斯坦进口能源/矿产品金额的61.64%—81.66%；其次是工业矿物，中国进口金额为0.473亿—1.12亿美元，占能源/矿产品进口金额的10.24%—27.07%；中国从巴基斯坦进口一定份额的能源产品、铁矿/钢铁产品和关键性金属产品，进口金额分别为0.68万—2460万美元、340万—2380万美元、85.5万—1350万美元，分别占中国进口金额的0.0016%—5.53%、0.99%—5.29%、0.24%—4.54%；中国从巴基斯坦进口贵金属产品较少，进口金额仅为0.0301—8.57美元，占中国进口能源/矿产品金额的0.0001%—0.019%（表4–20、图4–51、图4–52）。

在能源/矿产品出口方面，中国向巴基斯坦出口金额总体变化与中–巴能源/矿产品贸易金额变化趋势基本一致，总体呈现逐年增加的趋势。其中，2010—2017年，中国向巴基斯坦出口能源/矿产品的金额

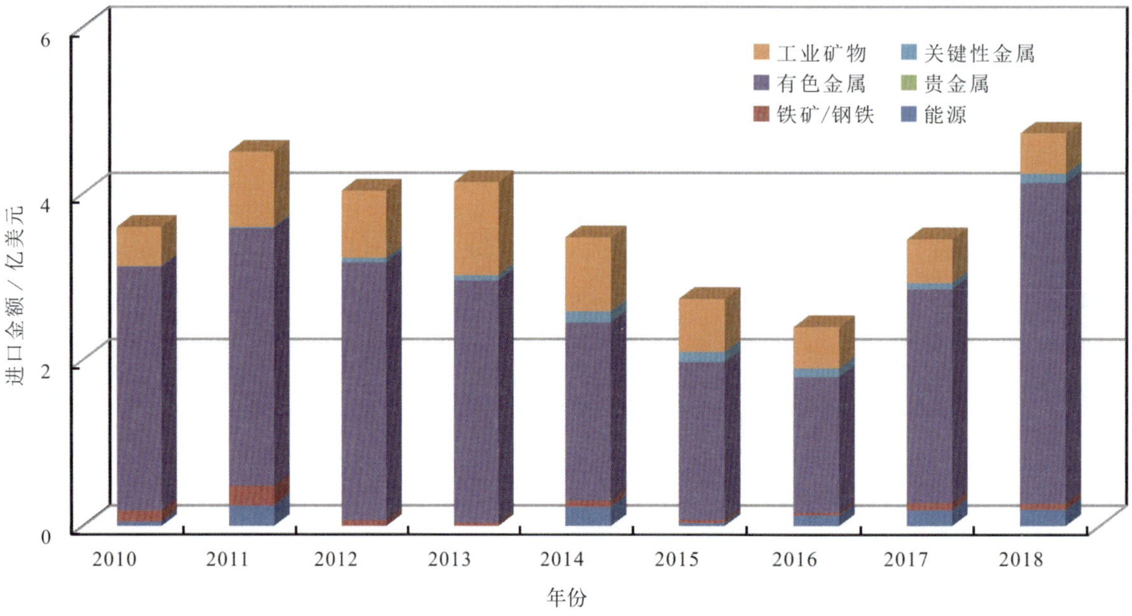

图 4–52　中国进口巴基斯坦的能源/矿产品金额（2010—2018年）

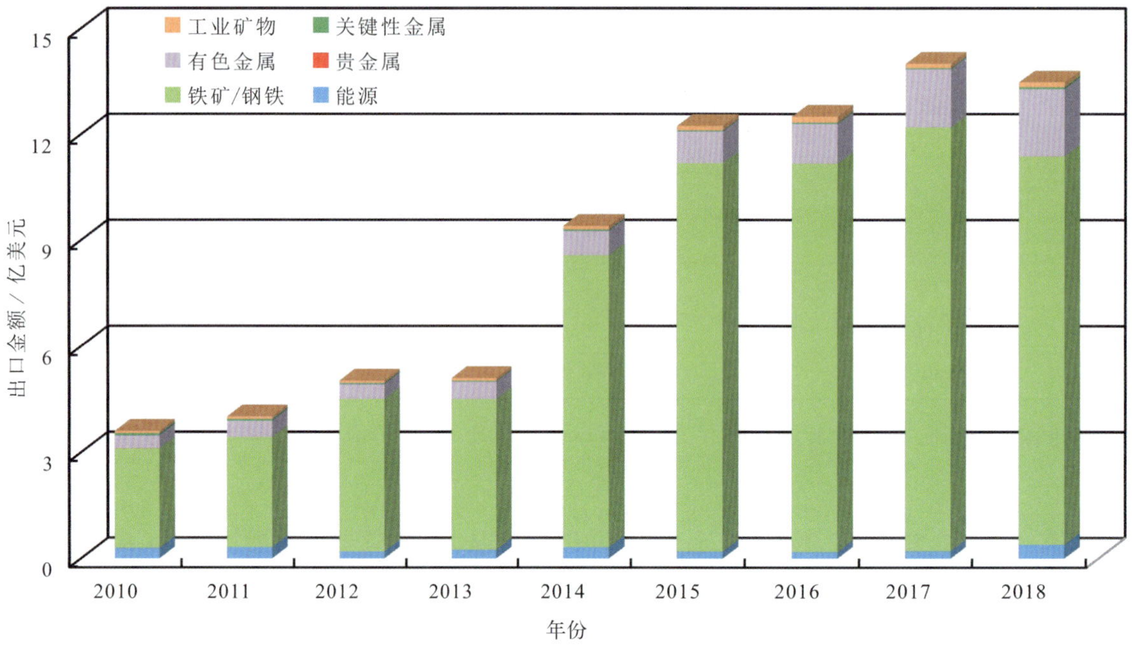

图 4–53　中国出口巴基斯坦的能源/矿产品金额（2010—2018年）

逐年增加，至2017年增加至较大值，出口金额高达14.01400438亿美元，2018年较2017年有小幅回落（表4–20、图4–51、图4–53）。

就中国向巴基斯坦出口的各类矿产品种而言，以铁矿/钢铁产品为主，出口金额为2.82亿—12亿美元，占中国出口总额的77.67%—89.83%；其次是有色金属产品，出口金额为0.361亿—1.9亿美元，占中国出口金额的7.03%—14.09%；中国向巴基斯坦出口能源产品、工业矿物、关键性金属产品也具有一定的份额，出口金额分别为0.184亿—0.387亿美元、0.071亿—0.174亿美元、0.023亿—0.06亿美元，分别占中国出口总额的1.47%—8.20%、0.90%—1.97%、0.20%—1.66%；中国向巴基斯坦出口贵金属较少，出口金额为0.0438万—21.2万美元，占中国出口总额的0.00003%—0.0528%（表4–20、图4–51、图4–53）。

四、矿业投资环境评价结果

在矿业投资环境评价的各项一级指标中，巴基斯坦各项指标总体得分较高（总得分为60.60，排名第7），显示出良好的矿业投资环境（表3–1）。其中，国际合作关系指数评价最高，获得满分15分；其次是营商环境指数，得分9.30分（满分15分）；资源禀赋指数和矿业勘查开发指数评价较低，得分分别为22.80分（满分40分）、7.50分（满分15分），投资风险指数评价最低，得分仅为6.00分（满分15分）（表3–1、图4–54）。

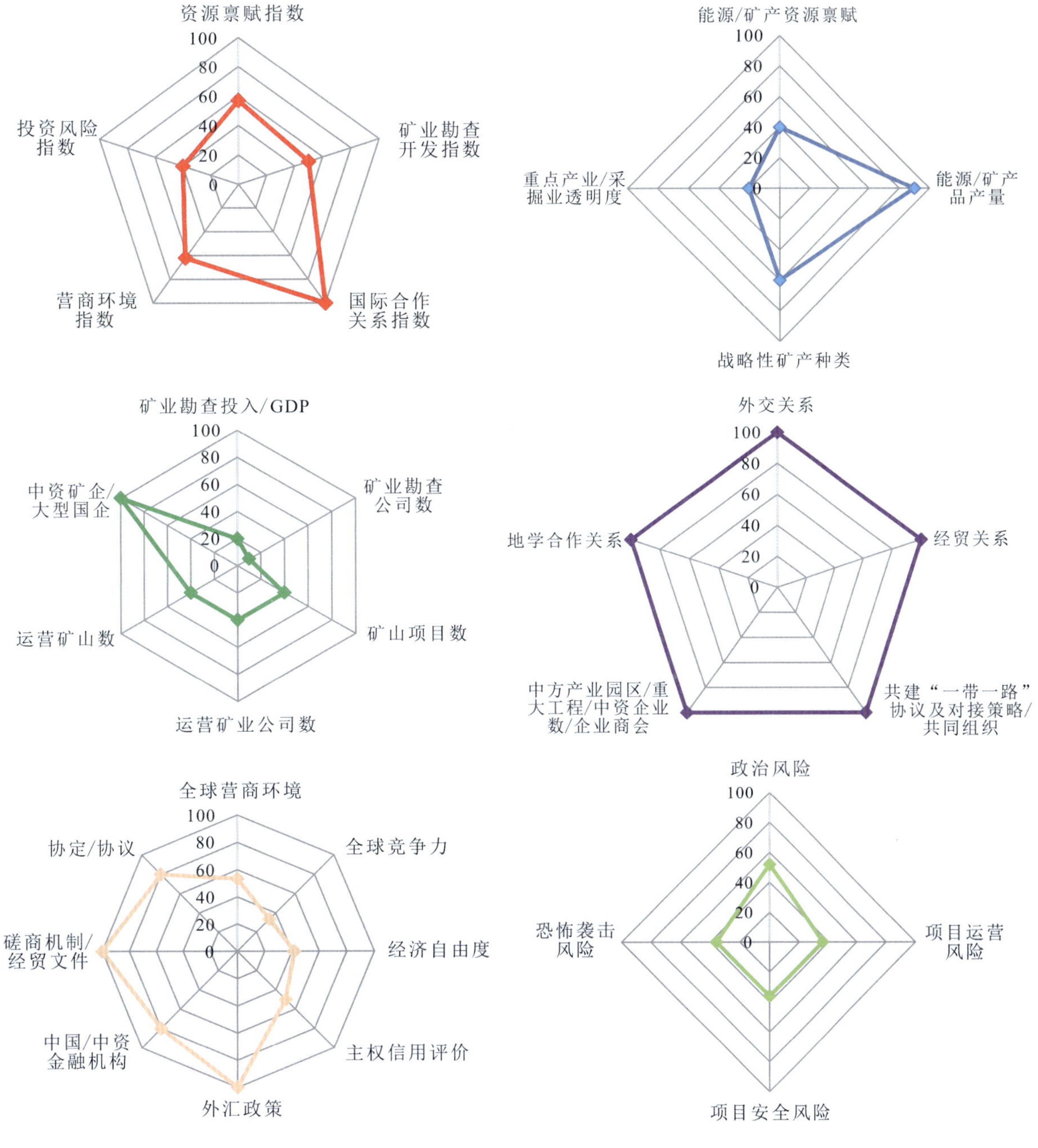

图4–54 巴基斯坦矿业投资环境各类指标贡献量蛛网图

就各项二级指标而言，在资源禀赋指数方面，巴基斯坦氧化铁染料（全球第3）、锑（全球第8）、石墨（全球第10）、氮气（全球第11）、重晶石（全球第12）、盐（全球第15）、石膏（全球第18）、天然气（全球第22）等矿产品/能源产量在全球具有一定的地位，在能源/矿产品产量方面评价最高。巴基斯坦拥有丰富的重晶石（全球第6）、锑（全球第8）、煤炭（全球第18）、天然气（全球第30）、石油、铜、金、铅锌、铬等资源，其中部分矿产与我国有一定的互补性，该国在关键性矿产数、能源/矿产资源禀赋等指标评价中获得了一定的分值。巴基斯坦工业基础较为薄弱，水泥业、化肥业是该国的重点行业，因此在重点产业/采掘业透明度指标评价中得分较低（表3–1、表3–7、图4–54）。

在矿业勘查开发指数方面，巴基斯坦由于经济较为落后、工业基础较为薄弱、地质工作程度较低、国内安全环境不太理想，因此这些国家在矿业勘查方面投入较少，矿业勘查公司、矿山项目、运营矿业公司、运营矿山等均较少，目前在巴基斯坦从事能源/矿产开采开发项目的中资公司主要有中冶集团、科达利矿业、神华集团、振华石油、联合能源等。在本次矿业投资环境评价中，除了中资矿业企业/大型国企指标评价较高外，其他指标均得分较低，表明巴基斯坦矿业勘查开发活动总体不太活跃，但中资企业/矿业企业的参与度总体较高（表3–1、表3–13、图4–54）。

在国际合作关系指数方面，巴基斯坦是中国的四好邻国，与中国是全天候战略合作伙伴关系，中国是其第一大贸易伙伴国和第一大投资来源国；双方签收了《共建“一带一路”谅解备忘录》，成立了中巴经济走廊合作委员会，共同参与“一带一路”能源合作伙伴、上海合作组织、亚投行等多个国际组织；共建海尔–鲁巴经济区、瓜达尔港自由区，合作开展山达克金铜金矿项目、杜达铅锌矿项目等，有近300家中资企业在巴基斯坦投资，建有中资企业协会；两国地矿机构签署了地学合作谅解备忘录和项目合作协议，开展实质性地学合作。总体上，双方在国际合作关系指数相关二级指标评价较高，均获得了满分，显示出非常好的合作关系和合作基础（表3–1、表3–18、图4–54）。

在营商环境指数方面，巴基斯坦在全球营商环境报告、全球竞争力报告、经济自由度报告等国外知名智库评价报告中排名均较为靠后、评价较差，但近几年总体排名均有较大提升；在惠誉、标普、穆迪全球三大主流评价机构中，主权信用评价较高，政府信用较好；外汇汇入、汇出自由，境内有中国银行、中国工商银行、中国国家开发银行、中国太平保险集团等中国金融机构，建有中巴经济走廊合作委员会，签署了经贸协定、FTA协定、保护投资协定、货币互换协议等多份经贸文件。在营商环境指数总体评价较高，在各项二级评价指标中，磋商机制/经贸文件、外汇政策得分最高，均获得了满分；其次是中国/中资金融机构、协定/协议等指标，全球营商环境、主权信用、经济自由度等指标评价较低，全球竞争力得分较低（表3–1、表3–23、图4–54）。

在投资风险指数方面，各项二级评价指标大多数得分较低，说明巴基斯坦总体投资风险较大，各类安全形势较差，不太利于投资企业开展生产运营工作。其中，政治风险中等偏差，评价为整体中风险、局部极高风险，说明这些国家政治环境虽然可以为企业投资提供较好的条件，但也确实存在某些重大挑战，特别是局部地区可能存在长期影响企业投资的问题，比如部落问题，或者敌对势力对政府政策施加的影响等；项目安全风险、项目运营风险、恐怖袭击风险均评价为整体高风险，局部极高风险，说明这些国家项目运营环境、安全环境较差，恐怖袭击活动频发，特别是个别地区安全条件较为恶劣，足以威胁企业正常的生产运营和工作人员的生命安全，亟需投资者谨慎对待（表3–1、表3–24、图4–54）。

五、矿业投资建议

1.积极推动构建中–巴地矿产能合作高层会晤交流机制

在共建“一带一路”的大背景下，结合巴基斯坦经济振兴计划，充分利用中巴“四好邻国”的友好合作关系，以及中巴经济走廊合作委员会、上海合作组织等合作平台，谋划地矿领域常态化高层对话机制，例如，在中巴经济走廊合作委员会框架下构建地学与矿业产能合作分委会，抑或在上海合作组织框架内设置自然资源（矿业、能源）部长会议或地质调查局局长会议，进一步加强中–巴地学与矿业产能合作顶层设计，共同推动巴基斯坦矿业市场开发，促进地矿领域投资与招商引资，加快走廊沿线矿业/能源产能合作。

2.搭建地学与矿业产能合作服务平台

充分利用中国—上海合作组织地学合作研究中心，依托中国地质调查局中亚西亚地质调查国际合作工程，开展巴基斯坦矿产资源潜力评价、矿业投资环境分析、矿业投资项目调研评级排序等，针对不同中资矿业企业在巴基斯坦的投资需求制定不同地矿合作推介/服务产品，例如，矿业投资项目资讯、矿业投资项目推介清单、矿业投资项目资料包、找矿勘查建议书等。与巴基斯坦地矿机构（巴基斯坦能源部、巴基斯坦地质调查局）联合举办巴基斯坦矿业投资论坛、矿业投资项目推介会等，共同宣介巴基斯坦矿业投资政策，推介矿业投资项目，分享矿业投资经验，为中国矿业企业赴巴基斯坦投资搭建“面对面”“一站式”的沟通交流平台。

此外，结合中国—上海合作组织地学合作研究中心、中国—上海合作组织国际司法交流合作培训基地、中国—上海合作组织环境保护合作中心等平台专业优势，加强政策法规对接研究，共同开展巴基斯坦矿产法、外国私人投资（促进与保护）法案、环境保护法、国家矿业政策、巴基斯坦投资政策等法律法规的解读，分析政策变化、安全形势变化对矿业投资的影响，并提出中资企业在巴基斯坦投资需要特别注意的要点、重点问题，排查投资误区，协助中资企业做到知法、懂法、守法，进一步降低中资企业潜在投资风险。

3.谋划共建矿业/能源经济产业园区

结合中巴经济走廊重大工程部署和巴基斯坦基础设施分布情况，在开展巴基斯坦矿产资源潜力评价、梳理主要矿产分布情况和勘查开发现状的基础上，谋划走廊沿线地矿产业布局，并提出走廊沿线矿业勘查开发合作建议，比如，引领中资矿业/能源企业在紧挨我国的巴基斯坦西北部重点开展宝玉石勘查开发合作，在巴基斯坦南部的胡兹达尔–拉斯贝拉地区围绕铅锌矿开展勘查开发合作，在巴基斯坦俾路支省查盖地区合作勘查开发铜金矿，在邻近印度洋（卡拉奇）的海得拉巴地区合作勘查开发油气资源。

在此基础上，结合俾路支省建立矿业产业园区的规划部署和基础设施发展规划，利用好巴基斯坦国家/地区优惠政策，选择合作基础较好的查盖地区（中冶山达克铜矿）和杜达地区（华冶杜达铅锌矿），共同依托山达克出口加工区（以山达克铜矿为基础的特区，现由中冶集团租赁经营）、杜达出口加工区（以杜达铅锌矿为基础的特区，现由中冶集团租赁经营），与巴基斯坦地方政府、部落首领共同谋划建立集矿石采选冶、矿产品深加工、尾砂尾矿综合利用、矿山设备销售/租赁/售后维修、矿产品进出口贸易、物流仓储、矿业金融为一体的矿业经济产业园区，带动中国相关企业参与巴基斯坦矿业全产业链合作，从而实现多方共赢、和谐发展。

4.加强人才联合培养

依托中国—上海合作组织地学合作研究中心、中国地矿类高校、在巴中资矿业企业，借助来华留学中国政府奖学金生项目、商务部援外培训项目等，联合开展地矿领域学历教育、短期培训/研修、教学实习等人才联合培养/培训活动，提高巴方工作人员的业务水平和技术能力，亦或帮助巴方培养/培训一批具有较好劳动技能的技术型人才，从中巴地矿领域合作的层面解决巴方高素质技术人才匮乏的问题，同时也为中资企业在巴投资培养一批优秀、知华友华的储备技术人员，为其开展“以巴带巴”和“以巴治巴”的属地化经营管理奠定基础，进一步减少中资企业运营投入成本、降低生产经营风险。

第八节 乌克兰

乌克兰（乌克兰语：Україна，英语：Ukraine；国家代码：UKR）首都是基辅，位于欧洲东部，东接俄罗斯、南濒黑海，北与白俄罗斯毗邻，西与波兰、斯洛伐克、匈牙利、罗马尼亚和摩尔多瓦诸国相连。乌克兰地理位置重要，是欧洲联盟与独联体特别是与俄罗斯地缘政治的交叉点。

乌克兰国土面积为60.37万平方千米（含克里米亚），全国人口约为4203万（截至2019 年6月，不含克里米亚地区），在乌克兰的华人约8000人。乌克兰共有130个民族，其中，乌克兰族占总人口的77.8%，俄罗斯族占17.3%，其他为白俄罗斯、犹太、克里米亚鞑靼、摩尔瓦、波兰、匈牙利、罗马尼亚、希腊、德意志、保加利亚等民族，占3%。乌克兰实行宗教信仰自由，政府不干涉宗教活动，主要宗教有东正教、天主教、浸礼教、犹太教、摩门教和新教，其中东正教约占信教人数的85%，天主教约占总人口的10%，浸礼教约占总人口的5%，犹太教约占总人口的1.1%，摩门教信徒和支持者约1500人。

乌克兰政治体制为议会总统制，议会是国家最高立法机构，实行一院制。乌克兰实行多党制，截至2019年1月1日，在乌克兰司法部注册登记的政党有354个，实力较强的政党有：波罗申科集团、人民阵线、反对派联盟、自助党、利亚什科激进党、全乌克兰祖国党联盟、人民意志党。

乌克兰官方语言为乌克兰语，货币为格里夫纳，又叫赫里夫纳或赫夫米（货币符号：UAH）。乌克兰工农业较为发达，重工业在工业中占据主要地位。

一、总体经济形势

乌克兰在苏联时期建立了雄厚的工农业基础，军工科技实力约占苏联的四分之一，主要工业部门有航空、航天、冶金、机械制造、造船、化工等。盛产谷物，有着欧洲粮仓的美誉。2013年底，乌克兰爆发第二次“广场革命”，政经形势剧烈动荡。受政局动荡、克里米亚并入俄罗斯、东部战争等综合因素影响，2014—2015年乌克兰经济大幅下跌。乌克兰新政府上台后，在国际金融组织和西方国家的“输血”帮助下，开始按西方标准进行全面的政治、经济、社会体系改革，修订《海关法》、成立经济发展委员会，实施《国家工业发展规划（2013—2020年）》《改革和重建经济规划》《乌克兰—2020稳定发展战略》《能源发展战略》等发展规划。世界银行《2020营商环境报告》显示，乌克兰在全球190个参加排名的经济体中列第64位，比前一年上升了7位。

随着市场化改革的实施，2016年、2017年经济开始回升，GDP增长率分别为2.3%、2.5%；2018年经济保持了增长趋势，GDP增长3.3%。乌克兰LIGA商务网援引国家统计署消息（2020年3月20日），2019年乌克兰经济增长3.2%。乌克兰报业网消息（2020年4月21日），乌总统顾问奥列格·乌斯腾科在与企业家代表在线会议上表示，在COVID-19高峰期过后，将分阶段引入刺激乌克兰经济措施。欧洲复兴开发银行2020年5月发布的《宏观经济调查报告》显示，受新冠肺炎疫情及其造成的产业发展放缓影响，乌克兰2020年度GDP将缩水4.5%，2021年预计将实现5%的经济增长。世界银行发布2020年6月的《世界经济前景》报告显示，因新冠疫情造成的危机，2020年乌克兰经济将下降3.5%，2021年将以3%的速度恢复。

二、矿产资源禀赋

乌克兰矿产资源丰富，其矿产资源储量占世界总储量的5%左右，排在欧洲第一位，部分主要矿产储量分别在世界第一至第五位。已探明有80多种可供开采的富矿，主要有煤、铁、锰、镍、钛、铀、汞、石墨、耐火土、石材等，分布在全国7000多个地区，其中4000多个地区已经开发。

1.锰矿

乌克兰锰矿储量丰富，锰矿石超过23亿吨，位居世界第二位。平均品位为23.1%，富矿品味28.6%(Mn)，大部分矿石磷含量较高。第聂伯河流域锰成矿带已探明的锰矿储量主要集中在两大矿区，尼科波尔矿区和恰图拉矿区。全球最大的锰矿藏位于乌克兰的尼科波尔区域，其储量约占世界锰矿储量的75%，锰矿开采量为世界的31.9%，居全球第一位，矿床均为沉积型矿床。目前尼科波尔矿区开采着10个露天矿。矿区东部锰矿层的储量大部分位于地下70—110m深，目前，锰矿采选公司的地下开采比例已达总采矿量的60%以上。恰图拉矿区已开采有100多年，包括有13处大小相差极悬殊的小高地，目前在开采的有11处，矿区东部两处尚未开采。

2.铁矿

乌克兰是世界上铁最丰富的国家之一，铁矿石探明储量有322亿吨，铁矿石的可采储量可以保证露天开采36—95年，不过尽管平衡表内铁矿石储量巨大，大部分矿石为贫矿或者是铁石英岩，并不能营利开采。铁矿主要分布在克里沃罗格、克列缅丘格、别洛泽尔斯科耶三大铁矿区，其中大约有100座铁矿，铁矿储量预计达到220亿吨。

3.锂和铍

乌克兰锂和铍资源前景较好，分布在日捅米尔州，探明有佩尔然铍矿床，含矿岩性为长石交代岩和云母石英长石交代岩，B_2O的品均品位为0.55%。锂的工业富集与伟晶岩有关，在滨亚速海地区具有锂辉石伟晶岩，在基洛沃格勒州有透锂长石伟晶岩，Li_2O含量达5.07%，回收率为88.5%，产出率为18.8%。

4煤

乌克兰煤炭资源丰富，煤炭储量为447.34亿吨，其中硬煤414.90亿吨，褐煤25.94亿吨，乌克兰列入国家储量平衡表的泥炭总储量为66亿吨，但由于煤资源丰富，泥炭很少被利用。乌克兰煤炭资源主要分布在三大煤田：东部的顿巴斯煤田、西部的利沃夫–沃伦煤田和中部的第聂伯煤田。

5.油气

乌克兰石油资源相对匮乏，2018年1月1日，探明天然气储量8294.49亿立方米，80%蕴藏在波尔塔瓦州和黑海沿岸。此外还发现了一系列油田，特别是克里米亚附近的黑海沿岸大陆架油田。国内天然气消费的50%和石油消费的90%依赖进口。

此外，根据国际原子能机构提供的数据，乌克兰拥有20多个铀矿床，资源量超过25万吨，居世界第10位。乌克兰600米以内的铬预测资源量估计有3亿吨，其中Cr_2O_3平均含量达28%，进一步勘探开发很有前景，主要分布在基洛沃格地区波希热超基性岩体中。

三、矿业经济概况

乌克兰是传统采矿和矿产生产大国，全国有多达3500余家企业持有矿产开采专项许可证，其产能占乌克兰工业产能的48%，全国约20%的人力资源从事矿产资源的开采与管理工作。近年来，乌克兰大量开采煤炭、铁、锰、钛铁矿、铀、石墨、高岭土、耐火黏土、水泥原料、大理石和建筑石材等。乌克兰在2019年初，获得了80亿美元经济投资，其中有60%的投资用于采掘业、玻璃生产和加工业。2018年，乌克兰年钢产量2110万吨，在世界产钢国排名中列第13位，占世界钢铁生产总量的2%。2019年前11个月，乌克兰采矿业产值达到142亿美元，占乌克兰工业总产值的16%。

1.勘查投入概况

近十年来，乌克兰矿业勘查投入经费较少，为10万—260万美元，总体呈投入减少的趋势。尚未收集到乌克兰2011年、2018年、2019年3年的矿业勘查投入数据；在已收集到数据的年份中，2012年投入最多，投入金额为260万美元；2010年、2015年投入金额最少，仅为10万美元（表4–21、图4–55）。就全球矿业投入的占比而言，乌克兰矿业勘查投入占全球矿业勘查投入的0.0008%—0.0126%，总体变化趋势与乌克兰矿业勘查投入经费变化趋势一致，其中，2012年占比最高，2010年、2015年占比最低（表4–21、图4–55）。

表4–21　乌克兰2010—2019年矿业勘查经费投入统计

单位：百万美元

年份	2010	2011	2012	2013	2014
勘查投入	0.1	—	2.6	1.0	0.3
全球占比/%	0.0008	—	0.0126	0.0069	0.0027
年份	2015	2016	2017	2018	2019
勘查投入	0.1	0.4	0.4	—	—
全球占比/%	0.0011	0.0057	0.0049	—	—

注：数据源于标普数据库（网址：https://www.spglobal.com/marketintelligence/en/）。

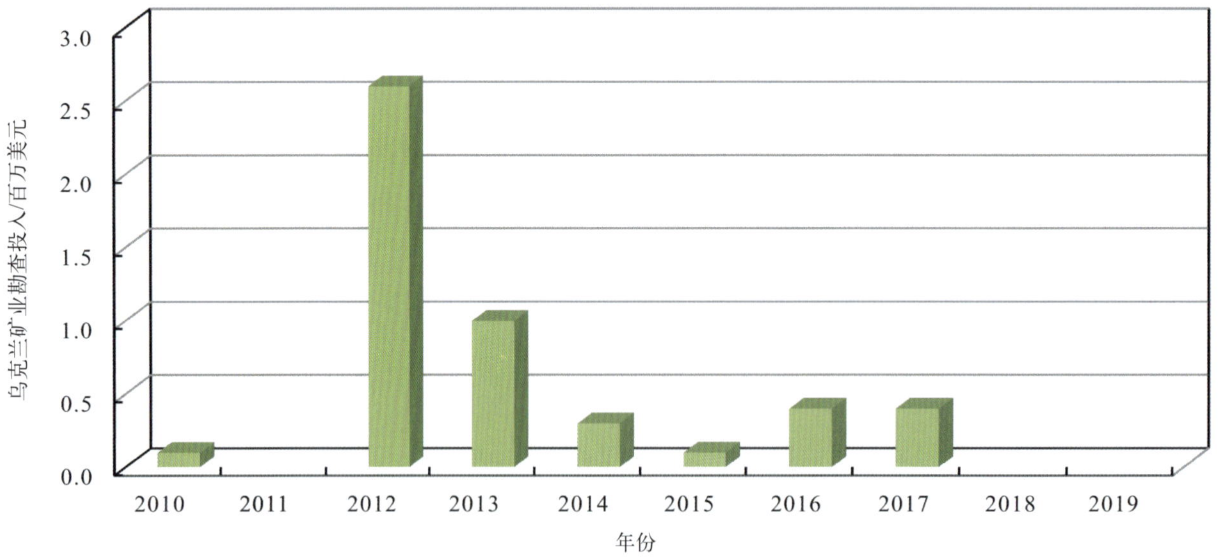

图4–55　乌克兰2010—2019年矿业勘查经费投入

2.乌克兰能源/矿产品贸易概况

2010—2018年，乌克兰能源/矿产品贸易总金额为219.61亿—705.018亿美元，其中，能源/矿产品出口相对较多，出口金额为116.326亿—357.016亿美元，占贸易总额的47.37%—54.89%；能源/矿产品进口金额为103.284亿—348.002亿美元，占贸易总额的45.11%—52.63%（表4–22、图4–56）。

就乌克兰能源/矿产品贸易变化趋势而言，总体呈现先减少后增加的趋势。其中，2011年，乌克兰能源/矿产品贸易最多，贸易金额高达705.018亿美元；2012—2016年，能源/矿产品贸易逐年减少，于2016年降至低点，贸易金额仅为219.61亿美元；2016年以后，能源/矿产品贸易逐年回升（表4–22、图4–56）。

乌克兰在能源/矿产品进口方面，进口金额变化趋势与能源/矿产品贸易总体变化趋势基本一致。其中，2011年，乌克兰进口能源/矿产品最多，进口金额为348.002亿美元；2012—2016年，能源/矿产品进口金额逐年减少，于2016年降至低点，进口金额仅为103.284亿美元；2016年以后，能源/矿产品进口逐年回升（表4–22、图4–57）。

就乌克兰进口各类能源/矿产品的具体金额而言，以能源产品为主，进口金额为85亿—296亿美元，占进口总额的82.30%—86.23%；其次是铁矿/钢铁产品和有色金属产品，进口金额分别为7.38亿—25亿美元、

表 4–22　乌克兰 2010—2018 年能源 / 矿产品贸易金额统计

单位：亿美元

矿种	2010年		2011年		2012年	
	进口金额	出口金额	进口金额	出口金额	进口金额	出口金额
能源	201	50	296	71	281	42
铁矿/钢铁	19	197	25	253	22	221
贵金属	0.655	0.565	0.292	0.866	1.53	1.45
有色金属	9.28	12	12	11	10	8.81
关键性金属	8.10	14	9.98	13	6.35	11
工业矿物	4.14	6.14	4.73	8.15	5.00	9.04

矿种	2013年		2014年		2015年	
	进口金额	出口金额	进口金额	出口金额	进口金额	出口金额
能源	242	32	171	23	114	7.84
铁矿/钢铁	23	200	14	190	7.38	113
贵金属	2.09	1.08	0.695	1.68	0.119	0.777
有色金属	9.51	7.73	6.75	7.64	5.63	6.07
关键性金属	4.13	9.58	3.60	12	2.62	8.52
工业矿物	3.88	9.02	2.91	7.77	2.55	5.43

矿种	2016年		2017年		2018年	
	进口金额	出口金额	进口金额	出口金额	进口金额	出口金额
能源	85	6.22	124	13	138	9.10
铁矿/钢铁	8.49	94	11	124	13	149
贵金属	0.084	0.416	0.143	0.799	0.215	0.557
有色金属	5.67	3.91	7.46	4.92	8.56	4.88
关键性金属	2.07	7.16	3.18	13	3.53	12
工业矿物	1.97	4.62	2.44	5.74	2.97	6.38

注：统计数据源于英国国防事务研究所查塔姆智库（Chatham House），网址：https://resourcetrade.earth/data。

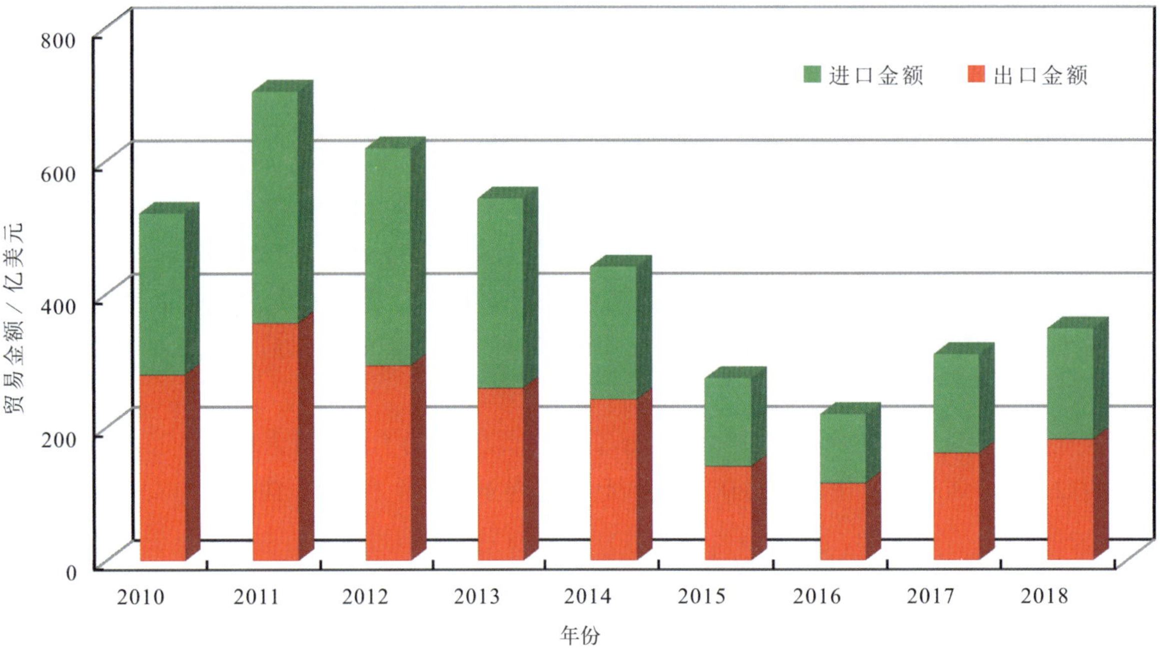

图 4–56　乌克兰能源/矿产品贸易金额（2010—2018年）

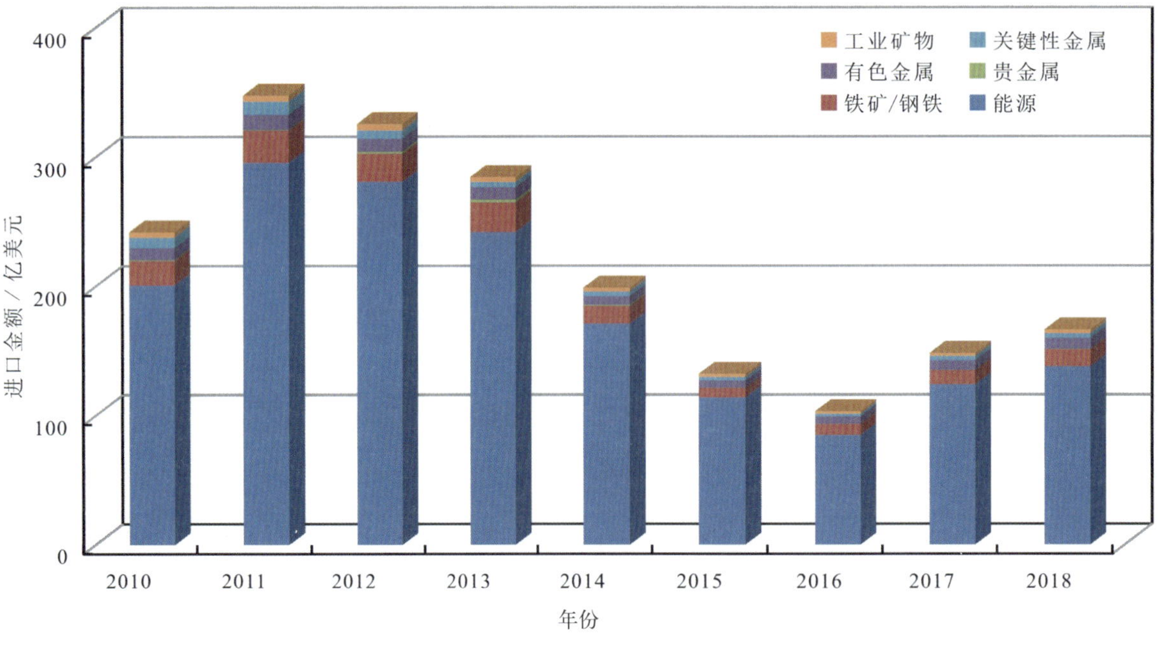

图 4–57　乌克兰2010—2018年能源/矿产品进口金额

5.63亿—12亿美元，分别占进口总额的5.58%—8.22%和3.07%—5.49%；乌克兰进口关键性金属产品和工业矿物较少，进口金额分别为2.07亿—9.98亿美元、1.97亿—5亿美元，分别占进口总额的1.45%—3.34%、1.36%—1.93%；乌克兰进口贵金属产品更少，进口金额仅为0.084亿—2.09亿美元，占进口总额的0.08%—0.73%（表4–22、图4–57）。

乌克兰在能源/矿产品出口方面，总体变化与能源/矿产品贸易变化趋势基本一致。其中，2011年，乌克兰出口能源/矿产品最多，出口金额为357.016亿美元；2012—2016年，能源/矿产品出口金额逐年减少，于2016年降至最低点，出口金额仅为116.326亿美元；2016年以后，能源/矿产品出口逐年回升（表4–22、图4–58）。

就乌克兰出口各类能源/矿产品的具体金额而言，铁矿/钢铁产品出口最多，出口金额为94亿—253亿美元，占出口总额的70.43%—81.91%；其次是能源产品，出口金额为6.22亿—71亿美元，占出口总额的5.00%—19.89%；乌克兰出口一定份额的关键性金属产品、有色金属产品和工业矿物，出口金额分别为7.16亿—14亿美元、3.91亿—12亿美元、4.62亿—9.04亿美元，分别占出口总额的于3.64%—8.05%、2.68%—4.29%、2.20%—3.97%；乌克兰出口贵金属产品较少，出口金额仅为0.416亿—1.68亿美元，占出口总额的0.20%—0.69%（表4–22、图4–58）。

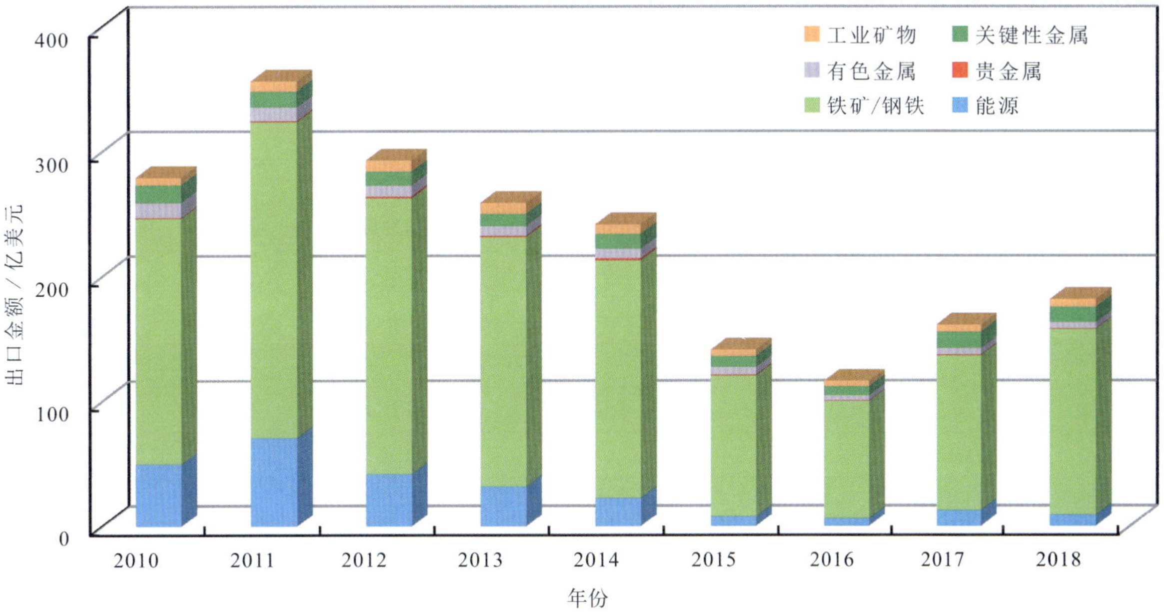

图 4–58 乌克兰2010—2018年能源/矿产品出口金额

3.中–乌能源/矿产品贸易概况

2010—2018年，中国与乌克兰之间的能源/矿产品贸易总金额为11.37455亿—28.68247亿美元，以中国进口能源/矿产品为主，进口金额为8.87255亿—23.886亿美元，占中–乌能源/矿产品贸易总额的72.13%—91.47%；中国向乌克兰出口能源/矿产品的金额为1.67994亿—5.70547亿美元，占中–乌能源/矿产品贸易总额的8.53%—27.87%（表4–23、图4–59）。

就中–乌能源/矿产品贸易变化趋势而言，总体显示先增加后减少的趋势。其中，2010—2013年，中–乌能源/矿产品贸易总体呈现逐年增加的趋势，于2013年增加至较大值，贸易金额为28.68247亿美元；2014—2016年，贸易总体呈现逐年减少的趋势，于2016年减少至较低值，贸易金额为11.37455亿美元；2016年以后，贸易金额逐年小幅变化（表4–23、图4–59）。

在能源/矿产品进口方面，总体变化与中–乌能源/矿产品贸易变化趋势基本一致。其中，2011年能源/矿产品进口金额增加至较高值，进口金额为23.886亿美元；2012—2016年进口金额逐年减少，于2016年降至较低值，进口金额仅为8.87255亿美元；2017年较2016年略有增加，2018年又有小幅回落（表4–23、图4–59、图4–60）。

表4–23 中–乌2010—2018年能源/矿产品贸易金额统计

单位：亿美元

矿种	2010年		2011年		2012年	
	中国进口	中国出口	中国进口	中国出口	中国进口	中国出口
能源	0.084	0.00794	0.134	0.00939	0.229	0.015
铁矿/钢铁	17	0.837	23	1.78	22	1.69
贵金属	—	—	—	—	—	—
有色金属	0.625	0.331	0.557	0.515	0.343	0.605
关键性金属	0.267	0.372	0.106	0.657	0.185	0.412
工业矿物	0.036	0.132	0.089	0.132	0.249	0.123
矿种	2013年		2014年		2015年	
	中国进口	中国出口	中国进口	中国出口	中国进口	中国出口
能源	0.302	0.00847	0.024	0.297	0.00673	0.66
铁矿/钢铁	22	4.63	22	2.15	13	1.22
贵金属	—	—	—	—	—	—
有色金属	0.304	0.575	0.391	0.422	0.492	0.401
关键性金属	0.315	0.296	0.289	0.226	0.139	0.133
工业矿物	0.056	0.196	0.03	0.099	0.014	0.08
矿种	2016年		2017年		2018年	
	中国进口	中国出口	中国进口	中国出口	中国进口	中国出口
能源	0.00299	0.173	0.012	0.154	0.011	0.017
铁矿/钢铁	8.41	1.72	8.94	2.24	8.32	2.55
贵金属	0.00108	—	—	—	—	—
有色金属	0.204	0.408	0.252	0.461	0.319	0.607
关键性金属	0.247	0.144	0.288	0.147	0.262	0.162
工业矿物	0.00748	0.057	0.016	0.08	0.038	0.122

注：统计数据源于英国国防事务研究所查塔姆智库（Chatham House），网址：https://resourcetrade.earth/data。

就中国从乌克兰进口的各类矿产品种而言，以铁矿/钢铁产品为主，进口金额为8.32亿—23亿美元，占中国进口能源/矿产品金额的92.96%—96.77%；其次是有色金属产品和关键性金属产品，进口金额分别为0.204亿—0.625亿美元和0.106亿—0.315亿美元，分别占中国进口金额的1.32%—3.60%、0.44%—3.03%；中国从乌克兰进口能源产品和工业矿物较少，进口金额分别为29.9万—3020万美元、74.8万—2490万美元，分别占中国进口金额的0.03%—1.31%、0.08%—1.08%；中国从乌克兰进口贵金属产品更少，仅收集到2016年的数据，进口金额为10.8万美元，占中国进口金额的0.01%（表4–23、图4–59、图4–60）。

在能源/矿产品出口方面，中国向乌克兰出口金额总体变化不大，呈现缓慢增长的趋势。其中，2010年出口较少，出口金额为1.67994亿美元；2013年出口较多，出口金额为5.70547亿美元（表4–23、图4–59、图4–61）。

就中国向乌克兰出口的各类矿产品种而言，以铁矿/钢铁产品为主，出口金额为0.837亿—4.63亿美元，占中国出口总额的48.92%—81.15%；其次是有色金属产品和关键性金属产品，出口金额分别为0.331亿—

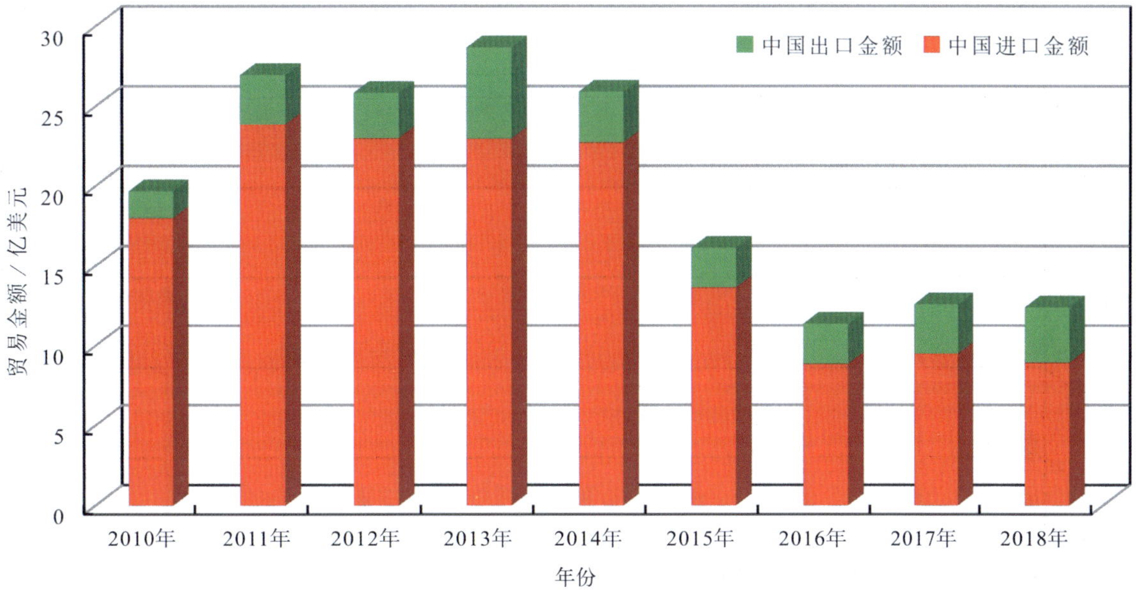

图 4–59　中国—乌克兰能源/矿产品贸易金额（2010—2018年）

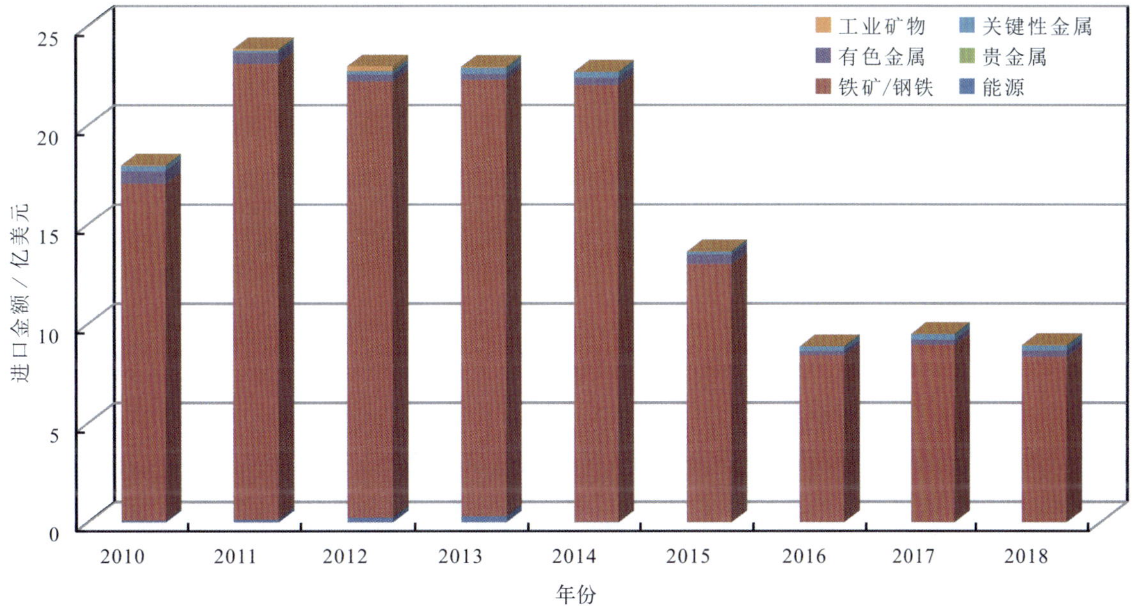

图 4–60　中国进口乌克兰的能源/矿产品金额（2010—2018年）

0.607亿美元、0.133亿—0.657亿美元，分别占中国出口金额的10.08%—21.27%、4.68%—22.14%；中国向乌克兰出工业矿物较少，出口金额为0.057亿—0.196亿美元，占中国出口总额的2.28%—7.86%；中国向乌克兰出口能源产品更少，出口金额为79.4万—6600万美元，占中国出口总额的0.15%—9.30%（表4–23、图4–59、图4–61）。

四、矿业投资环境评价结果

在矿业投资环境评价的各项一级指标中，乌克兰各项指标总体得分较高（总得分为60.70，排名第6），

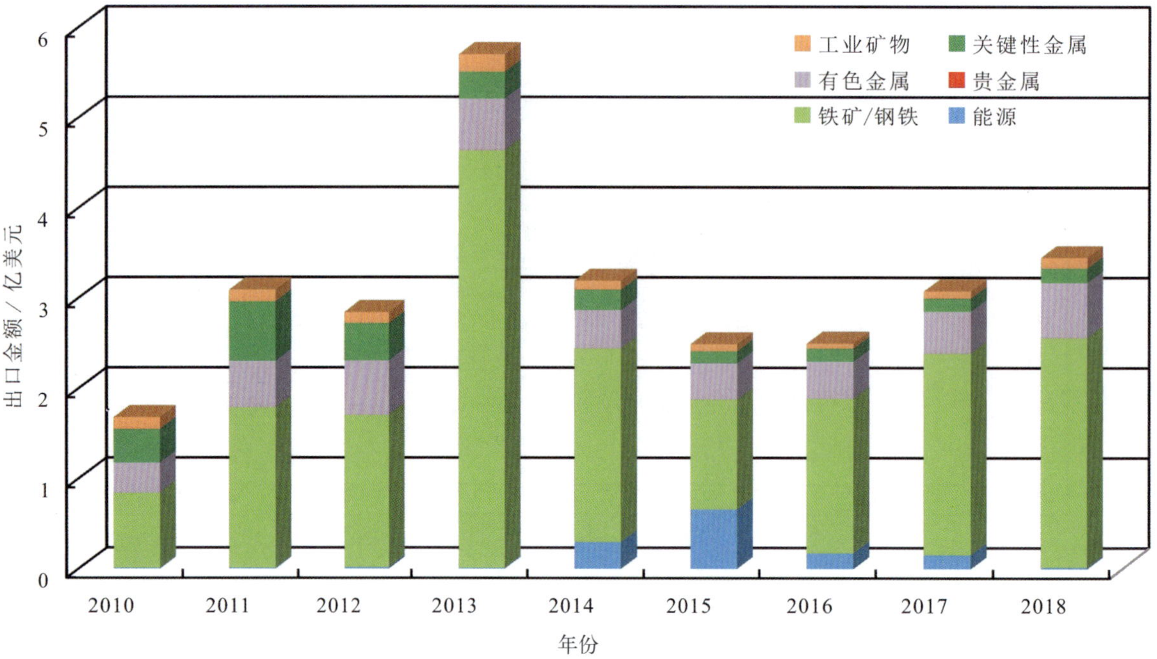

图 4–61　中国出口乌克兰的能源/矿产品金额（2010—2018年）

显示出良好的矿业投资环境（表3–1）。其中，资源禀赋指数评价最高，得分为33.60分（满分40分）；其次是营商环境指数，得分为8.05分（满分15分）；投资风险指数和国际合作关系指数评价较低，得分分别为7.50分、6.45分（满分均为15分）；矿业勘查开发指数评价最低，得分仅为5.10分（满分15分）(表3–1、图4–62)。

就各项二级指标而言，在资源禀赋指数方面，乌克兰拥有丰富的锰（全球第2)、金红石（全球第4)、铁（全球第7)、煤炭（全球第8)、钛铁矿（全球第10)、天然气（全球第23)、镍、铀、汞、石墨等资源，矿产资源较为丰富，且部分矿产是我国重要的战略性矿产，与我国具有一定的互补性。其中，部分能源/矿产品产量在全球具有重要的地位，如，镓（全球第2)、金红石（全球第4)、铁（全球第5)、二氧化钛(全球第5)、溴（全球第5)、钛铁矿（全球第6)、金属镁（全球第6)、锰（全球第8)、石墨（全球第8)、煤炭（全球第15)、天然气（全球第23）等。因此，能源/矿产品产量和战略性矿产数两项指标评价均获得了满分，能源/矿产资源禀赋指标获得了较高的分值，显示这些国家具有较强的矿产品生产能力和较好地资源禀赋。钢铁工业乌克兰的重点行业，这些国家在采掘业透明度评估也有部分的进展，在透明度指标评价中也获得了一定分值（表3–1、表3–7、图4–62)。

在矿业勘查开发指数方面，部分二级指标评价不高，乌克兰拥有较多的矿山项目、运营矿业公司和运营矿山，而矿业勘查投入和矿业勘查公司数均较少。目前，尚未收集到中资矿业企业在乌克兰从事能源/矿产开采开发项目的相关信息。因此，在本次矿业投资环境评价中，矿山项目数、运营矿业公司数、运营矿山数等二级指标均获得较高的分值，而矿业勘查投入/GDP总值、矿业勘查公司数、中资矿业企业/大型国企等指标评价均不高，表明这些国家矿业活动以矿产品开采为主，矿业勘查活动不太活跃，中资矿业企业参与度不太高（表3–1、表3–13、图4–62)。

在国际合作关系指数方面，乌克兰与中国是战略伙伴关系，中国是其第二大贸易伙伴。乌克兰与中国签署了《中乌战略伙伴关系发展规划》，成为较早响应中国推动“一带一路”倡议的国家之一，双方签

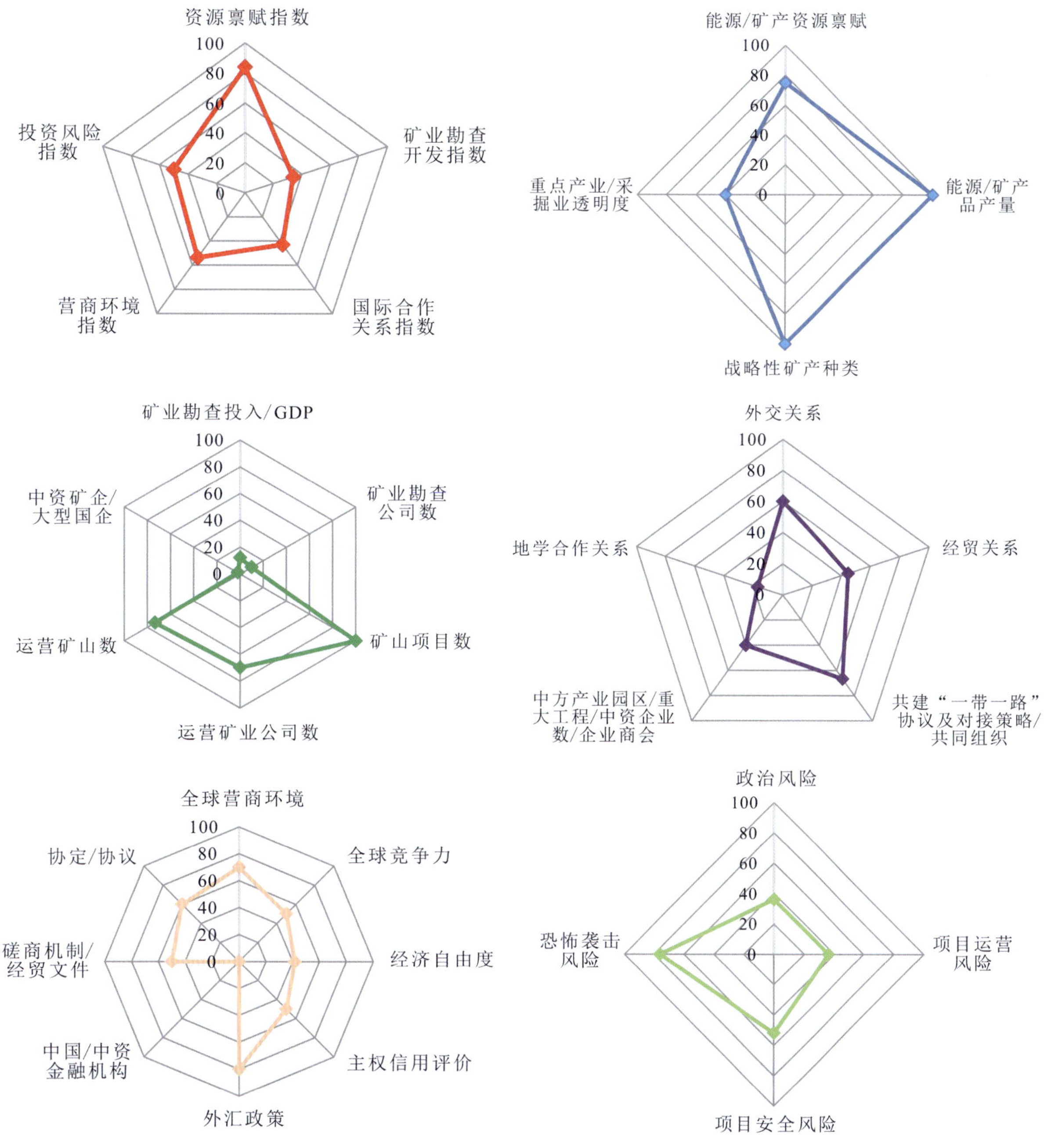

图 4–62　乌克兰矿业投资环境各类指标贡献量蛛网图

署了《落实“新丝绸之路经济带”和“海上丝绸之路”路线图》，成立了乌克兰“一带一路”贸易投资促进中心；合作开展锡瓦斯湖风电项目、尼克波尔光伏电站项目等，约有38家中资企业在乌克兰投资，建有乌克兰中国商会；两国地矿机构进行高层互访，乌国地矿机构科研人员参与中国地学援外培训班。总体上，国际合作关系指数相关二级指标评价一般，表明两国之间的合作关系并不十分密切，其中，共建“一带一路”协议与战略对接/共同组织、外交关系等指标评价较高，其次是经贸关系、中方产业园/重大工程/中资企业数/企业商会等指标，地学合作关系指标评价较低（表3–1、表3–18、图4–62）。

在营商环境指数方面，乌克兰在全球营商环境报告、全球竞争力报告等国外知名智库评价报告中均有较高的得分和较好的评价，在经济自由度报告中评价一般；在惠誉、标普、穆迪全球三大主流评价机构中，主权信用评价较高，政府信用较好；外汇汇入、汇出自由，境内无中资金融机构；中–乌两国签署了经贸协定、保护投资协定、货币互换协议等多份经贸文件。在营商环境指数总体评价较高，在各项二级评价指标中，外汇政策指标评价最高，其次是全球营商环境，协议协定、全球竞争力、主权信用评价、磋商机制/经贸文件等指标评价较低，经济自由度指标评价最低（表3–1、表3–23、图4–62）。

在投资风险指数方面，除恐怖袭击风险指数得分较高，其他二级评价指标得分适中，说明乌克兰总体投资风险适中，各类安全形势一般，有利于投资企业开展生产运营工作。其中，恐怖袭击风险指数得分最高，评价为总体低风险、局部中风险，说明乌克兰罕见恐怖袭击活动，恐怖主义对企业投资造成的风险很小，局部虽然有零星的恐怖活动，但均不针对商业活动或企业工作人员；项目安全风险位居其后，评价为总体中风险、局部极高风险，说明这些国家在安全保护方面可能存在某些缺陷，安全环境可能会导致企业运营过程中存在某些挑战，局部地区的安全条件可能无法满足企业正常生产经营需求；政治风险、项目运营风险得分均较低，评价为总体高风险、局部极高风险，表明这些国家商业运营环境和基础设施较差，基础设施缺陷、政治动荡等问题可能会对企业生产经营或投资业务产生较为严峻的挑战，局部地区存在法制缺失、政府机构不健全、基础设施不足等问题，可能无法满足企业正常运营所需的政治环境和商业运营环境（表3–1、表3–24、图4–62）。

五、矿业投资建议

1.积极构建中–乌地学交流机制，促成地矿产能合作顶层设计

乌克兰拥有丰富的锰、金红石、铁、煤炭等资源，与我国具有一定的资源互补性，且矿产品产量在全球具有重要的地位。采矿业在乌克兰工业中占有重要的地位，2018年乌克兰采矿业产值约136.68亿美元（3799.6亿格里夫纳，1美元≈27.8格里夫纳），占其工业产值的15.2%。2018年中国从乌克兰进口的主要涉矿产品包括钢铁，矿砂、矿渣及矿灰，其他贱金属、金属陶器及其制品等。但目前，中–乌两国地矿机构尚未签署地学合作谅解备忘录或项目合作协议，也未发现有中国矿业企业在乌克兰进行投资，在一定程度上制约了中–乌两国地矿领域的产能合作。

因此，建议在共建“一带一路”的大背景下，结合乌克兰“改革和重建经济规划”“乌克兰地区发展国家战略”，充分利用中乌友好合作的关系和经贸基础，依托中国地质调查局与乌克兰国家矿产资源委员会、乌克兰地质与地下资源调查局初步建立的联系，在中乌政府间合作委员会框架下构建地学与矿业产能合作分委会，签署地矿合作谅解备忘录或项目合作协议，加强中–乌地学与矿业产能合作顶层设计，共同推动乌克兰矿产资源开发，促进地矿领域投资与招商引资，加快矿业/能源产能合作。

2.搭建地矿产能合作服务平台，有序引导中国企业参与乌克兰矿业开发

乌克兰矿产资源丰富，约有20000处矿藏，其中包括已经开发和尚在勘探的。虽然乌克兰政府不断改善贸易环境，精简采矿许可证审批程序，但目前商业开采集团仍是相对较少。目前，乌克兰的采矿业急需国际矿山机械、破碎和研磨设备、矿业化工材料、环境监测技术和更多相关技术设备。

因此，建议充分利用中国—上海合作组织地学合作研究中心，依托中国地质调查局中亚西亚地质调查国际合作工程，开展乌克兰矿产资源潜力评价、矿业投资环境分析、矿业投资项目调研评级排序等，针对不同中资矿业企业在乌克兰的投资需求制定不同地矿合作推介/服务产品，例如，矿业投资项目资讯、矿业投资项目推介清单、矿业投资项目资料包、找矿勘查建议书等。与乌克兰地矿机构联合举办乌克兰矿业投资论坛、矿业投资项目推介会等，共同宣介乌克兰矿业投资政策，推介矿业投资项目，为中国矿

业企业在乌克兰投资搭建“面对面”“一站式”的沟通交流平台和信息咨询服务，有序引导中国技术、中国装备参与乌克兰矿业开发。

3.加强乌克兰矿业投资相关法律法规研究，降低投资风险

乌克兰涉及企业经营活动的法律名录繁多，且因政权更迭导致法律政策调整频繁。建议结合中国—上海合作组织地学合作研究中心、中国—上海合作组织国际司法交流合作培训基地、中国—上海合作组织环境保护合作中心等平台专业优势，加强政策法规对接研究，共同开展乌克兰矿业法、外国投资制度法、对外经济活动法、特许经营法、国家允许特许经营项目清单、环境保护法、劳动法等法律法规的解读，分析法律、政策变化对矿业投资的影响，并提出中资企业在乌克兰投资需要特别注意的要点、重点问题，排查投资误区，协助中资企业做到知法、懂法、守法，进一步降低中资企业潜在投资风险。

4.加强人才联合培养，助推地学产能合作

依托中国—上海合作组织地学合作研究中心、中国地矿类高校、在乌中资矿业企业，借助来华留学中国政府奖学金生项目、商务部援外培训项目等，联合开展地矿领域学历教育、短期培训/研修、教学实习等人才联合培养/培训活动，借此增加与乌克兰地矿机构的交流互访，进一步了解乌克兰矿业产业需求，探寻合作契机，促进中乌地矿领域的深度合作。

第九节　阿　曼

阿曼苏丹国（阿拉伯语：سلطنة عُمان，英语：Sultanate of Oman），简称阿曼（国家代码：OMN），首都是马斯喀特。阿曼位于西亚，为阿拉伯半岛东南沿海国家，西北与阿拉伯联合酋长国接壤，西面毗邻沙特阿拉伯，西南靠近也门。阿曼的海岸南方和东方临阿拉伯海，东北方则抵阿曼湾，它扼守着世界上最重要的石油输出通道——波斯湾和阿曼湾之间的霍尔木兹海峡。

阿曼国土面积为30.95万平方千米，全国人口约为468.5万（截至2019年3月），本国人口263.9万（占56%），外来人口204.5万（占44%），中资机构成建制外派人员近3700人，其他华人华侨总数逾6000人。阿曼绝大多数是阿拉伯人，外来定居人口中印度人、孟加拉人、巴基斯坦人、菲律宾人等居多。伊斯兰教为阿曼国教，穆斯林多属伊巴德教派，此外还有逊尼派、什叶派、瓦哈比派等。阿曼是世袭君主制国家，无宪法和议会，禁止一切政党活动，阿曼苏丹（国家元首）享有绝对权威,颁布法律，任命内阁，领导军队，批准缔结国际条约、协定。

阿曼的官方语言为阿拉伯语，通用英语。货币为阿曼里亚尔（货币符号：OMR）。工业以石油开采为主，开发天然气项目，石油、天然气产业是阿曼的支柱产业，油气收入占国家财政收入的75%，占国内生产总值的41%，工业项目主要为石油化工、炼铁、化肥等；农业不发达，粮食主要靠进口；渔业资源丰富，是阿曼传统产业和非石油产品出口收入的主要来源之一。

一、总体经济形势

阿曼经济相对发达，是典型的资源输出型国家，原油和天然气产业是国民经济的支柱，产值占国内生产总值近30%，出口收入在政府财政收入中的占比近70%。据阿曼中央银行发布的数据，2018年阿曼GDP约为752亿美元，同比增长2.4%。据阿曼官方英文报纸《观察家报》消息（2019年6月12日），阿曼最高规划委员会审议了“九五计划（2016—2020年）”进程、第十个五年计划（2021—2025年）准备工作和

一份经济报告，该报告指出2018年阿曼GDP约780亿美元（1里亚尔≈2.6美元），增长率12%，其中，石油业产值增长37.1%，非石油业产值增长2.9%。

2018年国际油价止跌回升，一定程度缓解阿曼经济下行压力，但经济总体状况仍未从低油价冲击中完全恢复。近年来，阿曼部署实施“九五”发展规划、“2040愿景”，全力推进经济多元化战略，并制定专项落实计划——“坦菲兹”，调动协调财政、外交、商业等多方资源，扶持工业、基础设施、旅游、矿业、物流、展会等产业发展，鼓励和支持私营企业特别是中小企业在经济建设中发挥更大作用。世界银行《2020年营商环境报告》显示，阿曼的总体排名第58位，比2019年上升10位。

矿业作为阿曼重点发展行业之一，其对阿曼GDP的贡献度为0.5%，未来增长空间巨大。目前，阿曼政府已出台了新的矿业法，以吸引更多外国和本地投资者进军该领域，开发当地的金、铜和稀土等矿产。此外，正在阿曼杜库姆经济特区内兴建的矿产品加工等设施也将进一步助力该行业的发展，提高矿业整体收益水平。阿曼官方英文报纸《观察家报》消息（2019年2月28日），阿曼矿业管理局（PAM）制定了逾43个矿产项目、举措计划，预计投资总额约21.138亿美元（1里亚尔≈2.6美元），其中99%将出自私营企业。这些举措和项目预计将促使2023年矿业产值增至约3.78亿里亚尔，占国内生产总值比例增加三倍，为阿曼籍求职者提供1600个直接就业机会，阿矿产量也将从2016年的1亿吨增长到2023年的1.47亿吨。

二、矿产资源禀赋

阿曼石油开发公司2018年3月中旬宣布，在位于阿曼的Mabrouk许可证区北部找到了大型天然气和凝析油田，据估测天然气可采资源量达4万亿立方英尺❶，凝析油为1. 12亿桶，探井钻深5000米，两个储层压裂后试采得1200万立方英尺❶/日的天然气产量。2019年《BP世界能源统计年鉴》显示，截至2018年年底，阿曼探明石油储量为54亿桶（包括天然气凝析油、天然气凝液以及原油），占全球总量的0.3%，天然气储量为7000亿立方米，占全球总量的0.3%。阿曼主要的油田有Marmul油田、Alam-West油田、Mukhaizna油田、Harweel油田、Qarn Alam油田等。阿曼天然气总产量的81%来自非伴生天然气田，主要的气田有哈赞（Khazzan）天然气田、Mabrouk天然气田、Saih Rawl天然气田、Abu Tabul气田等。

阿曼矿产资源多分布在步步地区，目前，阿曼境内发现的矿产资源有铜、铬、铁、锰、镁、煤、铬铁矿等，尚未进行精确勘探和深度利用。根据阿曼部分矿企初步勘探数据，铜矿储量5000万吨，多伴生金、银矿，主要分布在苏哈尔地区；铬矿储量为250万吨以上，品位较低，品位一般为35%—40%，主要分布在苏哈尔和塞迈德两个地区，其中苏哈尔地区的铬铁矿品位多为40%左右，赛迈德地区的铬铁矿品位多为35%。铁矿储量为1.2亿吨，品位为39%的铁矾土，多储藏在尼凯尔、依布拉地区。锰矿储量约为150万吨，主要分布在拉斯哈德和海迈哈山地区，其中，拉斯哈德地区多为含29.57%的氧化锰或19%—20%的锰，储量约为52万吨；海迈哈山地区多为20%的锰，储量约为100万吨。煤矿储量约为1.2亿吨，主要分布在苏尔地区。

此外，阿曼还蕴藏丰富的工业矿产，如石灰石、大理石、石膏、磷酸盐、盐、石英石、高岭土等。大理石储量达1.5亿吨，主要分布在北部山区和南部地区。石灰石储量约3亿吨。石膏储量达12亿吨以上，主要分布在南部佐法尔省及北部的布莱米和中部的加哈拜地区。

三、矿业经济概况

石油和天然气工业是阿曼的支柱产业，工业项目主要为石油化工、炼铁、化肥、塑料、铸管等。

❶1立方英尺＝0.0283168立方米。

2018年，阿曼油气行业产值287.9亿美元，占GDP的38.3%，其中，石油产量3.57亿桶，产值245.3亿美元；天然气产量457.2亿立方米，产值42.6亿美元。

目前，阿曼已经对铜、铬、镁、金、银、镍、铁矾土、石膏、大理石等矿产资源进行了商业开发。据阿曼官方英文报纸《观察家报》消息，截至2017年12月31日，阿曼矿业管理局（PAM）共颁发了292份矿产勘探许可证。

2014年以来，阿曼政府开始发展采矿业，在商工部下设矿业管理局，对矿业活动进行监管。2016年成立阿曼矿业有限责任公司（OMCO、国有企业），开展上游和下游业务，同时与私营部门合作，促进私营领域对矿业领域的投资。阿曼境内的主要矿业公司有阿曼矿业有限责任公司、Mawarid Mining、Gulf Mining Group、Kunooz Oman Holding、Zawawi Minerals、Alara Resources Ltd、Savannah Resources 等。其中，阿曼矿业有限责任公司、Mawarid Mining、Alara Resources Ltd、Savannah Resources主要开采、选冶阿曼的铜矿资源；Gulf Mining Group是全球最大的铬矿生产商和出口商之一，也是阿曼最大的石膏生产商之一；Kunooz Oman Holding是阿曼石灰石和石膏采矿和矿物加工领域的主要企业之一；Zawawi Minerals专注于开发阿曼的工业矿物，如石膏、石灰石和铬矿等。

据阿曼商工部统计，2011年阿曼从事矿业勘探与开发的公司（包括采石场和碎石场）共有34家，2011年铜矿石产量11.14万吨、铬矿产量为61.67万吨、镁矿产量约4.13万吨、铁矾土72.16万吨、石膏产量125.4万吨、大理石产量93.14万吨、高岭石产量约14.26万吨。阿曼矿业管理局2017年数据显示，阿曼矿产总产量约6600万吨，其中58.4%为建筑材料，25.3%为石灰石，11.3%为石膏，其余还有大理石、盐、铬铁矿、铁矿石、黏土、沙子、石英和二氧化硅。

阿曼矿产资源开发利用具有“技术落后、勘查不清、开发不足”等特点。为加速非石油经济多元化，阿曼实施“经济多样化国家计划”，即坦菲兹（Tanfeedh）计划，开展矿业铁路项目，鼓励外国企业进入阿曼矿产资源勘探开发领域，进一步开发利用矿产资源，大力发展矿业经济。根据阿曼铁路公司完成的初步研究估计，矿业铁路的年货运能力包括500万吨石膏，500万吨石灰石、约100万吨油田设备。目前，阿曼政府已出台了新的矿业法，以吸引更多外国和本地投资者进军该领域，开发当地的金、铜和稀土等矿产。阿曼矿业管理局制定了43个矿产项目、举措计划，预计投资总额约21.138亿美元，即将启动110个新矿区的公开招标。此外，正在杜库姆经济特区内兴建的矿产品加工等设施也将进一步助力该行业的发展，提高矿业整体收益水平。

1.勘查投入概况

近十年来，阿曼矿业勘查投入经费40—1130万美元，总体投资呈先增加、后减少的趋势。其中，2010—2014年，阿曼矿业投入经费基本逐年增加，至2014年达到较大值，投入金额为1130万美元；2015—2019年，矿业投入经费基本逐年减少，至2019年降至较低值，矿业勘查投入金额仅为40万美元（表4–24、图4–63）。

就全球矿业投入的占比而言，阿曼矿业勘查投入占全球矿业勘查投入的0.0043%—0.1052%，总体上与矿业勘查经费投入变化趋势一致，先逐年增加，后逐年减少。其中，2010—2014年，阿曼矿业投入经费在全球矿业勘查投入中的比例基本逐年增加，至2014年达到高值，占比为0.1052%；2015—2019年，矿业投入经费占比基本逐年减少，至2019年降至低值，占比仅有0.0043%（表4–24、图4–63）。

2.阿曼能源/矿产品贸易概况

2010—2018年，阿曼能源/矿产品贸易总金额为322.835亿—674.31亿美元，以能源/矿产品出口为主，

表4–24 阿曼2010—2019年矿业勘查经费投入统计

单位：百万美元

年份	2010	2011	2012	2013	2014
勘查投入	2.5	7.0	8.0	7.1	11.3
全球占比/%	0.0217	0.0406	0.0389	0.0492	0.1052
年份	2015	2016	2017	2018	2019
勘查投入	8.9	2.6	0.9	3.6	0.4
全球占比/%	0.1014	0.0371	0.0111	0.0374	0.0043

注：数据源于标普数据库（网址：https://www.spglobal.com/marketintelligence/en/）。

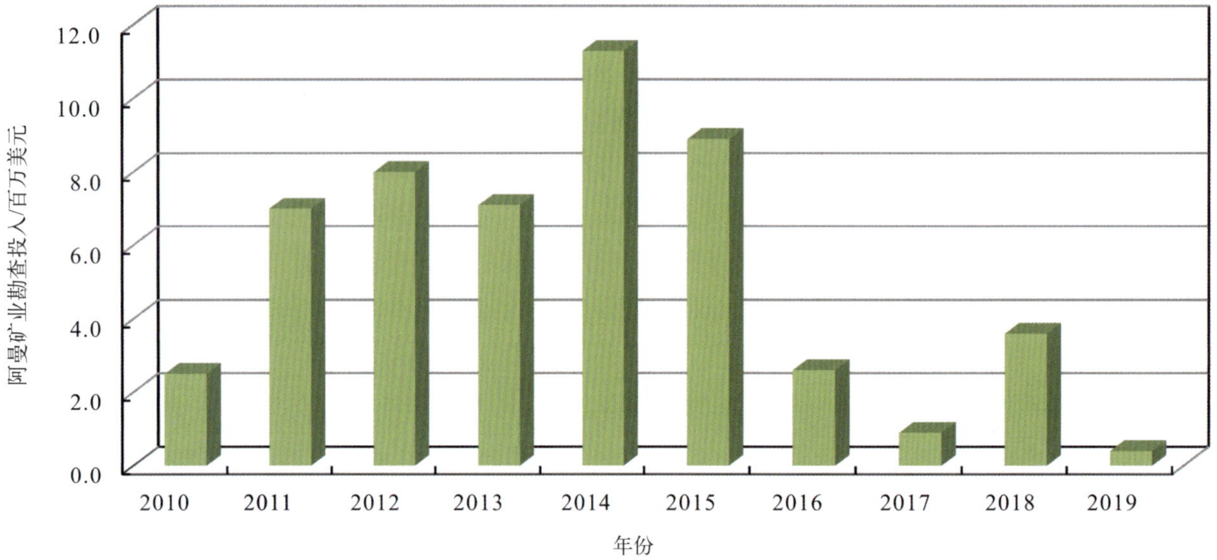

图4–63 阿曼2010—2019年矿业勘查经费投入

其中，能源/矿产品出口金额267.621亿—609.908亿美元，占贸易总额的81.38%—90.45%；能源/矿产品进口金额34.918亿—106.974亿美元，占贸易总额的9.55%—18.62%（表4–25、图4–64）。

就阿曼能源/矿产品贸易具体变化趋势而言，总体呈现增加→减少→再增加的变化趋势。其中，2010—2013年，阿曼能源/矿产品贸易额逐年攀升；2014—2016年，能源/矿产品贸易额逐年回落，2016年降至低点，贸易金额仅为322.835亿美元；2016年以后，能源/矿产品贸易金额又逐年大幅增加（表4–25、图4–64）。

阿曼在能源/矿产品进口方面，进口金额总体变化不大，基本保持在60亿美元左右。其中，除2013年大幅增加至高点（进口金额高达106.974亿美元）以外，2010—2015年，阿曼能源/矿产品进口金额基本上逐年小幅增加；2016年能源/矿产品进口金额较2015年有所回落，2016年以后又逐年小幅增加（表4–25、图4–65）。

就阿曼进口各类能源/矿产品的具体金额而言，能源产品和铁矿/钢铁产品进口较多，进口金额分别为17亿—66亿美元、9.5亿—26亿美元，分别占进口总额的32.61%—61.70%和24.30%—40.37%；其次是有色金属产品、贵金属产品和工业矿物，进口金额分别为5.4亿—9.5亿美元、0.652亿—8.55亿美元、1.96亿—4.13亿美元，分别占进口总额的8.88%—15.46%、1.87%—13.46%和2.31%—6.85%；阿曼进口关键性金属

表 4–25　阿曼 2010—2018 年能源 / 矿产品贸易金额统计

单位：亿美元

矿种	2010年		2011年		2012年	
	进口金额	出口金额	进口金额	出口金额	进口金额	出口金额
能源	17	309	27	380	29	422
铁矿/钢铁	9.50	1.07	23	11	24	17
贵金属	0.652	0.382	1.15	0.121	1.94	0.242
有色金属	5.40	10	6.70	12	6.99	11
关键性金属	0.066	0.00269	0.052	0.027	0.078	0.044
工业矿物	2.30	2.75	2.54	2.86	1.96	3.83

矿种	2013年		2014年		2015年	
	进口金额	出口金额	进口金额	出口金额	进口金额	出口金额
能源	66	427	25	434	32	436
铁矿/钢铁	26	22	26	17	17	13
贵金属	2.95	0.354	2.98	0.171	4.44	0.187
有色金属	9.50	10	8.13	11	8.70	12
关键性金属	0.054	0.513	0.202	0.015	0.122	0.291
工业矿物	2.47	7.56	3.44	5.51	4.13	5.10

矿种	2016年		2017年		2018年	
	进口金额	出口金额	进口金额	出口金额	进口金额	出口金额
能源	24	239	22	415	21	559
铁矿/钢铁	15	14	21	23	26	30
贵金属	5.81	0.469	8.55	0.494	4.19	0.584
有色金属	6.47	9.55	8.55	9.53	9.25	12
关键性金属	0.154	0.012	0.419	0.014	0.552	0.024
工业矿物	3.78	4.59	3.01	5.24	3.41	8.30

注：统计数据源于英国国防事务研究所查塔姆智库（Chatham House），网址：https://resourcetrade.earth/data。

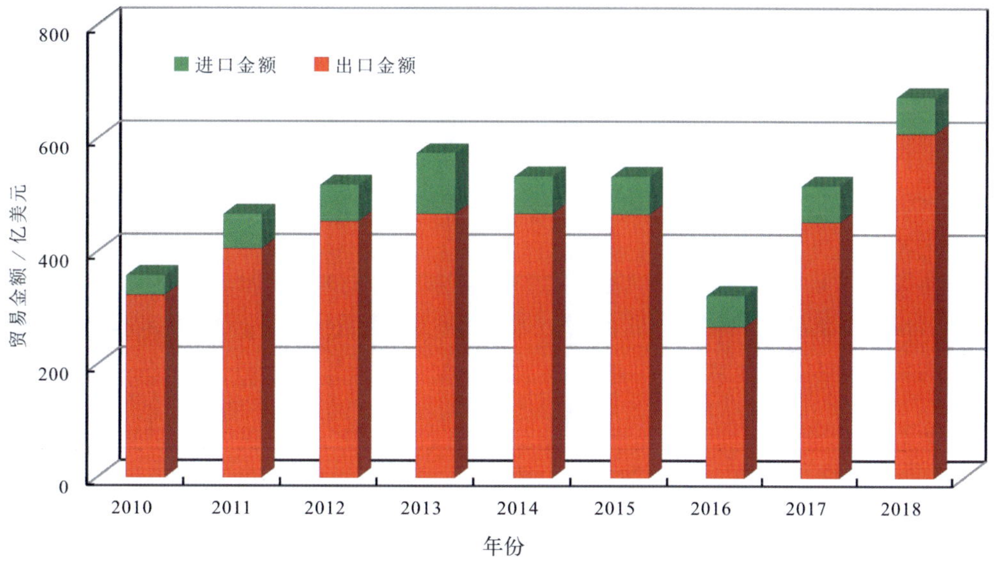

图 4–64　阿曼能源/矿产品贸易金额（2010—2018年）

产品较少，进口金额仅有0.052—0.552亿美元，占进口总额的0.05%—0.86%（表4–25、图4–65）。

阿曼在能源/矿产品出口方面，总体变化与能源/矿产品贸易变化趋势一致。其中，2010—2015年，阿曼能源/矿产品出口基本上逐年小幅增加；2016年出口金额降至较低值，仅为267.621亿美元；2016年之后，能源/矿产品出口开始逐年大幅回升（表4–25、图4–66）。

就阿曼出口各类能源/矿产品的具体金额而言，能源产品出口较多，出口金额为239亿—559亿美元，占出口总额的89.31%—95.61%；其次是铁矿/钢铁产品、有色金属产品和工业矿物，出口金额分别为1.07亿—30亿美元、9.53亿—12亿美元、2.75亿—8.3亿美元，分别占出口总额的0.33%—5.23%、1.97%—

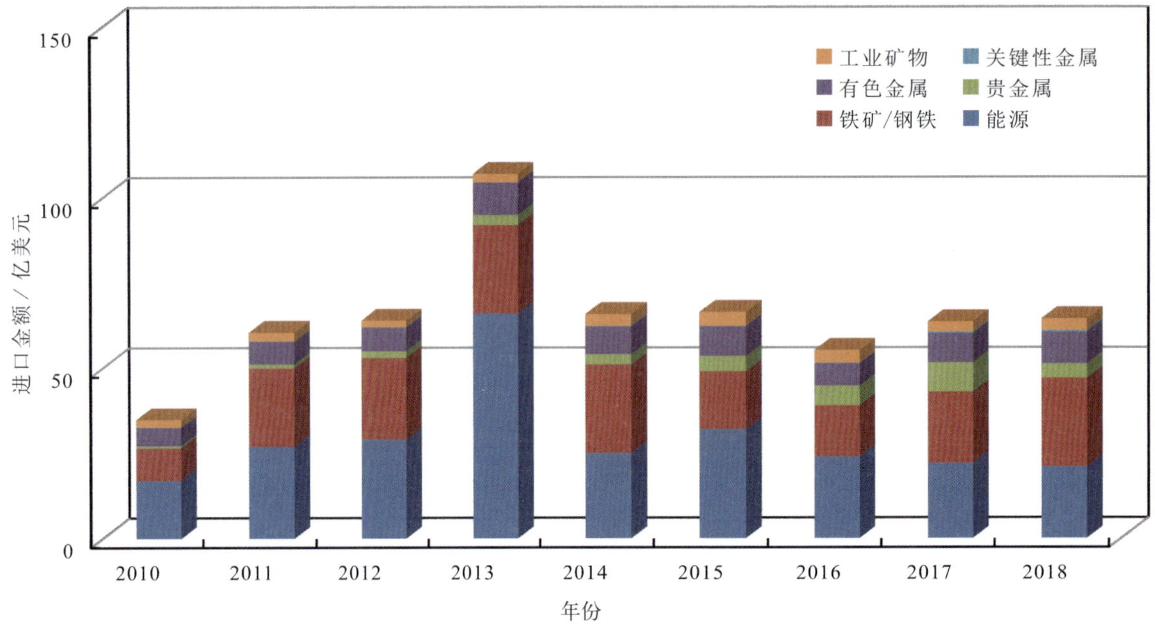

图 4–65 阿曼2010—2018年能源/矿产品进口金额

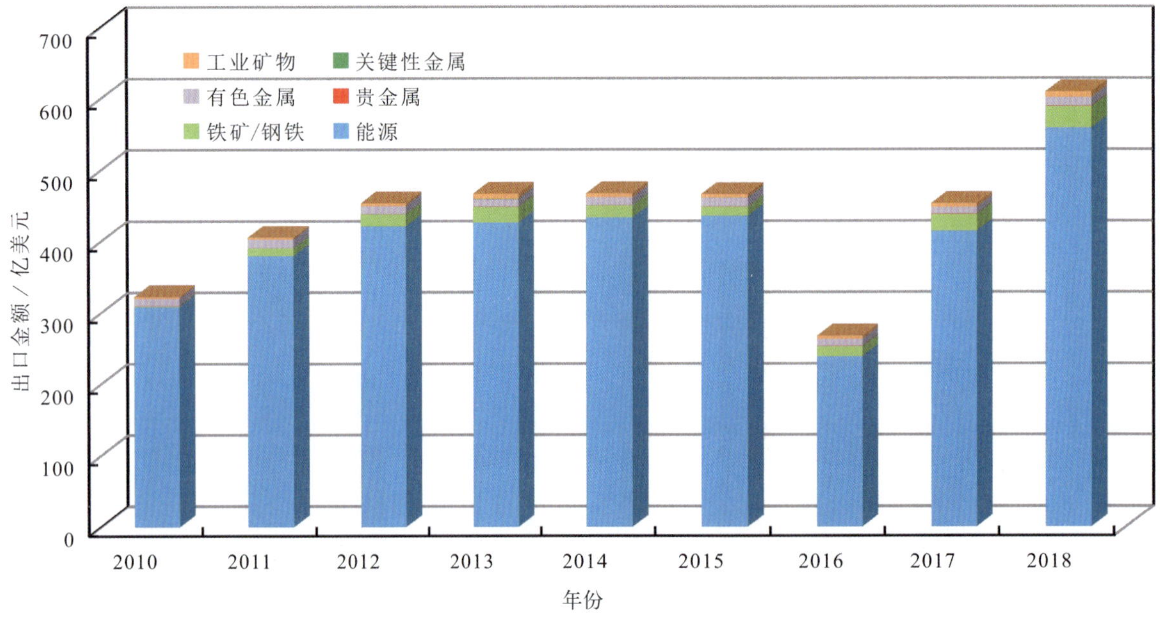

图 4–66 阿曼2010—2018年能源/矿产品出口金额

3.57%、0.70%—1.72%；阿曼出口贵金属产品和关键性金属产品较少，出口金额分别为0.121亿—0.584亿美元、0.00269亿—0.513亿美元，分别占出口总额的0.03%—0.18%、0.001%—0.110%（表4–25、图4–66）。

3.中–阿能源/矿产品贸易概况

2010—2018年，中国与阿曼之间的能源/矿产品贸易总金额为92.191581亿—224.233亿美元，其中，以中国进口能源/矿产品为主，进口金额为91.115041亿—219.994亿美元，占中–阿能源/矿产品贸易总额的96.16%—99.29%；中国向阿曼出口能源/矿产品的金额为1.07654亿—4.645亿美元，占中–阿能源/矿产品贸易总额的0.71%—3.84%（表4–26、图4–67）。

就中–阿能源/矿产品贸易变化趋势而言，总体显示增加→减少→增加的变化趋势，其中，2010—2014年，中–阿能源/矿产品贸易金额逐年增加，于2014年达到较大值，贸易金额高达224.233亿美元；2015—2016年，中–阿能源/矿产品贸易金额逐年大幅减少；2016年以后，中–阿能源/矿产品贸易金额逐年回升（表4–26、图4–67）。

表 4–26　中 – 阿 2010—2018 年能源 / 矿产品贸易金额统计

单位：亿美元

矿种	2010年		2011年		2012年	
	中国进口	中国出口	中国进口	中国出口	中国进口	中国出口
能源	89	0.298	133	0.304	159	0.39
铁矿/钢铁	0.000017	0.626	0.522	0.807	1.07	0.649
贵金属	—	—	—	—	—	0.00000211
有色金属	2.03	0.12	2.12	0.079	2.72	0.183
关键性金属	0.000024	0.00454	0.017	0.00155	0.00777	0.00219
工业矿物	0.085	0.028	0.085	0.033	0.105	0.076
矿种	2013年		2014年		2015年	
	中国进口	中国出口	中国进口	中国出口	中国进口	中国出口
能源	200	0.45	218	0.402	140	0.393
铁矿/钢铁	0.988	0.521	0.101	3.07	0.199	2.90
贵金属	—	—	—	—	—	0.032
有色金属	2.11	0.455	1.78	0.206	2.54	0.101
关键性金属	0.075	0.00446	0.012	0.024	0.014	0.019
工业矿物	0.072	0.028	0.101	0.537	0.079	1.20
矿种	2016年		2017年		2018年	
	中国进口	中国出口	中国进口	中国出口	中国进口	中国出口
能源	112	1.88	125	0.395	176	1.80
铁矿/钢铁	0.036	2.21	0.221	1.43	0.702	1.71
贵金属	—	0.184	—	—	—	—
有色金属	1.48	0.082	1.79	0.124	1.37	0.103
关键性金属	0.00502	0.00463	0.013	0.00636	0.023	0.025
工业矿物	0.145	0.177	0.095	0.046	0.052	0.046

注：统计数据源于英国国防事务研究所查塔姆智库（Chatham House），网址：https://resourcetrade.earth/data。

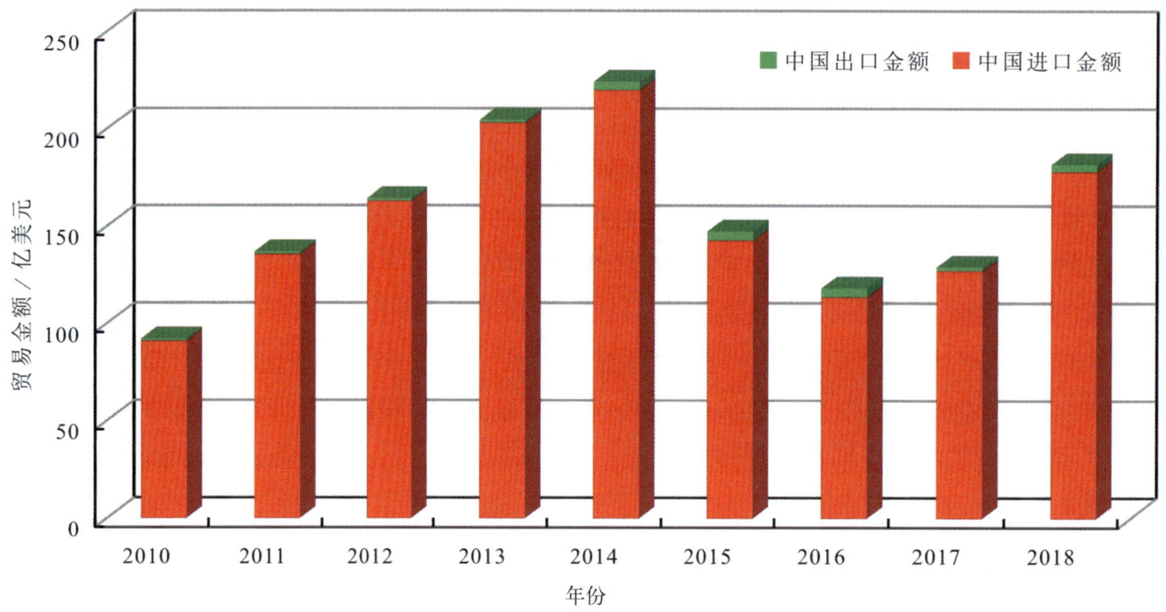

图 4–67　中国–阿曼能源/矿产品贸易金额（2010—2018年）

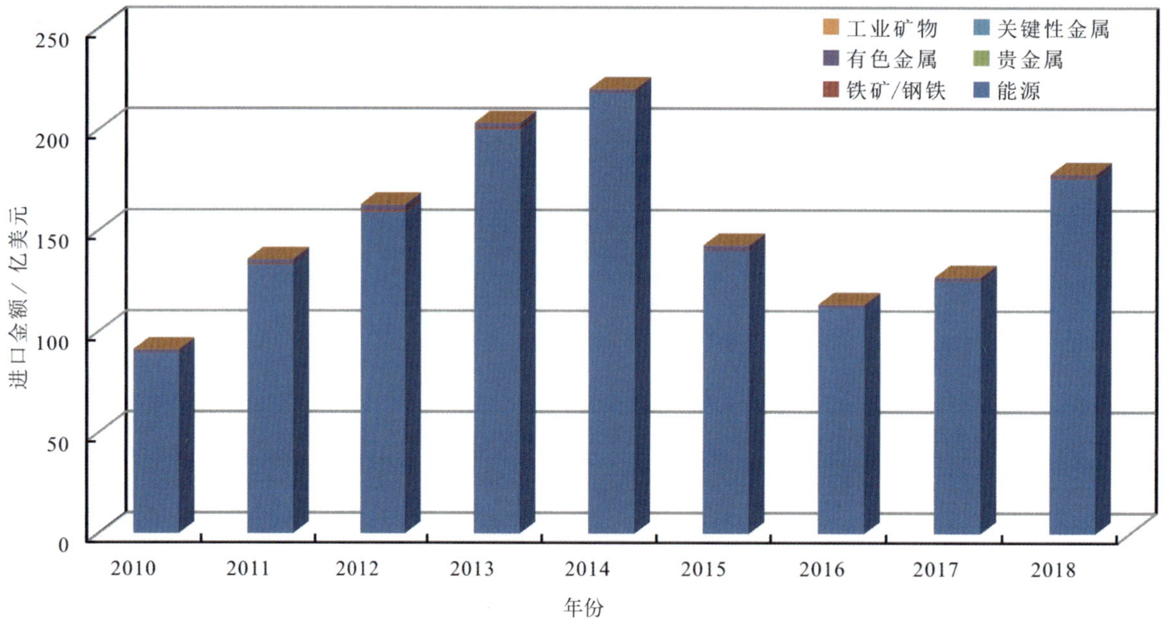

图 4–68　中国进口阿曼的能源/矿产品金额（2010—2018年）

在能源/矿产品进口方面，中国从阿曼进口金额变化与中–阿能源/矿产品贸易变化趋势基本一致，其中，2010—2014年，中国进口能源/矿产品金额逐年增加，于2014年达到较大值，进口金额高达219.994亿美元；2015—2016年，中国进口金额逐年大幅减少；2016年以后，中国进口金额逐年回升（表4–26、图4–67、图4–68）。

就中国从阿曼进口的各类矿产品种而言，以能源产品为主，进口金额为89亿—218亿美元，占中国进口能源/矿产品金额的97.60%—99.09%；其次是有色金属产品，进口金额为1.37亿—2.72亿美元，占中国进口能源/矿产品金额的0.77%—2.23%；中国从阿曼进口铁矿/钢铁产品和工业矿物较少，进口金额分别为

0.17万—10700万美元、520万—1450万美元，分别占中国进口金额的0.00002%—0.66%、0.03%—0.13%；中国从阿曼进口关键性金属产品较少，进口金额仅为0.24万—750万美元，占中国进口金额的0.00002%—0.04%（表4–26、图4–67、图4–68）。

在能源/矿产品出口方面，中国向阿曼出口能源/矿产品总体呈现增长的趋势，其中，2010—2015年，中国出口能源/矿产品金额逐年增加，于2015年达到较大值，出口金额高达4.645亿美元；2016—2017年，中国出口金额逐年减少，2018年出口金额较2017年大幅回升（表4–26、图4–67、图4–69）。

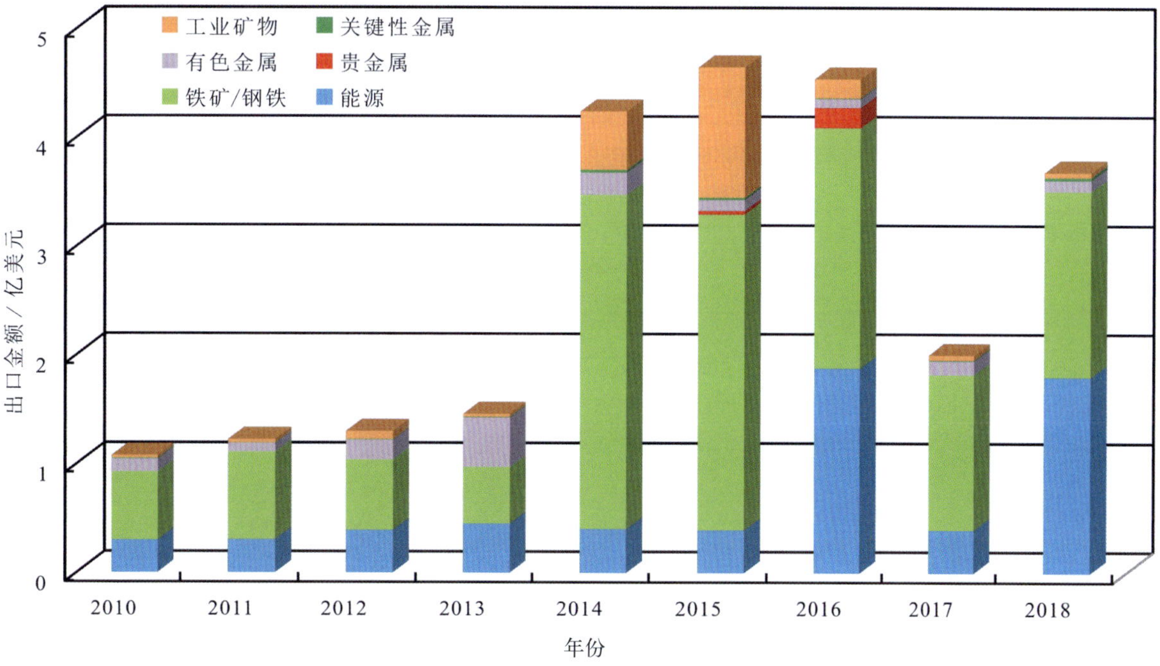

图 4–69 中国出口阿曼的能源/矿产品金额（2010—2018年）

就中国向阿曼出口的各类矿产品种而言，以铁矿/钢铁产品为主，出口金额0.521亿—3.07亿美元，占中国出口金额的35.72%—72.42%；其次是能源产品和工业矿物，出口金额分别为0.298亿—1.88亿美元、0.028亿—1.2亿美元，分别占中国出口金额的8.46%—48.86%、1.25%—25.83%；中国向阿曼出口一定份额的有色金属产品，出口金额为0.079亿—0.455亿美元，占中国出口金额的1.81%—31.20%；中国向阿曼出口关键性金属产品、贵金属较少，出口金额分别为15.5万—250万美元、0.0211万—1840万美元，分别占中国出口金额的0.10%—0.68%、0.0002%—4.055%（表4–26、图4–67、图4–69）。

四、矿业投资环境评价结果

在矿业投资环境评价的各项一级指标中，阿曼各项指标总体得分中等（总得分为45.95，排名第11），显示这些国家矿业投资环境较好（表3–1）。其中，投资风险指数评价最高，得分为10.50分（满分15分）；其次是营商环境指数，得分为9.30分（满分15分）；国际合作关系指数和资源禀赋指数评价较低，得分分别为6.45分（满分15分）、15.20分（满分40分）；矿业勘查开发指数评价最低，得分仅为4.50分（满分均为15分）（表3–1、图4–70）。

就各项二级指标而言，在资源禀赋指数方面，阿曼能源资源以石油、天然气为主，固体矿产资源主

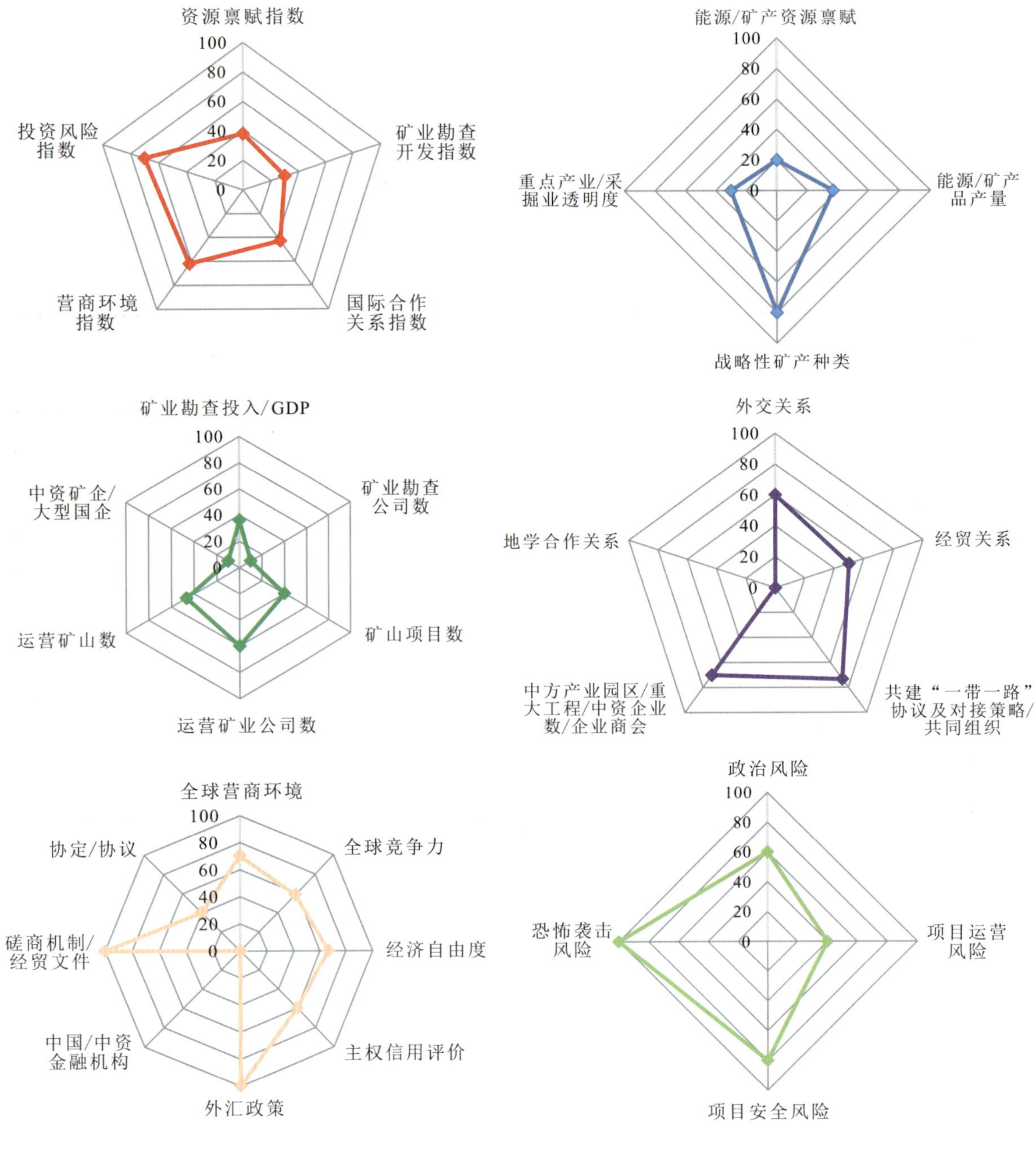

图4–70 阿曼矿业投资环境各类指标贡献量蛛网图

要有铜、铬、铁、锰、镁、煤炭、石膏、大理石等，且与我国有一定的互补性，石油天然气工业是本国的重点产业。2018年阿曼石油、天然气储量排名分别为全球第21、第27，产量分别排名全球第21和第22，2019年阿曼石膏产量全球第7、氦气产量全球第17。在本次资源禀赋指数评价中，各项二级指标总体评价均较低，战略性矿产数指标得分相对较高，其次是能源/矿产品产量、重点产业/采掘业透明度指标，能源/矿产资源禀赋指标得分较少（表3–1、表3–7、图4–38）。

在矿业勘查开发指数方面，阿曼虽然近年来大力发展矿业，但这些国家总体仍以石油天然气开发为主，在矿业勘查开发方面的投入相对较少，拥有较少的矿业勘查公司、矿山项目、运营矿业公司、运营矿山项目等，目前仅有中石油在这些国家从事油气领域的合作。在本次矿业投资环境评价中，相关二级指标均评价较低，其中，运营矿业公司数指标评价相对较高，其次是运营矿山数、矿业项目数、矿业勘查投入/GDP等指标，矿业勘查公司数、中资企业/大型国企等指标评价较低，表明阿曼目前的矿业勘查开发活动不太活跃，中资企业/矿业企业参与度不高（表3–1、表3–13、图4–70）。

在国际合作关系指数方面，阿曼与中国是战略伙伴关系，中国是其第一大贸易伙伴国、第一大出口目的国、第三大进口来源国；双方签署了《共同推进丝绸之路经济带与21世纪海上丝绸之路建设的谅解备忘录》，“一带一路”倡议涉及的重点领域、合作模式与阿曼“2040愿景”、阿曼“九五”计划纲要等远景规划十分契合；双方均为亚投行创始成员国；共建中阿（杜库姆）产业园，合作开展阿曼原油储罐项目、共建阿曼电信项目等，至少20余家中资企业在阿曼投资，建有阿曼中资企业协会；两国地矿机构尚未建立联系。在国际合作关系指数评价中，大多数二级指标获得了较高的得分，显示出较好的合作关系，但地学合作关系并不理想（表3–1、表3–18、图4–70）。

在营商环境指数方面，阿曼在全球营商环境报告、全球竞争力报告、经济自由度报告等国外知名智库评价报告中均有较高的得分和较好的评价；在惠誉、标普、穆迪全球三大主流评价机构中，主权信用评价较高，政府信用较好；外汇汇入、汇出自由，境内目前没有中国金融机构，共建有中阿经贸联委会，签署了经贸协定、保护投资协定等多份经贸文件。在营商环境指数总体评价较高，在各项二级评价指标中，磋商机制/经贸文件、外汇政策得分较高，均获得了满分；其次是全球营商环境、经济自由度、主权信用评价、全球竞争力等指标，协定/协议指标评价较低；因阿曼境内没有中国/中资金融机构，该指标评价得分为零（表3–1、表3–23、图4–70）。

在投资风险指数方面，各项二级评价指标大多数得分较高，说明阿曼总体投资风险较小，各类安全形势较好，有利于投资企业开展生产运营工作。其中，恐怖袭击风险最低，评价为极低风险，获得了满分，说明阿曼几乎没有恐怖袭击风险，这些国家不存在已知的活跃恐怖集团或可能助长恐怖主义的问题；其次是项目安全风险，评价为低风险，表明这些国家安全条件总体较好，政府能够提供足够的安全保障，不存在严重阻碍企业运营的安全问题；政治风险适中，评价为中风险，说明这些国家政局较为稳定，政治环境较好，企业受政治因素的影响较小；相对于其他风险，项目运营风险得分最低，评价为高风险，表明这些国家商业运营环境和基础设施较差，基础设施缺陷等问题可能会对企业生产经营或投资业务产生较为严峻的挑战（表3–1、表3–24、图4–70）。

五、矿业投资建议

1.借助阿曼矿业发展规划，积极构建中–阿地矿产能合作高层会晤交流机制

阿曼是典型的资源输出型国家，以油气产业为国民经济支柱阿曼部署实施第九个五年发展规划、“2040愿景”，全力推进经济多元化战略，以减轻对油气行业的过度依赖。为进一步促进阿曼重点发展的矿业经济发展，阿曼实施“经济多样化国家计划”（坦菲兹计划），修建连接主要矿集区的矿业铁路，进一步开发利用矿产资源，大力发展矿业经济。目前，阿曼政府已出台了新的矿业法，以吸引更多外国和本地投资者进军矿业领域，开发当地的金、铜和稀土等矿产资源。

阿曼矿产资源开发利用具有“技术落后、勘查不清、开发不足”等特点，矿产资源勘查开发市场尚处于不充分竞争阶段，目前仅有少数来自澳大利亚和印度的矿业公司在阿曼从事锰矿和石灰石的勘查开发，这为中国矿业企业进入阿曼矿产资源勘查开发领域提供了良好契机。

建议加强阿曼“2040愿景”与中国“一带一路”倡议对接，密切结合阿曼经济多元化战略和矿业发

展规划，加强地质矿产、能源等领域的合作力度，构建地矿领域常态化高层对话机制，例如，在中-阿经贸联委会框架下构建地学与矿业产能合作分委会，进一步加强中-阿地学与矿业产能合作顶层设计，共同推动阿曼矿业开发与招商投资，助力矿业/能源项目合作。

2.密切关注跟踪阿曼矿业招标项目，引导中国企业投资

为进一步促进矿业经济发展，阿曼矿业管理局（PAM）制定了43个矿产项目，预计总投资约21.138亿美元。此外，阿曼矿业管理局还规划确定了110个新矿区，待阿曼环境和气候事务部、内政部、国防部、卫生部、旅游部、交通和通讯部、文化遗产部、地区市政和水资源部等8个部门审批后，将启动公开招标工作。

建议密切关注、跟踪阿曼矿业招标项目和招标信息，依托中国—上海合作组织地学合作研究中心，通过中国地质调查局中亚西亚地质调查国际合作工程，开展阿曼矿产资源潜力评价、矿业投资环境分析、矿业投资项目调研评级排序等，针对不同中资矿业企业在阿曼的投资需求制定不同地矿合作推介/服务产品，例如，矿业投资项目资讯、矿业投资项目推介清单、矿业投资项目资料包、找矿勘查建议书等，有序引导中国矿业企业参与阿曼矿业合作开发。

此外，与阿曼地矿机构（阿曼矿业管理局等）联合举办阿曼矿业投资论坛、矿业投资项目推介会等，共同宣介沙特矿业投资政策，推介矿业投资项目，为中国矿业企业赴沙特投资搭建“面对面”“一站式”的沟通交流平台，提供信息咨询服务。

3.共同建立中国-阿曼（杜库姆）产业园矿业产业集群，助力矿业产能合作

发展采矿业是阿曼实现经济多元化的重要举措，阿曼政府鼓励外国企业进入阿曼矿产资源勘查开发生产领域。目前，正在阿曼杜库姆经济特区内兴建的矿产品加工等设施进一步助力矿业产业的发展，提高整体矿业经济水平。中国-阿曼（杜库姆）产业园位于杜库姆经济特区，该产业园有望通过5年的建设初具规模，并在50年内完成区块内外基础设施建设，开发石油炼化、轻重工业、物流仓储等多种用途。

因此，建议充分利用好阿曼国家/地区优惠政策、行业鼓励政策，以及工业区发展规划，依托中资企业产能优势和中国产业园建设经验，与阿曼政府、大型矿业企业共同谋划地质与矿业产业布局，合作开发阿曼矿产资源，在中国-阿曼（杜库姆）产业园联合建立集矿石采选冶、矿产品深加工、尾砂尾矿综合利用、矿山设备销售/租赁/售后维修、矿产品进出口贸易、矿业金融、物流仓储为一体的矿业产业集群，助推阿曼矿业经济发展和多元化经济转型升级，加速中国矿业领域优势产能、先进技术装备参与阿曼矿业经济建设。

第十节　吉尔吉斯斯坦

吉尔吉斯共和国（吉尔吉斯语：Кыргызская Республикасы，英语：Kyrgyz Republic），通称“吉尔吉斯斯坦”或“吉尔吉斯”(国家代码：KGZ)，首都是比什凯克。吉尔吉斯斯坦位于中亚东北部，地处内陆地区，北与哈萨克斯坦相连，西界乌兹别克斯坦，南同塔吉克斯坦接壤。

吉尔吉斯斯坦国土面积为19.99万平方千米，全国人口约为640万（截至2019 年3月），是一个由80多个民族组成的多民族国家，主要民族为吉尔吉斯族，其他有乌兹别克族、俄罗斯族、东干族、维吾尔族等少数民族。70%居民信仰伊斯兰教，多数属逊尼派。吉尔吉斯斯坦属政教分离的世俗国家，政治上推行民主改革并实行多党制，政治体制为议会共和制。截至2014年，在吉尔吉斯司法部正式登记注册并开展

活动的政党有140余个。吉尔吉斯主要政党有故乡党、社会民主党、尊严党、共和国党和祖国党，是议会中的五大党派。2014年3月，社会民主党、尊严党和祖国党宣布组成新的执政联盟，共和国党和故乡党成为议会反对党。

吉尔吉斯斯坦国语为吉尔吉斯语，官方语言为俄语。货币为吉尔吉斯斯坦索姆（货币符号：KGS）。吉尔吉斯斯坦国民经济以多种所有制为基础，农牧业为主，工业基础薄弱，主要生产原材料。主要工业有采矿、电力、燃料、化工、有色金属、机器制造、木材加工、建材、轻工、食品等。

一、总体经济形势

吉尔吉斯斯坦近年来调整经济方针，稳步渐进地向市场经济转轨，推行以私有化和非国有化改造为中心的经济体制改革，经济保持了低增长态势。2018年吉尔吉斯斯坦GDP增速为3.5%。吉尔吉斯斯坦国家统计委员会网站公布的数据显示，2019年吉国GDP同比增长4.5%（若不计库姆托尔金矿产值，则同比增长3.8%），其中采矿业增长率为29.4%。

吉尔吉斯斯坦政局相对稳定，法律基本健全，经济自由度较高，市场准入条件较宽松。2018年吉尔吉斯斯坦继续实行开放的经济政策，鼓励大力吸引外商投资。世界银行评估，2019年吉尔吉斯斯坦营商环境位居世界第80位，比去年下降10位，营商环境有所恶化；世界经济论坛《全球竞争力指数》报告显示，吉尔吉斯斯坦竞争力位居全球第96位，较上年上升了1位。亚洲开发银行《2020年亚洲发展》预测，受新冠肺炎疫情的影响，吉尔吉斯斯坦2020年GDP增长率为4.0%，2021年为4.5%。第十四届“欧亚经济一体化”国际会议期间，欧亚开发银行代表预计，2020—2021年，吉尔吉斯斯坦经济年均增长率将达到3.4%，将仍然为欧亚经济联盟经济发展速度最快的国家之一。吉尔吉斯斯坦国家统计委员会数据显示，受新冠肺炎疫情影响，2020年第一季度吉国经济增长1.5%，增速明显放缓（去年同期经济增速为5.2%）。

二、矿产资源禀赋

吉尔吉斯斯坦地质成矿条件好，矿产资源丰富，金属矿产种类比较齐全。已发现有铁、锰、铜、金、铅、锌、铝、钨、锡、钼、汞、锑、银、铍、锆、稀土等32种矿产，探明储量（C2级或D级以上）的有铁、锰、铜、金、铅、锌、铝、铷、钨、锡、钼、汞、锑、银、钽、铌、铍、锆、铪、稀土等28种矿产。综合分析收集到的267处金属矿床（点）资料显示，金、锑、汞、锡、钨、铜、铅、锌、铁等矿产规模大，是吉国的优势矿产。其中，吉尔吉斯斯坦的锑产量位居中亚五国第1位，其次黄金、锡、汞产量都居中亚第2位。

1.金矿

黄金开采业产值占吉尔吉斯斯坦全国矿产开采业产值的90%，约占工业生产总值的1/2。吉尔吉斯斯坦以原生岩金为主，砂金矿规模小且分布较少。原生岩金矿在北、中、南天山均有分布，金矿的形成和产出与所处地质构造背景密切相关，矿床主要类型有：炭质浅变质岩型（黑色岩系型），代表性矿床为库姆托尔超大型金矿床；构造蚀变岩型，代表性矿床为塔尔德布拉克–左岸大型金矿床；热液型，代表性矿床为捷鲁依大型金矿床；矽卡岩型，代表性矿床为库鲁–捷格列克大型铜金矿床等；斑岩型，代表性矿床为塔尔德布拉克大型铜–金矿床。

目前，已发现原生金矿床、矿（化）点近2000处，砂金矿床50余处。据2016年统计，黄金探明储量565.8吨，估算资源量为3000—4000吨，有很大的勘查和开发前景。

2.汞锑矿

吉尔吉斯斯坦汞锑矿产主要集中分布于南天山西部的阿赖山北坡，费尔干纳盆地以南的阿赖山和吉萨尔—泽拉夫地区，呈近东西向展布。成矿以汞锑共生为特色，形成北以汞为主，南以汞锑为主的分带。根据容矿岩石的性质，区内汞锑矿床可分为四类：岩浆岩型(包括蚀变滑石菱镁片岩型)；似碧玉岩型；碳酸盐岩型；碎屑岩型。其中，以岩浆岩型(包括滑石菱镁片岩型)和似碧玉岩型最为重要，产有超大型矿床，是区内的主要矿床类型。

吉尔吉斯斯坦是中亚地区重要的汞锑基地，据2016年统计，汞探明储量3.95万吨，锑探明储量26.4万吨。境内成型的汞矿床（点）43处，其中超大型两处，锑矿床21处，大型1处（>10万吨），中型7处。由于市场和资金原因大部分矿山目前处于停产、半停产状态。比如，海达尔坎卡矿床，汞储量为1.6281万吨；锑10.6797吨；萤石为112.7万吨；卡达姆贾伊矿床，锑储量为7.5563万吨（Sb平均含量3.196%）。

3.钨锡矿

钨、锡矿床主要集中分布于吉尔吉斯南天山东部的阔克萨勒区，构成吉尔吉斯锡–钨资源基地。钨锡主要矿化类型为矽卡岩型、石英脉型和云英岩型等。石英脉型和云英岩型这两类矿床经常伴生，很难截然分开。

吉尔吉斯斯坦已知钨矿床（点）34处，探明WO_3储量32.84万吨，估算资源量16万吨。锡矿床（点）100余处，探明锡金属储量20余万吨。比如，特鲁道钨锡矿床，WO_3为0.37%，储量为9.55万吨，锡为0.64%，储量为7.15万吨；乌奇科什科钨锡矿床，锡品位为0.54%，储量为7.45万吨，WO_3为0.11%，储量为2.18万吨；肯苏矽卡岩型钨矿床，储量为2.9万吨，WO_3为0.40%—0.58%。

4.铜矿

吉尔吉斯斯坦铜矿大部分分布在北天山，成矿类型有斑岩型、接触交代（矽卡岩）型、火山岩型、砂页岩型和热液型等6种类型。以铜–金矿化矿床为主，产出多个大中型矿床，也有单一铜矿及铜–铅、铜–银、铜–钼矿化小型矿床及矿点。据2016年统计，铜探明储量31.4万吨，大多铜矿未开采，未来勘查开发潜力比较大。

5.铁矿

吉尔吉斯斯坦铁矿主要分布在塔拉斯州、纳伦州、贾拉拉巴德州和楚河州。吉尔吉斯斯坦铁矿主要类型：沉积–变质型，代表性矿床杰德姆超大型铁矿床；岩浆型钒钛磁铁矿，代表性矿床巴拉–奇奇坎矿床；矽卡岩型，以卡尔马克–阿舒为代表；沉积型，以纳伦铁矿床为等。

吉尔吉斯斯坦已发现铁矿产地10余处，已探明铁矿石储量41.85亿吨，预测资源量100—200亿吨。吉尔吉斯铁矿以沉积–变质型铁矿和岩浆型钒钛磁铁矿最为重要，为超大型、大型矿床，其他类型矿床规模较小，工业价值不高。其中，产于东部的杰德姆矿田，是吉尔吉斯最大的铁矿，苏联预测资源量57亿吨，探明储量21.58亿吨吨，为沉积变质型。巴拉–奇奇坎钒钛磁铁矿，铁矿石资源量为1.1亿吨（Fe_2O_3含量为17.70%），TiO_2为2.372亿吨（TiO_2含量为3.54%），V_2O_5为402万吨（V_2O_5含量为0.08%）。

6.铀矿

吉尔吉斯斯坦的铀矿主要分布在纳伦河和马利苏河流域，特别是在费尔干纳地区相对集中。吉尔吉斯铀矿区主要有5个：马里萨伊、卡拉巴尔塔、明古什、卡吉萨伊、阿克秋兹。未来有开发前景的铀矿主要集中于萨雷贾兹河和克孜尔阿姆布里地区，前者蕴藏量约8222吨（铀含量约为0.022%），后者蕴藏量约为3125吨（铀含量约为0.032%）。

7.铍矿

吉尔吉斯斯坦铍矿床有4个大型矿床和一些矿点，主要分布在北天山塔拉斯和克明两个矿集区，铍的储量为1.17万吨，平均品位为0.127%左右。铍矿产地的勘探程度高，对卡列赛、切特德，秋克图–阿尔恰、乌祖恩–塔什特地区的铍矿进行了详查勘探，其余的矿产地只是从地表进行了研究，现在所有铍矿床均未开采。

8.铌钽矿

吉尔吉斯斯坦有12个铌钽矿产地，主要分布在南天山。其中2个大型矿床：杰利别克矿床、图捷克矿床；2个小型矿床：沙雷赛矿床、吉利缓利矿床。矿床成因上与P_{1-2}霞石正长岩有关，整体上Ta和Nb矿床研究程度低，吉尔吉斯斯坦未开采过任何钽和铌矿床。

三、矿业经济概况

矿业是吉尔吉斯斯坦社会经济发展的重要支柱产业，是政府优先发展的行业之一，特别是黄金产业。2018年，吉尔吉斯斯坦采矿业产值约为2.88亿美元（198.12亿索姆），同比增长8.1%，约占工业总产值(约36.41亿美元/2506.4亿索姆）的7.91%。据吉尔吉斯斯坦国家地质与矿产署2013年统计，吉尔吉斯斯坦年均黄金开采量为18—22吨，居独联体第3位，世界第22位；水银开采量为85吨，居世界第3位。2018年，吉尔吉斯斯坦石油开采量为20万吨，天然气开采量为2730万立方米，煤炭开采量230.64万吨。吉尔吉斯斯坦国家统计局委员会数据显示，2018年1至6月，吉国采矿业总产值约合8301万美元（56.87亿索姆，按1美元兑换68.5索姆计算），其中，开采冶金矿石产值约4103.65万美元（28.11亿索姆），原油和天然气产值约2731.39万美元（18.71亿索姆），石煤和褐煤产值约979.56万美元（6.71亿索姆），其他有色金属矿石产值约487.59万美元（3.34亿索姆）。

吉尔吉斯斯坦政府不断出台各类宏观政策，刺激矿业积极发展。2001年，吉国政府制定了《2010年吉尔吉斯斯坦发展综合基础长期战略》，计划开发国内大型金矿、汞矿和锑矿。2012年，发布了《2013—2017年吉尔吉斯斯坦稳定发展战略》，拟在5年内在矿产领域实施总金额达31.3亿美元的16个项目，其中包括塔尔迪布拉克铜金矿、杰鲁伊金矿、库姆托尔金矿、塔尔迪布拉克左岸金矿、卡拉克奇褐煤矿、特鲁达沃耶和肯苏钨锡矿、托加洛克和章加尔特金矿等项目。2015年，颁布了《2015—2035年吉尔吉斯斯坦采掘业中长期发展规划》，为矿业投资提供了长期、稳定的国家政策保障。2018年，出台了《2018—2040年国家发展战略》，优先发展能源、采矿业等领域。

据吉尔吉斯斯坦国家统计委员会数据显示，截至2016年，这些国家矿业领域投资企业162家，从业人数9800人。据吉尔吉斯斯坦国家工业、能源与地下资源利用委员会数据显示，截至2017年，吉尔吉斯斯坦政府已发放各类矿权1765个，包括金矿矿权262个，其他金属矿权80个、非金属矿权796个、煤炭矿权287个、油气矿权62个、地下水矿权278个，其中普查权271个、探矿权607个、采矿权917个。吉尔吉斯斯坦已投入开采金、汞、锑等大型矿产9个，计划开采金矿、锡矿、锑矿等矿产9个。

1.勘查投入概况

近十年来，吉尔吉斯斯坦矿业勘查投入经费为1160—6670万美元，总体呈先逐年减少、再逐年增加的趋势。其中，2011年，吉尔吉斯斯坦矿业勘查经费投入较2010年有较大增幅，增加至高值，投入经费高达6670万美元；2012—2016年，矿业经费投入基本上逐年减少，至2016年降至较低值，投入金额仅为1160万美元；2016年以后，矿业勘查投入开始逐年回升，2019年较2018年略有降低（表4–27、图4–71）。

表4–27 吉尔吉斯斯坦2010—2019年矿业勘查经费投入统计

单位：百万美元

年份	2010	2011	2012	2013	2014
勘查投入	52.8	66.7	49.0	28.8	15.7
全球占比/%	0.4586	0.3869	0.2388	0.1998	0.1462
年份	2015	2016	2017	2018	2019
勘查投入	16.5	11.6	28.4	31.2	29.9
全球占比/%	0.1881	0.1659	0.3529	0.3241	0.3220

注：数据源于标普数据库（网址：https://www.spglobal.com/marketintelligence/en/）。

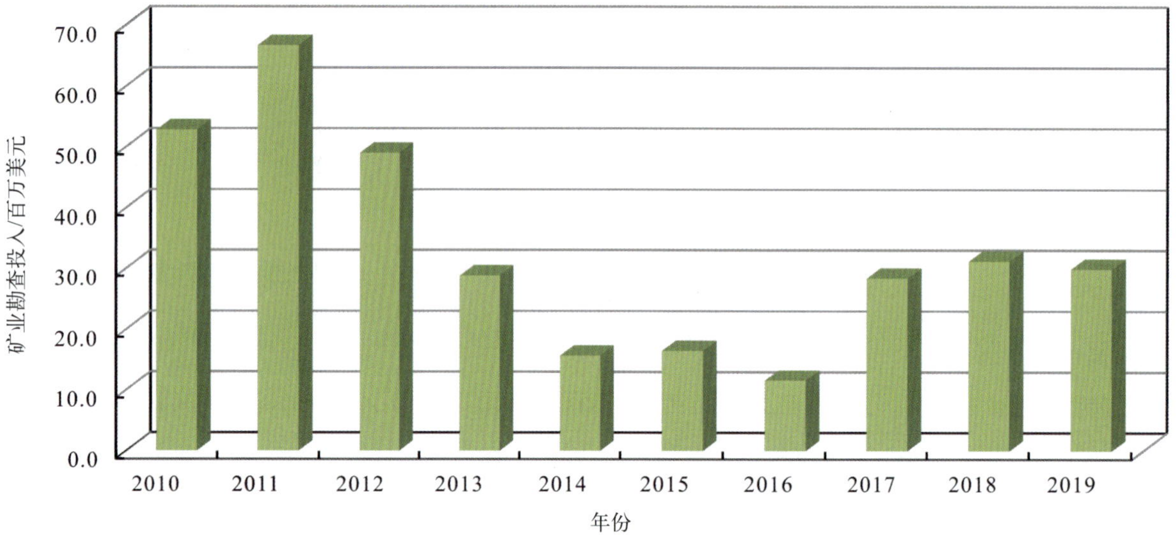

图4–71 吉尔吉斯斯坦2010—2019年矿业勘查经费投入

就全球矿业投入的占比而言，吉尔吉斯斯坦矿业勘查投入占全球矿业勘查投入的0.1462%—0.4586%，总体上与矿业勘查经费投入变化趋势一致，先逐年降低，后逐年上升，再略有降低。其中，2011—2014年，吉尔吉斯斯坦矿业勘查投入在全球矿业勘查投入中的比例连续多年持续降低，至2014年降至较低值，占有比例仅为0.1462%；2015—2017年，矿业勘查投入占比基本上逐年上升；2017年以后，矿业勘查投入比例又逐年小幅降低（表4–27、图4–71）。

2.吉尔吉斯斯坦能源/矿产品贸易概况

2010—2018年，吉尔吉斯斯坦能源/矿产品贸易总金额为14.739207亿—26.802亿美元，其中，能源/矿产品进口相对较多，进口金额为7.512207亿—17.254亿美元，占能源/矿产品贸易总金额的49.32%—66.34%；能源/矿产品出口金额为7.227亿—12.394亿美元，占贸易总额的33.66%—50.68%（表4–28、图4–72）。

就吉尔吉斯斯坦能源/矿产品贸易具体变化趋势而言，总体显示增加→减少→再增加的变化趋势。其中，2010—2013年，吉尔吉斯斯坦能源/矿产品贸易基本上逐年增加，2013年增加至较高点，贸易金额为26.803亿美元；2014—2016年，能源/矿产品贸易逐年回落，于2016年降至较低点，贸易金额仅为14.739207亿美元；2016年以后，能源/矿产品贸易金额又逐年增加（表4–28、图4–72）。

表 4–28 吉尔吉斯斯坦 2010—2018 年能源 / 矿产品贸易金额统计

单位：亿美元

矿种	2010年		2011年		2012年	
	进口金额	出口金额	进口金额	出口金额	进口金额	出口金额
能源	8.76	0.682	11	1.04	12	1.19
铁矿/钢铁	0.956	0.187	1.42	0.361	2.00	0.213
贵金属	0.00426	6.72	0.02	10	0.155	5.18
有色金属	0.119	0.412	0.229	0.651	0.244	0.621
关键性金属	0.057	0.075	0.078	0.164	0.104	0.146
工业矿物	0.183	0.075	0.258	0.178	0.348	0.184
矿种	2013年		2014年		2015年	
	进口金额	出口金额	进口金额	出口金额	进口金额	出口金额
能源	14	1.43	11	1.29	7.82	0.779
铁矿/钢铁	2.28	0.169	2.31	0.162	1.71	0.097
贵金属	0.192	6.93	0.25	7.29	0.176	6.44
有色金属	0.312	0.723	0.286	0.728	0.21	0.759
关键性金属	0.115	0.085	0.024	0.098	0.026	0.034
工业矿物	0.355	0.211	0.386	0.224	0.292	0.065
矿种	2016年		2017年		2018年	
	进口金额	出口金额	进口金额	出口金额	进口金额	出口金额
能源	5.39	0.649	7.90	0.919	9.65	1.29
铁矿/钢铁	1.70	0.165	1.95	0.323	2.44	0.387
贵金属	0.000207	5.67	0.000059	8.69	0.00371	8.58
有色金属	0.151	0.621	0.211	0.639	0.22	1.06
关键性金属	0.016	0.025	0.017	0.035	0.014	0.036
工业矿物	0.255	0.097	0.323	0.082	0.413	0.288

注：统计数据源于英国国防事务研究所查塔姆智库（Chatham House），网址：https://resourcetrade.earth/data。

吉尔吉斯斯坦在能源/矿产品进口方面，进口金额变化趋势与能源/矿产品贸易总体变化趋势基本一致。其中，2010—2013年，吉尔吉斯斯坦能源/矿产品进口金额逐年上升，2013年进口较多，进口金额为17.254亿美元；2014—2016年，能源/矿产品进口逐年回落，于2016年降至较低点，进口金额仅为7.512207亿美元；2016年以后，能源/矿产品进口又逐年增加（表4–28、图4–73）。

就吉尔吉斯斯坦进口各类能源/矿产品的具体金额而言，能源产品进口较多，进口金额为5.39亿—14亿美元，占进口总额的71.75%—86.91%；其次是铁矿/钢铁产品，进口金额为0.956亿—2.44亿美元，占进口总额的9.48%—22.63%；吉尔吉斯斯坦进口工业矿物和有色金属产品较少，进口金额分别为0.183亿—0.413亿美元、0.119亿—0.312亿美元，分别占进口总额的1.82%—3.39%和1.18%—2.05%；吉尔吉斯斯坦进口贵金属产品和关键性金属产品更少，进口金额分别为0.59万—2500万美元、140万—1150万美元，分别占进口总额的0.0006%—1.75%、0.11%—0.70%（表4–28、图4–73）。

吉尔吉斯斯坦在能源/矿产品出口方面，总体呈现分阶段变化的趋势。其中，2010—2011年、2012—2014年、2016—2018年，吉尔吉斯斯坦能源/矿产品出口分别逐年增加；2015—2016年，能源/矿产品出口

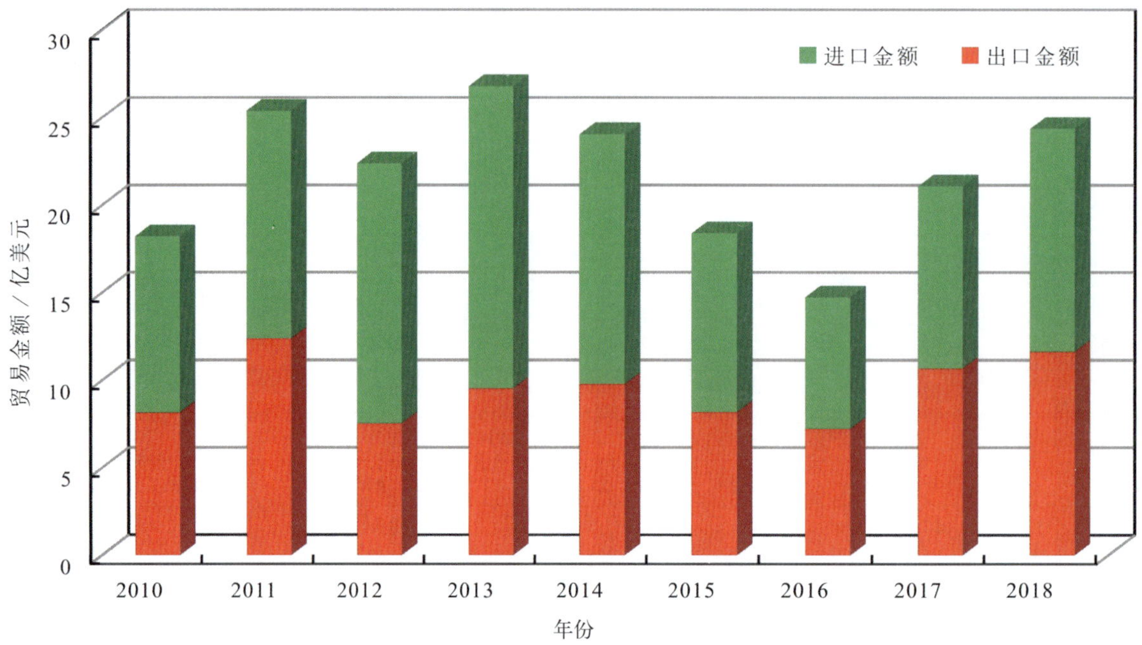

图 4–72　吉尔吉斯斯坦能源/矿产品贸易金额（2010—2018年）

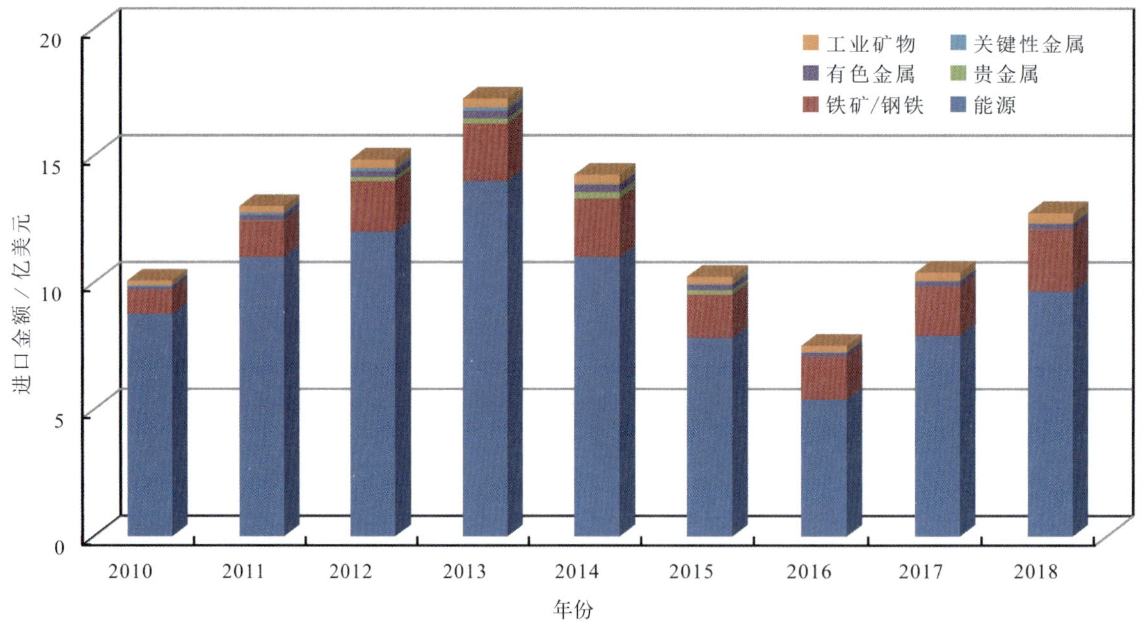

图 4–73　吉尔吉斯斯坦2010—2018年能源/矿产品进口金额

逐年减少；2011年出口较多，出口金额高达12.394亿美元；2016年出口较少，出口金额仅为7.227亿美元（表4–28、图4–74）。

就吉尔吉斯斯坦出口各类能源/矿产品的具体金额而言，贵金属产品出口较多，出口金额为5.18亿—10亿美元，占能源/矿产品出口总额的68.75%—82.44%；其次是能源产品，出口金额为0.649亿—1.43亿美元，占出口总额的8.37%—15.80%；吉尔吉斯斯坦出口有色金属产品、铁矿/钢铁产品较少，出口金额分别为0.412亿—1.06亿美元、0.097亿—0.387亿美元，分别占出口总额的5.05%—9.29%、1.19%—3.32%；

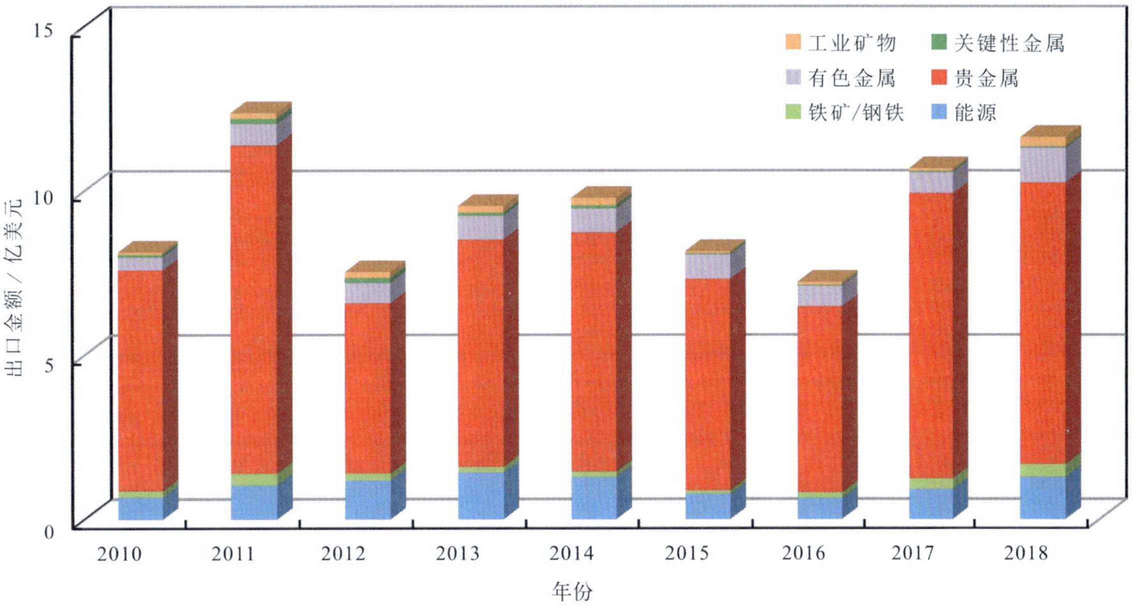

图 4–74 吉尔吉斯斯坦2010—2018年能源/矿产品出口金额

吉尔吉斯斯坦出口工业矿物和关键性金属产品更少，出口金额分别为0.065亿—0.288亿美元、0.025亿—0.164亿美元，分别占出口总额的0.77%—2.47%、0.31%—1.94%（表4–28、图4–74）。

3.中–吉能源/矿产品贸易概况

2010—2018年，中国与吉尔吉斯斯坦的能源/矿产品贸易总金额为8847.01—15639.89万美元。其中，以中国出口能源/矿产品为主，出口金额为4090.4万—9607万美元，占中–吉能源/矿产品贸易总额的44.47%—83.29%；中国从吉尔吉斯斯坦进口能源/矿产品的金额为1895.83—6032.89美元，占中–吉能源/矿产品贸易总额的16.71%—55.53%（表4–29、图4–75）。

就中–吉能源/矿产品贸易金额的变化趋势而言，总体显示先增加、后减少的变化趋势。其中，2010—2012年，中–吉能源/矿产品贸易金额逐年增加，于2012年达到较大值，贸易金额高达15639.89万美元；2012年以后，能源/矿产品贸易金额基本上逐年减少（表4–29、图4–75）。

在能源/矿产品进口方面，中国从吉尔吉斯斯坦进口金额总体显示增加→减少→增加的变化趋势。其中，2010—2012年，中国进口能源/矿产品金额逐年增加，于2012年增加至较高点，进口金额为6032.89

表 4–29 中 – 吉 2010—2018 年能源 / 矿产品贸易金额统计

单位：亿美元

矿种	2010年		2011年		2012年	
	中国进口	中国出口	中国进口	中国出口	中国进口	中国出口
能源	0.064	0.00632	0.068	0.062	0.071	0.0037
铁矿/钢铁	0.063	0.463	0.118	0.628	0.043	0.87
贵金属	0.0034	0.00426	0.108	0.00305	0.339	—
有色金属	0.307	0.022	0.268	0.042	0.148	0.044
关键性金属	0.00419	0.021	0.00695	0.016	0.00155	0.02
工业矿物	0.00153	0.03	0.000749	0.026	0.000739	0.023

续表

矿种	2013年		2014年		2015年	
	中国进口	中国出口	中国进口	中国出口	中国进口	中国出口
能源	0.068	0.00542	0.08	0.00575	0.062	0.00275
铁矿/钢铁	0.00265	0.747	0.000083	0.82	—	0.553
贵金属	0.00926	0.000202	0.028	—	0.00895	—
有色金属	0.262	0.079	0.062	0.055	0.201	0.054
关键性金属	0.00688	0.02	0.018	0.021	0.016	0.021
工业矿物	0.00013	0.036	0.0015	0.043	0.00043	0.042
矿种	2016年		2017年		2018年	
	中国进口	中国出口	中国进口	中国出口	中国进口	中国出口
能源	0.081	0.00854	0.106	0.00504	0.16	0.00778
铁矿/钢铁	—	0.428	0.00296	0.323	0.00279	0.412
贵金属	0.376	—	0.388	—	0.207	—
有色金属	0.000955	0.052	0.000224	0.054	0.000011	0.047
关键性金属	0.021	0.012	0.012	0.011	0.013	0.00945
工业矿物	0.00634	0.034	0.00157	0.016	0.00167	0.024

注：统计数据源于英国国防事务研究所查塔姆智库（Chatham House），网址：https://resourcetrade.earth/data。

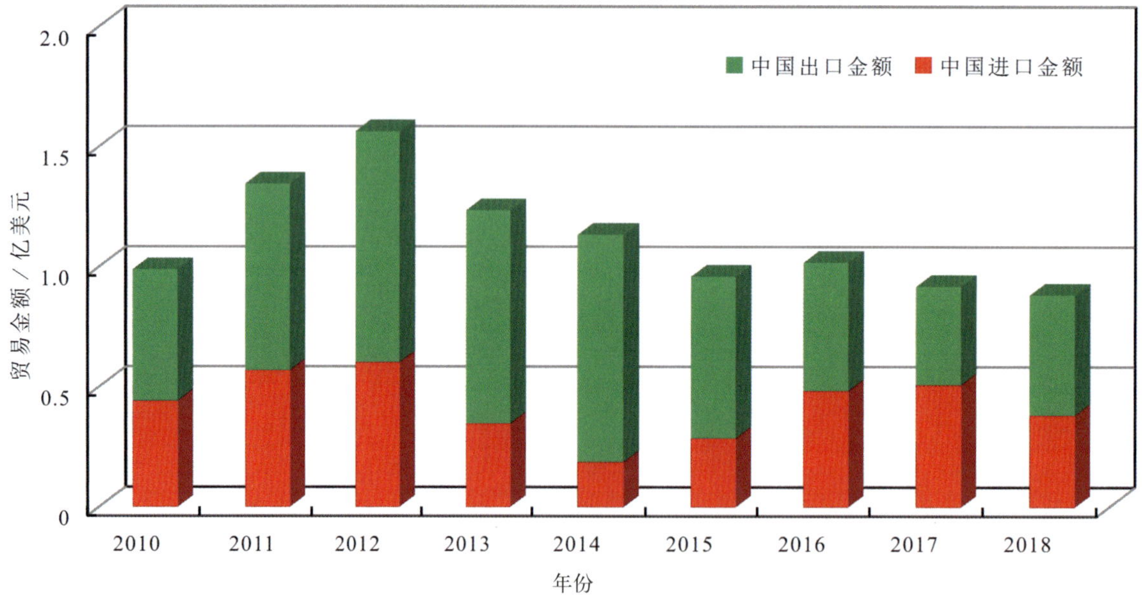

图 4–75　中国—吉耳其能源/矿产品贸易金额（2010—2018年）

万美元；2013—2014年，中国进口金额逐年减少，于2014年降至较低值，进口金额仅为1895.83万美元；2015—2017年，中国进口金额又逐年回升，2018年较2017年有所减少（表4–29、图4–76）。

就中国从吉尔吉斯斯坦进口的各类矿产品种而言，贵金属产品和有色金属产品较多，进口金额分别为34万—3880万美元和0.11万—3070万美元，分别占中国进口能源/矿产品金额的0.77%—77.48%、0.003%—75.09%；能源产品、铁矿/钢铁产品位居其后，中国从吉尔吉斯斯坦进口的金额分别为620万—

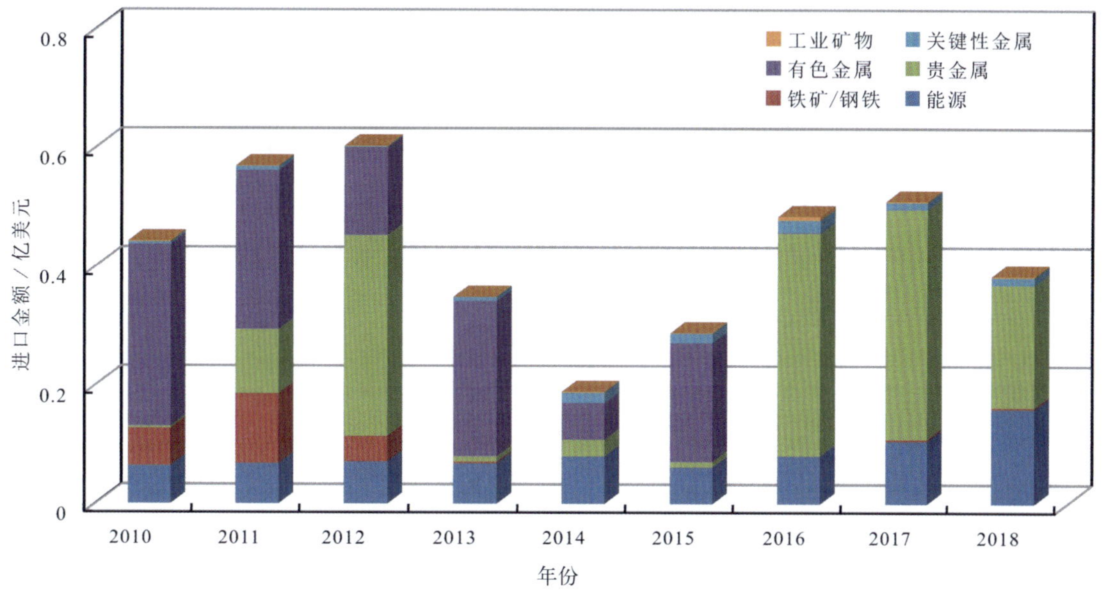

图 4–76　中国进口吉尔吉斯斯坦的能源/矿产品金额（2010—2018年）

1600万美元、0.83万—1180万美元，分别占中国进口金额的11.77%—42.20%、0.04%—20.71%；中国从吉尔吉斯斯坦进口关键性金属产品和工业矿物较少，进口金额分别为15.5万—210万美元、1.3万—63.4万美元，分别占中国进口能源/矿产品金额的0.26%—9.49%、0.04%—1.31%（表4–29、图4–76）。

在能源/矿产品出口方面，中国向吉尔吉斯斯坦出口金额变化与中–吉能源/矿产品贸易变化趋势基本一致，显示先增加，后逐年减少的变化趋势。其中，2010—2012年，中国向吉尔吉斯斯坦出口能源/矿产品的金额逐年增加，于2012年达到较高值，出口金额为9607万美元；2013—2017年，中国出口金额基本上逐年减少，于2012年降至较低值，出口金额仅为4090.4万美元；2018年中国出口金额较2017年有所回升（表4–29、图4–77）。

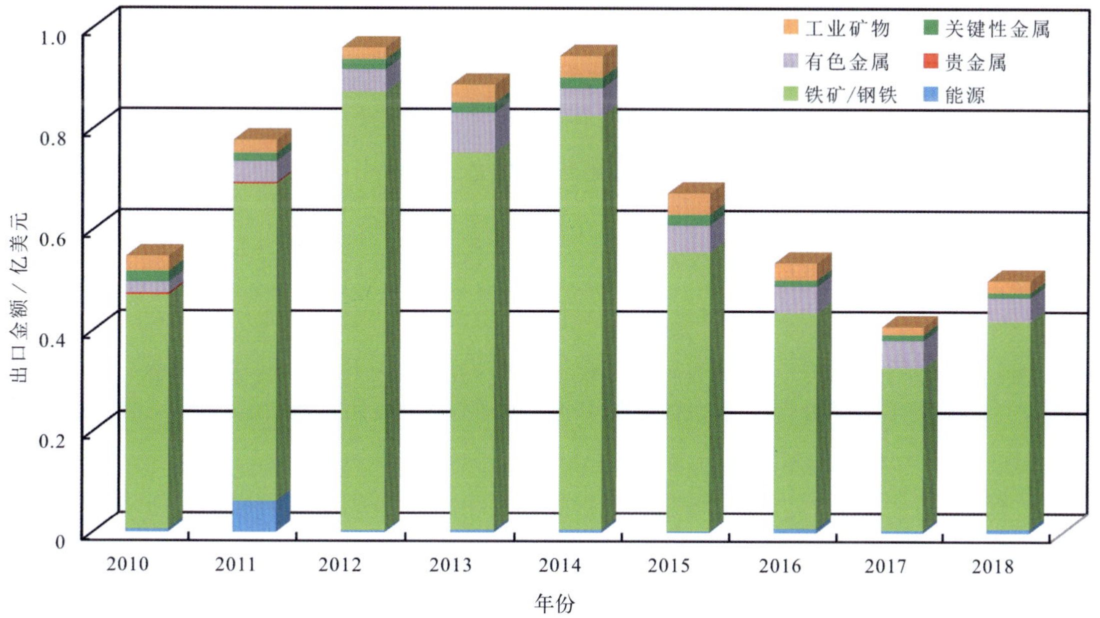

图 4–77　中国出口吉尔吉斯斯坦的能源/矿产品金额（2010—2018年）

就中国向吉尔吉斯斯坦出口的各类矿产品种而言，以铁矿/钢铁产品为主，出口金额为3230万—8700万美元，占中国出口总额的78.97%—90.56%；中国向吉尔吉斯斯坦出口一定份额的有色金属产品、工业矿物和关键性金属产品，出口金额分别为220万—790万美元、160万—430万美元、94.5万—210万美元，分别占中国出口金额的4.03%—13.20%、2.39%—6.36%、1.89%—3.84%；中国向吉尔吉斯斯坦出口能源产品、贵金属较少，出口金额分别为27.5万—620万美元、2.02万—42.6万美元，分别占中国出口总额的0.39%—7.98%、0.02%—0.78%（表4–29、图4–77）。

四、矿业投资环境评价结果

在矿业投资环境评价的各项一级指标中，吉尔吉斯斯坦各项指标总体得分较高（总得分为53.75，排名第8），显示出良好的矿业投资环境（表3–1）。其中，国际合作关系指数评价最高，得分为14.25分（满分15分）；其次是矿业勘查开发指数，得分为11.85分（满分15分）；营商环境指数和投资风险指数评价较低，得分分别为8.10分、6.75分（满分均为15分）；资源禀赋指数评价最低，得分为12.80分（满分40分）（表3–1、图4–78）。

就各项二级指标而言，在资源禀赋指数方面，吉尔吉斯斯坦拥有丰富的金、钨、锡、汞、锑、铁、钼矿、稀土等资源，并且部分矿产资源是我国重要的战略性矿产，与我国具有一定的互补性，其中，锑矿产量位居全球第9；采矿业是吉尔吉斯斯坦的重点行业，显示出重要的行业地位，这些国家加入了采掘业透明度评估，但目前属于暂停阶段。在资源禀赋指数评价中，吉尔吉斯斯坦各项二级指标均评价较低，其中，战略性矿产种类指标评价相对较高，其次是重点产业/采掘业透明度指标，能源/矿产资源禀赋、能源/矿产品产量等二级指标评价最低（表3–1、表3–7、图4–78）。

在矿业勘查开发指数方面，吉尔吉斯斯坦2018年矿业勘查投入在全球本年度排名中较为靠前；这些国家拥有较多的矿业勘查公司、矿山项目、运营矿业公司、运营矿山，中金集团、中能国际、紫金矿业、灵宝黄金、亿阳集团、塔城国际、山东正元、美林控股集团、新疆凯迪矿业、新疆远山等中资企业在吉尔吉斯斯坦开展能源/矿产开采开发项目。在本次矿业投资环境评价中，相关二级指标均获得较高的分值，其中，中资矿业企业/大型国企指标评价最高，获得了满分；其次是矿业勘查投入/GDP、矿山项目数、运营矿业公司数、矿业勘查公司数等指标，运营矿山数指标评价最低，表明吉尔吉斯斯坦矿业勘查投入力度非常大，矿业勘查开发活动非常活跃，中资企业/矿业企业参与度非常高（表3–1、表3–13、图4–78）。

在国际合作关系指数方面，吉尔吉斯斯坦与中国是全面战略伙伴关系，中国是其第一大贸易伙伴和第一大投资来源国；双方签署了《关于共同合作建设丝绸之路经济带的议定书》，加快“一带一路”倡议与《吉尔吉斯共和国2018－2040年国家发展战略》对接，共同参与“一带一路”能源合作伙伴、上海合作组织、亚投行等组织；共建亚洲之星农业产业合作区，合作开展“黄金加工绿色循环综合利用资源产业园”项目、左岸金矿项目、中–吉天然气管线项目等，约有574家中资企业在吉尔吉斯斯坦投资，建有吉尔吉斯中华投资总商会；两国地矿机构签署了地学合作谅解备忘录和项目合作协议，并开展实质性地学合作。总体上，双方在国际合作关系指数评价非常高，除外交关系指标外，其他二级指标均获得了满分，显示两国具有很好的合作关系和合作基础（表3–1、表3–18、图4–78）。

在营商环境指数方面，吉尔吉斯斯坦在全球营商环境报告、全球竞争力报告、经济自由度报告等国外知名智库评价报告中均有较高的得分和较好的评价；在标普、穆迪全球两大主流评价机构中，主权信用评价较高，政府信用较好；外汇汇入、汇出较为自由，境内目前没有中国金融机构，建有政府间经贸合作委员会，签署了经贸协定、保护投资协定等多份经贸文件。在营商环境指数总体评价较高，在各项

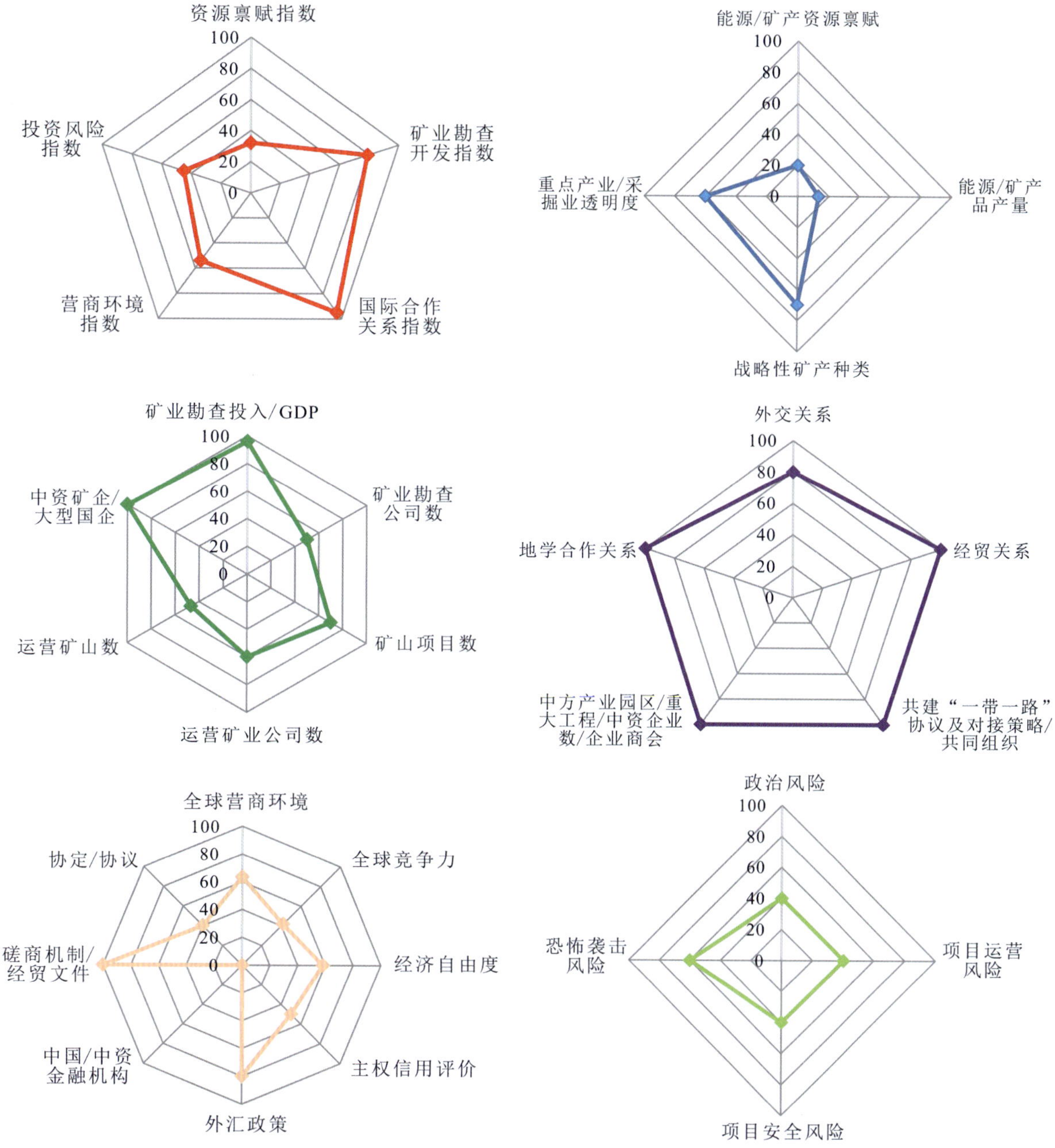

图 4–78　吉尔吉斯斯坦矿业投资环境各类指标贡献量蛛网图

二级评价指标中，磋商机制/经贸文件指标评价最高，获得了满分；其次是外汇政策、全球营商环境等指标，经济自由度、主权信用评价、全球竞争力等指标评价较低，协定/协议指标评价最低（表3–1、表3–23、图4–78）。

在投资风险指数方面，各项二级评价指标大多数评价较低，说明吉尔吉斯斯坦总体投资风险较大，各类安全形势较差，不太利于投资企业开展正常生产运营工作。其中，恐怖袭击风险评价得分最高，评价为中风险，说明吉尔吉斯斯坦国内可能发生零星的恐怖袭击，但这些恐怖活动均不针对投资业务，罕见针对外国或国内投资企业或个人的恐怖袭击事件。政治风险、项目安全风险、项目运营风险等其他风险均评价为高风险，说明这些国家政治环境较差，政局动荡或政策反复无常，政府公信力较差等，可能会给企业生存带来持续而严峻的挑战；这些国家项目运营环境较差，例如，基础设施存在严重缺陷、法规实施反复无常等，可能会给企业投资带来持续而严峻的挑战；这些国家国内安全形势不太乐观，政府提供安全保护的能力非常有限，需要企业采取特殊保护措施（表3–1、表3–24、图4–78）。

五、矿业投资建议

1.借助吉尔吉斯斯坦采矿业发展规划，构建地矿产能合作高层会晤交流机制

吉尔吉斯斯坦拥有丰富金、锑、铜、铝、钨、锡、钼，以及铅锌和煤炭等资源，矿业在吉尔吉斯斯坦占有重要地位，2018年采矿业产值约为2.88亿美元（198.12亿索姆），同比增长8.1%，约占工业产值的7.90%。吉尔吉斯斯坦《2018—2040年国家发展战略》将采矿业、能源等领域作为优先发展方向，并指出在采矿业努力抑制授予许可证时的腐败现象，投资矿产勘探的一方将优先获取开矿的权利，采取措施消除采矿企业与当地及居民间的冲突，并由矿业部门制定方案提高采矿作业的效率，引入对环境影响最小的现代采矿技术。

为振兴吉尔吉斯斯坦矿业发展，吉尔吉斯斯坦政府制定了《2015—2035年采矿行业发展规划》，其主要内容是借鉴国际经验，建立完善稳定的法律基础保障地方合法权益，发展地方市场、提高价值转化能力，促进各行业多元化发展、创造有利投资环境，吸引国外投资、合理开发资源、大力保护生态。该规划共分为三个实施阶段：第一阶段为2015—2018年，主要内容是保障投资者利益、调整国家政策. 避免贪污受贿、改革税收系统；第二阶段为2018—2023年，落实鼓励政策，增加地方收入、进行采矿行业收入的再投资、降低投资风险，提高经济效益；第三阶段为2023—2035 年，支持小型矿业企业发展及采矿行业劳动者再培训再就业。

因此，建议在共建“一带一路”的大背景下，结合吉尔吉斯斯坦《2018—2040年国家发展战略》和《2015—2035年采矿行业发展规划》，充分利用中–吉友好合作关系和经贸关系，以及中–吉政府间经贸合作委员会、上海合作组织等合作平台，谋划地矿领域常态化高层对话机制，例如，在中吉政府间经贸合作委员会框架下构建地学与矿业产能合作分委会，抑或在上海合作组织框架内设置自然资源（矿业、能源）部长会议或地质调查局局长会议，进一步加强中–吉地学与矿业产能合作顶层设计，共同推动吉尔吉斯斯坦矿产资源开发，促进地矿领域投资与招商引资，加快中–吉矿业产能合作。

2.搭建地学与矿业产能合作服务平台，助力中–吉矿业产能合作

吉尔吉斯斯坦的矿产在苏联时期进行了大规模开发利用，苏联解体后，由于技术水平较低、装备落后、资金有限等因素制约，吉尔吉斯斯坦矿业呈下滑态势，部分矿山关闭，矿产品生产缩减，本国矿业企业数量大幅减少。为了促进本国矿业发展，吉尔吉斯斯坦制定了优惠政策和宽松投资环境，以鼓励外国企业对本国矿产资源的勘探开发进行投资。随着投资规模的扩大，国外矿业企业在吉尔吉斯斯坦的投资已从单一的金矿向多矿种延伸。

当前，吉尔吉斯斯坦金、锑等金属矿产的开采和冶炼已初具规模，金是吉尔吉斯斯坦最重要的出口矿产品；吉尔吉斯斯坦是全球重要的锑生产国和贸易国，建有卡拉姆贾伊和海达尔坎的锑有色金属冶炼工业中心。吉尔吉斯斯坦由于没有钢铁、铜、铝冶炼产业，矿业后端加工产业链不完整，煤炭和铁铜铝等大宗性资源开发不具规模。

建议充分利用中国—上海合作组织地学合作研究中心，依托中国地质调查局中亚西亚地质调查国际合作工程，开展吉尔吉斯斯坦矿产资源潜力评价、矿业投资环境分析、矿业投资项目调研评级排序等，针对不同中资矿业企业在吉尔吉斯斯坦的投资需求制定不同地矿合作推介/服务产品，例如，矿业投资项

目资讯、矿业投资项目推介清单、矿业投资项目资料包、找矿勘查建议书等。与吉尔吉斯斯坦地矿机构（吉尔吉斯斯坦地矿委）联合举办吉尔吉斯斯坦矿业投资论坛、矿业投资项目推介会等，共同宣介吉尔吉斯斯坦矿业投资政策，推介矿业投资项目，分享矿业投资经验，为中国矿业企业赴吉尔吉斯斯坦投资搭建“面对面”“一站式”的沟通交流平台和信息咨询服务，带动中国资本、技术、装备等有序参与吉尔吉斯斯坦矿业产能合作。

此外，结合中国—上海合作组织地学合作研究中心、中国—上海合作组织国际司法交流合作培训基地、中国—上海合作组织环境保护合作中心等平台专业优势，加强政策法规对接研究，共同开展吉尔吉斯斯坦地下资源法、投资法、外资法、对外贸易法、环境保护法、山矿法、生态保护法、生态鉴定法、劳动法等法律法规的解读，分析政策变化对矿业投资的影响，并提出中资企业在吉尔吉斯斯坦投资需要特别注意的要点、重点问题，排查投资误区，协助中资企业做到知法、懂法、守法，进一步降低中资企业潜在投资风险。

3.谋划共建矿业/能源经济产业园区，有序引导中国矿企投资

吉尔吉斯斯坦目前以矿业为经济支柱，能源短缺、加工业落后的国民经济现状，导致吉尔吉斯斯坦以矿产出口为主、以能源和工业制成品进口为主的外贸结构在中短期内难以发生显著改变。中国从吉尔吉斯斯坦进口商品主要类别包括：铜及其制品，钢铁，矿砂、矿渣及矿灰，矿物燃料、矿物油及其产品，沥青等，铝及其制品，铅及其制品，贵金属等的化合物。目前，在吉尔吉斯斯坦注册的中资矿业企业多达111家，其中有26家中大型矿业企业参与该国金矿、金属矿和非金属矿开采。

建议结合吉尔吉斯斯坦《2015—2035年采矿行业发展规划》和基础设施发展规划，利用好吉尔吉斯斯坦国优惠政策和经济特区优惠政策，在进一步加强中–吉矿业合作与矿产品贸易的基础上，依托中资企业资本优势、生产技术和装备优势和产业园区建设运营经验，与吉尔吉斯斯坦政府、大型企业共同谋划建立集矿石采选冶、矿产品深加工、尾砂尾矿综合利用、矿山设备销售/租赁/售后维修、矿产品进出口贸易、物流仓储、矿业金融为一体的矿业经济产业园区，带动中国相关企业参与吉尔吉斯斯坦矿业全产业链合作，从而实现多方共赢、和谐发展，同时有助于统一管理、有序引导中国矿业企业参与吉国矿业产能合作，避免其因为争夺资源而进行的盲目投资。

4.加强人才联合培养，助力消除社区问题

依托中国—上海合作组织地学合作研究中心、中国地矿类高校、在吉中资矿业企业，借助来华留学中国政府奖学金生项目、商务部援外培训项目等，联合开展地矿领域学历教育、短期培训/研修、教学实习等人才联合培养/培训活动，提高吉尔吉斯斯坦工作人员的业务水平和技术能力，为中资企业在吉投资培养一批优秀、知华友华的储备技术人员，为其属地化运营管理奠定人才基础。此外，通过人才联合培养也可以从中吉地矿领域合作的层面解决吉国高素质技术人才匮乏的问题，帮助中资企业驻地政府提升就业率，同时有效发挥联合培养人员充当中国企业与当地居民沟通交流的桥梁和纽带作用，有助于有效避免或消除中国企业与当地及居民间的冲突就。

第十一节 塔吉克斯坦

塔吉克斯坦共和国（塔吉克语：Ҷумҳурии Тоҷикистон，英语：The Republic of Tajikistan），简称塔吉克斯坦（国家代码：TJK），是中亚五国中唯一主体民族非突厥族系的国家，首都杜尚别，西部和北部分

别同乌兹别克斯坦、吉尔吉斯斯坦接壤，东邻中国新疆，南界阿富汗。

塔吉克斯坦国土面积为14.31万平方千米，是中亚五国中国土面积最小的国家。全国人口约为928万（截至2019 年8月），是一个由86个民族组成的多民族国家，主体民族为塔吉克族占68.4%、乌兹别克族占24.8%、俄罗斯族占3.2%。此外，还有鞑靼、吉尔吉斯、乌克兰、日耳曼、朝鲜、哈萨克、格鲁吉亚、亚美尼亚等其他民族占3.6%。大多数居民信奉伊斯兰教，穆斯林人口占全国总人口的86%，其中多数属逊尼派（占穆斯林人口的85%以上）。

塔吉克斯坦政治体制为总统制共和制，塔吉克宪法允许建立宗教性质政党。主要有8个政党：人民民族党、共产党、伊斯兰复兴党、社会主义党、社会民主党、经济改革党、民主党、农业党。塔吉克斯坦的国语为塔吉克语，官方语言为俄语，货币为塔吉克斯坦索莫尼（货币符号：TJS）。塔吉克斯坦经济基础薄弱，结构单一，苏联解体后的政治经济危机以及多年内战使塔吉克斯坦国民经济遭受严重破坏。近年来塔政治局势相对稳定，经济社会领域各项建设逐步展开，民众富裕程度不断提高，消费市场日渐繁荣。

一、总体经济形势

塔吉克斯坦政治局势相对稳定，经济社会领域各项建设逐步展开，经济增速趋稳。当前，塔吉克斯坦致力于建设本国工业体系，实现由农业国向工-农业国的转变。2018年，塔吉克斯坦GDP同比增长7.3%。2018年，塔吉克斯坦在继续推进落实能源、交通和粮食安全三大发展战略的同时，提出将国家工业化作为第四项国家基本发展战略，并致力于吸引外商投资。塔吉克斯坦《人民报》报道，2019年塔国GDP比上年增长7.5%。

塔吉克斯坦在苏联时期社会经济发展相对落后，近年来为发展经济，奉行开放的对外经济政策，积极寻求国际社会援助，开展对外经济合作，努力改善投资环境。世界银行评估，2019年塔国营商环境位居世界第106位，比2018年上升了20位，营商环境有所改善；世界经济论坛《全球竞争力指数》报告显示，哈竞争力位居全球第102位，较上年下降了2位。亚洲开发银行《亚洲发展瞭望2020》预测，由于受新冠肺炎疫情暴发影响，塔吉克斯坦2020年和2021年经济增长将放缓，GDP增幅将分别降至5.5%和5%。塔吉克斯坦统计署公布数据显示，2020年第一季度塔吉克斯坦GDP同比增长7%，新冠肺炎疫情对塔吉克斯坦经济的影响还有待充分观察和评估。

二、矿产资源禀赋

塔吉克斯坦矿产资源丰富，种类全、储量大。经过1971—1990年大规模的勘探，发掘出400多个矿带，已探明有铅锌、铋、钼、钨、锑、锶、锡、铜和金、银等贵金属，油气和石盐、硼、煤、萤石、石灰石、彩石、宝石等70多种矿物质，目前已探明待开发的矿床有600多个。在金属矿产资源中，银、锑、铅、锌、金等是塔吉克斯坦的优势矿产资源，银、铅、锌、铀等矿产资源在中亚储量占第一位。

1.金

黄金在塔吉克斯坦的经济中占有重要地位，塔吉克斯坦计划在近年内将黄金产量翻番，使其成为中亚地区的产金大国。根据塔吉克斯坦科学院与地质总局提供的资料，其境内已探明有30处岩金矿床，黄金储量超过430吨，而全国探明黄金总储量573 吨。岩金矿主要分布于塔吉克斯坦中部的泽拉夫尚-吉萨尔金-稀有金属矿带，代表性矿床为吉劳金矿（探明储量52.2吨，平均品位1.06克/吨）、塔罗尔金矿（探明金储量85吨，金品位6.78克/吨；铜储量约9.75万吨，铜品位0.78%）。其他具有开发前景的金矿床有乔列

（探明储量36.3吨）、东杜奥巴（探明储量 31吨）、乌其科列（探明储量28.2吨）、库玛诺尔（探明储量22.1吨）、波克鲁德（探明储量33.5吨）等。砂金矿主要分布在达尔瓦兹地区、帕米尔、塔吉克–阿富汗盆地东部以及泽拉夫尚谷地上游。主要矿床有达尔瓦兹与朗库里。

2.银

塔吉克斯坦银矿资源丰富，白银储量在中亚国家中占第一位，而且大多数白银矿床内伴生有铅矿或铅锌矿。已探明的银矿床主要位于塔吉克斯坦北部，即阿尔泰–托普坎矿区和卡拉马扎尔矿区一带，代表性矿床有大卡尼曼苏尔矿（银矿储量约5.7万吨，已探明储量为3.9万吨）、噶卓拉银矿（储量575吨）、切特苏银矿（储量400吨）、巴亚拉耶克银矿（储量350吨）、大噶里曼苏拉银矿（储量51264吨）、米尔卡特银矿（储量1500吨）、西米齐银矿（储量2650吨）、陶库兹布拉科银矿（储量380吨）、卒尔一切尔涅克银矿（储量300吨）等。塔吉克斯坦年产白银1000吨。目前，塔吉克斯坦正在对阿克吉尔金矿（每吨矿石含银几百克）和米尔汗特矿床（塔罗尔金矿附近）进行银矿床勘探。

3.锑

塔吉克斯坦锑矿资源丰富，且产量也相当高。塔吉克斯坦探明的锑储量约有30万吨，锑矿床集中分布在泽拉夫尚–吉萨尔汞锑矿带西部的申戈–玛吉安、吉日克鲁特和孔乔奇3个矿区内。塔吉克斯坦的主要锑矿开采企业是安佐布采选联合企业，为塔吉克斯坦与美国合资企业，其原料基地就是塔吉克斯坦最大的吉日克鲁特锑矿床。截至2005年1月1日，在泽拉夫尚–吉萨尔矿带东翼的亚戈诺布矿区内共查明84个锑矿产地，包括8个有远景的矿点以及乌奇卡多和平达尔两个矿床。

4.铅锌

塔吉克斯坦的铅锌矿储量较为丰富，居中亚第一位，主要集中在这些国家北部的阿尔登–托普坎和卡尼曼苏尔两个矿区内，铅锌矿石量超过10亿吨。其中大卡尼曼苏尔矿床的表内铅锌总储量在800万吨以上。阿尔登–托普坎矿区的主要铅锌矿床有北阿尔登–托普坎（探明铅储量171万吨，锌储量208万吨）、阿尔登–托普坎、派–布拉克矿床。目前，由新疆塔城国际资源有限公司投资的塔中矿业有限公司拥有阿尔登–托普坎、派–布拉克矿和北阿尔登–托普坎矿的采矿权，前两个矿床正在生产。

5.钨矿

塔吉克斯坦境内最大的钨矿床为迈胡拉钨矿床，开采历史可追溯到1966年，后因过度开采而停工，但1973—1975年，该地区又发现了19条工业矿体，现该矿床已经探明并准备开采，WO_3平均含量0.91%。乔鲁赫代隆钨矿和伊卡尔钨矿分别位于塔吉克斯坦北部和帕米尔山区。

6.煤炭

塔吉克斯坦煤炭资源较为丰富，现有的17个煤矿区和24个含煤矿区已发现有褐煤、岩煤、焦炭和无烟煤等，探明储量共计约43亿吨，其中，无烟煤储量515万吨，焦炭储量近13亿吨。

三、矿业经济概况

由于缺乏资金和技术支持相应的矿产资源勘探和开发，塔吉克斯坦矿产资源总体开发利用程度不高，主要是进行简单粗放式的原材料开采，而忽略了集约式深加工的精选、精炼环节。目前，塔吉克斯坦正在开发的有60多个矿床，约占全国已勘探矿床总数的15%。

铝业生产是塔吉克斯坦的支柱产业，据统计，塔吉克斯坦2020年上半年采矿业产值约为1.74亿美元，占工业产值的13.70%。塔吉克铝业公司2018年1—9月生产铝锭约7.25万吨，出口铝制品约7.17万吨，价值约1.54亿美元，占同期塔吉克斯坦出口总额约19%。2018年，塔吉克斯坦原煤开采量超过190万吨，同比增长8%；原油开采量为2.4万吨，同比增长2.4%。

1.勘查投入概况

近十年来，塔吉克斯坦矿业勘查投入经费为140—1350万美元，总体呈投入减少的趋势。2010—2012年，塔吉克斯坦矿业勘查投入逐年大幅增加，至2012年达到较高值，投入金额高达1350万美元；2013—2016年，矿业勘查投入逐年大幅回落，至2016年降至较低值，投入金额仅为140万美元；2016年以后，矿业勘查投入逐年缓慢增加（表4–30、图4–79）。

就全球矿业投入的占比而言，塔吉克斯坦矿业勘查投入占全球矿业勘查投入的0.0200%—0.0701%，呈现增加→减少→增加的变化趋势，总体上与矿业勘查投入经费变化趋势基本一致。其中，2011年塔吉克斯坦勘查投入在全球矿业勘查投入总值中的占比最高，为0.0701%；2016年占比最低，仅有0.0200%（表4–30、图4–79）。

表 4–30　塔吉克斯坦 2010—2019 年矿业勘查经费投入统计

单位：百万美元

年份	2010	2011	2012	2013	2014
勘查投入	2.5	12.1	13.5	10.0	4.5
全球占比/%	0.0217	0.0701	0.0657	0.0694	0.0419
年份	2015	2016	2017	2018	2019
勘查投入	2.6	1.4	2.2	2.4	3.8
全球占比/%	0.0296	0.0200	0.0273	0.0249	0.0409

注：数据源于标普数据库（网址：https://www.spglobal.com/marketintelligence/en/）。

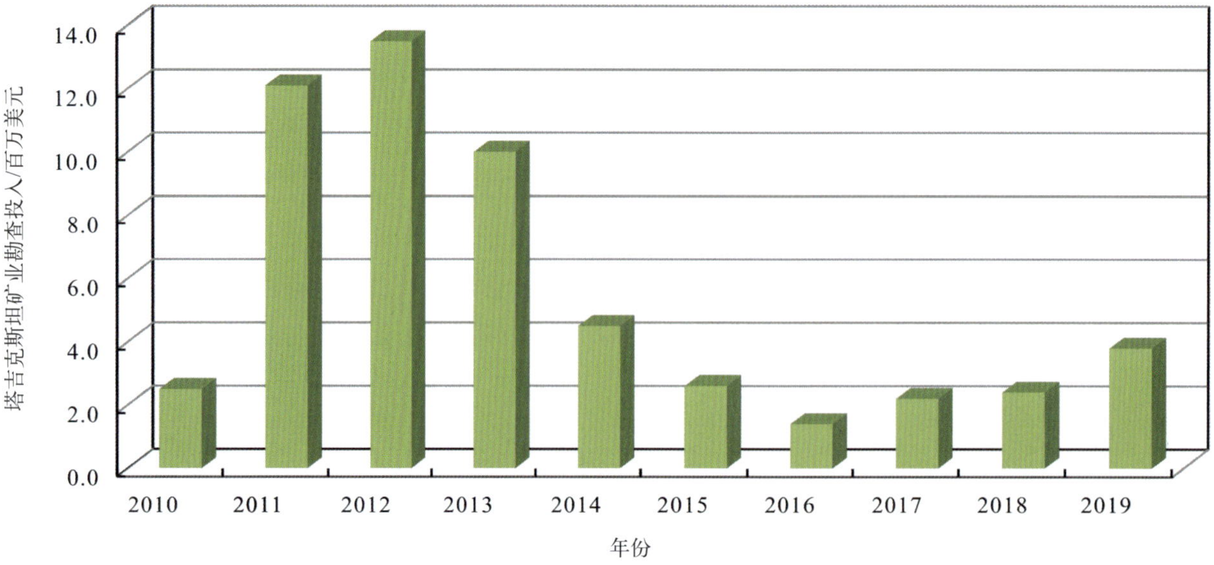

图 4–79　塔吉克斯坦2010—2019年矿业勘查经费投入

2.塔吉克斯坦能源/矿产品贸易概况

2010—2018年，塔吉克斯坦能源/矿产品贸易总金额为10.754397亿—16.997621亿美元，2013—2015年以能源/矿产品进口相对较多，其余6年以出口相对较多（表4–31、图4–80）。其中，能源/矿产品进口金额为4.698596亿—7.75811亿美元，占贸易总额的39.39%—60.58%；能源/矿产品出口金额为5.0473932亿—10.08331亿美元，占贸易总额的39.42%—60.61%（表4–31、图4–80）。

就塔吉克斯坦能源/矿产品贸易具体变化趋势而言，总体呈现先增加、后减少、再增加的变化趋势。其中，2010—2012年，塔吉克斯坦能源/矿产品贸易逐年上升；2013—2016年，能源/矿产品贸易逐年回落，至2016年降至低点，贸易金额为10.754397亿美元；2016年以后，能源/矿产品贸易逐年较大幅度增加（表4–31、图4–80）。

塔吉克斯坦在能源/矿产品进口方面，进口金额变化趋势与能源/矿产品贸易总体变化趋势一致，呈现增加→减少→增加的变化趋势。其中，2010—2014年，塔吉克斯坦能源/矿产品进口金额逐年上升，于

表 4–31　塔吉克斯坦 2010—2018 年能源 / 矿产品贸易金额统计

单位：亿美元

矿种	2010年		2011年		2012年	
	进口金额	出口金额	进口金额	出口金额	进口金额	出口金额
能源	3.64	0.21	3.91	0.583	5.56	0.075
铁矿/钢铁	0.694	0.00293	0.977	0.031	1.34	0.000195
贵金属	—	—	—	0.00329	—	0.564
有色金属	0.035	6.94	0.076	6.32	0.081	7.46
关键性金属	0.000596	0.077	—	0.301	0.000035	0.347
工业矿物	0.329	0.00123	0.383	0.00273	0.297	0.00223
矿种	2013年		2014年		2015年	
	进口金额	出口金额	进口金额	出口金额	进口金额	出口金额
能源	5.10	0.00106	5.34	0.0000062	4.22	—
铁矿/钢铁	1.78	0.0029	2.01	0.000029	1.86	0.000749
贵金属	—	0.469	—	1.22	—	1.43
有色金属	0.075	5.32	0.102	3.48	0.053	4.05
关键性金属	0.00000485	0.232	0.00011	0.347	0.000139	0.375
工业矿物	0.492	0.000707	0.306	0.000358	0.099	0.00139
矿种	2016年		2017年		2018年	
	进口金额	出口金额	进口金额	出口金额	进口金额	出口金额
能源	3.59	0.000107	4.28	0.000186	4.36	0.00131
铁矿/钢铁	1.34	0.00393	1.58	0.021	2.40	0.022
贵金属	—	0.76	—	1.59	—	2.15
有色金属	0.043	4.44	0.038	5.33	0.052	5.54
关键性金属	0.00136	0.377	0.000383	0.622	0.000311	1.03
工业矿物	0.093	0.106	0.079	0.108	0.102	1.34

注：统计数据源于英国国防事务研究所查塔姆智库（Chatham House），网址：https://resourcetrade.earth/data。

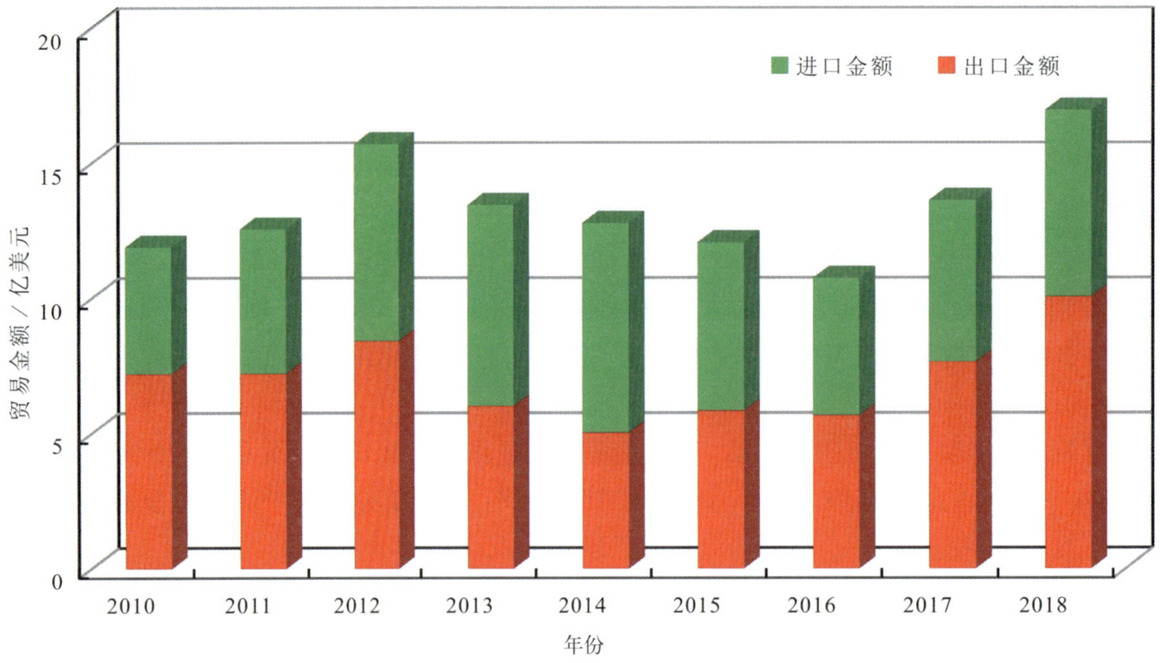

图 4-80　塔吉克斯坦能源/矿产品贸易金额（2010—2018年）

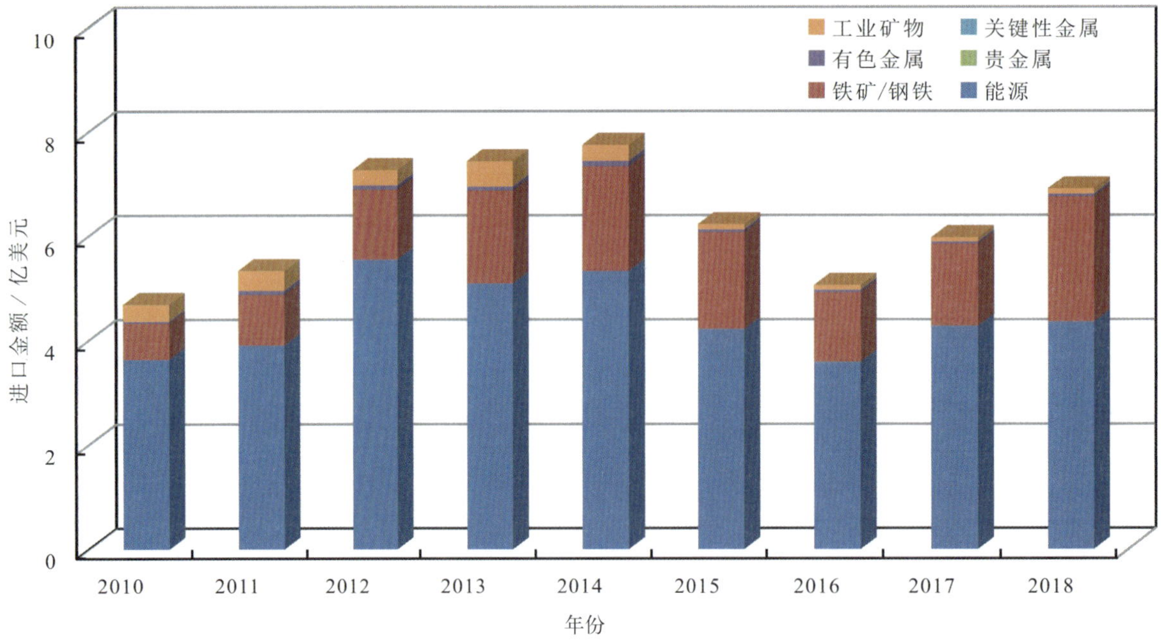

图 4-81　塔吉克斯坦2010—2018年能源/矿产品进口金额

2014年升至较高点，进口金额为7.75811亿美元；2015—2016年，能源/矿产品进口逐年回落；2016年以后，能源/矿产品进口逐年增加（表4-31、图4-81）。

就塔吉克斯坦进口各类能源/矿产品的具体金额而言，能源产品进口较多，进口金额为3.59亿—5.56亿美元，占能源/矿产品进口总额的67.71%—77.47%；其次是铁矿/钢铁产品，进口金额为0.694亿—2.4亿美元，占进口总额的14.77%—34.71%；塔吉克斯坦进口一定份额的工业矿物和有色金属产品，进口金额分别为0.079亿—0.492亿美元、0.035亿—0.102亿美元，分别占进口总额的1.32%—7.16%和0.64%—1.42%；

塔吉克斯坦进口关键性金属产品较少，进口金额仅为0.0485万—13.6万美元，占进口总额的0.0001%—0.0268%（表4–31、图4–81）。

塔吉克斯坦在能源/矿产品出口方面，总体变化趋势与能源/矿产品贸易变化趋势基本一致。其中，2010—2012年，塔吉克斯坦能源/矿产品出口逐年上升；2013—2014年，能源/矿产品出口逐年回落，2014年出口金额仅有5.0473932亿美元，为历年更少；2015年以后，能源/矿产品贸易基本上逐年增加（表4–31、图4–82）。

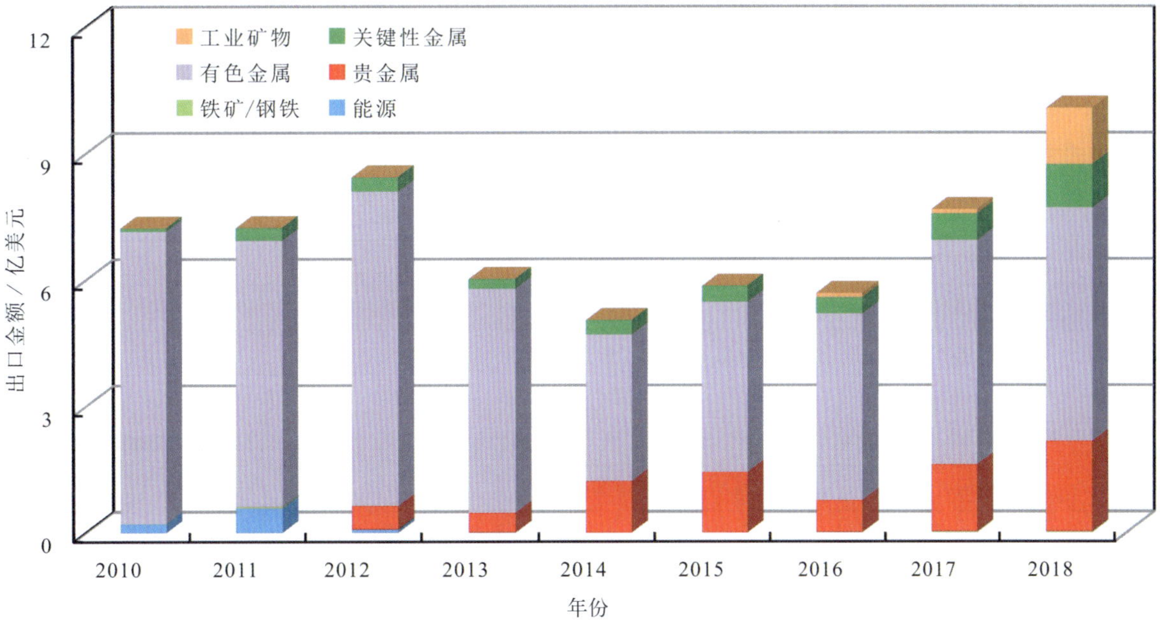

图 4–82　塔吉克斯坦2010—2018年能源/矿产品出口金额

就塔吉克斯坦出口各类能源/矿产品的具体金额而言，有色金属产品出口较多，出口金额为3.48亿—7.46亿美元，占出口总额的54.94%—95.97%；其次是贵金属产品、关键性金属产品和工业矿物，出口金额分别为0.00329亿—2.15亿美元、0.077亿—1.03亿美元、0.000358亿—1.34亿美元，分别占出口总额的0.05%—24.41%、1.06%—10.21%、0.01%—13.29%；塔吉克斯坦出口能源产品和铁矿/钢铁产品较少，出口金额分别为0.062万—5830万美元、0.29万—310万美元，分别占出口总额的0.0001%—8.05%、0.0006%—0.4281%（表4–31、图4–82）。

3.中–塔能源/矿产品贸易概况

2010—2018年，中国与塔吉克斯坦之间的能源/矿产品贸易总金额为6955.07万—16481.72万美元，其中，2010—2012年，以中国进口能源/矿产品为主；2013—2018年，以中国出口能源/矿产品为主。中国从塔吉克斯坦进口能源/矿产品的金额为2350.4808万—9130万美元，占中–塔能源/矿产品贸易总额的26.55%—70.74%；中国向塔吉克斯坦出口金额为2035.05万—9693.9万美元，占中–塔能源/矿产品贸易总额的29.26%—73.45%（表4–32、图4–83）。

就中–塔能源/矿产品贸易变化趋势而言，总体显示增长→减少→增长的变化趋势。其中，2010—2013年，中–塔能源/矿产品贸易逐年上升，于2013年增加到较高点，贸易金额为16481.72万美元；2014—2016年，

表 4–32 中–塔 2010—2018 年能源 / 矿产品贸易金额统计

单位：亿美元

矿种	2010年		2011年		2012年	
	中国进口	中国出口	中国进口	中国出口	中国进口	中国出口
能源	—	0.000035	—	0.013	—	0.022
铁矿/钢铁	—	0.18	—	0.378	—	0.657
贵金属	—	—	—	—	—	—
有色金属	0.422	0.014	0.38	0.024	0.587	0.019
关键性金属	0.07	—	0.30	—	0.326	0.000035
工业矿物	0.000002	0.00947	—	0.022	—	0.021
矿种	2013年		2014年		2015年	
	中国进口	中国出口	中国进口	中国出口	中国进口	中国出口
能源	—	0.00539	—	0.00439	—	0.011
铁矿/钢铁	—	0.862	—	0.912	—	0.708
贵金属	0.000782	—	0.00342	—	0.018	—
有色金属	0.531	0.015	0.046	0.015	0.078	0.02
关键性金属	0.21	—	0.301	—	0.22	—
工业矿物	—	0.024	—	0.038	0.00000403	0.033
矿种	2016年		2017年		2018年	
	中国进口	中国出口	中国进口	中国出口	中国进口	中国出口
能源	—	0.014	—	0.0024	—	0.0032
铁矿/钢铁	—	0.529	—	0.505	—	0.744
贵金属	0.000046	—	0.000038	—	0.000036	—
有色金属	—	0.028	—	0.013	0.011	0.02
关键性金属	0.235	—	0.357	0.000041	0.548	—
工业矿物	0.00000208	0.016	0.000965	0.026	0.00343	0.025

注：统计数据源于英国国防事务研究所查塔姆智库（Chatham House），网址：https://resourcetrade.earth/data。

能源/矿产品贸易逐年回落；2016年以后，能源/矿产品贸易逐年增加（表4–32、图4–83）。

在能源/矿产品进口方面，中国从塔吉克斯坦进口金额变化与中–塔能源/矿产品贸易变化趋势基本一致。其中，2010—2012年，中国进口能源/矿产品金额逐年增加，于2012年增加到较高点，进口金额为9130万美元；2013—2016年，中国进口金额逐年减少，于2016年减少为较低值，进口金额仅为2350.4808万美元；2016年以后，中国进口金额逐年回升（表4–32、图4–84、图4–85）。

就中国从塔吉克斯坦进口的各类矿产品种而言，主要为关键性金属产品和有色金属产品，进口金额分别为700万—5480万美元和110万—5870万美元，分别占中国进口能源/矿产品金额的14.23%—99.98%、1.96%—85.77%；中国从塔吉克斯坦进口少量的贵金属产品和工业矿物，进口金额分别为0.36万—180万美元、0.02万—34.3万美元，分别占中国进口金额的0.006%—5.696%、0.0004%—0.6098%（表4–32、图4–84）。

在能源/矿产品出口方面，中国向塔吉克斯坦出口金额总体显示先增加、后减少的变化趋势。其中，2010—2014年，中国向塔吉克斯坦出口能源/矿产品金额逐年增加，于2014年增加到较高点，出口金额高

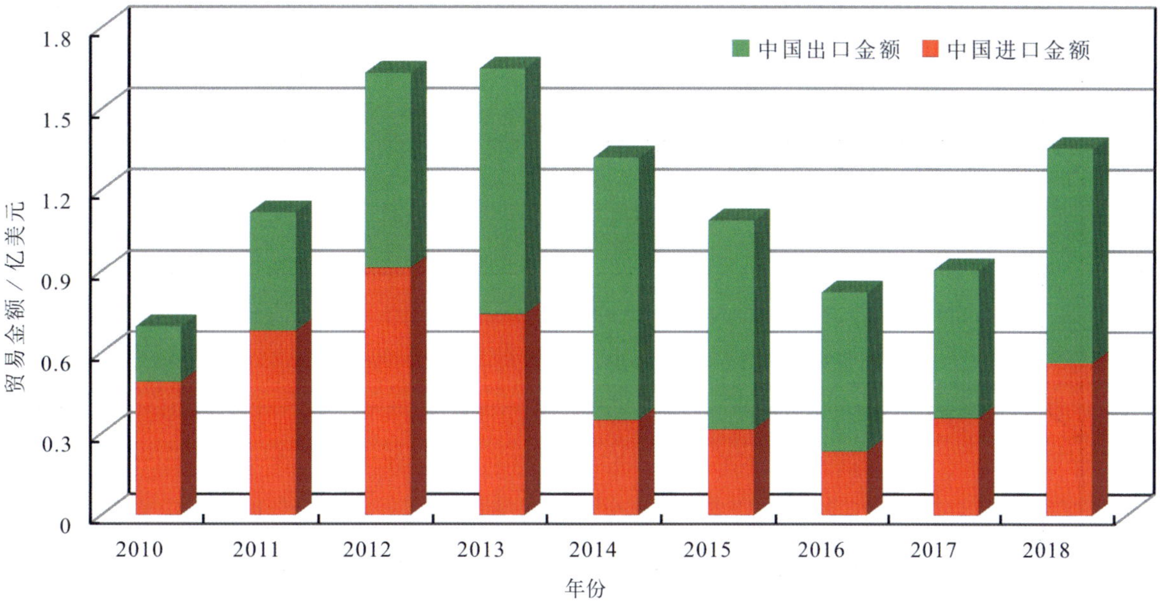

图 4–83　中国—塔吉克斯坦能源/矿产品贸易金额（2010—2018年）

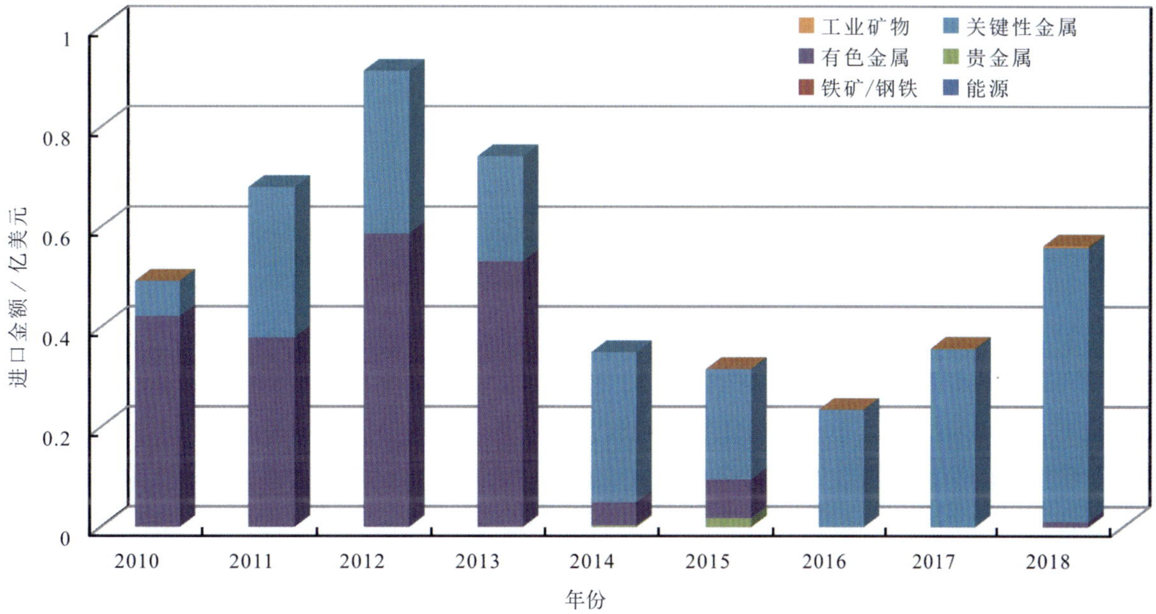

图 4–84　中国进口塔吉克斯坦的能源/矿产品金额（2010—2018年）

达9696.9万美元；2015—2017年，中国出口金额逐年减少，2018年出口金额较2017年有所回升（表4–32、图4–84）。

就中国向塔吉克斯坦出口的各类矿产品种而言，以铁矿/钢铁产品为主，出口金额为1800万—9120万美元，占中国出口总额的86.50%—95.10%；中国向塔吉克斯坦出口一定份额的工业矿物、有色金属产品和能源产品，出口金额分别为94.7万—380万美元、130万—280万美元、0.35万—220万美元，分别占中国出口总额的2.65%—5.03%、1.55%—6.88%、0.02%—3.06%；中国向塔吉克斯坦出口关键性金属产品较少，出口金额仅有3500—4100美元，占中国出口总额的0.005%—0.008%（表4–32、图4–84）。

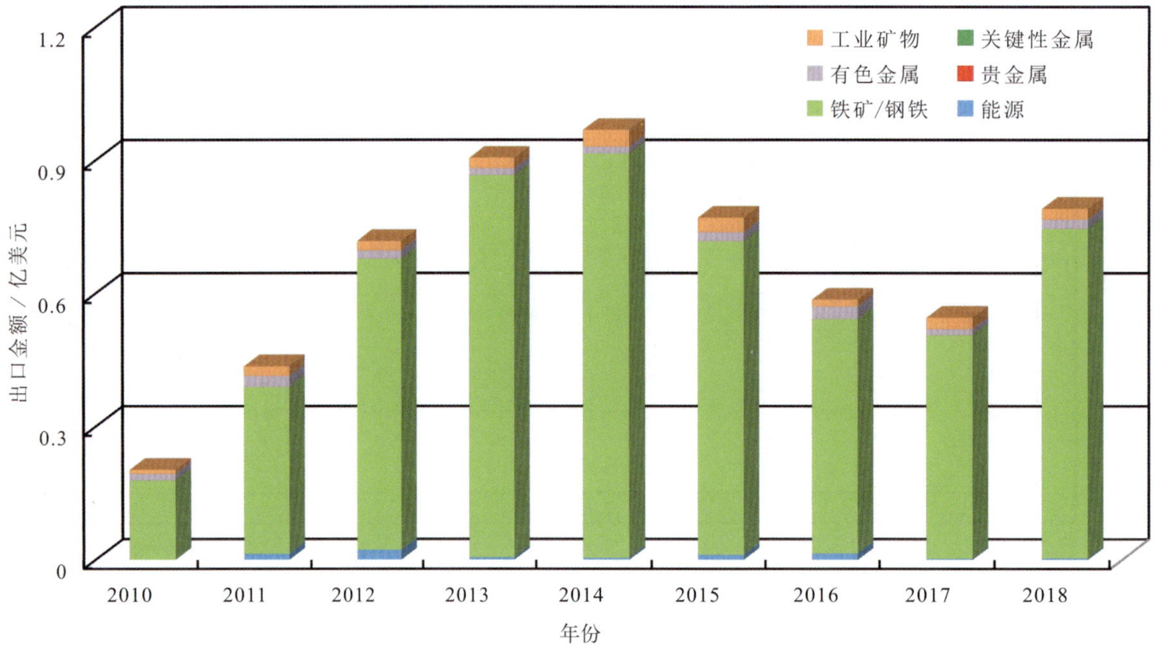

图 4–85　中国出口塔吉克斯坦的能源/矿产品金额（2010—2018年）

四、矿业投资环境评价结果

在矿业投资环境评价的各项一级指标中，塔吉克斯坦各项指标总体得分较高（总得分为47.25，排名第10），显示出较好的矿业投资环境（表3–1）。其中，国际合作关系指数评价最高，得分为12.45分（满分15分）；其次是矿业勘查开发指数，得分为8.70分（满分15分）；营商环境指数和投资风险指数评价较低，得分分别为7.35分、6.75分（满分均为15分）；资源禀赋指数评价最低，得分为12.00分（满分40分）(表3–1、图4–86)。

就各项二级指标而言，在资源禀赋指数方面，塔吉克斯坦拥有丰富的锑（储量全球第7)、铅锌、银、锡、汞等资源，并且部分矿产是我国重要的战略性矿产，与我国具有一定的互补性，其中锑产量位居全球第9、汞产量全球第3；铝业、石油天然气业、煤炭业在塔吉克斯坦均作为重点行业，显示出重要的行业地位。该国加入了采掘业透明度评估并取得了一定进展。在资源禀赋指数评价中，塔吉克斯坦各项二级指标均评价较低，其中，重点产业/采掘业透明度指标评价相对较高，其次是能源/矿产品产量指标，能源/矿产资源禀赋、战略性矿产种类指标等二级指标评价较低（表3–1、表3–7、图4–86)。

在矿业勘查开发指数方面，塔吉克斯坦境内拥有一些矿业勘查公司、矿山项目、运营矿业公司、运营矿山，塔中矿业、紫金矿业、中色国际、华钰矿业、新疆特变电、中亚矿业、河南豫矿、中石油等中资企业在，塔吉克斯坦开展能源/矿产开采开发项目。在本次矿业投资环境评价中，相关二级指标大多评价较差，其中，中资矿业企业/大型国企指标评价最高，其次是矿业勘查投入/GDP、运营矿业公司数等指标，矿山项目数、运营矿山数指标评价较低，矿业勘查公司数指标评价最低，表明塔吉克斯坦矿业勘查投入较小，矿业勘查开发活动不太活跃，但中资企业/矿业企业参与度总体较高（表3–1、表3–13、图4–86)。

在国际合作关系指数方面，塔吉克斯坦与中国是全面战略伙伴关系，中国是其第三大贸易伙伴；双方签署了《共建丝绸之路经济带合作备忘录》，成立了共建“一带一路”合作委员会，推动“塔吉克斯坦

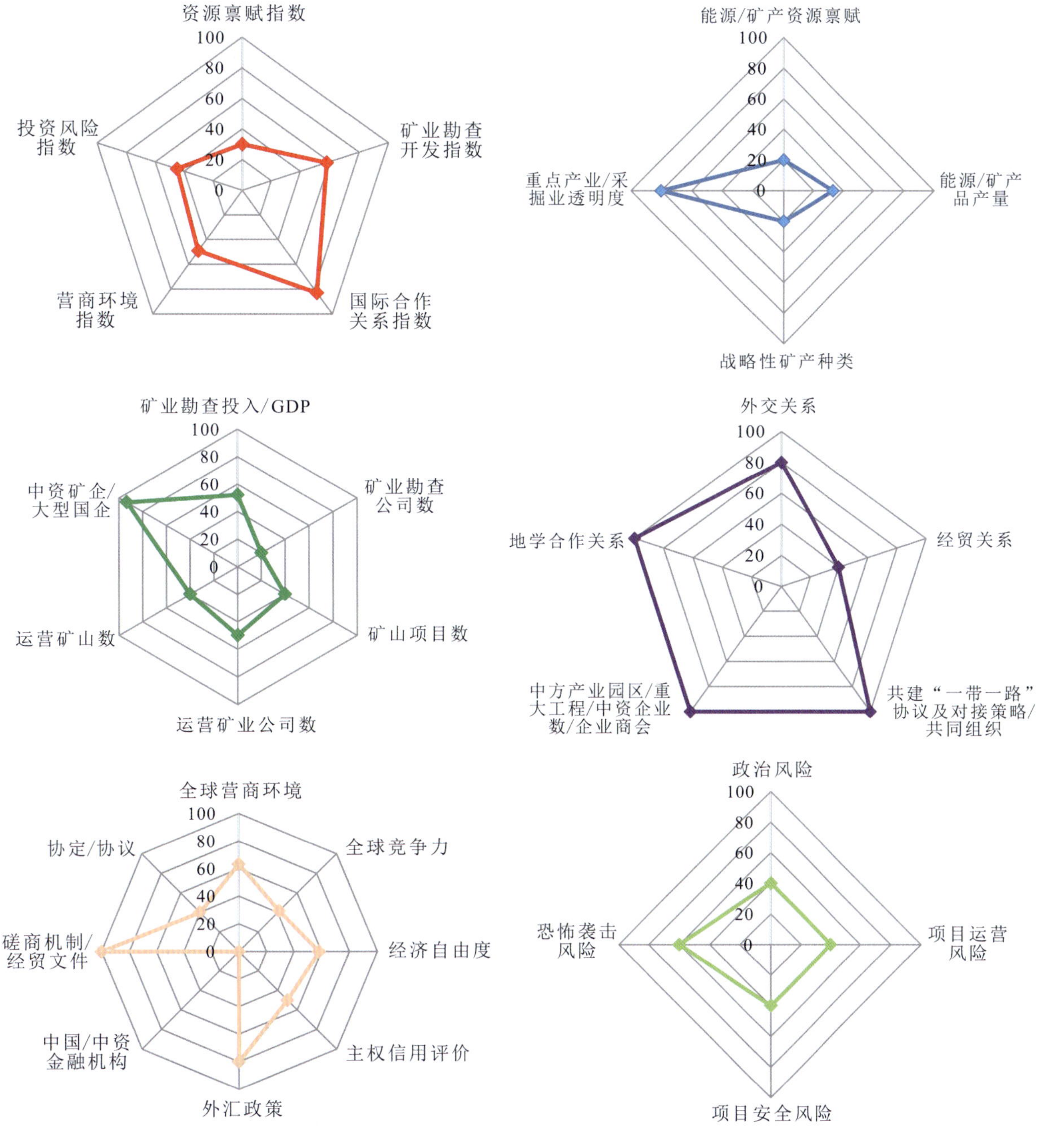

图 4–86　塔吉克斯坦矿业投资环境各类指标贡献量蛛网图

2030年前国家发展战略”与“一带一路”倡议深度对接，共同参与“一带一路”能源合作伙伴、上海合作组织、亚投行等组织；共建塔中矿业工业产业园区、中泰新丝路纺织园区、河南黄泛区农业示范园区，合作开展阿尔登–托普坎铅锌矿项目等，约有300家中资企业在塔吉克斯坦投资；两国地矿机构签署了地学合作谅解备忘录和项目合作协议，并开展实质性地学合作。总体来说，在国际合作关系指数评价较高，各项二级指标大多获得了较高得分，其中，共建“一带一路”协议及对接策略/共同组织、中方产业园区/重大工程/中资企业数/企业商会、地学合作关系等二级指标评价最高，均获得了满分，其次是外交关系指标，经贸关系指标评价较低，显示两国具有较好的合作关系和合作基础（表3–1、表3–18、图4–86）。

在营商环境指数方面，塔吉克斯坦在全球营商环境报告、全球竞争力报告、经济自由度报告等国外知名智库评价报告中排名均较靠后，评价较差；在标普、穆迪全球两大主流评价机构中，主权信用评价较高，政府信用较好；外汇汇入、汇出较为自由，境内没有中国金融机构；双方成立了政府间经贸合作委员会，签署了经贸协定、保护投资协定、货币互换协议等多份经贸文件。在营商环境指数总体评价一般，大多数二级指标评价评价不高，其中，磋商机制/经贸文件指标评价最高，获得了满分，其次是外汇政策指标，协定/协议、全球营商环境、主权信用评价等指标评价较低，全球竞争力、经济自由度等指标评价最低（表3–1、表3–23、图4–86）。

在投资风险指数方面，塔吉克斯坦的各项二级评价指标大多数评价较低，说明这些国家各类安全形势较差，总体投资风险较大，不太利于投资企业开展正常生产运营工作。其中，恐怖袭击风险指标得分最高，评价为中风险，说明塔吉克斯坦国内可能发生零星的恐怖袭击，但这些恐怖活动均不针对投资业务，罕见针对外国或国内投资企业或个人的恐怖袭击事件。政治风险、项目安全风险、项目运营风险等二级指标均评价为高风险，说明这些国家政治环境较差，政局动荡或政策反复无常，政府公信力较差等，可能会给企业生存带来持续而严峻的挑战；这些国家项目运营环境较差，例如，基础设施存在严重缺陷、法规实施反复无常等，可能会给企业投资带来持续而严峻的挑战；这些国家国内安全形势不太乐观，政府提供安全保护的能力非常有限，需要企业采取特殊保护措施（表3–1、表3–24、图4–86）。

五、矿业投资建议

1.积极推动构建中–塔地矿产能合作高层会晤交流机制

联合国贸发会议发布的2019年《世界投资报告》显示，2018年塔吉克斯坦吸收外资流量为3.17亿美元；截至2018年年底，塔吉克斯坦吸收外资存量为27.60亿美元，外资主要投向公路修复、能源开发及贵金属矿开采和加工、食品加工业、发展中小企业等领域，其中中国的投资占塔吉克斯坦外部投资总额的47.3%，投资额居外部投资第一。目前，塔吉克斯坦吸引外资的重点领域是水电站建设、公路修复及隧道建设、通讯网改造、开采资源开采和加工等

因此，建议在共建“一带一路”的大背景下，结合塔吉克斯坦“2030年前国家发展战略”和“国家四大战略目标”，充分利用中塔友好合作关系和经贸关系，以及中塔政府间经贸合作委员会、上海合作组织等合作平台，谋划地矿领域常态化高层对话机制，例如，在中塔政府间经贸合作委员会框架下构建地学与矿业产能合作分委会，抑或在上海合作组织框架内设置自然资源（矿业、能源）部长会议或地质调查局局长会议，进一步加强中–塔地学与矿业产能合作顶层设计，共同推动塔吉克斯坦矿业资源与能源开发，促进地矿领域投资与招商引资，加快矿业/能源产能合作。

2.搭建地学与矿业产能合作服务平台，服务中国矿企在塔矿业合作需求

塔吉克斯坦矿产资源较丰富，资源开发前景乐观。目前，已知的矿产有50多种，目前已探明待开发的矿床600多个。在金属矿产资源中，银、锑、铅、锌、金等是这些国家优势的矿产资源，银、铅、锌、铀等矿产资源在中亚储量占第一位。现在，部分中资企业已经成功参与了金矿与铅锌矿的开发，也有很多中国企业对塔吉克斯坦市场考察，洽谈活动呈现活跃态势，合作领域包括矿产资源勘探、开采及冶炼加工。

建议充分利用中国—上海合作组织地学合作研究中心，依托中国地质调查局中亚西亚地质调查国际合作工程，开展塔吉克斯坦矿产资源潜力评价、矿业投资环境分析、矿业投资项目调研评级排序等，针对不同中资矿业企业在塔吉克斯坦的投资需求制定不同地矿合作推介/服务产品，例如，矿业投资项目

资讯、矿业投资项目推介清单、矿业投资项目资料包、找矿勘查建议书等。与塔吉克斯坦地矿机构（塔吉克斯坦地质总局）联合举办塔吉克斯坦矿业投资论坛、矿业投资项目推介会等，共同宣介塔吉克斯坦矿业投资政策，推介矿业投资项目，分享矿业投资经验，为中国矿业企业赴塔吉克斯坦投资搭建“面对面”“一站式”的沟通交流平台。

此外，结合中国—上海合作组织地学合作研究中心、中国—上海合作组织国际司法交流合作培训基地、中国—上海合作组织环境保护合作中心等平台专业优势，加强政策法规对接研究，共同开展塔吉克斯坦地下资源法、外国投资法、外资法、环境保护法、劳动法、土地法等法律法规的解读，全面了解与矿产开发、能源开发等项目有关的开发、生产和销售许可政策，以及有关出口、关税等规定，分析政策变化对矿业投资的影响，并提出中资企业在塔吉克斯坦投资需要特别注意的要点、重点问题，排查投资误区，协助中资企业做到知法、懂法、守法，进一步降低中资企业潜在投资风险。

3.做大做强矿业/能源经济产业园区，助推中塔矿业产能合作

塔吉克斯坦出口产品结构单一，主要为贱金属及其制品、矿产品和棉花制品等，2018年中国从塔吉克斯坦进口的主要商品包括矿砂、矿渣及矿灰；铝及其制品等涉矿产品。在矿业产能合作方面，众多中国矿业/能源公司参与塔吉克斯坦矿产/能源合作开发，例如，数家中企入驻塔丹加拉自由经济区，填补了塔炼油产能空白，助力塔实现“能源安全”；塔中矿业的工业产业园区建设正在稳步推进；中国路桥和塔铝正积极探讨建设“塔吉克斯坦国家工业园”。此外，塔吉克斯坦致力于促进科技和创新成果向生产力的转化，并于2010年颁布了《科技园区法》，鼓励外国投资者建设科技园区。

因此，建议在共建“一带一路”、塔吉克斯坦“2030年前国家发展战略”和“国家四大战略目标”框架下，结合中塔产能重大工程部署和塔吉克斯坦基础设施分布情况，在开展塔吉克斯坦矿产资源潜力评价，梳理主要矿产分布情况和勘查开发现状的基础上，谋划中塔矿业/能源产能合作布局，并提出矿业勘查开发合作建议。在此基础上，充分利用塔吉克斯坦国家优惠政策、行业鼓励政策和经济特区优惠措施，依托塔丹加拉自由经济区、塔中矿业工业园区等产业园区，借助中资企业资本优势、生产技术和装备优势和产业园区建设运营经验，与塔吉克斯坦政府、大型企业共同谋划建立集矿石采选冶、矿产品深加工、尾砂尾矿综合利用、矿山设备销售/租赁/售后维修、矿产品进出口贸易、物流仓储、矿业金融为一体的矿业经济产业园区，带动中国相关企业参与塔吉克斯坦矿业全产业链合作，盘活矿业经济，助推中塔矿业产能合作和塔国“能源战略”，从而实现互利共赢、和谐发展。

4.加强人才联合培养

依托中国—上海合作组织地学合作研究中心、中国地矿类高校、在塔中资矿业企业，借助来华留学中国政府奖学金生项目、商务部援外培训项目等，联合开展地矿领域学历教育、短期培训/研修、教学实习等人才联合培养/培训活动，提高塔国工作人员的业务水平和技术能力，从中塔地矿领域合作的层面解决塔国高素质技术人才匮乏的问题，同时也为中国企业在塔投资培养一批优秀、知华友华的技术人员，为其开展属地化经营管理奠定人才基础，进一步减少中资企业运营投入成本、降低生产经营风险。

主要参考文献及资料

边一. 2013. 我国矿业企业对外直接投资环境评价体系研究. 中国地质大学（北京）硕士学位论文.1—65.

曹积飞，何子鑫. 2019. 乌兹别克斯坦将迎来矿业投资春天. 中国矿业报，(08)：(008).

曹远远. 2017. 沙特块状硫化物矿床成矿特征及找矿标志. 世界有色金属，(08)：277—278.

陈超，陈正，金玺，等. 2012. 塔吉克斯坦共和国主要矿产资源及其矿业投资环境. 资源与产业，14(03)：6—11.

陈超，陈正，金玺. 2012. 吉尔吉斯斯坦共和国主要矿产资源及矿业投资环境分析. 资源与产业，14(01)：37—42.

陈超，陈正，金玺. 2012. 乌兹别克斯坦共和国主要矿产资源及其矿业投资环境. 中国矿业，21(05)：47—51.

国土资源部信息中心. 2018. 2018世界矿业投资环境分析报告(内部报告).1—120.

国务院发展研究中心"一带一路"课题组. 2018."一带一路"经济走廊：畅通与繁荣. 北京：中国发展出版社，211—270.

韩永辉，李子文，张帆. 2020. 中国在阿联酋的投资机会与风险分析[J]. 长安大学学报(社会科学版)，22(01)：19—26.

何子鑫，张丹丹，曹积飞，等. 2020. 乌兹别克斯坦矿产资源现状与投资环境分析. 中国矿业，29(02)：26—31.

何子鑫，张丹丹，王斌，等. 2018. 吉尔吉斯斯坦矿业开发现状与投资环境分析. 资源与产业，20(01)：47—54.

胡正塬. 2017. 中亚西亚地区经济形势分析与展望. 国际经济分析与展望. 中国国际经济交流中心，173—189.

李宝强，张瑞林，孟广路，等. 2015. 中国—吉尔吉斯斯坦天山矿产概论. 北京：地质出版社.1—286.

李富兵，苏永强，刘大文，等. 2010. 我国周边国家矿产资源投资环境评价指标体系的构建及应用. 中国矿业.19(10)：14—16.

李恒海，邱瑞照，等. 2010. 中亚五国矿产资源勘查开发指南. 武汉：中国地质大学出版社，1—207.

李锦平，吴良士. 2008. 伊朗主要金属矿产资源地质特征. 矿床地质，(02)：265—266.

刘莎，王高尚，陈晨，等. 2010. 基于层次分析法的全球矿业投资环境分析. 资源与产业.12(2)：116—122.

刘伟，宋国明，李延河. 2014. 土耳其矿产资源管理与投资前景分析. 中国矿业，23(10)：61—64.

刘咏申. 2016. 哈萨克斯坦矿山项目的经济评价特点. 中国矿业，25(09)：44—47.

龙涛，于汶加，代涛，等. 2015. 中国在吉尔吉斯斯坦区域资源产业开发布局分析. 资源科学，37(05)：1096—1105.

龙涛，于汶加，王超，等. 2017. 中亚地区固体矿产资源开发现状及合作前景分析. 中国矿业，26(11)：65—69.

龙涛，于汶加，邢佳韵，等. 2016. 中国在塔吉克斯坦资源产业开发布局分析. 中国矿业，25(07)：50—57.

吕鹏瑞，马中平，洪俊，等. 2019. 巴基斯坦矿产资源潜力与矿业投资环境. 北京：地质出版社.1—108.

吕鹏瑞，孟广路，王斌，等. 2017. 吉尔吉斯斯坦塔尔迪布拉克斑岩型金铜矿床地球化学特征及其意义. 地质与勘探，53(5)：935—946.

吕鹏瑞，姚文光，张海迪，等. 2016. 巴基斯坦成矿地质背景、主要金属矿产类型及其特征. 地质科技情报，35(04)：150—157.

吕鹏瑞，姚文光，张海迪，等. 2015. 巴基斯坦贯盖火山岩浆岩带斑岩型铜-金矿床地质特征、成矿作用及找矿潜力.地质学报，89(09)：1629—1642.

吕鹏瑞，姚文光，张海迪，等. 2017. 巴基斯坦萨因达克斑岩型Cu-Au矿床地质特征及控矿因素.地质科技情报，36(2)：206—214.

吕鹏瑞，姚文光，张海迪，等. 2016. 巴基斯坦雷克迪克矿集区斑岩Cu-Au矿床(点)地质及动力学研究进展. 矿物岩石地球化学通报，35(4)：769—780.

吕鹏瑞，姚文光，张海迪，等. 2016. 巴基斯坦雷克迪克斑岩型Cu-Au矿集区典型矿床闪长岩Pb、Sr、Nd同位素组成特征及其示踪意义地质学报，90(10)：2803—2817.

吕鹏瑞，姚文光，张辉善，等. 2020. 特提斯成矿域中新世斑岩铜矿岩石成因、源区、构造演化及其成矿作用过程.地质学报，94(8)：2291—2310.

马东元，姜哲. 2013. 乌克兰矿产资源概况.中国地质学会2013年学术年会论文摘要汇编——S12境外矿产资源勘查研讨会分会场.：中国地质学会，49—53.

孟广路，马中平，王斌，等. 2017. 阿富汗地质矿产及中阿矿业合作潜力、风险分析.中国矿业，26(11)：85—89.

商务部国际贸易经济合作研究院，中国驻阿富汗大使馆经济商务参赞处，商务部对外投资和经济合作司. 2019. 对外投资合作国别（地区）指南（2019版）——阿富汗.1—89.

商务部国际贸易经济合作研究院，中国驻阿联酋大使馆经济商务参赞处，商务部对外投资和经济合作司. 2019. 对外投资合作国别（地区）指南（2019版）——阿联酋.1—108.

商务部国际贸易经济合作研究院，中国驻阿曼大使馆经济商务参赞处，商务部对外投资和经济合作司. 2019. 对外投资合作国别（地区）指南（2019版）——阿曼. 1—92.

商务部国际贸易经济合作研究院，中国驻阿塞拜疆共和国大使馆经济商务参赞处，商务部对外投资和经济合作司. 2019. 对外投资合作国别（地区）指南（2019版）——阿塞拜疆.1—83.

商务部国际贸易经济合作研究院，中国驻巴基斯坦大使馆经济商务参赞处，商务部对外投资和经济合作司. 2019. 对外投资合作国别（地区）指南（2019版）——巴基斯坦.1—85.

商务部国际贸易经济合作研究院，中国驻巴林大使馆经济商务参赞处，商务部对外投资和经济合作司. 2019. 对外投资合作国别（地区）指南（2019版）——巴林：1—81.

商务部国际贸易经济合作研究院，中国驻白俄罗斯大使馆经济商务参赞处，商务部对外投资和经济合作司. 2019. 对外投资合作国别（地区）指南（2019版）——白俄罗斯.1—99.

商务部国际贸易经济合作研究院，中国驻格鲁吉亚大使馆经济商务参赞处，商务部对外投资和经济合作司. 2019. 对外投资合作国别（地区）指南（2019版）——格鲁吉亚.1—90.

商务部国际贸易经济合作研究院，中国驻哈萨克斯坦大使馆经济商务参赞处，商务部对外投资和经济合作司. 2019. 对外投资合作国别（地区）指南（2019版）——哈萨克斯坦.1—133.

商务部国际贸易经济合作研究院，中国驻吉尔吉斯斯坦大使馆经济商务参赞处，商务部对外投资和经济合作司. 2019. 对外投资合作国别（地区）指南（2019版）——吉尔吉斯斯坦.1—84.

商务部国际贸易经济合作研究院，中国驻卡塔尔国大使馆经济商务参赞处，商务部对外投资和经济合作司. 2019. 对外投资合作国别（地区）指南（2019版）——卡塔尔.1—84.

商务部国际贸易经济合作研究院，中国驻科威特大使馆经济商务参赞处，商务部对外投资和经济合作司. 2019. 对外投资合作国别（地区）指南（2019版）——科威特.1—77.

商务部国际贸易经济合作研究院，中国驻黎巴嫩大使馆经济商务参赞处，商务部对外投资和经济合作司. 2019. 对外投资合作国别（地区）指南（2019版）——黎巴嫩.1—115.

商务部国际贸易经济合作研究院，中国驻摩尔多瓦共和国大使馆经济商务参赞处，商务部对外投资和经济合作司.2019.对外投资合作国别（地区）指南（2019版）——摩尔多瓦.1—108.

商务部国际贸易经济合作研究院，中国驻塞浦路斯大使馆经济商务参赞处，商务部对外投资和经济合作司.2019.对外投资合作国别（地区）指南（2019版）——塞浦路斯.1—88.

商务部国际贸易经济合作研究院，中国驻沙特阿拉伯王国大使馆经济商务参赞处，商务部对外投资和经济合作司.2019.对外投资合作国别（地区）指南（2019版）——沙特阿拉伯.1—109.

商务部国际贸易经济合作研究院，中国驻塔吉克斯坦大使馆经济商务参赞处，商务部对外投资和经济合作司.2019.对外投资合作国别（地区）指南（2019版）——塔吉克斯坦.1—91.

商务部国际贸易经济合作研究院，中国驻土耳其大使馆经济商务参赞处，商务部对外投资和经济合作司.2019.对外投资合作国别（地区）指南（2019版）——土耳其.1—105.

商务部国际贸易经济合作研究院，中国驻土库曼斯坦大使馆经济商务参赞处，商务部对外投资和经济合作司.2019.对外投资合作国别（地区）指南（2019版）——土库曼斯坦.1—93.

商务部国际贸易经济合作研究院，中国驻乌克兰大使馆经济商务参赞处，商务部对外投资和经济合作司.2019.对外投资合作国别（地区）指南（2019版）——乌克兰.1—113.

商务部国际贸易经济合作研究院，中国驻乌兹别克斯坦大使馆经济商务参赞处，商务部对外投资和经济合作司.2019.对外投资合作国别（地区）指南（2019版）——乌兹别克斯坦.1—102.

商务部国际贸易经济合作研究院，中国驻叙利亚大使馆经济商务参赞处，商务部对外投资和经济合作司.2019.对外投资合作国别（地区）指南（2019版）——叙利亚.1—67.

商务部国际贸易经济合作研究院，中国驻亚美尼亚大使馆经济商务参赞处，商务部对外投资和经济合作司.2019.对外投资合作国别（地区）指南（2019版）——亚美尼亚.1—82.

商务部国际贸易经济合作研究院，中国驻也门大使馆经济商务参赞处，商务部对外投资和经济合作司.2019.对外投资合作国别（地区）指南（2019版）——也门. 1—117.

商务部国际贸易经济合作研究院，中国驻伊拉克大使馆经济商务参赞处，商务部对外投资和经济合作司.2019.对外投资合作国别（地区）指南（2019版）——伊拉克.1—72.

商务部国际贸易经济合作研究院，中国驻伊朗大使馆经济商务参赞处，商务部对外投资和经济合作司.2019.对外投资合作国别（地区）指南（2019版）——伊朗. 1—98.

商务部国际贸易经济合作研究院，中国驻以色列大使馆经济商务参赞处，商务部对外投资和经济合作司.2019.对外投资合作国别（地区）指南（2019版）——以色列.1—104.

商务部国际贸易经济合作研究院，中国驻约旦大使馆经济商务参赞处，商务部对外投资和经济合作司.2019.对外投资合作国别（地区）指南（2019版）——约旦.1—94.

施俊法，李友枝，金庆华，等.2006.世界矿情(亚洲卷).北京：地质出版社.1—513.

宋国明.2009.巴基斯坦矿产资源开发与投资环境.现代矿业，7：143—146.

宋国明.2006.世界矿业投资环境最新评价.中国金属通报，(41)：28—29.

眭金龙.2011.矿业投资环境简析.经济研究导刊.36：192—193.

孙莉，周可法，张楠楠，等.2008.中亚五国矿产资源分布与现状分析.新疆地质，(01)：71—77.

孙艳，王瑞江，宋扬.2010.国际矿产勘查态势及投资环境分析.矿床地质.29(z)：788—789.

唐春花，钟春荣，孙超.2015.加拿大、澳大利亚、巴西、智利、玻利维亚、伊朗等六国矿产资源概况及“走出去”勘查初步建议.江西省地质学会.2015地学新进展——第十三届华东六省一市地学科技论坛文集.江西省地质学会：江西省地质学会，562—570.

唐金荣，张涛，周平，等. 2015.“一带一路”矿产资源分布与投资环境.地质通报，34(10)：1918—1928.

王斌，孟广路，马中平，等. 2017. 吉尔吉斯斯坦矿产资源潜力及矿业投资建议.中国矿业，26(11)：126—131.

王超. 2018. 伊朗矿业发展趋势及合作重点研究.中国地质科学院硕士学位论文，1—75.

王健. 2013. 哈萨克斯坦矿产资源与开发现状.现代矿业，(10)：83—84.

王威. 2011. 阿曼矿业投资环境概况.国土资源情报，(11)：25—29.

王晓峰，王林彬. 2015. 中国企业在哈萨克斯坦的投资制度性壁垒与应对策略.对外经贸实务，(08)：79—83.

文龙杰. 2020. 哈萨克斯坦计划吸引至少20亿美元外资勘探新矿产资源.中国新闻网.http：//www.chinanews.com/gj/2020/07—06/9230977.shtml

吴良士. 2016. 阿富汗地质构造及其矿产资源(二).矿床地质，35(02)：427—432.

吴良士. 2016. 阿富汗地质构造及其矿产资源(三).矿床地质，35(03)：648—651.

吴良士. 2016. 阿富汗地质构造及其矿产资源(四).矿床地质，35(04)：881—884.

吴良士. 2016. 阿富汗地质构造及其矿产资源(一).矿床地质，35(01)：203—208.

吴良士. 2010. 巴基斯坦伊斯兰共和国矿产资源及其地质特征.矿床地质.29(2)：379—381.

向运川，陈正，张振芳，等. 2015. 中国与周边国家合作开展矿产资源勘查开发战略.地质通报，34(04)：599—604.

邢佳韵，于汶加，张若然，等. 2015. 中国在哈萨克斯坦矿业投资区域优选评价研究.资源科学，37(05)：1076—1085.

徐林实. 2005. 乌克兰矿产资源及其开采.俄罗斯中亚东欧市场，(06)：14—15.

徐曙光，闫卫东，孙春强，等. 2016. 2016年世界主要国家矿业投资环境评价.国土资源情报.(12)：10—16.

徐晓彤，龙涛，吴姗，等. 2017. 乌兹别克斯坦矿业投资前景分析.中国矿业，26(03)：77—80.

徐晓彤. 2018. 环黑海主要国家矿产资源及相关产业投资前景分析.中国地质大学(北京)硕士学位论文.1—94.

杨恕，韩笑. 2012. 阿富汗矿产资源开发：历史、现状及前景.新疆师范大学学报(哲学社会科学版)，33(03)：13—21.

杨晓刚，段俊梅，李尚林，等. 2014. 阿富汗主要矿产资源及其矿业投资环境.世界地理研究，23(02)：51—58.

姚文光，洪俊，吕鹏瑞，等. 2019. 苏莱曼山-喀喇昆仑山区域地质北京和成矿特征. 北京：地质出版社.1—216.

姚文光，吕鹏瑞，吴亮，等. 2015. 吉尔吉斯斯坦天山优势矿种地质特征及找矿潜力.地质通报，34(04)：710—725.

张戈. 2016. 深化与哈萨克斯坦、吉尔吉斯斯坦两国矿业合作的对策研究.中小企业管理与科技(下旬刊)，(08)：117—118.

张光进，李伟强，罗辉. 2011. 世界著名咨询机构矿业投资环境评价综述.中国矿业.20(11)：39—42.

张光进，徐帅，罗辉. 2012. 矿业投资环境评价研究述评.中国国土资源经济.25(09)：33—36.

张洪瑞，侯增谦，杨志明. 2010. 特提斯成矿域主要金属矿床类型与成矿过程.矿床地质，29(01)：113—133.

张晓兰. 2017. 阿联酋经济形势及中阿经贸融合发展的思路.国家信息中心. http：//www.sic.gov.cn/News/456/8037.htm

张亚龙，邢佳韵，于汶加，等. 2017.“中巴经济走廊”沿线矿产资源及相关产业合作前景分析.中国矿业，26(03)：72—76.

张宇蛟. 2016. 土库曼斯坦矿产资源投资布局研究.中国地质大学(北京)硕士学位论文，1—44.

郑明贵. 2012. 海外矿业投资决策系统要素分析.现代矿业.(6)：1—4.

中国地质调查局全球地质矿产信息网. 2020. 塔吉克斯坦2019年黄金产量超过8吨. http：//ggmd2.ngac.cn/DepositsNewsCen.aspx?id=1015

中国地质调查局西安地质调查中心. 2019. 乌兹别克斯坦、塔吉克斯坦及邻区矿产资源潜力评价项目成果报告.1—793.

中国驻阿曼苏丹大使馆经济商务参赞处. 2017. 阿曼矿产铁路项目受到广泛关注. http：//om.mofcom.gov.cn/article/sqfb/201701/20170102502082.shtml

中国驻阿曼苏丹大使馆经济商务参赞处. 2019. 阿曼规划逾43个矿产举措、项目和110个矿区. http：//om.mofcom.gov.cn/article/sqfb/201902/20190202839061. shtml

中国驻阿曼苏丹大使馆经济商务参赞处. 2019. 阿曼拟就110个矿区启动招标. http：//om.mofcom.gov.cn/article/jmxw/201904/20190402854385.shtml

中国驻沙特阿拉伯王国大使馆经济商务处. 2003. 沙特塔布克的钽储量居世界首位. http：//sa.mofcom.gov.cn/aarticle/jmxw/200307/20030700106454.html

中国驻塔吉克斯坦共和国大使馆经济商务处. 2020. 塔工业产值保持增长. http：//tj.mofcom.gov.cn/article/jmxw/202008/20200802994478.shtml

中国驻塔吉克斯坦共和国大使馆经济商务处. 2020. 工业品约占塔上半年出口额的48%. http：//tj.mofcom.gov.cn/article/jmxw/202007/20200702986738.shtml

中国驻乌兹别克斯坦共和国大使馆经济商务处. 2020. 乌兹别克斯坦2019年经济发展情况. http：//uz.mofcom.gov.cn/article/ztdy/202006/20200602971728.shtml

中国驻亚美尼亚大使馆经济商务参赞处. 2016. 亚美尼亚矿产资源概况.http：//www.mofcom.gov.cn/article/i/dxfw/ae/201611/20161101872510.shtml

中华人民共和国商务部，国家统计局，国家外汇管理局. 2018. 2018年度中国对外直接投资统计公报.1—73.

中华人民共和国外交部. 2020. 巴勒斯坦国家概况.https：//www.fmprc.gov.cn/web/ gjhdq_676201/gj_676203/yz_676205/1206_676332/1206x0_676334/

中华人民共和国驻哈萨克斯坦共和国大使馆经济商务处. 2020. 哈萨克斯坦吸引外国直接投资呈下降趋势. http：//kz.mofcom.gov.cn/article/jmxw/ 202007/20200702986204.shtml

中华人民共和国驻哈萨克斯坦共和国大使馆经济商务处. 2020. 上半年哈萨克斯坦固定资产投资同比下降2.9%. http：//kz.mofcom.gov.cn/article/jmxw/ 202007/20200702983129.shtml

朱利明，沐择凤，魏娜. 2011. 区域矿业投资环境评估体系构建研究.矿山机械.39(8)：4—8.

Aghazadeh M, Hou ZQ, Badrzadeh Z, et al. 2015. Temporal–spatial distribution and tectonic setting of porphyry copper deposits in Iran：Constraints from zircon U–Pb and molybdenite Re–Os geochronology. Ore Geology Reviews. 70：385—406.

Ahmad MU. 1992. Porphyry copper in Pakistan. Geological Survey of Pakistan. 21.

Ahsan SN, Khan KSA. 1994. Pakistan mineral prospects：lead and zinc. In：Round table conference on Foreign investment in Exploration and mining in Pakistan, Ministry of Petroleum and Natural resources, Islamabad. 10.

BP p.l.c.. 2019. BP Statistical Review of World Energy 2019. 1—94. https：//www.bp. com/en/global/corporate/energy-economics/statistical-review-of-world-energy.html

Chatham House. 2018. Explore Trade Data. https：//resourcetrade.earth/data.

Cooke DR, Hollings P, Walshe JL. 2005. Giant Porphyry Deposits：Characteristics, Distribution, and Tectonic Controls. Economic Geology. 100：801—818.

EITI International Secretariat. Implementation status：Extractive Industries Transparency Initiative. https：//eiti.org/countries

Ghorbani M. 2013. Economic Geology of Iran, Mineral Deposits and Natural Resources of Iran. Netherlands：Springer. 1—569.

Kazmi A H, GHazanfar A S. 2001. Metallogeny and Mineral Deposits of Pakistan. Graphic Publishers, Karachi. 1—215.

Kirkham RV, Dunne KP. 2000. World distribution of porphyry, porphyry-associated skarn, and bulk-tonnage epithermal deposits and occurrences. Geological Survey of Canada Open File 3792：26.

Klaus Schwab. 2019. The Global Competitiveness Report 2019. World Economic Forum. 1—666.

Laznicka P. 1996. Mineral resources of Saudi Arabia. Earth—Science Reviews, 40(1–2)：177—178.

Malkani MS, and Mahmood Z. 2017. Mineral Resources of Pakistan：Provinces and Basins Wise. Geological Survey of Pakistan. Memoir Volume 25：1—179.

Ministry of Petroleum & Natural Resources of Pakistan. 2014. An overview of mineral potential of Pakistan.

Nuclear Energy Agency. 2018. International Atomic Energy Agency. Uranium：Resources,Production and Demand. https：//www.oecd-ilibrary.org/ nuclear-energy/uranium-2018_uranium-2018–en.

Perelló J, Razique A, Schloderer J, et al. 2008. The Chagai Porphyry Copper Belt, Baluchistan Province, Pakistan. Economic Geology. 103：1583—1612.

Peter Collenette, and David J. Grainger. 1994. Mineral resources of Saudi Arabia：not including oil, natural gas, and sulfur. DGMR Special Publication SP-2Ministry of Petroleum and Mineral Resources, Directorate General of Mineral Resources, , Jiddah, Kingdom of Saudi Arabia. 1—322.

Pirajno F, Taner Ünlü, Cahit Dönmez, et al. 2019. Mineral Resources of Turkey. Netherlands：Springer. 1—753.

S & P Global Market Intelligence. 2020. Active Mining Companies. https：//platform.marketintelligence.spglobal.com/

S & P Global Market Intelligence. Annual Exploration Budgets. 2010—2019. https：//platform.marketintelligence.spglobal.com/

S & P Global Market Intelligence. 2020. Country/ Regional Risk Summary. https：//platform.marketintelligence.spglobal.com/

S & P Global Market Intelligence. 2020. Metals & Mining Properties. https：//platform.marketintelligence.spglobal.com/

S.G. Peters, T.V.V. King, T.J. Mack, and M.P. Chornack, Editors, and the U.S. Geological Survey Afghanistan Mineral Assessment Team. Summaries of Important Areas for Mineral Investment and Production Opportunities of Nonfuel Minerals in Afghanistan. 2011. U.S. Geological Survey Open-File Report 2011–1204, 1810 pages plus appendixes on DVD (Also available at http：//pubs.usgs.gov/ of/2011/1204/ and on DVD).

Samani B. 1998. Distribution, setting and metallogenesis of copper deposits in Iran. In Porter TM ed.. Porphyry and hydrothermal copper and gold deposits：A global perspective[M]. Adelaide, Australian Mineral Foundation. 135—158.

Sangster D.F., and Abdulhay G.J.S.. 2005. Base metal (Cu-Pb-Zn) mineralization in the Kingdom of Saudi Arabia. Jiddah, Kingdom of Saudi Arabia：Ssudi Geoloigcal Survey, 1—98.

Singer DA, Berger VI, Moring BC. 2005. Porphyry copper deposits of the world：database, map, and grade and tonnage models. U.S. Geological Survey Open-File Report 2005—1060. http：//pubs.usgs.gov/of/2005/ 1060/.

Stephen G. Peters, Stephen D. Ludington, Greta J. Orris, David M. Sutphin, James D. Bliss, and James J. Rytuba, Editors, and the U.S. Geological Survey-Afghanistan Ministry of Mines Joint Mineral Resource Assessment Team. Preliminary Non-Fuel Mineral Resource Assessment of Afghanistan–2007. 2007. USGS Open-File Report 2007—1214 (http：//pubs.usgs.gov/of/2007/1214/) and Afghanistan Geological Survey Open-File Report 2007—214. USGS Afghanistan Project Product no. 157. Version 1. Distributed in printed format (810 p. soft bound) and on CD-ROM assessment report (disc 1) & DVD-ROM containing data and GIS (disc 2).

Terry Miller, Anthony B. Kim, et al. 2020. 2020 Index of Economic Freedom. The Heritage Foundation. 1—143.

Trading Economics Credit Rating. https：//tradingeconomics.com/country-list/rating

U.S. Geological Survey. Mineral Commodity Summaries 2020. U.S. Geological Survey, 1—200. https：//doi.org/10.3133/mcs2020.

World Bank Open Data. GDP (constant 2010 US$). World Bank national accounts data, and OECD National Accounts data files. 2018. https：//data.worldbank. org/indicator/NY.GDP.MKTP.KD

World Bank. 2020. Doing Business 2020. Washington, DC：World Bank. DOI：10.1596/978–1–4648–1440–2. License：Creative Commons Attribution CC BY 3.0 IGO

World Nuclear Association. Uranium Mining Overview. 2020. https：//www. world-nuclear.org/information-library/nuclear-fuel-cycle/mining-of-uranium/uranium-mining-overview.aspx